EXPÉDITION
SCIENTIFIQUE
DE MORÉE,
ORDONNÉE

PAR LE GOUVERNEMENT FRANÇAIS.

EXPÉDITION
SCIENTIFIQUE
DE MORÉE,

ORDONNÉE

PAR LE GOUVERNEMENT FRANÇAIS.

*Architecture, Sculptures, Inscriptions et Vues
du Péloponèse, des Cyclades et de l'Attique,*

MESURÉE, DESSINÉES, RECUEILLIES ET PUBLIÉES

Par Abel Blouet, Architecte,

*Ancien Pensionnaire de l'Académie de France à Rome, Directeur de la Section d'Architecture
et de Sculpture de l'Expédition Scientifique de Morée;*

Amable Ravoisié et Achille Poirot, Architectes, Félix Trézel, Peintre d'Histoire,
et Frédéric de Gournay, Littérateur.

DEUXIÈME VOLUME.

A PARIS,
CHEZ FIRMIN DIDOT FRÈRES, LIBRAIRES,
RUE JACOB, N° 24.

1833.

AVERTISSEMENT.

Cet ouvrage, comme on a pu s'en convaincre par notre premier volume, n'est ni celui d'un antiquaire ni celui d'un savant; c'est la narration exacte et consciencieuse d'un voyage entrepris par des artistes, dans la patrie des beaux-arts, dans cette contrée célèbre où les restes de tant de beaux monuments subsistent encore aujourd'hui, malgré les ravages des temps et plus encore malgré l'invasion des barbares. Ce fut pour constater l'état de ces ruines précieuses, ce fut pour les ranimer en quelque sorte, pour en retracer une image fidèle et durable, que le gouvernement français nous envoya dans le Péloponèse, à la suite de l'expédition militaire destinée, elle aussi, à rendre la vie avec la liberté aux généreux descendants des Hellènes.

Dès que nous eûmes mis le pied sur ce sol classique des arts et des lettres, notre unique soin fut de rechercher les monuments d'architecture et de sculpture qui pouvaient encore s'y trouver. Tous ceux qui se sont offerts à nous, ou que des fouilles bien dirigées nous ont fait découvrir, ont été examinés, mesurés et copiés avec la plus scrupuleuse exactitude. Lorsque nous avons cru qu'une restauration entière ou partielle de certains édifices pourrait en donner une idée plus juste, nous l'avons entreprise, en indiquant toujours à l'appui de ces tentatives, quelquefois hasardeuses, les documents qui leur servaient de base, soit que l'édifice même nous les eût fournis, soit que nous les eussions empruntés à d'autres monuments analogues. C'est aux architectes surtout qu'il appartient de se prononcer sur les résultats de nos travaux à cet égard. Nos matériaux sont sous leurs yeux; ils pourront les étudier, et, s'ils le jugent convenable, proposer à leur tour d'autres conjectures.

Plusieurs villes antiques, dépouillées de leurs monuments, et ne possédant plus que quelques faibles traces de leur ancienne splendeur, ont été visitées et fouillées par nous. La forme de leur enceinte, celle que présente le sol sur lequel elles étaient situées, tout a été relevé et mesuré avec le plus grand soin. Enfin, les routes, les sentiers, même les moins praticables que nous avons suivis, ont été scrupuleusement indiqués, et, si notre travail peut être utile à l'artiste comme au voyageur, le géographe, nous aimons à le croire, en retirera également quelque profit.

Depuis la renaissance des lettres et surtout depuis le commencement de ce siècle, la Grèce attire les regards du monde civilisé; les curieux, les amateurs des arts y affluent. La science doit beaucoup à leurs investigations; mais, il est facile de le concevoir, ces tentatives isolées manquent parfois de l'exactitude que les circonstances favorables dans lesquelles a été conçue l'idée de la *Description de la Morée* nous ont mis en état d'apporter à son exécution.

Toutefois, si, dans certaines circonstances, nous n'avons pas entièrement partagé l'opinion des voyageurs modernes qui nous ont précédés, nous nous faisons un devoir de rendre ici justice à leurs importants travaux, et de les associer au tribut d'éloges que nous devons payer aux auteurs anciens qui, ainsi qu'à nous, ont servi de guides à nos devanciers.

Quiconque fait de la Grèce l'objet de recherches savantes, doit consulter avant tout les poëtes, les philosophes, les historiens et les voyageurs qui par leurs écrits ont illustré cette terre célèbre : quant à ceux qui veulent faire une étude spéciale de ses monuments, il leur suffira de lire Pausanias, pour trouver dans son ouvrage la plupart des renseignements qu'ils pourraient désirer obtenir. Il n'est pas, en effet, de voyageur plus exact que cet auteur : il n'en est pas non plus de plus riche en détails intéressants. Ainsi est-ce à lui que nous devons d'avoir pu reconnaître le fameux *temple de Jupiter*, dans les fouilles que nous avons exécutées à Olympie ; c'est même à l'aide de sa description que nous avons pu tenter une restauration de ce beau monument [1].

En terminant cette courte Introduction, nous rappellerons encore à nos lecteurs que nous devions nous occuper exclusivement des monuments; que cette tâche sévère et positive nous imposait l'obligation d'écarter de notre travail tout ce qui peut prêter du charme à un voyage ordinaire. C'est comme architectes et comme peintres que nous avons reçu notre mission : c'est donc comme architectes et comme peintres que nous avons dû en rendre compte. Du reste, M. Philippe Le Bas en se chargeant d'interpréter les inscriptions et les monuments de sculpture recueillis et rapportés par nous, a donné à notre ouvrage un intérêt archéologique qu'apprécieront les érudits, et nous nous plaisons à remercier ici ce savant helléniste de l'utile collaboration qu'il a bien voulu nous prêter.

[1] Voyez t. 1, pl. 61.

ROUTE D'OLYMPIE A NEROVITZA (ALIPHERA).

Pendant que les fouilles se continuaient au temple d'Olympie, nous résolûmes, M. Poirot et moi, d'aller faire une excursion dans l'Arcadie, afin de visiter les ruines du temple d'Apollon, à Bassæ. Le 25 mai, après avoir, toutefois, laissé M. Ravoisié pour surveiller le travail pendant notre absence, nous nous mimes en chemin. La route que nous suivimes va, en remontant le cours de l'Alphée, à l'E.S.E., à travers une vallée qui se rétrécit de plus en plus, et qui, pendant quelque temps encore, conserve le même aspect qu'à Olympie. A peu de distance, au-dessus de la petite rivière de Miraca, la vallée de l'Alphée, ombragée de platanes, de myrtes, de lentisques et d'oliviers, forme, avec les montagnes couvertes de pins qui la bordent de chaque côté et le beau fond qui la termine, un paysage des plus riants et des plus majestueux. Après avoir tourné la pointe élevée de Paleo Phanaro, sur laquelle, suivant M. Gell, se trouve un village et une acropole antique, la route prend la direction du S.E., et conduit aux bords de la Dogana, l'ancienne Érymanthe, laquelle, près de là, perd son nom, en mêlant ses eaux à celles de l'Alphée. Le cours de cette rivière, que nous passâmes à gué, ne laisse pas d'être rapide : le lit en a été beaucoup agrandi par les débordements. Elle coule entre deux chaînes de montagnes, dont les cimes n'offrent que des roches caverneuses : à son embouchure, près de l'Alphée, on trouve un grand tumulus tronqué.

Après avoir traversé l'Érymanthe, en continuant à remonter le cours de l'Alphée, on arrive, en trois quarts d'heure, aux bords d'une autre rivière appelée Landona, corruption bien évidente de Ladon son ancien nom. Ainsi que l'Érymanthe, cette rivière, qui sort des montagnes de l'Arcadie, va se jeter dans l'Alphée, près de l'endroit où nous la passâmes. Nous y trouvâmes assez d'eau pour être obligés de nous servir de la barque que des paysans entretiennent pour l'usage des voyageurs. Peu loin de là, au-dessus du Ladon, nous traversâmes l'Alphée, et nous longeâmes l'autre rive en remontant encore. Ce ne sont pas des montagnes couronnées de pins qui bordent, comme plus bas, ce fleuve, mais des buissons de chênes, de lentisques et autres arbustes, qui divisent des prairies, en partie cultivées.

C'est en sortant de Bargi, village situé sur un coteau, qu'on quitte les bords de l'Alphée, et qu'on entre dans les montagnes, en se dirigeant au S., vers Rongogio, autre village, où nous arrivâmes après avoir monté long-temps. La position de celui-ci, à l'extrémité d'une vallée, est admirable. Derrière est un plateau où l'on aperçoit quelques débris de constructions. Cet ensemble est dominé par un plateau très-élevé, sur lequel sont les restes de l'antique Aliphera, aujourd'hui Nerovitza.

ROUTE D'OLYMPIE A NEROVITZA (ALIPHERA).

En partant de la petite rivière de Miraca, et en se dirigeant à l'E.S.E., après avoir traversé trois ruisseaux, on arrive, en 58 minutes, vis-à-vis Paleo Phanaro. Après six autres ruisseaux ou petites rivières, à 2 h. 10 m. on en traverse un septième sur un petit pont en maçonnerie. A 17 m. la Dogana (l'Érymanthe); près de son embouchure, un grand tumulus. A 36 m. une petite rivière. A 10 m. la rivière Landona (Ladon). A 22 m. on traverse l'Alphée. En remontant sur la rive opposée, à 24 m. un petit village. A 5 m. une petite rivière. A 18 m. Bargi, village. A 13 m. on entre dans les montagnes. A 55 m. débris de constructions formant tumulus. A 27 m. un ruisseau et une fontaine. A 5 m. Rongogio, village. A 13 m. quantité de débris de constructions modernes. A 14 m. on se trouve au-dessous de l'acropole antique d'Aliphera.

Total de la route, 8 heures 47 minutes.

NEROVITZA (ALIPHERA).

Cette ville, située sur le point le plus élevé des montagnes environnantes, a conservé les murs de son acropole, à l'extrémité de laquelle se trouve l'enceinte sacrée où devait être le monument principal. La construction des murailles d'Aliphera est semblable à celle des murailles de Samicum; c'est-à-dire qu'elle est en partie régulière et en partie polygonale. Plusieurs des tours dont les murs sont flanqués sont encore les tours de l'ancienne acropole. On découvre de cette hauteur toute la vallée de l'Alphée et une grande partie des montagnes de l'Arcadie.

ROUTE DE NEROVITZA A PAULITZA (PHIGALIE).

En suivant toujours la même route, on arrive, en une heure, à Phanari, ville turque considérable, que nous trouvâmes presque entièrement détruite : il n'y restait plus que quelques habitants. Dans le milieu, est un torrent que l'on traverse sur un pont en pierre, près duquel est une fontaine abondante; à l'autre extrémité est un autre torrent. Cette ville, qui forme un amphithéâtre, est située sur le penchant d'une montagne, en très-belle vue. Elle devait être fort remarquable, avant que les Grecs et les Turcs alternativement l'eussent réduite à l'état de décombres dans lequel nous la vîmes.

De Phanari pour se rendre à Andritzena, après avoir traversé un torrent, on trouve une côte assez difficile à monter, et des vallons presque tous cultivés, quelques restes de route du moyen âge, et, à quelques minutes, au-delà d'une fontaine, Andritzena, ville assez considérable, mais, comme les autres, ravagée par la guerre. Elle est située sur le penchant d'une colline; au-dessous, est une vallée très-bien cultivée. Presque toutes les maisons ont des jardins plantés de mûriers et de cyprès; ce qui donne à la ville un aspect riant et très-pittoresque. La vue, au N.E., est d'une immense étendue, et n'est bornée, de ce côté, que par les hautes montagnes de l'Arcadie.

Après une courte pause que nous fîmes à la porte d'Andritzena, sans y entrer, nous repartîmes, en montant et en nous dirigeant vers le S. Après avoir traversé plusieurs ravins, on arrive à une descente difficile, au bas de laquelle il faut passer un torrent ombragé de platanes. A droite et à gauche, sont de hautes montagnes, entre lesquelles on rencontre encore d'autres torrents et quelques fontaines. Au milieu d'une forêt de chênes qui s'étend sur toute cette haute contrée, lorsqu'on est arrivé au sommet de la route, on découvre Phigalie. De ce point il faut alors redescendre et laisser à gauche le village de Tragogé; après quoi on entre dans l'enceinte de l'antique Phigalie, au milieu de laquelle est le village appelé Paulitza.

ROUTE DE NEROVITZA A PAULITZA (PHIGALIE).

En partant de Nerovitza, on trouve, à 30 minutes, une plaine couverte de ruines d'habitations. A 20 m. une fontaine. A 10 m. Phanari, ville en ruine. A 20 m. sortie de la ville. A 10 m. une source. A 11 m. un torrent. A 12 m. un ruisseau. A 10 m. quelques maisons; au haut de la montagne on est près de Macala, village. A 14 m. une fontaine. A 25 m. Andritzena, petite ville qu'on laisse à gauche. A 17 m. une fontaine. A 31 m. un torrent. A 25 m. une fontaine; on traverse le torrent. A 28 m. une fontaine et un torrent après plusieurs ruisseaux. A 55 m. une fontaine. A 57 m. un ruisseau, une source, les murs antiques de Phigalie. A 3 m. dans la ville. Paulitza, village.

Total de la route, 6 heures 18 minutes.

PHIGALIE.

Phigalie est située à l'angle S.O. de la province d'Arcadia. Suivant Pausanias, elle fut d'abord bâtie par Phigalus, fils de Lycaon et petit-fils de Pelasgus, fondateur de la nation grecque. Phigalie fut appelée Phialia, de Phialus, souverain d'Arcadie, qui essaya en vain de priver son ancêtre de donner son nom à la ville [1]. Sous l'archontat de Miltiade, à Athènes, dans la seconde année de la trentième olympiade, les Lacédémoniens, après avoir vaincu les gens du pays, assiégèrent les Phigaliens dans leurs murs, les firent capituler, et leur permirent de s'en aller. Les Phigaliens, qui avaient abandonné leur ville, y rentrèrent, et exécutèrent l'ordre de l'oracle de la Pythie de Delphes, qui leur avait dit de prendre cent hommes d'élite d'Orœthasium; que ces hommes perdraient tous la vie dans le combat; mais que les Phigaliens rentreraient tous dans leur patrie par leur secours. Étant donc allés attaquer la garnison lacédémonienne, l'oracle s'accomplit, et les Phigaliens recouvrèrent leur patrie. Phigalie est située dans un endroit très-élevé et très-escarpé; ses murs sont, en grande partie, bâtis sur des rochers; on y voit, dit encore Pausanias, un temple de Diane Soteïra, un gymnase, un temple de Bacchus Acratophore, et diverses statues [2].

---

[1] Pausan., liv. VIII, chap. III et XXXIX.   [2] Paus., liv. VIII, chap. XXXIX.

Les anciens murs d'enceinte de Phigalie, bâtis sur le roc, existent encore. La ville, qui est d'une grande étendue, ses constructions, ainsi que celles de Messène, dont nous avons parlé, sont un des restes les plus considérables de l'architecture militaire des anciens Grecs. Au N.E., où est la partie la mieux conservée de ces murs, on voit plusieurs tours rondes, à côté les unes des autres, et quelques-unes carrées; on y retrouve aussi une porte principale et quelques poternes. Dans la portion de mur à l'O., on ne voit que deux tours, près d'une porte qui existe de ce côté. Les rochers très-élevés, et à pic, qui dominent la Néda, défendent la ville du côté du S. À l'intérieur et dans le village de Paulitza, qui occupe la partie basse de l'antique Phigalie, sont trois petites chapelles, où l'on remarque encore divers fragments d'antiquités. Au N.E., à l'endroit le plus élevé de la ville, et où était probablement l'acropole, se trouvent les ruines d'une forteresse moderne, et deux chapelles, dont l'une est dédiée à saint Élie, et l'autre à la Vierge. Paulitza, qui est presque tout entier renfermé dans l'ancienne ville, est traversé par deux cours d'eau qui y prennent leur source. La moins grande partie du village, qui est en dehors des murs, est bâtie sur les rochers escarpés qui bordent la Néda, et forment, de ce côté, une gorge boisée d'une immense profondeur, et de l'effet le plus pittoresque qu'il soit possible de voir. Au-dessous de Paulitza, la rivière se précipite dans un ravin étroit, avec un bruit effroyable; ce qui ajoute encore à l'impression profonde que produit ce sévère paysage.

EXPLICATION DES PLANCHES.

Planche 1re.

Plan général de Phigalie.

* Paulitza, village.
A. B. C. Chapelles où se trouvent des fragments antiques. Dans la dernière, qui est ornée de peintures, sont des colonnes encastrées dans la muraille.
D. Murs antiques de la ville.
E. Fontaines.
F. Rochers boisés; au bas est une grotte.
G. Partie de muraille où se trouve une colonne renversée. Route du temple d'Apollon.
H. Tour ronde près de laquelle est une petite porte : il s'en trouve plusieurs semblables. (Voy. le détail, pl. 2.)
J. Porte antique.
K. Tour carrée. (Voyez le détail, pl. 2.)
L. Citadelle moderne; probablement l'acropole antique. On remarque deux petites chapelles, et la base d'une tour circulaire.
M. Emplacement d'une porte.
N. Porte antique.
O. Constructions antiques.
P. Rochers escarpés; point d'où est prise la vue.
Q. Néda, rivière.

Planche 2.

Vue et détails de Phigalie.

Fig. I. — Vue de l'emplacement de la ville de Phigalie prise du point P du plan général; au second plan est le village de Paulitza, et, dans le fond, les lignes des murs antiques : le point culminant du milieu est l'acropole.
Fig. II. — Plan et façade d'une tour ronde indiquée sur le plan par la lettre H.
Fig. III. — Plan et façade de la tour carrée K.

Planche 3.

Fragments antiques à Phigalie.

Fig. I et II. — Fragments trouvés dans la chapelle indiquée sur le plan par la lettre A.
Fig. III et IV. — Détails des mêmes fragments.
Fig. V et VI. — Chapiteaux trouvés dans la chapelle B.
Fig. VII, VIII et IX. — Façade, coupe et détails d'un tombeau trouvé dans la même chapelle.

Suivent les planches 1, 2 et 3.

(5)

ROUTE DE PHIGALIE AU TEMPLE D'APOLLON ÉPICURIUS.

En se dirigeant vers l'est de Paulitza pour se rendre à Bassæ, où se trouve le temple d'Apollon, la route que l'on suit est très-difficile à cause des ravins et des montées rapides qu'on y rencontre.

Des pierres formant soubassement, et posées comme celles des temples d'Olympie et de Bassæ, un fragment d'architrave qui n'est plus en place, et d'autres débris de constructions antiques qui se trouvent avant le village de Tragogé, nous ont fait reconnaître que là avait existé un temple, et que par conséquent ces ruines n'étaient pas celles d'un réservoir, comme le prétendent les habitants, ni des bains, comme le croit M. Gell. A peu de distance de là est Tragogé, dans une situation très-pittoresque. Ce village, dont les habitations sont dispersées, est traversé par un torrent que l'on passe sur un petit pont ombragé par des platanes, et près duquel sont une cascade et des rochers d'un bel aspect. Après le village, en continuant à monter par un chemin rocailleux, on rencontre une fontaine, puis plus loin, dans une petite vallée riante et ombragée de chênes, une autre fontaine, qui est probablement celle du mont Cotylius indiquée par Pausanias, puisque, comme il le dit, les eaux qui en sortent se perdent sous terre à peu de distance. Au fond de la vallée est une montée assez rapide, sur le haut de laquelle se voit le temple d'Apollon Épicurius.

Au nord-ouest du temple, à environ 10 minutes, sur un plateau plus élevé, et qui forme presque la cime du mont, l'on trouve des débris de constructions auxquelles on ne peut assigner d'époque; mais à l'entrée de la plate-forme sont plusieurs grandes pierres taillées, lesquelles doivent avoir appartenu à un monument antique, peut-être au temple de Vénus dont parle Pausanias, et qui, de son temps, n'était pas couvert [1].

ROUTE PAR DISTANCE DE PHIGALIE AU TEMPLE D'APOLLON.

En partant de Paulitza, à 6 minutes, la muraille antique et une source. A 4 m. ruine d'une chapelle. A 20 m. une montée. A 25 m. construction antique. A 15 m. village de Tragogé. A 8 m. un torrent, pont et cascade. A 12 m. chapelle et autre partie du village. A 8 m. montée escarpée. A 31 m. fontaine. A 39 m. autre fontaine dans une vallée. A 6 m. montée difficile. A 4 m. le temple. Total de la route, 2 heures 38 minutes.

Les restes du temple de Vénus sont à 10 minutes au nord-ouest du temple.

On peut éviter la montée de Tragogé en laissant à droite le village, pour tourner sur la crête de la montagne qui conduit au temple; mais ce chemin est presque aussi mauvais et est beaucoup plus long.

[1] Pausan., liv. VIII, chap. XLI.

TEMPLE D'APOLLON ÉPICURIUS A BASSÆ.

Bien que la distance de Phigalie au temple ne s'accorde pas parfaitement avec celle de 40 stades indiquée par Pausanias, et que ce monument ne soit pas tout en marbre, comme il le dit encore, il est cependant bien incontestable que ce temple est celui qu'il désigne sous le nom d'Apollon Épicurius : situé à 2 heures et demie de marche, à l'est de la ville, presque sur le sommet boisé du mont Cotylius, et au-dessus d'une petite vallée dans laquelle se trouve la fontaine dont parle le voyageur grec, il domine par sa position élevée presque toute la partie méridionale du Péloponèse. Au-dessous est la Néda, au bord de laquelle se trouvent les ruines d'Ira, la première Messène; plus loin le mont Ithome, la Messène d'Épaminondas, et dans le fond, le golfe de Coron (Colonides), bordé à droite par les côtes de la Messénie, et à gauche par les hautes montagnes du Taygète, qui forment de ce côté les limites de la Laconie.

Pausanias nous apprend que ce temple que l'on admirait le plus, après celui de Tégée, pour la beauté du marbre et l'harmonie des proportions, a été construit par Ictinus, l'architecte du Parthénon d'Athènes, qui florissait du temps de Périclès. Il fut élevé à Apollon surnommé Épicurius (secourable), parce qu'il secourut les Phigaliens attaqués d'une maladie épidémique, à l'époque de la guerre contre les Athéniens et les peuples du Péloponèse. Il est tout en marbre, même le toit. La statue en bronze d'Apollon, haute de 12 pieds, qui était dans le temple, est maintenant sur la place publique de Mégalopolis[1].

C'est donc à l'époque la plus brillante des arts dans la Grèce, et sous la direction du plus célèbre architecte de Périclès, que le temple d'Apollon a été construit; aussi est-ce avec quelque vraisemblance que M. le baron de Stackelberg suppose, pour qu'il y ait harmonie parfaite, qu'Alcamène fut chargé d'en faire les sculptures. Construit dans la 86ᵉ olympiade, dit ce voyageur, il fut détruit dans le moyen âge : on en détacha les pierres, afin d'enlever les bronzes qui les liaient ensemble. On peut aussi attribuer la chute d'une grande partie de ce monument à des tremblements de terre, d'après les hors d'aplomb qu'on remarque dans presque toutes les colonnes restées debout, et qui seraient infailliblement droites sur leurs bases si de violentes secousses ne les eussent ébranlées.

Parmi les auteurs modernes qui ont écrit sur ce monument, nous citerons Chandler, qui en donne la description d'après celle de l'architecte français Bocher. Ce fut en 1818 que le baron C. Haller, M. Linkh, M. Bronsted, et les artistes anglais C. R. Cokerell et J. Foster entreprirent les fouilles, dans lesquelles ils trouvèrent la fameuse frise de marbre qui ornait l'entablement du naos, et qui représentait le combat des Centaures et des Lapythes et celui des Grecs contre les Amazones (voy. planches XX, XXI et XXII). Ils trouvèrent aussi au fond du naos des débris d'une statue colossale, et en avant du temple des fragments de métopes du devant du pronaos, aussi en marbre (voy. planche XXIII). Toutes ces sculptures, savamment expliquées par M. le baron de Stackelberg, sont maintenant au Musée de Londres. Les mêmes fouilles ont fait connaître aussi quantité de fragments d'architecture qui existent encore sur place, et quelques parties d'ornements qui ont été enlevés, tels qu'un chapiteau corinthien, des petits ornements en bronze, et des fragments de tuile de terre cuite et de marbre provenant du toit du temple.

L'ouvrage de M. le baron de Stackelberg, que nous avons cité plus haut, nous a fourni une partie des renseignements que nous donnons. Cet ouvrage remarquable et enrichi de belles planches contient des recherches archéologiques sur le monument, et de savantes descriptions des bas-reliefs qu'il a pu y voir.

Après lui, M. Donaldson publia en 1830 l'architecture du temple; dans l'un et l'autre de ces deux ouvrages se trouvent quelques fragments qui n'existent plus sur les lieux, et dont cependant nous avons profité pour compléter notre travail.

Les autres voyageurs modernes que nous avons aussi consultés sont MM. Daudwell, Poucqueville, Gell et Leake.

Les ruines du temple de Phigalie se trouvent encore aujourd'hui à peu près dans l'état où elles furent laissées après les fouilles de 1818. On peut dire que de toutes les antiquités du Péloponèse il n'en est pas qui offrent autant de parties intactes et autant de fragments renversés que cet édifice.

Presque toutes les colonnes du portique extérieur sont debout et couronnées de leur architrave; on retrouve aussi en place la partie inférieure du mur de la cella, et, comme documents très-précieux, toutes les bases des colonnes ioniques engagées de la décoration intérieure du naos : une de ces colonnes est presque entière. Parmi les fragments renversés se trouvent des chapiteaux, des soffites, des caissons en pierre et en marbre, des corniches, des antéfixes, toutes les parties de la couverture, et quantité d'autres débris qui nous ont été très-utiles pour la restauration du temple, telle que nous la donnons.

Deux choses particulières à ce temple, et dignes de remarque, c'est d'abord sa disposition qui est presque au nord, tandis que tous les autres, dans l'antiquité, étaient tournés vers l'est. La colonne corinthienne unique de l'intérieur, que nous rétablissons d'après l'opinion incontestable de MM. de Stackelberg et Donaldson, cette colonne, disons-nous, qui se trouve précisément devant la statue du dieu, a donné lieu à diverses explications archéologiques que nous laissons à d'autres à examiner. Elle est, suivant M. de Stackelberg, le plus ancien exemple de l'ordre corinthien.

Si, à la description de cet édifice, dont nous nous sommes attachés à reproduire la perfection des différentes parties dans nos dessins, on ajoute que tous les soins, même les recherches les plus minutieuses, ont été apportés dans sa construction, qu'on n'y a employé que la pierre calcaire la plus dure et la plus

---

[1] Pausan. liv. VIII, chap. XXX et XLI.

fine, et le marbre de Paros, il faudra conclure que le temple de Phigalie était un des plus parfaits que l'antiquité eût élevés à ses dieux.

La belle qualité et la dureté de la pierre qui l'ont fait résister au temps plus que le marbre, le poli et l'état de conservation de tout ce que nous avons vu, rien enfin ne nous permet de croire qu'un parement aussi soigné ait pu avoir été recouvert de stuc. S'il y a eu des couleurs, comme le pensent MM. de Stackelberg et Donaldson, elles ne devaient pas être sur des faces générales, mais seulement sur des moulures, comme il en existe beaucoup d'exemples dans les monuments non recouverts de stuc. Dans tous les cas, si ce genre de décoration avait été employé, l'état de conservation parfaite dans lequel se trouvent beaucoup de parties sur lesquelles on voit encore le travail de l'outil, ne laisse pas douter qu'on n'en retrouvât encore quelques traces ; et nous n'en avons vu aucune.

La colonne corinthienne isolée, que M. Donaldson regarde comme une singularité, et l'originalité des détails de l'ordre ionique, lui font supposer que l'intérieur du temple peut être d'une autre époque que l'extérieur. La manière dont cet intérieur est lié comme construction avec l'extérieur nous empêche d'adopter cette opinion, et nous pensons que cette décoration intérieure n'est pas plus singulière que quelques autres qu'on retrouve, et qui, suivant nous, devraient au contraire faire croire que les Grecs étaient beaucoup plus variés dans leur architecture qu'on ne pourrait le supposer, en examinant seulement les extérieurs de leurs temples qu'on trouve plus généralement conservés, et dans lesquels on reconnaît en effet beaucoup plus d'uniformité que dans le peu d'intérieurs qui nous soient restés.

EXPLICATION DES PLANCHES.

Planche 4.

Vue du temple, prise au nord-est. On voit à gauche dans le fond le mont Taygète, au milieu le mont Ithome et le golfe de Coron. Les premiers plans sont formés par la base d'un monticule qui enveloppe et qui domine le monument de ce côté.

Planche 5.

Plan du temple.

Renvois.

A. Portique.
B. Pronaos.
C. Naos découvert.
D. Partie couverte où devait être la statue du dieu.
E. Opisthodome.
F. Posticum.
G. Statue. M. de Stackelberg a donné des fragments d'une statue en marbre trouvée dans cet endroit (voir ces fragments, pl. 23).
H. Colonne corinthienne replacée d'après l'opinion du même et celle de M. Donaldson.
J. Parties restaurées d'après les mêmes voyageurs.
K. Fouille dans laquelle ont été découverts les fondations du temple et les trois socles.

Nota. Les parties teintées en noir indiquent celles qui existent en place; celles qui sont teintées en gris indiquent les parties restaurées par le relèvement des pierres qui se trouvent auprès, et seulement déplacées, même à la partie L, là où les auteurs dont nous avons parlé veulent qu'il y ait eu une porte qui, selon nous, n'a pu exister. M. C. Lenormant a visité avant nous le temple d'Apollon, et il est de notre avis relativement à cette porte.

Planche 6.

État actuel.

Fig. I. — Façade principale.
Fig. II. — Coupe transversale sous le portique.
Fig. III. — Coupe idem sur le naos.

(8)

PLANCHE 7.

État actuel.

Fig. I. — Façade latérale.
Fig. II. — Coupe longitudinale.

PLANCHE 8.

Vue intérieure du monument tel qu'il existait en 1829.

PLANCHE 9.

Fig. I. — Détails de l'ordre dorique avec les trois socles qui forment la base du temple.
Fig. II. — Coupe de l'entablement.
Fig. III. — Plan du dessous du larmier.
Fig. IV. — Plan des diamètres inférieur et supérieur de la colonne.
Fig. V. — Détails des joints des socles inférieurs.
Nota. La cimaise de couronnement est en marbre, la tête de lion seulement est de restauration; il n'en existe rien.

PLANCHE 10.

Fig. I. — Détail de l'ordre dorique du pronaos et de l'opisthodome avec les métopes en marbre données par M. de Stackelberg.
Fig. II. — Coupe du même détail.
Fig. III. — Détails plus grands du haut des canaux des triglyphes.
Fig. IV. — Détails des gouttes du dessous des triglyphes.
Fig. V. — Plan des diamètres inférieur et supérieur de la colonne.
Fig. VI. — Détail d'une cannelure.
Fig. VII. — Plan et élévation des triglyphes en pierre du pronaos, avec les évidements, dans lesquels étaient encastrées les métopes en marbre indiquées par la figure.
Fig. VIII. — Plan et profil des antes du pronaos et de l'opisthodome.
Fig. IX. — Détail plus grand du profil des antes.

PLANCHE 11.

Fig. I. — Profil du chapiteau de l'ordre dorique extérieur, et détails, grandeur d'exécution, des filets inférieurs.
Fig. II. — Profil du chapiteau de l'ordre dorique du pronaos.
Fig. III. — Fût des colonnes du portique extérieur.
Fig. IV. — Profil d'une partie de la corniche de l'ordre extérieur, avec l'indication de la manière dont les gouttes en marbre étaient ajustées dans les mutules en pierre.
Fig. V. — Détails des gouttes du dessous des triglyphes de l'ordre extérieur.
Fig. VI. — Détail du haut des canaux des mêmes triglyphes.
Fig. VII. — Plan de l'appareil des triglyphes.
Fig. VIII. — Profil d'une petite corniche que nous croyons être celle de l'entablement de l'ordre ionique du naos.

PLANCHE 12.

Fig. I, II et III. — Plan, profil et face d'une des bases de l'ordre ionique du naos.
Fig. IV. — Chapiteau de l'ordre ionique du naos. Comme il n'existe plus sur place de chapiteaux entiers, nous donnons celui-ci d'après M. Donaldson.
Fig. V. — Dessus du tailloir du chapiteau ionique d'après M. Donaldson.
Fig. VI. — Même chapiteau ionique d'après l'ouvrage de M. de Stackelberg.
Fig. VII. — Plan et coupe d'une des entailles dans lesquelles étaient des crampons en métal pour lier les pierres entre elles.

PLANCHE 13.

Fig. I. — Profil en grand d'une des bases de l'ordre ionique du naos.
Fig. II. — Fragment du chapiteau ionique.

Fig. III et IV. — Coupe et face d'un autre fragment des mêmes chapiteaux.

Fig. V et VI. — Coupe sur les axes des volutes des chapiteaux ioniques (les yeux A sont en marbre et rapportés par incrustement).

Fig. VII. — Plan des cannelures des diamètres inférieur et supérieur des colonnes ioniques.

Fig. VIII. — Plan et profil des retraites qui existent à la base du mur entre les colonnes ioniques.

Planche 14.

Fig. I et II. — Profil et ensemble d'une base, non en place, trouvée dans le temple et supposée être celle de la colonne corinthienne.

Fig. III. — Plan et face d'un fragment de fût de colonne cannelée, appartenant à la même colonne.

Fig. IV. — Détail d'une cannelure.

Fig. V. — Chapiteau de la même colonne, lequel n'existe plus dans le monument et que nous donnons d'après M. Donaldson.

Fig. VI. — Même chapiteau tel qu'il se trouve dans l'ouvrage de M. de Stackelberg. Le trait le plus léger indique des ornements peints sur un fond de couleur.

Fig. VII. — Morceau de larmier du sommet du fronton, avec les entailles dans les joints pour la pose.

Fig. VIII. — Angle de fronton.

Fig. IX. — Profil de la corniche du fronton.

Fig. X. — Morceau du tympan, avec les entailles pour les crampons en métal qui liaient les pierres entre elles.

Planche 15.

Fig. I. — Caisson en pierre qui devait être placé dans l'angle diagonal formé par le pied-droit qui lie la dernière colonne ionique au mur de la cella.

Fig. II. — Coupe diagonale du même caisson.

Fig. III. — Fragments de caissons en marbre du fond du naos où devait être la statue.

Fig. IV. — Coupe des mêmes caissons.

Fig. V. — Caissons en pierre des portiques latéraux.

Fig. VI. — Coupe sur les mêmes caissons.

Fig. VII. — Fragments d'antes.

Nota. Aux caissons que nous avons donnés (Voyez fig. V, pl. 15, et fig. IVe, VIe et VIIIe, pl. 16), M. Donaldson indique des perles peintes sur les baguettes qui divisent ces caissons. Comme nous n'avons vu aucune trace de ces peintures, nous nous sommes abstenus de les indiquer.

Planche 16.

Fig. I. — Caissons en marbre qui formaient les plafonds des renfoncements entre les colonnes ioniques du naos.

Fig. II. — Coupe sur la perpendiculaire de l'encadrement des caissons.

Fig. III. — Coupe sur la diagonale des mêmes caissons.

Fig. IV. — Caissons en marbre de l'opisthodome.

Fig. V. — Coupe des mêmes caissons.

Fig. VI. — Caissons en pierre des portiques antérieur et postérieur.

Fig. VII. — Coupe desdits caissons.

Fig. VIII. — Caissons en marbre du pronaos.

Fig. IX et X. — Coupe desdits caissons.

Nota. Nous n'avons déterminé la place des caissons représentés dans les planches 15 et 16 qu'après nous être bien assurés que toutes les dimensions des morceaux trouvés sur les lieux pouvaient s'accorder en tout point avec celles que nous leur donnons, ayant eu soin toutefois de mettre les caissons en pierre aux portiques extérieurs, et ceux en marbre autour du naos, dans le pronaos et dans l'opisthodome.

Planche 17.

Fig. I. — Détail d'une des poutres en pierre qui formaient les grands compartiments des plafonds; ce fragment est un de ceux qui pourtournaient le long des murs dans la hauteur de la corniche extérieure.

Fig. II. — Architrave de l'ordre ionique intérieur; ce fragment est un de ceux qui passaient sur la colonne corinthienne du fond du naos.

Fig. III, IV, V et VI. — Détail des plates-bandes qui supportaient les bouts des poutres en pierre ci-dessus indiquées, dans la largeur des portiques latéraux, entre l'ante d'angle de la cella et l'intérieur de la corniche du portique extérieur.

Fig. VII. — Fragment d'une des assises qui recevaient les compartiments des plafonds.

Fig. VIII. — Détail du morceau d'angle de la corniche extérieure, avec les évidements ménagés dans les joints pour passer les cordages qui servaient à la pose des pierres.
Fig. IX. — Autre fragment d'une plate-bande semblable à celles des fig. III, IV et V.
Fig. X. — Fragment de l'architrave intérieure du portique.
Fig. XI. — Fragment du chambranle de la porte du naos.

Planche 18.

Fig. I et II. — Plan et coupe d'une tuile faîtière.
Fig. III et IV. — Plan et coupe d'une tuile du milieu de la pente avec les recouvrements des deux extrémités.
Fig. V et VI. — Plan et coupe de l'extrémité basse d'une tuile avec l'antéfixe.
Fig. VII. — Coupe en travers indiquant le recouvrement des tuiles.
Fig. VIII. — Coupe idem d'un autre fragment.
Fig. IX. — Perspective du sommet de la couverture indiquant l'arrangement de la cimaise du fronton.
Fig. X. — Profil de l'extrémité de la corniche. (La tête de lion seulement est de restauration.)
Fig. XI. — Détail de l'antéfixe.
Fig. XII. — Détail de la cimaise rampante du fronton avec les entailles pour les recouvrements.

Nota. Toutes les parties de cette couverture sont en marbre.

Planche 19.

Fig. I et II. — Face et profil d'un fragment d'antéfixe en marbre, moitié d'exécution.
Fig. III et IV. — Face et profil d'un fragment de cimaise en marbre, moitié d'exécution.

Planche 20.

Fig. I. — Dessus de la porte de la frise en marbre du naos, représentant le combat des Grecs contre les Amazones, et première partie du côté gauche, même sujet.
Fig. II. — Suite du côté gauche, même sujet.

Planche 21.

Fig. I. — Suite du côté gauche et commencement de la partie du fond du naos, au-dessus de la statue.
Fig. II. — Suite du fond du naos, commencement du sujet représentant le combat des Centaures et des Lapythes, et première partie du côté droit en retour, même sujet.

Planche 22.

Fig. I. — Suite du côté droit, même sujet.
Fig. II. — Suite du côté droit et fin de la frise, même sujet.

Nota. Les dessins des planches 20, 21 et 22, représentant la frise intérieure du temple, ont été faits d'après l'ouvrage de M. de Stackelberg [1].

Planche 23.

Fig. I, II, III et IV. — Fragments de métopes en marbre trouvés dans les fouilles en avant du temple.
Fig. V. — Fragments de statue colossale en marbre, trouvés au fond du temple derrière la colonne isolée.

Nota. C'est encore l'ouvrage de M. de Stackelberg qui nous a fourni les dessins de cette planche.

Planche 24.

Fig. I. — Plan restauré de la moitié du temple, avec l'indication des plafonds comme ils pouvaient être, d'après leur caractère et leur dimension.

Dans les planches 15 et 16 nous avons donné les détails en grand de tous les caissons qui entrent dans ce plan. N'ayant pas trouvé d'indication précise de la place de chacun, nous avons pensé que ceux qui sont en marbre devaient être dans l'intérieur, et placés, suivant leur degré de richesses, plus ou moins près du lieu principal qui est le sanctuaire de la divinité: toutefois nous n'avons observé cet ordre que parce qu'il ne s'est rencontré d'obstacle ni dans la dimension des caissons ni dans celle d'aucun des fragments trouvés sur les lieux.

Fig. II. — Plan restauré de la moitié du temple, avec l'indication de la couverture en marbre comme elle pouvait être d'après les constructions existantes.

[1] Voir l'explication donnée par M. Le Bas, page 12.

Ne voulant pas entrer, au sujet de cette couverture, dans des conjectures trop hypothétiques sur la partie hypèthre des temples des anciens, nous nous sommes bornés à couvrir les constructions existantes de celui-ci d'un toit le plus simple possible, en laissant le naos découvert, comme l'a indiqué M. le baron de Stackelberg; ainsi cette combinaison doit être considérée plutôt comme la couverture d'une ruine que comme une restauration, que nous n'avons pas voulu hasarder, n'ayant pas sur ce sujet assez de matériaux positifs. Bien que nous admettions avec MM. de Stackelberg, Gell et autres, que ce temple était découvert au milieu, nous croyons cependant devoir faire observer que le pavement de cette partie qui existe en entier pourrait faire croire le contraire, par la raison qu'il n'y a dans ce pavement aucune pente ni canal pour l'écoulement des eaux de la pluie, qui devaient y séjourner comme dans un bassin, surtout l'hiver, et pendant la saison des pluies, qui sont très-abondantes sur les hautes montagnes de l'Arcadie.

Après ce que nous venons de dire on pourrait encore supposer que cette partie était couverte par des suffites en marbre, à en juger par le peu d'espace qui se trouve entre les colonnes ioniques, lequel n'est pas plus grand que celui du pronaos, qui très-certainement était couvert.

Dans ce cas, la couverture de cette partie aurait été plus élevée que la toiture du temple, afin qu'on pût y trouver des jours latéraux pour éclairer l'intérieur entre le plafond du milieu et le toit du temple, ou bien encore par un jour du haut comme l'indique un bas-relief antique trouvé à Délos.

Planche 25.

Façade principale du temple, restaurée.

Par ce que nous avons donné dans les planches précédentes comme existant, on peut reconnaître que cette façade n'offre aucun point d'incertitude; le hors d'à-plomb qu'on remarque à presque toutes les colonnes, et que l'on attribue à l'effet d'un tremblement de terre, a empêché de reconnaître si les colonnes d'angle du péristyle étaient inclinées comme dans quelques temples antiques.

M. de Stackelberg pense qu'il y avait des figures dans le fronton, et des ornements et des griffons sur les acrotères; mais comme aucun fragment de ces sculptures n'a été trouvé, nous nous sommes abstenus de les indiquer.

Planche 26.

Façade latérale du temple, restaurée.

Tous les éléments de cette façade existent encore, tant dans ce qui en reste debout que dans ce qui est renversé. Elle offre, ainsi que celle que nous avons donnée dans la planche précédente, tous les degrés d'authenticité; les seuls points douteux sont les têtes de lion des angles, et l'arrangement du comble pour la partie hypèthre.

Planche 27.

Coupe transversale sur le portique au-devant du pronaos.

Ce qui compose cette partie du monument, étant restauré avec des éléments existants, elle peut être considérée comme aussi certaine que les deux façades. Les fragments des métopes qui ornaient la frise du dessus des colonnes étant tous presque détruits aujourd'hui, nous avons profité de ce qui existe, adoptant pour le reste l'opinion de M. de Stackelberg; et sans trop nous appesantir sur cette question qui est toute d'archéologie, nous avons indiqué, d'après lui, divers petits sujets représentant Apollon introduisant le culte de Bacchus.

Planche 28.

Coupe transversale sur le naos.

Ainsi que nous l'avons dit dans la description de la planche 24, figure 11, le système de couverture que nous indiquons pour la partie hypèthre du temple, doit être moins considéré comme une restauration de ce qui devait être, que comme un toit placé sur les ruines existantes. Pour le reste, il n'y a de douteux que la cimaise qui couronne la corniche de l'ordre ionique, et que nous avons supposé être la même que la cimaise rampante du fronton, dans laquelle nous avons ajouté des têtes de lion pour l'écoulement des eaux, et la statue d'Apollon, dont il n'existe que quelques débris en marbre, trouvés dans le même endroit et que nous avons donnés planche 23.

Planche 29.

Coupe longitudinale.

Cette coupe étant la conséquence des façades et des coupes précédentes, elle n'offre d'incertitude que pour les parties déjà indiquées dans l'explication de ces diverses planches, et pour le couronnement de la porte du naos dont il n'existe rien.

Planche 30.

Vue générale de la position du temple.

Dans le fond se voit à droite le mont Ithome et le cap Colonides; à gauche, le mont Taygète et le cap Ténare, et entre ces deux caps le golfe de Messénie.

EXPLICATION DES BAS-RELIEFS DE PHIGALIE,

PAR M. LE BAS,
MAÎTRE DE CONFÉRENCES A L'ÉCOLE NORMALE.

A quarante stades de l'ancienne Phigalie, entre deux hautes chaînes de montagnes d'où coule la Néda, s'élève, sur le revers du Cotylius, ombragé par des arbres séculaires, le temple d'Apollon Ἐπικούριος, *secourable, protecteur*, ainsi surnommé, au témoignage de Pausanias[1], parce qu'il avait secouru les Phigaliens contre les ravages d'une maladie pestilentielle[2].

L'emplacement qu'occupe ce temple s'appelait dans l'antiquité Βᾶσσαι, *le ravin*[3], nom qui, rapproché de celui que porte la montagne elle-même[4], caractérise parfaitement la contrée. Rien de plus imposant et de plus enchanteur à la fois que le spectacle dont on jouit de ce lieu. Au nord, et comme un vaste mur servant de rempart au temple, les crêtes les plus hautes du Cotylius, où s'élevait un temple d'Aphrodite, déjà en ruine du temps de Pausanias[5], et que M. Blouet croit avoir retrouvé[6]; à l'est, les monts Lycée, l'Olympe de l'Arcadie, le berceau de Jupiter, et dans le lointain, au-dessus des sommets de cette chaîne presque toujours couverte de neige, le pic orgueilleux du Taygète; au sud, les chaînes de montagnes s'abaissent et laissent apercevoir un admirable lointain, la Messénie, le mont Ithome, le golfe de Messénie, et la Méditerranée qui termine ce vaste horizon ; enfin, à l'ouest, se déroule la belle vallée du Cotylius : la Néda l'arrose; et après de nombreux détours, comparés par les anciens[7] à ceux du Méandre, elle va se jeter dans la mer Ionienne que l'on aperçoit au-delà des montagnes[8].

Le temple de Bassæ, aujourd'hui en ruine, soit par suite des ravages du temps, soit par suite des tremblements de terre, est appelé par les habitants du pays στοὺς στύλους[9], *les Colonnes*; et en effet presque toutes les colonnes, au moins celles de l'enceinte extérieure, restent encore debout[10]. De tous les temples du Péloponèse c'était, après le temple de Minerve Alêa, à Tégée, celui qu'on admirait le plus dans l'antiquité, tant pour la beauté des matériaux que pour l'harmonie des proportions[11]. Pausanias nous apprend que ce temple fut bâti par Ictinus, l'architecte du Parthénon d'Athènes[12], à la suite de la grande peste qui désola la Grèce, pendant la guerre du Péloponèse, 430 ans avant J.-C. (Ol. 87, 3)[13]. A ce témoignage si positif M. C. Müller[14] oppose des arguments que l'on regarde avec raison comme peu plausibles[15], et d'après lesquels le temple de Phigalie aurait été bâti par Ictinus immédiatement après le Parthénon et avant la guerre du Péloponèse, de l'Ol. 85, 3 à l'Ol. 87, 3. Les objections faites à ce système par M. Ch. Lenormant paraissent sans réplique, et le surnom donné à Apollon ne peut laisser aucun doute sur l'assertion de Pausanias.

Nous ne ferons pas ici la description de ce temple; ce soin appartenait à M. Blouet, dont le travail ne laisse rien à désirer. Nous n'entrerons également dans aucun détail sur les singularités architectoniques que présente ce monument, l'un des mieux conservés de la plus belle époque de l'art; elles ont été indiquées avec trop de talent par le savant éditeur du Trésor de numismatique et de glyptique, pour que nous croyions devoir rien ajouter après lui. Nous signalerons seulement l'orientation extraordinaire de ce temple, dont la porte principale n'est pas, comme celle de tous les sanctuaires antiques, ouverte à l'est, mais au nord[16], avec une légère inclinaison vers l'est. M. Lenormant a cherché à expliquer cette disposition de l'axe du monument. Suivant lui[17], « les Phigaliens, obligés par l'invasion de la peste d'abandonner leur ville, s'étaient réfugiés sur les montagnes du voisinage, et là l'influence du *vent du nord*, par conséquent l'intervention directe de l'*Apollon Hyperboréen*, avait tout d'un coup arrêté le fléau. Thucydide put donc affirmer qu'en comparaison de l'Attique la peste n'avait rien été en Arcadie[18]. Les Phigaliens, dans la ferveur de leur reconnaissance envers le dieu qui venait de les délivrer si promptement, résolurent d'élever un temple magnifique à Apollon Epicurius. Ils choisirent donc pour site du nouveau temple le lieu où ils s'étaient réfugiés dans leur terreur, et ils dirigèrent l'entrée de l'édifice vers la partie du ciel d'où le vent salubre avait soufflé, d'où le dieu leur avait apparu. » Cette explication, il faut en convenir, paraît très-séduisante au premier abord ; cependant je ne pense pas qu'on doive l'admettre en tout point. Ce que M. Lenormant dit des raisons qui déterminèrent les Phigaliens à bâtir leur temple sur le Cotylius, me semble tout-à-fait incontestable[19]; mais je suis porté à croire, et c'est aussi l'opinion de M. Stackelberg (p. 36), que l'orientation du temple fut due moins à des considérations religieuses qu'à des considérations topographiques. En examinant bien les vues données par M. Combe et par M. Stackelberg, il est facile de se convaincre que la place manquait pour que l'axe reçût la direction ordinaire, et c'est peut-être là seulement ce qui a déterminé l'infraction aux lois établies. Ce qui fortifie cette opinion, c'est que le temple est orienté non pas plein nord, mais N. E., c'est-à-dire dans la direction du plus grand diamètre du plateau de la montagne.

Nous ne reproduirons pas ici les ingénieuses conjectures de M. Lenormant sur les expédients auxquels durent recourir les Phigaliens, peuple sans commerce et sans mines, afin de pourvoir aux dépenses de la construction et de la décoration du monument, sur l'emploi qu'ils firent d'artistes athéniens, et sur les motifs qui les décidèrent à donner place dans la frise à deux scènes qui intéressaient particulièrement les Athéniens, leurs ennemis, et où le héros de l'Attique, Thésée, jouait le principal rôle. Nous croyons devoir renvoyer nos lecteurs à l'intéressante dissertation où ces conjectures sont développées[20].

Le temple de Bassæ avait été, dès l'année 1765, signalé au docteur Chandler par l'architecte français Boeher[21]. Mais ce qui a surtout contribué à lui rendre son ancienne célébrité, ce sont les fouilles

---

[1] VIII, 41, 5.
[2] Τὸ δὲ ὄνομα ἐγένετο τῷ Ἀπόλλωνι ἐπικουρήσαντι ἐπὶ νόσῳ λοιμώδει. Paus., ibid.
[3] Βᾶσσαι, forme dorienne pour βήσσαι, *saltus, vallée, ravin situé au milieu d'une forêt*. Homère emploie souvent les locutions εὕρεεν ἐν βήσσῃς, et ἐν καλῇ βήσσῃ. Il., XVIII, 588, cf. XIX, 435. Il joint à ce mot les épithètes de κοίλη, et de τρηχεῖα dans l'hymne à Apollon, v. 284. On trouve aussi dans ce poète le pluriel pour le singulier, Od. X, 210. Dans Pindare, βῆσσα désigne une *caverne inhabitée et déserte, luchi inabitati, ermi e selvaggi*, suivant l'expression de l'Arioste. Or. F. 1, 33.
[4] Κοτύλη, creux, cavité.
[5] Loc. cit., 6.
[6] Voy. t. 2, p. 5.
[7] Ποτέμων δὲ ἐπιόντων ἴσμεν Μαιάνδρῳ μὲν σκολιῷ μάλιστα κάττειν τοῦ βεύματι, ἐς τε τὸ ἄνω καμπὰς καὶ αὖθις ἐπιστροφάς· παρεχόμενος πλεῖστα · ἔσπλαρε δὲ ἔπιστρεφε τε ἰνκοι φέρεται ἡ Νέδα. Paus. VIII, 41, 3.
[8] Voy. *Der Apollo Tempel zu Bassæ in Arcadien und die dasselbst ausgegrabenen Bildwerke, dargestellt und erlautert durch O. M. Baron von Starckelberg*. Rom. 1826, in-F°., pl. I et II; et *A description of the Collection of ancient marbles in the British Museum* (par M. Combe, part. IV, Lond. 1824, 4° pl. XXVI et XXVII.
[9] Pour οἱ τοὺς στύλους.
[10] Voy. pl. 4 et 8.
[11] Paus. VIII, 41, 5.
[12] Ibid.
[13] Ibid.
[14] Dans sa dissertation sur la vie de Phidias, p. 14, 15.
[15] Voy. M. Ch. Lenormant, *Trésor de numismatique et de glyptique : Bas-reliefs du Parthénon et du temple de Phigalie*, p. 13.
[16] Stackelberg, p. 31, 33 et 36.
[17] Ibid., p. 15.
[18] II, 54.
[19] Peut-être ce lieu avait-il déjà servi de retraite aux Phigaliens dans des temps plus reculés, alors qu'ils furent chassés de leur ville par les Spartiates, 659 av. J.-C. Ol. 30, 2. Paus., XIII, 39, 2. Cette conjecture pourrait trouver sa justification dans les ruines remarquées par M. Blouet, sur le plateau où il a cru retrouver le temple de Vénus. Voy. t. 2, p. 5.
[20] Op. cit., p. 15.
[21] Chandler Travels, c. 77.

entreprises en 1812 par une société de savants et d'artistes anglais et allemands qui avait déjà signalé ses travaux par la découverte des statues du temple de Jupiter Panhellénien à Égine[22]. A ce premier service déjà si important, elle en a ajouté un second plus important encore, en retirant des décombres où elle était enfouie, la frise intérieure de la cella du temple de Phigalie. Cette frise consistait en 23 plaques de marbre[23] de 2 pieds 1 pouce et demi de haut[24], mais d'une longueur très-inégale : la plus courte (la 19e) est de 2 pieds 7 pouces 3/4, la plus longue (la 8e) est de 5 pieds 10 pouces; la longueur moyenne du plus grand nombre est de 4 pieds 5 pouces, et la longueur de toute la frise était de 100 pieds 10 pouces. Ces différentes plaques ont été, dans leur chute, brisées en un grand nombre de fragments; mais la patience et la persévérance de ceux qui les découvrirent sont parvenues à retrouver tous ces précieux débris; et quand ils ont été rapportés et rapprochés, le bas-relief s'est trouvé si complet qu'il n'a été besoin d'aucune restauration pour le rendre intelligible. Un fragment perdu[25], ou plutôt dérobé pendant le trajet, a été retrouvé en 1816 et offert au musée britannique par John Spencer Stanhope; deux autres fragments ont été, en 1824, ajoutés à la collection par le chevalier Bröndsted.

M. Stackelberg raconte avec de grands détails[26] par combien de fatigues et de travaux fut achetée cette précieuse découverte. A défaut de son récit, si plein d'intérêt, nous donnerons ici un extrait d'une lettre de M. C. R. Cockerell[27], l'un des membres de la société, parce que cette lettre peut être considérée comme l'analyse de la narration du savant allemand.

« Combien je regrette, dit-il, de n'avoir pas été de cette délicieuse partie de Phigalie[28], qui se composait de plus de vingt personnes ! Ce fut sur le sommet du Cotylius, d'où la vue s'étend sur toute l'Arcadie, qu'ils s'établirent pour trois mois entiers. Ils construisirent autour du temple des huttes couvertes de branches d'arbres, et finirent par former une sorte de village qu'ils appelèrent Francopolis. Là, souvent 50 et même 80 hommes étaient à l'ouvrage dans le temple, et un orchestre composé de musiciens arcadiens se faisait continuellement entendre pour charmer et encourager les travailleurs. La nuit venait-elle mettre fin aux travaux, alors commençaient les danses et les chants[29]. Sur de longues broches de bois on faisait rôtir des agneaux entiers[30]. Comment se faire une idée d'une semblable scène, au milieu de cet admirable paysage et de circonstances si intéressantes, alors que chaque jour rendait à la lumière quelque nouveau chef-d'œuvre des plus beaux temps de la sculpture? Apollon a dû s'étonner de ces fêtes qui venaient interrompre son long repos.

Il a dû croire que les jours de son ancienne gloire étaient enfin revenus.

« Le succès de notre entreprise étonna tout le monde, et, il faut le dire, la fortune nous seconda dans toutes les circonstances qui s'y rattachaient. Précisément à cette époque Ali-Pacha fut déposé. Nous eussions été fort embarrassés par le traité que nous avions fait avec lui, et d'après lequel il devait être maître de la moitié des marbres découverts. Mais dans cette occasion il se trouva très-satisfait de nous vendre sa part; et à peine notre trésor était-il embarqué, que nous avions de officiers du nouveau pacha arriver dans le port avec l'intention de s'emparer de tous les marbres : heureusement ils étaient déjà en sûreté. »

Les marbres de Phigalie furent achetés à Zante, en 1814, par l'ordre du prince régent d'Angleterre, moyennant la somme de 15,000 livres sterling (375,000 fr.), portée par un échange désavantageux à la somme de 19,000 livres sterling (475,000 fr.). Cette dépense fut prélevée sur les droits de l'amirauté, et il fut ordonné que les marbres seraient déposés au Musée britannique. Les propriétaires étaient : M. C. R. Cockerell, M. John Foster, M. Charles Haller, M. Stackelberg, M. Jacques Linck, et M. Gropius, vice-consul anglais en Morée, qui stipulèrent en outre qu'un exemplaire des moules de la frise serait remis à chacun d'eux lorsque les différentes parties auraient été réunies[31]. Les marbres arrivèrent en Angleterre dans l'automne de 1815.

Ces marbres furent réparés[32] et placés au Musée britannique, non dans leur ancienne position, mais dans une position purement arbitraire. Long-temps on avait pensé, avec les premiers éditeurs, M. Wagner[33], et M. Combe[34], l'un des conservateurs du Musée britannique, que ces plaques n'offraient entre elles aucune cohésion nécessaire ; mais M. Stackelberg s'est depuis livré à de longues études sur le monument, et est parvenu à proposer une restitution complète qui ne peut donner lieu à aucune objection sérieuse[35].

Deux sujets distincts forment l'ensemble de la frise de Phigalie : des vingt-trois plaques qui la composent, douze sont consacrées à la victoire de Thésée sur les Amazones ; onze à la défaite des Centaures, par ce même héros. Il résulte de l'ordre proposé par M. Stackelberg, et que l'on a cru devoir adopter dans cet ouvrage, que le premier sujet, le combat des Amazones, commençait à l'angle N. O. de la cella, et occupait le petit côté E. et un tiers du petit côté S. ; et que le second sujet, le combat des Centaures et des Lapithes, suivait immédiatement, et, remplissant les deux autres tiers du petit côté S., et tout le grand côté O., venait se terminer à l'angle N. O., là où la suite des Amazones avait commencé[36]. Ainsi, en entrant

---

[22] Stackelberg, p. 12. Nous aurons occasion de revenir sur ce monument.
[23] L'opinion énoncée en Angleterre, qu'une 24e plaque n'a pas été retrouvée, ne saurait être admise si l'on compare la longueur des 23 plaques à l'espace qu'elles ont occupé.
[24] Les mesures indiquées ici sont des mesures anglaises.
[25] Stackelberg, op. cit., p. 47.
[26] P. 12 à 26.
[27] Publiée dans le Voyage en Grèce de Haygues, t. 1, p. 194 (1830, 8°).
[28] M. Cockerell était alors en Sicile.
[29] M. Stackelberg, p. 113 et suiv., nous a conservé quelques chants arcadiens qui respirent la naïve simplicité des temps antiques. Nous donnons ici une traduction littérale de la première de toutes, qui est peut-être la plus populaire, et qui avait déjà été publiée par M. Fauriel, mais avec de nombreuses différences dans le texte, quand l'ouvrage de M. Stackelberg a paru. Voyez Chants populaires de la Grèce moderne, Paris, 1825, 2 vol. in-8°; t. 2, p. 196 et 197.

LE GREC SUR LA TERRE ÉTRANGÈRE.

Je voulus une fois, je voulus deux, je voulus trois et cinq fois, je voulus faire un voyage bien loin, dans les pays étrangers; et je dis à toutes les montagnes que je devais passer : « Montagnes, ne vous couvrez pas de neige ; campagnes, ne vous couvrez point de frimas; belles et fraîches fontaines, ne gelez pas tant que je vois et viens, jusqu'à ce que je revienne. » Et je trouvai les montagnes couvertes de neige, les champs couverts de frimas, les belles et fraîches fontaines gelées. Et (cependant), je retournai bien loin dans les pays étrangers, et je pris des étrangères pour sœurs, des étrangères pour mères-nourrices. Des étrangères lavèrent mon linge, des étrangères lavèrent mes vêtements. Elles les lavèrent une fois, elles les lavèrent deux, elles les lavèrent trois et cinq fois; et, au bout de cinq fois elles me les jetèrent enfin devant la porte : « Prends, étranger, ton linge, et retourne auprès de ta mère. »

[30] M. Stackelberg se croyait revenu aux temps homériques, p. 16 : Ganze Schaafe und Ziegen drehten sich täglich an hölzernen Spiessen, nach völlig Homerischen Brauche zubereitet. L'enlèvement des marbres de Bassæ n'est pas présenté sous des couleurs aussi favorables et aussi riantes par un voyageur allemand, Christian Muller, qui passa sur les lieux en 1821. Voyez M. Pouqueville, Voyage de la Grèce, t. 5, p. 507, 2e éd.
[31] Il est à regretter que notre Musée ne possède pas un exemplaire de ces moules. La frise de Phigalie est un monument trop important, pour que le gouvernement français ne réclame pas de l'Angleterre les moyens d'offrir à nos artistes un sujet d'étude aussi intéressant. Il serait également à désirer que l'on pût trouver un moyen d'utiliser, pour le public et pour les artistes, les copies que possède l'atelier de moulage du Musée royal. N'est-il donc à Paris aucun emplacement disponible, où l'on puisse exposer, dans un ordre soit historique, soit géographique, les chefs-d'œuvre des musées de l'Italie, de Londres, de Dresde, de Munich, etc.? Ce serait une consolation de nos pertes de 1815.
[32] On ne saurait trop s'élever contre la manie de réparer les monuments anciens. Encore si ces restaurations étaient confiées à des artistes d'un grand talent; mais il n'en est pas ainsi. Qui ne préférerait la vue du monument le plus fruste aux ridicules contrastes de certaines restaurations ?
[33] Bassorilievi antichi della Grecia, ossia fregio del tempio di Apollo Epicurio in Arcadia, disegnati dagli originali da Gio. Maria Wagner ed incisa da Ferdinando Ruscheveyh. Roma, 1814, in-f°, obl.
[34] A description of the collection of ancient marbles in the British Museum, part. IV, London, 1821, 4°.
[35] L'ordre adopté par M. Stackelberg est justifié par les dimensions du temple, souvent même il est rigoureusement indiqué par certains détails artistiques.
[36] Ordre des 23 plaques suivant M. Stackelberg :
Petit côté N. 1—3.
Grand côté E. 4—11.
Petit côté S. 12—14.
Grand côté O. 15—23.

dans le temple, le spectateur avait à sa gauche les Amazones, à sa droite les Centaures. Vers le centre de chacun des grands côtés, et comme devant particulièrement fixer l'attention, figuraient deux scènes importantes : à gauche, la victoire de Thésée sur la reine des Amazones ; à droite, Cénée que les Centaures écrasent sous d'énormes rochers. Enfin, au milieu du petit côté S., vis-à-vis de la porte d'entrée, et au-dessus de la colonne corinthienne qui séparait l'hypètre de l'opisthodome [37], on voyait Apollon et Diane accourant au secours des Lapithes dans un char traîné par des cerfs. L'artiste avait à dessein placé ce groupe dans l'endroit le plus apparent, afin de mieux indiquer la destination du temple et de justifier, par l'intervention du dieu auquel le temple était consacré, le choix des sujets adoptés pour la décoration du monument [38].

Si notre musée eût possédé un exemplaire des plâtres de la frise de Phigalie, nous aurions, tout en suivant l'ordre adopté par M. Stackelberg, reproduit ce monument dans l'état où il a été trouvé, avec ses mutilations et ses lacunes. Dans l'impossibilité d'exécuter un pareil travail avec toute l'exactitude désirable, nous nous sommes contentés d'offrir à nos lecteurs une copie soignée de la restauration proposée par le savant allemand. Cette copie fera mieux apprécier le style et la manière de la sculpture, attribuée à Alcamène ou à ses disciples [39], que la réduction anglaise, dont les principaux inconvénients sont, d'une part, le désordre inconcevable des différentes plaques [40], et, par dessus tout, le caractère tout britannique donné aux acteurs des deux scènes retracées dans ce précieux monument de l'art grec. Nous aurons d'ailleurs le soin d'indiquer, dans les notes jointes à notre explication, les parties qui, manquant dans l'original, ont été restaurées dans la copie. Nous prendrons pour base de ces indications la copie aussi élégante que fidèle que M. Stackelberg a donnée de chacune des plaques [41].

Il ne peut entrer dans notre plan d'exposer ici dans tous ses développements le mythe si intéressant des Amazones [42], ni de chercher à dégager ce qu'il peut y avoir d'historique dans les traditions fabuleuses que les auteurs anciens nous ont transmises sur ces héroïnes [43]. Contentons-nous de rappeler ici que, de tous les exploits de Thésée, c'était, avec la défaite des Centaures, celui auquel les Athéniens paraissaient attacher le plus d'importance : ces deux sujets étaient d'ailleurs, comme le remarque Millin [44], très-propres à orner les frises et les frontons des temples ; et les groupes particuliers d'un Grec à pied et d'une Amazone à cheval pouvaient, ainsi que les groupes d'un Centaure et d'un Lapithe, servir à la décoration des métopes. Il faut dire aussi qu'indépendamment des motifs religieux et des considérations de gloire nationale qui déterminaient la préférence des Athéniens pour ces deux scènes des temps héroïques, les artistes devaient avoir une prédilection toute particulière pour des sujets qui offraient tant de ressources à leur talent. Quoi de plus favorable à la sculpture que cette opposition des sexes, des âges, des costumes ; que la représentation de cet être idéal chez qui les deux natures les plus belles se confondent ; que cette variété infinie de mouvements, de caractères et de passions ? Il ne faut pas d'ailleurs oublier que pour l'un et l'autre sujet les artistes trouvaient de fécondes inspirations dans les Atthides et dans les Théséides, où les exploits de l'Hercule athénien étaient chantés [45], et que d'ailleurs l'un et l'autre événement avait été célébré isolément par plus d'un poète. Parmi les nombreuses épopées relatives aux Amazones, on cite une *Amazonia* d'Homère, qui ne nous est pas parvenue [46]. Nous ne parlons pas ici de la prétendue histoire ou du prétendu Cimon aurait, suivant le témoignage d'Arrien (*de Exped. Alexandri*, VII, 13, 10), décrit le combat des Athéniens et des Amazones avec non moins de soin que celui des Athéniens et des Perses. Depuis long-temps Kühn, Boettiger et Visconti [47], ont prouvé qu'au lieu de Κίμωνος il fallait lire Μίκωνος, et que, par conséquent, il s'agit dans ce passage, non d'une histoire qui n'a jamais existé, mais des sujets

---

[37] Nous aurons occasion de revoir (note 297) sur cette colonne qui a beaucoup embarrassé les artistes et les archéologues.

[38] Stackelberg, *op. cit.*, p. 52, Lenormant, p. 16.

[39] Stackelberg, *op. cit.*, p. 84-86, Lenormant, *op. cit.*, p. 15.

[40] Tableau comparatif de l'ordre des plaques : 1° dans M. Stackelberg ; 2° dans M. Wagner ; 3° dans la description du Musée britannique, faisant partie de la collection publiée sous le titre de *the library of entertaining knowledge*. London, 1833, t. 2, p. 175-212 ; 4° d'après la réduction anglaise ; 5° dans le Trésor de numismatique et de glyptique.

Stack.	Wagner.	Mus. brit.	Réd. angl.	Tr. de N.
1	12	12	2	XIII, 1, 2.
2	13	13	15	XIV, 4, 1.
3	21	21	22	XV, 3, 2.
4	15	16	17	XV, 1, 2.
5	19	21	1	XV, 2, 2.
6	16	15	18	XV, 1, 2.
7	22	22	23	XIV, 3, 1.
8	23	18	23	XV, 4.
9	17	19	14	XIV, 3, 2.
10	20	22	21	XV, 3, 1.
11	18	20	19	XV, 2, 1.
12	14	14	16	XV, 4, 1.
13	1	1	13	XIII, 1, 1.
14	4	3	5	XIII, 3, 1.
15	10	2	11	XIV, 2, 1.
16	11	11	12	XIV, 2, 2.
17	9	5	8	XIV, 1, 2.
18	6	10	4	XIII, 3, 2.
19	5	7	6	XIV, 1, 1.
20	8	6	9	XIV, 1, 2.
21	7	8	7	XIV, 4, 1.
22	2	9	10	XIII, 2, 2.
23	3	10	3	XIII, 2, 1.

[41] *Op. cit.*, pl. VII—XXIX.

[42] Voyez sur ce mythe : *Goropius Becanus*, *Origines antwerpianæ*, *sive Cimmeriorum Becceselana novem libris complexa*, *Amatica*, *Gigantomachia*, *Niloscopium*, *Cronia*, *Indo-Scythica*, *Saxonica*, *Gotto-Danica*, *Amazonica*, *Venetica* et *Hyperborea*. *Antverpiæ*, 1569, f° (Jean van Gorp, l'auteur de ce livre singulier, prétendait que la langue flamande ou teutonique était celle d'Adam) ; *Petri Petiti de Amazonibus Dissertatio*, *Amst.*, 1687, 8° ; Guyon, *Hist. des Amaz. anc. et mod.* Paris, 1740, in-12 ; Taylor, *Lectiones Lysiacæ*, c. 3 ; M. Boettiger, *Vasen*

Gemälde ; Millin, *Mon. inéd.*, t. 1, p. 337-345, et *Galerie mythol.*, t. 2, p. 190 et suiv. ; Visconti, *Museo Pio-Clementino*, t. 5, pl. XXI ; *la Symbolique de Creuzer*, t. 2, 1re partie, p. 87-91 de la traduction française donnée par M. Guigniaut ; et enfin, M. Stackelberg, *op. cit.*, p. 35-59.

[43] Voyez sur cette question, Fréret, *Acad. des Inscr.*, t. 21, Mém., p. 108 ; Larcher sur Hérodote, t. 3, p. 522 ; Millin, *Mon. inéd.*, t. 1, p. 342, note ; *Carey ad Hipparc. de aere et loc.*, t. 2, p. 367 et suiv. de la trad. franç. ; Miot, sur Hérod., t. 3, p. 222 ; Degas-Montbel, *Obs.*, *sur l'Iliade d'Homère*, t. 1, p. 181 (II, y 189). Ce qu'il y a de plus vraisemblable sur cet événement, c'est qu'une invasion des Cimmériens eut lieu en Grèce, vers l'époque que l'on assigne à Thésée ; que ces peuplades, comme on en retrouve la preuve dans l'expédition des Cimbres et des Teutons, emmenaient avec elles leurs femmes, qui prenaient part au combat. Cette opinion est confirmée par tous les auteurs athéniens qui parlent de cette guerre, et qui associent les Scythes aux Amazones. Voy. Isocr. Panég., 19. Panath., 78 ; Lysias, Epitaph. X, etc. Un monument publié par Millin (*Peint. de vases*, II, 75) donne aux Amazones des Scythes pour auxiliaires.

[44] *Mon. inéd.*, t. 1, p. 347.

[45] Voy. sur les Atthides, Schoell., II. de la litt. gr., 2, 185 ; 3, 224 ; IV, 124. Aristote, *de Poëtica*, c. 8, jette quelque lumière sur la forme des Théséides et des poètes cycliques du même genre. Parmi les auteurs de Théséides, on ne cite guère que Pythostrate, ou mieux Nicostrate, postérieur à Épaminondas (Diog. Laërt. II, 59), et auquel il faut peut-être attribuer la Théséide citée par Plutarque (Thésée, 28) ; et celle dont parle le Scholiaste de Pindare, Ol. III, 52. On pourrait y ajouter Zopyre, dont Stobée, tit. LXIV, 38, nous a conservé un fragment fort soutable ; et c. 34 des Parallèles de Plutarque. Ce fragment, qui manque dans les anciennes éditions de Stobée, a été publié pour la première fois par Walchenaer, p. 4 de son édition de l'*Hippolyte* d'Euripide, Lugd. Bat., 1760, 4°. On ne connaît chez les Romains que la Théséide du *magne Cadmi*, illustré par Juvénal (Sat. 1). Il est probable que son poëme était un reflet de poèmes plus anciens. Nous ne parlons pas de la prétendue Théséide de Diphilus, citée par le Scholiaste de Pindare, Ol. X, 83 ; on a prouvé jusqu'à l'évidence que ce n'était autre chose qu'un drame du poète comique de ce nom. Cf. *Fr. Wülner de Cyclo epico* ; *commentat. philol. Monasterii*, 1825, p. 55. C. *Gail. Müller de Cyclo græc. epic. et poet. cycl. Lips.* 1829, p. 64 ; et sur la question relative à Diphilus, *Rud. J. F. Henrichsen de carminibus Cypriis*, *Havniæ*, 1828, in-8°, p. 93. Dans aucune de ces trois dissertations il n'est mention de la Théséide de Duris.

[46] Suidas, in v. Ὅμηρος. On cite encore l'*Amazonia* d'Onasus (Sch. Apoll. Rh. I, 1209 et 1 1261) et celle de Possis de Magnésie (Athénée, VII, 12, p. 296, D.) Cf. Wülner, *op. cit.*, p. 56, et Müller, *op. cit.*, p. 65.

[47] Voyez Visconti, *Dissertation sur un vase grec publiée au commencement du musée Pourtalès*, p. 15, note 55.

que Micon avait peints, ἔγραψε, dans le Pœcile et dans le Théséion. Ajoutons seulement que les orateurs d'Athènes, qui avaient, soit à célébrer les louanges de la patrie [48], soit à prononcer l'éloge des guerriers morts en combattant pour elle [49], ne manquaient jamais, en énumérant les exploits des ancêtres, d'insister sur la défaite des Amazones. Quant aux Centaures, ne suffisait-il pas qu'ils eussent été chantés par Homère [50]? Qui pourrait nier l'influence d'Homère sur l'art grec [51]? Mais déjà avant Homère, s'il faut en croire Élien [52], Mélisandre de Milet avait chanté le combat des Centaures et des Lapithes; Hésiode, ensuite, décrivit la Centauromachie représentée sur le bouclier d'Hercule [53], et depuis ce sujet dut figurer dans les Argonautides dont Apollonius de Rhodes, Valerius Flaccus nous offrent sans doute une imitation [54].

Ainsi, nous le répétons, il ne faut pas s'étonner si l'on trouve souvent, comme dans le temple de Phigalie, les deux sujets réunis sur un même monument. A Athènes, les métopes de la frise dorique extérieure du Parthénon représentaient, au S. et à l'E., le combat des Centaures; au N. et à l'O., celui des Amazones [55]. Dans le temple de Thésée était également représenté l'un et l'autre combat peint par Micon [56], qui, suivant toute vraisemblance, avait été secondé par Polygnote [57]. Ce sont encore ces deux exploits du héros athénien que reproduisaient les bas-reliefs de la frise de ce même temple, dont le Musée britannique possède des fragments importants [58]. Phidias avait retracé le premier de ces sujets sur le bouclier et le second sur les sandales de la célèbre Minerve; enfin, à Olympie, ce même Phidias avait représenté le combat des Amazones sur le trône de Jupiter; Alcamène, le combat des Centaures sur le fronton du temple [59].

Il ne s'ensuit pas de ce qui précède que ces deux épisodes se trouvent toujours réunis, il faut même convenir qu'on les rencontre plus fréquemment isolés, soit sur les vases, soit sur d'autres monuments d'antiquité figurée, tels que frontons, frises, sarcophages, casques, armures, mosaïques, pierres gravées, médailles, etc.; et, d'abord mentionnons la frise du temple d'Aglaure, regardé par d'autres comme le temple de la Victoire, ἄπτερος [60]; puis, parmi les tombeaux, citons le sarcophage du Capitole [61] et surtout celui de Vienne [62], si remarquable par l'énergie et la vérité des poses, par la pureté et l'élégance des formes; puis, passant aux vases, mentionnons seulement les plus importants, car les indiquer tous serait impossible.

Millin, dans ses Peintures de vases [63], en a publié trois d'autant plus précieux pour nous que plusieurs scènes analogues à celles du bas-relief de Phigalie y sont reproduites; ce qui confirmerait l'opinion émise par l'éditeur, que l'une de ces scènes en particulier était une imitation du combat représenté par Phidias sur le bouclier de Minerve, si toutefois l'on adopte l'opinion très-vraisemblable, mentionnée plus haut, et d'après laquelle la frise du temple de Bassæ serait l'ouvrage d'Alcamène ou d'artistes de son école. Un vase de l'ancienne collection de M. Durand, appartenant aujourd'hui au Musée Pourtalès, également expliqué par Millin [64] et plus tard par Visconti [65], représente le combat de Thésée contre Hippolyte. Enfin Millin, dans sa dissertation sur ce monument, indique un grand nombre de vases où la lutte des Amazones contre les Grecs était retracée. Nous y renvoyons nos lecteurs, et nous nous contentons d'ajouter à la longue nomenclature qu'il présente, le vase de Vienne gravé dans le Voyage en Autriche de M. de Laborde [66].

Nous avons dit que le combat des Amazones figurait aussi sur des armures. Nous donnerons comme exemple de cette assertion les deux reliefs en bronze, provenant d'une ancienne cuirasse, que possède aujourd'hui M. Brøndsted [67]. On y voit deux groupes d'Amazones que M. Stackelberg regarde comme une imitation de notre monument. Quant aux pierres gravées, citons, d'après Visconti [68], une pierre gravée du musée de Florence [69], représentant Thésée au moment où il venge la mort d'Antiope sur Molpadie; et pour n'oublier aucun des genres de monuments qui nous sont connus, indiquons une coupe en terre cuite, citée par Petit et par Guyon d'après Liceti [70], et qui ne paraît avoir été fort mal expliquée par ses trois éditeurs. J'aurai occasion d'y revenir.

Quelques mots maintenant sur les monuments particulièrement relatifs aux Centaures [71]. Nous avons déjà dit que leur lutte contre les Lapithes était retracée sur la semelle des sandales de la statue

---

[48] Isocr. Paneg., 19. Panath., 78.

[49] Lysias, Epitaph. 3. Plat., Menex., 9. Demosth., Epitaph. p. 1391.

[50] Il., I, 268; II, v. 740 et suiv.; Od., XXI, 295-304. Une tragédie d'Eschyle, *les Perrhèbes*, dont nous ne possédons plus que trois fragments de quelques vers, avait, suivant toute vraisemblance, pour sujet, le combat des Centaures et des Lapithes. Cf. Fr. G. Welcker: *die Aeschylische Trilogie*. Darmstadt, 1824, in-8°, p. 529.

[51] Voy. Heeren, *Ideen über die Politik*, u. s. w. III. Th., 1re Abth., p. 71-76. Est-il nécessaire de rappeler ici que ce furent quelques vers d'Homère (Il. I, 529 sqq.) qui inspirèrent à Phidias l'idée de son Jupiter Olympien? Strab., VIII, p. 534; A. Val. Max. III, 7. ext. 4.

[52] Var. Hist. XI, 2.

[53] Vers 180 et suiv.

[54] On sait que le XIIe chant des Métamorphoses est consacré à la Centauromachie, et il est probable qu'Ovide avait emprunté les détails à des ouvrages beaucoup plus anciens.

[55] Stackelberg, op. cit., p. 52. *British Museum*, t. 1, p. 139 et suiv. M. Brøndsted, *Voy. et Rech. dans la Grèce*, 2e livraison, p. 189 et suiv. Plusieurs des scènes retracées sur ces métopes ont été évidemment imitées par les Phigaliens, et c'est l'un des arguments que fait valoir M. Stackelberg pour prouver que cette frise doit être l'ouvrage d'Alcamène.

[56] Pausan., 1, 17, 2.

[57] Sillig, *Catalogus artificum* Dresdae et Lips., 1827; in-8°. — Ces peintures étaient-elles exécutées sur la muraille, ou sur bois? telle est la question qui partage aujourd'hui les antiquaires. M. Raoul-Rochette est d'avis que la peinture sur mur n'était pas celle que pratiquaient généralement les grands artistes de la Grèce. Son opinion est appuyée de beaucoup d'érudition et de convenance dans une savante et ingénieuse dissertation publiée en 1832 (Journal des Savants, juin, juillet et août). M. Hermann vient de publier une courte question des *conjecturæ* qui tendraient à généraliser un peu davantage l'opinion du savant français. (*De veterum Græcorum pictura parietum Conjecturæ*. Lips., 1834.)

[58] M. Raoul-Rochette, op. cit., p. 17, a prouvé que Dodwell avait eu tort de confondre ces bas-reliefs avec les peintures dont parle Pausanias. Les peintures étaient *dans l'intérieur du temple*, in τῷ ἱερῷ, et décoraient les trois murailles de la *cella*; les bas-reliefs, au contraire, ornent *extérieurement* la partie supérieure du mur du *pronaos* et du *posticum* entre les autres. — Les différentes scènes de ces bas-reliefs ont inspiré les sculpteurs de Phigalie, plus immédia-

[59] tement encore que les métopes du Parthénon. Voyez, entre autres, la plaque qui représente la mort de Cénée.

[60] Les deux scènes se trouvent réunies sur un vase peint de la collection du général Koller, maintenant au musée de Berlin. On pourrait encore citer la frise en terre cuite dorée du tombeau d'Armento, où figurent la Centauromachie et l'Amazonomachie avec beaucoup d'autres scènes mythologiques. Voyez M. Raoul-Rochette, *Mon. inéd.*, t. 1, p. 106.

[61] Brit. Mus., t. 2, p. 60 et suiv.

[62] Mus. Capit., t. 4, pl. XXIII.

[63] Cf., l'ouvrage du comte de Laborde en Autriche, t. 2, p. 49 sqq., pl. XIV. Il en existe un plâtre au Musée de Paris. On sait que ce sarcophage vient de Lacédémone. Nous ne parlons pas ici du beau sarcophage de la Villa Borghèse, qui a pour sujet les Amazones venant au secours de Troie (Winckelmann, *Mon. inéd.*, 137, 138), non plus que de celui du Vatican, représentant la mort de Penthésilée (V. Visconti, *Musæo Pio Clem.*, t. 5, pl. XXI. Winckelmann, *Mon. inéd.*, 139), parce que nous ne nous occupons que de l'expédition des Amazones contre Athènes. Visconti, op. cit., t. 5, p. 136, indique un grand nombre de monuments de ce genre. M. Stackelberg, o. c., p. 56 et 83, en cite également plusieurs.

[64] I, 56 et 61; II, 75.

[65] *Mon. inéd.*, t. 1, p. 335, pl. XXXV et XXXVI.

[66] Dans une dissertation très-remarquable et trop long-temps inédite, publiée au commencement de la description du Musée Pourtalès, par M. Panofka. Paris, 1834; in-folio.

[67] T. 2, pl. XIV. On pourrait citer encore de Laborde, *Vases du comte Lamberti*, t. 2, pl. XVII; Millingen, *Vases grecs*, pl. XXXVII; O. Gerhard, *Rapporto volcente*, p. 152 (dans les Annales de l'Institut archéologique, 1831); *Mon. inéd. de l'Institut archéologique*, t. 1, pl. LV (Cf. Annales 1834, p. 249); et t. 2, pl. XIII. Sur le beau fragment de vase appartenant à M. Revil, *Thésée*, indiqué par les dernières lettres de son nom ...ΥΣ, complète Antiope à cheval ...IOΠA; près de lui est un autre guerrier ΘΑΛ.ΟΣ (Θάλαρος, ou Φάλερος?). Je dois l'indication de ce dernier monument à l'obligeance de M. J. de Witte.

[68] Stackelberg, op. cit., p. 83.

[69] *Mus. Pio Clem.*, t. 2, p. 230, pl. XXXVIII.

[70] *Mus. Flor. Gemmæ*, t. 2, pl. XXXII.

[71] *De Lucernis antiquorum reconditis*. Utini, 1653, in-fol., LVI, c. 55, p. 886.

[72] Sur le mythe des Centaures, et sur les différentes manières de les représenter, voyez Millin, *Mon. inéd.*, t. 2, p. 272. Millin, op. cit., p. 273, 278. *Gal. Myth.*,

de Minerve par Phidias, sur les métopes du Parthénon, sur le fronton postérieur du temple d'Olympie, dans les peintures et sur la frise du temple de Thésée; et que sur tous ces monuments on leur avait associé le combat des Amazones. Nous devons ajouter que Mys les avait aussi représentés d'après une peinture de Parrhasius sur le bouclier de la seconde grande Minerve de bronze qui était dans la citadelle d'Athènes [22], et que Dinocrate les avait sculptés sur l'une des faces du bûcher d'Héphestion [23].

Des monuments indiqués plus haut il ne nous reste que les métopes du côté S. du Parthénon [24], quelques fragments de la frise du temple de Thésée. La Centauromachie forme encore le sujet d'un très-beau bas-relief tiré des ruines du palais de Dioclétien à Spalatro [25], et d'un sarcophage du Vatican, qui paraît être la reproduction d'un monument plus ancien [26] : peut-être même, à en juger d'après la succession des groupes, était-ce la copie des métopes de quelque temple [27]. On la trouve encore reproduite par une peinture d'Herculanum [28], par plusieurs pierres gravées [29], et par un grand nombre de vases, dont l'un des plus curieux est celui qu'a expliqué Millin dans ses monuments inédits [30]. Nous pouvons encore indiquer la grande mosaïque d'Ostie conservée au Vatican [31], et sur laquelle huit compartiments différents présentent des scènes très-variées du combat des Centaures et des Lapithes, qui n'ont peut-être pas assez fixé l'attention de Visconti; le casque du buste de Ménélas appartient également au Vatican [32] et où l'on peut voir une scène de la grande Centauromachie tout aussi bien que le combat d'Hercule contre les Centaures, ainsi que l'expliquait Visconti [33]; et enfin une terre cuite du Musée britannique qui représente un Centaure terrassé par un Lapithe, qui lui rompt la clavicule [34].

C'est surtout à l'époque de Phidias [35] que la représentation des Amazones et des Centaures obtint son plus haut degré de perfection; c'est alors que fut arrêtée la forme que depuis on leur a donnée constamment; c'est à Phidias qu'il faut attribuer le type idéal de ces deux êtres fabuleux. L'Amazone d'airain de Phidias fut, s'il faut en croire Pline [36], déposée, ainsi que celles de Polyclès, son disciple, et de trois autres artistes, dans le temple de Diane à Éphèse : on les y considéra comme autant de chefs-d'œuvre. Le premier rang fut accordé à Polyclès, le deuxième à Phidias, Ctésilaüs, qui avait représenté son Amazone blessée, eut le troisième, Cydon le quatrième, et Phradmon le dernier. Visconti voyait une copie de la statue de Polyclès dans l'Amazone du Vatican [37] dont nous avons possédé quelque temps à Paris [38]. L'Amazone blessée du Musée royal [39] passe pour une imitation de celle de Ctésilaüs. Le Centaure du Vatican [40] et les deux Centaures en marbre noir du Capitole [41], quoique d'un travail remarquable, sont évidemment d'une époque postérieure à Phidias, et c'est au temple de Thésée, aux métopes du Parthénon, et peut-être de préférence à la frise de Phigalie qu'il faut demander le type de cette belle création.

Passons maintenant à la description de la frise du temple de Bassae. Ce monument a déjà été publié plusieurs fois. La première publication, et celle peut-être qui reproduit avec le plus d'énergie ce chef-d'œuvre de la sculpture antique, est due à M. Wagner [42] : mais malheureusement les mutilations et les lacunes n'y sont pas assez fidèlement indiquées, et de plus les gravures ne sont accompagnées que de quatre pages de texte seulement. Après lui M. Combe publia les bas-reliefs de Phigalie dans sa description du Musée britannique [43], et accompagna les gravures d'un texte qui a été souvent mis à profit par les savants qui ont eu depuis à parler de ce monument. Ensuite parut l'important ouvrage de M. Stackelberg [44], modèle d'érudition et de goût, qui semblerait ne plus rien laisser à dire sur ce sujet, si de pareilles questions pouvaient jamais être épuisées. Le travail de M. Combe paraît avoir servi de base à la nouvelle description du Musée britannique, publiée en 1833 et dont nous avons parlé plus haut [45]. Enfin tout récemment M. Charles Lenormant a fait des bas-reliefs de Phigalie l'objet d'un travail particulier, et nous avons déjà eu l'occasion de rendre justice au talent et à la sagacité dont il a fait preuve dans cette publication [46].

Si nous osons, après des savants aussi distingués, parler encore d'un monument sur lequel ils ont jeté tant de lumière, c'est que le texte joint aux planches de M. Wagner est tout-à-fait insuffisant; que les explications de M. Stackelberg et de M. Combe sont données dans des langues qui peuvent n'être pas familières à tous nos lecteurs; que M. Charles Lenormant, obligé de se renfermer dans des bornes trop étroites, n'a pu entrer dans aucun détail, et qu'enfin ce savant, par des raisons indépendantes de sa volonté, a suivi un ordre qui ne peut donner une idée exacte de l'intention et du développement dramatique de ces deux grandes scènes. L'ordre que nous adoptons est celui qu'a indiqué M. Stackelberg; et comme nos planches ne présentent que le monument restauré, nous aurons soin d'indiquer dans des notes quel était l'état du bas-relief avant la restauration.

L'artiste, qui se propose de prouver la salutaire intervention d'Apollon dans les malheurs des peuples, semble avoir voulu nous faire pressentir dès le début l'issue du combat dont il nous retrace le souvenir. Dans les trois premières scènes les Amazones ont le dessous.

1. La première Amazone qui s'offre aux regards du spectateur vient d'être renversée par un Athénien; sa pelta, qu'elle a sans contrainte abandonnée au vainqueur, tombe derrière ses épaules [47]; sa tête est nue [48]; elle porte le costume dorique, qui laisse à découvert l'épaule et le sein droit [49]. Elle résiste encore à son adversaire sûr, de sa victoire, ne cherche plus à employer

---

1. 2, p. 191. Visconti, *Mus. Pio Clem.*, t. 5, pl. XI et XII. Stackelberg, op. cit., p. 66 – 70.
[22] Pausan., I, 28.
[23] Diod. Sic., l. XVII, p. 581, ed. Rhodom.
[24] Voy. Bromsted, op. cit., 2e livraison.
[25] Voy. Cassas, *Voyage de Dalmatie*, pl. XXXVIII, p. 137.
[26] *Mus. Pio Clem.*, t. 5, pl. XII.
[27] Stackelberg, op. cit., p. 83, note *.
[28] *Pitture d'Ercolano*, I, 9.
[29] Voy. Millin, *Mon. inéd.*, t. 2, p. 281.
[30] T. 2, p. 272 – 290. Voyez encore de Laborde, *Vases du comte Lamberg*, t. 1, pl. XXV, XXVI; Millingen, *Peintures antiques de la collection de sir John Coghill*, pl. XXXV. — Nous ne parlons pas ici des Centaures, figurant dans le cortège de Bacchus, dont le Musée du Vatican offre de si nombreux exemples. Ces représentations sont étrangères à notre sujet.
[31] *Mus. Pio Clem.*, t. 7, pl. XLVI.
[32] Op. cit., t. 6, pl. XVIII.
[33] Op. cit., t. 6, p. 117.
[34] *Engravings from the gallerie of Antiquities in the British Museum. Terre cotte*, pl. XXX, 55.
[35] Stackelberg, op. cit., p. 8 sqq.
[36] H. N., XXXIV, 19. Cf. Lucian. *imagg.*, 4.
[37] *Mus. Pio Clem.*, t. 2, pl. XXXVIII.
[38] *Musée Napoléon*, t. 4, part. III.

[39] N° 281, Mon. du Mus., t. 2, pl. LIV.
[40] *Museo Pio Clem.*, t. 1, pl. IJ.
[41] *Museo Capitol.*, t. 4, pl. XXXII et XXXIII.
[42] Voyez le titre de cet ouvrage, note 33.
[43] Voyez le titre de cet ouvrage, note 3.
[44] Voyez le titre, *ibid.*
[45] Page 14, note 40.
[46] Page 12.
[47] M. Stackelberg pense (p. 69) que, pour fuir plus facilement, elle avait suspendu son bouclier sur ses épaules; mais alors pourquoi n'existe-t-il aucune trace de la courroie (τελαμών, Hom., Il. XVI, 802) à l'aide de laquelle on suspendait le bouclier ? Était-ce d'ailleurs un moyen de fuir plus facilement? J'en doute fort. C'était surtout pour faire usage de l'arc qu'on rejetait le bouclier derrière le dos; mais ici il est impossible d'admettre que telle ait été l'intention de l'Amazone, car le monument n'indique point de quelle arme offensive elle faisait usage. On ne saurait, du reste, pour excuse de l'absence du τελαμών ou καιών (V. Ant. Gr. de Robinson, VII, 3) l'impossibilité où se trouvait le sculpteur de reproduire un pareil détail, puisque partout les détails de cette arme sont indiqués sur notre bas-relief avec une fidélité scrupuleuse.
[48] Son front est ceint d'une bandelette que M. Stackelberg semble prendre pour une bandelette sacerdotale (*priesterlich umgünd ein Binde ihre Stirn*, l. c.). Cet ornement n'est point indiqué par M. Wagner.
[49] Voy. Millin, Mon. inéd., t. 1, p. 363 et suiv. M. Stackelberg fait entendre que si le sein droit est nu, c'est que la tunique a été déchirée pendant la lutte.

ses armes contre elle et semble vouloir l'entraîner par les cheveux [100]. Il est entièrement nu, car on ne peut considérer comme un vêtement la chlamyde qui, jetée négligemment sur son épaule gauche, flotte derrière sa tête et retombe en plis onduleux entre sa jambe et le vaste bouclier rond [101] qu'il porte au bras gauche (*a*).

A droite de cette première scène sont deux Amazones, l'une vêtue du costume scythique [102], l'autre du costume dorique. L'une d'elles vient de tomber, elle est encore menacée par l'ennemi, et aurait déjà succombé si sa compagne n'était venue à son secours en la couvrant d'un bouclier qu'elle a sans doute enlevé à un Athénien, ou qui peut-être est propre à la tribu dont elle fait partie, car il n'a ni la forme, ni les dimensions que l'artiste donne ordinairement à la pelta de ces guerrières (*b*).

2. L'ardeur de l'Athénien ne se ralentit pas à la vue du secours qui arrive à son ennemie renversée : il lève au-dessus de sa tête sa main droite, armée du parazonium, pour porter le coup mortel à sa victime ; mais en guerrier prudent il tient son bouclier derrière lui, afin de prévenir une attaque imprévue (*c*).

A cette scène si animée en succède une autre plus animée encore. Une Amazone et un Athénien sont aux prises. L'Athénien est, ainsi que son ennemie, armé d'un casque ; il a de plus qu'elle un bouclier, dont il se couvre pour parer le coup de hache qu'elle va lui porter, tandis qu'elle, de son côté, saisit le javelot du guerrier de la main gauche et cherche à l'écarter (*p*). Derrière lui une jeune femme qui vient de recevoir une blessure mortelle ; ses bras sont pendants, ses genoux fléchissent, elle va tomber à terre. A ses pieds est un objet fort mutilé et très-diversement indiqué par les copistes, mais que l'on s'accorde à prendre pour un casque [103]. On prétend généralement que cette figure représente une Amazone, mais il me paraît difficile de partager cette opinion. Le costume n'est point celui d'une Amazone : sa tunique, qui descend jusqu'aux pieds, est reconvertie du péplum, et sur son bras gauche retombant les plis de son manteau [104]. Il paraîtrait plus vraisemblable de voir dans ce personnage une Athénienne qu'une Amazone vient de frapper et dont la mort

est vengée par son époux ou par un frère. Tout le mouvement de la scène semble se prêter à cette conjecture, qui d'ailleurs rattache cette dernière figure à l'ensemble, dont autrement elle serait isolée. On serait tenté de la prendre pour Antiope que Molpadie vient de tuer [105] ; mais pour que cette conjecture fût admissible, il faudrait que Thésée fût plus près de la, car Pausanias nous apprend qu'il vengea la mort d'Antiope sur Molpadie elle-même. Or, aucun des guerriers qui précèdent et qui suivent cette figure ne peut être pris pour un personnage héroïque (*a*).

3. Le groupe suivant prouve, comme le remarque M. Stackelberg, que, dans ces combats contre nature, la nature devait reprendre quelquefois ses droits. Un jeune Athénien [106], dont la tête est nue, vient d'être renversé ; debout derrière lui, une Amazone, la pelta au bras et la hache ou le glaive à la main, se prépare à l'immoler. Vainement il étend la main droite derrière sa tête pour parer le coup qui va l'atteindre ; un prodige seul peut le sauver, et ce prodige, l'amour va le faire. Éprise sans doute de la beauté de l'adolescent, une Amazone se précipite, la hache au poing et la pelta sur l'épaule, au-devant de la mort qui menace celui qu'elle aime [107]. Sa pose annonce l'intérêt et la sollicitude, et ses deux bras sont étendus dans l'attitude de la supplication (*b*).

Qui peut donc motiver l'acharnement de l'autre Amazone à frapper le jeune guerrier ? Il est sans armes, et si l'amour ne le secourait, il serait sans défense : aussi, mais près de là est une Amazone blessée et mourante, dont les genoux ont fléchi, dont les yeux se ferment à la lumière, et que ne peut plus secourir celui pour laquelle peine rien de ses compagnes [108]. L'infortunée, c'est lui, sans doute, qui l'a frappée, et par là n'a-t-il pas mérité la mort (*c*) ?

4. Mais ce n'est pas seulement l'adolescence qui succombe sous les coups de ces héroïnes, les hommes faits eux-mêmes ont à se ressentir de leur valeur. Un Athénien, dont les formes annoncent la vigueur de l'âge mûr, est étendu à terre, blessé et défaillant : un de ses frères d'armes, pour le soutenir de la main droite, a passé son parazonium dans la main gauche [109], qui saisit en même temps

---

Mais alors comment expliquer le retour si fréquent de cette circonstance dans le costume des autres Amazones ? Notre bas-relief n'offre qu'un seul exemple du sein gauche découvert (Pl. 5) ; partout ailleurs c'est le sein droit (Pl. 1 (*bis*), 5, 7, 10, 11 (*bis*)).

[100] Circonstance reproduite pl. 6 et 9.

[101] ʼΑσπὶς εὔκυκλος, Hom., Il. V, 453 ; πάντοσ᾽ ἐίση, ib., XII, 294.

(*a*) *Restauration*. La tête de l'Athénien et sa jambe gauche, à partir du genou, manquent dans l'original. M. Wagner donne cette jambe comme entière. Existait-elle lorsqu'il a copié le monument ? J'en doute. Les dessins de M. Wagner ont, j'en conviens, conservé au bas-relief de Phigalie un caractère de vérité remarquable sous le rapport du mouvement, mais je crois ceux de M. Stackelberg beaucoup plus exacts quant aux détails, et c'est d'après ces derniers que nous indiquerons les restaurations.

[102] Millin, t. v. M. Stackelberg donne à ce costume le nom de phrygien qui paraît moins lui convenir que celui de scythique. L'opinion émise par Visconti (Dissertation sur un vase grec, Musée Pourtalès, p. 10 et 11), que des deux costumes en question, l'un (le scythique) fut d'abord employé dans les peintures, tandis que l'autre ne le fut que plus tard dans les sculptures, est sans doute très-judicieuse et vraie en général, mais elle ne peut être donnée comme une règle sans exception. Le bas-relief de Phigalie prouve jusqu'à l'évidence que les sculpteurs des beaux temps de l'art faisaient figurer les deux costumes dans leurs compositions, surtout lorsque, comme ici, le besoin de variété se faisait sentir.

(*b*) *Restaur.* La tête, l'avant-bras gauche, les doigts de la main droite et le bord visible du bouclier de l'Amazone portant le costume scythique ; une partie de la main droite de celle qui est étendue à terre.

(*c*) *Restaur.* Le genou et le pied gauche, la lame du parazonium. On a présumé que toutes les armes qu'on ne trouve plus indiquées que par le mouvement et l'intention des figures, étaient rapportées en bronze. Ce qui semble confirmer cette opinion, c'est l'assertion de M. Wagner, qui a remarqué, dit-il, chez presque tous les hommes un petit trou pratiqué au-dessous de la mamelle gauche, et constamment au même endroit, sans doute pour retenir l'épée. Il a même trouvé des traces de plomb dans quelques-uns de ces trous. Mais il ne s'ensuit pas que toutes les armes fussent en bronze : notre monument offre plusieurs fois l'exemple du contraire.

(*p*) *Restaur.* La hache à deux tranchants et le javelot, la partie supérieure du mollet gauche de l'Athénien. La restauration du javelot est justifiée par la pose

du guerrier ; celle de la hache est d'autant plus certaine que l'on voit encore dans la main de l'Amazone une partie du manche de cette arme. On sait que la lame, ou ἀξίνη, était mise arme propre aux Amazones. Voy. Millin, Mon. inéd., t. 2, p. 72 et suiv. C'est celle qu'elles portent communément sur les médailles.

[103] M. Stackelberg présume que c'est le casque du guerrier renversé (pl. 3).

[104] Ce costume offre de grandes ressemblances avec celui des Vierges de la frise du Parthénon. Musée des Antiques, n° 82.

[105] Plut., Thes. 27. Pausan. 1, 2.

(*a*) *Restaur.* La tête, le cou et les doigts de la main gauche.

[106] M. Stackelberg suppose que c'est lui qui a donné la mort à la soi-disant Amazone de la plaque précédente.

[107] En admettant que la dernière figure de la plaque précédente soit une Amazone tuée par le jeune Grec, on pourrait donner encore au premier groupe de la plaque 3 une explication qui ne serait pas sans quelque vraisemblance. L'Amazone dont la tête est nue aurait vengé sa sœur d'armes en courant sur le meurtrier, et, désirant achever seule sa vengeance, elle conjurerait une de ses compagnes qui accourait pour la secourir, de la laisser seule punir le coupable. Mais j'ai cru devoir donner la préférence à l'opinion de M. Stackelberg, d'autant mieux, qu'on peut citer à l'appui un vase de Tischbein, t. 2, pl. 8, qui représente une scène entièrement semblable.

(*b*) *Restaur.* Le pied gauche de l'adolescent et de l'Amazone casquée.

[108] C'est un épisode du genre de Fortunio Liceti (*De reconditis antiquorum lucernis*, VI, 55, p. 886) a voulu voir sur une lampe antique, dont il donne une copie, que P. Petit et Guyon ont reproduite. Il se trompait. Cette lampe représente non une Amazone qui emporte sa compagne mourante, mais probablement Achille soutenant Penthésilée. La différence des traits, de la chevelure, de la taille, du costume, de l'armure, vient s'opposer à l'explication de Liceti. Celle de Guyon, qui vent voir Camille dans l'héroïne mourante, est encore moins admissible, d'autant mieux que s'il n'y voit pas une Amazone, c'est parce qu'elle n'a pas le sein droit coupé. Qu'en-t-il dit en voyant le bas-relief de Phigalie, et tant d'autres monuments ? — L'Amazone qui soutient sa compagne porte un carquois sur le côté gauche, comme l'Amazone du Vatican. C'est à cette manière de porter le carquois que Pindare fait allusion. Ol. 2, 149.

(*c*) *Restaur.* Une partie de l'avant-bras gauche de l'Amazone mourante.

[109] Πάραξ, ou ἀξίνη. — Cette scène est reproduite sur le sarcophage de Vienne.

l'anneau [110] de son énorme bouclier dont il se couvre, lui et son compagnon (D). Il paraît attendre avec inquiétude l'issue d'une lutte qui s'est engagée entre un troisième Athénien et l'Amazone qui sans doute a frappé le guerrier qu'il protége. Ce troisième combattant, autant qu'on peut en juger par le mouvement de ce qui reste de son bras droit, a perdu son épée, qui lui a été arrachée par son ennemie, et cherche à renverser celle-ci en la saisissant par sa tunique qu'il a déchirée et qui laisse apercevoir la cuisse droite de l'Amazone entièrement nue [111]. L'Amazone cependant se rejette en arrière, et de la main droite se prépare à le frapper avec l'épée qu'elle lui a enlevée et dont elle tient le fourreau dans la main gauche (E).

5. A elle seule n'est pas réservé l'honneur de lutter glorieusement contre plus d'un adversaire. Ce drame, où l'intérêt ne se ralentit pas un instant, va nous présenter une nouvelle héroïne résistant à deux ennemis bien plus redoutables encore. Une Amazone dont la tête est nue et le sein gauche découvert, lutte d'être renversée par un Athénien. N'espérant plus rien que de la clémence de son vainqueur, elle étend la main droite vers le menton du guerrier : attitude propre aux suppliants [112]. Celui-ci, appuyant son pied gauche sur le genou gauche de son ennemie vaincue, se prépare à la percer de son glaive, quand tout à coup il se voit à son tour attaqué par une héroïne qui s'élance sur lui la bipenne levée. Il faut qu'elle frappe d'une main sûre, car derrière l'Athénien qui se couvre de son bouclier, se cache un guerrier, le casque au front et la lance en arrêt [113], qui lui donnera sûrement la mort si elle ne sort pas victorieuse du combat (F).

6. Mais toutes ses compagnes n'ont pas son assurance et sa vigueur. L'une d'elles vient d'être vaincue : déjà elle est tombée sur le genou gauche; et comme elle résiste encore, son adversaire cherche à la renverser entièrement, en la tirant par les cheveux. Cet Athénien a la tête couverte d'un casque, et porte un bouclier (G).

Dans la scène suivante, au contraire, c'est un Athénien qui a le dessous : il est tombé sur les genoux et oppose son bouclier au coup que l'Amazone va lui porter. Mais encore sa défaite n'est pas complète : il étend un bras droit pour le frapper plus sûrement à son tour, quand il aura écarté le coup dont elle le menace (H).

7. Jusqu'ici nous n'avons eu sous les yeux que des combattants obscurs, maintenant nous allons voir aux prises les chefs des deux armées.

Un Athénien dont la chlamyde est retenue autour du cou par une agrafe, ce qui paraît être le costume des personnages éminents [114], cherche à renverser, en la tirant par les cheveux, une Amazone qu'il vient de désarmer et qu'emporte un cheval lancé au galop. M. Stackelberg conjecture avec quelque vraisemblance que cette Amazone est Orythie, l'une des plus célèbres Amazones appelées à commander l'armée avec Hippolyte, après qu'Antiope eut suivi Thésée dans la Grèce. Sa tunique, peut-être déchirée dans la lutte, laisse à découvert sa jambe droite et son sein droit. Elle paraît porter des anaxyrides (A). Sur la droite du tableau, qui forme une seule et même scène avec le tableau suivant, une Amazone vient de renverser son adversaire, et est menacée par un ennemi plus redoutable; elle se met sur la défensive la pelta en avant, et l'épée ou la hache au-dessus de la tête. Ce n'est pas le soin de son propre salut qui l'occupe, et soit qu'elle vole au secours d'Orythie, soit qu'elle se prépare à défendre la reine elle-même, on voit qu'elle veille sur des jours qui lui sont plus chers que les siens (B).

Hippolyte, reine des Amazones (C), s'avance montée sur un cheval qui, en se cabrant, foule aux pieds un Athénien (D), renversé, suivant toute vraisemblance, par l'Amazone à pied que nous venons de quitter. Celui-ci, la main sur la poignée de son épée, se prépare à la tirer du fourreau pour en frapper le cheval, ou plutôt l'héroïne sur laquelle il fixe ses regards [115]. Hippolyte lève la hache pour le frapper et voler ensuite au-devant d'un danger plus grand qui la menace. Car tandis qu'elle est ainsi occupée, Thésée (E), que l'on reconnaît à sa taille plus élevée que celle des autres combattants, à la saillie de ses muscles, à la peau de lion qui lui tient lieu de bouclier [116] et à la massue [117] qu'il tient élevée au-dessus de sa tête, se dispose à lui assener un coup de cette arme terrible. Une Amazone (F), témoin des dangers de la reine, s'est élancée entre elle et le roi d'Athènes, dont le cheval vient de s'abattre, pour détourner l'attention de ce héros et donner ainsi à Hippolyte le temps de se défaire entièrement de l'ennemi qu'elle a déjà terrassé. Ainsi Thésée aura bientôt à lutter à la fois contre ces deux adversaires; mais il est facile de prévoir que cet *autre Hercule* [118] sortira vainqueur de ce combat. Sur la droite du tableau, une autre reine des Amazones, dont le cheval vient de s'abattre, est enlevée défaillante par un jeune Athénien qui paraît jeter sur elle un regard d'intérêt et de compassion [119]. M. Stackelberg pense avec raison

---

[110] Ce qui est encore une preuve que les armes pouvaient être aussi figurées en marbre.

(D) *Restaur.* Le nez, la bouche, le dessous du bras gauche, le dessus de l'avant-bras droit et le pied droit de l'Athénien qui est debout; la tête, la jambe droite et les deux mains de celui qui est renversé.

[111] Il me paraît assez difficile de reconnaître ici la tunique dorienne ouverte sur les côtés et laissant voir à un la moitié du corps (Antiq. gr. de Robinson, VIII, 24, l. 2, p. 360); les plaques à et 10 semblent s'opposer à cette conjecture.

(E) *Restaur.* La face et le bras droit de l'Athénien; le bras droit, le bas du visage, le pied gauche de l'Amazone, son épée et la partie inférieure du fourreau.

[112] Voyez Hom., Il. VIII, 371; X, 454; Soph. Electr. 1208; Eur. Hec., 284; Iph. Aul., 1226 sq., etc. Le vase de Vienne offre une scène semblable; seulement l'Amazone est debout et en fuite.

[113] Cette scène rappelle le vase publié par Millin (Mon. inéd., t. 2, p. 115), et qui représente Thésée aux prises avec Hippolyte et soutenu par un guerrier qui se tient derrière lui.

(F) *Restaur.* La tête, le cou et le bras droit du guerrier qui porte la lance; le pied droit de celui qui tient le bouclier; le pied et l'index gauches de l'Amazone combattante.

(G) *Restaur.* Tout le corps de l'Amazone à partir de la tête, qui est elle-même fort mutilée; la face de l'Athénien, sa jambe droite et une partie de la gauche. — L'épée et le baudrier que lui donne notre dessin n'existent pas dans l'original, mais sont justifiés par le trou qu'on remarque sur le marbre au-dessus de la hanche gauche.

(H) *Restaur.* Le nez, la bouche, la main droite et le bouclier de l'Athénien, les jambes et la lame du glaive de l'Amazone. La tête, les bras gauches de l'Athénien par la restauration sont également indiqués par deux trous au-dessous de la mamelle gauche.

[114] *Voy.* Pl. 8 et 10. — Cette scène semble avoir inspiré Quintus de Smyrne quand il décrit Hippolyte luttant contre Hercule (VI, 243) :

.... Καὶ τὴν μὲν ὑπὸ κροτάφοισι γέροντι
Δαϊκάδῳ ἐροκτήρος ἁμαρμάροιο μεναίνων,
Εἴλκε κόμης, ἵππων κατ᾽ ἐπιοῦ.

(A) *Restaur.* La tête droit et une partie des jambes du guerrier, le coude de l'Amazone et quelques parties des jambes de devant du cheval.

(B) *Restaur.* La face de l'Amazone.

(C) *Restaur.* La tête, le cou, une partie de la poitrine, le poignet et la main d'Hippolyte; une partie du pied droit de devant de son cheval.

(D) *Restaur.* L'avant-bras droit, le pied gauche et la partie visible de la jambe droite jusqu'au coude-pied.

[115] Le pileus dont ce guerrier est coiffé ne saurait indiquer l'un des Dioscures. Le respect religieux ne permettrait pas de représenter un héros dans l'attitude d'un vaincu. Cette coiffure d'ailleurs n'était pas exclusivement consacrée aux Tyndarides et à Ulysse; elle est donnée quelquefois à d'autres princes, tels que Cadmus, Oreste, etc. Voy. Millin, Mon. inéd., t. 1, 299; 2, 218.

(E) *Restaur.* Le genou, le tibia et le coude-pied de la jambe droite.

[116] *Voy.* Millin, Mon. méd., t. 1, 214; 2, 284.

[117] La massue n'était pas exclusivement l'arme d'Hercule, c'était celle des héros. Thésée est souvent représenté tuant le minotaure avec la massue. V. Millin, Gal. myth., CXXVIII, 481; et CXXXI, 492; et Mon. inéd., t. II, p. 30; n. 66.

(F) *Restaur.* L'avant-bras droit et la bipenne.

[118] Ἄλλος ὥστε Ἡρακλῆς. Plut. Thes. 29.

(F) *Restaur.* La dernière phalange de l'index droit d'Antiope, l'avant-bras droit de l'Athénien.

[119] Cette Amazone porte le costume scythique, et les plis de ses anaxyrides sont beaucoup plus marqués que dans le costume de l'Amazone à cheval de la plaque précédente. L'Athénien, comme le vainqueur d'Orythie, a les épaules couvertes d'une chlamyde attachée sur la poitrine à l'aide d'une fibule. Dans toute la série de nos bas-reliefs, trois guerriers seulement portent ce costume; ce qui confirmerait l'opinion déjà émise, que les guerriers portant ainsi la chlamyde sont des personnages éminents.

que cette Amazone n'est autre qu'Antiope, cause volontaire [130] ou innocente [131] de la guerre.

8. Ici se présente une difficulté à résoudre. De la main de qui Antiope a-t-elle reçu la mort? Les traditions sont très-différentes à cet égard, et toutes celles qui la font mourir dans le combat [132] pourraient, jusqu'à un certain point, s'appliquer ici. La plus généralement reçue est celle qui la fait succomber sous les coups de l'Amazone Molpadie en combattant près de Thésée [133], et qui fait tuer cette même Molpadie par Thésée, justement irrité de la mort d'une épouse qui se dévoue pour lui [134]. Or, ne pourrait-on pas ici voir Molpadie dans l'Amazone à pied qui s'est jetée entre Hippolyte et Thésée, et supposer que c'est elle qui vient de frapper Antiope? Assurément cette interprétation n'aurait rien de forcé. Cependant tout le mouvement de la scène doit faire préférer l'opinion de M. Stackelberg [135]. Ce savant suppose que c'est Thésée qui vient de renverser le cheval d'Antiope en lui assenant sur la tête un coup de sa massue. C'est lui aussi qui a frappé Antiope pour obéir à l'oracle d'Apollon [136], qui sans doute veut punir en elle la cause du fléau qui accable Athènes. Mais quel peut être le jeune guerrier qui soutient la reine dans sa chute? Plutarque [137] nous apprend, d'après un certain Ménécrate qui avait écrit l'histoire de Nicée en Bithynie, que Thésée, lorsqu'il emmenait Antiope, fit quelque séjour dans cette ville; que parmi ceux qui l'avaient suivi dans son expédition étaient trois jeunes frères athéniens, nommés Euneus, Thoas et Soloon [138]; que ce dernier devint amoureux d'Antiope, et découvrit sa passion à un seul de ses compagnons, qui sur-le-champ alla se déclarer à la reine; que voyant ses propositions rejetées, Soloon se donna la mort en se précipitant dans un fleuve; que Thésée, instruit de sa fin tragique, mais en ignorant la cause, se rappela un oracle de la Pythie qui lui ordonnait de fonder une ville sur une terre étrangère où il aurait éprouvé un vif chagrin, et d'en confier le gouvernement à quelques-uns de ses compagnons d'armes; qu'en conséquence il bâtit sur les lieux une ville qu'il nomma Pythopolis, et qu'il laissa, pour la gouverner, les deux frères de Soloon et un autre Athénien nommé Hermus. Cet épisode assez romanesque devait avoir été inséré dans les Théséides dont nous avons parlé plus haut [139], et dont les artistes athéniens se sont évidemment inspirés. On peut donc conjecturer que l'un de ces poëmes faisait revenir à Athènes Euneus et Thoas au moment de l'invasion des Amazones, et que l'un d'eux, peut-être celui qui avait été chargé de la déclaration de Soloon, avait reçu les derniers soupirs d'Antiope, et n'avait pu se défendre d'un sentiment de tristesse et de pitié en se rappelant la mort de son ami et en voyant de quelle récompense était payée la fidélité de l'Amazone. Quoi qu'il en soit de cette conjecture, il est certain que les combattants ne se composent pas tous d'Athéniens, et nous allons en avoir la preuve.

9. Un guerrier barbu et déjà avancé en âge, portant la tunique, la cuirasse [130], le manteau, le casque et le bouclier, vient de terrasser une Amazone. Son épée, qu'on ne voit pas, est indiquée par le baudrier. Il est probable qu'il l'a passée dans la main gauche comme le guerrier de la plaque 4, car de la droite il saisit son adversaire par les cheveux. Celle-ci résiste de toutes les forces qui lui restent, mais elle va bientôt succomber. La pose du guerrier est remarquable: elle est beaucoup moins passionnée que celle de ses compagnons d'armes, et annonce tout le sang-froid d'une longue expérience; et d'ailleurs, par son costume, il diffère en tout point des autres combattants: il est le seul qui soit vêtu, le seul qui porte la tunique et la cuirasse, le seul dont le menton soit garni d'une barbe touffue; son casque enfin est d'une forme particulière et qui semble se rapprocher du bonnet phrygien [131]. Tout semble donc porter à croire que l'artiste a voulu fixer l'attention sur ce personnage, et désigner en lui quelque étranger venu au secours des Athéniens, peut-être l'Euneus, le Thoas ou l'Hermus dont nous venons de parler (a).

A droite du tableau, et par une sorte de compensation, un jeune Athénien, la tête couverte d'un casque à crinière, a été entraîné par une Amazone coiffée de la mitre, qui se prépare à lui donner la mort. Il est à genoux; son manteau est roulé autour de ses jambes. Du bras gauche, il se couvre de son bouclier, tandis que de la main droite il semble vouloir saisir une pierre pour s'en faire un moyen de défense (n).

10. Cependant la scène change ainsi que la fortune. Un Athénien portant la chlamyde et le casque, armé sans bouclier, saisit par l'une des pointes antérieures de la mitre dont elle est coiffée, une Amazone assise sur un autel, probablement celui sur lequel Thésée a sacrifié au moment de la bataille. M. Stackelberg pense qu'elle est ainsi assise en signe de prise de possession, et que le but des Amazones était d'occuper le sanctuaire d'Apollon. Cette conjecture peut être fort ingénieuse, mais elle s'appuie sur aucun texte. D'ailleurs l'Amazone est sans armes; elle résiste avec énergie à l'ennemi qui veut l'entraîner loin du lieu sacré; et il est peu vraisemblable de voir en elle une guerrière désarmée qui s'est mise sous la protection des dieux, et qui comprend bien que son adversaire ne cherche à

---

[130] Volontaire, jusqu'à un certain point; si l'on adopte, malgré Plutarque, les données du poëme de la Théséide (Plut. Thes. 28), d'après lesquelles la guerre n'aurait eu d'autre but que de venger Antiope répudiée par Thésée; ce qui prouverait seulement qu'elle avait pu se plaindre; mais non pas qu'elle eût appelé ses compagnes à son secours, comme l'avance Millin (Mon. inéd., t. 1, p. 362), et encore moins, comme le prétend M. Stackelberg (p. 58), qu'elle ait marché contre Thésée à la tête d'une armée d'Amazones, et qu'elle ait été tuée par lui dans la mêlée. Millin 141 et M. Stackelberg citent à l'appui de leur assertion le passage où Plutarque indique les motifs que le poète cyclique, auteur de la Théséide, supposait à la guerre. Or, rien dans le passage de Plutarque ne peut faire même soupçonner une démarche directe de la part d'Antiope auprès des Amazones, et il n'y est en aucune manière question que Thésée ait donné la mort à Antiope devenue son ennemie. L'auteur affirmant seulement que les Amazones avaient été tuées par Hercule, κατέκοψεν δὲ αὑτὰς Ἡρακλέους. M. Stackelberg citait probablement de mémoire, et sa mémoire l'aura trahi.

[131] Innocente, si l'on adopte la tradition la plus accréditée, qui veut que la guerre ait été entreprise par suite de la captivité et de l'enlèvement d'Antiope, mais non pas à son instigation.

[132] Toutes ne la font pas mourir. Plutarque, Vie de Thésée, c. 27, en rapporte une suivant laquelle, après la bataille, elle aurait été envoyé coextèrement à Chalcis les Amazones blessées dans le combat: ἐκεῖ τῶν Ἀμαζόνων ἂν Ἀντιόπη τὰς ἐλκίζοὺς ἱστέρ μαζωμένας, κ. τ. λ.

[133] Plut., Thes., 27. Régies de Trézène, cité par Pausan., I, 2; Hérodore de Pont, cité par Tzetzès sur Lycophr., v. 1332. Suivant Hérodore, qui ne fut tuée par Molpadie (qu'il appelle Molpis), soit en combattant près de Thésée, soit au moment où elle venait avec les deux de l'hospitalité négocier la paix avec les Amazones.

[134] Pausan., loc. cit.

[135] Op. cit., p. 62.

[136] Plut., Thes., c. 26. Τῶν δὲ Θησεία, κατά τι λόγιον τῷ φόβῳ ἐφαγιασάμενος (scil. Ἀντιόπην) συνῆψε αὐτοῖς. Au lieu de φόβῳ lisez Φοίβῳ, que donnent deux manuscrits de la bibliothèque Bodléienne, et les excellents manuscrits 1671 et 1675 de la Bibliothèque royale. C'est à Henri Étienne qu'on doit l'introduction dans le texte de la leçon φόβῳ, qui a aussi pour elle l'autorité de plusieurs manuscrits. Il se fonde sur ce que les anciens nomment aux obstacles, tels que le vent, les fleuves, etc. C'est un fait qu'on ne peut contester; mais on sait aussi par Hygin, fab. 241, que Thésée immola Antiope, sur l'ordre d'un oracle d'Apollon, ex responso Apollinis, et Macrobe, Saturn. I, 17, nous apprend en termes formels, que dans le règne de Thésée les Athéniens implorèrent le secours d'Apollon pour repousser les Amazones.

[137] Loc. cit.

[138] Lisez Soloüs. Les manuscrits de la Bibliothèque royale portent Σόλοντα.

[139] Page 14, note 45. Les Aventures d'amour de Parthénius nous prouvent que des épisodes non moins romanesques trouvaient souvent place dans les compositions des poètes et même des historiens.

[140] Cette cuirasse paraît être une sorte de corset en cuir, car elle dessine toutes les formes du corps. Elle offre de l'analogie avec celle qui couvre Créuse dans le vase publié par Millin (Mon. inéd., t. 2, p. 286); seulement les courroies qui la retiennent ne pas indiquées. Sur ce genre de cuirasse, voyez K. Ad. Lhr, Kriegswesen der Griechen und der Römer; 2me Auflage; in-8°. Würzburg, 1830. Vol. 1, p. 82.

(i) Restaure. L'extrémité du pied droit du guerrier, la partie de la cuisse droite voisine du genou.

[141] Il se rapproche un peu, par la forme, des casques des Amazones représentées planches 2, 3 et 10.

(n) Restauré. Le visage du guerrier, à l'exception des yeux et du menton; son pied gauche; le bas du visage et la main gauche de l'Amazone.

l'attirer loin de l'autel que parce qu'il ne pourrait immoler une suppliante sans se rendre coupable d'un sacrilége (c).

Près de là un Athénien et une Amazone, tous deux le casque au front, sont engagés dans une lutte opiniâtre; mais, comme pour exciter la curiosité du spectateur, l'artiste a voulu que les détails du combat fussent cachés par le bouclier de l'Athénien (D).

11. Le tableau qui suit est l'un des plus mutilés, et par conséquent l'un des plus difficiles à expliquer.

Une Amazone et un Athénien sont aux prises; tous deux sont sans bouclier, et cherchent à parer les coups qu'ils se portent mutuellement en s'opposant les plis de leur manteau. Ce qu'il y a de remarquable, c'est que le costume de l'un et de l'autre est identiquement le même : tous deux portent la tunique retroussée, le sein droit découvert et le manteau roulé autour du bras. M. Stackelberg conjecture que ce jeune Athénien, recourant à une ruse de guerre, s'est revêtu du costume d'une ennemie déjà immolée par lui, et qu'il a pu ainsi pénétrer facilement dans les rangs des Amazones. Déjà l'une d'elles a été victime de son stratagème : elle est blessée à mort, et l'une de ses compagnes la soutient, tout en jetant un regard de crainte sur le jeune audacieux qui, sorti vainqueur de la lutte où il s'est engagé en ce moment, peut tourner sa fureur sur elle (E). Mais je ne saurais adopter cette opinion, quelque ingénieuse qu'elle soit. L'extrême similitude du costume est due surtout à la restauration du monument, et l'on ne pourrait admettre la réalité du stratagème qu'autant que l'Athénien porterait la même chaussure. La copie de M. Stackelberg ferait supposer qu'il en est ainsi; mais malheureusement celle de M. Wagner représente le pied de l'Athénien entièrement nu et les doigts écartés. Qui des deux a reproduit le monument avec le plus d'exactitude? Je serais porté à croire que c'est M. Stackelberg; mais cependant, jusqu'à plus ample informé, je me contenterai de voir dans l'Athénien un éphèbe combattant, mais avec plus de succès que les deux guerriers de son âge vêtus comme lui, dont nous allons avoir à parler.

12. Un homme dont la tunique est attachée sur l'épaule, comme celle de l'Athénien dont nous venons de nous occuper, emporte sur son dos un guerrier qui a trouvé la mort dans le combat [12]. L'Amazone qui a frappé ce dernier, s'empare du bouclier qu'il a laissé sur le champ de bataille, comme d'un trophée de sa victoire (F). Derrière elle, un jeune guerrier nu, blessé probablement au pied, se retire du combat, soutenu par un compagnon d'armes dont le costume annonce un éphèbe, et qui l'entoure de son manteau. Affaibli par la souffrance, il laisse tomber sa tête sur son épaule, et s'appuie sur la lance de son ami, qui tient encore au bras son bouclier (G).

La lutte est terminée. La bataille a été suivie d'un traité de paix [12]. Chacun se retire emportant son butin et ses morts.

Ainsi Athènes est délivrée d'un fléau terrible qui la menaçait. Elle doit son salut au plus illustre de ses héros, à Thésée; et ce héros lui-même doit sa victoire à la protection du dieu auquel il consacra sa chevelure au sortir de l'enfance [131], du dieu que les Athéniens regardaient comme leur père [125], du dieu qu'il invoqua au moment où cette lutte terrible allait s'engager [126], et à l'oracle duquel il dut la victoire [127]; du dieu enfin dont l'intervention dans cette calamité était attestée par le surnom d'Ἀμαζόνιος, sous lequel on lui avait consacré un temple à Pyrrhichus en Laconie.

Mais ce n'est pas pour ces seules raisons qu'Apollon a délivré Athènes. Apollon n'est pas seulement le père des Athéniens, le protecteur de Thésée, il est aussi le dieu qui éloigne les fléaux [128], qui frappe et qui guérit, le dieu secourable, le dieu sauveur, et de là les surnoms sous lesquels la reconnaissance des peuples l'invoquait : Παιάν [129], Ἰατρός [130], Ἀλεξίκακος [131], Λοίμιος [132], Οὔλιος [133], Ἐπικούριος [134], Σωτήρ [135], Ἀλεξίκακος [136], Ἀκέσιος [137], Ἀποτρόπαιος [138], etc.

Dans cette circonstance, comme dans beaucoup d'autres semblables, ce n'est pas Apollon lui seul qui est l'auteur du salut des peuples. Il a été secondé par sa sœur Diane, Σώτειρα [139], qui comme lui préside à la médecine [140], et que les mortels associent à lui quand ils invoquent le secours des dieux contre les fléaux qui les accablent.

(c) Restaur. La face de l'Athénien, la main et une partie de sa cuisse droite, ainsi que le genou.

(D) Restaur. Le pied gauche de l'Athénien.

(E) Restaur. L'avant-bras droit, la main gauche, le ventre de l'Amazone combattante, une partie de sa jambe droite, toute la jambe gauche à partir du mollet; la face de l'Athénien et les deux jambes à partir du bord de la tunique, le pied gauche excepté; la jambe droite au-dessous du genou, le nez et la joue droite de l'Amazone qui soutient sa compagne, les doigts de la main gauche et l'avant-bras droit de cette dernière.

[12] On sait toute l'importance que les anciens attachaient à l'enlèvement des morts après une bataille.

(F) Restaur. La tête, la poitrine, la main gauche, une partie du bras et du pied droit de l'Athénien, la tête, le pied droit et la main de celui qui l'emporte; la face et les mains de l'Amazone.

(G) La face, l'avant-bras droit et la jambe droite du guerrier blessé; la face, la main gauche et le bord supérieur du bouclier de son compagnon.

[121] Plut., Thes., c. 27.

[122] Plut., Thes., 5.

[123] Ἀπόλλων πατρῷος. Sur cette épithète d'Apollon et sur les motifs qui la lui firent donner, voyez Harpocration et les auteurs cités par Sachels sur Pausan., I, 3, 3, t. 1, p. 16; Spanheim sur Callim., h. in Apoll. 57; Bergler sur Alciphr., II, 4, p. 357, ed. Wagn; Jacbock, Aglaoph., p. 771. Voyez aussi Annales de l'Institut archéolog., p. 6, p. 232 et suiv. Piston dans l'Eudvadème, t. 3, p. 69, Bip., nous apprend que les Athéniens faisaient remonter leur origine à Apollon, parce qu'en leur qualité d'Ioniens, ils se regardaient comme issus d'Apollon et de Creuse. Voyez l'Ion d'Euripide et le Schol. d'Aristophane sur les Oiseaux, 1546.

[124] Plut., Thes., 27; cf. note 126.

[125] Macrobe, Saturn., I, 17.

[126] Selon les étymologistes grecs, Ἀπόλλων est ainsi appelé parce qu'il chasse les maladies, ὁ ἀπολλύων ἀφ᾽ ἡμῶν τὰς νόσους, Etym. Magn., 130, 18; Macrobe, I, 17; ou bien encore, suivant l'Etym. Magn., l. c., παρὰ τὸ ἀπολλύειν τοὺς ἀνθρώπους τῶν νόσων. D'autres encore, avec plus de raison, dérivent ce nom d'ἀπόλουμι, témoin les vers du Phaeton d'Euripide cités par Macrobe, l. c., et l'invocation de Cassandre dans l'Agamemnon d'Eschyle, v. 1050, sqq., Boisson.

Ἄπολλον, Ἄπολλον·
Ἀγυιεῦ, ἀπόλλων ἐμός!
Ἀπώλεσας γὰρ οὐ μόλις τὸ δεύτερον.

[127] Macrob., l. c.

[128] Ibid.

[129] Paus., II, 19, 3; Æschyl. Sept. ad Th., 133; Soph. Œd. T., 202.

[130] Macrobe, l. c.

[131] Strab., XIV, 1, 6, p. 635.

[132] Paus., VIII, 38, 6, et 41, 5.

[133] C'est le surnom que lui donne une médaille carrée de la ville des Lapithes, expliquée par Spanheim, de Praestant. num., t. 1, p. 417; et après lui par Berger, Thes. Br., t. 1, p. 447. Cf. Petr. Burmann Second. comm. ad numism. Sic., tab. IV, 9, dans les Siculs de Dorville, p. 327. Les Romains l'appelaient Salutaris et Medicinalis, comme dans cette inscription publiée par Gori, Mus. Flor., t. 3, part. 4.

APOLLINI
SALVTARI
ET MEDICINALI
SACRUM

Cf. Stef. Raffei, Ricerche sopra un Apolline della villa Albani. Rom., 1821; in-fol., p. 4.

[134] Pausan., I, 3, 3; VIII, 41, 5. En latin, averruncus.

[135] Pausan., VI, 24.

[136] Aristoph., Plut., 359. Sur les surnoms d'Apollon médecin, voyez Millin, Mon. inéd., t. 2, p. 90-96.

[137] C'est ainsi que Diane était surnommée par les Arcadiens, qui l'associaient à Esculape et à Hygie. Pausan. VIII, 31, init. C'est ainsi qu'elle est appelée sur plusieurs médailles de la Sicile, et sur une, entre autres, dont le revers porte Νέαν, Σώτειρα, dans les Siculs de Dorville, Pl. IV, 10; Burmann, p. 327, pense avec raison que cette médaille a été frappée à l'occasion d'une maladie pestilentielle dont les Syracusains avaient été délivrés par l'intervention salutaire d'Apollon et de sa sœur. Les médailles romaines relatives aux jeux séculaires portent aussi l'effigie de Diane et d'Apollon. Voyez Spanheim, de Praest. et nsu num., t. 2, p. 125, sqq).

[138] Ἰατρὸς ὁ Ἀπόλλων· καὶ ἡ Ἄρτεμις, ἀπὸ τοῦ ἀρτεμέας ποιεῖν· καὶ ὁ Ἥλιος δὲ καὶ ἡ Σελήνη συνεισοδεύουσι τούτοις ὅτι τῆς περὶ τοὺς ἀέρας εὐκρασίας αἴτιοι· καὶ τὰ λοιμικὰ δὲ πάθη, καὶ τοὺς αὐτομάτους θανάτους τούτοις ἀνάπτουσι τοῖς θεοῖς. Strab., XIV, 1, 6, p. 635. Diane est surnommée Conservatrix dans une inscription de Vérone publiée par Maffei, Mus. Ver., p. LXXXI, 8, et reproduite par M. Orelli, Inscr. lat. select. Turici, 1828; 2 vol. gr. in-8°, n° 2378.

Aussi dans le premier chœur de l'Œdipe Roi, parmi les divinités dont les Thébains réclament l'assistance, figurent au premier rang Apollon et Diane [151]. Ce sont encore ces deux divinités qu'implorent les Thébains quand les sept chefs viennent les assiéger [152], et les Athéniens quand Thésée part pour délivrer les filles d'Œdipe ravies par Créon [153]; c'est encore à Diane et à son frère que le chœur, dans les Trachiniennes, adresse ses chants de reconnaissance, lorsque Hercule revient vainqueur d'Eurytus [154]. Qui ne sait que dans les chants séculaires de Catulle et d'Horace, Apollon et Diane sont souvent conjurés de veiller au salut de l'empire romain? C'étaient deux divinités, πάρεδροι, σύνναοι, c'est-à-dire associés dans le culte que leur rendaient les mortels [155]. Ainsi Callimaque nous représente Diane prenant place près de son frère dans le palais paternel [156]; Sénèque les appelle tous deux *geminum numen* [157]. Diane avait un *fanum* dans l'enceinte consacrée à Apollon dans l'île de Délos [158]. A Rome, la statue de Diane, ouvrage de Timothée, et restaurée par Aulanius Évandre, se trouvait dans le temple d'Apollon Palatin [159]. Enfin, et ce dernier fait est peut-être le plus important pour la question qui nous occupe, à Pyrrhicius, en Laconie, on voyait réunis le temple de Diane, Ἀστρατεία, parce qu'elle avait arrêté dans ce lieu l'invasion des Amazones, et celui d'Apollon, surnommé Ἀμαζόνιος, sans doute parce qu'il s'était uni à sa sœur, dans cette bienfaisante intervention [160].

D'après ces considérations, on ne peut se refuser à reconnaître Apollon et Diane dans les deux personnages que nous présente la plaque 13 qui, comme nous l'avons dit, faisait face à la porte du temple, et M. Stackelberg eût bien fait de s'en tenir à cette explication, sans proposer à ceux qui ne consentiraient pas à l'admettre, de voir plus haut la conductrice du char une victoire αἴτερος [161].

Cela posé, reprenons l'explication de notre monument.

13. Apollon, qui vient de mettre un terme à la lutte des Amazones et des Athéniens, s'avance maintenant pour protéger les Lapithes contre les Centaures, et est monté sur le char de Diane, traîné par deux cerfs, et conduit par Diane elle-même. Nous remarquerons ici l'étonnante conformité qui existe entre cette scène et une médaille de Sélinonte, gravée dans les ouvrages de Dorville [162] et de Torremuzza [163]. Là, comme sur notre bas-relief, Apollon, qui vient de délivrer Sélinonte d'une maladie pestilentielle, est traîné dans le char que conduit Diane [164], revêtue du même costume que la nôtre, et comme elle dépourvue de ses attributs les plus ordinaires, l'arc et le carquois [165]. La seule différence, c'est que le char est traîné par deux chevaux et non par deux cerfs. La ressemblance frappante de ces deux monuments, jointe à d'autres circonstances de même nature, comme, par exemple, la conformité qui existe entre plusieurs scènes de notre monument et les sculptures du Parthénon et du Théséion, conformité que désormais nous aurons fréquemment occasion de remarquer, vient fortifier cette observation déjà faite si souvent, que l'imitation jouait un grand rôle dans l'art des anciens, et que du moment que le type était trouvé et consacré par l'admiration, on se gardait bien de lui faire subir des altérations ou même des modifications volontaires [166].

Apollon tient dans la main gauche son arc tendu [167], et de la droite il tire à lui la corde sur laquelle est posée la flèche qu'il va lancer [168]. Ces détails manquent à l'original, il est vrai; mais la pose du dieu et la médaille de Sélinonte, où il est représenté dans la même attitude et armé de son arc, justifient pleinement la restauration de M. Stackelberg.

Nous ne quitterons pas cette scène sans parler d'une circonstance assez rare qu'elle présente, c'est-à-dire des cerfs attelés au char qui porte les deux divinités. Si l'on veut voir ici le char d'Apollon, notre monument sera peut-être l'exemple unique d'un pareil attelage, bien que le cerf, qui joue un rôle assez fréquent dans les mythes relatifs à Apollon [169], puisse être considéré comme un animal symbolique de ce dieu. Comme tel, il figure sur de nombreux vases peints, et entre autres sur un vase d'ancien style, trouvé à Vulci et encore inédit, que possède M. Raoul-Rochette. L'Apollon Philésus de Milet, statue célèbre de Canachus [170], portait à la main un faon de biche, et c'est ainsi qu'il est souvent représenté sur les médailles de Milet. Enfin, le cerf forme le type des médailles autonomes de Caulonia, portant au revers une figure d'*homme nu*, avec une *branche de laurier*, qui est l'Apollon καθάρσιος, et a été expliqué d'après les mêmes rapports par M. Raoul-Rochette dans un mémoire inédit, où ce type, resté jusqu'ici l'un des problèmes de la numismatique, a été interprété sur tous ses détails d'après le rite de la lustration [171].

Mais dans notre monument, c'est non pas le char d'Apollon qu'il faut voir, mais bien celui de Diane, et dès lors l'attelage de cerfs n'a rien qui puisse surprendre. Les cerfs étaient particulièrement consacrés à Diane [172]. Il est inutile d'indiquer ici les monuments où cet animal figure près d'elle: ils sont trop connus; mentionnerons seulement que le char de Diane traîné par les biches, que Millin [173] a publié d'après un monument du musée Capitolin [174], et la fête que les Pa-

---

[151] V. 158-166; 191-198; 205-210.
[152] Eschyl., Sept. ad Theb., 155-150.
[153] Soph., Œdip. Col., 1091-1095.
[154] Trach., 205-214.
[155] Voyez d'Arnaud, *de diis παρέδροις*. Hagæ Comitum, 1732. in-8°.
[156] Hymn. in Dian., 169.
[157] Herc. Fur., 905.
[158] Clem. Alex., Protr., p. 13, 27.
[159] Plin., H. N., XXXVI, 5.
[160] Pausan., III, 25. C'est sans doute Diane Ἀστρατεία et Apollon Ἀμαζόνιος qu'il faut voir dans le vase publié par Millin, Peint. de vases, II, 25, et Galerie myth., CXXXVI, 499.
[161] Op. cit., p. 67.
[162] *Sicula*, Tab. XIII, 12.
[163] Num. vet. Sicil., Tab. LXV, 4 et 5.
[164] Boroum, op. cit., p. 424, ne veut pas voir une femme dans cette figure; il la prend pour celle d'Empédocle, auquel, et l'on en croire une tradition rapportée par Diogène (VIII, 70), les habitants de Sélinonte décernèrent des honneurs divins pour avoir assaini la contrée. Mais un bel exemplaire de cette médaille que possède M. Raoul-Rochette prouve que cette supposition est tout-à-fait inadmissible. D'ailleurs, en admettant qu'Empédocle ait été divinisé, il l'eût été comme *héros* et non comme *dieu*, et par conséquent il n'aurait pu être donné comme πάρεδρος à l'un des douze grands dieux.
[165] C'est l'absence du carquois et de l'arc qui paraît avoir motivé le doute de M. Stackelberg. Mais ici, comme sur la médaille de Sélinonte, ces attributs étaient inutiles. Apollon combat, et laisse à Diane le rôle de ψαρόχος.
[166] Cette observation me paraît expliquer la ressemblance vraiment surprenante qui existe entre notre monument et la frise en terre cuite dorée qui décorait le tombeau grec d'Armento (voyez note 59). Les fragments précieux de cette frise que possède M. Raoul-Rochette, et qu'il a eu l'extrême complai-

sance de me communiquer, se rapportent au combat des Centaures et des Lapithes aussi bien que celui des Amazones et des Athéniens, et présentent les mêmes scènes, les mêmes costumes, les mêmes poses, les mêmes détails que le bas-relief de Phigalie.

[166 bis] Petrus Burmannus secundus comm. ad monumenta sicula, p. 327 : « *Sane apud veteres, poetas præsertim, Apollo si placidus mitique, cum cithara; si infestus et morbis contagiosis maxime Poem inductorum, cum arcu adparet ut notum ex Homero*, II. x', 45, τόξ' ὤμοισιν ἔχων ἀμφηρεφέα τε φαρέτρην. Vide Commentatores ad illud Horatii, lib. II, od. 7, 18 :

..... Nam, si male nom. et ultio
Sic erit. Quamdam cithara tacentem
Suscitat musam, neque semper arcum
Tendit Apollo.»

[167] Sur les différentes manières de tirer l'arc chez les anciens, voyez Millin, Mon. inéd., t. 1, p. 36x et suiv.
[168] P. ex. celui de Cyparisse, Ovid. Met., X, 121 sqq., et celui d'Argé, Hygin. Fab. 205. M. le duc de Luynes possède un casque en bronze où Apollon et Hercule sont représentés, en bas-relief, se disputant une biche.
[169] Plin., XXXIV, 8, 19. Pausan. II, 10, 4; IX, 10, 2. Voy. M. Raoul-Rochette, lettre à M. Müller, Annales de l'Inst. arch., t. 5, 199.
[170] M. Raoul-Rochette annonce ce mémoire dans ses Mon. inéd., Odysséide, p. 316, note 4.
[171] Festus, v. *Servorum : Servorum dies festus vulgo existimatur idibus Augusti, quod eo die Servius Tullius natus serva aedem Dianæ dedicaverit in Aventino cujus tutelæ sint cervi, a quorum celeritate servos fugitivos vocent cervos.*
[172] Galerie myth., II, 80.
[173] M. Raoul-Rochette, IV, 30. Voyez encore le médaillon d'Alexandre Sévère par Buonarotti, *Medagl. ant.*, XII, 7; et par Millin, *Gal. myth.*, XXXIV, 110. Le revers de ce médaillon représente un char portant la statue de Diane d'Éphèse et traîné par deux biches.

trévois célébraient chaque année en l'honneur de Diane, et dans laquelle la vierge consacrée à cette déesse fermait la procession montée sur un char traîné par des cerfs [75] (a).

14. L'artiste, sans doute pour montrer combien l'intervention du dieu sauveur est devenue nécessaire, nous offre dès le début une scène de nature à prouver l'imminence du danger dont la brutale agression des Centaures menace les Lapithes.

Un Centaure, sur les épaules duquel flotte une peau de bête, soulève une branche d'arbre [76] dont il se prépare à frapper un Lapithe nu, qui, le casque au front, se fait un rempart de son bouclier, et tient dans la main droite une pierre qu'il va lancer à son ennemi [77]. Celui-ci, non content du moyen de défense dont son bras est armé, se dresse sur ses pieds de derrière pour frapper son adversaire à l'aide de ses sabots antérieurs. Tout le groupe rappelle ces vers d'Ovide [78] :

Ipse dolor vires animo dabat; urget in hostem
Erigitur, pedibus que rimos prendere equinis:
Excipit ille ictus galea clypeoque sonante,
Defensaque humeros, protentaque sustinet arma.

Derrière le Centaure est une femme portant un enfant sur son bras droit. Le mouvement du bras gauche indique la frayeur, et annonce qu'elle cherche à éviter la poursuite d'un ravisseur qui la menace (n).

15. Ce n'est pas sans motif qu'elle cherche à prendre la fuite, le seul défenseur sur lequel elle pourrait compter est en ce moment désarmé, et n'a plus que son bouclier pour toute défense. A ses pieds est étendu mort un ennemi que peut-être il vient de terrasser, ou qui, suivant une conjecture de M. Stackelberg, est tombé sous les flèches d'Apollon, dont le char se voit à peu de distance. Ainsi réduit à son bouclier, il s'en fait un rempart en l'opposant de ses mains à une massue que lui lance un autre Centaure. Mais d'où vient que ce dernier emploie une arme de ce genre, surtout dans un moment où il est engagé dans une lutte qui lui coûtera la vie, car il vient de saisir la tête et le bras gauche d'un jeune Lapithe, et le mort violemment à l'épaule au moment où celui-ci, malgré la vive douleur qui se peint sur tous ses traits, lui enfonce de la main droite son épée dans le poitrail?

M. Stackelberg en donne une raison assez vraisemblable. Suivant lui, c'est que le premier Lapithe lui a enlevé une partie de la queue d'un coup de son épée, en effet, dans l'original, la queue est raccourcie [79], et c'est à tort que la restauration lui en donne une aussi longue que celle des autres (a).

16.[80] Quoi qu'il en soit, la victoire reste favorable aux Lapithes. Un Centaure vient d'être vaincu et renversé par deux ennemis. L'un d'eux tire le monstre par les cheveux, tandis que l'autre, appuyant son genou droit sur le dos de son farouche adversaire, semble se préparer à le frapper de son épée. Mais un second Centaure qui survient le saisit par le bras droit, et de la main gauche s'efforce de lui arracher son bouclier; tandis que le Centaure renversé cherche de la main gauche à repousser le coup qui menace sa tête, et de la droite à écarter le genou qui le presse (n).

17. Jusqu'ici nous n'avons encore vu dans les Centaures que des combattants plus ou moins heureux; l'artiste va nous les représenter sous l'aspect odieux de ravisseurs justifiant le châtiment terrible qu'un dieu vient leur infliger.

Une femme, portant un enfant sur son bras gauche, cherche à fuir un Centaure revêtu d'une chlamyde, et qui de son bras droit vient de la saisir par le cou. Toute son attitude annonce l'effroi et la terreur, et dans la vivacité de la lutte sa tunique en se déchirant a laissé à découvert son sein droit. Cette scène, pleine d'intérêt et de mouvement, mais qui laisse beaucoup à désirer sous le rapport de l'exécution, rappelle la métope 10° du Parthénon, que nous possédons au Musée royal du Louvre [81], et les 22° et 25° détruites par l'explosion de 1687, mais conservées dans les dessins de Carrey [82].

Près de là, un Centaure vient de terrasser un Lapithe couvert d'une tunique, d'une cuirasse et d'une chlamyde, ce qui justifie la restauration qui lui donne un casque. Il est tombé sur ses genoux. Son ennemi, sur les épaules duquel flotte une peau de lion s'efforce de lui arracher son casque ; déjà même il lui a enlevé son bouclier.

Ce dernier Centaure est plus âgé que tous les autres, et présente certaines singularités, telles que le front chauve, les oreilles et la crinière de cheval, qui semblent annoncer de la part du sculpteur l'intention de faire reconnaître l'un des principaux personnages de ce mythe, peut-être Latreus dont parle Ovide dans ces vers [83] :

Provocat Emathii spoliis armatus Halesi,
Quem dextrum tetro, membris et corpore Latreus
Maximus. Huic ætas inter juvenemque, senemque,
Vis juvenilis erat ; variabant tempora cani,
Qui clypeo galeaque Macedoniaque sarissa
Conspicuus, etc. [n]

18. A ces deux scènes où le crime semble rester impuni, en succède deux autres où la vengeance céleste va frapper les coupables.

Un Lapithe entièrement nu, dans lequel M. Stackelberg veut voir Pélée ou Nestor, est sur le point d'étrangler son adversaire qu'il a saisi par le cou; mais celui-ci, dont les épaules sont couvertes d'une peau de lion, résiste de toutes ses forces, et ne paraît pas disposé à lui abandonner la victoire. De son bras et de son pied droits il a entouré la cuisse gauche de son ennemi auquel il cherche à faire perdre l'équilibre; le mouvement de la partie supérieure de

---

[75] Pausan., VII, 18. Peut-être ici pourrait-on expliquer l'attelage du char d'Apollon et de Diane considérés comme deux médecins et sauveurs, en s'appuyant de cette opinion des anciens d'après laquelle le cerf était considéré comme un type de longévité (voyez Cic., Tusc. III, 28 ; Pausan. VIII, 10, bis) ; mais j'avoue ne pas attacher grande importance à cette explication.

(a) *Restaur.* La face des deux divinités; l'arc et la main droite d'Apollon, la main droite de Diane et les rênes.

[76] Telle est l'arme qu'on lui a supposée dans la restauration du monument, non sans quelque vraisemblance. Peut-être n'aurait-il eu qu'un quartier de rocher. Voyez la description de la 20° plaque, page 23.

[77] Sur l'usage des pierres comme arme défensive, voy. Millin, Mon. inéd., t. 1, p. 205 ; 2, p. 284; et M. Raoul Rochette, Mon. inéd., Achilléide, pl. IV, n° 2, p. 23.

[79] *Restaur.* La face, les deux jambes, la main gauche de l'Athénien ; la jambe gauche du devant et les deux jambes de derrière du Centaure ; une partie de sa main droite et tout son avant-bras gauche ; la tête et l'épaule droite de la femme qui fuit ; son pied droit, et les doigts de la main droite.

[78] *Métamorph.* XII, 373-376.

[79] M. Stackelberg remarque que les Grecs n'avaient pas le goût d'*anglaiser* les chevaux, et que l'on ne peut voir une preuve du contraire dans les deux exemples que présente notre monument, non plus que dans le cheval de bronze qui se trouvait à Olympie et qui passait pour l'ouvrage de Phormis. En effet, sur notre monument, la mutilation est justifiée par la bataille; et quant au cheval de Phormis, Pausanias (V, 27) remarque que cette queue ainsi écourtée le rendait plus hideux : ἀσχημονέστερόν τε τὴν οὐρὰν καὶ αὐτὸς ὑπὸ ταῦτα ἐπ τῶν ἀληθὴνων Ὁμήρου (Od. V, 800 et suiv.) nous représente les Lapithes coupant le nez et les oreilles au Centaure Eurytion en punition de son crime.

(n) *Restaur.* La tête, une partie du bras droit, le plat de la cuisse droite et le genou gauche du Lapithe qui tient le bouclier ; le pied droit et une partie du tibia de celui qui est tombé par le Centaure. Les boucliers et les fourreaux que la restauration donne aux deux Lapithes sont justifiés par le trou que chacun d'eux a au-dessous de la mamelle gauche.

[80] Cette plaque devait incontestablement suivre celle qui précède, car au milieu du bord droit de la plaque 15 est un vide pratiqué pour recevoir le poignet en saillie qui se trouve près du bord gauche de la plaque 16.

(n) *Restaur.* La tête et le bas de la jambe gauche du Lapithe qui tire le Centaure par les cheveux ; le poignet et la main gauche du Centaure renversé; une faible partie du tibia gauche de l'autre Lapithe, une partie de la croupe et du pied gauche de derrière du Centaure qui tient le bouclier.

[81] N° 128. Voy. M. Bröndsted, Voyage et Recherches dans la Grèce, 2° Liv., p. 203. Je partage bien simplement l'opinion du savant danois sur la restauration de ce monument.

[82] Voyez M. Bröndsted, op. cit., p. 267 et 268.

[83] *Métamorph.*, XII, 462-467.

(n) *Restaur.* Une partie des cheveux, la main droite et une partie de la jambe droite de devant du Centaure à la gauche du spectateur; une faible partie de la jambe droite de derrière de Latreus, et son avant-bras droit ; la main gauche et la tête d'Halesus.

son bras gauche, la seule qui subsiste, semble annoncer que de ce bras il repoussait la tête du Lapithe, et la pose de cette tête justifie une pareille conjecture, suivie dans la restauration (A). On peut rapprocher de cette scène la 31e métope du Parthénon [184].

Cette lutte opiniâtre est suivie d'une scène non moins animée. Un Lapithe portant la chlamyde poursuit un Centaure ou qu'il saisit ou va saisir par les cheveux, de la main gauche, tandis que de la droite il se dispose à le frapper de son épée. Le Centaure, qui a probablement reçu une première blessure, se cabre et porte la main gauche à son dos pour parer le coup qui le menace. Ce qui reste du bras droit semble annoncer qu'il était, comme l'indique la restauration (B), replié de manière à ce que la main pût protéger l'épaule droite ou plutôt la face; mais c'est en vain, le coup va atteindre le monstre au visage :

Adversum tu quoque, quamvis
Terga fugæ dederis, vulnus, Crenæe, tulisti.
Nam grave, respiciens inter duo lumina ferrum,
Qua naris fronti committitur, accipis, imæ [185].

19. L'intérêt dramatique, dans cette admirable composition, ne peut un seul instant se ralentir. Peu effrayé du châtiment dont un dieu le menace [186], un Centaure enlève une jeune fille qui, le bras gauche étendu et la tête tournée dans la même direction, semble appeler à son secours. La tête du monstre est mutilée; mais à en juger par le mouvement que l'artiste lui a donné, on peut présumer qu'il jetait en fuyant un regard de convoitise sur le sein nu de la jeune fille, dont la tunique s'est déchirée en résistant au ravisseur. Cet épisode offre une assez grande ressemblance avec la 29e métope du Parthénon [187]; mais l'avantage paraît rester au sculpteur de Phigalie.

Près de là un autre Centaure tente une pareille entreprise sur un jeune adolescent qui résiste avec plus de vigueur, mais avec aussi peu de succès, car il n'a d'autre arme que ses mains : de l'une il saisit les cheveux de son adversaire, et de l'autre il se prépare à lui assener un coup de poing. Cependant, son lubrique ennemi cherche à l'entraîner en le saisissant d'une main par le haut de la cuisse gauche, tandis que de l'autre il semble lui caresser la figure comme pour apaiser sa juste fureur.

Feu M. Combe prétendait que ce tableau représentait Pirithoüs au moment où il vole au secours d'Hippodamie qu'enlève Eurytion : mais cette conjecture est sans vraisemblance. Rien dans le jeune Lapithe n'annonce un héros; et il est beaucoup plus probable de penser que l'artiste n'a voulu représenter ici qu'une scène secondaire, où il retraçait sous une double face la passion brutale à laquelle se laissèrent emporter les Centaures au milieu de l'ivresse du festin. Nous savons d'ailleurs, d'après Pausanias [188], qu'Alcamène, sur le fronton postérieur du temple de Jupiter à Olympie, avait aussi représenté le combat des Centaures et des Lapithes, et que l'on y voyait, entre autres scènes, deux de ces monstres emportant l'un une vierge, ὁ μὲν παρθένον, l'autre un beau garçon, ὁ δὲ παῖδα ὡραῖον (c).

20. La scène dont nous venons de nous occuper est assurément l'une de celles qui caractérisent le mieux le drame mythologique retracé sur notre monument; mais il n'en est aucune qui indique d'une

manière plus précise le sujet et l'époque de ce drame que celle que nous allons essayer de décrire.

L'un des chefs des Lapithes, Cénée [189], que Neptune a rendu invulnérable aux armes ordinaires, est au moment de recevoir la mort, écrasé sous un énorme quartier de rocher que deux Centaures soulèvent à grande peine. De la main gauche il oppose son bouclier à ses ennemis, tandis que de la droite il paraît vouloir porter à l'un d'eux un coup de son épée; mais ses efforts sont impuissants; déjà son corps est à demi enfoncé dans la terre, et caché par un vaste amas de rochers. Une scène absolument semblable est représentée sur la frise du temple de Thésée à Athènes, et paraît avoir servi de type à celle qui nous occupe. L'attitude du héros, celle de ses ennemis, les armes employées contre lui, ses moyens de défense, tout est parfaitement identique. On ne peut nier cependant que pour l'énergie et la vérité de la représentation notre monument n'ait un avantage marqué (D).

La plupart des poètes et des mythographes qui ont raconté la mort de Cénée [190], le font mourir écrasé sous des troncs d'arbres. Les arbres se trouvent très-rarement représentés sur les bas-reliefs anciens, sans doute à cause de la difficulté de cette représentation, et cela explique la préférence que l'artiste a donnée ici, comme sur la frise du *Théséion*, aux rochers, l'une des deux armes que, suivant Ovide [191], Monychus conseille à ses compagnons d'employer pour se défaire de leur redoutable antagoniste. Il n'en est pas de même sur les vases peints, où cet épisode est souvent reproduit. Souvent les Centaures sont armés de branches d'arbres, souvent même de branches d'arbres et de pierres tout à la fois [192].

L'imitation de la frise du Théséion ne s'arrête pas à ces trois personnages. Là, comme sur notre monument, Cénée ne mourait pas sans défenseurs. Derrière le Centaure de droite se trouvait un Lapithe prêt à frapper le monstre de son glaive : ici même incident; mais la combinaison des lignes a nécessité un autre mouvement : le Lapithe a saisi l'oreille de son adversaire, et s'efforce de la lui arracher. Déjà il lui a fait subir une mutilation plus cruelle en lui coupant la queue [193]. Le monstre dans la violence de sa douleur pousse des cris de rage. A la droite du Lapithe, une femme effrayée s'enfuit, et semble vouloir se voiler à l'aspect de cette scène d'horreur. Sa pose annonce l'incertitude, et à en juger par la scène qui suit, elle se trouve entre deux dangers auxquels il paraît difficile qu'elle puisse se soustraire (E).

21. Un Centaure, la peau de lion sur l'épaule gauche, s'élance en se cabrant sur un jeune homme auquel il a arraché son épée; du moins telle est l'arme que la restauration de M. Stackelberg lui donne, et avec beaucoup de vraisemblance [194]. Le Lapithe saisit son adversaire par la jambe gauche de devant et, suivant M. Lenormant, par le bras gauche; mais la restauration anglaise comme celle de M. Stackelberg supposent ce mouvement au Centaure, et l'attitude du jeune homme, dont le corps se rejette en arrière, semble justifier cette conjecture. Peut-être même se trompe-t-on de part et d'autre : les deux mains manquent dans le monument, et les avant-bras paraissent bien éloignés pour que les mains aient pu se rejoindre (F).

(A) *Restaur.* La tête et la jambe droite du jeune Lapithe; la main gauche du Centaure et sa jambe gauche de devant.

[184] Bröndsted, op. cit., p. 272.

(B) *Restaur.* Les jambes du Lapithe, le bas de la face du Centaure, sa croupe, sa jambe gauche et le sabot de la jambe droite de derrière.

[185] Ovide, Met. XII, 312-315.

[186] Les traces d'un pied de Centaure qui s'aperçoivent dans la partie inférieure de cette plaque à gauche, justifient pleinement la place qu'on lui a donnée dans l'ensemble, puisque dans la plaque précédente la jambe droite du Centaure se termine au genou.

[187] Bröndsted, op cit., p. 271.

[188] Pausan., V, 10.

(c) *Restaur.* La face du Centaure qui enlève la jeune fille; une partie de l'œil droit, la joue gauche et la jambe droite de devant du Centaure qui lutte contre le jeune homme.

[189] Sur le mythe de Cénée, voyez Millin, Mon. inéd., tome 2, page 285 et suivantes.

(D) *Restaur.* La tête et la queue du Centaure à gauche; la face de Cénée, sa main droite et une partie des muscles du bras droit.

[190] Orphée, Argon., 170, sq.; Apoll. Rh., I, 59, sq.; Ovid. Metam., XII, 510 et suiv. Un vase publié par Millin (Vases grecs, P. VIII) représente Cénée enseveli sous des branches de pin.

[191] Metamorph., XII, 507.

[192] Voyez le vase publié par Millin, Mon. inéd., t. 2, p. 272 et suiv. Sur un vase à figures noires du cabinet de M. Durand, et qui représente la mort de Cénée, les deux Centaures sont armés, l'un d'un tronc d'arbre, l'autre d'un quartier de rocher. Cénée, au milieu de ses deux adversaires, n'est visible que jusqu'à la ceinture. M. Fossati possède un vase à peu près semblable.

[193] Voyez note 179.

(E) *Restaur.* La face, la superficie de la poitrine et du bras droit du Lapithe; la tête de la jeune fille.

[194] La restauration anglaise ne lui donne pas d'arme; l'auteur de la description du Musée britannique suppose qu'il tient une massue.

(F) *Restaur.* Le front, le poignet et la main gauches du Centaure; les deux

(24)

L'issue du combat suivant ne laisse aucune incertitude. Un Lapithe, dont les formes vigoureuses annoncent un héros, vient de terrasser son adversaire; il presse de son genou la croupe du monstre qui a rejeté ses bras en arrière pour repousser son ennemi. Mais le Lapithe les a saisis de sa main gauche, tandis que de la droite il tire la tête du Centaure en arrière pour lui rompre la clavicule. Cette pose est souvent indiquée dans les poëtes. C'est ainsi que Nestor renversa Monychus [194]; Hercule, Hyléo [196]; Thésée, Bianor [197], etc. Les monuments nous montrent que c'était ainsi que les héros sortaient vainqueurs de leurs combats contre les Centaures [198]. Micon, sur la frise de l'opisthodome du Théséion, avait représenté Thésée vainqueur d'un Centaure [199], probablement par le même moyen. Aussi, M. Stackelberg serait-il disposé à reconnaître ici Thésée, s'il ne lui paraissait convenable de réserver dans notre monument, au héros principal de ce mythe, un exploit semblable, mais bien plus glorieux encore, puisqu'il met fin au combat en décidant de la victoire. Il propose donc de voir ici Pirithoüs, le second personnage de ce grand drame, l'ami et le compagnon de Thésée(A).

22. Irrité de la défaite de son frère, qui va succomber sous la main puissante de Pirithoüs, un Centaure accourt pour le défendre. Une peau de lion couvre son bras gauche [200]; dans chacune de ses mains est une pierre [201] qu'il va lancer (B).

Près de là, un autre Centaure sépare un Lapithe de son épouse. De la main droite il paraît saisir la femme par les cheveux, tandis que de la gauche il saisit le bras droit du Lapithe qu'il a renversé à terre, et qui, s'appuyant sur son bouclier, se prépare à le frapper de son glaive. Mais là ne se borneront pas les efforts du monstre contre son ennemi; il se cabre, et déjà de l'un de ses pieds il va le frapper sous l'aisselle (c).

23. Nous sommes parvenus à la dernière scène, à celle qui doit décider de cette lutte terrible; et ce n'est sans doute pas sans intention que l'artiste a laissé un espace vide entre cette scène et celle qui la précède. L'œil avait besoin de se reposer avant de se fixer sur l'épisode le plus important du drame.

Deux femmes se sont réfugiées auprès de la statue de la déesse protectrice du mariage. L'artiste paraît avoir voulu représenter une ancienne idole en bois [202], sculptée dans la manière hiératique; c'est du moins ce que semblent indiquer la roideur de la pose, les plis irréguliers du vêtement, les bras pendants le long du corps, et le modius, emblême de la solennité nuptiale, dont la tête est surmontée [203]. Dans Ovide [204], c'est près d'un autel que se passe la scène, et cet autel est encore allumé pendant la bataille. Les interprètes voient dans cette statue Artémis Ξιτωνία, ou Héra Τελεία. Celle des deux femmes qui se sont réfugiées auprès de la déesse, et qui, debout, les bras étendus, semble invoquer l'appui de la divinité, doit être la paranymphe (παράνυμφος, νυμφεύτρια) d'Hippodamie. Ses prières ne seront pas impuissantes; un vengeur, un héros, Thésée s'approche, il combat pour elles; et de plus, elle peut apercevoir Apollon, le dieu des Lapithes, et Diane, la protectrice des vierges, s'avançant irrités pour mettre fin aux criminelles tentatives des Centaures. Cependant Hippodamie elle-même, à genoux et à moitié nue, embrasse la statue de la déesse d'une main, tandis que de l'autre elle cherche, par un sentiment de pudeur sur lequel les anciens insistent avec complaisance [205], à ramener sur ses membres nus le voile dont ils étaient couverts. Ses regards sont fixés avec anxiété sur le combat dont elle se prépare à lui assener un coup de massue qui achèvera la victoire. Vainement Eurytion cherche à arrêter le coup fatal; Thésée, vengeur de l'innocence opprimée, protecteur des saintes lois de l'union conjugale, ne peut pas manquer de sortir vainqueur du combat (D).

Nous croyons devoir terminer cette dissertation par quelques observations sur le costume des différents acteurs de l'un et l'autre drame que nous venons de décrire; et, comme dans ce qui précède, nous aurons souvent lieu de mettre à profit les savantes recherches de Visconti, de Millin, de M. de Laborde, et surtout de M. Stackelberg, qui lui-même doit beaucoup aux travaux de ses devanciers. Suivant l'usage des temps héroïques, la plupart des guerriers sont nus, ou presque entièrement nus; et cependant les artistes auxquels nous devons le bas-relief de Phigalie, sont parvenus à répandre dans leurs différentes compositions une variété de formes et de mouvements qu'on ne saurait trop admirer. Ainsi aux uns [207] est-il donné la chlanis (χλανίς), draperie d'une étoffe étroite et fine dont les anciens s'enveloppaient le bras quand ils allaient à la chasse des bêtes féroces [208]; à d'autres [209] la chlamyde (χλαμύς), petit manteau, propre aux guerriers [210], et qu'on attachait sur la poitrine avec une agrafe

---

jambes du côté hors du montoir; le poignet et la main gauches du Lapithe; une partie de ses deux pieds.

[194] Val. Fl. I, 145.
[195] Stat. Theb. V, 582.
[196] Ov. Met. XII, 342.
[197] Plin. H. N. VIII, 9, 70. C'est par ce moyen qu'Hercule triomphe de la biche aux cornes d'or sur le bas-relief de la coupe de la Villa Albani publiée par Winckelmann, Mon. inéd., 65, et reproduite par Millin, Gal. Myth., CXII, 435 e.
[198] Pausan. I, 17. Les métopes 2 et 27 du Parthénon représentent une pareille scène.
(A) La jambe gauche de Pirithoüs.
[199] Sur l'usage commun, dans l'âge héroïque, de se faire un rempart d'une peau de bête ou de son vêtement, voyez Millin, Mon. inéd., t. 1, p. 214; 2, p. 284.
[200] Voyez note 197.
(B) Restaur. Tout le corps du Centaure, l'épaule gauche, les deux bras et la queue exceptés.
(c) Restaur. La tête et la jambe droite de la femme; le bras droit du Centaure, sa joue droite et son poignet gauche. L'extrémité du pied droit du Lapithe.
[201] Ξόανον.
[202] Les gravures du bas-relief de Phigalie publiées par M. Combe n'indiquent pas le modius, et M. Combe n'en dit rien dans sa description.
[203] Metamorph., XII, 258, sq.
[204] Eur. Her., 564, sq.

'Η δὲ, καὶ ὀνλεχοῦσ', ὅμως
Πεπλοῖς σιγῶσεν εἶχεν ἐσχύμουσ ταπτιν,
Κρίπτουσ' ἃ κρύπτειν ὄμματ' ἀρσένων χρεών.

Ovid. Metamorph., XIII, 480:

Tum quoque cura fuit partes velare tegendas;
Cum caderet, castique decus servare pudoris.

La Fontaine, Filles de Minée :

Tenta, et tombant coupe ses vêtements.
Dernier trait de pudeur même aux derniers moments.

Voyez, pour d'autres exemples de cette dernière preuve de pudeur chez les femmes qui reçoivent la mort, les notes de M. Boissonade sur la traduction des Métamorphoses d'Ovide par Planude, p. 574.
[206] Ovide avait dans Isidre un pareil groupe quand il a décrit le combat de Thésée contre Eurytion (Metam., XII, 223, sq.), et surtout contre Bianor (Ibid., 345-349). C'est probablement la lutte de Thésée contre Eurytion que représente l'un des fragments de la frise dorée du tombeau grec dont j'ai déjà eu occasion de parler, notes 59 et 166.
(D) Restaur. Une partie du modius de la statue; la main gauche de la νυμφεύτρια; la massue et le derrière de la cuisse droite de Thésée.
[207] Pl. 1, 2, 4, 5, 6, 8, 9, 10, 14, 15, 16, 19, 20, 21, 22.
[208] Pollux Onomast., V, Segm., 18 : Σπόλι δὲ χαννάσιον... καὶ χλανίς (Hesy χλανίς avec les Mss) ... ἣν ἐπὶ τῇ χειρὶ τῇ λαιᾷ περιβάλλεσιν, ὁπότε μεταθέοι τὰ θηρία, ἡ προσμάχοντο τούτοις (Sic Ms pro vulg. τοῖς θηρίοις). Hesych. Χλανίδες· λεπτὰ ἱμάτια. Cf. Poll. On. VII, 48, et note 49, comme l'indique M. Stackelberg.
[209] Pl. 7, 8, 10, 12, 16, 17, 18.
[210] Pollux, Onom., VII, 46, εἴη δὲ ἐσθήτων, ἀνδρικὴ μὲν, χλανίς. Dans un fragment d'Antiphane, cité par Pollux, On., X, 82, un guerrier est représenté χλανίδα καὶ λόγχην ἔχων. C'est aussi l'équipage que Plaute donne à un soldat dans le Marchand. La chlamyde est encore rapprochée de la lance dans un fragment de Misogyne de Ménandre cité par Pollux, X, Segm. 139. Cf. Ælian. V. H., XIV, 10.

(25)

(πόρπη,²¹¹); d'autres enfin n'ont aucun vêtement²¹². Apollon lui seul est représenté avec la χλαῖνα ou grand manteau qu'on jetait sur l'épaule et dont on s'entourait le corps²¹³.

Tels sont les seuls vêtements que l'artiste ait donnés aux Athéniens et aux Lapithes dans tout l'ensemble de la frise. Trois fois seulement il s'est écarté de cette loi également suivie dans les métopes du Parthénon et sur la plupart des monuments dont nous avons eu occasion de parler, et encore peut-on expliquer ces exceptions soit par la nécessité de faire reconnaître un personnage, soit par quelque exigence de l'art. Le premier exemple de cette infraction nous est offert plaque 9, où un guerrier, d'un âge mûr et portant une longue barbe, est revêtu d'une tunique à manches courtes (χιτών)²¹⁴, recouverte d'une cuirasse de peau (σπολὰς²¹⁵), et tenant dans sa main gauche une chlanis. J'ai cherché plus haut à expliquer les singularités que présente le costume de ce guerrier; et lors même qu'on repousserait mes conjectures assez aventureuses, j'en conviens, on m'accordera toujours, je l'espère, que l'artiste, ici, comme à la plaque 17, a voulu désigner un personnage connu et dont quelque poème ou quelque tragédie faisait mention.

La seconde exception se rencontre plaque 12 : on y voit deux Athéniens portant l'exomis (ἐξωμίς) ou tunique qui laisse à découvert l'épaule droite et le sein droit²¹⁶. La raison en est, je crois, facile à donner : comme dans ce tableau, sur cinq personnages, figure seulement une Amazone, l'artiste, pour éviter trop de nus, a cru devoir habiller deux guerriers sur quatre, et il a choisi ceux que la fortune des armes avait respectés, afin de réserver les peaux de bête au mort et pour le blessé, qui lui offriraient plus de moyens d'exercer et de faire ressortir son talent.

Enfin nous trouvons encore un guerrier vêtu et cuirassé, plaque 17, dans le combat des Centaures. Comme le guerrier de la plaque 9, il porte une tunique; mais les manches en sont plus longues²¹⁷. Comme lui aussi il est revêtu d'une cuirasse; mais cette cuirasse n'est pas en cuir, elle est d'airain et de deux pièces (θώραξ σταδίος)²¹⁸, et comme tous les muscles, toutes les formes, le nombril même, y sont indiqués, peut-être convient-il de lui donner le nom de θώραξ ὀμφαλωτός²¹⁹.

Nous ne parlons pas de la plaque 11 qu'on ne peut regarder comme une exception, sous le point de vue qui nous occupe, puisque le guerrier vêtu qu'on y rencontre paraît porter un costume complet d'Amazone, et peut être rangé par conséquent dans la classe de ces héroïnes.

Dans toute la série de tableaux que présente la frise, quatre guerriers seulement²²⁰ paraissent avoir porté des sandales, des cothurnes ou des brodequins. Ces chaussures sont uniquement indiquées par les semelles, et par la non-exécution des doigts de pied. M. Stackelberg conjecture avec assez de vraisemblance que les autres accessoires avaient été abandonnés à la peinture.

Le javelot et l'épée sont en général les seules armes offensives dont les guerriers fassent usage; mais ou ceci encore nous rencontrons quelques exceptions. Quand le javelot avait été lancé, on tirait l'épée (ξίφος) pour combattre de près. Ici l'épée est très-courte, descend à peine jusqu'à la cuisse, et paraît être plutôt le παραζώνιον²²¹ que la μάχαιρα ou la κοπίς²²² : elle est suspendue à un baudrier (τελαμών²²³) qui passe sur l'épaule droite. La plupart de ces épées étaient rapportées, ainsi que les baudriers, les lances, et les javelots, et non pas seulement en bronze, comme on l'a conjecturé, mais aussi en marbre, ainsi que l'indiquent les tronçons qui subsistent encore. Il paraît assez difficile de croire avec M. Stackelberg, que le soin de figurer les baudriers ait été abandonné à la peinture; il est beaucoup plus naturel de croire qu'ils étaient rapportés en bronze : ce qui semble le prouver, ce sont les trous que l'on remarque au-dessous du sein gauche de quelques-uns des guerriers, et dans l'un desquels on a retrouvé le plomb destiné à la soudure.

Les boucliers des guerriers sont des boucliers argiens²²⁴, vastes et ronds, (ἀσπίδες εὔκυκλοι, garnis extérieurement d'un rebord (ἄντυξ²²⁵), et intérieurement de deux poignées, l'une au milien (ὄχανον²²⁶), l'autre près du bord (ὄχανε²²⁷). Ils couvraient les combattants depuis l'épaule jusqu'au genou. L'artiste, au moyen des ressources qu'offre la perspective, est parvenu, en variant les poses, à éviter dans la représentation de cette arme, la monotonie de la forme circulaire.

Les casques des hommes sont de différentes formes, garnis ou dépourvus du cimier (λόφος²²⁸) (et dans ce dernier cas on les appelait κατάιτυξ²²⁹); les couvre-joues (παραγναθίδες²³⁰) de quelques-uns de ces casques sont tantôt relevés et tantôt rabattus. Un guerrier²³¹ porte par-dessus son casque, dont on aperçoit la partie inférieure sur son cou, le κῦλος²³², également en usage dans les combats.

Thésée est le seul qui porte la massue (κορύνη²³³). C'est sans doute la massue de fer qu'il a enlevée à Périphètes, et dont il fit constamment usage après cet exploit²³⁴. Il est ici armé dans l'un et dans l'autre combat²³⁵. La peau de lion, qui le distingue, est aussi donnée par Homère à des héros²³⁶. Dans le combat des Amazones il la porte sur le bras gauche et s'en sert en guise de bouclier²³⁷, comme Minerve se sert de l'égide dans les plus anciens monuments²³⁸. Les cheveux de Thésée, dont les boucles se redressent sur son front, donnent à sa tête de la ressemblance avec celle d'Hercule encore jeune, et augmentent en lui l'expression de la force.

---

²¹¹ Hesych. Πόρπη· ὁ ἀκωχεὺς τῆς ἀσπίδος ... ἢ φίβλα καὶ τῆς χλανίδος (leg. χλαμύδος) ἢ περόνη. Pollux, Onom, VII, Segm., 54, ὃ δὲ πόρπη κατὰ τὰ στέρνα ἐνήπτετο.
²¹² Pl. 3, 4, 5, 12, 15, 18, 23.
²¹³ Hesych. Χλαῖνα· χλαμύς (leg. χλανίς), ἢ ἱμάτιον χειμερινόν. Suid. Χλαῖνα· τὸ περὶ καὶ χειμερινὸν ἱμάτιον, παρὰ τὸ χλιαίνω. Il y en avait de doubles ou de simples. Voy. Poll., On., VII, Segm. 47.
²¹⁴ Pollux, On., VII, 44 et 46.
²¹⁵ Hesych. Σπολάς· χιτωνίσκος ..., σκύτινος· ὁ βύρσινος θώραξ. Phot. Lex. Σπολάς· δερμάτινος ὑπαντμίζει· περὶ τὴν τοῦ ἱερῶ μάχας χρήσιμον. Poll., Onom, VII, 70, Σπολὰς δὲ, θώραξ ἐκ δέρματος.
²¹⁶ Poll., VII, 13. Ἐξωμίς ... καὶ χιτὼν ἐτερομάσχαλος. Cf. Schol. Aristoph. Vesp. 442, et Perizo. ad Ælian. V. H., IX, 34.
²¹⁷ M. Stackelberg donne à cette tunique le nom de χιτὼν χειρίδωτός, Pollux, On., VII, 58; celui d'ἀμφιμάσχαλος lui conviendrait également. Cf. Poll., On., VII, 47.
²¹⁸ Schol. Apollon. Rhod., III, 1225, et les interprètes d'Hesychius, au mot Στάδιος ἐνθεν.
²¹⁹ Pol. On. I, 135. Cf. Passow Lex, v. ὀμφαλωτός.
²²⁰ Plaques 12, 15, 17, 19.
²²¹ Millin, Mon. inéd., t. I, p. 272.
²²² Poll. Onom., I, 136.
²²³ Hesych. Τελαμών· λῶρος; καὶ ὁ ἀναρχεφεῖς τοῦ ξίφους, καὶ τῆς ἀσπίδος.
²²⁴ Æschyl. Sept. ad Theb., et Millin, Mon. inéd. t. 1, p. 313, 9. Cf. Blasius Carophilus *de veterum clypeis*. Lngd. Bat., 1761; in-4°
²²⁵ Hom. Il. VI, 118.
²²⁶ Pollux, On., I, 133.
²²⁷ *Ibid.* Cf. Schol. Aristoph. Equit. 845.

²²⁸ Hesych Αὖρος ... ὅρων περικεφαλαίας.
²²⁹ Hom., II., X, 258.
²³⁰ Eusthh. et Schol. Ven. ad Il., V, 743.
²³¹ Plaque 8.
²³² Phot. Lex. et Suid, v. Πῶλος.
²³³ Hesych κορύνη ... ῥόπαλον.
²³⁴ Plut. Thes. 8. Nous avons dit, note 117, que c'était l'arme des héros. Homère le donne à Ereuthalion, Il., VII, 135-141 ; à Aréithoous, ibid. 9 et 138; à Orion, Od., XI, 571-574, etc.
²³⁵ Plaques 8 et 23. Elle manque dans la plaque 23; mais elle pouvait du fragment resté dans la main de Thésée, indique, ainsi que le mouvement du bras, que là comme à la plaque 8, il devait porter cette arme.
²³⁶ Schol. Apollon. Rhod. 1, 324. Σύνηθες τοῖς ἥρωσι τὸ δερματοφορεῖν. Hom. Il, 23, en parlant d'Agamemnon: Ἀμφὶ δ' ἔπειτα δαφοινὸν ἕσσατο δέρμα λέοντος; Schol. Hom. ad Il. 1, Ἐπὶ σφ. χιτῶν λεοντῆς τέθειντι ἀντὶ τῆς ἀσπίδος. Il., X, 177. Feith, *Antiquit.*, Hom, lib. IV. Argentor., 1743, p. 462, sq. Terpstra, *Antiq.*, Hom., p. 164 et suiv.
²³⁷ Voyez plus haut, note 117.
²³⁸ Voyez la planche LXII des Voyages et Recherches de M. Brondsted, 2° livraison, p. 298 et suivantes. Du reste, M. Stackelberg se trompe quand il avance que, suivant Plutarque, Thésée, après sa victoire sur Périphètes, porta la peau du lion comme Hercule; Plutarque ne dit rien de tel. Voici le passage (c. 8) : Καὶ πρῶτον μὲν ἐν τῇ Ἐπιδαυρίᾳ Περιφήτου ... συμβαλόντι αὐτάκειρον ἠδικὼν ἐν τῇ καρούνῃ, αἰνόν πτοιμένου, καὶ διετέλει χρώμενος, ὥσπερ ὁ Ἡρακλῆς τῷ δέρματι τοῦ λέοντος. Pour que ce passage eût le sens que lui suppose M. Stackelberg, il faudrait après Ἡρακλῆς une virgule qui n'est pas les bonnes éditions. Χρώμενος a pour complément τῇ κορύνῃ qui précède et qui sert ainsi de complément à deux verbes différents, ce qui n'est pas sans exemple.—Cf. Apollod., III, 16, 1.

En général les guerriers portent la chevelure courte, adoptée par les athlètes.

Les Centaures, au contraire, se distinguent par leur aspect sauvage, leur longue chevelure hérissée, et leur barbe en désordre. Trois d'entre eux seulement font exception. Leur seul moyen de défense, quand ils ne sont pas entièrement nus [230], consiste dans une peau de lion qu'ils portent jetée sur l'épaule [240], ou sur le bras gauche [241], ou bien encore attachée autour du cou au moyen d'une agrafe [242]. Leurs armes sont celles qui conviennent à leur grossièreté, les armes que fournit la nature, les pierres, et peut-être aussi les branches d'arbre [243].

Par une opposition qu'il est facile de s'expliquer, les femmes des Lapithes, une seule exceptée, sont entièrement vêtues. Elles portent ou des sandales [244], ou des souliers couverts, à hautes semelles [245], que l'on pourrait prendre pour la chaussure appelée θισσαλίδες [246]. Leur vêtement consiste en une longue robe, à plis onduleux, dans laquelle on peut reconnaître tantôt l'ancien costume dorien, généralement adopté en Grèce dans le principe, tantôt le costume ionien, qui était tout l'opposé.

Hérodote [247] nous apprend que ce dernier fut adopté en Attique, lors de la guerre des Athéniens contre les Éginètes, et cela dans le but de supprimer les aiguilles ou agrafes dont on faisait usage dans l'habillement dorien, jusque-là en usage chez les femmes athéniennes. Le costume ionien consistait surtout en une tunique de lin, qui n'exigeait pas d'agrafes. Ce qui distinguait surtout le costume dorien des femmes, c'est qu'il couvrait moins le corps, et qu'il laissait entièrement à nu les bras et les jambes.

Il ne sera pas difficile de prouver que les deux costumes se retrouvent sur le bas-relief de Phigalie. En effet, deux femmes de Lapithes [248] y portent, suivant l'usage ionien, cette longue tunique [249] fermée, dont les manches s'attachent sur les bras au moyen de plusieurs boutons [250], et cette robe de dessus appelée πέπλος ou πέπλον qui était souvent retenue sous une ceinture. D'autres au contraire portent, suivant l'usage dorien, des robes qui s'attachaient sur l'épaule avec des agrafes (περόναι [251]), la tunique ouverte (σχιστὸς χιτών [252]), et la xystis (ξυστίς [253]). La première, ou tunique spartano-dorique, est ouverte sur le côté; une partie de l'étoffe repliée sur elle-même

(διπλόη ou διπλοΐς [254]), et retenue par la ceinture, retombe jusqu'au genou [255]. L'autre, la xystis, qui fut introduite dans la tragédie [256], consiste en un vêtement qu'on attachait très-bas avec la ceinture et qui, remontant jusqu'au-dessous du bras, agrafait sur l'épaule un pan qui retombait sur la hanche et flottait librement autour du corps [257].

Les ceintures et les voiles des femmes sont aussi de différentes formes. Aux angles des manteaux des hommes ou des voiles des femmes se trouvent presque toujours des petits poids en forme de houppe ou de gland (θύσανοι, κόλλοβα, βαῖται [258]). Les femmes sont coiffées d'une manière très-simple : une seule d'entre elles porte le réseau appelé κεκρύφαλος [259], qu'attache par-devant une bandelette (ἀναδέσμη [260]). Hippodamie est également la seule qui porte des pendants d'oreilles [261], sans doute comme un reste de sa parure de fiancée.

On remarque aussi dans le costume des Amazones une variété qui n'a sans doute pour but que d'éviter à l'œil le retour fastidieux et monotone d'un même vêtement. Quelques-unes portent la tunique courte attachée avec une simple ceinture [262] ou avec deux ceintures [263], le strophion (στρόφιον [264]) au-dessus et la perizostra (περίζωστρα [265]) au-dessous, de telle sorte que le vêtement ainsi remonté forme autour du corps une masse de plis (κόλπος) ou (κόλπος [266]); c'était l'usage des jeunes filles et des chasseresses. D'autres [267] ont en outre deux bandelettes qui se croisent sur la poitrine suivant l'usage des Perses. Ajoutez à cela les brodequins de chasse, et vous avez le costume des Erinnys ou furies vengeresses [268]. Une seule d'entre elles [269], si toutefois on peut voir une Amazone dans cette figure [270], porte une longue tunique de femme tombant sur les talons [271].

La tunique des Amazones est tantôt simple [272], tantôt repliée [273]; et alors les remplis retombent tantôt sur la hanche [274] et tantôt sur la cuisse [275]. Elles portent aussi parfois cette tunique ouverte [276] qui avait fait surnommer les femmes de Sparte φαινομηρίδες [277] (qui montrent leurs jambes). Le plus grand nombre ont la poitrine entièrement cachée, quelques-unes ont le sein droit découvert [278]; aucune ne l'a mutilé [279], bien qu'on ait prétendu que l'un et l'autre usage était propre aux Amazones, en ce qu'il permettait de se servir plus facilement de l'arc. Cette arme des Scythes, que les Scythes

---

[239] Plaques 16, 18, 19, 21, 23.
[240] Plaques 14, 15, 17, 18, 20, 21.
[241] Plaque 32.
[242] Plaques 15, 16, 17, 20, 22. C'est avec la peau de lion ou la peau d'ours que les poëtes les représentent. Ovid., Metam., XII, 414 :

Nec, qui quo devenit, electrumque feraram
Aut humero, aut lateri pertendant vellera leus.

Id., ibid., 429.

Ante pedes stat et illa auros, qui sens lionum
Vincerat inter et concuch vellera medla.

La peau de lion est aussi l'un des attributs que leur donnent la plupart des monuments.
[243] Voyez notes 177 et 192.
[244] Plaque 15. La femme du n° 19 a les pieds nus.
[245] Plaques 17, 20, 22, 23.
[246] Poll., On., VII, 87.
[247] V, 87.
[248] Plaques 22 et 23.
[249] Χιτὼν ποδήρης. Poll., On., VII, 63. Χιτὼν... ποδήρης ἐς... τοὺς ἀστραγάλους καθήκων.
[250] Ælian., V. H., 1, 18.
[251] Cf. Rhodius de læis, c. 5.
[252] Poll., On., VII, 54.
[253] Poll., On., VII, 49 et 96.
[254] Hesych., v. διπλοΐς.
[255] Plaque 17.
[256] Hesych. Ξυστίς : τραγικόν ἔνδυμα.
[257] Plaques 14, 19, 20.
[258] Ces poids étaient de plomb et servaient à faire retomber les pans du manteau. Voy. Millin, Mon. inéd., t. I, p. 289 et 373.
[259] Voy. les interprètes d'Hesychius, au mot κεκρύφαλος. Poll., On., V, 95.
[260] Poll., On., l. c.

[261] Cf. Gaspari Bartholini de inauribus veterum. Amst., 1676, in-18.
[262] Plaques 1, 4, 6, 7, 8, 10, 11.
[263] Plaques 2, 3, 5, 7, 8, 9, 11, 12.
[264] Pollux, Onom., VII, 65 et 95.
[265] Pollux, Onom., l. c.
[266] Hom., Il. IX, 570, 22, 80. Cf. Hesych. V. Κόλπος ὀνομεινη.
[267] Plaques 7, 8. L'une d'elles, plaque 5, n'en a qu'une seule.
[268] Cf. Millin, Mon. inéd., t. 1, p. 285 et suiv.
[269] Plaque 9.
[270] Voyez ce que j'ai dit sur cette figure, p. 17.
[271] M. Stackelberg, pour prouver que ce doit être une Amazone, s'appuie sur un passage de Palæphate (de Incredib., c. 33) qui ne paraît pas très-concluant. On peut en juger : Περὶ Ἀμαζόνων τάδε λέγουσι ὅτι αἱ γυναῖκες ἦσαν, ἀλλ' ἄνδρες βάρβαροι. Ἐφόρουν δὲ χιτῶνας ποδήρεις, ὥσπερ αἱ Θρᾷσσαι, καὶ τὴν κόμην ἀνεδοῦντο μίτραις· τοὺς δὲ πώγωνας ἐξυρῶντο· καὶ διὰ τοῦτο ἐκαλοῦντο γυναῖκες.
[272] Plaques 1, 3, 4, 8, 10, 11.
[273] Plaques 2, 3, 4, 6, 6, 7, 9, 11, 12.
[274] Plaques 2, 3, 5, 6, 7, 9, 11, 12.
[275] Plaques 2 (?), 8.
[276] Pl. 5, 7, 11.
[277] Tel est le surnom que, suivant Plutarque (Comp. Lycurg. et Num., c. 3), Ibycus donnait aux jeunes filles de Sparte. Cf. Pollux, VII, 55, 11, 187. On trouve les deux formes φαινομηρὶς et φαινομηρίς. M. Stackelberg les a employées toutes deux, l'autre p. 78, l'autre p. 145. Du reste, on varie sur l'accentuation de ce mot. Pollux l'écrit φαινομηρὶς et φαινομηρίς. Nous avons cru devoir adopter cette dernière comme plus régulière. C'est aussi celle qu'a suivie M. Passow dans son Dictionnaire grec. Cf. Fr. G. Schneidewin Ibyci Rhegini carminum reliquiæ. Gott. 1833, in-8°, p. 100.
[278] Plaques 1, 7, 10, 11. Chez quelques-unes (plaques 5, 6), c'est le sein gauche.
[279] Cette mutilation n'a pour elle que l'autorité de quelques auteurs, au nombre desquels on est surpris de rencontrer Hippocrate (de Aere et Locis, 18, 19). Elle n'est indiquée par aucun des nombreux monuments d'antiquité figurée que j'ai vus.

firent connaître aux Grecs, n'est indiqué qu'une seule fois[280] par le carquois ou étui d'arc (γωρυτός)[281] que porte une Amazone, non sur l'épaule, mais sur la hanche gauche. Le costume national, scythique ou phrygien, des archers, c'est-à-dire la tunique à manches et les pantalons plissés ou anaxyrides (σαράβαρα, suivant la dénomination scythique[282]), ne se rencontre que deux fois sur notre monument[283]; mais toutes les Amazones, ainsi que les hommes, portent tantôt la chlamis[284], tantôt la chlamyde[285]: toutes aussi, sauf les deux dont nous venons de parler, ont pour chaussure des bottes étroites, garnies deux fois de tirants et de revers[286]. La chaussure attribuée à Diane et aux Amazones était une sorte de brodequins courts et lacés, propres aux Crétois et aux Asiatiques (ἐνδρομίδες[287]); et c'est ainsi qu'elles sont représentées sur tous les monuments postérieurs à celui dont nous nous occupons. Celle que nous voyons ici aux Amazones ne se retrouve que sur la frise du Parthénon, où elle est portée par les cavaliers de la procession panathénaïque : d'où l'on peut conclure que c'était une chaussure guerrière en usage à Athènes du temps de l'artiste. Il se pourrait aussi, et c'est l'opinion de M. Stackelberg, que le soin de figurer les lacets ait été abandonné à la peinture.

Plusieurs Amazones ont la tête découverte[288]; mais au lieu d'avoir les cheveux coupés comme les hommes, elles relèvent, de différentes manières, leur longue chevelure sur le sommet de la tête, et en forment une touffe (κόρυμβος[289]), selon l'usage des jeunes filles. Quelquefois aussi[290] leur chevelure est tressée et retenue sur le front par une bandelette ou par un bandeau (ἄμπυξ, κρήδεμνον[291]). Leurs casques[292], sans visière et formant sur le front comme un diadème, sont sans doute de l'espèce de ceux qu'on appelait στεφάνη[293], et non sur la partie qui couvre le sommet de la tête une élévation que, d'après sa forme, on appelait κῶνος[294]. D'autres encore[295] en guise de casque portent le bonnet de peau des Phrygiens, μίτρα[296], avec trois pointes, dont l'une couvre le derrière de la tête, tandis que les deux autres défendent les joues.

D'après le mouvement de leur bras droit et d'après les fragments de marbre arrondis restés dans leurs mains, on peut conjecturer qu'elles portaient l'arme qui caractérise les Amazones, la hache à deux tranchants, σάγαρις[297]. Quelquefois aussi un mouvement différent porte à croire qu'elles tenaient à la main l'épée qu'elles ont arrachée à leur adversaire[298].

Leur bouclier n'est point cette pelta en forme de demi-lune que leur donnent les poètes et les monuments postérieurs. C'est une sorte de pelta de forme ovale avec une échancrure demi-circulaire pratiquée tantôt à l'extrémité[299], tantôt sur l'un des côtés du bouclier[300]. Cette échancrure servait sans doute à observer l'ennemi pendant le combat, tandis que l'on mettait à couvert le visage et la poitrine. Ordinairement on désignait par le nom de pelta[301], un bouclier thrace fort léger, sans rebord (ἄντυξ), et plus petit que le bouclier argien, mais qui, comme ce dernier, avait intérieurement deux poignées; et comme dans deux figures seulement la poignée centrale ou brassière n'est pas indiquée, M. Stackelberg présume que le peintre avait été chargé de la figurer.

Ce savant pense également qu'à la peinture avait été laissé le soin d'indiquer les harnais des deux cerfs attelés au char de Diane, et les brides des chevaux montés par les Amazones. Des trous pratiqués dans le marbre prouvent que les rênes étaient en métal. Un seul cheval[302] est reconvert d'une sorte de chabraque, ἐφίππιον et ἐφιππειον[303], qui vient s'attacher sur le poitrail. M. Stackelberg croit que cet ornement était peint sur les deux autres chevaux; mais les muscles sont trop indiqués pour que cette supposition puisse être admise, et il est préférable de croire que, pour plus de variété, l'artiste les avait fait monter à nu[304].

FRAGMENTS DE SCULPTURE TROUVÉS A BASSÆ.

Nous ne pouvons nous dispenser d'ajouter ici quelques mots sur les fragments de sculpture recueillis dans les ruines du temple de Bassæ, et qui ne font pas partie de la frise intérieure ou ionienne[305]. M. Stackelberg pense avec raison que les fragments 1 à 4 appartenaient aux métopes de la frise dorienne du vestibule,

---

[280] Planche 3. Le carquois est l'un des attributs les plus ordinaires des Amazones. V. la Dissertation de Visconti sur un vase grec. Mus. Pourt., p. 11, note 89.

[281] Hom., Od., XI, 54. Lycoph., 458. Cf. Millin, Mon. inéd. t. I, p. 36o et suiv.

[282] Pollux, On., VII, 59. Aujourd'hui encore, en Russie, on appelle de vêtement charravari, et c'est de là que nous vient le mot charravari, qui désigne une sorte de pantalon dont on se sert pour monter à cheval.

[283] Planches 1, 7 (?), 8.

[284] Planches 4, 9, 10, 11.

[285] Planches 5, 7, 11.

[286] Planche 10. Cf. Petitus, de Amaz., c. 21. Antichità di Ercol. Bronzi, t. x, p. 244, note 9. Cette dernière forme de chaussure offre beaucoup de ressemblance avec les brodequins donnés aux Furies sur un vase peint publié par Millin, Mon. inéd., t. I, p. 263 et suiv.

[287] Callim., h. in Dian., 16. Pollux, On., VII, 93.

[288] Planches 1, 2, 3, 5, 6, 7, 8, 9, 11.

[289] Cf. Winckelmann, Hist. de l'Art, 5, 1, 12. Traît. prelim., 4, 66.

[290] Planches 3, 5, 11. C'est ainsi que plusieurs écrivains les représentent. Voy. Senec., Hipp., Act. II, v. 399.

[291] Hom., Il., XXII, 469. Eustath. ad. Il. X, 48.

[292] Planches 2, 3, 4, 6, 7, 8, 10, 11.

[293] Il., VII, 12, X, 3o. Pollux, On., VII, 158. Le casque de nos Amazones est parfaitement semblable à celui de l'Amazone équestre, publié dans les bronzes d'Herculanum, t. II, p. LXIII, LXIV.

[294] Plin., H. N., X, 1, 1. Virg., Æn., III, 468: Et conum insignis galeæ cristasque comantes.

[295] Planches 5, 9, 10.

[296] Cf. Millin, Mon. inéd., t. I, p. 136, note 15, ad fin. Cette coiffure, que portent les personnages qui occupent la droite de la fameuse mosaïque de Pompéi, était propre à la nation persane, et suffirait seule pour prouver que ce monument ne peut, malgré les ingénieuses conjectures de M. Vescovali, représenter autre chose que la bataille d'Arbèles.

[297] Strabon, XI, p. 769, et Pitt. d'Ercol., t. V, p. 3o8, note 6. Parmi tant de monuments où les Amazones sont représentées à bipennis ou pelta, je citerai surtout la peinture d'Herculanum (Pitt. d'Erc., t. V, p. 69), où l'on voit deux femmes assises sous un portique, et ayant l'une la bipennis, l'autre la

reçues dans la main droite, et toutes deux la pelta lunata au bras gauche. Visconti voit dans ces deux figures deux Amazones veillant à la garde du temple d'Éphèse qui leur a servi d'asile (Paus., Ach., 2. Diod., III, 52). il rapproche ce monument de ces patères de bronze, où sont gravées, dans la manière étrusque, deux femmes guerrières et sandalées, bien caractérisées par leur sein: qui paraissent se reposer près d'un édifice indiqué par une colonne ionique, d'ordre ionique, et qu'il regarde comme l'hiéroglyphe du temple d'Éphèse. Cette explication heureuse paraît confirmée par un monument dont la connaissance est due à M. L. de Laborde; je veux parler du grand tombeau trouvé à Petra, et sur la façade duquel sont représentées deux Amazones debout, près de leur coursier, la bipennis au poing, et la pelta au bras gauche. Peut-être serait-il possible d'établir un rapport entre ce monument asiatique et le temple d'Éphèse. Ajoutons que la conjecture de Visconti sur les patères dont nous venons de parler, pourrait, selon nous, jeter quelque lumière sur l'emploi fait, dans le temple de Phigalie, d'une seule colonne corinthienne en avant de l'opisthodome où se trouvait la statue d'Apollon. Ne pourrait-on voir dans cette colonne une représentation symbolique de Diane? L'usage de représenter les dieux sous la forme de colonnes n'est pas sans exemple. Pausanias (III, 19) nous apprend que la statue d'Apollon à Amyclée, à l'exception du visage, des pieds et des mains, ressemblait à une colonne de bronze: χαλκῇ κίονι; et, ce qui est plus concluant encore, que sur la route qui conduisait de Sparte en Arcadie (III, 20, 9), on voyait sept colonnes, qui, d'après la tradition, n'étaient autres que les sept planètes représentées suivant l'ancienne manière: κατὰ τρόπον τὸν ἀρχαῖον... ἀστέρων τῶν πλανητῶν... ἀγάλματα.

[298] Planches 4 et 6.

[299] Planches 3, 7.

[300] 1, 3. Le n° 138 des monuments inédits de Winckelmann offre un bouclier tout-à-fait semblable.

[301] Cf. Millin, Mon. inéd., t. II, p. 76, 77. Pitt. d'Ercol., t. V, p. 3o8, note 5.

[302] Planche 8.

[303] Xenoph., Hipp., VII, 5. Hipparch., VIII, 4. Ce caparaçon se trouve sur le cheval de l'Amazone équestre publiée dans les bronzes d'Herculanum, t. 2, pl. LXIII, LXIV.

[304] C'est ainsi qu'est représenté Hippolyte sur le vase du Musée Pourtalès.

[305] Voyez planche 23, fr. 1—5.

et il conjecture que l'artiste avait eu pour objet d'indiquer l'union du culte d'Apollon et de celui de Bacchus. Il prouve par des passages nombreux que ces deux divinités sont souvent confondues [306], ou du moins considérées comme ayant entre elles une grande analogie. Ainsi, dit-il, si l'on trouve un Apollon-Dionysos dans l'Apollon Dionysodotos adoré à Phlyn en Attique [307], on trouve aussi chez les Acharniens comme à Athènes un Διόνυσος Μελπόμενος [308], *le chanteur*, c'est-à-dire le conducteur des Muses [309].

Dans le temple de ce Bacchus Μελπόμενος à Athènes [310], étaient réunies près du masque d'Acratus ou de Silène, la statue d'Apollon, celles des Muses, de Minerve Παιωνία (*medica*) et de Jupiter. Bacchus était honoré sur le Parnasse aussi bien qu'Apollon [311]. Sur le fronton du temple de Delphes, on voyait Apollon suivi des Muses, et Bacchus escorté par les Thyades [312]. Bacchus était aussi adoré à Amphiclée en Phocide, comme devin, et comme secourant le pays contre les maladies [313].

Silène, conducteur du chœur bachique, était aussi, comme devin, en rapport avec Apollon : on prétendait même qu'il était le père de l'Apollon Arcadien nommé νόμιος [314], près duquel il est représenté sur des médailles. [315]. M. Stackelberg remarque en outre que la musique, ce moyen d'adoucir les mœurs, était très en usage chez les Arcadiens, naturellement portés à la rudesse comme habitant des contrées montagneuses et sauvages; qu'ils passaient même pour les plus habiles musiciens de toute la Grèce, et que les lois leur en faisaient un devoir. Chez eux l'ignorance de la musique était un déshonneur, et, dès leur enfance, on les habituait à chanter des péans et des hymnes bachiques [316]. De plus les Phigaliens étaient des adorateurs zélés de Bacchus [317], et le mythe des Amazones comme celui des Centaures se rattachent au cycle dionysiaque. Il ne faut donc pas être surpris si l'architecte et les sculpteurs, athéniens comme on l'a prouvé, ont, en travaillant pour les Arcadiens, fait allusion au culte de l'un et de l'autre dieu. Voilà pourquoi parmi les fragments, nous voyons (fragm. 4) un corps de Silène, deux danseuses bachiques (fragm. 1 et 3), et Apollon citharède (fragm. 2), jouant de la cithare ou d'une espèce de lyre [318], qui, à en juger par la place laissée disponible pour la recevoir, devait être rapportée en métal. La main étendue devait faire résonner les cordes, tandis que l'autre tenait le plectrum. De plus, de cette circonstance que la statue est debout, on peut en conclure que l'instrument appartenait à ce genre de cithares appelé *Phorminx*, parce qu'en jouant on pouvait le porter attaché au bras par un lien. Ce qui semble encore le prouver, c'est le costume de citharède que porte la figure, et qui consistait en une tunique longue (χιτὼν ποδήρης) et en un manteau tombant par derrière. Or c'est ainsi qu'on représentait Apollon Pythien [319]. Ici le costume du dieu offre encore quelques accessoires remarquables : sur sa poitrine, par-dessus les plis de l'étoffe, est une face représentant le soleil, et qui, suivant M. Stackelberg, indique en lui le dieu du soleil, *Phœbus Apollo*. Sur sa tête est un casque dont les couvre-joues sont relevés, et sur le devant duquel se relève également sa chevelure. Dans les plus anciennes représentations d'Apollon Lyciea, ce dieu portait le casque, comme on peut en juger par la description de sa statue en *forme de colonne*, qui se trouvait à Amyclée [320]. Un beau bas-relief du musée royal de Naples, et une figure du musée royal de Paris, représentent un chanteur et un prêtre d'Apollon avec cette même coiffure en peau. Ce qu'on aperçoit derrière la tête ne doit pas être regardé comme un prolongement du casque destiné à défendre le cou, mais bien plutôt comme un pétase ou chapeau de berger, vu de profil; attribut qui convient parfaitement à Apollon envisagé comme le berger par excellence [321]. La tête du dieu, malgré les mutilations qu'elle a subies, est encore d'une grande beauté.

L'exécution de la danseuse (fragm. 1) n'est pas moins remarquable; les plis de la draperie sont traités d'une manière large et riche tout à la fois, et la transparence de l'étoffe est indiquée de la manière la plus heureuse. Autant qu'on peut en juger par le mouvement de la partie conservée, elle se levait sur la pointe des pieds, tout en agitant des crotales, sortes de castaguettes [322]. Sur l'autre fragment (3), on retrouve les mêmes circonstances; et de plus, on y voit la main d'une danseuse qui complétait le groupe. Quant au corps du silène (fragm. 4), qui sans doute s'appuyait sur un bâton, les plis de la peau et les chairs déjà un peu flasques y indiquent parfaitement les approches de la vieillesse.

Les fragments de mains et de pieds en marbre blanc de Paros, et d'une dimension colossale (fragm. 5), paraissent avoir appartenu à une statue d'Apollon qui, suivant les conjectures de M. Stackelberg, aurait remplacé la statue en bronze transportée à Mégalopolis lors de la fondation de cette ville par Épaminondas, dans le cours de la 102° olympiade, c'est-à-dire quinze olympiades après la fondation du temple. Cette nouvelle statue devait être en bois doré ou peint, avec la tête, les mains et les pieds en marbre [323]. Ainsi elle appartenait à ce genre de statues nommées Acrolithes, dont Pausanias cite plusieurs exemples [324]. Il est à présumer que la tête était également en marbre avec des ornements en métal ; et en effet, on a trouvé dans les décombres quelques feuilles de laurier en bronze doré. On peut conjecturer d'après ces fragments, que le dieu portait la longue robe à manche des citharèdes. On voit encore une partie de la lyre dans la main gauche, et à l'un des doigts de la main droite on aperçoit encore un reste de plectrum.

L'enlèvement de la statue en bronze fut fatale au temple de Phigalie. Suivant M. Stackelberg, un temple cessait d'être honoré par le peuple et tombait bientôt en ruine, quand la statue qui le décorait en était enlevée et que par conséquent la divinité n'y habitait plus. Pausanias [325] nous en donne une preuve frappante dans ce qu'il rapporte du temple de Minerve à Alalcomènes ; ce temple

---

[304] Dans l'Antigone de Soph., 1146, le chœur s'adresse à Bacchus comme s'il invoquait Apollon :

Ἰὼ πῦρ πνειόντων
Χοράγ' ἄστρων, νυχίων
Φθεγμάτων ἐπίσκοπε.

Macrobe, Saturn., I, 18 : *Liberum quoque putrem, eum ipsum esse deum quem solem.*

[305] Pausan. I, 31, 2.

[306] *Id.* I, 2, 4, et 31, 3.

[307] Sophocle, dans un chœur de l'Antigone, v. 965, fait figurer les Muses dans le cortège de Bacchus (il s'agit de Lycurgue, roi de Thrace) :

Παύεσκε μὲν γὰρ ἐνθέους
Γυναῖκας εὔιόν τε πῦρ
Φιλαύλους τ' ἠρέθιζε Μούσας.

[308] Et non pas sous le portique où se trouvait ce temple, comme l'a fort mal entendu Clavier. Cf. Siebelis ad Pausan., t. I, p. 12.

[309] Pausan., X, 32.

[310] Pausan., X, 19, 3.

[311] Pausan., 33 (et non 32): Λέγεταί δὲ ὑπὸ τῶν Ἀμφικλειέων, μάντιν τε σφίσι τὸν θεὸν τοῦτον καὶ βοηθὸν νόσων σφίσι καθεστηκέναι.

[312] Comme législateur. Cic. de Nat. Deor., III, 23, et sans doute aussi comme berger.

[313] Voyez Creuzer, *Symbol. u. Myth.*, 2° édit., part. III, p. 163 et 213-215.

[314] Polybe, IV, 20.

[315] Pausan., VIII, 39. Ils l'adoraient sous le nom d'ἀκρατοφόρος.

[316] M. Stackelberg conjecture que près de lui, dans la même métope, se trouvait la γορτῷος bachique.

[317] Propert., II, El. 20. Voyez les médailles de Delphes.

[318] Pausan., III, 19 (et non 13).

[319] Macrob., Sat. I, 17.

[320] Suidas : Ἴθμός ὁ ὀρθόμενος κέλαμος καὶ κατακομβωμένας ἐπίτηδες... ὥστε ἔχειν, εἰ τις αὐτὸν δονοίη, ταῖς χερσί. Cf. Lampe, *de Cymbalis veter.*, lib. III, Ultraj., 1703, in-12.

[321] Un long clou tenant encore au pied droit, les trous pratiqués dans les poignets, la semelle de la sandale parfaitement lisse, tout prouve en faveur de cette conjecture.

[322] La statue de Minerve à Ægire, VII, 26; la Minerve Chalinitis à Corinthe, II, 4; la Vénus Méchanitis, à Mégalopolis, VIII, 31; Ilithie, à Ægium, VII, 23; le groupe des Graces, à Élis, VI, 24, et la Minerve Aréia que Phidias avait faite pour les Platéens, IX, 4.

[323] X, 33.

fut bientôt renversé du moment que Sylla en eut retiré l'image de la déesse. Il en fut de même à Phigalie; le départ du dieu avec la statue primitive diminua le zèle des Arcadiens accoutumés à visiter le sanctuaire. L'abandon des pèlerins fit peu à peu cesser le culte; le temple devint bientôt solitaire, et avec le temps n'offrit plus aux regards que d'imposantes ruines [326].

FRAGMENT D'INSCRIPTION TROUVÉ A PHIGALIE.

ΜΑΣΙ
ΡΑΤΟΝΙ
ΜΙϿΡΓΟΙΣ
ΔΩΡΟΝ

Cette inscription, qui a été copiée à Phigalie par M. Ch. Lenormant, paraît, par la forme des lettres et surtout par l'emploi de l'ὄμικρον minuscule, appartenir à l'époque romaine [327], ou du moins lui être peu antérieure [328]. Elle est écrite en petits caractères, comme le sont ordinairement les décrets, et la pierre où elle est gravée, est mutilée sur tous les côtés, ce qui semble annoncer que primitivement elle était beaucoup plus grande.

Le mot δῶρον qu'on lit à la quatrième ligne fait présumer, bien qu'on ne trouve guère d'exemples de cette formule dans les inscriptions grecques [329], que ce monument appartient à la classe désignée par M. Boeckh sous le titre de *Donariorum et operum publicorum tituli*.

A qui ce don était-il fait? la ligne 3 nous l'indique; car il est impossible de n'y pas reconnaître les dernières syllabes du mot δαμιουργοῖς, forme propre au dialecte achéen [330], au lieu de la forme commune δημιουργοῖς.

Dès lors le nom du donataire doit se trouver dans les premières lignes; et, si l'on veut bien se rappeler que l'Ω peut souvent être confondu avec l'O, surtout quand la partie inférieure de la première de ces deux lettres a été effacée par le temps, on ne trouvera rien de forcé dans la restitution que je propose :

[ΔΑ]ΜΑΣΙ[ΑΣ]
[ΜΑ]ΡΑ[Θ]ΩΝΙ[ΟΣ]
[ΔΑ]ΜΙϿΡΓΟΙΣ
ΔΩΡΟΝ

Δαμασίας
Μαραθώνιος [331]
δαμιουργοῖς
δῶρον.

Damasias de Marathon a offert ce don aux Démiurges.

Le nom de Damasias se trouve dans Pausanias [332] et dans Lucien [333], et paraît, de tous ceux qu'on pourrait proposer, tels que Δαμάσιππος, Δαμασκός, celui qui convient le mieux ici par sa forme et par ses dimensions.

Mais que faut-il entendre par le mot δαμιουργοῖς? Ici se présente une difficulté qu'il paraît difficile de résoudre. Le mot δημιουργός dans son acception première signifie *un ouvrier qui travaille pour le public*, puis il a reçu tous les sens métaphoriques que peut avoir chez nous le mot *artisan*, et s'est même appliqué à la divinité comme *l'artisan*, *l'ouvrier* par excellence; c'est dans ce dernier sens qu'on le rencontre dans Platon [334], dans Xénophon [335], et postérieurement chez les écrivains néoplatoniciens [336]. Une inscription d'Athènes, publiée par M. Boeckh [337], donne à Tibère le nom de θεὸς δημιουργός; ce qui prouve que cette dénomination appliquée aux dieux avait cours à cette époque, et ne se bornait plus à figurer dans les écrits des philosophes. Dès lors rien ne s'oppose à ce qu'au moyen d'une légère addition au commencement et à la fin de la troisième ligne, addition que l'état du monument autorise, nous lisions l'inscription qui nous occupe ainsi qu'il suit :

Δαμασίας
Μαραθώνιος
τοῖς δημιουργοῖς θεοῖς
δῶρον.

Damasias de Marathon offre ce don aux Dieux créateurs.

Resterait à déterminer quels sont ces δημιουργοὶ θεοί. Je pense qu'il s'agit ici d'Apollon et de Diane, considérés, d'après les idées néoplatoniciennes, et peut-être d'après des idées plus anciennes, comme les symboles de la lumière vivifiante. Ce qu'il y a de constant, c'est qu'Hésychius explique le mot δημιουργός par ces mots: ὁ ἥλιος [338]. Or, si l'on réfléchit qu'Apollon et Diane sont deux divinités presque inséparables [339], qu'à eux plus qu'à tout autre convient l'épithète de δημιουργός, qu'enfin l'inscription dont nous nous occupons a été trouvée à Phigalie, dans un lieu où Apollon et Diane étaient l'objet d'un culte tout particulier [340], peut-être trouvera-t-on que cette explication n'est pas sans vraisemblance. L'absence des monuments où se retrouverait le titre de δημιουργός donné aux dieux ne saurait être un motif suffisant pour repousser l'interprétation que nous proposons, puisque, comme on vient de le voir, déjà sous Tibère la flatterie s'était emparée de cette dénomination, ce qui fait supposer qu'elle était d'un usage bien antérieur.

On demandera peut-être comment on peut concilier le sens complet donné au fragment que nous publions, avec les dimensions beaucoup plus considérables que M. Lenormant suppose à la pierre. Il est facile de répondre à cette objection. Les quatre lignes conservées étaient vraisemblablement les dernières de l'acte de donation et en formaient pour ainsi dire le résumé, comme dans l'inscription de Salamine publiée par M. Raoul-Rochette [341], et depuis par M. Boeckh [342]. Nous verrons encore un exemple de cet usage dans

---

[326] M. Stackelberg a prouvé jusqu'à l'évidence, p. 19, que la destruction du temple de Phigalie est antérieure à l'introduction du christianisme. Son plus fort argument, c'est que si, à cette époque, le temple où il existe encore subsisté, il eût été, comme cela se fit généralement, transformé en église.

[327] Voyez les inscriptions 1325, 1426, 1460, 2058, du *Corpus Inscr. gr.*, de M. Boeckh.

[328] Voyez l'inscription 1534, op. cit. M. Boeckh la croit du temps de Pyrrhus.

[329] Le seul exemple grec que je puisse citer est une inscription rapportée par L. Castelli, *Inscr. Sic.*, Cl. XVII, 1, et qu'on regarde comme du VI° ou du VII° siècle de l'ère chrétienne, mais qui est probablement beaucoup plus ancienne. La formule équivalente D. D. est fréquente sur les inscriptions latines. Or, nous avons eu déjà occasion de remarquer, t. 1, p. 44, qu'à partir du 1er siècle les inscriptions grecques ont souvent un caractère tout romain.

[330] Voyez Athen. p. 466 sq. Maittaire, *de Dialectis*, p. 166, D(227, ed. Sturz.); Boeckh, *Corpus inscript. graec.*, ad 4, 1542, 1543, 1567. Peut-être pourrait-on voir dans l'ὄμικρον minuscule une abréviation de la diphthongue ου, rôle qu'il joue évidemment à la ligne 35 de l'inscription 1688 du *Corpus inscript. gr.*

[331] La lettre Τ de la seconde ligne peut être regardée comme douteuse.

[332] VII, 6. C'était le nom d'un chef des Achéens, petit-fils d'Oreste.

[333] Dial. Mort., X, 5, t. I, p. 366. Lexiph. II, t. II, p. 333, ed. Reitz. C'était le nom d'un athlète célèbre, vainqueur aux jeux olympiques. Ol. CXV. 320 ans av. J.-C.

[334] Timée, p. 41 A et passim. Cic. de N. D. 1, 8. Cf. Io. Tideman Dissertatio litter. *de Deo Platonis*. Amst., 1830, in-8°, p. 36, 78, 84, etc.

[335] Memor., 1, 4, 7 et 9.

[336] Max. Tyr. *Dissertatio* XVII, 12, et surtout Julien *de deo sole* passim.

[337] Corpus Inscr. graec., 318.

[338] δημιουργός· ὁ ζεύς, ὅτι πάντα ποιεῖ καὶ θέρει, suivant la correction d'Heusterhuis.

[339] Voyez notes 150-161.

[340] Pausanias VIII, 39 et 41.

[341] Antiquités du Bosph. Cimm., p. 204 et suiv.

[342] Corpus inscr. gr., 108.

une grande inscription d'Égine dont nous aurons occasion de parler plus tard.

Il est un autre sens du mot δημιουργὸς que nous n'avons pas encore signalé, et que nous ne pouvons cependant passer sous silence. Ce mot désignait aussi les magistrats populaires du Péloponèse, des Doriens [242] et des Thessaliens. Il se représente souvent dans les historiens de la ligue achéenne [243]. Si l'opinion que nous avons développée plus haut semblait trop hardie, peut-être pourrait-on voir ici dans le mot δαμιοργοὶ l'indication de magistrats achéens dont les noms devaient se trouver dans les lignes précédentes, et conjecture pour conjecture, je crois qu'il vaut encore mieux s'en tenir à cette dernière.

Ainsi donc, en attendant des preuves qui ne permettent plus d'élever aucun doute sur mes premières conjectures, je m'arrêterai à la restitution suivante, qui a d'ailleurs l'avantage de ne rien changer au texte :

[ΔΑ]ΜΑΣΙ[ΑΙ]
[ΚΑΙΣΤ]ΡΑΤΩΝΙ
[ΔΑ]ΜΙΟΡΓΟΙΣ
ΔΩΡΟΝ

Δαμασία
καὶ Στράτωνι
δαμιοργοῖς
δῶρον.

Don offert à Damasias et à Straton Démiurges.

---

[242] Voyez les preuves recueillies dans la nouvelle édition du *Thesaurus linguæ græcæ*, de Henri Estienne, vol. II, fasc. IV, p. 1075 et suiv.

[243] Polyb. XXIV, 5, 16. Tite-Live, XXXII, 22; XXXVIII, 30. Plut. Arat. 43. Cf. Boeckh., Corpus Inscr. gr., 4, p. 11, 1193 et 1542.

Suivent les planches 4, 5 et suivantes, jusqu'à la planche 30.

ROUTE DU TEMPLE D'APOLLON A OLYMPIE.

Les nuages qui s'étaient amoncelés depuis deux jours autour de nous, quoique le temps fût fort beau dans le bas des montagnes, nous tinrent au milieu de brouillards tellement épais et humides, qu'il nous fut impossible de continuer notre travail; et comme la matinée du 1ᵉʳ juin annonçait une journée semblable aux précédentes, nous nous décidâmes à partir pour retourner à Olympie.

Le chemin, au nord, passe sur une crête de montagne couverte de rochers, au milieu desquels sont quelques chênes qui ombragent çà et là le sommet du mont Cotylius. On descend ensuite vers une petite fontaine, après laquelle il faut franchir un torrent, et puis on retrouve la route de Phigalie à Andritzena. Après avoir remonté par une partie de cette route, que nous avons décrite plus haut, on arrive à la ville. D'Andritzena pour rejoindre l'Alphée, près de l'embouchure du Ladon, il n'est pas nécessaire de suivre la route de Phanarie; on peut, en continuant de se diriger au nord vers Olympie, laisser Phanarie à gauche et traverser les vallées qui sont au-dessous, et que coupent des coteaux qui forment les premiers échelons des hautes montagnes de l'Arcadie. Toute cette campagne, en partie cultivée, est d'un aspect riant: on y rencontre des bosquets d'arbres, des fontaines, et quelques habitations. Après avoir presque constamment descendu, depuis le temple jusqu'à l'Alphée, on arrive par les coteaux qui bordent ce fleuve auprès d'un ruisseau, non loin duquel on traverse la petite rivière de Rongogio; et ensuite on en traverse une autre près de son embouchure. Après on gravit une éminence, au haut de laquelle est un hameau en ruine, et d'où on aperçoit le village d'Agiani de l'autre côté de l'Alphée. Nous traversâmes le fleuve, comme nous avions déjà fait quelques jours auparavant, et nous regagnâmes Olympie par la route que nous avions suivie pour aller à Phigalie.

ROUTE PAR DISTANCES DU TEMPLE D'APOLLON A OLYMPIE.

Après une montagne, à 16 minutes, on descend; mauvais chemin. A 20 m. une fontaine. A 46 m. un torrent. A 16 m. on retrouve la route de Phigalie à Andritzena. A 8 m. un torrent. A 17 m. une fontaine. A 13 m. Andritzena. A 39 minutes un hameau dans une vallée cultivée. A 25 m. fontaine et réservoir; fragment de route pavée. A 88 m. coteaux coupés par de riches vallées. A 48 m. coteaux qui bordent la vallée de l'Alphée. A 17 m. rivière de Rongogio. A 28 m. autre petite rivière. A 5 m. hameau ruiné sur un coteau. A 4 heures 57 m., après avoir traversé l'Alphée, le Ladon et l'Érymanthe, on arrive à Olympie par la route décrite page 1ʳᵉ du deuxième volume.

Total de la route, 11 heures 23 minutes.

ROUTE D'OLYMPIE A AGIANI (HEROEA) PAR LALA.

La route passe au pied du mont Saturne, et se dirige au nord-est dans la vallée du Cladée. A peu de distance on entre dans les montagnes, en remontant le cours du torrent, dans une gorge ombragée de platanes et de buissons de lentisques. Après avoir rencontré, sur cette route montueuse, qui offre des accidents assez pittoresques, le village de Stavro Kefalo, et deux fontaines appelées Lalakivrisi, on arrive sur un plateau où se voient quelques arbres et les ruines de Lala.

Cette ville, qui avait été fondée par une colonie albanaise, et qui était considérable lors du voyage de M. Pouqueville, était, lorsque nous la vîmes, presque anéantie: il n'y restait plus que les ruines de quelques châteaux. D'après l'indication des auteurs modernes, nous étions allés à Lala afin de retrouver des fragments du temple d'Olympie, qui, suivant eux, y avaient été apportés pour bâtir. Nous retrouvâmes en effet des pierres provenant de cet édifice, mais, ayant été réduites en moellons, elles n'avaient plus aucune forme architecturale.

L'air de Lala passe pour être le meilleur de la Morée. Au rapport des habitants, c'est dans cet endroit que s'est livré le premier combat de la révolution grecque; 6000 Turcs y ont été défaits par 400 Grecs. En sortant de la ville, la route continue à travers une plaine que couvrent d'épaisses fougères et quelques chênes, jusqu'à un défilé où l'on descend en côtoyant le lit d'une petite rivière; on se trouve alors dans une gorge bordée de rochers et couverte de platanes énormes, ombragés par une forêt de chênes verts. Cet ensemble offre à chaque pas les effets les plus variés, et les plus beaux sujets d'étude pour les paysagistes. En suivant cette gorge, dans laquelle on descend toujours, on traverse le torrent près d'une cascade assez abondante, au-dessous de laquelle, et au bas de rochers caverneux couverts de végétaux, se trouve un moulin alimenté par ses eaux, qui ensuite se précipitent dans un ravin d'une très-grande profondeur. Il est difficile de voir quelque chose de plus beau que l'aspect de ce lieu. La rivière ou le torrent, ainsi que le moulin, s'appellent Karatzari. Au-dessus est un village appelé Nemata; plus loin, en descendant, toujours en longeant le torrent sur le versant d'une montagne, la vue se trouve moins resserrée et l'on découvre la vallée de l'Érymanthe ou Dogana, que l'on traverse, près de l'endroit où le torrent s'y précipite, sur un petit pont en pierre qui apparaît au milieu de cette riche végétation de la manière la plus pittoresque. Dans un rocher au-dessus du pont, est une caverne murée et crénelée sur le devant. On nous dit que les Grecs, pendant la dernière guerre, en avaient fait un fort qui leur servait de refuge.

De ce point, en se dirigeant au sud, après avoir traversé une forêt de chênes et des champs cultivés, on arrive au Ladon, que nous passâmes à gué à un endroit où son cours est si rapide que les chevaux s'y tenaient avec peine, quoiqu'il n'y eût que deux pieds et demi d'eau; en continuant dans la même direction, et après avoir trouvé sur notre route quelques ruisseaux et des moulins, nous arrivâmes au village de Scineca, après lequel on traverse une forêt de chênes, qui conduit à Agiani ou Joannis (Heroea).

ROUTE PAR DISTANCES D'OLYMPIE A AGIANI PAR LALA.

A 55 minutes du temple un ruisseau. A 8 m. Stavro Kefalo, village en remontant le cours du Cladée. A 5 m. un ruisseau. A 43 m. gorge très-resserrée, montée rapide. A 24 m. reste de route pavée. A 12 m. un ruisseau. A 20 m. cascades formées par le Cladée. A 5 m. deux fontaines. A 23 m. haut de la montagne. A 18 m. Lala. A 10 m. ruines de tombeaux turcs. A 15 m. la route descend dans un ravin. A 60 m. défilé. A 8 m. lit d'une rivière. A 19 m. une source. A 23 m. cascade très-pittoresque, au-dessous un moulin, Karatzari. A 23 m. pont en pierre sur l'Érymanthe. A 15 m. un ruisseau. A 22 m. autre dans une forêt. A 65 m. descente rapide dans la forêt. A 35 m. le Ladon. A 36 m. fontaine. A 16 m. Scineca, village. A 10 m. petite rivière, une fontaine. A 32 m. un ruisseau; Agiani ou Hagios Joannis, village sur l'emplacement d'Heroea.

Total de la distance, 10 heures 2 minutes.

AGIANI (HEROEA).

Suivant les géographes, ce petit village est situé sur l'emplacement de l'antique Heroea. On trouve au sud-ouest des habitations, et près d'une chapelle une ruine romaine, au-dessous une fontaine; en remontant vers le village, un fragment de mur hellénique; au-dessus dans la plaine, des débris de constructions, probablement de l'ancienne ville. M. Gell y indique une tour antique que nous n'avons pas vue; mais peut-être nous a-t-elle été cachée par la riche végétation dont cette campagne est couverte.

ROUTE D'AGIANI (HEROEA) AUX RUINES HELLÉNIQUES.

D'Agiani, en se dirigeant au sud-est, par une route qui suit parallèlement, et à quelque distance, le cours de l'Alphée, on traverse plusieurs ruisseaux qui prennent leur source dans les montagnes voisines. Plus loin où Anaziri, village où se voient des restes d'un château moderne. En sortant de ce village, nous quittâmes la route pour monter à l'est, où nous devions trouver les ruines antiques, indiquées sur les cartes par le nom de *Ruines helléniques*.

DISTANCE D'AGIANI AUX RUINES HELLÉNIQUES.

A 5 minutes fontaine au bas d'un coteau boisé. A 25 m. un lit de rivière. A 12 m. beaux oliviers sur un plateau. A 9 m. Anaziri, village. A 30 m. on arrive sur le haut d'une montagne rocailleuse. A 15 m. lit d'un torrent. A 15 m. autre torrent. A 16 m. ruines helléniques.

Total de la distance, 2 heures 7 minutes.

(33)

RUINES HELLÉNIQUES ET MÉLÉE OU MÉLANÉA.

Sur cet emplacement sans nom, et qui est peut-être, malgré sa distance, l'acropole de Mélée, on voit encore des parties de murs antiques, construits par assises régulières, lesquelles, par leur disposition, ne permettent pas de douter que ce ne fût l'enceinte d'une acropole. A l'extrémité sud-ouest et sur le point le plus élevé, qui se termine de ce côté par un rocher escarpé, se trouvent quelques restes de murailles qui forment une autre enceinte, au milieu de laquelle est une partie de construction qui, bien qu'informe, laisse reconnaître le soubassement d'un monument qui devait être un temple.

En descendant au sud-ouest de l'acropole, on traverse un ravin, au-delà duquel se voit une grotte habitée dans les rochers escarpés qui forment la base de l'acropole. De là, en continuant à descendre dans une vallée cultivée, on trouve près de l'Alphée une fontaine, et tout près, Kacoreos, village où était une église indiquée par M. Gell, et qui n'existe plus. C'est à peu de distance de ce village et dans une gorge boisée, que se trouvent les ruines de Mélée ou Mélanéa.

Les restes de cette ville ancienne sont situés dans un ravin, à la source très-abondante d'une petite rivière qui se jette près de là dans l'Alphée; on y remarque une construction romaine formant une grande salle que les modernes ont transformée en église; la forme en est carrée, en plan; elle est couverte par une voûte sphérique en briques, ornée de stucs et de peintures modernes. Une partie de la voûte est tombée. Les terres amoncelées dans ce ravin s'élèvent jusqu'à la naissance des arcs, et 18 pouces d'eau recouvrent les terres dans l'intérieur du monument. Cependant, malgré cela, on y officie. Les habitants disent qu'au mois d'août la rivière est à sec, et qu'il n'y a plus d'eau alors que dans l'église, qui, dans l'origine, peut bien avoir été une conserve d'eau. A côté, est une autre ruine peu apparente, qu'on dit être celle d'un bain romain.

DISTANCE DE L'ACROPOLE HELLÉNIQUE A MÉLÉE OU MÉLANÉA.

En partant de l'acropole, à 7 minutes on arrive près d'un ravin. A 8 m. on voit au-dessus de l'acropole une grotte habitée. A 43 m. Kacoreos, village. A 15 m. un ravin boisé. A 12 m. un autre ravin boisé où sont les ruines romaines appelées Mélée ou Mélanéa. Total de la distance, 1 heure 25 minutes.

ROUTE DE MÉLÉE A GORTYS.

De Mélée pour se rendre à Gortys, on longe à quelque distance le cours de l'Alphée; la route qui remonte vers la source élevée de ce fleuve est presque toujours en montant; elle est coupée par quelques petites rivières qui sortent des montagnes de Dimitzana. C'est près d'une de ces rivières que l'on traverse après le village de Trupa, qu'il faut quitter la route de Caritène pour monter vers l'est à Atchicolo, village près duquel se trouve l'acropole de Gortys.

DISTANCE DE MÉLÉE A GORTYS.

A 47 minutes une fontaine. A 11 m. petite rivière sous des platanes. A 3 m. à droite, des grottes dans les rochers. A 14 m. une chapelle. A 10 m. Trupa, village; tout près, une cascade. A 13 m. lit d'un torrent. A 32 m. débris de construction au pied d'un platane. A 5 m. une fontaine. A 25 m. montée escarpée au milieu des rocs. A 25 m. un ravin. A 40 m. un autre. A 5 m. une chapelle. A 10 m. Atchicolo, village; une chapelle dans laquelle sont quelques pierres et un fragment de fût de colonne d'un monument antique. A 15 m. l'acropole de Gortys.

Total de la distance, 4 heures 15 minutes.

GORTYS.

Du temps de Pausanias, Gortys n'était déjà plus qu'un bourg. On y remarquait un temple d'Esculape en marbre pentélique; on y voyait encore la cuirasse et la pointe de la lance qui, suivant les habitants, y avaient été consacrées par Alexandre [1].

L'acropole, dont on retrouve aujourd'hui presque toute l'enceinte, est située au-dessus de la rivière appelée Dimitzana, et autrefois Gortynius, celui de tous les fleuves dont les eaux étaient les plus fraîches [2]. On remarque, d'un côté de cette enceinte, les restes de la porte par laquelle on communiquait à l'extérieur, par un plateau sur lequel pouvait être une partie de la ville, entre le fleuve et la citadelle. A l'intérieur sont diverses parties de bases d'édifices, dont on ne peut reconnaître la forme, mais qui sont probablement les restes de ceux dont parle Pausanias.

ROUTE DE GORTYS A CARITÈNE.

Au sud de l'acropole de Gortys, en descendant pour se rendre à Caritène, on laisse à gauche un monastère bâti sur des rochers à pic, qui bordent le fleuve et qui forment la base de la citadelle; à côté du couvent, on voit une caverne dans laquelle a été établie une fortification. Tout l'ensemble de cette gorge creusée dans les rochers par le Gortynius est du caractère le plus imposant. La route par laquelle on descend à travers ce beau paysage conduit à un endroit du fleuve très-rapide, où se trouve un pont en pierre, qu'il faut traverser.

C'est à peu de distance, à l'ouest, et près de l'embouchure du Gortynius dans l'Alphée, qu'était, selon toute apparence, l'ancienne Rhætées.

Depuis le pont jusqu'à Caritène, que l'on aperçoit de loin, la route va toujours en montant. Avant d'entrer dans cette ville et en s'arrêtant à une fontaine qui n'en est qu'à quelques minutes, on jouit du beau coup d'œil qu'offrent la citadelle, qui s'élève sur son rocher escarpé, et la partie de la ville que l'on découvre de ce côté. (Voyez planche 32.)

DISTANCE DE GORTYS A CARITÈNE.

A 11 minutes la route passe au-dessus du monastère. A 10 m. un ruisseau. A 7 m. autre ruisseau. A 25 m. un pont en pierre. A 50 m. un ravin; à droite l'Alphée. A 15 m. une fontaine. A 5 m. Caritène.
Distance totale : 2 heures 3 minutes.

CARITÈNE.

Tous les auteurs modernes s'accordent à désigner l'emplacement de Caritène comme celui de l'ancienne Brenthès, bien qu'on n'y trouve aucune construction antique. Mais le passage de Pausanias [3] qui parle de cette ville, ne parait pas laisser de doute à cet égard; d'ailleurs la situation de ce lieu, peut-être le plus pittoresque du Péloponèse et le plus favorable à la construction d'une ville suivant les usages anciens, ne permet pas de douter qu'elle n'ait été dans l'antiquité une place importante par sa position, comme elle le fut par la suite dans le moyen âge. Caritène est situé sur une montagne très-élevée qui borde l'Alphée: cette ville qui, lorsque nous y étions, paraissait avoir beaucoup souffert des guerres précédentes, est dominée par la citadelle dont nous avons parlé. Les constructions de cette citadelle sont du moyen âge; de récentes réparations y avaient été faites par Colocotroni, un des héros de la révolution

---

[1] Pausan., liv. VIII, chap. XXVII.
[2] Pausan., id.
[3] Pausan., liv. VIII, chap. XXVIII.

grecque, lequel en fait son séjour habituel : sur le point le plus élevé sont deux belles citernes. Quelques pièces de canon que nous vîmes sur les remparts indiquent la puissance du maître du château. C'est un peu au-dessous, dans une petite cour de la forteresse, où sont plusieurs corps de bâtiments et une petite chapelle, que nous reçut Colocotroni au milieu de ses serviteurs.

Dans la ville, au sud de la citadelle, est une petite église dédiée à la Vierge, dont la disposition est semblable à presque toutes celles que nous vîmes en Morée. On y remarque trois beaux portraits peints à l'huile, d'un style grec du moyen âge : les murs sont peints à fresque. Dans la petite cour qui précède, est un fragment de pied d'autel antique avec des cannelures en spirale. A côté de l'église est une petite tour carrée, qui forme avec l'église un ensemble assez remarquable. A l'ouest, au-dessous de la citadelle, est une seconde église à peu près comme la première et dans laquelle sont aussi trois tableaux semblables, et qui paraissent avoir été faits par la même main.

EXPLICATION DES PLANCHES.

Planche 31.

GORTYS.

Fig. I. — Plan de l'acropole et de ses environs. Aux extrémités sud et nord-ouest de l'enceinte, sont des bases de plusieurs tours rondes et tours carrées; à l'est, des rochers escarpés qui dominent le fleuve; au nord et au sud, des terrains cultivés où pouvait être autrefois la ville.

Fig. II. — Vue de la porte principale de l'acropole. Les pierres de cette construction sont remarquables par leur grandeur; leur proportion moyenne est de 6 pieds de long sur 3 de haut; elles forment des polygones irréguliers; les autres parties de l'enceinte sont construites avec des pierres plus régulières et de moins grande dimension.

Planche 32.

CARITÈNE.

Fig. I. — Vue de Caritène prise du nord-ouest au-dessus de la fontaine.

Fig. II. — Vue du pont de Caritène situé sur l'Alphée, au bas de la montagne, au sud de la ville. On voit dans le fond le château fort.

ROUTE DE CARITÈNE A L'HIPPODROME DU MONT DIAFORTI (LYCÉE).

En descendant au sud-est de Caritène, on traverse l'Alphée sur le seul pont qui se trouve dans cette partie très-montueuse du Péloponèse; il est de cinq arches, et sa construction en maçonnerie est du moyen âge. Lorsqu'on quitte ce pont, on se dirige vers le sud-ouest le long d'un ravin, pour monter au sommet du mont Diaforti; en continuant toujours à gravir par un chemin souvent difficile, on laisse à gauche le village appelé Karies : c'est près de là que, d'un point très-élevé, on découvre d'un seul coup d'œil toutes les montagnes de la Laconie; et après avoir franchi des sommets de montagnes arides, on arrive à l'hippodrome du mont Diaforti (Lycée).

DISTANCE DE CARITÈNE A L'HIPPODROME DU MONT DIAFORTI (LYCÉE).

De Caritène on trouve à 12 minutes le pont. A 27 m. auprès d'un ravin une fontaine; on entre dans la montagne. A 15 m. montée rapide. A 8 m. une source sous des platanes. A 77 m. on voit à gauche Karies, village. A 30 m. l'hippodrome.
Distance totale, 2 heures 42 minutes.

HIPPODROME DU MONT DIAFORTI (LYCÉE).

« Suivant le récit de Pausanias, on voyait sur le mont Lycée la fontaine Hagno et un temple élevé à Pan, entouré d'un bois et d'un hippodrome devant lequel était un stade : c'était là, dit-il, qu'on célébrait anciennement les jeux Lycæens; on voit aussi dans le même endroit plusieurs piédestaux, etc.[1] »

Les voyageurs modernes s'accordent à reconnaître dans la petite plaine (voyez la planche 33) l'hippodrome indiqué ci-dessus par Pausanias; on retrouve en effet, dans la conformation du terrain, le dessin d'un hippodrome, et les ruines antiques qui se voient encore aux deux extrémités de cette petite plaine, peuvent bien être les restes des monuments qu'il dit avoir vus sur le point du mont Lycée. On n'y reconnaît plus l'emplacement du stade, mais il est permis de supposer qu'il pouvait être dans le petit espace régulier qui est à l'extrémité nord de l'hippodrome. De ce même côté, on remarque comme une particularité, des constructions antiques composées de murs, partie en polygones irréguliers, sur d'autres parties construites par assises réglées, faites l'une et l'autre avec le plus grand soin, et probablement exécutées ensemble. On trouve aussi à l'ouest de l'hippodrome, à environ 5 minutes de distance, sur la route qui conduit au temple d'Apollon, plusieurs pierres taillées qui paraissent être les restes d'un temple.

[1] Pausan., liv. VIII, chap. xxxviii.

EXPLICATION DES PLANCHES.

PLANCHE 33.

Hippodrome du mont Diaforti (Lycée).

A. Fontaine, probablement la fontaine Hagno.
B. Ruine d'un temple; peut-être celui de Pan. On y retrouve des fragments de fûts de colonnes doriques cannelées, de 0,65 de diamètre.
C. Mur de soutènement en construction polygonale.
D. Angle de la base d'un monument antique.
E. Constructions antiques.
F. Mur de soutènement.
G. Espace régulier où pouvait être le stade.
H. Ruines antiques dans lesquelles on remarque des constructions polygonales sur des constructions par assises réglées.

PLANCHE 34.

Détails divers de l'hippodrome.

Fig. I. — Plan des constructions de l'extrémité nord de l'hippodrome : ces constructions en pierre calcaire très-bien appareillées sont en contre-bas du sol.
Fig. II. — Coupe sur la ligne $a\ b$ du plan.
Fig. III. — Détail du mur C du plan général.
Fig. IV. — Détails d'une cuve en pierre trouvée près des constructions H du plan général.

Suivent les planches 33 et 34.

ROUTE DE L'HIPPODROME DU MONT DIAFORTI AU TEMPLE D'APOLLON EPICURIUS.

En continuant à monter, la route qui conduit de l'hippodrome au temple d'Apollon Epicurius se dirige vers l'ouest et passe sur les sommets du mont Diaforti, où se trouvent les ruines d'un château fort, après lequel on traverse une forêt de chênes. Du point élevé où l'on est alors placé, on voit à droite, à une heure de marche environ, sur le sommet d'une montagne que l'on domine, un plateau régulier, qui paraît être l'emplacement d'une ville : ce lieu s'appelle Sainte-Elena. En descendant de là dans une vallée, qui est à gauche, on passe au village de Sklirou, après lequel une montée conduit au temple d'Apollon*.

Pour la description du temple, voyez IIe volume, page 5.
Pour la route du temple à Phigalie, voyez IIe volume, page 5.

ROUTE DE PAULITZA (PHIGALIE) A KACOLETRI (IRA).

Pour aller à Kacoletri, on se dirige vers l'est, en sortant par la porte de la ville qui est de ce côté. Après le petit torrent de Tragogé, que l'on traverse, on remonte le cours de la Néda sur le versant de la montagne boisée qui sert de base au temple d'Apollon. Des chemins fort difficiles, à travers des bois et au-dessus de la Néda, qui roule ses eaux torrentueuses au milieu d'une riche végétation, distinguent particulièrement cette partie pittoresque des frontières de l'Arcadie et de la Messénie. Aussitôt après avoir traversé le torrent, on se trouve à Kacoletri, que l'on désigne pour être sur l'emplacement d'Ira**.

KACOLETRI. (IRA.)

En montant, à l'ouest du village, on trouve, à 25 minutes, une enceinte antique dont les parties principales se composent d'une plate-forme carrée, d'une tour ronde, et de quelques autres restes de murailles : le tout en constructions helléniques, semblables à celles des murs de Phigalie. A l'ouest de cette enceinte est une plate-forme qui s'étend jusqu'au confluent formé par la Néda et l'embouchure d'une petite rivière qui s'y jette.

Au sud de cette enceinte, sur une montagne très-élevée, est l'acropole de la ville, dont il reste quelques parties des murs d'enceinte, et à l'intérieur, diverses traces de monuments. A l'extrémité, sont les ruines d'une forteresse moderne. Au sud-est, au-dessous de l'acropole, se trouve un plateau, où pouvait être une partie de la ville antique, et sur lequel on voit quantité de débris de constructions qui paraissent être des restes d'habitations du moyen âge.

C'était une des sept villes que, dans Homère, Agamemnon promettait à Achille. C'est dans Ira que se réfugièrent les Messéniens, et elle ne fut prise qu'après onze ans de siége.

---

* DISTANCE DE L'HIPPODROME AU TEMPLE.

A 5 minutes, plusieurs pierres d'un temple antique. A 35 m. sommet du mont Diaforti, ruines d'un château fort. A 38 m. fontaine dans une forêt. A 25 m. on voit, à droite, le plateau appelé Sainte-Elena. A 50 m. le village de Sklirou. A 40 m. montée rocailleuse. A 18 m. temple d'Apollon.
Distance totale : 3 heures, 31 minutes.

** DISTANCE DE PAULITZA A KACOLETRI.

A 49 minutes de la porte, le torrent de Tragogé. A 44 m. petite rivière appelée Mavromatcca. A 17 m. une source. A 28 m. une fontaine. A 48 m. la Marena, petite rivière. A 16 m. un moulin : on traverse la Néda. A 9 m. le village de Kacoletri, où se trouve une belle fontaine.
Distance totale : 3 heures, 31 minutes.

ROUTE DE KACOLETRI (IRA) A SAINT-GEORGES (LYCOSURE).

La route de Lycosure est à l'est de Kacoletri; après avoir traversé les débris de constructions modernes que nous venons d'indiquer sur l'emplacement que nous supposons être celui d'une partie de la ville antique, on gravit avec grande difficulté pour arriver au sommet du Tétrage; de là on découvre derrière soi, à l'ouest, toute la vallée de la Néda jusqu'à la mer Ionienne; au sud, le mont Ithôme, le golfe et les montagnes de Messénie, le mont Taygète jusqu'au cap Ténare; et au nord-est toute la partie supérieure de l'Arcadie. Un beau soleil de juin, en éclairant de ses derniers rayons le magnifique panorama qui se déroulait devant nos yeux, imprima dans nos souvenirs des traces qui ne peuvent s'effacer. Le sommet du mont Tétrage est aride : on y rencontre cependant quelques chênes et un peu de culture aux environs du village d'Isari, que nous vîmes en ruine et qui est sur le versant du mont, du côté de Mégalopolis. On découvre de ce village, où nous passâmes la nuit, tout le pays compris entre l'Élide et la Messénie. En redescendant à l'est, vers Lycosure, le pays qu'on traverse est coupé par quelques ruisseaux qui coulent dans des vallées boisées, et c'est au milieu d'une riche campagne que se trouvent, sur une colline, les ruines de Lycosure*.

LYCOSURE.

Lycosure est, suivant Pausanias, la plus ancienne ville connue, et celle de qui les hommes ont appris l'art de construire des villes. Elle fut bâtie sur le mont Lycée par Lycaon, fils de Pelasge. M. Dodwell, qui paraît être le premier des voyageurs modernes qui ait parlé de ses ruines, y a vu ce que nous indiquons nous-mêmes. L'acropole est située sur une montagne dont le côté ouest est formé par des rochers à pic inaccessibles. L'enceinte, dont on retrouve une grande partie, est d'une construction qui a de l'analogie avec celle de Samicum, que nous avons donnée planche 54 du premier volume, mais elle est beaucoup plus ruinée; elle ressemble aussi à quelques parties des murs de Tyrinthe, quoique les pierres soient d'une moins grande dimension. Au milieu de l'enceinte est une chapelle dans laquelle sont plusieurs fragments de colonnes et un pied d'autel antique. En redescendant par le côté sud de l'acropole, où devait être la porte, on rencontre les ruines d'un petit temple dont les détails offrent quelques particularités. Dans la plaine, entre la rivière et la montagne, est une autre ruine de chapelle, où se trouvent aussi des fragments antiques. A l'est de l'acropole, et à une certaine distance de ses murs, sur un mamelon hérissé de rochers, est une troisième chapelle, dans laquelle on voit encore des débris antiques, qui sont sans doute les restes d'un temple qui a dû exister dans ce lieu remarquable par sa position, et que l'on croit avoir été consacré à Apollon. La chapelle est dédiée à saint Georges, et c'est le nom moderne de Lycosure. Au nord de ce mamelon sont les restes de murailles qui enveloppent un plateau où pouvait être une partie de la ville, qui devait s'étendre dans la plaine qui environne l'acropole et le mamelon où est la chapelle. Au nord, coule la rivière Stalla, probablement l'ancien Plataniston.

* DISTANCE DE KACOLETRI A SAINT-GEORGES.

De Kacoletri, à 27 minutes, après des ruines modernes, une chapelle où sont quelques pierres antiques. A 76 m. sommet du mont Tétrage. A 37 m. une source. A 71 m. le village d'Isari. A 23 m. un ruisseau. A 19 m. une chapelle dans une plaine entourée de coteaux boisés. A 38 m. un ruisseau. A 17 m. St.-Georges (Lycosure).

Distance totale : 5 heures, 8 minutes.

EXPLICATION DE LA PLANCHE.

Planche 35.

Fig. I. — Plan d'Ira.

Renvois.

A. Acropole, où se trouvent diverses traces d'édifices antiques.
B. Ruines d'une forteresse moderne.
C. Plateau entouré de murs antiques, dont la construction est semblable à celle des murs de Messène et de Phigalie : on y remarque les restes d'une tour ronde et d'une autre tour carrée.

D. Emplacement où pouvait être la ville. A l'est de l'acropole, on remarque quantité de débris de constructions du moyen âge, qui paraissent avoir été des habitations. La ville s'étendait de ce côté jusqu'à une petite chapelle où sont les fragments d'un monument antique.
E. Kacoletri, village où il y a une fontaine.

Fig. II. — Plan de Lycosure.

Renvois.

A. Acropole, défendue à l'ouest par des rochers à pic inaccessibles, et entourée par des murs antiques, dont la construction est semblable, comme caractère, à celle des murs de Samicum, mais qui sont beaucoup plus ruinés.
(Voyez pl. 54 du 1ᵉʳ vol.)
B. Chapelle où sont des tambours de colonnes en pierre, de 0,51 de diamètre, et un pied d'autel antique.
C. Ruines d'un petit temple antique : les fragments de colonnes en pierre qu'on y trouve ont 0,50 de diamètre.

On y remarque une colonne accouplée à un pilastre : elle a 0,30 de diamètre, et elle est cannelée jusqu'au tiers.
D. Rocher sur lequel est une chapelle consacrée à saint Georges, et dans laquelle se trouvent des tambours de colonnes de 0,45 de diamètre. Cette chapelle donne aujourd'hui son nom à Lycosure.
E. Parties de murs d'enceinte et restes de monuments antiques. La ville devait s'étendre dans la plaine qui environne les coteaux sur lesquels sont situées l'acropole et la chapelle Saint-Georges.

Suit la planche 35.

ROUTE DE SAINT-GEORGES (LYCOSURE) A SINANO (MÉGALOPOLIS).

Après avoir descendu le mamelon sur lequel est Saint-Georges, on passe, en se dirigeant à l'est, sur des coteaux couverts de chênes. On entre ensuite dans une belle vallée cultivée, qui longe une petite rivière que l'on traverse; et après avoir rencontré l'Alphée, on arrive au village d'Aïas Bey, situé au milieu de plaines renommées autrefois pour leurs beaux pâturages. C'est à peu de distance de ce village que l'on trouve celui de Sinano, qui occupe, dit-on, l'emplacement d'une partie de la ville de Mégalopolis, quoique cependant il soit à une assez grande distance de la vallée de l'Hélisson, où sont encore les ruines considérables de cette ancienne capitale de l'Arcadie.

M. Poirot, qui était resté à Olympie pour faire enlever les sculptures trouvées dans les fouilles du temple, est venu nous joindre à Mégalopolis, en passant par Lala, le fleuve Érymanthe et le Ladon, le village de Renisi, la ville de Dimitzana et celle de Caritène. Il arriva à Mégalopolis le 1ᵉʳ juillet, jour où nous terminions nos opérations dans cette dernière ville.

SINANO (MÉGALOPOLIS).

A notre arrivée à Sinano, nous plantâmes nos tentes au pied d'un magnifique cyprès, le seul qu'il y ait dans la plaine, le seul qui s'élève comme un obélisque pour indiquer au voyageur que près de là se trouve la patrie de Philopœmen [1].

La nuit arriva bientôt : elle nous fut annoncée par les cris multipliés et monotones des éperviers et des hiboux, qui, depuis une suite d'années, ont fait leur demeure de cet arbre antique.

Il fallut donc modérer notre impatience et attendre jusqu'au lendemain pour aller fouler à nos pieds la terre de cette vieille cité.

MÉGALOPOLIS.

Cette ville, fondée par Épaminondas peu de temps après la bataille de Leuctres [*] (environ 371 ans avant Jésus-Christ), était devenue la capitale de l'Arcadie; elle est située de la manière la plus heureuse sous le rapport des avantages agricoles dont elle devait jouir : en cela elle diffère totalement de la plus grande partie des villes antiques du second ordre, qui le plus ordinairement sont placées sur des rochers à pic, ou sur des versants de montagnes dont l'accès est toujours difficile.

Mégalopolis est placée au milieu d'une plaine vaste et fertile, protégée par un horizon de montagnes sur le penchant desquelles se trouvent de nombreuses forêts de chênes.

Son emplacement est partagé par l'Hélisson, petit fleuve qui coule de l'est à l'ouest, et va se jeter à quelques milles de là dans l'Alphée.

Cette ville fut entièrement rasée par les armes de Cléomène, fils de Léonidas, qui régnait à Sparte, et réédifiée peu de temps après, lorsque les Mégalopolitains, qui s'étaient réfugiés en Messénie, y rentrèrent sous le commandement de Philopœmen [2].

Comment croire, au premier aspect, que cette ville renfermait tant de beaux monuments? aucune ruine importante ne sort de terre; un vaste théâtre a seul résisté aux ravages des temps.

---

[*] DISTANCE DE SAINT-GEORGES A SINANO.

A 10 minutes, forêt de chênes sur les coteaux. A 17 m. un vallon cultivé. A 45 m. on traverse une rivière, puis une vallée couverte de poiriers sauvages. A 18 m. on traverse l'Alphée. A 25 m. le village d'Aïasbey. A 22 m. champs plantés de vignes. A 12 m. église de Sinano. Distance totale : 2 heures, 29 minutes.

[1] Voyez Plutarque, Pausanias.   [2] Pausan., liv. VIII.

[*] C'est à cette époque qu'Épaminondas fit son expédition en Laconie et fonda aussi la ville de Messène. (Pausanias.)

Une si grande renommée devait nous engager à doubler de zèle pour rendre nos recherches fructueuses; aussi nos découvertes ne tardèrent pas à nous confirmer tout ce que doit avoir de vrai la belle description que Pausanias nous fait de cette ville.

Ce qui nous étonna le plus, fut de ne rien retrouver de cette haute et grande enceinte flanquée de tours, qui avait été construite pour la protéger contre les attaques multipliées des Spartiates [1].

Il serait peut-être difficile de reconnaître, d'après la désignation des lieux, les principaux monuments dont parle Pausanias, bien qu'il en existe sur lesquels il ne peut y avoir de doute; il est certain, cependant, que si des fouilles avaient été opérées sur les divers points où il se trouve des indications de monuments, on aurait pu avec certitude en citer un plus grand nombre : c'est ainsi qu'on aurait reconnu dans les ruines nombreuses situées au nord et sur la rive droite, *à l'endroit où les bords de la rivière s'élèvent le plus* (expressions de Pausanias) (voir planche 37, le plan général), la place publique : cette place est entourée d'une enceinte de pierres; un temple de Jupiter *Lycéen*, au-devant une statue d'*Apollon*, en bronze, et haute de douze pieds, venant du temple de Bassæ; à droite de cette statue, une plus petite de la mère des dieux; le portique nommé *Philippeum*, un autre plus petit où se trouvaient les archives des Mégalopolitains, celui nommé *Myrcropolis*, le cippe de Polybe, l'édifice où s'assemble le conseil, et l'Aristandrium : ces portiques entourent la place publique. Près de ce dernier portique, côté du soleil levant, on voit le temple de Jupiter *Stator;* à l'autre extrémité de ce portique, au couchant, est une enceinte consacrée aux grandes déesses, qui renferme aussi le temple de Jupiter *Philius*, le temple de Vénus et un grand nombre de statues et d'hermès; derrière et plus loin, le grand temple où l'on célèbre les mystères des grandes déesses ; à droite de ce temple, celui dédié à la fille de Cérès.

Le gymnase tient à la place publique du côté du couchant. Derrière le Philippeum sont deux collines peu élevées : on remarque sur l'une d'elles le temple de Minerve *Polliade*, et sur l'autre, celui de Junon *Teleia*. A sa base est une fontaine nommée *Bathyllus*, qui va grossir l'Hélisson.

Au midi, sur l'autre rive, un grand théâtre; à peu de distance, le *Tersilium*, édifice où se rassemblaient les dix mille représentants des Arcadiens; près de là une maison bâtie pour Alexandre, puis un temple dédié en commun aux *Muses, à Apollon et à Mercure;* un stade qui tient au théâtre, à son extrémité le temple de *Bacchus,* et au devant celui érigé en commun à *Hercule* et à *Mercure*. A l'autre extrémité de la ville et au levant sur la colline, un temple consacré à *Diane Agrotera;* à droite de ce temple une enceinte sacrée, avec un temple à *Esculape;* au bas de la colline, un autel à *Esculape* enfant; et non loin de ce temple, une fontaine.

[1] Pausan., liv. VIII.   [2] Pausan., liv. VIII.

EXPLICATION DES PLANCHES.

Planche 36.

Vue de l'emplacement des ruines de Mégalopolis, prise du point O du plan, au haut de la vallée de l'Hélisson; on voit dans le fond les monts Tetrage et Diaforti, au bas desquels sont les ruines de Lycosure.

Planche 37.

Plan des ruines de Mégalopolis.

Examinons maintenant avec soin chacun de ces débris précieux, dont nous avons déterminé la position sur ce plan, et tâchons de communiquer à nos lecteurs tout l'intérêt que méritent de pareils monuments.

(45)

Rive gauche de l'Hélisson. A et B deux chapelles grecques modernes, faites avec des fragments de monuments antiques, tels que murs de cella et autres. Ces murs s'élèvent seulement à 1 m. 30 cent. au-dessus du sol et ne sont pas couverts; ils forment plutôt des enceintes religieuses que des chapelles achevées.

Un fragment de chapiteau ionique et une inscription ornée de moulures ont été trouvés dans la chapelle B. (Voir planche 38, fig. I et II.)

C. Emplacement de temple, amas de colonnes renversées et mur de cella; les cannelures sont presque effacées.

D. Murs s'étendant jusque devant le théâtre, ils sortent à peine de terre; dans les parties où le terrain est plus bas, on s'aperçoit que leurs assises sont d'une forme polygonale. Est-ce le Tercilium que Pausanias indique à peu de distance du théâtre ?

E. Un théâtre: il est creusé dans le flanc d'une colline; on a rapporté des terres pour compléter sa hauteur et la mettre en rapport avec la grandeur de son rayon. Il est de nos jours entièrement dépouillé de ses gradins et de tout ce qui le décorait; il ne reste plus maintenant que des parties de murs destinées jadis à soutenir les terres, et à recevoir les différentes rangées de gradins, ainsi que des escaliers qui servaient à y monter.

D'après les arrachements de murs qu'on retrouve sur ceux de soutènement, il est certain qu'il s'y liait d'autres constructions, devant appartenir à celles que nous rapportons ici. (Voir Planche 39, fig. I et II.) L'appareil de ces murs est fait d'une manière bien remarquable, sous le rapport de la symétrie avec laquelle sont arrangées les assises, aussi bien que par l'habileté qu'on a apportée dans leur taille : chaque pierre a son arête abattue au ciseau, et son parement parfaitement piqué. On a alterné une assise de pierre courte avec une assise de pierre longue, et par cet arrangement on a su concilier le bon effet et l'emploi convenable des matériaux. Nous avons été assez heureux pour retrouver (non pas en place) quelques parties des gradins; leur taille est aussi remarquable que celle dont nous venons de parler. (Voir Planche 39, figures III et IV.) La grandeur de cette ruine étonne le voyageur et lui donne une idée assez juste de l'importance que devait avoir la ville qui a élevé un semblable monument.

Dans l'espace compris entre la ruine B et le théâtre, on doit reconnaître l'emplacement du stade qui, suivant Pausanias, y tenait et avait à son autre extrémité un temple à Bacchus; le terrain, en amphithéâtre d'un côté, est parfaitement convenable pour un établissement de ce genre. La ruine C pourrait être celle du temple de Bacchus, et la source près le théâtre, la fontaine que cet auteur y indique.

F. Ces colonnes paraissent en place, elles sortent d'environ 30 cent. de terre et sont entourées de plusieurs débris antiques; leur diamètre est de 0,49 cent.

G. Mur hourdé en mortier.

H. Deux colonnes à fleur de terre paraissent être en place, plusieurs renversées sont auprès; leur diamètre est de 0,50 c.

J. Construction assez considérable; ces murs sortent à peine de terre, ils sont hourdés en mortier.

K. La différence qui existe entre ces colonnes laisse douter qu'elles soient en place : elles sortent peu de terre; deux d'entre elles ont 0,43 cent. de diamètre, et leurs cannelures sont placées d'une manière uniforme; la troisième diffère entièrement des deux autres, et par son diamètre qui est de 0,55 cent., par la manière dont elle est cannelée, et par la queue qu'on y a laissée pour, sans doute, la tenir engagée à une partie de mur. Ajoutons encore que les quatre cannelures en creux ne se trouvent pas en regard des autres colonnes.

Tant de bizarrerie nous fera donc présumer que, si ces colonnes appartiennent au même monument, elles ont été changées de place.

Nous donnons un plan et un détail des cannelures de cette dernière colonne, comme devant mériter une attention particulière et comme étant le seul exemple que nous ayons rencontré dans nos explorations. (Voir Planche 38, fig. 7.)

L. Murs helléniques, devant appartenir à une construction considérable.

M. Plusieurs pieds-droits, espacés inégalement et placés parallèlement à un mur. Cette construction sort à peine de terre; sa proximité avec un ravin creusé par les eaux d'une source, porterait à croire que ce sont les restes d'un aqueduc.

C'est sans doute près de cette source que Pausanias place le temple d'*Esculape enfant.*

N. Construction romaine en briques, hourdée en mortier; auprès, une colonne non cannelée.

O. Église moderne, entièrement semblable à celles A et B (à la grandeur près). Une grande quantité des gradins du théâtre entrent dans la construction de ses murs, ainsi que deux profils très-bien conservés et formant encoignure, que nous avons mesurés avec le plus grand soin. (Voir planche 48, figures 3 et 4.)

Rive droite de l'Hélisson. P. Tumulus en terre.

Q et R. Massifs de maçonnerie à fleur de terre, avec arrachements de murs, formant sans doute des parties de soubassement de l'enceinte de la ville.

S. Construction antique, faite par assises horizontales.

T. Construction en petites pierres hourdées en mortier.

U. Tous ces murs sont hourdés en mortier; ceux près de la rivière sont en pierres beaucoup plus fortes, et sembleraient appartenir à un pont bâti dans l'antiquité et qui aurait été rétabli au moyen âge [1].

V. X. Y. Z et A A. Toutes ces constructions sont hourdées en mortier; dans les intervalles qui les séparent, on voit quelques colonnes isolées, et des amas de pierres, où il se trouve quelques moulures et plusieurs fragments antiques, parmi lesquels nous avons mesuré un chapiteau dorique que nous donnons. (Planche 38, fig. 5.)

BB. Mur de la cella d'un temple : un côté de ce mur et une partie en retour sont en place; à la suite de la petite partie en retour, se trouvent un assez grand nombre de pierres renversées, sans cependant qu'elles aient été dérangées

---

[1] *Une inscription trouvée dans l'église de Sinano a rapport à un pont.*

de leur place première. Le choix de ces pierres, la beauté de leur taille et de leur arrangement, ne peuvent laisser douter que ce soit un monument de l'antiquité; sa position sur une colline située au nord de la ville laisserait à penser que ce pourrait être les restes, soit du temple de *Minerve Poliade*, soit de celui de *Junon Teleia*.

C C. D D. E E. F F. G G. et H H. Toutes ces constructions sont antiques et couvrent une très-grande étendue de terrain. C'est évidemment là que se trouvait la place publique. Tous ces restes si précieux ne peuvent appartenir qu'aux temples si multipliés, aux portiques, aux archives, au gymnase, et enfin à tous ces beaux monuments au centre desquels elle se trouvait.

Un chapiteau remarquable par son profil fut trouvé parmi les ruines D D, et parmi celles E E et F F, un profil, formant encoignure, plusieurs pierres, formant caniveaux, dont plusieurs sont encore en place, ainsi que plusieurs fûts de colonnes, cannelées seulement dans la partie haute: c'est le seul exemple que nous ayons rencontré dans nos recherches. (Voir planche 38, figures 6, 11, 12 et 13.)

La construction F F. est très-importante; la partie où le mur forme des angles rentrants et saillants du côté de la rivière, est élevée d'environ 6 m. 25 cent. au-dessus d'elle; l'appareil de ces murs est semblable à celui du théâtre.

A la ruine G G. nous avons trouvé une base de colonne, tenant au fût, lequel est cannelé; un autre fragment donne la manière dont se terminent les remplissages de ces cannelures, et enfin un triglyphe. (Voir planche 38, fig. 8, 9 et 10.)

J J. Toutes ces constructions sont hourdées en mortier et ne doivent remonter qu'à l'époque du moyen âge, époque où cette ville paraît avoir été occupée, à en juger par les restes importants qu'on retrouve dans plusieurs de ses parties.

Tous ces restes antiques nous ont prouvé que le marbre n'avait pas été employé dans l'érection de ces monuments, faits tous d'un calcaire très-beau et fort dur, sorti probablement des carrières du mont Lycée, qui est à l'ouest de cette ville.

Un petit monument tumulaire, un pied d'autel et un chapiteau antique, tous trois en marbre et trouvés dans l'église de Sinano, nous feront supposer que, si le marbre n'entrait pas comme matière première dans la construction de ces édifices, il était au moins employé à les décorer. (Voir planche 40, figures II et III.)

PLANCHE 38.

Fig. I. et II. — Chapiteau ionique et inscriptions trouvés dans la chapelle B. du plan général.
Fig. III et IV. — Fragments d'angles de corniche, trouvés dans la ruine O.
Fig. V. — Chapiteau dorique, trouvé dans les ruines V. X. Y. Z et AA.
Fig. VI. — Chapiteau trouvé dans les ruines DD.
Fig. VII. — Fragment de colonne ornée de cannelures diverses, trouvé dans la ruine K.
Fig. VIII et IX. — Base et fragment de fût d'une colonne cannelée trouvée dans la ruine G G.
Fig. X. — Fragment de frise dorique, trouvé dans la même ruine G G.
Fig. XI, XII et XIII. — Corniche, caniveaux et fûts de colonnes, trouvés dans les ruines E E et F F.

PLANCHE 39.

Fig. I et II. — Plan et élévation du théâtre indiqué sur le plan général par la lettre E.
Fig. III. — Détail de l'appareil des murs de soutènement qui existent aux deux extrémités du théâtre.
Fig. IV. — Détail d'un des gradins; un grand nombre de ces gradins se trouvent dans la ruine de l'église indiquée sur le plan général par la lettre O.

PLANCHE 40.

Fig. I. — Vue du grand théâtre prise de la ruine EE. du plan général.
Fig. II et III. — Monument tumulaire, chapiteau et pied d'autel antique en marbre, trouvés à l'intérieur et à l'extérieur de l'église de Sinano.

(47)

INSCRIPTIONS RECUEILLIES A MÉGALOPOLIS,

PAR MM. BLOUET, LENORMANT ET VIRLET, ET EXPLIQUÉES PAR M. LE BAS.

(CETTE DISSERTATION A ÉTÉ COMMUNIQUÉE A L'ACADÉMIE DES INSCRIPTIONS ET BELLES-LETTRES DANS SA SÉANCE DU 5 JUIN 1835.)

1.

Inscription gravée sur une stèle funéraire au-dessus d'un bas-relief représentant une figure d'homme en pied. (Voyez Pl. 40, fig. II.)

ΙΙICTOKPATΙ-
XAIPE

Cette inscription a été publiée par M. Boeckh dans le *Corpus inscriptionum græcarum* sous le n° 1539, mais d'après une copie moins exacte que celles qui m'ont été remises par MM. Blouet, Ch. Lenormant et Virlet. Je reproduis ici la copie de M. Blouet, parce qu'elle paraît être la plus fidèle, bien qu'elle soit en même temps moins complète que celle de M. Virlet. En effet celle-ci offre un Π au commencement et un H à la fin de la première ligne. La copie de M. Lenormant est ainsi conçue :

ΙΙΟΤΟΚΡΑΤΙ
XAIPE

Je crois que ce monument doit être lu de la manière suivante :

ΠΙCTOKPATH
XAIPE

Πιστοκράτη χαῖρε.
Adieu, Pistocrate!

M. Boeckh, se fiant à une copie de M. Mustoxydi qu'il avait sous les yeux[1], a lu à la première ligne Πιστόκρατες, ce qui est assurément la forme régulière du vocatif de Πιστοκράτης, mais ce qui, à en juger par le dessin de M. Blouet, n'est pas la véritable leçon. Les noms propres contractés en ης sont souvent sur les inscriptions déclinés comme s'ils appartenaient à la première déclinaison. Ainsi au n° 1153 du *Corpus* on rencontre le vocatif Μενεκράτη; au n° 130 (du Musée royal 662) le génitif Καλλισθένου que M. Boeckh défend de changer en Καλλισθένους (*ne corrige* Καλλισθένους) ; aux n°s 610, 643 et 649, Φιλοκράτου, Καλλικράτου, Πολυκράτου, et même 633, Ἐπιγένου, au lieu duquel M. Boeckh, peu d'accord ici avec lui-même, propose de lire Ἐπιγένους, correction que je ne serais pas disposé à admettre[2]. Du reste cette déclinaison, contraire à l'usage des bons auteurs, paraît avoir été amenée par les accusatifs Σωκράτην, Ἀντισθένην, etc. que l'on rencontre chez les meilleurs écrivains[3].

Le nom de Pistocrate n'est pas inconnu dans l'antiquité. C'était celui que, suivant le texte formel de Pausanias[4], portait le père de Pyrrhon le philosophe. Il est bien vrai que Diogène de Laerte[5], Suidas[6] et Eudocie affirment[7] que le père de Pyrrhon s'appelait Plistarque; mais le témoignage de Pausanias doit mériter la préférence, puisqu'il repose sur un monument que la ville d'Élis avait élevé en l'honneur de Pyrrhon, né et mort dans ses murs, et dont elle devait être fière. Ce monument consistait en une statue sur la base de

laquelle le voyageur avait sans doute lu une inscription conçue à peu près en ces termes :

ΠΥΡΡΩΝ
ΠΙΣΤΟΚΡΑΤΟΥΣ.

Cette statue fut probablement élevée peu de temps après la mort de Pyrrhon, à une époque où il ne pouvait exister d'incertitude sur l'origine du philosophe. Diogène de Laerte, au contraire, que Suidas et Eudocie ont copié, s'en réfère à l'historien Dioclès, dont le livre sur la vie des philosophes est de beaucoup postérieur à Pyrrhon, qui florissait sous Alexandre, c'est-à-dire vers 330 avant J.-C. En effet Dioclès ne peut avoir écrit avant le milieu du second siècle qui a précédé notre ère, puisque dans son livre figurait la vie de Chrysippe[8], mort en 207 avant J.-C. Son texte d'ailleurs pouvait avoir été altéré par les copistes, tandis qu'une inscription, conservée dans un édifice public, ne devait avoir subi aucune modification.

La stèle funéraire où se trouve gravée notre inscription était-elle consacrée au père de Pyrrhon? c'est ce qu'il est impossible d'affirmer et de nier. Il n'y aurait rien d'étonnant que Pistocrate, probablement né à Élis, fût mort à Mégalopolis, et le monument que l'on publie ici paraît d'un style assez pur pour être regardé comme du siècle d'Alexandre. Nous avons déjà prouvé[9] qu'on ne peut tirer un argument négatif de la forme des lettres. Ce qu'il y a de certain, c'est que la figure sculptée sur la stèle de Pistocrate est vêtue du τριβώνιον ou manteau de philosophe. Or, qui empêcherait de croire que le père de Pyrrhon ait été lui-même philosophe, ou le soit devenu à l'exemple de son fils?

Je donne cette conjecture pour ce qu'elle vaut; mais ce qui me paraît un fait incontestable, c'est que le père de Pyrrhon s'appelait Pistocrate et non Plistarque.

2.

Inscription gravée sur un socle de vingt-un centimètres de large sur douze de hauteur. (Voy. Pl. 38, fig. II.)

ΓΥ
ΓCΟΙΣΧ ΑΣΙΑ

Si ce socle, brisé aux deux extrémités, surmontait, comme cela est présumable, une base en forme d'autel, et si, comme l'atteste M. Blouet, la première lettre et les dernières de la seconde ligne sont douteuses, peut-être pourrait-on lire :

ΘΕΟΙΣ ΧΘΟΝΙΟΙΣ

Θεοῖς χθονίοις
Aux dieux infernaux,

---

[1] La première ligne y est ainsi figurée : ...ICTOKPATI.
[2] Voy. sur cette forme du génitif des noms en ης, gén. ους, Chishull, *Ant. Asiat.*, p. 149, note 9, et M. Boissonade sur Callimaque, p. 208.
[3] Voy. Matthiæ gr. gr., § 78, Rem. 1.
[4] VI, 24, 4.

[5] IX, segm. 61.
[6] Voc. Πύρρων.
[7] Villoison, *Anecd. gr.*, t. I, p. 368.
[8] Diog. Laert. VII, 179.
[9] T. I, p. 28.

24

(48)

formule très-fréquente sur les monuments funéraires. Mais les deux lettres ΓΥ de la première ligne, si elles existent réellement sur la pierre, ce que je serais disposé à révoquer en doute, rendent, j'en conviens, cette conjecture très-peu probable.

3.

Fragment d'inscription trouvé à la porte d'une chapelle de Sinano. (Mégalopolis.)

5.
```
RI·AVG·ETCIVITATI·ITA·
\·VT·PROMISERAT·ANA·I
S·TAVRISCVS·PONTEM·FECIT
ATOPI ΚΑΙΣΑΡΙ ΚΑΙ ΤΗ ΠΟΛΕΙ
ΡΙΣΚΟΣ·ΕΠΟΙΗΣΕ·ΤΗΝ ΓΕΦΥΡΑΝ·ΚΑΘΩΣ
ΑΤΑ ΤΟ ΔΟΓΜΑ ΤΩΝ ΣΥΝΕΔΡΩΝ ΕΦΩ
ΙΑΥΤΟΝ ΤΟ ΕΠΙΝΟΜΙΟΝ ΚΑΙ ΒΑΛΑΝΩΙ
ΙΕΧΕΙ ΘΡΕΜΜΑΤΩΝ ΔΙΑΒΙΟΥ
```

Ce monument a été publié pour la première fois d'une manière tout à fait inexacte par J. Cartwright. M. Pouqueville a reproduit cette copie dans son Voyage en Grèce [1], et c'est d'après cette même copie que M. Boeckh l'a insérée dans son recueil sous le n° 1537. Le texte que nous publions à notre tour est très-différent de celui qui a été donné avant nous, mais beaucoup plus exact. Il nous en a été remis deux copies faites, l'une par M. de Gournay et l'autre par M. Ch. Lenormant. Voici les principales variantes qu'elles présentent :

Ligne 2, avant le mot **VT**, M. Lenormant donne le signe \. Il lit **ΑΝΑΙ** à la fin de cette même ligne.
Ligne 3, l'**S** qui commence la ligne manque dans la copie de M. de Gournay.
Ligne 5, M. de Gournay lit **ΕΓΟΗΣΕ**.
Lignes 6 et 7, le jambage qui commence les deux lignes est dû à M. Lenormant; au lieu de **ΒΑΛΑΝΩΙ**, M. de Gournay lit **ΒΑΛΑΝΟΙ**.

Cette inscription, trouvée à la porte d'une chapelle de Sinano, et non pas sur un pont de l'Alphée, comme l'annonce M. Boeckh d'après M. Pouqueville, appartient à la classe assez peu nombreuse des inscriptions *bilingues* [2], et doit être rangée dans la catégorie des *opera publica*. Elle peut être, je crois, restituée de la manière suivante :

```
[IMPERATORI·CAESA]RI·AVG·ET·CIVITATI·ITA·[CENSENTE·SENA]
       [T]V·VT·PROMISERAT·ANNI[VS·]
    [VERV]S·TAVRISCVS·PONTEM·FECIT·

      [ΑΥΤΟΚΡ]ΑΤΟΡΙ ΚΑΙΣΑΡΙ ΚΑΙ ΤΗ ΠΟΛΕΙ·[ΑΝΝΙ]
{ΟΣ ΒΗΡΟΣ ΤΑΥ]ΡΙΣΚΟΣ·ΕΠΟΙΗΣΕ·ΤΗΝ ΓΕΦΥΡΑΝ·ΚΑΘΩΣ
[ΥΠΕΣΧΕΤΟ Κ]ΑΤΑ ΤΟ ΔΟΓΜΑ ΤΩΝ ΣΥΝΕΔΡΩΝ ΕΦΩ.[ΔΕ]
  [ΔΟΚΤΑΙ ΕΧΕΙΝ]ΑΥΤΟΝ ΤΟ ΕΠΙΝΟΜΙΟΝ ΚΑΙ ΒΑΛΑΝΙΟ[Ν]
        [ΥΠΕΡΩΝ]ΕΧΕΙ ΘΡΕΜΜΑΤΩΝ ΔΙΑΒΙΟΥ·
```

[Imperatori Caesa]ri Aug(usto) et civitati, ita [censente Senatu,] ut promiserat, Anni[us Verus] Tauriscus pontem fecit.

[Αὐτοκρ]άτορι Καίσαρι καὶ τῇ πόλει [Ἄννιος Βῆρος] Ταυρίσκος ἐποίησε τὴν γέφυραν καθὼς [ὑπέσχετο, κ]ατὰ τὸ δόγμα τῶν συνέδρων ; ἐφ' ᾧ[δέδοκται ἔχειν] αὐτὸν τὸ ἐπινόμιον καὶ βαλανίον [ὑπὲρ ὧν] ἔχει θρεμμάτων διὰ βίου.

A César Auguste et à la ville. Annius Verus Tauriscus a construit ce pont, comme il l'avait promis, conformément au décret du sénat.

A l'empereur César et à la ville. Annius Verus Tauriscus a construit ce pont comme il l'avait promis, conformément au décret des sénateurs. En reconnaissance de ce service, il a été décidé que pendant toute la durée de sa vie il jouira du droit de pâturage et de glandage pour les troupeaux qu'il possède.

La restitution que je propose ici, et dans laquelle je me suis efforcé de conserver à l'inscription toute sa symétrie monumentale, peut donner lieu, je le conçois, à de graves objections. Je crois donc devoir justifier les conjectures qui offrent quelque chose d'insolite ou peuvent paraître un peu hardies.

Ligne 1. **IMPERATORI**. Je n'ignore pas que ce mot s'écrit presque toujours en abrégé **IMP**. Mais on le rencontre aussi en toutes lettres [3]. La construction de *fecit* avec le datif *Imperatori Caesari Augusto* est justifiée par cette inscription du pont d'*Aquiflavia*, aujourd'hui Chaves en Portugal :

```
IMP·CAES·NERVAE
TRAIANO·AVG·GER
DACICO·PONT·MAX
TRIB·POT·COS·V·P·P
AQVIFLAVIENSES
PONTEM·LAPIDEVM
DE·SVO·F·C·
```

La formule dont nous venons de parler se retrouve, et même beaucoup plus développée, dans l'inscription d'Éphèse que citent Muratori, Chandler et Orelli [4], et qui, comme la précédente, se rapporte à la construction d'un pont. Cette inscription est bilingue comme la nôtre, et ne lui est postérieure que de quelques années, puisqu'elle est de l'époque où Auguste avait associé Tibère à l'empire (4-14 après J.-C.). Nous croyons devoir la répéter ici, parce qu'elle jettera du jour sur quelques-unes des questions dont nous allons nous occuper.

---

[1] Tome IV, p. 276 ; t. V, p. 293 de la deuxième édition.
[2] Les inscriptions bilingues, en grec et en latin, sont très-rares dans la Grèce proprement dite. Les quatre premiers cahiers du recueil de M. Boeckh, les seuls que ce savant ait publiés jusqu'à ce jour, n'en contiennent que cinq, ce sont les n°ˢ 963, 1299, 1537 (dont nous nous occupons ici), 1711 et 2055. De ces cinq trois seulement peuvent être considérées comme des actes officiels, ce sont les n°ˢ 1299, 1537 et 1711 ; les deux autres sont des monuments funéraires. Chose assez remarquable, les trois inscriptions officielles sont de la première moitié du premier siècle de notre ère. En effet, deux d'entre elles sont du règne d'Auguste, la troisième (n° 2711) doit avoir été gravée, suivant M. Boeckh, entre les années 16 et 44 de notre ère. Deux autres inscriptions trouvées en Asie-Mineure et les seules que me rappelle en cet instant ma mémoire, l'inscription d'Éphèse que nous citons plus bas d'après Muratori, et celle que M. Vidua
a copiée sur la route de Nicée à Apamée (*Inscr. Antiq. in Turcico itinere collectae*, tab. IV), viennent donner quelque importance à cette observation ; car la première est de l'an 4-14 ; la deuxième du règne de Néron, 54-68 ap. J.-C. Il ne s'ensuit pas, sans doute, que toutes les inscriptions officielles dans les deux langues appartiennent au premier siècle : Gruter en donne une d'après Ursini qui date évidemment de l'an 78 avant J.-C. ; mais il serait, selon moi, assez intéressant de rechercher à quelle époque commence ce genre de monuments, à quelles causes il faut l'attribuer, et à dater de quel temps on cesse de le rencontrer.
[3] P. ex. dans une inscription du môle d'Adrien publiée par Gruter CCLIII, 3, et qui commence ainsi : IMPERATORI CAESARI DIVI MARCI ANTONINI, etc., Cf. Gruter CXC, 9.
[4] Muratori, *Novus Thesaurus antiq. inscr.* CDXLIII, 7. Chandler, *Inscr. ant.*, p. 10. Orelli, *Inscr. lat.*, 1949.

(49)

DIANAE·EPHESIAE·ET·IMPERATORI·CAESARI·AVG·ET·TI·CAESARI·
AVG·F·ET·CIVITATI·EPHESINAE·SEXTILIVS·P·F·VET·FOILIO·
CVM·OFILLIA·A·F·BASSA·VXORE·SVA·ET·C·OFILLIO·PROCVLO·
F·SVO·CETERISQVE·LIBEREIS·SVEIS·PONTEM·DE·SVA·
5. PECVNIA·FACIVNDVM·CVRAVIT·

ΑΡΤΕΜΙΔΙΕΦΕΣΙΑΚΑΙΑΥΤΟΚΡΑΤΟΡΙΚΑΙΣΑΡΙΣΕΒΑΣΤΩΙΚΑΙ
ΤΙΒΕΡΙΩΙΚΑΙΣΑΡΙΣΕΒ·ΥΙΩΙΚΑΙΤΩΙΔΗΜΩΙΕΦΕΣΙΩΝ
ΓΑΙΟΣΣΕΞΤΙΑΙΟΣΠΟΠΛΙΟΥΥΙΟΣΟΥΕΤΟΥΡΙΑΠΟΛΛΩΝΣΥΝ
ΟΦΕΛΛΙΑΙΑΥΛΟΥΘΥΓΑΤΡΙΒΑΣΣΗΓΤΗΙΕΑΥΤΟΥΓΥΝΑΙΚΙΚΑΙ
10. ΓΑΙΩΙΟΦΕΛΛΙΩΙΠΡΟΚΛΩΙΕΑΥΤΟΥΥΙΩΙΚΑΙΤΟΙΣΛΟΙΠΟΙΣ
ΤΕΚΝΟΙΣΤΗΝΓΕΦΥΡΑΝΕΚΤΩΝΙΔΙΩΝΑΝΕΘΗΚΕΝ¹.

Lignes 1 et 2. **CENSENTE·SENATV** me paraît être la seule traduction possible ici de la formule κατὰ τὸ δόγμα τῶν συνέδρων qui se trouve dans la partie grecque, et qui ne pouvait être omise dans la partie latine, c'est-à-dire dans la véritable inscription officielle. L'V de SENATV est d'ailleurs donné en partie par la copie de M. Lenormant. Je ne saurais citer d'exemple épigraphique de la phrase absolue CENSENTE·SENATV; mais il me suffit de la trouver employée par Tacite⁶ pour la croire très-admissible. *Senatus censuit*, *ita Senatus censuit* étaient d'ailleurs des formules consacrées, en parlant des décrets du sénat⁷. Comme, suivant toute apparence, il s'agissait d'une assemblée municipale, il était impossible de songer à la formule EX. S. C., qui désigne particulièrement le sénat romain. D'ailleurs l'adverbe ITA, qui précède, ne permettait pas de recourir à cette restitution, car ITA, qui dans notre restitution porte sur CENSENTE·SENATV, eût alors porté sur VT; or il me paraît contraire aux habitudes de la langue latine que lorsque *ita* est joint à *ut* avec le sens de *comme*, on puisse insérer une phrase incidente entre ces deux particules.

Je dois ajouter que le verbe *censere* se trouve, avec le sens que je lui donne ici, dans deux inscriptions trouvées à Vérone, que Fabretti⁸ et Lupoli⁹ ont publiées et qui ont été reproduites depuis par M. Orelli¹⁰.

1.
Q·RAVELO·
P·COMINIO·C·F·
L·MALIO·C·F·
QUAISTORES
SENATVD
COSOLVERE
IEI CENSVERE
AVT SACROM
AVT POVBLICOM
ESE LOCOM

2.
....NATVS
COSOLTV VE....
AVT SACROM
AVT POVBLICOM
LOCOM ESE O....
CENSVERE....

Du reste, des ablatifs absolus comme **CENSENTE·SENATV** se rencontrent, quoique rarement, il est vrai, dans les inscriptions. J'en citerai pour exemple cette pierre de Vérone publiée par Gruter¹¹, Muratori¹², Maffei¹³ et Orelli¹⁴ :

. . . .
LVCIL·IVSTINVS
EQVO PVBLICO
HONORIB·OMNIB·
IN MVNICIP·FVNCTVS
IDEM IN PORTICV QVAE
DVCIT AD LVDVM PVBLICVM
COLVMN·IIII CVM SVPERFIC
IE STRATVRA PICTVRA
VOLENTE POPVLO DEDIT

Et cette autre de Pæstum que rapporte Muratori¹⁵ :

DIVI PII·OB PLVRIMA BENEFICIA EIVS
ERGA PATRIAM·D·D·P·P·¹⁶
POPVLO POSTVLANTE.

Muratori, sur ce dernier monument, fait la remarque suivante : *aliquid peregrini inscriptio illa præsfert*. Je me range entièrement de son avis; mais si une inscription latine gravée en Lucanie offre un caractère d'étrangeté, on peut bien admettre qu'un monument dans la même langue publié à Mégalopolis n'ait pas été à l'abri d'un semblable reproche.

Ligne 2. **VT PROMISERAT** rappelle cette inscription de Pouzzole, publiée par Gruter¹⁷ :

IMP·CAES·DIVI·HADRIANI·FIL·
DIVI·TRAIANI·PARTHICI·NEPOS
DIVI·NERVAE·PRONEPOS·T·AELIVS
HADRIANVS·ANTONINVS·AVG·PIVS
PONT·MAX·TRIB·POT·II·COS·II
DESIG·III·P·P·OPVS·PILARVM·VI
MARIS·COLAPSVM·A·DIVO·PATRE
SVO·P·¹⁸ PROMISSVM·RESTITVIT·

Lignes 2 et 3. **ANNI[VS VERVS]**. Malgré le point que mes deux copies donnent à la fin de la ligne 2, j'ai cru devoir compléter le nom d'Annius, parce que l'usage n'est pas d'abréger ainsi les noms propres au nominatif. Du reste, je ne donne pas le surnom de Verus comme le seul qu'on puisse admettre. Si je l'ai préféré, c'est qu'il remplit plus convenablement la lacune, et qu'il a été porté par un membre de la famille *Annia*, qui fut *préfet de la ville*, probablement sous les Antonins¹⁹. Je crois seulement devoir faire remarquer que la copie de M. Lenormant donne l'S qui doit terminer ce nom.

Le nom de Tauriscus est déjà connu par l'histoire des arts. C'est à un sculpteur, nommé Tauriscus, secondé par Apollonius son frère, qu'est dû, suivant Pline²⁰, le célèbre taureau Farnèse. Pline nous fait encore connaître un peintre²¹ et un graveur²² du même nom. Enfin Cicéron parle d'un critique ainsi appelé, qui, au rapport de

---

¹ Ce monument pourrait donner lieu à de nombreuses observations. Je me propose d'y revenir plus tard. Je me contenterai de faire remarquer ici que le prénom C(*aius*) a été évidemment omis à la ligne 2, puisque nous le retrouvons dans la partie grecque ligne 8. Remarquons aussi le mot CIVITATI traduit en grec par ΤΩΙ ΔΗΜΩΙ, et ajoutons encore que l'abréviation VET. de la ligne 2 ne peut indiquer que la tribu *Veturia* dont le nom est donné en entier dans la partie grecque, ligne 9. Fabretti (*Inscr. antiq.*, p. 336, 4, C; et 337, 2, D) a prouvé jusqu'à l'évidence que le nom de la tribu se plaçait entre le nom et le surnom. (Cf. Mongault sur les lettres de Cicéron, ad Att. IV, 16 ; et sur la question relative au nombre des tribus et à leurs noms, Fabretti, op. cit., p. 396 et suiv.; et Hagenbuch *de romana tribu* dans Orelli, *Inser. lat.*, t. II, p. 18 et suiv.) Du reste il arrive quelquefois, mais très-rarement, que l'indication de la tribu se trouve après le surnom. Voy. Orelli, op. cit., n° 4927. De tels exemples sont évidemment des exceptions.

⁶ *Ann.* 1, 72. *Neque in acta sua jurari, quanquam* CENSENTE SENATU *permisit.* Il s'agit de Tibère. M. Burnouf, dans son excellente traduction, rend *quanquam consente senatu* par *malgré l'avis du sénat*; il eût été, peut-être, mieux de traduire : *malgré le décret du sénat*. Il ne s'agit pas dans le passage d'un avis demandé aux sénateurs assemblés, mais d'une mesure législative que leur avait suggérée l'adulation.

⁷ Voyez Brissonius, *De verborum quæ ad jus civile pertinent significatione*,

v. CENSERE. Cæs. B. C. 1, 35; Tac. *Ann.* 4, 74; Liv. 12; et le texte même d'un sénatus-consulte rapporté dans le Digeste V, 3, 20, 6. On employait aussi ce verbe au passif dans le même sens. Tac. *Ann.* 2, 83 : *Censeri clypeus auro et magnitudine insignis.* Id. op. cit. 12, 38 : *Censentur Octavio triumphi insignia.*
⁸ Cl. 3, 605.
⁹ *Iter Venusinum.* Neapoli, 1793, in-4°, p. 295.
¹⁰ *Inscr. latin. select. amplis. Collectio*; ed. Orelli. Turici, 1828, 2 vol. in-8°.
¹¹ MXXVI, 6.
¹² CCCCLXXI, 2.
¹³ *Mus. Veron.* CXXVI, 1.
¹⁴ *Inser. lat.*, etc. 3286.
¹⁵ CCXXIX, 1.
¹⁶ D.D. P.P. id est *Decuriones posuere*; subintellige *statuam*. Aliquid peregrini inscriptio ista præfert. MURATORI.»
¹⁷ CLXIII, 9.
¹⁸ Id est POSUIT.
¹⁹ Gruter, CCCCXXXI.
²⁰ Pline, XXXVI, 5, 4.
²¹ Id. XXXV, 11, 40.
²² XXXIII, 12, 55.

Théophraste, reprochait comme un défaut grave à un acteur de tenir les yeux fixés sur le même objet pendant tout son rôle, ajoutant avec esprit que c'était tourner le dos au public [23]. Quoi qu'il en soit, ce nom est assez rare dans les inscriptions. On trouve dans celles d'Athènes [24] la mention d'un Tauriscus, archonte éponyme, probablement du temps des Antonins ou un peu après [25]. Quant aux inscriptions latines, je crois qu'il n'en existe que quatre où ce nom figure. La première, provenant des *Schedæ Barberinæ*, a été publiée par Fabretti [26]; elle est conçue en ces termes :

P·MVMIO·P·L·PHILEROTI
EX·TESTAMENTO HS CCICC
P·MVMIVS·P·L·PHILARGVRVS
P·MVMIVS·P·L·DEMETRIVS
P·MVMIVS·P·L·TAVRISCVS

La seconde est également due à Fabretti [27]; elle a été trouvée à Pésaro et figure par conséquent dans les *Marmora Pisaurensia* [28].

D · M	*Dis manibus.*
D E C I M I A	*Decimia*
M A R C E L L A	*Marcella*
T A V R I S C O	*Taurisco*
V I T A L I · C O	*Vitali con-*
I V G I · D V L C	*jugi dulcissimo*
I S S I M O · Q	*qui mecum*
V I · M E C V M	*convixit*
C O N V I X I T A·	*annis viginti*
N I S · V I G I N T I	*septem, mensee*
S E P T E · M E N S E S	*tres per* [29].
T R E S · P E R · C V I	*Cujus beneficio*
VS · B E N E F I C I O · E	*et benignitati*
T·BENIGNITATE·I	*impar fui.*
NPAR·FVI·B·M·P·	*Bene merenti posui.*

La troisième a été publiée successivement par Gori [30] et par Muratori [31].

TAVRISCVS SOSTENIS GERMANIC
CAESARIS·L·SERVOS VIX AN·XII

Enfin la quatrième est également due à Gori [32]; elle a été trouvée en 1685 au cap Misène, et ne contient que le seul mot

TAVRISCO.

Du reste, Tauriscus, en écrivant son nom sur le pont de Mégalopolis, usait d'un droit que la loi [33] lui reconnaissait. *Inscribi nomen operi publico alterius quam Principis, aut ejus cujus pecunia id opus factum est, non licet.*

Ligne 5. ΥΠΕΣΧΕΤΟ est indiqué par le latin *promiserat.*

Ligne 6. J'ai donné à la locution ΕΦΩ[Ι], ἐφ' ᾧ, un sens qu'elle a quelquefois, *ob quod, quamobrem* [34]; dans ce cas elle se construit avec l'indicatif; mais quand elle signifie *à la condition de*, elle est suivie ordinairement de l'infinitif, comme tenant la place de ὥστε [35], et sa forme la plus ordinaire est ἐφ' ᾧτε [36].

Ligne 7. ΔΕΔΟΚΤΑΙ ΕΧΕΙΝ semble appelé par l'accusatif ΑΥΤΟΝ et par tout ce qui suit. Une partie du N est donnée par la copie de M. Lenormant.

Le mot ἐπινόμιον manque dans les dictionnaires, mais M. Boeckh cite pour le justifier l'expression équivalente ἐνόμιον qui se rencontre au n° 1569 a III de son recueil, et qui, comme ἐπινόμιον, doit s'entendre du droit à payer pour faire paître les troupeaux dans les pâturages publics, *vectigal pecuarium.* M. Boeckh rapproche encore les expressions ἐλλιμένιον, ἐνοίκιον, dont la formation a beaucoup d'analogie avec celle d'ἐπινόμιον et ἐνόμιον, et dont il est souvent question dans les auteurs, lorsqu'il s'agit des finances d'Athènes.

Ce sens une fois reconnu, δέδοκται ἔχειν αὐτὸν τὸ ἐπινόμιον signifiera *il a été décidé qu'il aurait le droit de pâturage*, c'est-à-dire qu'il lui en serait fait remise.

Peut-être aussi τὸ ἐπινόμιον a-t-il ici le même sens que τὴν ἐπινομίαν dans l'inscription 1569 citée ci-dessus, *le droit de faire paître ses troupeaux sur un terrain public* [37]. Ceux qui jouissaient de ce droit s'appelaient chez les Romains *pecuarii*, ainsi que le prouvent plusieurs passages des discours de Cicéron [38]. User de ce droit se disait ἐπινέμειν, et c'est le sens qu'il faut donner à ce mot dans le passage où Pollux [39] indique toutes les expressions qui se rapportent à la profession du berger. Du reste ἐπινέμειν signifiait aussi *faire paître ses troupeaux sur le terrain d'autrui sans en avoir le droit*; c'est ce que prouve ce passage de Platon [40], ἐάν τις βοσκήματα ἐπινέμῃ, τὰς βλάβας ὁρῶντες κρινόντων καὶ τιμώντων.

Le mot ΒΑΛΑΝΙΟΝ me paraît indiqué par la leçon que fournit la copie de M. Lenormant. Ce savant aura pris pour un Ω un I effacé dans sa partie supérieure, l'O qui le suit et la partie inférieure du premier jambage du N qui suit l'O. L'I qui vient ensuite serait le second jambage du N dont la diagonale seule aurait entièrement disparu. Or qui, indépendamment de ces arguments paléographiques, me porte à rejeter le mot βαλάνιον, c'est que grammaticalement le mot βαλάνων, auquel j'avais pensé d'abord, offrirait sans article quelque chose de trop irrégulier. Les exigences de la langue demanderaient τὸ ἐπινόμιον καὶ τὸν βαλάνων, et mieux καὶ τοὺς βαλάνους; et comme sur aucune de nos copies il n'existe d'article après καὶ, il me paraît impossible d'admettre ce mot. Avec βαλάνιον, au contraire, les lois de la langue sont observées, car l'article τὸ qui précède ἐπινόμιον portera aussi sur βαλάνιον. Ce mot, je le sais, ne figure dans les lexiques qu'avec le sens de breuvage préparé avec du gland contre certaines maladies, et notamment contre l'ivresse [41]; mais rapproché de ἐπινόμιον on conçoit qu'il ait celui de *glandage*, puisqu'il offre dans sa formation une analogie complète avec ce mot et tous ceux qui offrent le même suffixe, tels que ἐνόμιον, ἐλλιμένιον et ἐνοίκιον. Ce sens est d'autant plus admissible que les auteurs grecs nous fournissent déjà plusieurs expressions, telles que βαλανίζω, βαλάνισις, βαλανιστής, qui toutes se rapportent à l'acte auquel le mot βαλάνιον rattache l'idée d'impôt.

Il résulte de cette observation que la lexicographie s'enrichit d'un nouveau sens pour le mot βαλάνιον, et que la grammaire peut admettre désormais cette règle : *le suffixe ιον donne souvent au radical*

---

[23] *De Orat.* III, 59. *Theophrastus quidem,* TAVRISCVM *quemdam, dixit, actorem aversum solitum esse dicere, qui in agendo contuens aliquid pronunciaret.* Ce passage n'a pas été compris par les traducteurs qui ont précédé M. Victor Leclerc.
[24] *Corpus Inscr. gr.* 126.
[25] Boeckh. loc. cit.
[26] P. 750, n° 577.
[27] Cap. V, n° 385, p. 420.
[28] N° XCIV. Olivieri, dans ses remarques, rapproche de ce témoignage si naïf d'amour conjugal, une inscription trouvée en 1734 près d'Avignon, et que, pour sa touchante simplicité, je crois devoir reproduire ici :

CVLTIAE FLORENTINAE
CONIVGI PIAE ET CASTAE
D IANVARIVS PRIMITIVVS M
MARITVS QVALEM PAVPER
TAS POTVIT MEMORIAM DEDI

[29] Une semblable anastrophe est peu commune dans les inscriptions latines.
[30] VII, 136.
[31] DCCCCXXI, 43.
[32] *Inscr. antiq. Etrur.*, t. I, p. 256.
[33] *Digest.* lib. L. tit. 10 *de operibus publicis*, § 3.
[34] Voy. M. Boissonade sur les Héroïques de Philostrate, p. 370. Sturz, Lex. Xen. t. II, p. 264, § 20 a. Dans ce sens on rencontre aussi ἐφ' ᾧ, etc. Sturz, *ibid.*
[35] Matthiæ gr. gr, § 479 a.
[36] Voy. M. Boissonade sur Nic. Eug. I, 167.
[37] Cf. Xen. Cyr. 3, 2, 23. Pollux Onom. 7, 184.
[38] Cf. Fr. Gorl. Schubert *de Roman. ædil. Regiom.* 1828, p. 494.
[39] Segm. 7, 183.
[40] *De legg.* Lib. VIII.
[41] Voyez le nouveau Trésor de Henri Étienne, t. II, p. 68. — M. L. Dindorf, dans l'article qu'il a consacré à ce mot, lui donne le sens de *pusulus*.

auquel il est joint le sens d'impôt mis sur l'objet désigné par le nom formé de ce radical [43].

Ligne 8. ΥΠΕΡΩΝ est attiré par ὑγραμμάτων. Un des éléments du **N** subsiste encore sur le monument.

Maintenant que je crois avoir suffisamment justifié mes restitutions, et le sens donné à quelques locutions peu communes, je m'occuperai du sens général de l'inscription.

Il résulte des explications qui précèdent que, sous le règne d'Auguste, un *publicain* grec, nommé Tauriscus, et appartenant à la *gens Annia* [43], avait de ses deniers fait construire un pont sur l'Hélisson, qui traversait Mégalopolis avant de se jeter dans l'Alphée; qu'un sénat, quel qu'il fût, avait donné son approbation à la mesure, et que pour récompenser Tauriscus de sa munificence, on lui avait accordé pour toute la durée de son existence le droit de pâturage et de glandage pour ses nombreux troupeaux. Dans un pays tel que l'Arcadie, la récompense devait bien valoir le service.

Reste une question grave à examiner. Que faut-il entendre par ces mots κατὰ τὸ δόγμα τῶν συνέδρων, *suivant le décret des sénateurs?* S'agit-il du sénat de la ville ou du sénat romain, auquel même, sous les empereurs, étaient soumises des questions relatives à l'administration des provinces [44]?

Il est évident qu'il ne peut être question ici du sénat romain. Les expressions reçues par les auteurs grecs pour désigner ce corps politique sont: ἡ γερουσία, ἡ σύγκλητος βουλή, ou simplement ἡ σύγκλητος, ce qui est la désignation la plus commune. On rencontre bien aussi τὸ μέγα συνέδριον [45], mais seulement chez les écrivains des temps postérieurs et par opposition à συνέδριον, qui désignait le sénat local, *ordo decurionum*, ce que nous appellerions le conseil municipal [46]. Jamais si συνέδροι n'a signifié, je crois, le sénat romain. Il est bien vrai que M. Dezobry, dans son estimable ouvrage intitulé *Rome au siècle d'Auguste* [47], affirme, d'après les autorités classiques, *qu'aucun citoyen ne pouvait toucher aux édifices publics, même pour les réparer ni à ses frais, sans y avoir été préalablement autorisé par un sénatus-consulte*; mais toutes ses assertions se rapportent uniquement aux édifices de Rome, et ne peuvent par conséquent jeter aucun jour sur la question qui nous occupe. Le seul moyen de la résoudre, c'est d'examiner quelle était la jurisprudence relativement à la construction des édifices publics, tant à Rome que dans le reste de l'empire. Or, le digeste nous la fait connaître de la manière la plus positive [48].

Opus novum privato etiam sine principis auctoritate facere licet, praeterquam si ad aemulationem alterius civitatis pertineat, vel materiam seditionis praebeat, vel circum theatrum, vel amphitheatrum sit. — Publico vero sumptu opus novum sine principis auctoritate fieri non licere constitutionibus declaratur.

Ainsi un monument public pouvait être construit par un particulier sans l'autorisation du prince, à moins que cela ne donnât lieu à quelque rivalité de ville à ville ou à quelque sédition. Cette dernière disposition nous est parfaitement expliquée par plusieurs passages des lettres de Pline le jeune à Trajan et de Trajan à Pline [49]. C'est que les empereurs évitaient de rassembler des corporations trop nombreuses d'ouvriers, ou même d'étrangers, sur un même point, et cela dans la crainte des émeutes.

Mais pourquoi les édifices voisins des théâtres et des amphithéâtres sont-ils exceptés? On n'en voit guère le motif. Ne conviendrait-il pas de lire *vel circus* [50], *vel theatrum, vel amphitheatrum sit?* Car alors la question serait modifiée en ces termes : pourquoi les cirques, les théâtres et les amphithéâtres sont-ils exceptés? l'ont-ils toujours été, ou l'exception a-t-elle eu un motif connu, et qui permette d'en déterminer l'époque? Or il est facile de répondre à cette question. Jusqu'au règne de Tibère ce genre d'édifices fut probablement compris dans la loi commune; mais depuis la chute de l'amphithéâtre de Fidènes, qui écrasa sous ses ruines près de cinquante mille personnes, pour prévenir le retour d'un pareil malheur [51], dit Tacite, *un sénatus-consulte défendit de donner des spectacles de gladiateurs à moins d'avoir 400,000 sesterces de revenu, et d'élever aucun amphithéâtre que la solidité du terrain n'eût été constatée.* Et ce qui semblerait prouver que l'interdiction date de l'époque que je lui assigne, c'est que des deux théâtres de Pompéi, probablement fort antérieurs à l'événement de Fidènes, l'un a été construit aux frais des particuliers, l'autre *ex decreto decurionum.*

1.

MM·HOLCONI·RVFVS·ET·CELER
CRYPTAM·TRIBVNAL·THEATRVM·S·P
AD·DECVS·COLONIAE

2.

C·QVINTIVS·C·F·VALG·
M·PORCIVS·M·F
DVOVIR·DEC·DECR
THEATRVM·TECTVM
FAC·LOCAR·EIDEMQVE·PROBAR [52].

Le cas prévu par la loi excepté, l'autorisation n'était nécessaire que lorsque l'édifice devait être construit avec les deniers publics, et l'on conçoit que les empereurs se soient réservé ce genre de décisions, puisqu'en laissant trop de latitude à cet égard aux municipes, on s'exposait à compromettre les revenus du fisc. Les lettres de Pline à Trajan ne peuvent laisser aucun doute à cet égard [53].

En résumé, κατὰ τὸ δόγμα τῶν συνέδρων ne peut désigner que le sénat local, l'*ordo decurionum* de Mégalopolis, et si, à Rome, des monuments publics ont été construits *ex senatus consulto*, c'est que dans cette circonstance le sénat romain agissait comme conseil municipal. Du reste, notre monument n'est pas le seul qui prouve ce que j'avance ici : je terminerai en rapportant, d'après Gori [54], une inscription qui complète parfaitement la démonstration :

A·PACCIVS·A·F
Q·CANTIVS·L·F
DVOVIR
EX·D·D·PONTEM
[FACIEND]VM·D·COE[RAV·] [55]

---

[43] Depuis les travaux de M. Grimm, de M. Bopp et de M. Eugène Burnouf, l'importance de l'étude des suffixes ne peut laisser aucun doute. Ce travail a été fait en partie pour les adjectifs de la langue grecque, par M. Auguste Matthiae dans sa grammaire raisonnée, § 105 à § 112. Je publierai incessamment une dissertation sur les suffixes des noms, des verbes et des adverbes grecs et latins. Déjà dans la grammaire allemande que nous avons publiée, M. Adolphe Regnier et moi, nous nous sommes efforcés, autant qu'il était possible de le faire dans un ouvrage destiné à l'enseignement, de faire ressortir le rôle important des suffixes dans l'idiome germanique.

[43] Voyez ce que nous avons dit plus haut, t. 1, p. 43, sur les noms romains portés par les Grecs.

[44] Comme, par exemple, la contestation des Lacédémoniens et des Messéniens, relativement à la propriété du temple de Diane Limnatide. Voy. Tac. Ann. IV, 43.

[45] Liban. Julian. Epitaph. t. I, p. 370 sq. ed. Reiske.

[46] Voyez Creuzer, *Abriss der römischen Antiquitäten*, 2te Ausg. Leipzig und Darmstadt, 1829, § 209.

[47] T. 4, p. 29. Paris, 1835, 4 vol. in-8°.

[48] Lib. L., tit. X, *de operibus publicis*, 3e édit. des frères Kriegel. Lips., 1826, 8°, et 1829, 4°.

[49] Lib. X, 43 et 117.

[50] Peut-être même ne faut-il rien changer au texte, et se contenter de placer une virgule après *circum*, dont le jurisconsulte aurait fait un nom neutre. Même à l'époque d'Auguste des noms employés comme masculins par les auteurs, figurent comme neutres dans des inscriptions remarquables d'ailleurs par le style et les idées. Ainsi dans l'épitaphe si élégante et si spirituelle de Gargilius Linemon que j'ai cité p. 296 de ma traduction d'Eunaethe, on rencontre *hoc teutum* au lieu de *hunc titulum*. La permutation opposée se rencontre également. Ainsi sur une inscription du musée Capitolin on lit *collegius* pour *collegium* (Gnaseo Mus. Cap. Inscr. 147), et sur une autre, provenant de Fesule, *monumentus* pour *monumentum* (Cf. Gori Inscr. Antiq. Etrur., t. II, p. 118). Du reste la ponctuation que je propose existe dans toutes les éditions antérieures à celles qu'ont données récemment MM. Kriegel et M. Beck, qui toutes deux suppriment la virgule après *circum*. Godefroy dans ses notes sur l'édition Elzevir, in-fol., 1663, lit *veluti circum, theatrum, vel amphitheatrum*, et alors ce membre de phrase dépendrait de celui qui précède : *vel materiam*, etc. Mais rien n'autorise une pareille leçon.

[51] Ann. IV, 63.

[52] Orelli, op. cit. 2493 et 2494.

[53] Voyez notamment livre X, 35.

[54] T. II, p. 312. Muratori l'a aussi publiée, CDLXXI, 1.

[55] EN·D·D· il est *EX DECRETO DECVRIONUM.* — D· il est *DEDICANDVM.* COER[AV·] il est *CVRAVERVNT.*

(52)

4.

Ces trois fragments d'inscription, incrustés dans le mur d'une chaumière de Sinano, ont été copiés par M. Trézel. Les noms ΤΙΒ. ΚΛΑ du fragment *a* et [ΚΛΑ]ΥΔΙΟΝ du fragment *c* prouvent qu'ils sont postérieurs au règne de Tibère, et même, comme nous avons déjà eu occasion de le remarquer [1], qu'ils peuvent être du second siècle. La forme des lettres et surtout celle de l'Ο μέγα et du Μῦ ne laissent aucun doute à cet égard [2].

Un examen attentif de ces trois fragments m'a conduit à reconnaître qu'ils appartenaient à une seule et même inscription, que le morceau *c* formait le préambule d'une base honorifique, et que les morceaux *a* et *b*, rapprochés l'un de l'autre, devaient être placés immédiatement au-dessous de *a*. Cela fait, il restait encore sur la gauche de *c* et d'*a*, et entre *a* et *b*, des lacunes assez considérables que j'ai remplies avec plus ou moins de facilité, mais si je ne me trompe, de manière à laisser peu de doutes sur la vraisemblance de chacune de mes conjectures. Voici la restitution que je propose :

ΗΠΟΛΙC
[ΤΙΒΕΡΙΟΝ Κ]ΛΑΥΔΙΟΝ ΠΟ[ΛΥ]
[ΔΑΜΑΝΤΑ ΑΙ]ΩΝ[Ι]ΟΝ ΑΓΟΡΑΝΟ[ΜΟΝ]
[ΠΡΟCΔΕΞΑΜΕ]ΝΗC ΤΟ Α[Ν]ΑΛΩΜΑ
[ΤΗC ΘΥΓΑΤΡΟC ΑΥΤΟΥ]ΤΙΒ·[ΔΕ]ΚΛΑ·[Φ]ΛΙΑCΙΟΥ
[ΓΥΝΑΙΚΟC ΚΛΑ·]ΔΙΤΤΗC [ΗΕ] ΝΟΑΔΕ
[ΤΑΙΝ ΘΕΑΙΝ ΕΛΙΤΟΥ]ΡΗC [ΕΝ] ΥΠ[Ε]Ρ ΤΗC ΛΥ
ΚΑ[Ι]ΘΙΤ[ΩΝ] ΦΥΛΗC

[1] Voy. t. I, p. 43.
[2] Voy. M. Boeckh, *Corpus Inscr. gr.*, n° 1499. — Nous ferons remarquer d'ailleurs que, d'après le témoignage de M. Blouet, les cassures indiquées ici ne sont pas une copie rigoureusement exacte de celles qui présentent les trois fragments, et que la dernière lettre de la ligne *a* du fragment *a* doit être précédée d'un Π et non des deux Ι qu'on y lit maintenant par suite d'un accident qui a fait disparaître la barre transversale du Π, lors de la gravure sur bois. Je dois ajouter que la gravure a donné trop de maigreur aux lettres du fragment *a*.

[3] Le *Corpus Inscript.* de M. Boeckh n'en contient que quatre sous les n°s 1536—1538, parmi lesquelles figurent celles que nous venons d'expliquer n°s 1 et 3. En y ajoutant celle que nous avons donnée n° 2, et celle dont nous nous occupons ici, le nombre des inscriptions de Mégalopolis, connues jusqu'à ce jour, sera porté à six.

[4] Des n°s 1536 et 1538 du Corpus qui ne figurent point ici, la première, composée de 47 lignes, et qui paraît, comme notre n° 4, se rattacher à la classe des inscriptions honorifiques, est beaucoup trop mutilée pour qu'on puisse, malgré quelques restitutions partielles dues à la sagacité du savant éditeur allemand, espérer d'en déterminer jamais le sens complet. On ne saurait nier d'ailleurs qu'elle appartienne à Mégalopolis, puisqu'il y est question du Φιλίππειον, portique qui, d'après le témoignage de Pausanias (VIII, 30, 8), était situé sur la place publique de cette ville. Le n° 1538 est une inscription funéraire sans beaucoup d'importance, puisqu'elle ne contient que des noms propres au nominatif, précédés de la formule Χαῖρετε. La seule particularité remarquable qu'elle présente, c'est que le nom Λευαρέτης y ligure deux fois, fig. 3 et 5. M. Boeckh pense qu'il se rapporte à deux individus différents. Je croirais plutôt qu'il faut voir dans cette répétition une erreur du copiste ou une négligence du graveur.

[5] Voy. M. Boissonade sur le Pseudo-Diogène, Not. des mss., t. X, p. 125, sur les lettres d'Holsténius, p. 13, et *Comment. Epigraph.*, p. 457. On trouve un exemple incontestable de la confusion de ΛΛ avec Μ dans cette épitaphe

[ἡ π]όλις
[Τιβέριον Κ]λαύδιον Πο[λυδάμαντα αἰ]ώνιον ἀγορανό[μον, προσδεξαμέ]νης τὸ ἀ[ν]άλωμα [τῆς θυγατρὸς αὐτοῦ,] Τιβ. [δὲ] Κλα(υδίου) [Φ]λιασίου [γυναικὸς, Κλα(υδίας)] Δίττης, [ἣ ἐ]θύαδε [ταῖν θεαῖν ἐλειτούργησε]ν ὑπ[ὲ]ρ τῆς Λυκα[ι]θιτ[ῶν] φυλῆς.

La ville (de Mégalopolis) *a élevé cette statue à Tiberius Claudius Polydamas* (?), *agoranome à vie. Les fonds* (nécessaires à la dépense) *ont été fournis par sa fille Claudia Ditté, femme de Tiberius Claudius Phliasius, laquelle a rempli un ministère sacré à la fête des grandes déesses, pour la tribu de Lycœtha.*

Examinons maintenant en détail chacune des restitutions proposées; cet examen paraît d'autant plus nécessaire que nous ne possédons qu'un très-petit nombre d'inscriptions de Mégalopolis [3], qui toutes traitent de sujets différents et ne peuvent par conséquent s'expliquer l'une par l'autre [4].

A l'exception du nom de Polydamas, qui peut être remplacé par tout autre, commençant par les mêmes éléments [5], mais qui paraît un de ceux qui peuvent le mieux convenir, à cause du nombre des lettres qu'il contient, je crois que personne ne s'élèvera contre la restitution des trois premières lignes.

On a déjà prouvé [6] que deux λάμβδα rapprochés (ΛΛ) pouvaient facilement être confondus avec un Μ, et l'avaient été plus d'une fois. Rien de plus naturel par conséquent que ΛΛ [6] aient été pris ici pour un Μ. Dès lors on retrouve tout le nom ΚΛΑΥΔΙΟΝ dans la seconde ligne, car le premier trait peut très-bien avoir appartenu à un Κ. Or, le nom de Κλαύδιος appelle naturellement le prénom de Τιβέριος [7], et si ce prénom, qui est le plus ordinairement indiqué par les initiales ΤΙΒ., est ici donné de cette toutes lettres, on peut dire qu'un tel fait n'est pas sans exemple [8].

Il est facile de reconnaître dans la troisième ligne le mot ΑΓΟΡΑΝΟΜΟΝ; les quatre lettres qui précèdent doivent avoir appartenu au mot ΑΙΩΝΙΟΝ; car un Ι a pu facilement disparaître entre le Ν et l'Ο; un Ο, effacé en partie, peut être confondu avec un C. La charge d'αἰώνιος ἀγορανόμος est très-souvent mentionnée dans les inscriptions du Péloponèse, et surtout de la Laconie [9].

J'ai cru devoir traduire : *a élevé cette statue*, parce que, si, comme l'a fait remarquer M. Boissonade [10] d'après les ellipses grecques [11], et d'après Villoison [12], l'accusatif dans les inscriptions devait souvent être suivi du verbe ἐτίμησε ou ἐτίμησεν, exprimé ou sous-entendu, il dépend plus souvent encore d'ἀνέθηκε [13], ou ἀνέθηκεν [14], ou ἀνέθηκαν [15]. ou bien encore d'ἀνέστησεν [16] ou d'ἀνέστησαν [17].

publiée par Fabretti, p. 144, reproduite par Muratori, et insérée par Brunck dans les *Analecta*, III, 2, p. 288, et par M. Jacobs dans l'Anthologie de Leipzig, t. IV, n° 710, et dans l'appendix de l'Anthologie palatine, t. II, p. 873 :

ΤΥΜΒΟC ΟΔΕ ΚΡΥΠΤΕΙ ΚΟΥ
ΡΗC CΕΜΝΗC ΚΑΙ ΑΜΕΜΠΤΟΥ
CΩΜΑ ΚΑΤΟΙΧΟΜΕΝΗC ΠΕΡΙ
ΚΑΜΕC ΗC ΕΠΙΓΕΙΩΝ ΠΑΡ
ΘΕΝΙΚΗΝ ΖΩΝΗΝ ΟΥ ΤΙC
ΕΛΥCΕ ΒΡΟΤΩΝ ⳨ ΕΛΠΙΔΙ
ΑΔΕΛΦΗ ΓΛΥΚΥΤΑΤΗ·ΔΩΝΑΤΙΩΝ

Τύμβος ὅδε κρύπτει κούρης σεμνῆς καὶ ἀμέμπτου σῶμα κατοιχομένης περικαλλέος, ἧς ἐπιγείων παρθενικὴν ζώνην οὔ τις ἔλυσε βροτῶν.
Ἐλπίδι
ἀδελφῇ γλυκυτάτῃ Δωνατίων.

[6] Α et Λ se confondent facilement. Voy. M. Letronne, *Recherches pour servir à l'histoire d'Égypte*, p. 453.
[7] Ce rapprochement est d'ailleurs motivé par la ligne 4. Sur l'emploi fréquent en Grèce des noms Τιβέριος Κλαύδιος, cf. t. I, p. 43.
[8] Voyez le n° 1415 du *Corp. Inscript. gr.*
[9] Voyez, sur cette charge, Boeckh, *Corp. Inscr. gr.*, t. I, p. 610, col. II.
[10] Dans ses notes sur Eunape, p. 90.
[11] P. 657 de l'édition de Schæfer.
[12] Magasin Encycl. VIII, t. V.
[13] *Corpus Inscr. gr.* 1201, 1202, 1301, etc.
[14] Ibid. 368, 375, 387, 388, 1111, 1424, etc.
[15] Ibid. 374 et 1298.
[16] Ibid. 1125, 1221.
[17] Ibid. 1223, 1228, 1318. Nous avons publié cette dernière inscription, t. I, p. 45.

(53)

La restitution de la ligne 4 paraît non moins certaine. La formule προσδεξαμένες τὸ ἀνάλωμα se rencontre très-fréquemment [18]. J'ai déjà eu occasion d'en parler plus haut [19], et je lui ai donné un sens sur lequel je crois nécessaire de revenir. D'après la signification la plus ordinaire du verbe προσδέχομαι, *recevoir*, j'avais pensé que les statues décernées en l'honneur des princes, des magistrats ou des citoyens qui avaient bien mérité de la patrie, étaient exécutées par voie de souscription ou de cotisation, et qu'un seul ou plusieurs individus se chargeaient de recevoir les deux partiels; mais une inscription [20] où la formule se trouve développée en termes plus précis, προσδεδεγμένων τῶν γονέων τὸ ἀνάλωμα ἐκ τῶν ἰδίων, et un passage formel de Polybe [21], προσδεξάμενος ἐκεῖνος τὴν εἰς τὴν ὑπέρβασιν τῶν Ἄλπεων δαπάνην, m'ont prouvé que mon interprétation n'était pas admissible, et que προσδέχομαι signifiait ici *prendre sur soi*, *se charger de*, *suscipere in se*. Du reste, cette formule n'était pas la seule qui fût usitée; on rencontre encore παρασχόντες τὰ ἀναλώματα [22], ἐξοδιασάντων τὸ ἀνάλωμα [23], ποιησαμένων τὸ ἀνάλωμα [24], qui offre beaucoup d'analogie avec notre locution *faire les fonds nécessaires*, τοῖς ἰδίοις ἀναλώμασι [25], ἐκ τῶν ἰδίων [26], etc.

La désinence du mot προσδεξαμένης prouve que les fonds ont été faits par une femme. Dans les inscriptions du Péloponèse, où, comme nous l'avons déjà fait remarquer, ces formules se représentent fréquemment, c'est ordinairement soit la mère [27], soit la femme [28], soit la fille [29], soit encore la nourrice [30], qui se charge de ce soin pieux. J'ai cru devoir choisir dans les quatre hypothèses qui m'étaient permises celle qui paraît la plus naturelle, et j'ai supposé qu'il s'agissait de la fille de Polydamas, le mot ΘΥΓΑΤΡΟΣ ayant d'ailleurs le nombre de lettres que semblait exiger la restitution.

Comment s'appelait cette fille? La ligne 5 nous l'apprend; car il est facile de reconnaître dans ΛΙΤΤΗΣ le nom ΔΙΤΤΗΣ, attendu la confusion fréquente de Λ et de Δ [31]. Le nom de Δίττη, j'en conviens, est pour moi jusqu'ici sans exemple, mais j'y vois une imitation manifeste, bien que peu exacte, du *cognomen* romain GEMINA, GEMELLA et GEMELLINA [32], ce qui n'a pas lieu de surprendre à une époque où, sous tant de rapports, la Grèce se modèle sur Rome. Mais la fille devait en outre porter le nom de la *gens*, elle devait donc s'appeler *Claudia*.

Mais pour que ces noms de ΚΛΑ · ΔΙΤΤΗΣ soient rejetés à la ligne 6, il faut que Claudia Dittè ait été désignée non pas seulement comme fille, mais soit comme mère, soit comme épouse. Or, il paraît évident que le nom du fils ou de l'époux nous est donné, ligne 5, par les lettres ΛΙΑΣΙΟΥ qui indiquent suffisamment le nom ΦΛΙΑΣΙΟΥ, le Φ ayant disparu lorsque la pierre a été brisée. *Phliasius* est un nom peu commun, mais qui n'est cependant pas sans exemple, car, suivant Hygin [33], l'un des Argonautes s'appelait ainsi. Phliasius appartenait à la même *gens* que Claudia Dittè, puisqu'il porte aussi les noms de *Tiberius Claudius*, et ce qui me porte à croire qu'il était plutôt l'époux que le fils de Dittè, c'est que des deux mots,

ΜΗΤΡΟΣ et ΓΥΝΑΙΚΟΣ, le dernier paraît mieux remplir la lacune existant sur la pierre.

On ne peut critiquer le δὴ que j'ai rétabli dans la ligne 5, parce qu'il n'est pas précédé de μὲν, car c'est ainsi qu'il se construit dans presque toutes les inscriptions [34].

Les deux dernières lignes sont celles où la restauration est le plus conjecturale, et celles par conséquent où elle présentait de plus grandes difficultés. Le seul mot complet que contiennent ces deux lignes est le mot φυλῆς. Il s'agit donc ici de l'une des tribus de Mégalopolis, mais malheureusement l'histoire ne nous en a pas conservé les noms. Tout ce que nous savons sur les divisions de cette ville, c'est ce que nous apprend Diodore de Sicile [35], c'est-à-dire que pour peupler Mégalopolis *on y jeta à la fois*, suivant l'expression pittoresque de l'écrivain, vingt bourgades des Ménaliens et des Parrhasiens de l'Arcadie, συρρέψαντες εἰς αὐτὴν κώμας εἴκοσι τῶν ὀνομαζομένων Μαιναλίων καὶ Παρρασίων Ἀρκάδων. Mais encore sur ce point le texte de Diodore n'est-il pas bien certain, car les anciennes éditions portent εἴκοσι ; un seul manuscrit de la Bibliothèque du Roi [36] donne τετταράκοντα que Wesseling a reçu dans son texte [37]. A-t-il eu raison d'adopter cette variante? c'est ce qu'on ne peut décider avant d'avoir examiné la liste des κῶμαι introduites dans Mégalopolis, liste qui heureusement nous a été conservée par Pausanias [38] et que nous transcrivons ici :

Ménaliens, 10.		Parrhasiens, 8.	
1. Ἄλέα.		22. Λυκοσουρεῖς.	
2. Παλλάντιον.		23. Θοκνεῖς.	
3. Εὐταία.		24. Τραπεζοῦντιοι.	
4. Σουματία.		25. Πρυνεῖς.	
5. Ἰκαία.		26. Λυκαιεῖον.	
6. Περαιθεῖς.		27. Ἀκόντιον.	
7. Ἑλισσοῦν.		28. Μακαρίαι.	
8. Ὀρεσθάσιον.		29. Δασέα.	
9. Δίπαια.			
10. Λυκαία, al. Ἀλυκαία.		Cynuraeus d'Arcadie, 4.	
Eutrésiens, 6.		30. Γόρτυς.	
11. Τρικόλωνοι.		31. Θεισόα ἡ πρὸς Λυκαίου.	
12. Ζοίτιον.		32. Λυκαίται.	
13. Χαριοία.		33. Ἀλίφηρα.	
14. Πτολέδερμα.			
15. Κναῦσον.		Orchoméniens, 3.	
16. Παρωρία.		34. Θεισόα.	
		35. Μεθύδριον.	
Ægytiens, 5.		36. Τεῦθις.	
17. Σκαρτώνιον.			
18. Μαλαία.			
19. Κρῶμοι.		Tripolis, 3.	
20. Βλένινα.		37. Καλλία.	
21. Λεύκτρον.		38. Δίποινα.	
		39. Νώνακρις.	

---

[18] Cf. *Corpus Inscr. gr.* 1344, 1360, 1365, 1372, 1379, 1398, 1444, 1449, etc.
[19] T. I, p. 49.
[20] *Corpus Inscr. gr.* 1367.
[21] IV, 19, 8.
[22] Dans l'inscription de Messène publiée t. I, p. 45.
[23] *Corpus Inscr. gr.* 1361.
[24] Ibid. 1226.
[25] Ibid. 1236.
[26] Ibid. 1298. Et M. Letronne, *Recherches, etc.*, p. 420 et suiv. On disait aussi ἐκ τοῦ ἰδίου, comme dans cette inscription rapportée de l'Asie mineure par M. Jaubert, et conservée à la Bibliothèque royale, dans la salle du Zodiaque :

```
      ΚΑΙ
   ΔΗ ΚΕΡΑΥΝΙΗ
ΑΦΡΟΔΙΤΗΙ ΠΟΛΕΙ
   ΔΗΜΟΙ ΟΜΟΝΟΙΑΙ
ΑΥΓΙΑΝΙΑ ΚΑΙ ΑΥΓΙΑΝΙΟΣ
  ΤΑΣ ΣΤΟΑΣ ΚΑΙ ΤΑ
  ΕΝ ΑΥΤΑΙΣ ΠΑΝΤΑ
    ΕΚ ΤΟΥ ΙΔΙΟΥ.
```

[27] *Corpus Inscr. gr.* 1444.
[28] Ibid. 1344, 1365, 1372, 1379 et 1946, où le mot γυναικὸς vient comme ici en second lieu.
[29] Ibid. 360, 1450.
[30] Ibid. 1449, etc.
[31] Voyez pl. 51, fig. 1, lig. 2 et 3, ΛΑΜΑΡΗ pour ΔΑΜΑΡΗ; et fig. VII, lig. 2, ΙΟΥΛΙ pour ΙΟΥΛΙ. Il serait facile de multiplier les exemples. Du reste, cette confusion se rencontre même dans les manuscrits. Voy. M. Boissonade sur Eunape, p. 262, et Bast. *Commentatio palaeographica*, p. 711 et 721.
[32] Gruter DCCCCXXX, 9, DCLXXVI, 18, et MXL, 6. Je ne me dissimule pas du reste que Δίττη répondrait mieux à *Gemina*.
[33] Fabula 14, p. 38, ed. Munker. 1681. in-8°.
[34] *Corpus Inscr. gr.* 2223, 2228, etc. Voyez aussi l'inscription d'Égine, publiée p. 45 de cet ouvrage, et surtout le n° 1229 du *Corpus*.
[35] XV, 72.
[36] M. C. O. Müller, *Doriens*, t. II, p. 449, cite le ms. sans nommer Diodore. C'est le n° 2539 de l'ancien fonds.
[37] T. VI, p. 539. Argentor. Ann. VII.
[38] VIII, 27, 3.

Ce catalogue ne nous donne que 39 noms [39]. Quelle était donc la quarantième division de Mégalopolis? car il est à présumer que l'on ne s'en tint pas à un nombre tel que 39. Ce qui semble le prouver, c'est que nous retrouvons un nombre décimal dans celui des dix fondateurs de Mégalopolis dont Pausanias nous a conservé les noms [40], et dans ces dix mille représentants des Arcadiens [41] qui se rassemblaient à Mégalopolis, et que d'ailleurs un manuscrit donne ici le nombre 40, ce qu'il n'a pu faire sans quelque raison. Si je ne me trompe, la quarantième division, ou plutôt la première, dut se composer des mille Thébains d'élite envoyés par Épaminondas sous les ordres de Pammènes pour protéger la ville naissante, en cas d'attaque de la part des Lacédémoniens. C'était un témoignage de reconnaissance bien naturel, et Pausanias semble nous mettre sur la voie de cette supposition, puisque immédiatement après la mention de cette colonie thébaine, il cite les 39 bourgs dont nous venons de parler.

Il est deux noms qu'il conviendrait peut-être d'effacer du catalogue; car ils semblent n'y figurer que *pour mémoire*. Je veux parler des Trapézontiens et des Lycosuréens, qui refusèrent obstinément d'abandonner leurs anciennes demeures [42]. Toutefois comme leurs noms existaient encore sur la liste au temps de Pausanias, il est à présumer que cette résistance avait eu un terme, et que ces deux bourgs de l'Arcadie étaient représentés à Mégalopolis, bien que par un moindre nombre d'habitants. C'est ce que semble faire entendre cette phrase de Pausanias, qui s'applique aussi bien aux Trapézontiens et aux Lycosuréens qu'à deux autres bourgades, également récalcitrantes, les Lycæates et les Tricolonéens: οὐ γὰρ συνεχώρουν ΕΤΙ τὰ ἄστεα τὰ ἀρχαῖα ἐκλιπεῖν, passage où, sans autorité, Clavier s'est permis de changer ἐκλιπεῖν en ἀνοικεῖν.

Revenons maintenant au passage de Diodore, συῤῥέψαντες εἰς αὐτὴν κώμας εἴκοσι τῶν ὀνομαζομένων Μαιναλίων καὶ Παῤῥασίων Ἀρκάδων, et voyons si Wesseling était en droit de changer εἴκοσι en τετταράκοντα, même avec l'autorité d'un manuscrit. Parmi les peuples qui vinrent s'établir à Mégalopolis, Diodore ne cite que les Ménaliens et les Parrhasiens; or, dans la liste de Pausanias les premiers ne figurent que pour dix bourgades, les seconds que pour huit, ce qui donne pour les deux réunis dix-huit, nombre qui se rapproche beaucoup de celui qu'indiquent les éditions antérieures à celle de Wesseling.

Il faut donc reconnaître que le document que nous a transmis Diodore est incomplet, puisqu'il ne parle ni des Eutrésiens, ni des Egyptiens, ni des Cynuréens, ni de la Tripolis; mais il n'est pas permis de corriger son erreur par une autre erreur, puisque les bourgs des Ménaliens et des Parrhasiens ne peuvent en aucune façon être portés à quarante. La leçon du manuscrit cité par Wesseling vient sans doute de ce qu'un copiste, qui connaissait le passage de Pausanias, a trouvé le nombre vingt beaucoup trop faible, et aura jugé à propos de rétablir celui que lui fournissait sa mémoire, sans se rappeler que dans Pausanias il n'était pas question seulement de deux contrées, mais de sept.

Quoi qu'il en soit, il paraît certain qu'environ quarante bourgades contribuèrent à peupler Mégalopolis, et l'on peut conjecturer que ces bourgades donnèrent leurs noms aux différents quartiers, κῶμαι [43], de la ville. Plus tard cette dénomination de κῶμαι fit sans doute place à celle de φυλαί, comme cela eut lieu aussi pour Sparte, ainsi que le remarque M. Boeckh [44]. Peut-être même cette dénomination fut-elle donnée dès l'origine aux différents éléments de la population de Mégalopolis, et il serait même facile de le prouver, par le passage même de M. Boeckh, auquel nous venons de faire allusion, qu'à l'époque où Mégalopolis fut fondée, la dénomination de φυλαί, pour désigner les quartiers des villes, était beaucoup plus en usage que celle de κῶμαι. Quarante tribus seraient, j'en conviens, un nombre bien considérable ; mais rien ne s'oppose à ce qu'on admette que chacun des bourgs qui consentit à venir se renfermer dans la *grande ville*, fût récompensé de son dévouement en formant une tribu à part. D'ailleurs ce serait une erreur de croire que le mot φυλή ait le même sens que le mot latin *tribus* et suppose, comme lui, trois divisions seulement [45]. Si à Sparte les tribus étaient d'abord au nombre de trois, à Athènes on en comptait quatre dans l'origine. Plus tard, ainsi que l'a prouvé M. Boeckh [46], quand, dans Sparte, on substitua à l'ancienne division dorienne la division topographique, le nombre des tribus fut porté à cinq, de même qu'à Athènes, quand Clisthène opéra un changement semblable, le nombre des tribus fut élevé de quatre à dix, et l'on sait que plus tard l'adulation accrut encore ce nombre [47].

Et ce n'est pas seulement à Sparte et à Athènes que le nombre primitif des tribus fut augmenté. A Argos, où exista dans le principe la même division qu'à Sparte la division dorienne, les *Hylléens*, les *Pamphyles* et les *Dumanes*, Ὑλλεῖς, Πάμφυλοι καὶ Δυμᾶνες, on ajouta plus tard la tribu Hyrnéthia, Ὑρνηθία (du nom d'Hyrnétho, héroïne d'Argos), ainsi que le prouvent les inscriptions de cette ville et le témoignage d'Éphore [48], καὶ προστιθῇ ἡ Ὑρνηθία (lisez Ὑρνηθία). De même à Sicyone on ajouta la tribu *Ægialée* [49], à Mégare l'*Adrianide* [50].

Il serait facile de multiplier les exemples [51]; ceux que je viens de donner suffisent pour prouver que le mot φυλαί, pouvant s'appliquer à un nombre quelconque de divisions, soit de races, soit topographiques, rien n'empêche d'admettre qu'à Mégalopolis il existait quarante φυλαί, quelque extraordinaire que paraisse d'abord ce nombre.

Reste à déterminer quel est le nom de la tribu indiquée dans notre inscription. Il est certain, d'après ce qui précède, que ce nom doit être celui de l'un des bourgs qui furent incorporés à Mégalopolis, et que c'est dans Pausanias qu'il faut le chercher, puisque lui seul nous en a transmis la liste de ces bourgs.

Avant tout il est bon de remarquer que la huitième ligne se termine par ces lettres : ΥΡ PTHCAΥ, où il est facile de reconnaître les deux mots ὑπὲρ et τῆς et la syllabe Λυ, qui pourrait bien être le commencement du nom de la tribu en question ; d'où il s'ensuivrait que la fin du nom doit se trouver à la ligne 8, non pas dans l'alignement des autres lignes, puisque aucun nom grec ne serait assez long pour remplir un pareil espace, mais probablement au milieu de la ligne. Cette violation des lois de la symétrie n'est pas sans autorité. Il me suffira de citer les n°s 916, 1216, 1322, 1358 et 1445 du *Corpus Inscriptionum graecarum*.

Cela posé, je ne vois dans tous les noms conservés par Pausanias que celui du bourg de Lycæa, Λυκαία, qui puisse ici convenir, d'autant mieux que, suivant Étienne de Byzance [52], ce bourg avait aussi

---

[39] Mannert, Geogr. der Griechen und Römer, t. VIII, p. 458, n'en a trouvé que 38; mais c'est évidemment une erreur.

[40] Loc. cit. 2. Ce furent Lycomède et Hopoléas, Mautinéens; Timon et Proxène de Tégée; Cléolaüs et Acriphius de Clitor; Eucampidas et Hiéronyme, Ménaliens; et enfin Pasicrate et Théoxène, Parrhasiens.

[41] Pausan. VIII, 3a, 1.

[42] Idem. ibid. 27, 3 et 4.

[43] Photius Lex. ed. Ric. Porson. Cantabr. 1832. P. 1, p. 197 : οἱ δὲ τοὺς ἐν τῇ πόλει δήμους κώμας φασὶ προσαγορεύεσθαι. Lex. Rhet. in Bœckkeri Anecd., t. I, p. 274. Κῶμαι, τὰ μέρη, τῆς πόλεως.

[44] Jam vero horum titulorum aetate antiquae tribus tres manifesto abolitae pridem erant, ut Athenis Ionicae : et ejus olim κῶμαι fuerunt eae jam tribus (φυλαί) factae sunt, ut Clisthenes vetustam Ionicae divisioni substituit topographicam.... Hinc fit ut grammatici eas κώμας hinc inde φυλὰς vocent. Corp. Inscr. t. I, p. 609.

[45] Loc. cit.

[46] Suivant Hesychius ce mot désigne le quartier d'une ville, Φυλή· τόπος, μέρος πόλεως. S'il faut en croire Photius, Lex., P. 2, p. 605, la tribu n'était que le tiers de la φυλή. Τριττύς· τὸ τρίτον μέρος τῆς φυλῆς.

[47] Par l'addition des tribus Antigonide et Démétriade, remplacées plus tard, pour un semblable motif, par les tribus Ptolémaïde et Attalide.

[48] Apud Steph. Byzant. v. Δυμᾶν. Cf. Bœckh. *Corpus Inscr. gr.*, t. I, p. 679.

[49] C. O. Müller, Doriens, t. II, p. 77.

[50] Cf. Bœckh., *Corpus Inscr. gr.* 1073.

[51] Cf. Guasco Inscript. Capitol., t. II, p. 1 sq. Cf. C. O. Müller Doriens, t. II, p. 75 sqq.

[52] In v. Λυκαία.

nom Λύκαιθα.⁵³, dont l'ethnique Λυκαιθίτης peut être facilement retrouvé dans notre inscription ; car on peut facilement supposer un I entre l'A et le Є de la dernière ligne, et ce Є lui-même peut fort bien avoir été un Θ, de même que le chevron brisé qui précède le Φ peut être considéré comme les restes d'un N, ce qui donnerait facilement ΛΥΚΑΙΘΟΙΤΩΝ.

Mais quelles fonctions, quels devoirs Claudia Dittè a-t-elle remplis pour la tribu Lycæa ou Lycæatha? car, si je ne me trompe, c'est bien le sens qu'il faut donner ici à ὑπέρ. Avant de répondre à cette question, observons que, ces devoirs, elle a dû les remplir dans l'intérieur même de Mégalopolis, car dans les dernières lettres de la ligne 6 il est facile de reconnaître le mot ΕΝΘΑΔΕ. Or Pausanias nous apprend qu'il existait à Mégalopolis une enceinte consacrée aux Grandes Déesses ⁵⁴; que Calliguotus, Mentas, Sosigènes et Polus, avaient les premiers établi dans cette ville les mystères de ces deux divinités, et que ces mystères des Grandes Déesses étaient une imitation de ceux qu'on célébrait à Éleusis ⁵⁵ ; enfin qu'il y avait dans la ville un très-grand temple dans lequel, de son temps encore, avait lieu cette solennité, καὶ ἄγουσιν ἐνταῦθα τὴν τελετὴν ταῖς θεαῖς ⁵⁶. Dès lors la question se résout facilement et la restitution se présente d'elle-même ἡ ἐνθάδε ταῖν θεαῖν Ἐλευόργησεν, car le Φ qui commence la ligne 7 peut très-bien provenir d'une erreur du copiste qui aura pris les restes d'un Υ pour l'un des éléments du Φ et la sigle Ϸ

pour le reste de cette lettre. Je ne pourrais citer d'exemple de cette sigle, du reste très-admissible, mais rien n'est plus commun que ces sortes de combinaisons, et je citerai seulement celle du K et du P, n° 1259 du *Corpus*, celle du T et du P, n° 227 *b*, et surtout celle du Φ et de l'O proposée par M. Boeckh au n° 1787, et celle du Φ et de l'Υ, n° 1251 du même recueil, parce que dans ces deux dernières, comme ici, la seconde lettre dépasse la première.

Quant à la formule ταῖν θεαῖν ἑλιτούργησεν, elle se rencontre fréquemment dans les inscriptions, surtout au participe, λιτουργήσασαν ταῖν θεαῖν ⁵⁷. Si j'ai employé l'indicatif, c'est que les lacunes ne paraissaient pas comporter d'autre restitution.

Je ne sais ce qu'on pensera de ces conjectures ; mais si elles étaient approuvées, il en résulterait, je crois, quelques documents utiles. D'abord nous serions fixés sur la division topographique et politique de Mégalopolis; nous aurions la preuve qu'un second siècle de notre ère, les mystères des Grandes Déesses étaient encore célébrés dans cette ville, et que par conséquent elle n'était plus dans un état de décadence aussi complet qu'à l'époque d'Augusto, alors que Strabon disait de cette cité : *la grande ville n'est plus qu'un grand désert*⁵⁸. Enfin le recueil des sigles grecques et celui des noms grecs recevraient l'un et l'autre une addition assez importante, et le recueil des inscriptions de Mégalopolis s'enrichirait d'un monument curieux sous plus d'un rapport.

---

⁵³ Παρὰ δὲ Μεγάλῳ Λύκαιθα μηνὰ τοῦ Θ.
⁵⁴ VIII, 31, 11.
⁵⁵ Ibid. 4.
⁵⁶ Ibid.
⁵⁷ Cf. *Corpus Inscr. gr.* 1435, 1456, etc.
⁵⁸ Ἐρημία μεγάλη, ἐστὶν ἡ Μεγαλόπολις. Strab. VIII, 8, 1, p. 388.

Au moment où je termine cette explication des monuments écrits de Mégalopolis, je reçois le premier cahier des inscriptions grecques inédites publiées à Nauplie par M. Ross ¹. L'inscription qui concerne le pont de Mégalopolis y figure sous le n° 11, et la copie qu'en donne l'éditeur ne diffère que sous très-peu de rapports de celles qui nous ont été remises. Je dois même dire qu'elle serait en tout point conforme à celle de M. Charles Lenormant, si à la fin de la seconde ligne elle ne donnait pas ΑΝΑΙ au lieu d'ΑΝΑΙ, à la ligne 5 ΕΡΟΗΣΕ et non ΕΡΟΙΗΣΕ, et si, au commencement de la troisième ligne, elle offrait l'ΙΣ qui figure sur le texte de M. Lenormant.

Du reste, l'explication que présente M. Ross de monument se rapproche en beaucoup de points de la mienne. Nous croyons devoir la transcrire ici, parce que l'ouvrage où elle est consignée ne se trouve point encore dans le commerce.

Titulus apud Boeckhium ¹531 *e Pouquevillio desumptus, qui perversa Cartorighti apographo usus erat. Quapropter lapidem quam jam Sinani prope Megalopolin in ecclesia quadam asservo, accuratius descriptum in tabula repetii.*

V. 2. *Cartorighius male* R—K—O HISEPATIANAE. V. 4 *et* 5. *Non observavit in Graeco titulo puncta* (Δ) *hic illa inter voces, quemadmodum in Latinis assolent, interposita.* V. 5. *Omisit* THN. *Ibidem Graecum titulum male in duas* (leg. duas) *partes diremit.*

V. 6. *Habet* ΑΓΑΘΟΣΔΟΓΜΑΤΩΝ ΣΙΝΕΔΡΩΚΕΦΩ, *quae tantum non omnia nihili sunt. Leviores errores praetermitto.*

5.
— — Cæsar)ri Aug. et civitati id.
— — — ut promiserat (A)u(ui)
us? — —) Tauriscus pontem fecit
— Αὐτοκρ)άτορι Καίσαρι καὶ τῇ πόλει
— — Ταυ)ρίσκος ἐπο(ί)ησεν τὴν γέφυραν καθὼς
ὑπεσχέθη ? κ)ατὰ τὸ δόγμα τῶν συνέδρων ἐφ' ᾧ
— — αὐτὸν τὸ ἐπινόμιον καὶ βαλανων
— — ἔχει θρεμμάτων διὰ βίου. —

Pontem de quo hoc titulo agitur trans Helissontem fluvium inter septentrionalem et meridionalem Megalopolin partem fuisse probabile est, ubi hodieque pontis antiqui reliquiae quaedam visuntur. Eum pontem in honorem alicujus Caesaris Augusti et civitatis (sc. Megalopolis) *faciendum Tauriscus quidam susceperat : quem promissis suis stetisse et opus absolvisse testatur titulus latinus. Qui sequitur Graecus titulus ad eandem rem referri neque aliud quidquam nisi versio praecedentis esse videtur (quamobrem post* καθὼς *conjeci* ὑπεσχέθη sc. UT PROMISERAT); *additis tamen conditionibus de quibus convenerat inter Tauriscum et synedros, quem senatum Megalopolitanorum esse probabile est. Post* ἐφ' ᾧ *verbum aliquid fuisse consentaneum est velut* μὴ ἀπαιρεῖν *vel* ἀποδιδόναι (τὸ ἐπινόμιον), *sed plura excidisse suspicor. In proximis bene observavit Boeckhius* βαλανῶν *ad glandes, quibus pecora vescuntur referendum videri ; fortasse fuit* βαλανῶν τὸν φόρον ὑπὲρ ὧν ἔχει θρεμμάτων διὰ βίου. *Hodieque Megalopolis ruderibus ab utraque fluminis parte quævis contigua sunt.*

Je me permettrai quelques légères critiques sur le travail de M. Ross, qui sans doute trouvera beaucoup plus encore à reprendre dans le mien. D'abord qu'entend-il par *alicujus Cæsaris Augusti*? Les noms de *Cæsar Augustus*, quand ils ne sont pas précédés d'un prénom ou suivis d'un surnom, ne peuvent désigner qu'Auguste. Or la ligne 4, la restitution de la partie grecque, prouve jusqu'à l'évidence qu'aucune addition de ce genre ne peut être supposée ici. C'est donc bien d'Auguste qu'il est question ici et non de *quelque autre empereur*. La note 2 de la page 48 vient encore appuyer cette assertion.

Je demeuderai ensuite à M. Ross s'il croit beaucoup à la forme ὑπεσχέθη : son point d'interrogation m'en ferait douter. Cette forme est certainement d'une époque bien postérieure au siècle d'Auguste ² ; et en admettant d'ailleurs qu'à cette époque on ait employé ὑπεσχέθη, on employait aussi ὑπέσχετο, et ce dernier répond beaucoup mieux à *promiserat*.

---

¹ *Inscriptiones graecae ineditae.* Collegit ediditque Lud. Rossius, Antiquit. regni Graeciae conservandis colligendisque praefectus. Fasciculus I. Nauplii, 1834, 4°.
² Voyez les lexiques de Schaefer et de Passow, et Buttmann, *Ausf. Gr. Spr.*,
t. II, p. 144. Matthiæ, il est vrai, dans sa *Gr. gr.*, § 253, indique l'aor. 1. ὑπεσχέθην ; mais il ne cite d'autre autorité que Facr. 1. impér. ὑπεσχέθην (Plat. Phaed., 235 D), qui, d'après le témoignage de M. Bekker, n'est appuyé que par un très-petit nombre de manuscrits.

La restitution μὴ ἀποφέρειν ou ἀποδιδόναι est heureuse, j'en conviens, et je serais assez disposé à l'adopter, s'il ne me paraissait pas nécessaire que l'idée d'une décision fût exprimée ici plutôt que celle d'une condition. Une inscription de ce genre est un acte solennel qui résume tous les actes antérieurs, c'est un monument public conçu plutôt dans les termes d'un décret que dans le style d'un contrat; ce serait d'ailleurs supposer que Tauriscus agissait dans des vues de sordide intérêt. Un pareil sentiment pouvait bien entrer dans les mœurs de cette époque, mais se serait bien gardé de l'afficher sur un monument public.

Enfin les noms βαλάνων τὸν φόρον ὑπὲρ ὧν supposent une lacune beaucoup trop longue au commencement de la dernière ligne, et cette restitution est évidemment impossible, quelque satisfaisante qu'elle soit d'ailleurs sous le rapport du sens. En général, quand on restitue une inscription fruste ou un texte mutilé, on ne s'inquiète pas assez de la symétrie et de l'étendue des espaces à remplir; et cependant, pour qu'une conjecture soit admissible en pareil cas, il faut non-seulement qu'elle offre un sens satisfaisant, mais qu'elle soit contenue dans un nombre de lettres qu'on peut presque toujours déterminer rigoureusement à l'avance.

Suivent les planches 36, 37, 38, 39 et 40.

ROUTE DE SINANO A LÉONDARI.

Après avoir traversé un ruisseau, ou plutôt un fossé, qui, selon quelques voyageurs, forme l'enceinte de Mégalopolis, et près duquel est une fontaine, on arrive, en se dirigeant vers le sud, dans une plaine couverte en grande partie de chênes, et après laquelle on traverse le Mégalo-Potamo, grand fleuve, autrement l'Alphée. Sur une montagne, à droite, on voit des restes assez considérables de constructions du moyen âge. Psamari est le nom qu'on donne à cet endroit. Au bas coule le Xérillo, torrent formé par les eaux qui tombent des montagnes, à l'est desquelles est situé Léondari : on n'y arrive qu'après avoir gravi une montée assez rapide. Cette ville est dans une position tout à fait pittoresque; et, malgré l'état de destruction où l'avaient laissée les guerres que les Français venaient de faire cesser, nous pûmes encore en admirer le bel aspect et surtout le caractère très-remarquable de ses fabriques. Nous y vîmes une petite église grecque entourée de beaux cyprès. C'était auparavant une mosquée, dont on avait démoli le minaret. A l'ouest, sur la montagne, se trouve le vieux château de Psamari.

Bien que quelques voyageurs modernes indiquent Léondari comme étant sur l'emplacement de l'ancienne Leuctres de Laconie, nous n'y avons rencontré aucune trace d'antiquité*.

ROUTE DE LÉONDARI A LA SOURCE DE L'EUROTAS.

Une fois qu'on est sorti de Léondari par une partie de voie pavée, on passe auprès d'énormes rochers nommés Asprilata, afin de suivre la route au sud-est, sur le versant d'une montagne boisée. A gauche est une belle et riche vallée; sur la montagne, une chapelle à saint Nicolo, et dans la vallée, le petit village de Limatéro, arrosé par plusieurs ruisseaux ; puis une chapelle en ruine au milieu de chênes verts, et plus loin une fontaine également ombragée de chênes. Après avoir rencontré un torrent, on aperçoit, à droite, une montagne conique faisant partie du mont Léondari, et sur le sommet de laquelle est une chapelle appelée Bouraïkos; à gauche, près d'un vallon cultivé et, en grande partie, planté de vignes, le village de Pétrina, que traversent plusieurs ruisseaux ou torrents. La vue se porte alors, d'un côté, sur le mont Kérasia, au-dessous duquel est le village de Ciparissia ; et de l'autre, sur les restes d'une ville antique, dont l'enceinte, presque entièrement détruite, couronne la cime très-élevée du mont Chelmos. On y trouve des assises de constructions irrégulières, sur lesquelles sont les murs d'une fortification vénitienne du moyen âge. On arrive ensuite dans une plaine entourée de montagnes boisées et traversée par un ruisseau que bordent de grands peupliers : elle est cultivée et plantée de mûriers et d'oliviers. A gauche, près de la rivière Longaniko, est un tumulus, puis un ruisseau, sur le bord duquel se voit un tombeau turc; et plus loin, Zacaria Derveni, pirgo, dans une gorge étroite. Après avoir monté à travers des collines arrondies et couvertes de lentisques, de myrtes et de lauriers roses, on arrive sur un plateau appelé Agrapido Campo, où sont les vestiges d'une ville. Quantité de débris s'offrent aux regards : des pierres sont amoncelées en forme de tumulus, et cependant ces ruines ne paraissent pas être des restes de constructions antiques. Enfin, lorsqu'on est descendu de ce plateau, on entre dans une vallée où se trouve une source abondante appelée Képhalo-Vrissi : c'est celle qui forme la rivière Éré, anciennement l'Eurotas.

Cette source est au pied d'une montagne dont le caractère est assez remarquable. La route passe sur un quartier de rocher au pied duquel surgissent paisiblement les eaux limpides du fleuve. A côté,

---

* DISTANCE DE SINANO A LÉONDARI.

En sortant du village, à 5 minutes de l'église, un ruisseau ou fossé, et une fontaine. A 48 m., une petite rivière. A 16 m., le Mégalo-Potamo (l'Alphée). A 57 m., deux citernes, puis une montée. A 4 m., à droite, un ravin, et au-dessus, des ruines de château sur une montagne. A 6 m., Léondari.

Distance totale, 2 heures 16 minutes.

sont quelques pierres d'une construction antique, dont deux seulement sont en place ; rien n'indique à quel monument ces pierres pouvaient appartenir *.

ROUTE DE LA SOURCE DE L'EUROTAS A MISTRA.

En prenant la route au sud-est, on trouve le hameau de Géorgitsi : à gauche, sur un plateau, sont les restes d'une fortification moderne ; à droite s'étend la chaîne du Taygète ; à l'est, le mont Ménélaion, et au milieu, une plaine qui se termine au golfe de Laconie. Tout ce paysage, presque entièrement dépourvu d'arbres, est d'un aspect sévère, et remplit l'ame d'une sorte de tristesse. Mais on arrive bientôt à une autre plaine cultivée et plantée de mûriers, en sortant de laquelle il faut traverser un ruisseau ; à droite se trouve le village de Périvolia, et au-dessus, le bourg de Kastania. Quand on est parvenu au bord de l'Eurotas, il faut longer son cours dans une gorge assez resserrée, au milieu de rochers couverts de platanes, de lentisques, de térébinthes et de lauriers roses. Les lauriers étaient en fleurs lors de notre excursion, le 3 juillet, et répandaient une odeur des plus suaves. Sur le chemin, sont plusieurs parties de route pavée, des plantations de mûriers, et une ruine d'aqueduc construit en blocage fait avec des cailloux du fleuve. Toutes ces vallées qui se succèdent sont environnées de petites montagnes couvertes de verdure, mais sans aucun arbre, tandis que dans le bas, au contraire, les champs sont cultivés, couverts de mûriers, et coupés par des bosquets de myrtes, de lentisques, de térébinthes et de lauriers roses. Nous vîmes encore plusieurs fragments d'aqueducs du moyen âge ; et au-dessus, sur un rocher, un fragment de construction hellénique irrégulière. En sortant du défilé, on entre dans une plaine où l'on prend la route de Tripolitza : puis, laissant à gauche le village de Papioti, et en montant sur une colline, on aperçoit, dans la vallée, une ruine d'aqueduc, dont la partie basse, en blocage, paraît être antique ; la partie supérieure, en brique, est du moyen âge : au-dessous coule un ruisseau. Du haut d'une montagne, on découvre dans un très-beau point de vue la ville de Mistra, dont la citadelle est bâtie sur un rocher très-élevé, détaché du Taygète. A gauche, près d'une rivière, est une ruine de temple antique en pierre : il y a même encore en place le bas d'une colonne presque toute ruinée, d'environ 1 mètre 30 centimètres de diamètre. Enfin, après avoir traversé plusieurs rivières et plusieurs petits ruisseaux, nous nous trouvâmes dans un champ d'oliviers, qui est à l'entrée de Mistra **.

MISTRA.

Mistra est une ville moderne. Quelques voyageurs ont cru qu'elle était la même que l'ancienne Sparte ; mais comment a-t-on pu reconnaître la cité de Lycurgue dans une ville dont l'architecture n'offre qu'un mélange confus du genre oriental, du style gothique, grec et italien ? Il est plutôt probable que Mistra doit son origine aux Français, et qu'elle fut fondée trois ans après leur premier débarque-

---

* DISTANCE DE LÉONDARI A LA SOURCE DE L'EUROTAS.

A 27 minutes de Léondari, un ravin. A 7 m., à droite, la chapelle de Saint-Nicolo ; à gauche, le village de Limatéro. A 18 m., à gauche, une chapelle ruinée. A 10 m., une fontaine. A 13 m., un torrent. A 15 m., à droite, sur une montagne conique, la chapelle appelée Bonraïkos. A 37 m., à gauche, le village de Pétrina. A 45 m., un ruisseau, et à droite, le mont Kérasia. A 8 m., à droite, le village de Ciparissia. A 8 m., on aperçoit, à gauche, la cime du mont Chelmos. A 36 m., à gauche, dans la vallée, un tumulus en terre, et la rivière Louganiko. A 16 m., un tombeau turc ; à gauche, Zacaria Derveni, pirgo. A 38 m., Agrapido Campo. A 26 m., Képhalo-Vrissi (source de l'Eurotas).
Distance totale, 5 heures 4 minutes.

** DISTANCE DE LA SOURCE DE L'EUROTAS A MISTRA.

A 41 minutes, le hameau de Géorgitsi. A 47 m., un ruisseau. Le village de Périvolia. A 41 m., l'Eurotas. A 19 m., un torrent. A 5 m., ruine d'un aqueduc. A 4 m., source. A 11 m., une fontaine. A 40 m., on traverse une rivière sur un pont. A 12 m., on entre dans la montagne. A 12 m., on trouve la route de Tripolitza. A 28 m., on laisse, à gauche, le village de Papioti. A 10 m., ruines d'un aqueduc. A 4 m., une fontaine. A 18 m., vue de Mistra. A 14 m., ruine d'un temple antique, près d'une rivière. A 20 m., une rivière. A 3 m., une chapelle. A 6 m., une rivière et un pont. A 13 m., Mistra.
Distance totale, 5 heures 48 minutes.

ment, c'est-à-dire en 1207, par Guillaume de Ville-Hardouin. Il avait remarqué à une lieue de Lacédemonia, dans une position avantageuse, un petit monticule; il y fit construire un fort, lui donna le nom de Misitra, et ce fut celui qui resta toujours à la ville. Prise en 1460 par Mahomet II, elle fut reconquise trois ans après par le Vénitien Sigismond Malatesta. Les Vénitiens ne la perdirent qu'en 1687, temps où elle fut conquise par les Turcs, ainsi qu'une grande partie de la Morée.

Cette ville, la plus considérable de toutes celles que nous eussions vues jusqu'alors, est, sans contredit, dans une des positions les plus pittoresques de la Grèce. La ville basse, où l'on remarque plusieurs tours d'églises, quelques minarets et des cyprès qui forment des pyramides de verdure, est couronnée par un château fort bâti par les Français et situé au haut d'un rocher presque conique; c'est le dernier échelon du mont Taygète. Tout cet ensemble est du caractère le plus remarquable. Le château gothique tombe en ruine; tout est abandonné. Vue du château de Mistra, la vallée de la Laconie est admirable: elle s'étend à peu près du nord au midi; elle est bornée à l'ouest par le Taygète et à l'est par les monts Olympe et Ménélaïon. De petites montagnes obstruent la partie septentrionale de cette vallée; elles vont en descendant au midi et en diminuant de hauteur, et forment de leurs dernières croupes les collines où Sparte était jadis située. La plaine fertile qui s'étend depuis cet emplacement jusqu'à la mer est arrosée par l'Eurotas.

La ville de Mistra, lors de notre voyage, avait beaucoup souffert des dernières guerres: elle offrait un triste amas de ruines que les habitants commençaient à relever, protégés par la paix qu'ils devaient à la France et au nouveau gouvernement grec.

Mistra étant d'origine moderne, on n'y trouve d'antiquités que celles qui viennent des ruines de Sparte, qui en sont tout près, parce que les conquérants qui bâtirent cette place se servirent des matériaux qu'ils trouvaient tout préparés, pour construire leurs forteresses et leurs principaux édifices. Les seuls fragments antiques que nous ayons vus et dessinés sont deux sarcophages qui ornent deux fontaines, une tête de statue de Bacchus et quelques inscriptions [1].

[1] La description des sculptures et l'explication des inscriptions se trouveront à la fin du texte de Sparte.

EXPLICATION DES PLANCHES.

Planche 41.

Vue de Mistra, prise à l'est de la ville, du côté de l'entrée.

Planche 42.

Fig. I. — Vue d'une fontaine près d'un ravin, et au pied d'une ruine du moyen âge.
Fig. II. — Sarcophage en marbre incrusté dans la fontaine ci-dessus.
Fig. III *et* IV. — Fragments d'inscriptions servant de marches d'escalier à une maison de la ville.
Fig. V. — Tête de Bacchus en marbre.

Planche 43.

Fig. I. — Face principale d'un sarcophage en marbre, servant de vasque à une fontaine de la ville.
Fig. II *et* III. — Face latérale du même sarcophage.

Suivent les planches 41, 42 et 43.

SPARTE.

Pausanias, après nous avoir dit que les Lacédémoniens assurent que Lelex, enfant de la Terre, fut le premier qui ait régné dans le pays, et que de son nom ses peuples furent nommés *Lélèges*, ajoute que ce prince eut deux fils, Myles et Polycaon : Myles étant mort, son fils Eurotas lui succéda, et ce fut lui qui donna son nom au fleuve qui coule dans le pays. N'ayant point d'enfants mâles, il laissa le royaume à Lacédémon, qui avait pour mère Taygète (fille d'Atlas), laquelle aussi donna le sien à une montagne. Lacédémon avait épousé Sparté, fille d'Eurotas, et dès qu'il eut pris possession du royaume, il voulut que tout le pays et les habitants s'appelassent comme lui ; ensuite il bâtit une ville qu'il nomma *Sparte*, du nom de sa femme ; nom que cette ville a toujours gardé jusqu'à son entier anéantissement.

Sans vouloir entrer ici dans des considérations historiques, nous devons pourtant remonter à l'étymologie de ces jalons géographiques dont nous avons à parler, et qui servent de nom et de limites à la ville qui nous occupe. Quant à la suite nombreuse de rois et de généraux qui se succédèrent ; quant aux lois, aux mœurs, aux fêtes et aux cérémonies religieuses qui caractérisaient ce peuple belliqueux entre tous les autres peuples de la Grèce, nous renverrons nos lecteurs aux historiens anciens qui ont si bien étudié cette matière ; notre but étant de conserver à notre travail sa spécialité, qui est de faire connaître l'état actuel des divers endroits que nous avons explorés, en rappelant parfois les descriptions des anciens auteurs, pour aider à reconnaître dans les travaux que nous présentons, les lieux et les monuments les plus remarquables de cette terre célèbre.

L'emplacement de Sparte n'est plus aujourd'hui une question douteuse : les travaux faits par les différents voyageurs depuis l'année 1675, ont suffisamment indiqué sa véritable position ; aussi pour nous ce n'était point une découverte que nous avions à faire, mais un tout autre travail, pour lequel les études de nos prédécesseurs nous ont peu servi ; ce n'est donc qu'après avoir scrupuleusement étudié la configuration exacte de la plaine de Sparte, celle de ses mouvements de terrains, de ses rivières et de ses cours d'eau, celle des collines et des montagnes qui l'entourent, que nous avons dû admettre d'autres suppositions que les leurs, placer différemment plusieurs lieux célèbres de l'antiquité, et désigner aussi les monuments dont ils n'ont pas parlé.

Avant de nous occuper des ruines qui sont renfermées dans l'enceinte de Sparte, nous nous arrêterons à ses environs ; et après avoir indiqué sur la carte les villes et villages qu'on y remarque, nous appellerons l'attention de ceux qui nous consultent, sur les endroits célèbres et les débris précieux qu'on y retrouve.

L'explication des planches que nous donnerons de suite, rendra notre travail plus facile à saisir ; et si plus tard nous n'avions point l'intention de faire connaître nos conjectures sur quelques-uns des endroits que nous avons explorés, nous nous serions bornés à cette simple explication.

EXPLICATION DES PLANCHES.

Planche 44.

Vue de la plaine de Sparte, prise sur la hauteur du chemin de Tripolitza, au nord-ouest de l'emplacement de cette ville

Planche 45.

Plan des environs de Sparte.

La ville de Mistra, dont nous avons déjà parlé, et que l'on avait crue bâtie sur les ruines de l'ancienne Sparte, avant que les voyageurs Vernhum, Spon, Wheler et Fourmont eussent fait connaître une opinon contraire, a été construite au moyen âge, sur le versant *est* du Taygète; sa citadelle est à 634 mètres au-dessus du niveau de la mer. Quoiqu'il y ait à sa partie basse quelques traces de constructions antiques, nous ne pensons pas qu'elles dussent faire présumer qu'une ville ait été construite à cet endroit; en cela nous serions entièrement d'accord avec l'histoire, qui ne place de ce côté aucune cité. Il faut donc regarder ces traces d'antiquités comme devant appartenir à quelques constructions militaires.

Après avoir quitté Mistra et suivi la route de Tripolitza, on trouve d'abord, sur la droite, les ruines d'un temple, et plus loin, dans des positions analogues, deux aqueducs qui paraissent avoir été construits par les Romains : le second de ces aqueducs étant trop éloigné, il n'a pu être indiqué sur la carte, que nous devons à l'obligeance de M. Puillon-Boblaye. Plusieurs chapelles modernes se voient également à gauche et à droite de cette route.

En suivant le chemin qui conduit de Mistra à l'emplacement de Sparte, on traverse d'abord la petite rivière nommée Pantélimonia, et en arrivant à Magoula, on passe sur une autre rivière qui porte le nom de ce village, qui dans l'antiquité portait celui de *Tiasa*. A droite on trouve les traces en pierre d'une dérivation antique, et auprès, une chapelle avec les restes bien frustes d'une statue ancienne. Étant arrivé sur l'emplacement de Sparte, et après avoir rencontré les ruines d'un aqueduc, et plus loin, sur la hauteur à gauche, un sacellum, on se trouve enfin sur les bords de l'Eurotas, où l'on aperçoit les restes d'un pont. Au delà du fleuve, on voit les traces d'une chaussée antique qui conduisait à Tégée, ainsi que le chemin actuel d'Argos, sur lequel on reconnaît les traces d'un temple.

Les autres chemins, à l'exception de celui de Marathonisi, ont moins d'importance que ceux que nous venons d'indiquer. On peut reconnaître celui qui se trouve dans la direction d'Amyclée, en suivant les traces d'un sentier traversant la *Tiasa*, et sur lequel Pausanias place le temple des Grâces.

Avant de passer à l'examen des ruines de la ville de Sparte, il nous reste encore à faire connaître notre opinion sur la position que nous pensons devoir donner au *Plataniste*. Nous avons assez étudié la direction du cours du fleuve *Iri* ou *Eurotas*, et son encaissement sur sa rive gauche par les collines du Ménélanium, pour donner comme certain le tracé que nous présentons, et pour croire que le *Plataniste* était placé sur sa rive droite et enveloppé par les rivières *Pantélimonia*, l'*Eurotas* et la *Tiasa*, puisque l'espace compris entre ces rivières a presque la forme d'une île, et que cette ressemblance est tout à fait d'accord avec ce qu'en dit Pausanias, qui se sert de cette même expression. D'après cette supposition, deux ponts devaient être placés sur la *Tiasa* pour y parvenir, l'un sur la route de Sparte à Amyclée, et l'autre un peu plus haut, à l'endroit où en ce moment se trouve un moulin, alimenté par une dérivation des eaux de la *Tiasa* ou *Magoula*, ou peut-être bien encore sur l'Eurotas près du confluent des deux rivières avec ce fleuve. Ce qui confirmerait encore notre croyance, c'est que, dans cet espace, on aperçoit quelques débris antiques, entre autres, deux sacellum, et non loin de là, sur la rive opposée de la *Tiasa*, un sarcophage en marbre blanc, avec des sculptures en bas-reliefs.

Cette conjecture n'est en aucune manière contraire à l'indication fournie par Pausanias; car cet historien ne nomme pas le fleuve qu'on doit traverser pour se rendre au *Plataniste*, et ne désigne pas davantage l'orientation que ce dernier doit avoir par rapport à Sparte; la configuration physique du sol doit donc être prise beaucoup plus en considération que les renseignements, souvent mal compris, qui nous ont été laissés par les anciens auteurs.

Emplacement de Sparte.

Bien que nous ne prétendions pas examiner avec sévérité les recherches faites par les différents voyageurs modernes qui ont parlé de Sparte, nous croyons néanmoins devoir affirmer que leurs investigations ont été faites avec légèreté, puisque, suivant plusieurs d'entre eux, nous ne devions retrouver que très-peu de vestiges de cette importante cité, et qu'à notre grand étonnement, nous avons presque toujours rencontré de nombreux témoins de son ancienne existence.

Il ne faut cependant pas croire que l'on retrouve sur l'emplacement de Sparte, ainsi qu'on le voit à Athènes et dans d'autres lieux de la Grèce, des ruines présentant des élévations riches et imposantes; au contraire, rien ne sort de terre, à quelques exceptions près pourtant, et celles qui ont maintenant le plus d'importance comme aspect, appartenaient à une époque qui les a vu construire avec d'autres ruines plus précieuses sous le rapport du goût et de l'art. Il est donc facile à un œil exercé de reconnaître par un examen attentif des lieux et des divers débris qu'on y retrouve, les différentes existences de Sparte.

Un théâtre, des restes d'un style pur et sévère faisaient partie de la *Sparta antiqua* avant l'occupation romaine, qui elle-même a laissé des preuves de son passage dans des fragments de sculpture appartenant à des temples, dans des inscriptions, aussi bien que dans ces grandes ruines en briques qui couvrent une étendue de terrain considérable.

La *Sparte du moyen âge* est incontestablement indiquée par ces nombreuses églises grecques et vénitiennes, et par ces restes de monuments qui n'ont de remarquable que le peu de soin qu'on a mis dans leur exécution, ce qui forme un contraste si choquant lorsqu'on les compare aux constructions des deux époques qui ont précédé cette dernière.

Avant de passer à la description des lieux indiqués sur le plan général (voir planche 46), nous citerons sommairement les différents monuments dont parle Pausanias, et nous tâcherons, d'après la description qu'il en donne, de reconnaître plusieurs d'entre eux quand il sera question des ruines que nous avons mesurées et dessinées avec le plus grand soin. La place publique où se tient le sénat, dit cet auteur, est ornée par le portique des Perses, avec les statues en marbre blanc de tous les chefs de l'armée des Barbares, et par deux temples, l'un consacré à César, l'autre à Auguste. On y voit encore la statue d'Apollon Pythius, celle de Diane et celle de Latone. L'endroit où sont ces statues est une enceinte qu'ils appellent *Chœur*, parce que toute la jeunesse de Sparte va là et forme des chœurs de musique en l'honneur d'Apollon. Auprès, sont plusieurs temples, l'un consacré à la Terre, l'autre à Jupiter Agoréas, un autre à Minerve Agoréa, et un quatrième à Neptune Asphalius. Apollon et Junon ont aussi chacun le leur. Une grande statue représente le peuple de Sparte; un peu plus bas sont le temple des Parques, et tout auprès, le tombeau d'Oreste, ainsi que ces salles où les Lacédémoniens prenaient ces repas publics appelés *Phiditia*.

Au sortir de la place, en prenant par la rue des Barrières, on trouve le *Boonèta*, ou maison du roi Polydore, et le temple de Minerve Celeuthéa : au bout de la rue des Barrières, une sépulture de héros, entre autres celle d'Iops et Lelex; assez près de là, le temple de Neptune Ténarius. Du même côté, la place Hellénie; auprès, le tombeau de Talthybius, un autel dédié à Apollon Acritas, un temple de la Terre Gosepton, celui d'Apollon Maléates, et un autre d'Arsinoé.

Quand on a passé la rue des Barrières, tout contre les murs de la ville, on remarque une chapelle dédiée à Dictynna, et les tombeaux des rois Eurypontides.

Du côté des remparts, on trouve le temple de Diane, et, un peu plus loin, la sépulture des devins appelés Iamides. Maron et Alphée ont aussi là leurs temples, et auprès est celui de Jupiter Tropéus. Le temple de la mère des dieux, les monuments héroïques d'Hippolyte et d'Aulon sont à côté de ce dernier.

La grande place de Sparte a encore une autre issue, et de ce côté-là se trouve le *Scias*, édifice où les habitants vont prendre le frais; une rotonde où l'on voit la statue de Jupiter Olympien et celle de Vénus Olympienne, ensuite le tombeau de Cynortas, celui de Castor avec son temple, celui de Proserpine conservatrice, celui d'Apollon Carnéus; les portiques de figures carrées, trois autels dédiés à Jupiter Ambulius, à Minerve Ambulia et aux Dioscures. Vis-à-vis est l'éminence appelée *Coloma*, où il y a un temple à Bacchus Colonate, et non loin de là, celui de Jupiter Éranemus, le monument héroïque de Pleuron, et auprès, sur une colline, le temple de Junon Argiva.

Après être sorti de la place, au couchant, on trouve le cénotaphe de Brasidas, et ensuite le théâtre, bâti en marbre blanc; vis-à-vis, le tombeau du roi Pausanias, et auprès, celui de Léonidas.

Il y a un quartier de la ville, nommé *Théomélide*, où sont les tombeaux des rois Agides; auprès on voit le *Leschè*, portique où les Crotanes s'assemblaient, ensuite le temple d'Esculape Énopadon, le tombeau de Ténarus, le temple de Neptune Hipporcurius, celui de Diane Éginéa et celui de Diane Issoria, le temple de Sérapis, et un autre de Jupiter Olympien. En cet endroit se trouvent le *Dromos* et ses deux Gymnases, la maison de Ménélas, les temples des Dioscures, des Grâces, de Lucine et de Diane Hégémaque. A droite du *Dromos*, le temple d'Esculape Agnitas, le trophée de Pollux, les statues des Dioscures, etc. Plus loin, le *Platanistè* : on y passe sur deux ponts; à l'entrée de l'un, il y a une statue d'Hercule, et à l'entrée de l'autre, celle de Lycurgue.

Le collège est hors de la ville et près du quartier appelé *Thérapné*; près du *Platanistè*, sont le monument héroïque de Cynisca, un portique derrière lequel se trouvent d'autres monuments héroïques, le temple d'Hélène, celui d'Hercule situé tout auprès des murs de la ville.

En sortant du *Dromos* du côté de l'orient, est le temple de Minerve Axiopœnas; ensuite on voit celui d'Hipposthène.

Un autre *Leschè* se trouve encore à Sparte, on le nomme *Pœcile*; auprès, plusieurs monuments héroïques.

En reprenant le chemin du théâtre, on voit le temple de Neptune Généthlius et les deux monuments héroïques de Cléodée et d'Œbalus. Esculape a aussi plusieurs temples à Sparte; mais le plus célèbre est celui qui est auprès du *Boonèta*, et à la droite duquel est le monument héroïque de Téléclus.

Plus avant sur une petite colline, on voit le temple de Vénus dans lequel est une statue de la déesse armée; c'est un temple singulier par sa forme et le seul que Pausanias ait vu bâti de cette manière, car, à proprement parler, ce sont deux temples l'un sur l'autre; celui de dessus est dédié à Mospho, qui est un surnom de Vénus. Le temple le plus proche de ce dernier est celui d'Hilaire et de Phœbé.

(64)

En allant vers la porte de la ville, on trouve le monument héroïque de Chilon et celui d'un héros athénien. Les Lacédémoniens ont aussi, comme à un dieu, bâti un temple à Lycurgue, leur législateur. Derrière ce temple on voit le tombeau de son fils Eucosmus, et vis-à-vis, est la sépulture de Théopompe, et celle d'Eurybiade, ensuite le monument héroïque d'Astrabacus. De là on passe dans une rue nommée *Limnée*, où il y a un temple dédié à Diane Orthia; non loin de là est celui de Lucine.

Les Lacédémoniens, suivant Pausanias, n'ont pas de citadelle bâtie sur une hauteur, comme la Cadmée à Thèbes, ou Larisse à Argos; mais ils ont plusieurs collines dans l'enceinte de leur ville : la plus haute de ces collines leur tient lieu de citadelle. Minerve y a un temple sous les noms de Polinchos et Chalcicecos; ce temple n'ayant point été achevé, les Lacédémoniens, long-temps après, en construisirent un nouveau qui est tout d'airain, comme la statue de la déesse. On trouve ensuite une chapelle à Minerve Ergané, et aux environs du temple deux portiques, l'un au midi, l'autre au couchant. Vers le premier est une chapelle surnommée Cosmétès, et au-devant de cette chapelle le tombeau de Tyndare. Sur le second portique on voit deux aigles éployés qui portent chacun une victoire. A gauche du temple d'airain, est une chapelle consacrée aux muses; derrière est celle de Vénus Aréa, et à droite une statue de Jupiter en bronze, qui est de toutes les statues de bronze la plus ancienne. Si de là on passe par la rue *Alpia*, on trouve le temple de Minerve Ophthalmitis; plus loin le temple d'Ammon.

Pausanias cite encore un grand nombre de statues, d'autels et de monuments funèbres que nous n'avons pas cru devoir nommer, ces monuments ayant dû être, par leur nature, les premiers qui ont disparu du sol sur lequel ils avaient été érigés : nous parlerons cependant encore du temple élevé en l'honneur des deux Grâces Phaënna et Cléta, le premier que l'on rencontre, quand on va de Sparte à Amyclée, après avoir vu la *Tiasa*, petite rivière qui va se jeter dans l'Eurotas [1].

Examinons avec attention chacune des ruines indiquées sur le plan de l'emplacement de la ville, et tâchons qu'elles nous aident à reconnaître les principaux monuments, les quartiers et autres lieux célèbres qui étaient renfermés dans l'enceinte de Sparte, à laquelle Polybe donne une circonférence de quarante-huit stades, et dont il est surprenant de ne retrouver aucun vestige.

PLANCHE 46.

Plan de la partie des ruines.

Dans cette planche la *citadelle* ne laisse aucun doute sur sa position, puisque, suivant Pausanias, elle était placée sur la colline la plus élevée qu'il y eût dans la ville; les restes de murailles et les nombreux débris antiques qu'on y retrouve viennent encore confirmer notre opinion.

a. Construction antique, massif de mur et colonne en marbre blanc.
b. Construction du moyen âge.
c. Colonne en marbre de 0,45 de diamètre.
d. Restes d'une église avec passage circulaire derrière le cul-de-four du milieu (particularité remarquable). Elle a été construite sur l'emplacement d'un temple dont il reste encore les trois gradins parfaitement conservés.
e. Mur en moellons et briques hourdé en mortier.
f. Construction semblable et colonne en granit gris.
g. Chapelle construite au moyen âge; on y retrouve une colonne en marbre blanc de 0,38ᶜ de diamètre. A côté sont d'autres fragments antiques.
h. Construction antique de la décadence; tout le massif est en blocage, il a 15ᵐ,55 sur 12ᵐ,00ᶜ, et sort de terre de 2,50ᶜ. Deux marches en pierre sont encore en place. A 9ᵐ,00 plus loin, sont les pieds-droits en pierre de deux portes, dont une est recouverte de son linteau.
i. Restes de murs d'une construction antique; au milieu se trouve un fragment de triglyphe en marbre blanc, indiqué sur la planche 49, fig. 1.
j. Massif antique, mur du moyen âge et colonne en marbre blanc de 0,45ᶜ de diamètre.

k. Portion de mur antique de 9ᵐ,00 de longueur avec une ouverture de 1,20 carré.
l. Portion de muraille hourdée en mortier posée sur des assises antiques.
m Mur antique.
n Mur antique.
o. Portion de mur antique, et auprès deux inscriptions. (Voir planche 51, f. I et VI.)
p. Mur antique.
q. Mur antique.
r. Portion de mur hourdé en mortier, où se trouvent des fragments de marbre et une inscription.
s. Partie plus basse de 4ᵐ,50ᶜ que les endroits ci-dessus désignés. Les terres sont soutenues par une suite de loges construites en briques et couvertes en voûte d'arêtes. (Ce travail paraît devoir appartenir aux Romains. Le mur extérieur étant d'une mauvaise exécution, doit avoir été construit au moyen âge.)
t et *u*. Suite du mur construit au moyen âge; on y trouve une grande quantité de débris antiques, tels que morceaux de frise, corniche, sculpture et inscriptions.

L'espace renfermé par les lettres *n*, *o*, *p*, *q*, *r*, *s*, *t*, était probablement *la place publique*; les ruines indiquées par les lettres *i*, *j*, *h*, seraient les restes des monuments qui s'y trouvaient.

---

[1] Voir Pausanias, livre III, chap. XI et suivants, jusques et compris le XVIII.

(65)

Vers la lettre *t* devait être la *rue des Barrières*, qui allait jusqu'aux murs de la ville, où nous indiquons par les lettres K K quelques-uns de ses vestiges. En suivant cette direction, les ruines que l'on rencontre doivent appartenir aux monuments qu'on y remarquait.

Du côté de la lettre *p*, serait l'autre issue de cette place : en cet endroit un peu élevé était sans doute le *Saïas*, édifice où on allait prendre le frais. Cette position devait être convenable pour ressentir la fraîcheur que donne toujours le voisinage des rivières.

A. *Théâtre* que Pausanias indique au couchant de la place publique. Ses murs de soutènement sont en marbre blanc; nous n'avons retrouvé que deux fragments de gradins également en marbre blanc. Leur forme est remarquable. (Voir la planche 47, fig. IV.) Le mur qui vient tomber perpendiculairement sur celui en marbre qui tend au centre du cercle, est de l'époque romaine; auprès sont deux colonnes en marbre qui paraissent être encore en place. Les autres murs sont modernes.

B. Amphithéâtre qui vraisemblablement fut construit à l'époque du Bas-Empire. (Voir planche 48, figures I et II.)

C. Bain romain, construit en briques et en moellons, hourdé en mortier; l'intérieur des salles est recouvert en stuc; des tuyaux en grès se voient encore dans les encoignures. Cette construction sort de terre d'environ 3^m,50. (Voir pl. 48, fig. IV.)

D. Restes de thermes, construits comme le bain ci-dessus. Une grande salle, terminée par des culs-de-four et ornée de niches, se distingue parfaitement. Ces murs sortent de terre d'environ 3^m,00 dans les parties les plus hautes. (Voir pl. 48, fig. V.)

E. Bain romain, sortant de la terre d'environ 1^m,00. (Voir pl. 48, fig. III.)

F. Restes de grands culs-de-four, devant appartenir à de grands bains.

G. Grandes ruines de bains semblables à celles ci-dessus.

H. Construction en moellons et en briques, hourdée en mortier. La salle circulaire a un diamètre de 10^m,00. Le tout sort de terre d'environ 1,50.

I. Construction en moellons et en briques, hourdée en mortier, sortant de terre de 2^m,00 environ. (Voir pl. 48, fig. VI.)

J. Cette ruine, formée par de belles assises, paraît remonter à une haute antiquité; elle devait servir de soubassement soit à un tombeau, soit à un petit temple, puisque ses assises n'ont qu'un seul parement extérieur. Une construction hourdée en mortier, pratiquée dans l'intérieur, fait présumer qu'elle devait servir de chapelle dans les temps modernes. (Voir pl. 49, fig. III et IV.)

K. Colonne en place et portion de mur de cella.

L. Soubassement d'une construction du moyen âge.

M. Restes d'un mur hellénique ayant deux ouvertures. (Voir pl. 49, fig. V.)

N. Église grecque moderne : les voûtes sont enfoncées.

O. Colonnes en place, entourées de décombres.

P. Colonne en marbre, cannelée et en place, de 0^m,54 de diamètre.

Q. Église grecque moderne entièrement ruinée; elle a été construite sur une plate-forme en maçonnerie de 30^m,00 de largeur sur 41^m,00 de longueur, qui elle-même se trouve sur une colline où devait être placé le temple de Vénus Murpho.

R. Cette plate-forme était sans doute celle d'un temple;

elle est couverte de débris antiques, parmi lesquels on voit un fragment d'architrave en marbre et des pierres d'une forte dimension.

S. Église grecque moderne, construite avec des débris antiques et même du moyen âge. On y retrouve encore des endroits recouverts de peintures faites grossièrement. (Voir pl. 49, fig. VIII.)

T. Construction moderne.

U. Construction vénitienne.

V. Grande construction militaire du moyen âge; le mur, terminé par une tour, a 2^m,00 d'épaisseur et servait de rempart. La grande tour a 65^m,00 sur 61^m,00.

X. Grande construction du moyen âge.

Y. Chapelle grecque moderne en ruine.

Z. Restes d'un pont. Une portion des piles de ce pont paraît être antique; il est facile de voir qu'il a été réparé à différentes époques. Il se trouve placé dans la direction de la chaussée antique de Tégée et sur celle du chemin actuel d'Argos. (Voir pl. 49, fig. VI et VII.)

AA. L'éminence *Colona*, où se trouvent les restes du temple de Bacchus *Colonate*.

BB. Colline sur laquelle était le temple de *Junon Argiva*.

CC. Restes de constructions de différentes époques: toutes celles qui sont du côté du fleuve sont les plus anciennes; celles qui lui sont opposées sont du moyen âge, à l'exception de la partie teinte plus en noir, qui se compose de fortes assises antiques.

L'espace compris entre ces anciens débris devait être le *Dromos* : la disposition du terrain formant encaissement paraît fort convenable pour son usage, et c'est sans doute à cause de l'habitude que l'on avait de célébrer des jeux en cet endroit, qu'on a construit auprès, sous le Bas-Empire, un amphithéâtre indiqué par la lettre B.

DD. Restes de constructions romaines du Bas-Empire.

EE. Soubassement en pierre d'un monument antique.

FF. GG et HH. Constructions romaines en blocage et briques.

C'est en cet endroit, depuis les lettres CC jusqu'à celles HH, que se trouvait le quartier *Théomélide* où étaient le tombeau des rois *Agides*, le *Lesché*, le portique des *Cratanes*, etc.

II. Sacellum.

JJ. Tombeaux taillés dans la masse.

KK. Traces de l'enceinte de la ville.

LL. Aqueduc romain.

MM. Construction en fortes pierres d'une apparence antique.

NN. Construction antique.

OO. Construction romaine.

PP. Matériaux provenant de quelque temple antique.

QQ. Colonnes en marbre.

RR. Restes d'un temple antique.

33

D'après les nombreux débris sans forme qu'on retrouve sur l'emplacement de Sparte, il serait trop présomptueux de prétendre reconnaître un grand nombre des monuments indiqués par Pausanias; on ne peut se prononcer avec certitude que pour ceux dont la base n'a pu être dérangée par les différentes révolutions qui ont bouleversé cette ville tant renommée.

Planche 47.

Fig. I. — Vue du théâtre et de la ruine qui l'avoisine; indiqués sur le plan général par la lettre A.
Fig. II. — Plan du théâtre; il est entièrement dépouillé de ses gradins.
Fig. III. — Coupe du théâtre.
Fig. IV. — Gradins en marbre blanc.

Planche 48.

Fig. I. — Plan de l'amphithéâtre, indiqué sur le plan général par la lettre B.
Fig. II. — Coupe de l'amphithéâtre.
Fig. III. — Plan d'un bain, indiqué sur le plan général par la lettre E.
Fig. IV. — Plan d'un bain,   id.   id.   C.
Fig. V. — Restes de thermes,   id.   id.   D.
Fig. VI. — Restes de bains,   id.   id.   I.
Ces constructions paraissent être de la même époque.

Planche 49.

Fig. I. — Triglyphe en marbre blanc, trouvé près de la ruine indiquée par la lettre i du plan général.
Fig. II. — Chapiteau en marbre blanc, trouvé près de la même ruine.
Fig. III. — Plan du soubassement d'un monument antique, indiqué par la lettre J du plan général.
Fig. IV. — Élévation d'un des côtés du soubassement.
Fig. V. — Mur hellénique désigné par la lettre M.
Fig. VI. — Plan d'un pont sur l'Eurotas, indiqué par la lettre Z.
Fig. VII. — Arche du même pont.

Planche 50.

Fig. I. — Bas-relief en marbre.
Fig. II. — Portion de bas-relief en marbre.
Fig. III. — Fragment d'un bas-relief en marbre.
Ces scupltures sont d'un travail et d'un style médiocre; elles ont été trouvées dans la citadelle.
Fig. IV. — Tête de lion fruste, une crinière en marbre.
Fig. V. — Chapiteau ionique en marbre blanc d'un beau style; il paraît être romain.
Ces deux fragments ont été arrachés du grand mur indiqué dans le plan général par les lettres t, u, où ils avaient été placés lors de sa construction.

Planche 51.

Fig. I. — Inscription placée sur un piédestal carré, et trouvée près la lettre O du plan général.
Fig. II. — Détail de quelques-unes des lettres de l'inscription ci-dessus.
Fig. III, IV, V, VI et VII. — Inscriptions trouvées près la lettre O.

Planche 52.

Vue de la chaîne du Taygète et de la ville de Mistra, prise de la citadelle de Sparte.

INSCRIPTIONS RECUEILLIES A SPARTE ET A MISTRA,

EXPLIQUÉES PAR M. LE BAS.

Les inscriptions et fragments d'inscriptions recueillis tant à Mistra qu'à Sparte par les différents membres de la commission de Morée sont au nombre de 24, que l'on peut réduire à 22, attendu que deux d'entre elles n'appartiennent pas aux temps anciens.

Sur ce nombre de 22, 13 ont été déjà publiées, et 9 paraissent être inédites. Je crois donc devoir les diviser en trois classes.

La *première classe* contient celles d'entre les inscriptions déjà publiées, qui avaient été transcrites dans le siècle passé par Fourmont, et qui figurent dans le recueil manuscrit conservé à la Bibliothèque royale, que M. Boeckh reproduit dans son *Corpus Inscriptionum græcarum*, d'après la copie prise à Paris par M. Bekker.

Les nouvelles copies qui m'ont été remises et qui ont été faites sur les lieux mêmes, présentent une particularité dont je ne puis me dispenser de faire ici mention, parce qu'elle jette du jour sur l'un des points d'une grave question restée jusqu'ici indécise, malgré la longue et savante discussion qu'elle a occasionnée.

Tout le monde sait à quel acte de stupide vandalisme Fourmont prétendait s'être porté dans plusieurs villes du Péloponèse. Jaloux d'assurer à sa patrie la gloire exclusive de ses découvertes, il crut, dit-il lui-même dans une lettre au comte de Maurepas, devoir prendre la précaution de briser, de mutiler et d'enfouir *en quelques endroits* les monuments écrits dont il avait transcrit les caractères[1]. Cette assertion, ainsi que beaucoup d'autres du même voyageur, a été révoquée en doute. On a voulu y voir une précaution (assez imprudente, il faut en convenir), prise par un faussaire pour *empêcher les voyageurs futurs de reconnaître ses erreurs et de publier ses impostures*. Peut-on soutenir que telle fut l'intention de Fourmont? M. Raoul Rochette le nie, M. Boeckh l'affirme; il est bien difficile de se prononcer entre deux autorités aussi imposantes et aussi impartiales. Mais ce qu'on ne saurait nier, c'est le fait matériel en lui-même. M. Boeckh le jugeait probable lors de la publication du 1er cahier de ses inscriptions; aujourd'hui j'en ai la certitude, il le déclarerait hors de doute.

En effet, sur les deux ou trois cents inscriptions recueillies à Sparte par le voyageur français, et dont deux cents au moins ont été admises dans le *Corpus inscriptionum græcarum* comme étant d'une authenticité incontestable, les membres de la commission scientifique de Morée n'en ont retrouvé que onze; et, chose remarquable, celles d'entre elles qui étaient intactes au temps de Fourmont, ont toutes, à l'exception d'une seule, subi des altérations sensibles; celles qui alors étaient déjà mutilées, le sont encore beaucoup plus aujourd'hui. Si de 300 inscriptions il n'en reste plus que onze, si ces onze sont dans un état de détérioration qu'on ne saurait attribuer ni au temps, ni aux indigènes, ne faut-il pas rigoureusement en conclure que Fourmont n'a rien avancé que d'exact, et qu'au moins sa véracité est à l'abri de tout soupçon[2]?

Je laisse à d'autres le soin de déduire toutes les conséquences que l'on peut tirer de ce fait que je me borne à constater. Lors même que je pourrais avoir le désir de me constituer le défenseur de Fourmont, ce ne serait point ici le lieu de recommencer une discussion que M. Boeckh a d'ailleurs résumée avec une loyauté et un talent qui laissent peu de chances de succès à ceux qui viendraient après lui.

La *seconde classe* renferme les inscriptions découvertes et publiées postérieurement au voyage de Fourmont.

Dans la *troisième classe* sont réunis les monuments qui ne figurent pas dans le *Corpus inscriptionum græcarum* et que l'on peut par conséquent considérer comme inédits.

PREMIÈRE CLASSE.

INSCRIPTIONS CONNUES DE FOURMONT.

1.

Inscription gravée sur un piédestal en marbre blanc trouvé près des murs de l'ancienne ville de Sparte, et copiée par M. Ravoisier. (Voyez, pour *la forme du monument et des lettres*, Pl. 51, fig. I et II.)

ΗΠΟΛΙΣ
ΠΜΕΜΜΙΟΝΔΑ
ΜΑΡΗΠΜΕΜΜΙ
ΟΥΣΙΔΕΚΤΑΥΙΟΝ
ΚΑΛΩΣΓΕΡΟΛΙ
ΤΕΥΜΕΝΟΝΛΑ
ΒΟΝΤΑΤΑΣΤΗΣ
ΑΡΙΣΤΟΓΟΛΙΤΕι
ΑΣΤΙΜΑΣΚΑΤΑΤον
ΝΟΜΟΝ

Ἡ πόλις Πό(πλιον) Μέμμιον Δαμάρη Πο(πλίου) Μεμμίου Σ[ι]δέκτα υἱὸν, καλῶς πεπολιτευμένον, λαβόντα τὰς τῆς ἀριστοπολιτείας τιμὰς κατὰ τὸν νόμον.

La ville a élevé cette statue à Publius Memmius Damarès, fils de Publius Memmius Sidectès, pour sa bonne administration; il reçoit ainsi les honneurs accordés par la loi aux bons administrateurs.

Cette inscription, la seule qui soit restée intacte, peut-être à cause de ses dimensions, a été publiée par M. Boeckh sous le n° 1352. La seule variante que présentent les deux copies se rencontre lignes 2 et 3 où M. Ravoisier a lu ΛΑΜΑΡΗ au lieu de ΔΑΜΑΡΗ. Nous avons déjà parlé de la confusion du Λ et du Δ. Les petites lettres qui terminent les lignes 4, 8 et 9 sont données par M. Boeckh en caractères de la même dimension que les autres. En outre le savant éditeur du *Corpus* pense qu'il faut lire, lignes 5 et 6, ΓΕΠΟΛΕΙΤΕΥΜΕΝΟΝ pour suivre l'orthographe de la ligne 8. Rien n'annonce sur la pierre que cette correction doive être admise. La confusion de I et de EI est continuelle dans les monuments.

Le nom de Damarès figure assez souvent et d'une manière honorable dans les inscriptions de Sparte. Un Damarès fut patronome

---

[1] Voyez M. Raoul Rochette, Lettres à milord comte d'Aberdeen sur l'authenticité des inscriptions de Fourmont, p. 10.

[2] M. Ross, venu après les membres de la commission, avec le dessein et la mission de tout recueillir, n'a pu retrouver que neuf des monuments décrits par Fourmont. Ce sont les n°s 1286, 1330, 1352, 1367, 1381, 1398, 1409, 1425, 1448. De ces neuf inscriptions quatre figurent dans notre travail sous les n°s 1, 2, 4 et 5. Ainsi donc on peut affirmer que des 300 monuments trouvés par Fourmont, il n'en subsiste plus que 12, et encore sont-ils presque tous méconnaissables.

éponyme au temps des Antonins [3]. Un Sextus Pompeius Damarès, probablement différent du précédent, fut ἔνειτας vers la même époque [4]; et enfin un P. Memmius Damarès fut éphore et νομοφύλαξ vers le règne de Caracalla [5]. Ce dernier est-il le même que le nôtre? c'est ce qu'on ne peut guère affirmer. Si l'on admet cette supposition, il faudra penser qu'il n'a été éphore et νομοφύλαξ que postérieurement aux honneurs qui lui sont décernés ici, car on n'eût pas manqué de rappeler cette dignité dans l'énonciation de ses titres à la reconnaissance publique. Le nom de Damarès se représentera encore dans le fragment inédit que nous publions sous le n° 18.

Le nom Σιδέκτις, qui est plus communément écrit Σειδέκτης, et qui, comme l'a remarqué M. Boeckh [6], est une forme du dialecte dorien pour Θευδέκτης [7], se rencontre non moins fréquemment que celui de Damarès sur les inscriptions de Sparte. Il est également porté par des personnages éminents, entre autres par un patronyme éponyme sous Hadrien [8].

On n'est pas bien d'accord sur le sens du mot ἀριστοπολιτεία; cependant, à en juger par la formule fréquente λαβὼν τὰς τῆς ἀριστοπολιτείας τιμὰς κατὰ τὸν νόμον, il paraît certain que c'était non une magistrature, mais un genre d'honneurs réglé par une loi et décerné en récompense de services administratifs. Celui qui en était l'objet s'appelait ἀριστοπολιτευτής, et la formule κιόνων ἀριστοπολιτευτής [9] prouve que ces honneurs étaient accordés soit à vie, soit pour un temps, ce qui était le cas le plus ordinaire.

2.

Inscription gravée sur un piédestal en marbre blanc et mutilé, trouvé à Sparte près de l'agora, et copiée par M. Charles Lenormant et par M. Ravoisier. (Voyez Pl. 51, fig. III.)

```
       ΓΙΡΠΟΝ
       ΓΙΡΠΟΥ
       ΕΑΛΛ
  5.   ΙΤΕΥΟΜΕ
       ΛΩΣΚΑ
       ΣΙΑΡΧΟΥΝΙ/
       ΛΟΨΥΧΟΣΓ
       ΔΕΞΑΜΕΝΟΥ
 10.   ΝΑΛΩΜΑΣΕΚ
       ΟΝΑΣΙΚΡΑΤΟΥ
       ΡΕΟΣΤΩΝΣΕΒ
```

Variantes des deux copies.

Ligne 4. Lenorm. ΕΑΛΛ. Le dernier Λ doit être nécessairement un Λ.

Ligne 5. Rav. ΓΕΥΟΜΕ; Len. ΙΙΕΥΟΜΕ.

Ligne 6. Le jambage qui précède le Λ est dû à la copie de M. Lenormant.

Ligne 7. Les deux derniers éléments sont fournis par la copie de M. Lenormant.

Ligne 8. La copie de M. Ravoisier a un H au lieu d'un Γ comme dernière lettre.

Ligne 9. Rav. Σ au lieu de Σ, confusion que font fréquemment les copistes.

Ligne 11. Len. ne donne pas l'Υ.

Ligne 12. Len. ΤΟΝ.

[3] Voyez M. Boeckh, t. I, p. 607, col. 1, et n° 1243, 16.
[4] *Ibid.*, et n° 1242, 27.
[5] *Ibid.*, et n°s 1241 et 1250.
[6] N° 1239.

Le monument que nous reproduisons figure dans le recueil de M. Boeckh, sous le n° 1357. M. Boeckh l'a publié d'après la copie de Fourmont, beaucoup plus complète que la nôtre, comme on peut s'en assurer en comparant cette dernière avec le texte du *Corpus* que nous croyons devoir ajouter ici. Toutes les lettres contenues entre crochets sont données par la copie de Fourmont.

```
         [Η ΠΟΛΙΣ]
         [ΓΟΡ]ΓΙΠΠΟΝ
         [ΓΟΡ]ΓΙΠΠΟΥ
         [ΤΑΤ]ΕΑΛΛ[ΑΡΟ]
   5.    [ΛΕ]ΙΤΕΥΟΜΕ[ΝΟΝ]
         [ΚΑ]ΛΩΣΚΑ[ΙΓΥΜΝΑ]
         ΣΙΑΡΧΟΥΝΤ[ΑΜΕΓΑ]
         ΛΟΨΥΧΟΣΓ[ΡΟΣ]
         ΔΕΞΑΜΕΝΟΥ[ΤΟΑ]
  10.    ΝΑΛΩΜΑΣΕΚ[ΓΓΜΗ]
         ΟΝΑΣΙΚΡΑΤΟΥ[ΣΑΡΧΙΕ]
         ΡΕΩΣ ΤΩΝ ΣΕΒ[ΑΣΤΩΝ]
```

Ἡ πόλις Γόργιππον Γοργίππου τά τε ἄλλα πολιτευόμενον καλῶς καὶ γυμνασιαρχοῦντα μεγαλοψύχ[ω]ς, προσδεξαμένου τὸ ἀνάλωμα Σεκ. Πομπη(ίου) Ὀνασικράτους, ἀρχιερέως τῶν Σεβαστῶν.

La ville (a élevé cette statue à) Gorgippe, fils de Gorgippe, pour la sagesse de son administration présente, et pour la générosité dont il fait preuve dans les fonctions de gymnasiarque. Les fonds nécessaires ont été fournis par Sextus Pompeius Onasicrate, grand-prêtre des Augustes.

Le texte de Fourmont comparé à notre copie ne présente que deux variantes:

Ligne 7. Fourm. ΣΙΑΡΧΟΝΤΑ, faute manifeste.
Ligne 12. ΡΕΩΣ, ce qui est la véritable leçon.

Nous avons peu de choses à dire sur ce monument.

Le n° 1251 du *Corpus* fait mention d'un Gorgippe, fils de Gorgippe, πρόεδρος des νομοφύλακες. Il est très-présumable que c'est le nôtre. La sigle ΣΕΚ. est employée ici pour Σέξτου [10], prénom commun dans la famille des Pompée à laquelle plusieurs familles importantes de Sparte étaient affiliées. Les Σεβαστοί, dont il est question ici, sont probablement, d'après l'opinion de M. Boeckh, M. Aurèle et Lucius Vérus. Cette conjecture est très-vraisemblable.

3.

Fragment d'un cippe en marbre blanc, trouvé par M. Lenormant, à Sparte, dans l'agora, sur l'acropole. (Voyez Pl. 51, fig. V.)

```
     ΗΡΟ
     ΣΕΚ ⊞ ΘΙ
     ΝΑ‾
```

Variantes des deux copies.

Ligne 2. Le Κ est dans la copie de M. Lenormant surmonté du trait horizontal qui indique ordinairement les noms propres. Ce signe manque dans la copie de M. Ravoisier. (Voyez la Pl. 51.)

[7] Il en est de même des noms Σείππος, Σαίππιος et Σαμέδης.
[8] N° 1241, 1.
[9] N°s 1349, et 1375.
[10] Voyez M. Boeckh, n° 1345.

(69)

Ibid. Au lieu de la sigle que nous avons reproduite, la copie de M. Lenormant donne M̄.

Ligne 3. La barre horizontale qui suit l'A manque dans la copie de M. Ravoisier.

A ce fragment M. Lenormant en joint trois autres qu'il croit appartenir au même monument, ce qui paraît impossible, du moins pour le troisième, comme nous allons avoir occasion de le prouver. Voici ces trois fragments :

```
     1.           2.              3.
                               ιΙΗΝ
     ΙΙ           ΟΥ           ΝΑΞΙΑΡΧΟ
     Τ                         ΟΙΑΣΧΑΡΙΝ
```

Le fragment qui fait l'objet actuel de notre travail a dû, si l'on en juge par la dimension des lettres, appartenir à une base honorifique au moins aussi importante que celles qui sont figurées sur la Pl. 51, n°ˢ I et III. En le comparant aux inscriptions contenues dans le *Corpus*, on peut se convaincre qu'il offre la plus grande ressemblance avec le début du n° 1369 que ce recueil donne en entier d'après Fourmont, et qu'il paraît même devoir être considéré comme ayant fait partie de cette pierre avant la mutilation qu'elle a subie sous les mains du voyageur français.

Voici l'inscription dans son entier. Nous donnons entre crochets ce qui en est resté.

```
[Η Π]ΟΛΙΣ
[ΣΕΚ ΜΘΕ]ΟΞΕΝΟΝ
ΤΟ[Ν ΑΞ]ΙΟΛΟΓΩΤΑΤΟΝ
ΓΥΜΝΑΣΙΑΡΧΟΝ ΣΤ
ΦΙΛΟΚΑΙΣΑΡΑΚΑΙΦΙ
ΛΟΠΑΤΡΙΝΑΓΑΘΟΝ
ΚΑΙΔΙΚΑΙΟΝΕΠΙΤΗ
ΤΟΥΠΟΛΕΙΤΕΥΜΑ
ΤΟΣΛΑΜΠΡΟΤΗΤΙ
ΠΡΟΣΔΕΞΑΜΕΝΩΝ
ΤΟΑΝΑΛΩΜΑΤΩΝΈ
ΚΝΩΝΑΥΤΟΥΣΕΚΜ
ΘΕΟΞΕΝΟΥΜΗΝΟ
ΦΑΝΟΥΣΠΟΛΛΗΣ
```

Ἡ πόλις Σέξ- (i. e. Σέξτον) Παμ(πηίον) Θεόξενον, τὸν ἐξιολογώτατον γυμνασίαρχον, φιλοκαίσαρα καὶ φιλόπατριν, ἀγαθὸν καὶ δίκαιον, ἐπὶ τῷ τοῦ πολιτεύματος λαμπρότητι, προσδεξαμένων τὰ ἀνάλωμα τῶν τέκνων αὐτοῦ Σέξ. (Σέξτων) Παμ(πηίον) Θεοξένου, Μενοφάνους, Πόλλης (ου Πόλλης).

La ville a élevé cette statue à Sextus Pompée Théoxène, le très-estimable gymnasiarque, ami de César et de la patrie, le bon et le juste, pour l'éclat de son administration. Les fonds ont été fournis par ses enfants, Sextus Pompée Théoxène, Sextus Pompée Ménophane et Pollé.

Si maintenant on rapproche de cette inscription les morceaux 1, 2 et 3, copiés par M. Lenormant, on verra que les morceaux 1 et 2 peuvent y avoir appartenu. En effet le morceau 1 paraît contenir le premier Ν du mot ΘΕΟΞΕΝΟΝ ligne 2, et le Τ qui se trouve immédiatement au-dessus ligne 3. Quant à la diphthongue ΟΥ que contient uniquement le morceau 2, elle figure plus d'une fois dans notre inscription [1].

Reste il le morceau 3. La formule [ΕΥΝ]ΟΙΑΣ ΧΑΡΙΝ par laquelle il paraît se terminer, prouve jusqu'à l'évidence qu'on ne peut en aucune façon le rattacher au n° 1369 du *Corpus*, et qu'il faut y voir un monument tout à fait distinct. Nous ne nous en occuperons donc pas ici; mais nous le reproduirons plus tard, n° 6, et nous chercherons alors à l'expliquer.

[1] Lignes 8, 12, 13, 14.

4.

Inscription gravée sur une base en marbre, trouvée dans les ruines de Sparte, et copiée par M. Ravoisier et par M. Ch. Lenormant. (Voyez Pl. 51, fig. IV.)

```
          ΗΓ.ΛΙΣ
          ΥΡΗ..ΝΧΡΥΣΟΓΟ
          ΟΝΣΩ...ΙΔΑΓΥΜΝΑ
          .ΧΟΝ..ΙΡΩΣΓΥ
   5.     ΣΙΑΡΧΟΥΝΤΑΕΠΙ
          .ΩΦΡΟΣΥΝΗΚΑΙ
          ΙΑΠΑΣΙΠΕΡΙΤΗΝ
          ΙΙΔΑΕΥΝΟΙΑ.
          ΟΣΔΕΞΑΜΕΝΟΥ
  10.     ΑΝΑΛΩΜΑΜΑΥΡΗΛΙ
          ΧΡΥΣΟΓΟΝΟΥΤΟΥ
          ΩΝΟΣΤΟΥ ΓΑΜΒΡΦ
```

Variantes des deux copies.

Ligne 1. M. Lenormant donne seul le Λ.

Ligne 2. M. Ravoisier omet l'Υ avec lequel commence la ligne.

Ligne 3. M. Lenormant ne donne pas l'Ο qui précède le Ν, d'où l'on pourrait tirer cette conséquence que le monument a subi de nouvelles mutilations entre le jour où M. Lenormant l'a vu, et celui où M. Ravoisier l'a retrouvé, car d'après le *fac-simile* de la pierre donné par ce dernier, il ne reste plus de place pour l'Ο.

Ligne 4. M. Lenormant laisse plus d'espace que M. Ravoisier entre le bord de la pierre et le Χ; il donne en plus le dernier jambage du Μ qui doit précéder le Π.

Ligne 7. M. Ravoisier ΝΕΡΙ pour ΠΕΡΙ. Le Ν et le Π sont deux lettres qui peuvent facilement être confondues.

Ligne 8. Les deux premières lettres manquent dans la copie de M. Ravoisier. M. Lenormant prend la troisième lettre pour un Λ, M. Ravoisier pour un Δ; cette dernière leçon est la seule bonne.

Ligne 9. Les lettres ΟΣ sont imparfaitement indiquées par M. Lenormant, ϽΓ (sic).

Ligne 10. La barre qui indique les noms propres, manque sur le second Μ dans la copie Lenormant.

Ligne 11. M. Ravoisier ΧΡΥΣΟΓΟΝΟΣ ; ce qui prouve qu'il est possible de confondre Σ avec Υ.

Ligne 12. M. Ravoisier ΟΝΟΣ. — Ibid. M. Lenormant. ΟΥ au lieu de la sigle.

Cette inscription a été publiée par M. Boeckh, sous le n° 1381, d'après les papiers de Fourmont ; et suivant l'usage, la copie de Fourmont est beaucoup plus complète que le monument qu'il a laissé derrière lui. On peut en juger par la transcription suivante où nous renfermerons entre crochets ce qui a disparu du monument depuis Fourmont.

```
          ΗΓ[Ο]ΛΙΣ
          [ΜΑ]ΥΡΗ[ΛΙΟ]ΝΧΡΥΣΟΓΟ
          [Ν]ΟΝΣΩ[ΙΤΗΡ]ΙΔΑΓΥΜΝΑ
          [ΣΙΑΡ]ΧΟΝ[ΛΑΜ]ΠΡΩΣΓΥ
   5.     [ΜΝΑ]ΣΙΑΡΧΟΥΝΤΑΕΠΙ
          [ΤΕΣ]ΩΦΡΟΣΥΝΗΚΑΙ
          [ΤΗΕΝ]ΑΠΑΣΙΠΕΡΙΤΗΝ
          [ΠΑΤ]ΡΙΔΑΕΥΝΟΙΑ
          [ΠΡ]ΟΣΔΕΞΑΜΕΝΟΥ
  10.     [ΤΟ]ΑΝΑΛΩΜΑΜΑΥΡΗΛΙ
          [ΟΥ]ΧΡΥΣΟΓΟΝΟΥΤΟΥ
          [ΔΙ]ΩΝΟΣΤΟΥΓΑΜΒΡΦ
```

Ἡ πόλις Μ(άρκον) Αὐρήλιον Χρυσόγονον Σωτηρίδα, γυμνασίαρχον λαμπρῶς γυμνασιαρχοῦντα, ἐπί τε σωφροσύνῃ καὶ τῇ ἐν ἅπασι περὶ τὴν πατρίδα εὐνοίᾳ, προσδεξαμένου τὸ ἀνάλωμα Μ(άρκου) Αὐρηλίου Χρυσογόνου τοῦ Δίωνος, τοῦ γαμβροῦ.

La ville a élevé cette statue au gymnasiarque M. Aurèle Chrysogone Sotéride, remplissant sa charge d'une manière brillante, pour sa sagesse et son dévouement envers la patrie dans toutes les circonstances. S'est chargé des frais M. Aurélius Chrysogone, fils de Dion, son gendre.

Variantes du texte de Fourmont.

Lignes 1 et 10. AYPIΛION.
Ligne 4. ΛAMΠPOC.
Ligne 7. Fourmont réunit en une seule sigle, mais fort à tort, l'Ι d'ΑΠΑCΙ et le Π suivant.
Même ligne. Il réunit en une sigle l'Η et le Ν de THN.
Ligne 8. ΕΥΝΟΙΑC.
Ligne 10. M et non M̄.
Ligne 11. YIOY au lieu de TOY qu'il faut préférer.

M. Boeckh pense que le gendre de Chrysogone porte le nom de son beau-père par suite d'adoption.

5.

Inscription gravée sur un marbre blanc à demi enterré au pied de l'un des murs de la ville de Sparte, et copiée par M. Lenormant et par M. de Gournay. (Voyez Pl. 51, fig. VII.)

ΑΠΟ
\ΙΩΙΟΥΛΙ
ΛΑΝΩΗΡΩ
ΝΑΛΩΜΑΑ\
ΙΕΛΟΥΜΕΝΗΣ
ΤΗΣΑΝΕ

Variantes des trois copies.

Ligne 2. De Gournay ΙΟΥΔΙ.
Ligne 4. *Id.* ΝΛΛΩΜΑΑ.
Ligne 5. *Id.* omet le Σ.

Cette inscription a été copiée par Fourmont; elle figure par conséquent, et un peu plus complète dans le *Corpus* de M. Boeckh, n° 1398; la voici telle qu'il la donne ce savant. Nous renfermons entre crochets ce que contient en plus la copie de Fourmont comparée à la nôtre.

ΑΠΟ
[ΙΑ]ΙΩΙΟΥΛΙ
[Κ]ΛΑΝΩΗΡΩ
[Α]ΝΑΛΩΜΑΑ
ΙΕΛΟΥΜΕΝΗΣ
ΤΗΣΑΝΕ

---

[12] Orelli, *Inscript. lat. sel. ampl. collectio*, n° 3934.
[13] Gruter DCCXIX, 8, et DCCCVII, 12.
[14] Orelli, 2679, 3934, 3935.
[15] Voyez Alciphr. III, 37, où le mot μακαρίτης précédé et explique, pour ainsi dire, le mot ἥρως; Jacobs sur l'Anth. Palat., t. III, p. 311; Welcker, *Sylloge Epigr. gr.*, p. 32 et 33; le Corpus Inser. gr. passim.

Voici comment M. Boeckh propose de lire cette inscription :

Ἀ π[όλις]
Γάϊν Ἰουλί[ῳ Ἡρ]
κλανῷ ἠ[ρωι? προσδεξαμέν..]
[τὸ] ἀνάλωμα Λ[ύ ...
[ἐπιμ.]ιλουμένης
τῆς Ἀνε....

La ville au fortuné Caius Iulius Herculanus. Les frais ont été faits par A.....; ..... s'est chargée du soin ....

Cette restitution me paraît incontestable. Seulement à la ligne 3 προσδεξαμένου ou προσδεξαμένης me paraît un peu long eu égard aux proportions de la pierre. Je préfèrerais ποιοῦντος ou ποιούσης.

Le nom d'Ἡρκλανός se retrouve au n° 1306 du *Corpus*. Le nom d'*Herculanus*, qui lui correspond, se rencontre aussi dans les inscriptions latines[12], où la variété d'*Herculanius* se présente également. Il est bon de remarquer que ces deux mots n'indiquent pas toujours un nom propre, et que souvent aussi ils désignent un sacerdoce; mais dans ce cas ils sont toujours accompagnés de l'épithète d'*Augustalis*[13].

L'emploi du mot ἥρως, avec le sens de ὁ μακαρίτης, est très-fréquent dans les inscriptions funéraires postérieures aux premiers siècles de l'époque romaine, et surtout au siècle d'Auguste[14]. De là le mot ἥρῷον a reçu la signification de *tombeau*[15].

La formule ἐπιμέλουμένης est très-fréquente; je me contenterai donc d'en citer pour exemple, une inscription du recueil de Gruter[16] souvent répétée depuis[17], mais dont on n'a jusqu'ici présenté aucune explication entièrement satisfaisante. Serai-je plus heureux? La voici telle que Gruter l'a donnée :

ΤΥΜΒΟΝ
ΚΑΙ . ΒΩΜΟΝ
ΜΕΔΕΑΓΡΩ
ΕΝΤΑΔΕ · (*sic*) ΤΕΞΑΝ
ΚΥΡΙΑ   ΚΕΙΜΑΙ
ΤΟΥΔΕ..   ΠΑΡΟΣ
ΠΡΟΓΗΓΩΣΑ . ΣΥΝΕΥ
ΝΟΣ . ΥΙΟΙ . ΔΗΜΑΓΝΟΣ
ΚΛΕΟΝΙΚΟΣ . ΓΛΥΚΥ
ΤΑΤΩ. ΓΕΝ...ΤΗ . ΜΝ...
ΜΟΣΥΝΟΙΟ . ΧΑΡΙΝ

ΣΕΚΟΥΝΔΟΥ ΕΠΙΜΕ
ΛΟΥΜΕΝΩΝ.

M. Welcker[18] reproduit ainsi ce monument, en caractères courants[19] :

Τύμβον καὶ βωμὸν Μελεάγρῳ ἐνθάδ' ἔτευξαν
Κύρια κεῖμαι, τοῦδε πάρος προγεγῶσα σύνευνος.
υἱοὶ δὲ Μάγνος, Κλεόνικος,
γλυκυτάτῳ γεν[έ]τῃ, μνημοσύνοιο χάριν.
Σεκούνδου ἐπιμελουμένων (l. ἐπιμελουμένου).

Suivant M. Welcker, cette inscription contient deux épitaphes. La première, celle du père, se compose du premier hexamètre et du pentamètre; la seconde, celle de la mère, est contenue dans le second hexamètre, qui, par une inadvertance du graveur, n'aura pas été mis à sa véritable place. La troisième ligne, suivant lui, n'a jamais appartenu à un vers.

---

[16] Welcker, l. c. Orelli, op. cit., n° 4530 sqq.
[17] DCCCVII, 8.
[18] Voyez M. Welcker, *Sylloge epigramm.*, p. 52.
[19] L. c.

(71)

Cette conjecture est ingénieuse sans doute, mais elle me semble peu vraisemblable. Je croirais plutôt qu'il ne faut ne voir ici qu'une seule et même inscription en l'honneur de Méléagre, dont le nom n'a pas été sans dessein mis en évidence à la troisième ligne; seulement je pense que le deuxième vers est en parenthèse et qu'une ligne, venant après la huitième, et contenant le nom grec de *Magnus*, ainsi que la conjonction καί qui devait précéder le nom de *Cléonicus*, aura été maladroitement omise par le copiste. D'après cette supposition, je lirais ainsi sans changer ἀὴ ou δὲ, bien que je reconnaisse que la confusion des deux lettres E et O est fréquente[20], et que nous en ayons un exemple ici dans le mot ΠΡΟΓΗΓΩΣΑ :

Τύμβον καὶ βωμὸν Μελεάγρῳ ἐνθάδε τεῦξαν
(Κύριη κείμαι, τυῶδε τάφος πραγηγῶσα σύνευνος)
υἱοὶ δὲ Μάγνος [. . . . . καὶ] Κλεόνικος
γλυκυτάτου γενέτα μνημοσύνου χάριν.
[. . . . . καὶ] Σεκοῦνδου ἐπιμεληομένου.

Ce tombeau et cet autel ont été élevés à Méléagre, non pas par moi Cyria, autrefois son épouse, car je l'ai devancé en ce lieu; mais bien par ses fils Magnus ... et Cléonicus qui ont consacré ce souvenir à la mémoire d'un père chéri.
. . . . et Secundus ont surveillé (la construction).

Il suffit d'avoir parcouru l'Anthologie pour savoir que les épitaphes métriques se composent souvent de deux ou trois hexamètres suivis d'un seul pentamètre.

6.

Fragment d'inscription copié par M. Ch. Lenormant à Sparte, dans l'agora sur l'acropole.

ιΗΝ
ΝΑΣΙΑΡΧΟ
ΟΙΑΣΧΑΡΙΝ

C'est le fragment dont nous avons parlé plus haut, p. 69, et que nous avons prouvé ne pouvoir appartenir à l'inscription n° 3, comme M. Lenormant l'avait pensé d'abord.

En comparant ce fragment aux inscriptions de Fourmont publiées par M. Boeckh, j'ai acquis la certitude qu'il a dû faire partie du n° 1340 du *Corpus* que nous répétons ici, pour ne laisser aucun doute à cet égard. Nous indiquons entre crochets ce qui reste du monument.

ΗΡΟΛΙΣ
ΓΟΓΛΙΜΕΜΑΕΞΙ
ΜΑΧΟΝΓΡΑΤΟΛΑ
Ο. ΥΦΙΛΟΚΑΙΣΑΡΑ
ΚΑΙΦΙΛΟΓΑΤΡΙΝΙΕ
ΡΕΑΜΒΑΓΟΔΙΟ
ΣΚΟΥΡΩΝΑΙΩΝΙ
ΟΝΑΡΙΣΤΟΓΟΛΕΙ
ΤΕΥ[ΤΗΝ]ΤΟΝΓΥ
Μ[ΝΑΣΙΑΡΧΟ]ΝΕΥ
Ν'ΟΙΑΣΧΑΡΙΝ]
ΓΡΟΣΔΕΞΑΜΕΝΩΝ
ΤΟΑΝΑΛΩΜΑΜΕΜ
ΜΙΩΝΜΝΑΣΩΝΟΣ
ΚΑΙΓΡΑΤΟΛΑΟΥΤ.Ω
ΥΙΩΝΑΥΤΟΥ

[20] Voyez M. Jacobs sur l'Anth. Pal., t. III, p. 66 et suiv.
[21] *Corpus Inscr. gr.*, 1340, 1361.
[22] Voyez pour les autres Pratolaüs, n°° 1299, 1341, 1342, 1343, 1428 et 1446.

Ἡ πόλις Πόπλι(ον) Μέμ(μιον) Δεξίμαχον Πρατολάου, φιλοκαίσαρα καὶ φιλόπατριν, ἱερέα μβ' ἀπὸ Διοσκούρων, αἰώνιον ἀριστοπολιτευτὴν, τὸν γυμνασίαρχον, εὐνοίας χάριν προσδεξάμενον τὸ ἀνάλωμα Μεμμίων Μνάσωνος καὶ Πρατολάου τῶν υἱῶν αὐτοῦ.

La ville a élevé cette statue à Publius Memmius Deximachus, ami de César et de la patrie, quarante-deuxième prêtre des Dioscures dont il descend, ayant obtenu pour toute la durée de son existence les honneurs de l'Aristopolitie, de plus gymnasiarque; en récompense de son dévouement.
Se sont chargés des frais, Memmius Mnason et Memmius Pratolaüs, ses fils.

Le nom de Pratolaüs est encore l'un des noms distingués de Sparte. Il est porté entre autres par un Memmius Pratolaüs, fils de Deximachus[21] ou patronome éponyme, que M. Boeckh regarde avec vraisemblance comme le fils du personnage auquel est consacré le monument qui nous occupe[22].

Le sens que j'ai attribué à ἱερέα μβ' est conforme à l'opinion de M. Boeckh[23] qui, d'après cette donnée, conjecture que notre inscription appartient au second siècle de notre ère.

7.

Inscription copiée à Mistra par M. Virlet, qui a ajouté la note suivante : « Inscription formant un des degrés de l'escalier du « monastère et que l'on pourrait avoir entière en levant le degré « placé au-dessus. »

ΑΓΟ
ΤΕΙΣΑΛ
ΛΑΜΙΓΓ
ΑΒΟΛΗΤ
ΑΛΚΙΒΙΑ
ΤΕΙΣΑΜ
ΤΑΝΤΟΥΓ
ΔΟΞΑΝΤΙ
ΟΥΑΡΕΤΑ
ΣΑΜΕΝΟΝ

Cette inscription a dû être déplacée depuis l'époque où Fourmont l'a copiée à *Sparte*, près du temple de Lycurgue. Elle était alors plus étendue quoique déjà incomplète. On pourra en juger d'après le texte publié par M. Boeckh sous le n° 1361. Nous indiquons entre crochets ce que donne en plus la copie de Fourmont.

ΑΓΟ[ΛΙΣ]
ΤΕΙΣΑ[ΜΕΝΟ]
ΛΑΜΙΓΓ[ΟΥΤ]
ΑΒΟΛΗΤ[ΟΥΚ]
ΑΛΚΙΒΙΑ[ΣΤ]
ΤΕΙΣΑΜ[ΕΝ]
ΤΑΝΤΟΥΓ[ΕΝ]
ΔΟΞΑΝΤ[ΑΤ]
ΟΥΑΡΕΤΑ[Γ!]
ΣΑΜΕΝΟΝ

Voici comment M. Boeckh remplit les lacunes de cette dernière copie :

[23] M. Boeckh fonde son opinion sur la formule plus complète des n°° 1355 et 1355 : ἱερέα κατὰ γένος μη' ἀπὸ Ἡρακλέος, μβ' ἀπὸ Διοσκούρων.

ἁ πόλις Τεισαμενὸ[ν Δ]αμίππου τ[οῦ] Ἀβολήτου κ[αὶ] Ἀλκιβίας τ[ᾶς] Τεισαμέν[ου], τὰν τοῦ γέ[νους] δόξαν τᾷ [ἑαυτ]οῦ ἀρετᾷ πι[στω]σάμενων.

La ville à Tisamène, fils de Damippus, fils d'Abolétus et d'Alcibia, fille de Tisamène, parce qu'il a justifié par sa vertu la gloire de sa famille.

Le *Corpus inscriptionum græcarum* contient, sous le n° 1433, un monument élevé par la ville de Sparte à la mémoire de la mère de Tisamène, et qui ne laisse aucun doute sur l'interprétation que je viens de donner.

```
Α ΠΟΛΙΣ
ΑΛΚΙΒΙΑΝ ΤΙΣΑΜΕ
ΝΟΥ ΔΙΑ ΤΕ ΟΙΚΕΙ
ΑΝ ΑΡΕΤΑΝ ΚΑΙ
ΔΙΑ ΤΑΣ ΕΚ ΤΩΝ
ΠΡΟΓΟΝΩΝ ΕΥ
ΕΡΓΕΣΙΑΣ ΚΑΙ
ΤΑΝ ΑΜΕΜΠΤΟΝ
ΜΕΤΑ ΑΝΔΡΟΣ ΔΑ
ΜΙΠΠΟΥ ΤΟΥ ΑΒΟ
ΛΗΤΟΥ ΕΞΕΚΟΝ
ΤΑ ΕΤΗ ΣΥΜΒΙΩΣΙΝ
```

Ἁ πόλις Ἀλκιβίαν Τισαμενοῦ διά τι οἰκείαν ἀρετὰν καὶ διὰ τὰς ἐκ τῶν προγόνων εὐεργεσίας καὶ τὰν ἄμεμπτον μετὰ ἀνδρὸς Δαμίππου τοῦ Ἀβολήτου ἐξήκοντα ἔτη συμβίωσιν.

La ville à Alcibia, fille de Tisamène, pour sa propre vertu et pour les bienfaits de ses ancêtres, ainsi que pour avoir vécu soixante ans irréprochable avec son époux Damippus, fils d'Abolétus.

On trouve un certain Tisamène dans la liste des Patronomes [24] de Sparte; mais rien ne dit que ce soit le nôtre, non plus que le père d'Alcibia.

8.

Inscription trouvée à Mistra par M. Ch. Lenormant à l'extérieur de la porte d'une petite église (τῆς Παναγίας suivant Fourmont).

```
           Κ
        ΛΟΓΟΣ
        ΧΑΙΡΕ
        ΝΕΙΚΑΙ
5.       ΕΥΣ
        ΕΤΩΝ
         ΜΒ
       ΓΛΥΚΩΝ
        ΧΑΙΡΕ
```

[Εὔ]λογος, χαῖρε, Νικαιεὺς, ἐτῶν μϛ · Γλύκων χαῖρε.

Adieu, Euloge de Nicée, âgé de 42 ans. Adieu Glycon.

Ce monument avait déjà été copié à Mistra par Fourmont, et c'est d'après cette copie que M. Boeckh l'a publié sous le n° 1501.

[24] Voyez Boeckh, *Corp. Inscript. gr.*, t. I, p. 606 *b*, et n° 1282.
[25] *Inscriptiones Græcæ ineditæ*, Naupliæ, 1834, 4°, Fasciculus I. Insunt

Variantes des deux copies.

Ligne 1. Le Κ manque sur la copie de Fourmont.
Ligne 2. Fourm. ΛΟΓΟΕ.
Ligne 5. Lenorm. omet l'Ε de la syllabe ΕΥΣ.
Ligne 8. Fourm. ΚΛΥΚΩΝ.

La restitution du nom Εὔλογος, que je propose, paraîtra, je l'espère, assez vraisemblable. Le Κ et l'Υ sont deux lettres qui se permutent facilement, et l'Ε peut avoir été omis ici comme il l'a été ligne 5. Je ne connais pas d'autre exemple de ce nom; mais j'en puis citer un du nom féminin Εὐλογία. Il se trouve au n° 2924 du *Corpus*.

M. Boeckh avait déjà conjecturé qu'il fallait lire ΓΛΥΚΩΝ à la ligne 8.

9.

Fragment d'inscription copié à Mistra par M. Ch. Lenormant.

```
ΟΛΙΣ
ΟΝΤΑΓΥ
ΤΕΑ·ΛΑΚΑ
ΕΝΟΝΚΑΙ
```

Ce fragment présente les plus grands rapports avec le n° 14 du recueil de M. Ross [25]; mais, chose singulière, ce dernier est beaucoup plus complet, car il a quatorze lignes. Le voici:

```
ΟΛΙΣ
ΟΝΤΑ.ΓΥ
ΤΕΑ.ΛΑΚΑ
ΕΝΟΝΚΑΙ
.ΑΣΙΑΡΧΙΑ
ΕΓΑΛΟ
ΤΑΚΑ
ΧΑΡΙΝ
ΟΑΝΑ
ΥΔΑΜΟΙ
ΝΔΡΙΔΑΑ
ΣΒΑΣΤΟ
ΓΡΟΓ
ΚΑΙΣ
Ο
```

Il y a tout lieu de présumer que le monument n'était pas entièrement déterré quand M. Lenormant l'a copié, car la conformité des premières lignes est trop frappante pour admettre deux inscriptions différentes.

Du reste M. Ross pense avec raison que cette base honorifique n'est autre que le n° 1363 du *Corpus*. L'histoire de ce monument est assez singulière. Il était intact lorsque Cyriaque d'Ancône en a pris copie [26]; à l'arrivée de Fourmont en Grèce, de nombreuses lacunes s'y faisaient remarquer. Aujourd'hui, grace sans doute au vandalisme de Fourmont, quatre lignes de la fin ont disparu.

M. Ross fait de plus observer que les 15 lignes de son *fac-simile* en comprennent 16 dans la copie de Fourmont, qui pour cette fois seulement a démenti la scrupuleuse exactitude qu'on remarque dans ses transcriptions.

Nous croyons devoir insérer ici le monument complet, en conservant la division des lignes indiquée par M. Ross, d'ailleurs fort différente de celle qu'a suivie M. Boeckh. Les lettres entre crochets sont données par les textes de Cyriaque, de Muratori et de Fourmont.

inscriptiones Arcadicæ, Laconicæ, Argivæ, Corinthiæ, Megaricæ, Phocicæ.
[26] Voyez Cyriaque, p. xxxix, n° 251.

```
       [ΗΓΟ]ΛΙΣ
    [Μ.ΑΙΛΙΟΝΛΕ]ΟΝΤΑ[Ν]ΓΥ[ΜΝΑ]
    [ΣΙΑΡΧΟΝΤΑ]ΤΕΑΛ[Λ]ΑΚΑ[ΛΩΣ]
    [ΠΟΛΙΤΕΥΣΑΜ]ΕΝΟΝΚΑΙ[ΜΑΛΙ]
5.  [ΣΤΑΤΗΝΓΥΜΝ]ΑΣΙΑΡΧΙΑ[ΝΦΙΛΟ]
    [ΤΕΙΜΩΣΚΑΙΜ]ΕΓΑΛΟ[ΠΡΕΠΩΣ]
    [ΕΚΤΕΛΟΥΝ]ΤΑΚΑ[ΙΤΗΣΑΛ]
    [ΛΗΣΑΡΕΤΗΣ]ΧΑΡΙΝ[ΠΡΟΣΔΕ]
    [ΞΑΜΕΝΟΥΤ]ΟΑΝΑ[ΛΩΜΑ]
10. [ΠΟ.ΑΙΛΙΟ]ΥΔΑΜΟ[ΚΡΑΤΙ]
    [ΔΑΤΟΥΑΛΚΑΝ]ΔΡΙΔΑΑ[ΡΧΙ]
    [ΕΡΕΩΣΤΟΥΣ]ΕΒΑΣΤΟ[ΥΚΑΙ]
    [ΤΩΝΘΕΙΩΝ]ΠΡΟΓ[ΟΝΩΝ]
    [ΑΥΤΟΥΦΙΛΟ]ΚΑΙΣ[ΑΡΟΣ]
15. [ΚΑΙΦΙΛΟΓΑΤΡΙΔ]Ο[Σ]
    [ΑΙΩΝΙΟΥΑΓΟΡΑΝΟΜΟΥΠΛΕΙ
    ΣΤΟΝΕΙΚΟΥΠΑΡΑΔΟΞΟΥΚΑΙ
    ΑΡΙΣΤΟΥΕΛΛΗΝΩΝΠΡΕΣΒΕ
    ΩΣΝΟΜΟΦΥΛΑΚΩΝ]
```

(73)

Ce fragment est assurément l'une des preuves les plus concluantes en faveur de l'opinion que j'ai émise plus haut sur les assertions de Fourmont. La liste de magistrats à laquelle il appartient, et qui est publiée dans le *Corpus* sous le n° 1240, se composait, quand Fourmont l'a copié, de trois colonnes : la première, de 37 lignes; la seconde, de 38; la troisième, de 30. Aujourd'hui il n'en reste plus que les lignes 11-21 de la première colonne, qui présentent dans Fourmont les variantes suivantes :

Ligne 11. ΣΟΤΗΡΙΑΣ.
Ligne 12. Le Δ a la forme ordinaire.
Ligne 14. Pas d'espace avant le Μ qui termine la ligne.
Ligne 15. Un Ο au lieu du premier Ω; ΛΙΣΙ au lieu de ΑΥΣΙ.
Ligne 16. ΓΙΣ au lieu de ΤΕ. ΚΑ au lieu de ΧΑ qui est la véritable leçon.
Ligne 17. ΒΟΥΑΓΟΣ.
Ligne 18. Fourmont donne en plus un Α après le dernier Ι.
Ligne 20. ΩΝΠΡΕΣΒΥΣ.
Ligne 21. ΕΙΡΑΝΙΩΝ ΚΛΕ.

Je ne crois pas devoir entrer dans de plus grands détails sur ce fragment. On peut voir dans le *Corpus* l'explication du monument complet. La copie de M. Quinet a cela d'utile qu'elle confirme la correction faite par M. Boeckh, ligne 16 (Φιλοχαρείνου), et prouve que le nom de ΣΩΤΗΡΙΑΣ ne peut être changé en ΣΩΤΗΡΙΔΑΣ à moins de supposer que le Δ et le Α avaient été combinés en une sigle, comme aux lignes 12 et 18 de la 3e colonne du n° 1230, ce qui est très-probable.

Ἡ πόλις Μ. Αὔλιον Λεοντέα, γυμνασίαρχον, τά τε ἄλλα καλῶς πολιτευσάμενον καὶ μάλιστα τὴν γυμνασιαρχίαν φιλοτείμως καὶ μεγαλοπρεπῶς ἐκτελοῦντα καὶ τῆς ἄλλης ἀρετῆς χάριν, προσδεξαμένου τὸ ἀνάλωμα Ποπλίου Αἰλίου Δαμοκρατίδα τοῦ Ἀλκανδρίδα, ἀρχιερέως τοῦ Σεβαστοῦ καὶ τῶν θείων προγόνων αὐτοῦ, φιλοκαίσαρος καὶ φιλοπατρίδος, αἰωνίου ἀγορανόμου, πλειστονείκου παραδόξου, καὶ ἀρίστου Ἑλλήνων, πρέσβεως νομοφυλάκων.

La ville a élevé cette statue à M. Aelius Léonias gymnasiarque, parce qu'il s'est bien acquitté de tous ses devoirs envers l'État, et qu'il s'est surtout distingué par son zèle et sa magnificence dans sa gymnasiarchia; par là aussi elle récompense ses autres mérites. S'est chargé des frais Publius Aelius Damocratidas, fils d'Alcandridas, grand-prêtre de l'Empereur et de ses divins aïeux, ami de César et de la patrie, agoranome à vie, célèbre par ses nombreuses victoires dans les jeux, ayant mérité le titre du meilleur des Grecs, chef des nomophylaques.

Cette inscription qui, à en juger par le nom d'Αἴλιος, doit appartenir au règne d'Hadrien, serait susceptible d'un commentaire fort étendu; mais le temps et l'espace me manquent pour entrer dans de longs développements. Je me contenterai donc de renvoyer aux notes de M. Boeckh, et surtout à son introduction sur les inscriptions de la Laconie, ch. IV et V, pour les titres de πρέσβυς et d'ἀγορανόμος.

11.

Fragment d'inscription copié à Mistra par M. Edgard Quinet.

```
ΠΟΛΥΒΙΟC ΧΑΡΙC
    ΓΕΡΟΥCΙΑΙ
```

Nouvelle et dernière preuve du vandalisme de Fourmont. Le fragment copié par M. Quinet appartient au n° 1245 du *Corpus*; il formait les lignes 16 et 17 de ce monument qui contenait aussi une liste de magistrats. Au lieu de ΧΑΡΙC Fourmont donne ΧΑΡΙΔC.

SECONDE CLASSE.

INSCRIPTIONS DÉCOUVERTES ET PUBLIÉES POSTÉRIEUREMENT AU VOYAGE DE FOURMONT.

10.

Fragment d'inscription copié par M. Edgard Quinet à l'angle d'une maison près de l'emplacement de Sparte.

```
ΣΩΤΗΡΙΑΣ
ΕΥΔΙΑΙΤΟΥ
ΚΑΛΛΙΚΡΑΤΗΣ
ΕΥΔΑΜΙΔΑΜ
ΩΛΟΧΙΣΛΥΣΙ
ΤΕΦΙΛΟΧΑΡΕΙ
ΝΟΥΒΟΑΓΟΣ
ΕΠΙΑΓΗΤΟΡΙ
 ΝΟΜΟΦ
 ΠΡΕΣΒΥΣ
   ΚΛ
```

12.

Fragment d'inscription trouvé à Sparte dans un temple à l'E. du théâtre et copié par M. Ch. Lenormant.

```
ΑΡΙΣΤΟΔΑΜC
ΜΟΥΔΕΙΝΟΚ
ΔΙΑΒΙΟΥΕΠΕΙ
ΩΙΒΑΝΕΝΙΚΑ
ΜΟΑΥΛΟΣ
```

M. Boeckh a publié ce fragment d'après Dodwell[*], sous le n° 1471. La copie que nous en donnons offre quelques variantes assez importantes. On en pourra juger par la copie de M. Boeckh que nous transcrivons ici.

[*] *Voyage en Grèce*, t. II, p. 402.

37

ΑΡΙΣΤΟΔΑΜΙ
ΜΟΥΔΕΙΝΟΜ
ΔΙΑΒΙΟΥΕΜΕ
ΩΒΑΝΕΝΙΚΑΙ
ΠΟΑΥΛΟΕΙ

La nature de ce fragment, les dimensions et l'état de la pierre où il est gravé, n'ayant pas été indiqués par les copistes, il est bien difficile d'arriver à une restitution plausible, aussi je ne hasarde qu'avec beaucoup d'hésitation celle que je vais proposer :

ΑΡΙΣΤΟΔΑΜΟ[ΝΑΡΙΣΤΟ]
ΔΑ]ΜΟΥΔΕΙΝΟΚ[ΡΑΤΗΣΞΥΣΤΑΡ]
[ΧΗΣ]ΔΙΑΒΙΟΥΕΓΕΙ[ΤΑΝ]
ΩΒΑΝΕΝΙΚΑ[ΣΕ]
[ΠΥ]ΘΑΥΛΟΣ

Ἀριστόδαμον Ἀριστοδάμου Δεινοκράτης ξυστάρχης διὰ βίου ἐπεὶ τὰν ὠβὰν ἐνίκασε πύθαυλος (?).

A Aristodème, fils d'Aristodème, Dinocrate, chef à vie du gymnase, parce qu'il a vaincu l'obe à laquelle il appartient, dans le combat de la flûte aux jeux pythiens.

M. Boeckh, d'après les données de sa copie, conjecture, à la première ligne, Ἀριστοδαμίδας ou Ἀριστοδαμέα; à la deuxième, Δεινομένης ou Δεινόμαχης; du reste il se tait sur la première syllabe ΜΟΥ de cette ligne. Je crois être plus près de la vérité; mais je le dois uniquement à une copie plus exacte, sans aucun doute.

A la ligne 3, M. Boeckh affirme que les mots διὰ βίου ont dû être précédés de ἱερεὺς ou ἀρχιερεύς. La restitution que j'ai préférée est autorisée par le n° 1428 du *Corpus*.

Ligne 4, l'emploi du mot ὠβά est très-rare dans les inscriptions. On en trouve cependant des exemples n°ˢ 1272-1274 du recueil de M. Boeckh.

A la même ligne, M. Boeckh lit ἐνίκα ; j'ai préféré l'aoriste comme beaucoup plus fréquemment employé dans ce genre de monuments.

Enfin, ligne 5, le même savant conjecture πυθαύλης, mais regarde la chose comme incertaine. J'ai cru, tout en adoptant les premiers éléments de ce mot que l'on peut déduire plus immédiatement de ma leçon que de celle du *Corpus*[28], devoir conserver la terminaison donnée par la copie de M. Lenormant. La forme πυθαύλης est sans doute la seule connue, mais πύθαυλος peut avoir aussi existé; seulement la syntaxe a, j'en conviens, quelque chose d'insolite. J'aimerais mieux lire πύθαυλον en prenant ce mot pour le nom du combat, et alors tout le membre de phrase répondrait à la tournure si fréquente νικάσαντα παῖδας πένταθλον[29]. J'avoue même que s'il eût été possible de tirer πένταθλον des éléments de la copie, j'aurais préféré ce mot à tous les autres.

Au surplus, il est plus d'une fois question des jeux pythiens dans les inscriptions de Sparte[30] ; et personne n'ignore que la douzième pythique de Pindare est consacrée à la victoire qu'un certain Midias remporta comme habile joueur de flûte, dans les jeux pythiens de l'olympiade 71, 3, ou 72, 3; ce qui prouve que ce genre d'exercice n'avait pas été supprimé dès la seconde épreuve qu'on en avait faite. Le chant seul avait été proscrit comme trop lugubre[31].

---

[25] La syllabe ΠΥ se tire plus facilement d'un Μ que d'un Π.
[26] *Corpus Inscr. gr.*, n° 1418.
[27] *Ibid.*, 1420, 1429, etc.
[28] Voyez M. Boeckh dans ses notes sur le titre de cette pythique, t. III, p. 343 de son édition de Pindare.
[29] Voyez M. Boeckh, *Corpus Inscr. gr.*, Introduction aux Inscr. de la Laconie, ch. vii, p. 613, col. 2, et n°ˢ 1265, 1383 et passim.
[30] Loc. cit., ch. vi, 4, p. 613, col. 1. Le sigle Κ se rencontre n°ˢ 1243, lig. 16.
[31] Hésych. Κάσις· οἱ ἐκ τῆς αὐτῆς ἀγέλης, ἀδελφοί τε καὶ ἀνεψιοί· καὶ ἐπὶ θηλειῶν οὕτως Λάκωνες, καὶ Εὐριπίδης Ἑκάβῃ. Ce passage d'Hésychius me paraît altéré. La leçon κάσιοι que donne le manuscrit de Venise (voyez Schow *Hesychii lex. cod. Biblioth. D. Marci restitutum*. Lipsiæ, 1792, in-8°, p. 407) ne saurait

13.

Fragment d'inscription copié à Sparte par M. Ch. Lenormant, dans un temple à l'E. du théâtre.

ΩΣ ΤΟ
ΙΣ ΓΕΡΟΙ
ΕΚΑΣΤΟΝ ΤΩΝ
ΤΕ ΑΡΕΓΙΔΗΜΟΥ
ΤΡΙΔΙ ΑΥΤΟΥ Κ Α

Ce fragment est évidemment le même que celui qui a été publié par M. Ross sous le n° 25 ; seulement il était plus complet quand M. Lenormant l'a copié. Le voici tel que le donne M. Ross, en annonçant qu'il se trouve maintenant dans le musée de Sparte :

ΓΕΓ
ΕΚΑΣΤΟΝ ΤΩΝ
ΤΕ. ΑΙΕΓΙΔΗΜΟΥ
ΓΙΔΙ ΑΥΤΟΥ ΚΑΤΑΤΟ

Il est impossible de donner une restitution complète de cette inscription, qui devait appartenir à la classe des monuments honorifiques. Voici, je crois, tout ce qu'on peut en tirer :

Ligne 1. [καλ]ῶς ou [λαμπρ]ῶς τό... — L. 2. [καλῶ]ς πεποι[ημένον] ou plutôt πεπο[λιτευμένον]. — L. 3. ἕκαστον τῶν. — L. 4. ἐπὶ δήμου ou ἐπιδήμιου. — L. 5. [πα]τρίδι αὑτοῦ κατὰ τό[ν νόμον].

TROISIÈME CLASSE.

INSCRIPTIONS INÉDITES.

14.

Fragment d'inscription copié à Mistra par M. Ch. Lenormant, sur un tronçon de colonne.

ΤΟΒ
ΩΝ ΤΟΒ
ΦΙΛΙΠΠΟΣ Ϡ ΣΙΔΕΚΤΑΚ ΤΟΒ
ΕΥΗΜΕΡΟΣ ΑΦΡΟΔΙΣΙΟΥ ΤΟΒ
ΔΡΑΚΩΝΚΛΕΑΡΧΟΥ ΤΟΒ
ΘΕΟΦΙΛΟΣ ΞΕΝΟΚΡΑΤΟΥΣ
ΑΤΙΠΠΟΣ ΠΟΛΛΙΩΝΟΣ
ΝΙΚΙΠΠΟΣ ΑΓΗΣΙΠΠΟΥ
ΑΣΙΩΝ ΕΠΙΓΟΝΟΥΙΕΘΝΙΑ

Le signe qui suit le mot ΦΙΛΙΠΠΟΣ, ligne 3, indique que ce mot doit être répété au génitif[32].

Quant au Κ qui suit le mot ΣΙΔΕΚΤΑ, je pense qu'il faut y voir cette sigle qui se rencontre très-fréquemment dans les inscriptions de Laconie et dont M. Boeckh a le premier trouvé la véritable signification[33]. Il y voit le mot κάσις qu'Hésychius explique par la glose ἡλικιώτης et qu'il dit avoir été usité dans la Laconie. Or, ce mot κάσις se rapporte, suivant le docte éditeur du *Corpus*, à un individu qu'un patronome éponyme a choisi, pendant sa magistrature, parmi ceux qui avaient autrefois appartenu à la même ἀγέλη que lui[34], pour

être admise ici ; les mots ἀδελφοὶ Εὐριπίδης Ἑκάβη s'y opposent, puisque dans le passage d'Euripide (v. 365, ed. Porson) on rencontre non κάσιοι, mais κάσις. Mais le singulier κάσις ne peut convenir non plus, puisque l'explication du mot est au pluriel ; je crois donc qu'il faut lire κάσιες et non κάσιοι. Mais là ne s'arrêtent pas les difficultés que présente le passage d'Hésychius. Comment se fait-il que le lexicographe semble attribuer aux seuls Laconiens l'emploi du mot κάσις, en parlant des femmes, et ajoute l'indication d'un passage d'Euripide, où le mot est employé dans ce sens ? D'un autre côté, comment ne constaterait-il pas l'usage particulier que ce peuple faisait du mot κάσις, usage dont les inscriptions de Sparte ne permettent pas de douter ? Je pense donc qu'il faut lire ainsi tout le passage :

Κάσιες· οἱ ἐκ τῆς αὐτῆς ἀγέλης, Λάκωνες. Ἀδελφοί τε καὶ ἀνεψιοί· καὶ ἐπὶ θηλειῶν οὕτως Ὠαγον, καὶ Εὐριπίδης Ἑκάβῃ.

(75)

lui servir d'assesseur dans sa charge. C'est ainsi qu'à Athènes l'archonte éponyme avait pour *parèdres* quelques-uns de ses collègues. Cette sigle n'est pas toujours représentée de la même manière; on rencontre encore les formes suivantes : K [35], K' [36], K̄ [37], ΚΑΣ [38], ΚΕΥ [39], ΚϹΕΝ [40], ΚΑΣΝΓΑΙΟΥ [41], qui toutes ne se prêtent pas également à l'interprétation de M. Boeckh. La plus embarrassante est sans contredit ΚϹΕΝ, si toutefois elle a été bien lue et s'il ne faut pas lui préférer ΚϹΙΝ; car quant à ΚΕΥ et à ΚΑΣΝΓΑΙΟΥ, qui, dans l'exemple unique qu'on en possède, me paraît avoir été mal lu ou mal gravé, au lieu de ΚΑΣΓΝΑΤΟΥ, j'y vois sans hésitation, quoique M. Boeckh ne me paraisse pas de cet avis, une manière plus ou moins abrégée de représenter le mot κασίγνατος, qui probablement avait le même sens que κάσις dont il est dérivé.

Le préambule de cette inscription manque : mais à en juger d'après le n° 1265 du *Corpus*, il devait contenir l'indication du patronome éponyme. Je crois donc devoir lire ce monument de la manière suivante :

[Ἐπὶ πατρονόμου . . . .
. . . .] Γοργίων τὸ β'.
Φίλιππος Φιλίππου Σιδέκτα κάσις τὸ β'.
Εὐήμερος Ἀφροδισίου τὸ β'.
Δράκων Κλεάρχου τὸ β'.
Θεόφιλος Ξενοκράτους.
Ἄγριππος Πολλίωνος.
Νίκιππος Ἀγησίππου.
Ἀσίων Ἐπιγόνου][ε]θ[μ]ια.

Sous le patronome. . . . .
ont été vainqueurs aux jeux isthmiques :
. . . . *Gorgion, pour la deuxième fois;*
Philippe, fils de Philippe, l'assesseur du patronome Sidectès, pour la deuxième fois;
Evhémère, fils d'Aphrodisius, pour la deuxième fois;
Dracon, fils de Cléarque, pour la deuxième fois;
Theophile, fils de Xénocrate;
Agrippe, fils de Pollion;
Nicippe, fils d'Agésippe;
Asion, fils d'Epigone.

Ce monument est d'autant plus curieux qu'il n'en existe qu'un seul du même genre dans les inscriptions de la Laconie; c'est le n° 1265 cité plus haut. M. Osann, qui a publié ce monument [32] antérieurement au travail de M. Boeckh, y a vu avec raison, selon moi, un catalogue de vainqueurs dans les jeux. M. Boeckh combat cette assertion, et cela surtout à cause de la sigle ϟ qui se rencontre aussi sur le monument, et d'après laquelle il juge que la pierre reproduit un catalogue de magistrats, et peut-être de sénateurs. Mais aujourd'hui, si, comme il l'espère, il adopte la correction que je propose à la dernière ligne de l'inscription copiée par M. Lenormant (ΙΣΘΜΙΑ au lieu de ΙΕΘΝΙΑ), il changera d'opinion sur le n° 1265 et en reviendra à l'avis de M. Osann que, pour ma part, j'adopte avec la plus entière conviction.

J'ajouterai que la leçon ΣΙΔΕΚΤΑ de la ligne 3 semble prouver que κάσις ne se construit pas toujours avec le génitif, comme l'a remarqué M. Boeckh d'après tous les monuments qu'il avait sous les yeux. Cependant, d'après le grand nombre d'exemples qu'il cite, je ne me refuserais pas à voir ici le datif Σιδέκτᾳ, nom qui, d'après le tableau des patronomes éponymes dressé par M. Boeckh [43], prouve que notre marbre date du règne d'Hadrien.

15.

Fragment d'inscription copiée à Sparte, dans l'agora sur l'acropole, par M. Ch. Lenormant.

ΑΕΘΗΤΙΒΚΛ
ΙΚΟΝΒΡΑΣΙΔΕ
ϽΛΟΓϡΤΑΤΟΝ
ϟΤΙΡϡΤΟΝΙΕΡ
ΙΗΣΑΡΧΙΕΡΕΑ
ΕΒΑΣΤϡΝΚΑΙ
ΤϙΝΘΕΙϙΠϙ

Ce monument, malgré ses nombreuses lacunes, peut être restitué en partie. Voici ce que je crois pouvoir en tirer :

. . . . . ΤΙΒ. ΚΛ. [ΑΡ]
[ΜΟΝΕ]ΙΚΟΝ ΒΡΑΣΙΔ[ΟΥ]
[ΤΟΝ ΑΞΙ] ΟΛΟΓϡΤΑΤΟΝ [ΒΟΥ]
[ΑΓΟΝ ΚΑΙ] ΠΡϡΤΟΝ ΙΕΡ[ΕΑ]
[ΤΗΣ ΣΕΒΑΣ]ΤΗΣ ΑΡΧΙΕΡΕΑ [ΔΕ]
[ΤϡΝ Σ]ΕΒΑΣΤϡΝ ΚΑΙ
[ΤϡΝΘΕΙϡΝ ΠΡΟΓΟΝϡΝ ΑΥΤϡΝ]

[Ἢ πόλις]

Τιβ. Κλ. [Ἁρμόνικον(?)] Βρασιδ[ου τὸν ἀξι]ολογώτατον [βουαγὸν καὶ] πρῶτον ἱερ[έα τῆς Σεβασ]τῆς ἀρχιερέα [δὲ τῶν Σ]εβαστῶν καὶ [τῶν θείων προγόνων αὐτῶν].

La ville à *Tibérius Claudius Harmonicus*(?), *fils de Brasidas, très-estimable bouagos, premier prêtre de l'Augusta et grand-prêtre des Augustes et de leurs divins ancêtres.*

Je suis loin de garantir la certitude de cette restitution, mais je la crois probable, et je dois par conséquent la justifier par quelques explications.

Ligne 1. Je ne sais quel parti l'on peut tirer des quatre premières lettres ΑΕΘΗ. Si la copie offrait une lacune de deux lettres avant ΤΙΒ., on pourrait y voir les traces altérées des mots Α ΠΟΛΙΣ; mais cette supposition est peu admissible, et d'ailleurs ces deux mots forment ordinairement une ligne à part.

Lignes 1 *et* 2. Le nom d'Harmonicus n'était pas le seul qui pût remplir l'espace donné; mais je l'ai préféré parce qu'on le rencontre plus d'une fois dans les inscriptions de Sparte [44] et qu'il est porté, entre autres, par un Spartiate affilié à la *gens Claudia* [45].

Ligne 2, βρασίδ[ου]. L'absence de toute autre désignation me fait présumer qu'il faut voir ici le patronome éponyme qui figure sur la liste dressée par M. Boeckh [46]. En effet, c'est ainsi qu'il est désigné aux n°° 1280 et 1329 du *Corpus*. Une autre conjecture serait encore possible et même préférable, attendu l'absence de l'article τὸν qui désigne ordinairement le fils [47] : au lieu de ΒΡΑΣΙΔ[ΟΥ] on pourrait lire ΒΡΑΣΙΔΑ Κ̄, c'est-à-dire βρασίδα κάσις. Mais dans l'ignorance où nous sommes sur les fonctions de ces magistrats et sur leur nombre, j'ai cru devoir préférer la première leçon, attendu que le n° 1286

[33] N°° 1249, 1265.
[34] N° 1249, col. 2, vs. 12.
[35] N°° 1244, 1286.
[36] N° 1249, col. 2, v. 7.
[37] N° 1249, col. 2, v. 9.
[38] N° 1249, col. 2, vs. 14.
[39] N° 1249, col. 2, vs. 7.
[40] *Syllogè Inscr.* II, 3, p. 251.
[41] T. I, p. 606, col. 2 ad fin. — Il existait déjà trois inscriptions où le nom de ce patronome figure (*Corpus Inscr. gr.*, 1241, 1244, 1247). Celle que nous publions porte ce nombre à quatre. Le n° 1244 est probablement postérieur de plusieurs années à notre monument, car un fils de notre Evhémère et les synéphèbes de Sidectès, y sont devenus éphores; dans le n° 1247 le fils d'Evhémère est mentionné comme νἱὸς τῆς πόλεως.
[42] *Corpus Inscr. gr.*, n°° 1249 [45], 1260.
[43] *Ibid.*, n°° 1346, 1347.
[44] *Ibid.*, t. I, p. 607, col. 2.
[45] L'article se rencontre au n° 1329.

du *Corpus* nous fait déjà connaître un Decmus, fils de Decmus, assesseur de Brasidas, et que jusqu'ici tout semble annoncer que le patronome éponyme n'en avait qu'un seul. Des cinq monuments de Sparte où se rencontre le nom de Brasidas, quatre présentent ce nom précédé de Κλαύδιος[48]; trois d'entre eux accompagnent ce dernier nom du prénom de Τιβέριος[49], ce qui annonce une même famille.

Ligne 3. Le mot βοηχγὸν est une pure conjecture, mais je crois qu'il a dû exister sur le monument; d'abord il remplit convenablement la lacune; de plus cette charge est du nombre de celles qu'accompagne ordinairement l'épithète d'ἀξιολογώτατος[50], et on la voit souvent réunie à la grande-prêtrise[51] et à d'autres fonctions non moins importantes qui annoncent des personnages éminents[52].

Ligne 4, πρῶτον ἱερ[έα τῆς Σεβα]τῆς. Ce passage prouve que les Grecs, au moins sous les empereurs, avaient l'usage d'établir un ordre numérique parmi les prêtres d'une même divinité. Il est probable qu'ils avaient voulu en cela, comme sous tant d'autres rapports, imiter les Romains leurs maîtres[53]. Nous avons déjà, plus d'une fois, remarqué cette réaction de Rome sur la Grèce.

Mais quelle est l'*Augusta*, quels sont les Augustes dont il est question? Peut-être, d'après le n° 381 du *Corpus*, pourrait-on penser que c'était Antonia, mère de Germanicus et de l'empereur Claude. On sait par Dion Cassius[54] que Caligula donna à Antonia le titre d'*Augusta*, et Pline[55] parle d'un temple élevé à Rome en l'honneur de cette princesse. D'un autre côté, on ne doit pas s'étonner que Claude, si plein de respect pour sa famille[56], ait permis que son frère, auquel il consacra des médailles[57], et dont il *honora la mémoire en toute occasion*, fût associé aux honneurs divins qui lui étaient décernés. Les noms Τιβ. Κλ., qui ont dû commencer à devenir plus fréquents sous Tibère[58], donneraient une nouvelle vraisemblance à notre conjecture. On peut donc penser avec quelque certitude, que cette inscription date du règne de Claude.

Ligne 6, τῶν Σεβαστῶν. Notre inscription a été trouvée par M. Lenormant sur l'ancienne agora de Sparte. Or, c'est précisément sur l'agora qu'étaient situés, au temps où voyageait Pausanias[59], le temple de César et celui d'Auguste, qui sans aucun doute portait pour inscription du vivant de ce prince, Θεᾶ Ῥώμη καὶ Σεβαστῶ[60]. Ainsi le monument qui nous occupe a été retrouvé sur l'emplacement même de l'édifice sacré où il devait avoir été élevé.

Ligne 7. La restitution que je propose peut se tirer de la première partie des éléments qui subsistent, tandis que ceux qui terminent la ligne, sembleraient la rendre peu vraisemblable; mais dans l'état de mutilation où se trouve la pierre, on peut douter que la copie reproduise cette ligne avec une rigoureuse exactitude, quel qu'ait été d'ailleurs le soin extrême apporté par M. Ch. Lenormant dans ses transcriptions.

16.

Fragment d'inscription copié à Mistra par M. Trézel sur une marche d'escalier. (Voyez Pl. 42, fig. IV.)

ΗΣΟΜΟΝΟΙΑΣ
ΚΑΙ ΤΟΥ ΕΛΕΥΘΕΡΙ.....
ΥΜΠΙΟΥ ΚΛΑΥΔΙΟΣ
ΑΓΑΘΟΣ ΑΘΗΝΑΝ
ΝΑΔΕΟΝ ΑΠΟΙΚΩ.....
ΘΥΜΠΑΡΟ.....

Il est à regretter que ce monument n'ait pu être lu en entier, car il paraît être d'une grande importance, au moins par sa forme dont je ne connais pas d'exemple jusqu'ici. Si je ne me trompe, il devait être conçu à peu près en ces termes :

[ΥΠΕΡ Τ]ΗΣ ΟΜΟΝΟΙΑΣ
[ΤΩΝ ΣΩΤΗΡΩΝ] ΚΑΙ ΤΟΥ ΕΛΕΥΘΕΡΙ[ΟΥ ΔΙΟΣ]
[ΚΑΙ ΤΟΥ ΟΛ]ΥΜΠΙΟΥ ΚΛΑΥΔΙΟΣ
. . . . Ο] ΑΓΑΘΟΣ ΑΘΗΝΑΝ
[ΥΠΕΡ ΤΩΝ ΣΥΝ]ΝΑΔΕ[Ω]Ν ΑΠΟΙΚΩ[Ν]
[ΚΑΙ ΤΩΝ] ΘΥ[ΜΒΡ]ΑΡ[ΩΝ]

[Ὑπὲρ τ]ῆς ὁμονοίας [τῶν Σωτήρων] καὶ τοῦ Ἐλευθερί[ου Διὸς καὶ τοῦ Ὀ]λυμπίου Κλαύδιος [. . . . . ὁ] ἀγαθὸς, Ἀθηνᾶν [ὑπὲρ τῶν Συν]ναδέων ἀποίκων [καὶ τῶν] Θυ[μβρ]άρ[ων].

A cause de la concorde des Sauveurs, et de Jupiter Éleuthérien, et de Jupiter Olympien, Claudius . . . . . ., le bon, a consacré (?) cette statue de Minerve pour les colonies de Synada et de Thymbrara.

De toutes ces conjectures que j'ai pu proposer dans cet ouvrage, celles que je présente ici ne sont assurément pas les moins certaines à mes yeux : je crois cependant devoir les défendre, parce qu'elles ont, plus que beaucoup d'autres, besoin d'être justifiées.

Ligne 1. [ὑπὲρ τ]ῆς ὁμονοίας. C'est le premier exemple de cette formule que j'aie rencontré jusqu'à présent. Mais elle me paraît avoir été calquée sur la formule ὑπὲρ τῆς σωτηρίας, *Pro salute*, assez fréquente même à l'époque des Antonins[61], qui, comme je vais essayer de le prouver, doit être celle de notre inscription. Au reste dans le silence des inscriptions grecques, on peut recourir aux inscriptions latines, et je citerai ces deux exemples fournis par le recueil de M. Orelli[62] :

1.

CONCORDIAE
COLLEGI
BRACTEARIORUM
VINAVRATORVM[63]
Q. HORDIONIVS
PRIMIGENIVS
Q. HORDIONIVS PANNYCHVS
S. P. D. D.

2.

BERICAI GENIONI VAL
ENTINI PONTIF. DECVRIA II IX OIII M. MACRINI
VALERIANI CENTVRIA XII
L. SCRIPONI PETRONIANI
DECVRIA PR. LXXXIII
SALVI VITALIS SECVNDI
CENTVRIA PR
CVRATORIB. AN. III COLL. FABR. ET CENTO
CARI. ANN. CXXVII
CONCORDIAI EORVM
L. PARIVS HERMES.

Il est bien vrai que dans ces deux exemples la formule CONCORDIAE n'est employée que pour des corporations d'un ordre secondaire; mais ce qui prouve qu'on pouvait aussi en faire usage pour des

[48] Ce sont les n°* 1259, 1329, 1343, 1426.
[49] N°* 1329, 1343, 1426.
[50] N°* 1350, 1426 (dans ce dernier numéro il est question d'un fils de Brasidas qui fut aussi ἀξιολογώτατος βοηγός).
[51] N° 1350.
[52] Voyez M. Boeckh, *Corpus Inscr. gr.*, t. I, p. 612, col. 1. Il traite au long de cette magistrature et de la forme du mot qui l'exprime.
[53] On trouve de rares exemples de cette classification, dans l'épigraphie latine. Ainsi une inscription du recueil de Gruter (CCCLXXII, 7) est consacrée à un *L. Aurelius* SACER. NVM. CONS. AVGVSTALIVM. Une autre, rapportée de Muratori, n° 575, 1, fait mention d'un certain *Sennius* MERCVRII. MARTIS ATQVE DIANAE PRIMVS SACERDOS.

[54] Lib. LIX, § 3. Suivant Suétone, Vie de Claude, chap. 11, il lui fut donné par Claude.
[55] Lib. XXXV, 36, 16.
[56] Suétone, Vie de Claude, ch. 11 et 41.
[57] Eckhel, *Doctr. Numism.*, t. VI, p. 210.
[58] Voyez ce que j'ai dit à ce sujet, t. 1, p. 43.
[59] III, 11.
[60] Voyez Eckhel, *Doctr. Numism.*, t. II, p. 466, et t. VI, p. 160 et suivants.
[61] *Ibid.*, LXXXV, 1, 3, 4 ; CXIV, 1, 2 et passim.
[62] N°* 4067 et 4137.
[63] Id est ET INAVRATORVM.

personnages plus distingués, et même pour les empereurs, c'est la légende si fréquente sur les inscriptions : CONCORDIA AVGG.

Ligne 2, τῶν Σωτήρων. Cette restitution ne pouvant être justifiée que par l'explication des mots qui suivent, je crois devoir avant tout motiver le sens que je leur donne.

Καὶ τοῦ Ἐλευθερίου Διός. Ces mots ne peuvent s'entendre que d'Antonin le Pieux, témoin cette inscription trouvée par Fourmont à Athènes [64], et probablement offerte soit par les Spartiates, soit par toute autre ville dorienne :

ZANI
.ΛΕΥΘΕ
.ΡΙΟΑΝΤΟ
ΝΙΝΟΙΣΩ
ΤΗΡΙΟ

Ζανὶ Ἐλευθερίῳ Ἀντωνίνῳ Σωτηρίῳ, et non pas Σωτῆρι comme lit M. Boeckh.

Témoin encore cette autre inscription trouvée également par Fourmont à Sparte [65] :

ZANI
ΕΛΕΥΘΕΡΙΟΙ
ΑΝΤΟΝΕΙΝΟΙ
ΣΩΤΗΡΙ

Ζανὶ Ἐλευθερίῳ Ἀντωνείνῳ Σωτῆρι.

Je vais prouver maintenant que par les mots καὶ τοῦ Ὀλυμπίου (Διός), il faut entendre Hadrien ; je tirerai mes preuves des nombreuses inscriptions où cet empereur est ainsi désigné [66], et je me contenterai d'en citer deux exemples, l'un d'Athènes, et l'autre de Sparte.

1.
ΣΩΤΗΡΙ ΚΑΙ ΚΤΙΣΤΗ
ΑΥΤΟΚΡΑΤΟΡΙ
ΑΔΡΙΑΝΩΙ
ΟΛΥΜΠΙΩΙ [67]

Σωτῆρι καὶ κτίστῃ, αὐτοκράτορι Ἀδριανῷ Ὀλυμπίῳ.

2.
ΔΙΟΣ
ΣΩΤΗ
ΡΟΣ
ΟΛΥΜΠΙΟΥ [68]

Διὸς Σωτῆρος Ὀλυμπίου.

On sait d'ailleurs que ce nom est souvent donné à Hadrien sur les médailles [69].

On voit maintenant pour quel motif j'ai préféré τῶν Σωτήρων à τῶν Σεβαστῶν qui s'était présenté d'abord à mon esprit. Mais pourquoi les épithètes qui désignent Antonin précèdent-elles celles qui désignent le prince qui l'a adopté ? Je crois pouvoir en donner une raison plausible. Selon moi, le monument dont il s'agit fut gravé après la mort d'Hadrien, alors qu'Antonin prit les rênes du gouvernement, et l'on conçoit que le prince régnant ait été mentionné avant son prédécesseur. Certes le monde romain eut à se louer de la *bonne intelligence*, de *l'unanimité de sentiments* qui avait déterminé Hadrien à choisir un successeur tel qu'Antonin le Pieux, et cela explique peut-être pourquoi la formule ὑπὲρ τῆς ὁμονοίας a été préférée à τῇ ὁμονοίᾳ, et pourquoi ὑπὲρ a été employé dans le sens d'*à cause de* et non dans celui de *pour*. J'ajouterai qu'il existe une médaille d'Antonin portant au revers CONCORDIAE. S. C.[70]; mais on ne peut rien en conclure pour l'explication de notre monument, car elle paraît se rapporter au mariage de M. Aurèle avec Faustine la jeune.

Lignes 4. Je n'ai pas cru devoir prendre ΑΓΑΘΟΣ pour la fin du nom grec de ΚΛΑΥΔΙΟΣ, j'ai préféré y voir l'épithète de ὁ ἀγαθὸς donnée si fréquemment aux magistrats par les inscriptions de Sparte [71].

L'interprétation des dernières lignes offrait d'assez grandes difficultés. Que faut-il entendre par le mot ΑΘΗΝΑΝ ? S'agit-il d'une statue de Minerve offerte par Claudius.... au nom des habitants de deux colonies (ἀποίκων) dont les noms sont indiqués par les lettres ΝΑΔΕΟΝ d'une part et ΘΥΝΝΑΡΟ de l'autre ? je crois pouvoir le prouver de manière à laisser peu de doutes.

Pausanias [72] nous apprend qu'à Sparte, non loin de l'enceinte de Neptune Tenarius, située elle-même dans la même rue que le temple de Minerve, il existait une statue de cette déesse qui passait pour être une offrande des colonies lacédémoniennes de l'Italie et de Tarente : Ἀθηνᾶς ἄγαλμα, ὃ τοὺς ἐς Ἰταλίαν τε καὶ Τάραντα ἀποικισθέντας ἀναθεῖναι λέγουσι. Mais des différentes villes qui revendiquaient l'honneur d'avoir été fondées par les Lacédémoniens, telles qu'Amyclées près de Terracine, et Formies, je n'en vois pas dont le nom puisse concorder avec les données de notre inscription. Sans doute les établissements des Lacédémoniens en Italie ne se bornaient pas à Tarente et aux autres villes que je viens de citer ; on sait encore qu'à tort ou à raison, ce que je n'examinerai point ici, les Sabins [73] et plusieurs villes du Samnium [74] prétendaient avoir une origine lacédémonienne ; mais, comme ces villes ne sont pas désignées nominativement dans les auteurs, on ne pourrait se livrer ici qu'à des conjectures très-hasardeuses. D'ailleurs le texte de Pausanias me paraît prouver que la statue de Minerve, dont parle cet écrivain, était regardée comme une offrande faite depuis un certain temps, peut-être même au temps de l'établissement des colonies ; et d'un autre côté, pour admettre que notre inscription se rapporte au même monument, il faudrait supposer que Pausanias, qui voyageait sous le règne d'Antonin, n'avait pas lu la dédicace gravée sur la base, ce qui serait assez peu probable sans être cependant tout-à-fait impossible.

On ne peut donc chercher à compléter les lignes 5 et 6 à l'aide de noms empruntés à la géographie de l'Italie et l'on se voit réduit à chercher ailleurs, c'est-à-dire en Asie. Or il me paraît très-vraisemblable que les lettres ΝΑΔΕΟΝ ont appartenu au mot ΣΥΝΝΑΔΕΩΝ. D'après le témoignage d'Étienne de Byzance, l'ethnique du Σύνναδα, ville de Phrygie, était Συνναδεύς. Cette ville, sur la foi d'un passage corrompu du géographe que je viens de citer, a été considérée longtemps comme une colonie des Macédoniens. Mais il résulte d'une ingénieuse conjecture de M. Raoul Rochette [75] qu'aux Macédoniens asiatiques, conduits par Docimus, lieutenant d'Antigone, s'étaient réunis des habitants de la Hellade appartenant à différentes races. Cette opinion est confirmée par de nombreuses médailles, tant autonomes qu'impériales, de la ville de Synnada, qui portent presque toutes pour inscription ΣΥΝΝΑΔΕΩΝ ΙΩΝΩΝ ou ΔΩΡΙΕΩΝ, et souvent ΔΩΡΙΕΩΝ ΙΩΝΩΝ [76]; d'où il faut conclure que la race dorienne et la race ionienne pouvaient également revendiquer cette colonie [77], que Sparte, aussi bien qu'Athènes, était en droit de s'en déclarer la métropole. La restitution que je propose ajouterait une nouvelle force à cette déduction qui, à son tour, peut lui servir de preuve.

Reste à expliquer le mot ΘΥΝΝΑΡΟ. Il paraît certain que ces sept lettres, probablement mal lues par le copiste, devaient appartenir au nom d'une autre ville située comme Synnada en Asie-mineure, et, comme cette dernière, prétendant à l'honneur de figurer parmi

---

[64] *Corpus Inscr. gr.*, n° 350.
[65] *Ibid.* N° 1314. V. le *Corpus* pour la forme des lettres qu'on n'a pu reproduire ici. Le n° 1313 est conçu dans les mêmes termes et offre les mêmes caractères.
[66] *Ibid.*, nos 321 et suiv., 1312, etc.
[67] *Ibid.* N° 321.
[68] *Ibid.* N° 1312. Voyez encore l'inscription expliquée par Biagi, Mon. gr., p. 57, et celle que M. Ross vient de publier, p. 2, pl. 1, 4 de son recueil.
[69] Voyez Eckhel, *D. N.*, vol. VI., p. 528.
[70] *Ibid.*, *D. N.*, vol. II, p. 14.

[71] Voyez *Corpus Inscr. gr.*, nos 1252, 6; 1239, col. 1 extr., et 1240, col. 1 extr. Voyez aussi plus haut, n° 3, p. 69.
[72] III, 12, 5.
[73] Denys d'Halic. II, 29. Voyez M. Raoul Rochette, Hist. de l'établissement des colonies grecques, t. III, p. 113.
[74] Strabon, liv. V, p. 250.
[75] Histoire de l'établissement des colonies grecques, t. IV, p. 215 et suiv.
[76] Eckhel *D. N.*, t. III, p. 172 et suiv.
[77] Voyez Eckhel, loc. cit., p. 175.

les colonies de Sparte. Des deux cités de l'Asie-mineure dont le nom se rapproche des éléments conservés sur notre marbre, Athymbra et Thymbrara, la première seulement nous est donnée par les écrivains de l'antiquité comme faisant remonter son origine à une émigration lacédémonienne [78]. Mais cette ville, située en Carie [79], est très-éloignée de Synnada, et il est difficile d'admettre qu'il existât entre elles des relations assez intimes pour qu'elles envoyassent de concert une offrande à la métropole. D'ailleurs, et c'est selon moi l'objection la plus forte, la terminaison PO ne peut convenir à cette ville dont l'ethnique, au témoignage d'Étienne de Byzance, est Ἀθυμβρεύς. J'ai donc cru devoir préférer Thymbrara, parce qu'elle est, comme Synnada, située en Phrygie, et que ses habitants sont appelés par Xénophon [80] Θύμβραροι, nom qui se rapproche beaucoup plus des données de notre monument.

Mais quelle était l'origine de Thymbrara, ville du reste assez importante, puisqu'au temps de Xénophon c'était le point où se réunissait une partie des forces militaires des Perses [81]? Peut-on admettre quelle prétendait, comme Athymbra, à l'honneur d'avoir été fondée par un Lacédémonien? Je crois qu'il est facile, malgré le silence des Grecs sur ce point, de prouver que cette supposition n'est pas sans quelque vraisemblance. Strabon [82] nous apprend que trois frères, Athymbrus, Athymbradus et Hydrélus, partis de Lacédémone, fondèrent en Asie *les* trois villes à chacune desquelles ils ont donné leur nom; mais qu'ensuite la population de ces trois villes s'étant affaiblie, elles se réunirent pour fonder *Nysa*, qui, du reste, au temps de Strabon, reconnaissait encore Athymbrus pour son fondateur. Quelles furent les trois villes fondées par les trois émigrés lacédémoniens? Il est évident, d'après le texte de Strabon, τὰς ἐπωνύμους ἑαυτῶν κτίσαι πόλεις, qu'elles étaient bien connues du temps de ce géographe, et il est à regretter qu'il n'ait pas été un peu moins concis sur ce point. Essayons de suppléer à son silence. La première, sans doute, fut Athymbra, sur l'emplacement de laquelle s'éleva plus tard Nysa. La ville bâtie par Hydrélus fut Hydréla, placée, par Étienne de Byzance [83], en Carie, et, par Tite-Live [84], sur les frontières de la Carie et de la Phrygie. Mais l'établissement d'Atymbradus, quel fut-il? Comme il n'existe pas de ville nommée *Athymbrada*, je n'hésite pas à croire que ce fut Thymbrara. Cette ville aura été probablement appelée Athymbrara dans le principe; mais, avec le temps, le préfixe α, mobile de sa nature, aura disparu. Si cette conjecture était admise, il faudrait en conclure que le nom du fondateur de Thymbrara était Athymbrarus et non Athymbradus, comme le porte le texte de Strabon [85].

Je n'examinerai point si la tradition mentionnée par cet écrivain est vraie ou fausse; mais je ne puis me dispenser de remarquer qu'elle a au moins un caractère de vraisemblance, et que si ce n'est qu'une fiction, c'est au moins une fiction bien faite, surtout quand elle est complétée à l'aide des secours qu'offre la géographie. Ainsi, les trois frères débarquent sur les côtes de la Carie et pénètrent dans l'intérieur des terres : l'un d'eux se fixe sur les rives du Méandre; le second remonte plus au nord et s'arrête sur les confins de la Carie et de la Phrygie; le troisième, plus loin encore, toujours dans la même direction, et s'établit en Phrygie, sur les rives du Pactole [86]; mais la ville que fonda ce dernier, trop éloignée des côtes, trop voisine de Sardes pour n'être pas subjuguée d'abord par les Lydiens, puis par les Perses, finit sans doute par perdre le souvenir de son origine, et ne le retrouva que lorsqu'à la suite des conquêtes d'Alexandre, l'Asie mineure devint vraiment grecque, et surtout lorsque le calme où la laissa quelque temps la domination des Césars lui permit de jeter un regard sur le passé et de recomposer ses titres.

17.

Fragment d'inscription copié par M. Trézel à Mistra. (Voyez Planche 42, fig. IV.)

```
. ΔΕ Ξ
Τ . . . . ΛΛ
        Ρ
```

Ce fragment appartenait à une base honorifique, à en juger par les mots προσ]δεξ[αμένου] τ[ὸ ἀν]ἀλ[ωμα] dont il est facile de reconnaître les traces.

18.

Fragment d'inscription copié à Mistra par M. Trézel. (Voyez Planche 61, fig. IV.)

```
ΚΡΑΤΙΣ . . . .
ΧΙΔΑΣΝΙΚΟΚ . .
ΙΔΑΜΑΡΗ
```

Ce fragment paraît être le renversement de celui qu'a publié M. Ross dans son recueil, Pl. III, n° 19 et qui est ainsi conçu :

```
ΕΙΛ
ΙΔΑΜΑΡΗ
ΙΧΙΑΣΝΙΚΟΚ
ΚΡΑΤΗΣ^
    ΝΕ
```

Le seul mot entier que présentent ces deux fragments est le nom de Δαμάρης dont il est plus d'une fois question dans les inscriptions de Sparte [87] et qui fut celui d'un patronome éponyme [88]. Peut-être aussi à la deuxième ligne faut-il lire Ἀργίας Νικοκλέους.

19.

Fragment d'inscription lu par M. Trézel sur une pierre encastrée dans la muraille d'une maison à Mistra.

```
ΛΑΟΥΩΝΓΡΕΣ
 =ΗΜΩΝ
```

Ce fragment paraît se rapporter à un catalogue de magistrats, du moins à un de ceux des mots ὧν πρέσβυς, qui se rencontrent très-fréquemment [89] sur les monuments de ce genre. La forme des lettres paraît annoncer une époque antérieure à la domination romaine. ΛΑΟΥ est la fin du nom que portait le père d'un magistrat. ΗΜΩΝ est probablement aussi la fin du nom du πρέσβυς.

---

[78] Strabon XIV, 1, 46.
[79] Étienne de Byzance : Ἄθυμβρα, πόλις Καρίας, πρὸς Μαιάνδρῳ, Ἀθύμβρου κτίσμα, ἥ τις μετὰ ταῦτα Νύσσα ἐκλήθη. Τὸ ἐθνικὸν Ἀθυμβρεύς, τῷ λόγῳ τῶν Καρικῶν.
[80] Cyrop. VII, 1, 45. Étienne de Byzance, v. Θύμβραροι, prétend que Xénophon les appelle Θυμβραραῖοι; mais tous les manuscrits sont d'accord pour donner à ce mot l'autre terminaison. Du reste il ne serait pas étonnant que le graveur de la pierre eût maltraité le nom de cette ville sur lequel presque aucun manuscrit n'est d'accord. Voyez les notes de Schneider sur la Cyropédie, VI, 2, 11.
[81] Ἔνθα καὶ νῦν ὁ σύλλογος τῶν ὑπὸ βασιλέα βαρβάρων τῶν κάτω Συρίας. Cyrop. VI, 2; 11. Fischer, dans ses notes sur ce passage, prouve que par τῶν κάτω Συρίας, il faut entendre les peuples de la Cilicie et de la Cappadoce.

[82] L. c. Ἱστοροῦσι δὲ τρεῖς ἀδελφοὺς, Ἀθύμβρόν τε, καὶ Ἀθύμβραδον, καὶ Ὕδρηλον, ἐλθόντας ἐκ Λακεδαίμονος, τὰς ἐπωνύμους ἑαυτῶν κτίσαι πόλεις· ἐξ ἐκείνων δὲ συνοικισθῆναι τὴν Νύσαν, καὶ νῦν Ἀθύμβρου ἀρχηγέτην νομίζουσιν οἱ Νυσαεῖς.
[83] Ὕδρηλα, τῆς Καρίας.
[84] XXXVII, 56. Il existe une médaille de cette ville. Voyez Eckhel, *Doctr. Numism.*, t. II, p. 58.
[85] Le ρ et le δ sont deux lettres faciles à confondre.
[86] Étienne de Byzance : Θύμβραρα, πόλις Ἀσίας, τῷ Πακτωλῷ συνεχής, ἐκ Ξενοφῶν.
[87] *Corpus Inscr. gr.*, n°ˢ 1341, 1342, 1352, 1477.
[88] *Ibid.*, t. I, p. 607.
[89] *Corpus Inscr. gr.*, n°ˢ 1252, 7; 1261, 1268, 1291.

20.

Fragment d'inscription copié aux environs de Palæochorio ou Sparte, par M. Edgard Quinet.

ΟΥΟΥΟ
ΣΠΡΟΚΡΑΤΟΥ
ΠΟΣΥΠΕΡ
ΥΣΕΙΔΚΙ
ΟΥΔΙΟΣ
ΔΕΙΖ

Ce fragment paraît avoir appartenu à une liste de magistrats. J'ai vainement cherché dans le *Corpus* de quel monument il pouvait avoir fait partie; je suis donc porté à le croire inédit, car il ne se trouve pas non plus dans le recueil de M. Ross. Il contient, ligne 4, les premières lettres du nom de Σπιδίκτη dont nous avons déjà parlé[90].

21.

Fragments d'inscription trouvés par MM. Lenormant et Virlet, à Mistra (dans la maison d'Androtiko Mostiri d'Andros, suivant la note de M. Virlet).

1.   2.
ΙΜΕΛΥΣΙΝΕΙΚ   ΛΥΣΙΝΕΙΚΟΥ ΠΑ ΓΟ
ΦΙΛΑΔΕΛΦΟΣ ΚΑ   ΓΙΠΠΙΔΑΝ ΦΙΛΑΔΕΛΦ
ΔΑΜΟΣΘΕΝΕΙΑ   ΛΥΣΙΝΕΙΚΟΥΥΙΟΝΤΟ

Variantes des deux copies.

1er *Fragment.* M. Virlet, au lieu du Κ qui termine la ligne 1, donne un Ι.
Ligne 3. M. Lenormant lit ΔΑΜΟΣΘΕΝΕΑ.
2e *Fragment.* Ligne 3. M. Virlet omet le jambage de Λ qui commence cette ligne.

Ces deux fragments, qui sont encastrés dans un mur, en regard l'un de l'autre, appartiennent manifestement à un même monument plus étendu, et doivent se suivre dans l'ordre indiqué par les numéros qu'ils portent. Ils peuvent être, je crois, restitués de la manière suivante :

[Π].ΜΕΛΥΣΙΝΕΙΚ[ΗΣ]
ΦΙΛΑΔΕΛΦΟΣ ΚΑ[Ι]
ΔΑΜΟΣΘΕΝΕΙΑ
ΛΥΣΙΝΕΙΚΟΥ ΠΑ ΓΟ[Ρ]
ΓΙΠΠΙΔΑΝ ΦΙΛΑΔΕΛΦ[ΟΝ]
[Λ]ΥΣΙΝΕΙΚΟΥ ΥΙΟΝ ΤΟ[Ν]
. . . .

Πό(πλιος) Μέ(μμιος) Λυσινείκης Φιλάδελφος καὶ Δαμοσθενεία Λυσινείκου Πό(πλιον) Μέ(μμιον) Γοργιππίδαν Φιλάδελφον, Λυσινίκου υἱὸν τὸν . . .

Publius Memmius Lusinice (surnommé) *Philadelphe, et Damosthénia, tous deux enfants de Lusinice, ont consacré ce monument à Publius Memmius Gorgippidas* (surnommé aussi) *Philadelphe, fils* (comme eux) *de Lusinice, ayant*....

Cette inscription se rapporte évidemment à la classe des monuments funéraires. Lusinice, probablement fils d'un autre Lusinice[91], secondé par sa sœur Damosthénia, consacre un souvenir à la mémoire de son frère. Les deux frères, sans doute, s'aimaient tendrement, et de là l'épithète de *Philadelphe*. C'est le premier exemple que je rencontre dans l'épigraphie grecque, d'un surnom donné à un simple particulier. Indépendamment de notre inscription, un passage remarquable de Plutarque[92] semble prouver qu'aux rois seuls n'était pas

réservé l'honneur d'ajouter à leur nom une épithète tirée d'une action d'éclat, d'un événement, du caractère, de la figure, ou, comme ici, de quelque vertu.

Sur la sigle restituée à la première ligne, et qui se retrouve à la quatrième, voyez p. 67. Les deux lettres ΜΕ, qui viennent immédiatement après, sont une abréviation du nom de Memmius ; on les retrouve combinées en forme de sigle à la ligne 4. Il paraît par les inscriptions de Sparte qu'un grand nombre de familles de cette ville appartenaient à la clientelle de la *gens Memmia*.

22.

ΑΝΙΛΙΛΑΦΡΟΔΕΙΤΩΕΑΥΤΗ
ΚΑΙΤΩΔΙΩΑΝΔΡΘΙΒΕΙΘΥΙ
ΚΑΙ ΤΕΚΝΩΤΕΡ ΥΛΛΙΩΝΙ
ΜΝΕΙΑC ΧΑΡΙΝ

Cette inscription, gravée sur une pierre où sont sculptés les bustes d'un homme et d'une femme avec un enfant au milieu d'eux, a été copiée à Mistra par M. Virlet, et paraît devoir être lue de la manière suivante :

[Μ]ΑΝΙΛΙΑ ΑΦΡΟΔΕΙΤΗ ΕΑΥΤ[ΗΙ]
ΤΕ] ΚΑΙ ΤΩ[Ι]ΙΔΙΩ[Ι] ΑΝΔΡΕΙ ΒΕΙΘΥ[ΝΙΩΙ]
ΚΑΙ ΤΕΚΝΩ[Ι] ΤΕΡ[Τ]ΥΛΛΙΩΝΙ
ΜΝΕΙΑC ΧΑΡΙΝ

Μανιλία Ἀφροδίτη ἑαυτῇ, καὶ τῷ ἰδίῳ ἀνδρὶ Βιθυνίῳ, καὶ τέκνῳ Τερτυλλίωνι μνείας χάριν.

Manilia Aphrodite à elle-même et à son époux Bithynius, et à son fils Tertullion, souvenir.

Le nom de Τερτυλλίων, dont je ne connais pas d'autre exemple, est formé par la même analogie que les noms de Τερτύλλα et de Τερτυλλιανός que l'on rencontre dans les inscriptions[93].

23.

Inscription copiée par M. Trézel sur une pierre de la fontaine des cinq arcades à Mistra.

ΖΗΘΙΚΥΡΑΚΟΚΑΝΔΡΑΡΙCΙΟCΛΑΚΕΔΑΙΜ
ΙΟΥΠΙΚΛΗΝΚΡΕΒΑΤΑΚΥΔΙΒΙΑΓΧΙΝΟΒΑΝΕΓ
ΠΡΟCΙΑΤ...Λ. ΚΑΙΓΑΡΗΑΡΑΚΛΗCΕCΙΓΑΝΤ
ΕΚΒΑΟΡΑΝΕΓΕΙΡΚΡΘΝ8ΟΤ8ΟΛ.ΑΠΑΝΤΑC
CΥΝΤΡΗΑCΙΕΟΡΗΤΑΔΕΠΗ. ΑCΕΕCΠΕCΙΛΗΤΕ
     Τ Σ ‖ ΑΥΓΘCΤΟΥΚ Σ ‖

Cette inscription, qui évidemment n'appartient pas à l'antiquité, consiste en cinq hexamètres. Les caractères, assez beaux du reste pour le temps, doivent en être fort altérés, car ils ont donné lieu à un assez grand nombre de confusions qui rendent la lecture du monument très-difficile. Une étude longue et attentive des six lignes qui composent cette inscription m'a conduit à reconnaître plusieurs particularités qui la distinguent de toutes les autres. 1° La terminaison OC y est représentée (ligne 2) par un 8 dont les deux demi-cercles sont séparés par un léger intervalle, ce qu'on n'a pu figurer ici à l'aide des caractères ordinaires. 2° La terminaison ΩΝ est partout omise (lignes 1, 2 et 3), ce qui donne lieu de croire qu'elle était représentée en interligne par un signe que le temps aura effacé ou qui aura échappé au copiste. 3° La diphthongue OY y est figurée par une sigle que l'on retrouve dans une inscription de l'époque byzantine que M. Boeckh vient de publier sous le n° 255a. 4° Enfin

[90] N° 3.
[91] Peut-être la première ligne se terminait-elle par la sigle Э.

[92] Vie de Coriolan, ch. 11.
[93] *Corpus Inscr. gr.*, n°s 3001 et 3042.

ce qui, plus que tout autre indice, annonce un monument byzantin, l'inscription porte une date qui ne peut être rapportée qu'à l'ère mondaine de Constantinople.

Cette date doit être le 20 août de l'an 6300 ou 6362 (808 ou 854 après J.-C.). En effet, la lettre T qui commence la ligne 6 indique évidemment 300, devant lequel on ne peut supposer d'autre signe que Ӑ ou Ϛ. Le premier nous porterait au quatorzième siècle de l'ère vulgaire, époque où les Grecs du Péloponèse, par suite de l'influence des Latins, pouvaient avoir substitué l'ère des Occidentaux à l'ère de Constantinople; car on verra plus tard, par plusieurs inscriptions de Patras et de Vostitza, que cette nouvelle supputation était en pleine vigueur au milieu du quinzième siècle. Mais ici cette date serait beaucoup trop récente. Comment supposer qu'à une époque où l'épée de tant de conquérants étrangers avait sillonné le sol du Péloponèse, la langue poétique eût aussi peu souffert, quand nous voyons, par la chronique de Morée, combien la langue vulgaire elle-même avait été altérée? On ne peut donc admettre ici que l'ère mondaine de Constantinople.

Reste à déterminer ce qu'indiquent les deux signes placés entre le T et le mot ΑΥΓΌCΤΟΥ. La première idée qui s'offre à l'esprit c'est qu'ils représentent les deux mots εἰκοστῷ δευτέρῳ (ἔβυ). Mais alors que représente le signe qui suit le K vers la fin de la même ligne? Évidemment on ne peut y voir l'indication du nombre 60 (ξ'), et la seule supposition possible c'est qu'il est là pour annoncer un adjectif numéral abrégé (εἰκοστῇ s. e. ἡμέρᾳ). S'il en est ainsi, le signe qui suit le T a-t-il ici la même fonction comme il a la même forme, et le double Β qui l'accompagne est-il une abréviation de la terminaison ῳ comme le simple Β est une abréviation de OC? C'est une question que, dans l'absence de monuments semblables, il est impossible de résoudre, mais qui permet d'hésiter entre les dates 6300 et 6362.

Du reste il paraît bien évident que notre inscription se rapporte à la construction de la fontaine sur laquelle elle a été lue, ce qui prouverait que Mistra n'est point une ville moderne, comme on l'a prétendu, que c'est, non pas la ville, mais seulement la citadelle de ce nom, qui doit sa fondation à Guillaume de Ville-Hardouin[94], et que la ville existait déjà au neuvième siècle, portant probablement le nom de Lacédémone pour les Grecs, mais déjà appelée Mistra par les Slaves, dont les dernières invasions eurent lieu dans les années 746 et 747[95]. Par qui fut-elle fondée? c'est qu'il est difficile de décider; mais ce qu'on peut affirmer, c'est que le nom de Mistra est un nom slave[96].

Il serait trop long d'indiquer ici la marche que j'ai suivie pour arriver à trouver le sens de ce monument, le plus difficile peut-être que j'aie rencontré jusqu'ici. Je me contenterai de faire connaître le résultat que j'ai obtenu.

Ζῆθι, κυρὰ κο[ρ]ῶν, ἀνδράριστος Λακεδαίμων!
[τ]οὐπίκλην Κρεβατᾶ κύδ[ρ]ὸς [κ]ἀγκίνοος Ἄν[θας]
προστατ[έει χώρ]α[ς]· καὶ γὰρ [π]αρακλύσαοι πάντων
ἐκ βα[θ]ρῶν ἀνεγείρων κρουνοὺς τοὐσδ᾽ ἅπαντες,
συντερ[ρ[σ]ας [ἐ]ς ὅρη τάδ᾽ ἐπί[ξ]ῃασε [θ]εσπεσία[ν]τε.
[Ἐν ἔτει ϛ] τῷ (ou ϛ]τέβυ).

Vis, ó Lacédémone patrie des vierges et des héros! Le fils de celui qu'on a surnommé Krébatas, l'illustre et habile Anthas, préside aux destinées de ce pays; et en effet, réveillant et réunissant toutes ces sources, il les a conduites par un canal commun jusqu'à ces collines, jusqu'à cette terre que protége la divinité.

L'an 6300 (ou 6362), le 20 août.

Il est à présumer que la ville, privée d'eau par suite de la perte des sources qui entretenaient ses fontaines, avait eu à souffrir de quelque épidémie, et qu'un magistrat, un προστάτης, lui avait rendu sa salubrité première en réparant l'aqueduc ou les canaux qui y amenaient l'eau. Cela expliquerait l'emphase du début : Ζῆθι, etc.

L'épithète de κυρὰ κορῶν donnée à Lacédémone paraît être une imitation du Σπάρτην ἐς καλλιγύναικα d'Homère[97]; celle d'ἀνδράριστος ne se trouve pas dans les lexiques, mais elle est aussi conforme aux lois grammaticales relatives à la composition des mots, que les expressions ἀνδραγαθία, ἀνδραγαθότης, etc.

Le nom de Κρεβατᾶς est évidemment dérivé du mot κράββατος ou κράβατος, dont la langue vulgaire a fait κρέβατος, comme de κραββάτιον elle a fait κρεβάτι[98].

L'ellipse de γῆν que je suppose au dernier vers n'a rien qui doive choquer[99]. Sans doute dans cette ellipse, l'adjectif est le plus communément précédé de l'article, mais en poésie l'article est souvent omis[100].

24.

Je terminerai la publication des inscriptions grecques de Sparte par un monument beaucoup plus récent trouvé par M. Virlet dans une maison du vieux Mistra (ὁ ἅγιος Δημήτριος). C'est la fin d'une inscription qui devait être beaucoup plus longue et porte la date de l'année 1802. Elle est écrite dans l'original en caractères gothiques accompagnés des accents. Je la transcris en caractères courants pour compléter l'histoire de l'épigraphie lacédémonienne.

Καὶ αὕτη δι᾽ ἰδίων Χρυσάνθου τε τῶν ἀναλωμάτων
ὅστις πηδαλιοῦχος Λακεδαίμονος καὶ ἔφορος πραγμάτων·
πατρίς τε αὐτῷ ἐστιν ὁ τῆς ἰδίας τύπος·
ἱεράρχης τε ὁμοῦ καὶ τῶν κακῶν (lis. κακῶν) ὁ τρόμος.
Εὔχεσθε λοιπὸν ἅπαντες ὑπὲρ αὐτοῦ
τοῦ οἰκοδόμου τοιούτου καλοῦ καὶ ἀγαθοῦ·
καὶ οἱ πίνοντες ὕδωρ (f. ὁ ὑμῖν) ἰδὼ (lis. ἰδὼν),
ἐγκώμια δότε τῷ ἐκτελεστῇ αὐτῷ.
Ἔτη (lis. ἔτει) σωτηρίῳ αωβʹ :· ἐν μηνὶ αὐγούστῳ :· ἰνδικτιῶνι εʹ :·

Elle l'a construite à ses propres frais, secondée par Chrysanthe, le gouverneur et l'éphore de Lacédémone, dont la patrie est Lacédémone elle-même, et qui est tout à la fois le chef du culte et la terreur des méchants. Du reste priez tous pour l'habile architecte de ce bel et bon (édifice?); et vous qui buvez l'eau qu'il vous a donnée, accordez des éloges à celui qui a accompli l'œuvre.

L'an du salut 1802, au mois d'août, indiction 5.

---

[94] Le passage de la Chronique de Morée relatif à cette fondation ne laisse aucun doute à cet égard : «Dans le tour que Guillaume de Ville-Hardouin «fit dans ces contrées (après la capitulation de Monembasie, qui eut lieu «trois ans après l'arrivée de Ville-Hardouin), il trouva, à une lieue de «Lacédémonia, un petit monticule situé d'une manière pittoresque au-dessous «d'une plus haute montagne. Cette situation lui parut convenable pour y placer «un fort; il en fit en effet construire un sur cette montagne et lui donna le nom «Mésithra qu'il porte encore aujourd'hui. Il en fit une belle place et un fort des «plus imprenables.» Traduct. de M. Buchon, p. 186. — M. Narcisse Landois prépare au moment une édition critique du texte de cette chronique si importante.

[95] Voyez M. Zinkeisen, Histoire de la Grèce depuis les premiers temps jusqu'à nos jours, Leipzig, 1832, t. I, p. 740 et suivantes.
[96] M. Zinkeisen, loc. cit., p. 855 et suivantes.
[97] Odyssée, XIII, 412.
[98] Voyez Ducange, Glossarium ad scriptores mediæ et infimæ græcitatis. V. κράββατος, et Corny Ἄτακτα, t. I, p. 111 et 238.
[99] Voyez Lamberti Bos, Ellipses græcæ, p. 78, ed. Schæfer. La langue allemande connaît aussi cette ellipse; Goethe, Wilhelm Meister, VII, 1 : Wir fühlen dabei dass wir nicht ganz in der Fremde sind.
[100] Æschyl. Agam. 417, ed. Klausen : ἐχθρὰ δ᾽ ἔχοντες ἔκρυψαν.

(81)

MONUMENTS D'ANTIQUITÉ FIGURÉE,

RECUEILLIS A SPARTE PAR LES MEMBRES DE LA COMMISSION ET EXPLIQUÉS PAR M. LE BAS.

PLANCHE 42. FIG. II.

Ce monument nous offre la face antérieure d'un sarcophage d'une composition élégante et symétrique, mais d'une exécution un peu lourde, ce qui permet de conjecturer qu'il n'est pas antérieur au siècle des Antonins, époque où, suivant l'opinion de Visconti [1], adoptée par M. Gerhard [2] et M. Labus [3], mais qui ne saurait être admise d'une manière absolue [4], on commence à rencontrer des sarcophages ornés de bas-reliefs. Trois génies nus et ἄπτεροι portent sur leurs épaules des ἐγκάρπια qui tombent en festons. Au-dessus des deux sinuosités que forment ces deux guirlandes, sont deux griffons; au-dessous, deux lionnes ayant chacune sous la patte un objet mutilé qui doit être une tête de bélier ou de taureau.

Les trois génies représentés sur ce bas-relief ne peuvent être que des génies bachiques, comme le prouvent les griffons et les lionnes, animaux consacrés à Bacchus [5], et qui, indépendamment de cette attribution, ont souvent, comme animaux solaires [6], rapport au thème généthliaque du personnage renfermé dans le tombeau [7], surtout quand la lionne, le griffon, ou le sphinx tient sous sa patte, comme cela a lieu souvent, surtout pour le lion et la lionne, une tête soit de taureau, soit de bélier [8]. Dépourvus de cet accessoire, ils se bornent à leur sens d'attribut bachique.

Mais, dans ce dernier cas, pourquoi ces animaux bachiques sont-ils représentés sur les tombeaux? Herder [9] y voit un symbole de la mort; d'Hancarville [10] un usage emprunté aux Hyperboréens ou Scythes; Visconti [11], des gardiens des tombeaux destinés à effrayer ceux qui seraient tentés d'en violer la sainteté. Sans doute ces différentes opinions ont un certain degré de vraisemblance; mais la seule admissible, selon moi, est celle qui y reconnaît un emblème d'initiation, ou c'est aussi celle de Visconti [12]; seulement elle ne s'applique pas directement au monument, à l'occasion duquel il l'émet, puisque le sphinx y tient une tête de bélier sous sa patte. Quant aux génies, suivant M. Labus [13], qui adopte à cet égard le

sentiment de Herder [14], ce sont les gardiens du tombeau, et ils semblent dire : *Ne trouble: pas le repos de ce corps; il dort. Après l'avoir rendu à la terre, nous sommes les gardiens de son dernier asile.* Cette explication, si elle n'est pas à l'abri de toute critique [15], est du moins ingénieuse. Pour ma part, je crois que les génies, cortège de Bacchus, doivent se rattacher, comme les griffons, les sphinx, les panthères, les lions et les lionnes, au sens général du monument : *la vie dans la mort par suite de l'initiation.*

Le type qu'offre notre monument a été fréquemment reproduit, mais presque toujours avec des variantes. Les recueils de monuments d'antiquité figurée en fournissent de nombreux exemples [16]. Du reste, sur la plupart des tombeaux romains, on retrouve quelqu'un des ornements qui sont ici réunis. Le plus commun, ce sont les ἐγκάρπια [17], auxquels sont quelquefois substituées des guirlandes de chêne [18], de laurier [19] ou de myrte [20].

FIG. V.

Les traits de cette tête sont trop mutilés pour qu'il soit possible de déterminer avec certitude à quelle divinité elle appartient. MM. les membres de la commission y voient une tête de Bacchus [21]; je crois qu'ils ont raison, à en juger par les traces de grappes de raisin qu'on distingue encore dans la couronne, et par la ressemblance qu'offre la coiffure avec celle de nombreuses représentations de ce dieu [22]. On ne peut s'empêcher cependant de remarquer la conformité de cette tête avec celle d'Hercule enfant sur un hermès provenant de la villa d'Adrien [23]. Les fortes proportions de la tête, la chevelure épaisse et touffue, la petitesse des oreilles, constitueraient une similitude parfaite, si, sur le fragment de Mistra, la face n'était plus longue et moins large que sur le monument romain. Cette dernière circonstance me porte à persister dans la première opinion. Du reste, Bacchus [24] et Hercule [25] étaient également adorés à Sparte.

---

[1] *Museo Pio Clem.*, t. V, p. 11, et t. VII, tav. XXII, éd. de Milan. Millin, *Mon. inéd.*, t. I, p. 105 et suiv. adopte l'opinion de Visconti, dont il reproduit le travail sans en prévenir et sans y ajouter beaucoup.

[2] *Ann. de l'Inst. arch.* 1829, p. 96.

[3] *Mus. della reale accademia di Mantova*, vol. II, p. 20 et 223.

[4] M. Labus, loc. cit., place l'usage des sarcophages sculptés entre le second et le troisième siècle de l'ère chrétienne, et Visconti lui-même prouve, op. cit., p.12, que l'usage de brûler les corps cessa d'être exclusif à Rome à partir du règne d'Auguste. Or, si dès lors on déposa les morts dans des caisses de marbre, on ne dut pas tarder à décorer ces caisses, d'autant mieux que les vases sculptés de l'Étrurie et les vases peints déposés dans les tombeaux de la grande Grèce, où figurent tant de scènes symboliques empruntées à la mythologie, devaient naturellement conduire à ce genre de décoration. Il dut en être de même en Grèce, où tant de sujets symboliques représentés sur les stèles et sur les vases funéraires durent inspirer de bonne heure aux artistes l'idée d'orner les sarcophages d'une manière semblable.

[5] Voyez Visconti, *Mus. Pio Clem.* t. V, tav. X, p. 68, éd. de Milan. Cf. t. IV, tav. XXII, XXIII, e segg. Montfaucon, *Suppl. à l'Ant. Expl.* t. V, pl. 52, t. VII, tav. XXXIX.

[6] Voyez pour le griffon, Servius ad Virg. *Ecl.* VIII, 27. Cf. Gori, *Mus. Etr.* t. 2, p. 178. Le griffon décore beaucoup de monuments consacrés à Apollon. Voyez *Mus. Pio Clem.* t. IV, tav. XIV, où Melpomène a une tête de taureau sous sa rosace; t. VII, tav. XLII, XLIX, etc. Passeri, *Gemmæ astrif.* t. I, pl. XXXIX, et t. II, p. 94.

[7] Voyez à ce sujet la savante note de M. Raoul Rochette (*Monuments inédits,* p. 47, note 3) réfute l'opinion d'après laquelle les idées astrologiques seraient restées étrangères à l'antiquité. Cf. Labus, *Mus. della r. accad. di Mantova*, vol. II, p. 168.

[8] Ajoutez aux exemples cités par M. Raoul Rochette, loc. cit., pour le griffon, Montf. *A. E.*, t. V, pl. XXXI. Cf. pl. XLIX; et pour la lionne, *Mus. Pio Clem.* t. IV, tav. XX.

[9] Supplément à la dissertation de Lessing sur la manière de représenter la mort, inséré dans le t. IV du Conserv. des arts et des sciences.

[10] Recherches sur l'origine de la religion, etc. de la Grèce, t. II, p. 94, 95.

[11] *Mus. Pio Clem.* t. V, p. 150.

[12] Lau. cit.

[13] *Museo di Mantova*, vol. II, p. 223.

[14] Op. cit. lettre IV.

[15] Je crois cette explication tout au plus admissible pour les têtes de Gorgone sculptées sur les tombeaux. Cf. Labus, op. cit., vol. II, p. 210 et 302.

[16] Voyez Fabretti, *Inscr. ant.* c. VI, n° XI, p. 477; *Mus. Pio Clem.* t. IV, tav. XVI, t. VII, tav. XXXV; Millin. *Mon. inéd.* t. I, pl. XIII, p. 105; Montfaucon, *Ant. Expl.* t. V, pl. XXIX et LI, etc.

[17] Sur un monument publié par Spon, *Misc. erud. antiq.* p. 306, III, un esclave présente à deux époux morts et couchés sur le lit funèbre, une guirlande de fruits, tandis que de l'autre main il tient une lampe éteinte. Ainsi les ἐγκάρπια étaient une offrande faite aux morts et destinée à décorer leur tombeau. Ordinairement ils sont suspendus à des bucranes ou à des têtes de béliers.

[18] Monf. *Ant. expl.* t. V, pl. XXXI. Raoul Rochette, *Monum. inéd.* pl. XLVII, fig. 1, etc.

[19] Ibid. pl. XXIV.

[20] Ibid. pl. XXX.

[21] Voyez plus haut, p. 59.

[22] Voyez *Mus. Pio Clem.* t. II, tav. XXVIII, XXIX et b. II; t. IV, tav. XX, XXII, XXIV; t. V, tav. VII, VIII et C; t. VII, tav. II. Cf. Winckelmann, *Mon. inéd.* tav. 57.

[23] *Mus. Pio Clem.* t. VII, tav. XII.

[24] Pausan. III, 13, 5. Cf. III, 11, 8 et 18, 7.

[25] Pausan. III, 15, 3. Il est vrai que dans le temple dont parle le voyageur, Hercule était représenté ἐπιγένειος; mais il y avait encore à Sparte deux autres statues de ce dieu. III, 14, 6 et 8.

(82)

Planche 43. Fig. I, II et III.

Ce bas-relief, d'une grande richesse et d'un grand fini d'exécution, décorait un sarcophage que les habitants de Mistra, suivant un déplorable usage dont la planche 42 nous offre aussi un exemple, ont transformé en *vasque* de fontaine. Cela explique l'état de mutilation dans lequel il se trouve. Certaines parties cependant, conservées, comme par miracle, dans toute leur pureté primitive, dénotent, s'il faut s'en tenir à l'arrêt de Visconti, une époque de notre ère où l'art de la sculpture était encore dans tout son éclat.

Le sujet que représentent les figures I et II est l'un de ceux que l'on rencontre le plus fréquemment sur les sarcophages : une bacchanale [26]. La scène se passe au milieu des vignes. Chacun des personnages qui prennent part à la fête est placé entre deux ceps garnis de leurs grappes, mais de feuilles déjà rares, ce qui semble indiquer l'époque des vendanges. Une symétrie remarquable règne dans la composition et dans l'arrangement de ce tableau.

Fig. I.

Au centre une bacchante, les bras et le sein gauche nus, la chevelure en désordre et rejetée en arrière, danse en tenant son péplus par les deux coins. Cette sorte de danse qu'on rencontre assez souvent sur les monuments bachiques [27], a été assimilée avec raison à la *danse du châle* [28]. On en rencontre des traces dans les écrivains grecs jusqu'au XIII° siècle de notre ère [29]. A droite et à gauche de la danseuse, un bacchant nu, la nébride sur le bras gauche. L'un d'eux tient dans la main droite un thyrse garni d'une pomme de pin aux deux extrémités; l'autre tenait peut-être un fouet d'une main [30], et de l'autre une coupe [31] ou un πρόχους [32], ou bien encore une grappe de raisin [33]. L'état de mutilation des extrémités de l'un et l'autre bras ne permet que des conjectures à cet égard. Aux pieds du bacchant de droite est un lion en marche; aux pieds de celui de gauche une lionne accroupie : l'un et l'autre animal regarde, en se retournant, le personnage qu'il accompagne. Derrière les deux hommes sont deux bacchantes, l'une nue, le péplus rejeté sur l'épaule droite et retombant le long de la jambe gauche, l'autre vêtue d'une tunique qui laisse à découvert son bras et son sein. Toutes deux tiennent en main le tympanum, instrument qu'on retrouve dans toutes les bacchanales et dans tous les triomphes de Bacchus [34]. Enfin, à chaque extrémité, et comme pour encadrer et caractériser mieux encore la scène, une statue de Silène barbu sur un piédestal. L'instituteur et le compagnon de Bacchus n'a pour tout vêtement qu'un morceau d'étoffe attaché sur les hanches et tombant sur les genoux. C'est le costume que portent souvent les ministres inférieurs du dieu sur les monuments [35].

[26] Voyez Montfaucon, *Ant. Expl.* t. I, pl. 165 et 173; Caylus, *Recueil d'Ant.* I, 83, 1, *Mario, Taurus.* p. 29, 65; Winckelmann, *Mon. inéd.* 60; Zoega, *Bassiril.* I, V, VI ; Labus , *Mus. della reale acad.* di Mantova, vol. II, tav. 29, p. 194; etc.
[27] Voyez notamment Montfaucon, *Ant. Expl.* t. 1, pl. 165; *Marmora Taurinensia*, p. 65, etc.
[28] Voyez M. Boissonade, sur Nicetas Eugenianus, VII, 273.
[29] Nicetas Eugen. loc. cit. Plusieurs danses de l'Italie, et notamment de Rome et de Naples, semblent être un reste de cet usage antique.
[30] Comme dans Montfaucon, t. V, pl. 173, 3.
[31] Comme dans Winckelmann, *Mon. inéd.* fig. 60
[32] Comme dans Caylus, t. III, pl. 57, fig. IV.
[33] Comme dans Caylus, t. VII, pl. 38, fig. II.
[34] Cet instrument ne devait pas différer de notre tambour de basque. Sur un monument publié par Montfaucon, *Ant. Expl.* t. 2, pl. 183, le tympanum que tient la bacchante est garni de grelots, et une panthère est représentée sur le fond.
[35] Voyez Caylus, *Rec. d'ant.* t. III, pl. 56, fig. I et II; pl. 57, fig. III.
[36] Voyez Lampe, *de cymbalis*, p. 44 et 268.
[37] Idem. p. 266, 267. Cf. *Mus. Pio Clem.* t. IV, tav. XXII; Zoega, *Bassir.* tav. XIX.
[38] Passeri, *Pict. Etrusc.* I, 145, p. 51 et 59.
[39] C'est ainsi qu'il figure sur un autel publié par Visconti, *Mus. Pio Clem.* t. VII, pl. XV et XV, et que ce savant antiquaire rattache au culte égyptien, mais qui n'est peut-être autre chose qu'un monument mithriaque, à en juger

Fig. II.

La scène bachique se continue sur l'une des faces latérales, et deux jeunes filles, plus décemment vêtues que les deux tympanistes, accompagnent la danse, à laquelle elles prennent part, munies, l'une sans doute, de crotales [36], et l'autre de cymbales [37].

Fig. III.

Mais il y a un sens caché sous cette scène de débauche et de folie sensuelle : le mort renfermé dans ce sarcophage a été purifié par l'initiation aux mystères de Bacchus [38]. C'est ce qu'indique le sphinx que nous voyons sur l'autre face latérale du monument, le sphinx, animal mystérieux [39], consacré à Apollon et à Bacchus dont il décore souvent les monuments [40]. Sans doute, suivant l'usage, il a sous sa patte droite une tête [41] ou un vase [42]. Tout porte à croire qu'ici c'était une tête de bélier; mais quel que fût l'objet qu'il tenait, c'était encore, comme nous l'avons remarqué plus haut [43], une allusion au thème généthliaque du mort.

Planche 50. Fig. I.

J'ai peu de chose à dire sur ce fragment qui représente un Grec combattant contre deux Amazones. Il vient de renverser l'une d'elles qu'il saisit par les cheveux pour la percer de son glaive; l'autre accourt le bouclier au bras gauche [44] et le parazonium levé; elle va frapper l'ennemi qui menace sa sœur. Une scène à peu près semblable se trouvant sur la frise de Phigalie, je renvoie mes lecteurs à la description détaillée que j'ai donnée de ce monument [45].

Fig. II.

Une femme assise, le voile sur la tête, est un sujet qui se rencontre fréquemment sur les stèles funéraires, et peut-être serait-ce à un monument de ce genre qu'il faudrait rapporter ce fragment, si la pose de la femme était plus calme, et si le voile n'était pas flottant. Je serais donc plus porté à y voir une image de Morphô, l'un des noms que Vénus portait à Sparte, où elle était représentée assise, avec un voile sur la tête et des fers aux pieds [46], symbole de l'attachement que les femmes doivent à leurs maris.

Fig. III.

Cette petite figure nue, une torche à la main et le milieu sur la tête, nous donne sans doute celle d'un jeune enfant assimilé à l'un des Dioscures [47] sur le bas-relief qui décorait son tombeau, dont une partie de l'encadrement subsiste encore.

par l'autel où brille la flamme, par le taureau et par le serpent. C'est une question que résoudra sans doute M. Lajard, qui, par une comparaison judicieuse des monuments, a pénétré si loin dans les mystères de l'antique religion de la Chaldée. Le sphinx est encore réuni au taureau sur un autel publié par Caylus, t. II, pl. 54. Il a un sens funéraire sur un grand nombre de monuments, et notamment sur un miroir étrusque publié par Caylus, t. VI, pl. 32, fig. 1.
[40] Voyez entre tant d'exemples *Mus. Pio Clem.* t. VII, tav. XXXVI, XXXIX. Notez que le sphinx est souvent réuni au griffon. Voy. Montfaucon, *A. E.* t. II, pl. 102, et t. V, pl. 37 et 49.
[41] Cette tête est tantôt une tête de taureau (Raoul Rochette, *Mon. inéd.* pl. X, n°. 2), tantôt une tête de bélier, tantôt une tête humaine (Passeri, *Gemm. astrif.* t. I, pl. CXXXVIII; Inghirami, *Mon. Etr.* ser. I, pl. LXVII).
[42] Voyez *Mus. Veron.* XXXIV, et les médailles de Téos.
[43] Voyez p. 81.
[44] Chose assez singulière, ce bouclier est ici un bouclier argien.
[45] P. 22 à 27. Je profiterai de cette occasion pour ajouter à la liste que j'ai déjà donnée des monuments anciens représentant des combats d'Amazones, quelques indications que j'avais omises. Voyez M. de Laborde, *Vases du comte Lamberg*, t. 2, vignette V, p. 16 et pl. XCV; *Musée Worsley*, p. 144; Gori, *Mus. Etr.* t. I, pl. 13, 130, 135, 136; Montfaucon, *Ant. expl.* IV, pl. 10, 14, 31, 33, 145, et V, pl. 199. Toutes les explications données par le savant bénédictin, sur plusieurs de ces monuments, sont loin d'être satisfaisantes.
[46] Pausan. III, 15, 8. κάθηται δὲ καλύπτραν τε ἔχουσα καὶ πέδας περὶ τοῖς ποσί.
[47] Voyez plus bas, p. 129 et 132.

Suivent les planches 46, 47, jusqu'à 50.

# ROUTE DE SPARTE A PALÆO EPISKOPI (TÉGÉE).

En remontant du côté du nord, par la vallée de l'Eurotas, on rencontre, avant d'arriver au fleuve dont cette vallée porte le nom, quelques restes de constructions en briques du temps des Romains. Le pont sur lequel on traverse l'Eurotas, en cet endroit, est un ouvrage du moyen âge; mais les pierres ont été tirées des ruines de Lacédémone. Lorsqu'on a quitté ce pont et le magnifique coup d'œil dont on y jouit, et qu'on se dirige ensuite vers le nord-est, après avoir passé à gué une rivière bordée de lauriers-rose et de très-belles plantations d'oliviers, on arrive au Khan de Vourlia, qui est encore à une assez grande distance; de là, la route, en se dirigeant vers le nord, vous conduit, en montant, au Khan de Krabata, situé près d'un ruisseau, à l'embranchement de la route de Tégée et d'Arakova. En continuant toujours de marcher au nord, on arrive à une gorge de montagnes couvertes de buissons, à l'issue de laquelle est une petite plaine labourée qu'entourent d'autres montagnes incultes; après quoi on gravit une montée d'où le Taygète offre un aspect admirable. La route continue ensuite; tantôt à travers de petites plaines resserrées entre des montagnes, ou coupées par des fondations de murailles; tantôt par des ravins pierreux et hérissés d'épais buissons, jusqu'à ce qu'on soit arrivé près du lit d'un torrent sinueux, décoré du titre pompeux de Saranda-Potamos (les quarante fleuves) : c'est là que l'Alphée prend sa source. Ce torrent se joint bientôt à un autre plus grand, et l'on suit leur cours, toujours à travers un défilé étroit et d'un aspect fort triste. Non loin de là est le village de Krya Vrysi, où l'on remarque une belle fontaine. La rivière se réunit à une autre venant de droite, et forme en cet endroit un grand espace couvert par les cailloux de son lit que nous trouvâmes sans eau : on l'appelle toujours Saranda-Potamos. Quelques petites parties cultivées, et le plus souvent des prairies entourées de montagnes arides, une gorge resserrée et tortueuse qui forme le lit du torrent, puis, à gauche, des grottes où se retirent les bergers, à droite une autre grotte profonde formée par les rochers qui bordent le torrent; tout cela offre un coup d'œil assez triste et cependant assez pittoresque. Enfin, l'on sort du défilé; et, laissant à droite le lit du torrent, on se trouve, après avoir monté sur une petite colline, dans une plaine très-vaste, à l'extrémité de laquelle est le village de Piali, qu'on prétend situé sur une partie de l'emplacement de Tégée. Nous y vimes seulement, autour d'une citerne, des fragments de marbre, parmi lesquels était un chapiteau dorique de même matière, d'environ 1 mètre 50 cent. de diamètre, et que l'on avait creusé pour en faire une auge. De Piali, on se dirigeant à l'est, on arrive à Palæo Episkopi [*].

TÉGÉE.

D'après Pausanias [1], le temple de Minerve Aléa, à Tégée, était incomparablement le plus beau et le plus grand de tous les temples du Péloponèse. L'architecte Scopas, qui l'avait construit, y avait employé le luxe des trois ordres de l'architecture grecque. Le premier rang de colonnes était d'ordre dorique; le second rang, d'ordre corinthien, et le temple était entouré en dehors de colonnes d'ordre ionique [2].

On voyait aussi à Tégée un temple de Minerve Poliates; de Diane Hégémoné; un temple de Cérès et de sa fille; celui de Vénus Paphienne, et tout auprès deux temples de Bacchus et un temple d'Apollon.

[*] DISTANCE DE SPARTE A PALÆO EPISKOPI (TÉGÉE).

A 37 minutes, une ruine romaine en briques. A 40 m., on traverse l'Eurotas. A 98 m., une fontaine. A 5 m., le Khan de Vourlia. A 61 m., près d'un ruisseau, le Khan de Krabata. A 42 m., une fontaine. A 63 m., sur une montée, vue du Taygète. A 52 m., plaine entourée de montagnes. A 30 m., gorge pierreuse, appelée Klissoura (défilé). A 47 m., torrent appelé Saranda Potamos. A 20 m., il se joint à un autre. A 12 m., village de Krya Vrysi. A 56 m., une plaine. A 55 m., gorge resserrée et tortueuse. A 15 m., à droite, une grotte profonde. A 27 m., fin du défilé. A 39 m., village de Piali. A 14 m., Palæo Episkopi (Tégée).
Distance totale, 11 heures 43 minutes.

[1] Paus., liv. VIII.
[2] Sur le fronton de devant était représentée la chasse du sanglier de Calidon; et sur le fronton de derrière, le combat de Téléphe contre Achille, dans la plaine du Caïque.

avec sa statue dorée. Dans le peu d'heures que nous passâmes à Piali, nous ne vîmes de l'antique Tégée que ce que nous avons indiqué plus haut, et par conséquent rien qui pût nous arrêter plus long-temps en ce lieu.

Palæo Episkopi, qui occupe probablement l'emplacement d'un des principaux monuments de Tégée, est une ruine du moyen âge, qui se compose d'une vaste enceinte près de laquelle est une fontaine. Une grande église en ruine, du même temps, et dont les restes sont très-pittoresques, est au milieu de cette enceinte : sur un marbre scellé dans un mur, on déchiffre quelques noms grecs qu'on présume être ceux des guerriers morts à Platée. A la vue de ce monument, on éprouve l'émotion que produit sur tous les cœurs le souvenir des belles actions. Cette église a été construite sur le soubassement d'un édifice antique : nous y trouvâmes beaucoup de fragments de marbre, mais rien qui pût nous intéresser sous le rapport de l'art. Notre guide, qui était du pays, nous dit qu'il y avait autrefois beaucoup de marbres, mais qu'ils avaient été tous employés par les Turcs à la contruction des mosquées, des fontaines et de quelques maisons de Tripolitza.

ROUTE DE TÉGÉE A MANTINÉE, PAR TRIPOLITZA.

La route de Palæo Episkopi à Tripolitza est dans la direction du nord-ouest. En entrant dans la grande plaine, qui seule sépare ces deux villes, on rencontre d'abord quelques pierres éparses, restes de l'ancienne Tégée; puis des parties de route pavée, et à gauche et à droite les villages de Tziva et Aiososti; plus loin, quelques petites collines, sur l'une desquelles est bâtie une église : et l'on arrive à Tripolitza en une heure 29 minutes.

Tripolitza, maintenant capitale de la Morée, est située dans une plaine. Quoique moderne, l'origine de cette ville est assez obscure. Elle est située entre Tégée et Mantinée, et elle remplace aujourd'hui ces anciennes cités, ainsi que Pallantium, qui était à l'extrémité sud de la plaine. A l'ouest, est une citadelle construite sur une petite colline, qui domine la ville de ce côté, et la sépare d'un ruisseau. La plaine est cultivée; mais, ainsi que les montagnes qui l'environnent, elle est entièrement dépourvue d'arbres. Nous ne vîmes aucun monument antique à Tripolitza : elle avait été presque entièrement détruite par la révolution grecque; seulement nous y trouvâmes des fragments de marbre employés dans les constructions modernes de quelque importance, et provenant sans doute d'anciens édifices. Dans une vieille mosquée, entre autres, nous vîmes de nombreux débris de fûts de colonne, dont un en marbre de 1 mètre 48 cent. de diamètre, qu'on a creusé pour en faire une vasque. Le bazar était déjà rétabli, et même les ouvriers, profitant de la paix, étaient occupés à réparer les habitations qui avaient le plus souffert de la guerre.

Mantinée est à peu près au nord de Tripolitza : cependant, pour y aller, il faut se diriger un peu vers l'est, pour tourner autour d'une colline qui forme un dernier échelon du mont Ménale, et qui s'avance dans la plaine. En cet endroit resserré, on passe sur une fondation de murailles, qui marquait peut-être la limite du pays des Tégéates. Cette partie de la plaine de Mantinée est plantée de vignes, séparées par des haies de buissons: plus loin, coule l'Ophis, dont les eaux, en se divisant dans la plaine, forment plusieurs marais. Après avoir ensuite traversé un ruisseau sur un petit pont, on arrive au lit desséché du fossé qui entoure les murs de Mantinée *.

---

* DISTANCE DE TÉGÉE A MANTINÉE.

A 10 minutes, route pavée, un petit pont sur un ruisseau. A 79 m., Tripolitza. A 43 m., un petit pont sur un ruisseau, route pavée. A 25 m., fondations de mur au pied d'une colline. A 22 m., ruisseau marécageux (l'Ophis). A 45 m., un pont sur un fossé. A 5 m., fossé et murailles de Mantinée.
Distance totale : 3 heures 49 minutes.

MANTINÉE.

Mantinée, située au nord de la plaine à laquelle elle donne son nom, est environnée, comme Tégée, de montagnes entièrement dépourvues d'arbres.

Antinoé, fille de Céphée, fils d'Aléus, ayant suivi pour guide un serpent, bâtit une ville dans l'endroit où il s'arrêta, et c'est en mémoire de ce serpent qu'on a donné le nom d'Ophis au fleuve qui passe par la ville. Il paraît que Mantinéus, fils de Lycaon, dont elle a conservé le nom, l'avait fondée dans un autre lieu, dans la plaine Argos, que les Arcadiens appellent encore *la ville*[1].

Pausanias rapporte qu'on voyait à Mantinée un temple double, divisé par un mur, à peu près vers la moitié : d'un côté était une statue d'Esculape, de l'autre un temple de Latone et de ses enfants.

Il y avait aussi un temple de Jupiter Soter, de Jupiter Épidotès, ainsi surnommé parce que c'est lui qui distribue les biens aux mortels; dans un autre endroit celui de Cérès et de sa fille; vers le théâtre celui de Junon, et derrière le théâtre les ruines d'un temple de Vénus Symmachia, et de Minerve Aléa. Il y avait encore un temple d'Antinoüs, le plus moderne de ceux qu'on voyait à Mantinée[2].

On retrouve de la ville qui est dans la partie basse de la plaine, toute l'enceinte, dont la circonférence est d'environ trois milles, puisqu'il faut une heure pour en faire le tour. Les murs sont flanqués de 116 tours, tant rondes que carrées, et l'on reconnaît encore sept portes : devant chacune d'elles était un petit pont sur lequel on traversait le fossé, et de chaque côté était une tour ronde, et à l'intérieur, le chemin construit par lequel on entrait dans la ville.

Dans l'enceinte de cette cité, dont les murailles s'élèvent à peine aujourd'hui à quelques pieds de terre, on retrouve les restes d'un petit théâtre et de plusieurs autres édifices, mais trop incomplets pour qu'on puisse en reconnaître la forme.

Au nord de la ville est une montagne conique, sur laquelle on voit une ruine de chapelle ombragée d'arbres.

[1] Pausanias.   [2] Idem.

EXPLICATION DES PLANCHES.

Planche 53.

Fig. I. — Plan d'une des portes de la ville avec ses tours; attenant à cette porte, qui diffère peu des autres, sont des arrachements de la muraille d'enceinte flanquée de tours carrées.
Fig. II. — Construction de la base d'une tour carrée.
Fig. III. — Construction de la base d'une tour ronde.
Fig. IV et V. — Plan et coupe des restes du théâtre.
Fig. VI. — Fragment d'un gradin en pierre du théâtre.

Planche 54.

Fig. I. — Vue, prise du sud, de l'emplacement de Mantinée : l'enceinte de la ville est au bas de la montagne, qui occupe le centre de la vue.
Fig. II et III. — Plan et détail de construction d'un monument antique de forme polygonale, qui se trouve au sud-est, et à une heure de route, environ, de Mantinée, sur le sommet de la colline Saint-George, dans la vallée de Louka.

M. Virlet, membre de l'expédition, de la section des sciences physiques, auquel nous devons le dessin de ce monument, pense que c'était une forteresse qui servait à la défense de la vallée. Les murs qui sont encore debout, ne s'élèvent pas à plus de trois mètres dans la partie la mieux conservée. Les constructions sont parementées à l'intérieur comme à l'extérieur. A l'un des angles, est une tour moderne construite avec les pierres de la tour antique : M. Virlet la croit du temps des Vénitiens.

(86)

INSCRIPTIONS RECUEILLIES A TÉGÉE ET A TRIPOLITZA,

EXPLIQUÉES PAR M. LE BAS.

1.

Les trois inscriptions qui suivent ont été copiées à Piali, l'ancienne Tégée, par M. Charles Lenormant.

ΦΙΛΟΛΟΙ ΟΣII.....
ΕΑΥΤΟΙΣ
ΟΥΡΒΑΝΕ Χ.....
ΕΥΦΡΟΣΥΝΕ ΧΑΙΡΕ
ΟΓΕΠΤΕ ΧΑΙΡΕ

Cette inscription est évidemment la même que le n° 1528 du *Corpus*, bien qu'elle ait subi quelque altération à la première ligne et qu'elle contienne une ligne de moins, celle qui suit la première, et une de plus, la dernière de toutes. Elle a été publiée pour la première fois par M. Pouqueville[1], dont M. Boeckh a reproduit la copie que je transcris ici pour qu'on puisse juger des différences.

ΦΙΛΟΛΟΕΥΣ
. . . .
ΕΑΥΤΟΙΣ
ΟΥΡΒΑΝΕ..ΧΑ
ΕΥΦΡΟΧΥΛΙΕ.ΧΑ

Lors même que M. Pouqueville ne nous apprendrait pas que cette inscription est gravée sur un cippe, il serait facile d'y reconnaître une épitaphe qui peut être ainsi restituée :

ΦΙΛΟΛΟ[Γ]ΟΣ [ΚΑΙ . . . .]
ΕΑΥΤΟΙΣ
ΟΥΡΒΑΝΕ ΧΑΙΡΕ
ΕΥΦΡΟΣΥΝΕ ΧΑΙΡΕ
[ΘΡ]ΕΠΤΕ ΧΑΙΡΕ.

Φιλόλογος καὶ . . . . . . ἑαυτοῖς.
Οὐρβανὲ χαῖρε.
Εὐφρόσυνε χαῖρε.
Θρέπτε χαῖρε.

Philologus et. . . . . ont élevé ce monument pour eux-mêmes.

Adieu, Urbain! Adieu, Euphrosinus! Adieu, Threptus!

M. Boeckh restitue ainsi les deux premières lignes : Φιλο[ν]γεὺς? [καὶ . . . . ἐπνίησαν] ἑαυτοῖς [καὶ τοῖς etc., (probablement ἑαυτῶν)]; mais l'insertion d'ἐπνίησαν et de καὶ τοῖς ἑαυτῶν, bien que réclamée par le sens, est tout-à-fait inadmissible ici : la place manque évidemment, car l'on ne saurait révoquer en doute l'exactitude de la dernière copie.

M. Ross reproduit cette inscription, dans son recueil[2], en autant de lignes qu'en contient la copie de M. Lenormant. Mais il n'indique la première ligne que par des points, et omet à la dernière le nom qui précède χαῖρε. Il nous apprend, en outre, que la pierre où l'inscription est gravée se trouve encastrée dans la fenêtre de l'église de Palæo Episkopi.

2.

ΧΑΛΛΙΚΩ
ΧΑΙΡΕ

Cette inscription gravée sur un cippe a été également publiée pour la première fois par M. Pouqueville[3], et reproduite par M. Boeckh sous le n° 1527. M. Pouqueville a lu à la première ligne ΚΑΛΛΙΚΟ, que je regarde comme la véritable leçon; mais il est probable que ce mot n'est pas complet, et que la dernière syllabe a disparu. Je crois que l'épitaphe était ainsi conçue :

ΚΑΛΛΙΚΟ[ΜΗΣ]
ΧΑΙΡΕ

Καλλικόμης χαῖρε.
Adieu, Callicome!

Je ne connais pas d'autre exemple du nom de Καλλικόμης, formé d'ailleurs très-régulièrement d'après la même analogie que Ἀδρακόμης. On sait toute l'importance que les Grecs attachaient et attachent encore à la beauté de la *chevelure*.

M. Ross[4] a retrouvé ce monument dans l'église de Palæo Episkopi, et confirme la leçon ΚΑΛΛΙΚΩ; mais comme il atteste que le monument avait une troisième ligne dont les lettres sont entièrement effacées, on peut admettre que la première ligne a eu également à souffrir des ravages du temps, et je persiste dans ma conjecture.

3.

ΧΑΙΡΕΤΕ
ΟΚΡΙΤΕ ΑΓΗΣΙΣΤΡΑΤΕ

Χαίρετε [Θε]όκριτε, Ἀγησίστρατε.
Adieu, Théocrite et Agésistrate!

Je ne donne pas la restitution de Θεόκριτε comme incontestable; d'autres noms, tels que Δημόκριτε, pourraient également convenir. Je me suis uniquement déterminé à préférer le premier parce qu'il remplit mieux l'espace vide et que, selon moi, on doit tenir grand compte de la symétrie, dans ces sortes de restitutions.

Le nom d'Agésistrate est connu. Il a été porté par un éphore de Sparte dont parle Xénophon[5].

Cette inscription paraît être inédite, car elle ne figure ni dans le *Corpus*, ni dans le recueil de M. Ross.

---

[1] Voyage en Grèce, t. IV, p. 275 de la 1ʳᵉ édit.; t. V, p. 283 de la 2ᵉ.
[2] P. 3, col. 2.
[3] Loc. cit.
[4] Op. cit., p. 3, col. 1 et 2.
[5] Hist. Gr. II, 3, 10.

(87)

4.

Inscription copiée par M. Ch. Lenormant sur une pierre encastrée dans le mur d'une église sur la route de Tripolitza.

ΑΡΙΣΤΩΝ
ΧΑΙΡΕ

Ἀρίστων χαῖρε.
Adieu, Ariston!

M. Ross publie dans son recueil une inscription qui offre beaucoup de ressemblance avec celle que nous donnons ici. Elle a été trouvée par lui sur un cippe sépulcral dans l'église de Saint-Élie près de Neochorium, au pied du mont Artemisium, et est ainsi conçue :

ΑΡΙΣΤΙΩΝ ΧΑΙΡΕ

Mais comme cette inscription est gravée sur une seule ligne, tandis que la nôtre l'est sur deux, et comme d'ailleurs la copie de M. Lenormant n'indique aucun espace entre le Τ et l'Ω, je suis porté à croire que ces deux monuments ne doivent pas être considérés comme n'en formant qu'un seul, et je regarde par conséquent le nôtre comme inédit. Autrement il faudrait accuser l'un des deux copistes d'inexactitude, ce qui n'est pas admissible.

———

5.

Fragment d'inscription copié à Tripolitza par M. Ch. Lenormant sur le bord d'un puits. La pierre a 52 centimètres de longueur sur 37 de largeur.

```
. . . . . . . . . ΕΟΤΑΤΟΣΕΥΣΧΗ . . . . . .
. . . . . . . . . ΝΑΥΣΑΥΤΟΥΤΕΚ . . . . . .
. . . . . . . . . ΕΛΕΚΑΙΙΕΡΕΥΣΤ . . . . . .
. . . . . . . . . ΑΝΤΑΣΤΟΥΙΕΝΤΑ . . . . . .
5. . . . . . . . ΤΟΔΕΟΝΟΙΟΝΚΑΙ . . . . . . .
. . . . . . . . . ΕΤΤΑΑΥΤΑΦ . . . . . . .
. . . . . . . . . ΥΟΛΟΝΑΜΩΙ . . . . . . .
. . . . . . . . . . Κ ΕΝΤΕΥ . . . . . . .
. . . . . . . . . . . . . . . . . . . . .
10. . . . . . . . . . . . . . . . . . . . .
. . . . . . . . ΣΩ . . . . . . . . .
ΕΙΠΕΓ. . . . . . . . . . . . . . . .
. . . . . . . . . . . . . . . . . . . .
. . . . . . . . . ΑΡΠΑΞΟΜΕΝΑ . . . . . .
15. . . . . . . . . . . . . . . . . . . . .
. . . . . . . . . . ΑΛΛΟΝ ΤΟΝ ΙΔΙΟΝ Β . .
. . . . . . . . . . . . . . Ν . . . . . .
. . . . . . . . . ΤΟΥΕΠΑΛΛΟΝΤΑΣ . . . . .
. . . . . . . . . . . . ΤΕΣΔΕΚ . . . . .
20. . . . . . . . . . . ΑΥΤΟΣΤΕΚΑ . ΑΤ . . .
. . . . . . . . . . . ΤΟΥΣΓ . . . . . . .
```

M. Trézel a trouvé plus tard, *au côté droit de la porte de l'école à Tripolitza*, cette inscription à laquelle il donne vingt-quatre lignes. Il n'a pu lire que la dernière ligne qui, suivant lui, est ainsi conçue : ΖΥΟΖΓΑΜΟΥΖΤΟΓ. Depuis M. Ross l'a transcrite dans le même lieu, et l'a publiée[6] un peu plus complète qu'elle ne l'est dans la copie de M. Lenormant. Nous reproduirons ici de nouveau texte pour éviter une longue énumération de variantes.

```
. . . . . . . . . ΑΤΟΣΕΥΣ . . . . .
. . . . . . . . . ΥΕΑΥΤΟΥΤΕΚ . . .
. . . . . . . . . ΕΛΣΚΑΙΙΕΡΕΥΣΤΑΣ . .
. . . . . . . . . ΑΥΤΑΣΤΟΥ . ΕΝΤΑ . . .
5. . . . . . . . . ΤΟΔΕΟΜΟΙΟΝΤΑΙΑ . .
. . . . . . . . . . . . . . ΑΥΤΑΦ . . .
. . . . . . . . . ΕΥΚΟΛΟΝΑΜΩΙ . . .
. . . . . . . . . . . . . ΕΝΤΕΥ . . .
. . . . . . . . . . . . ΓΟ . . . . . .
10. . . . . . . . . . . ΕΧ . . . . . .
. . . . . . . . . . . . . . . . . . .
. . . . . . . . . . . . ΕΕ . . . . . .
. . . . . . . . . ΕΥΕΝΕΤΩΝΔΟΓΑ . . .
. . . . . . . . . ΣΕΙ . ΕΣΤΙΑΦΙΙΦΑ . .
15. . . . . . . . ΕΟΝΑΝΕΡΙΤΑΞΑΣ . . .
. . ΙΓΑΤΟ . . . . Ω ΙΤΟΝΕΝΤΑΙΓΟΛΕΙ
. ΟΝΕ . . ΔΕΣ . . . . . . . . . . .
. ΙΟΣ . . . . . . . ΑΛΛΟΝΤΟΝΙΔΙΟΝ .
ΙΑΙ . . . . . . ΤΟΥΣΕΝΙΙΑΛΛΟΝΤΑΣ .
20. . . . . . . . ΛΟΚΑΓΟΙΟ . . ΤΕΣΔΕΚΑ
. . . . . . . . . . . . . ΑΥΤΟΣΤΕΚΑΙΑ
. . . . . . . . . ΣΤΟΥΣΓΑΜΟΥΣΤΩΝ . .
```

M. Ross nous apprend que cette inscription est gravée sur une plaque de marbre blanc dont la partie gauche est intacte, mais dont la droite est mutilée, ce qui ne permet pas de déterminer la longueur des lignes. Il ignore du reste d'où cette pierre provient, mais il conjecture, d'après la nature des lacunes, qu'avant son encastrement dans le mur de l'école, elle a dû appartenir à quelque fondation ou à un escalier. Nous sommes mieux instruits que M. Ross sur ce point, car nous savons par M. Lenormant que ce marbre a été long-temps sur le bord d'un puits.

Ce monument est beaucoup trop fruste pour qu'on puisse affirmer à quelle classe il appartient. Il est probable que c'était un décret honorifique, à en juger du moins par la ligne 21 qui, si je ne me trompe, devait être ainsi conçue : αὐτός τε καὶ τ[ὰ] τ[έκνα αὐτοῦ]. Du reste, si cette pierre contenait un décret, il paraît évident qu'elle devait avoir plus d'étendue, car le préambule ordinaire ne s'y rencontre pas.

Voici tout ce qu'il me paraît possible d'en tirer en combinant les deux copies :

Ligne 1. [ἐνδο]ξότατος, εὐσχη[μονέστατος].
Ligne 2. [τὰς] ναὸς αὐτοῦ τε κ[αὶ]. . . .
Ligne 3. καὶ ἱερεὺς τᾶς [Ἀθάνας], conjecture très-vraisemblable de M. Ross. On sait que Minerve était l'objet d'un culte particulier chez les Tégéates[7].
Ligne 4. αὐτὰς τοὺς ἐν τῷ [πύλει], Cf. ligne 16.
Ligne 5. τὸ δὲ ὅμιον τῶ Ἀ[θάνας?], conjecture de M. Ross.
Ligne 6. αὐτά.
Ligne 7. εὔκολον ἁμῶν.
Ligne 14. εἴπερ . . . . . . Ἑστία.
Ligne 15. ἀνεπιτάξας οὐ ἀνεπιτάξασα.
Ligne 16. ἁρπαξομένα[ν] τῶν ἐν τῶ πύλει
Ligne 18. ἄλλον τὸν ἴδιον β[ίον].
Ligne 19. τοὺς ἐπ[ὶ]ἀλλοντας.
Ligne 20. ποια[ῶν] τας δὲ καί . . .
Ligne 21. αὐτός τε καὶ [τ]ὰ τ[έκνα αὐτοῦ].
Ligne 22. τοὺς γάμους τῶν.

M. Ross pense avec raison que ce monument provient de Tégée, et il fonde cette opinion sur la mention de Minerve ; ce qui est une preuve peu concluante, puisque Minerve ne figure sur cette inscription que par suite d'une conjecture ; et en outre, ce qui est beaucoup plus certain, sur ce que les ruines de Tégée sont voisines de Tripolitza et ont probablement servi à construire cette dernière ville. Quant

[6] Op. cit., p. 1, et Pl. I, 1.

[7] Pausanias VIII, 45.

à l'âge du monument, M. Ross ne peut rien donner de certain à cet égard; mais d'après la forme des lettres et d'après la première ligne, où dans ΑΤΟΣ et ΕΥ il croit retrouver les éloges donnés ordinairement aux empereurs romains, il pense que cette inscription appartient au premier siècle de notre ère. J'avoue que ces raisons me paraissent peu convaincantes, et que j'ai peine surtout à voir dans ΑΤΟΣ et ΕΥ, ou plutôt ΕΥΣΧΗ, tout ce que M. Ross veut y voir.

6.

Fragment copié par M. Ch. Lenormant à Tripolitza, sur la cuve d'une fontaine.

ΘΗΡΙΝ   ΡΟΛΙΣ   ΤΕ
ΙΠΠΩΝΟΣ

M. Boeckh a publié ce monument, n° 1516, d'après la copie de J. Cartwright, reproduite par M. Pouqueville [a]. Il était beaucoup plus complet quand le voyageur anglais l'a transcrit; car il était ainsi conçu :

ΘΗΡΙΝ....ΗΠΠΟΝΟΣΠΟΛΙΣΤΕΓΕΑΤΩΝ ΑΡΕΤΑΣ
ΕΝΕΚΕΝ

Θηρι[ππίδαν] Ἱππωνος πολις Τεγιατῶν ἀρετᾶς ἕνεκεν.

La ville des Tégéates a élevé ce monument à Térippidas, fils d'Hippon, en récompense de son courage.

Ce fragment prouve, sans aucun doute, que les ruines de Tégée ont servi à la construction de Tripolitza.

7.

Ce fragment, ainsi que le suivant, a été trouvé à Tripolitza, dans les matériaux employés à la construction de l'école près de la grande mosquée. Le premier a été copié par MM. Ch. Lenormant et Trézel; la copie du second est due à M. Trézel seulement.

ΓΑΣΣΙΝΟΥΟ
ΛΕΥΚΙΟΣ ΜΟΜΜ

M. Boeckh a publié ce monument, n° 1530, d'après deux copies, l'une de Fourmont et l'autre de M. Mustoxydi. Toutes deux diffèrent entre elles.

Ligne 1, Must. ΓΑΣΕΙΟΨΟ, Fourm. ΦΑΣΣΤΥΟΧ; *Ligne* 2. Must. ΛΕΔΚΟΚ ΜΟΜΜ, Fourm. ΙΟΣ ΜΟΜΜΙΟΣΛΕ.

On voit que la copie de M. Lenormant présente aussi des variantes assez importantes.

M. Boeckh doute avec raison que ces deux lignes écrites, l'une en caractères anciens, l'autre en caractères beaucoup plus récents, appartiennent à une seule et même inscription. Il lit à la ligne 1 : Φασστνογον ou Φασστογον, c.-à.-d. ἀστυόχου ou ἀυτυόχου, s'appuyant sur ce que le mot ἄστυ est au nombre de ceux qui recevaient la digamma, et sur ce que dans les temps anciens le σ se redoublait souvent devant une consonne [b].

La seconde ligne ne présente pas de difficulté. En combinant les trois copies, il est facile d'en tirer Λεύκιος Μόμμιος Λε[υκαίου υἱός]. M. Boeckh conjecture avec toute vraisemblance qu'il s'agit de Lucius Mummius Achaicus, qui fut consul l'an de Rome 608.

[a] T. IV, p. 276 de la première édition; t. V, p. 279 de la seconde.

8.

ΥΙΛΥΤοΝΑΕΙ
οΤΑΙΕΙΣΤΕΘΕΟΥΣΓΑ
ΓΕΤΑΝΑΘΑΝΑΤΟΣ

Ce fragment appartenait-il au précédent, ou formait-il un monument distinct? c'est ce qu'il est bien difficile d'affirmer. Tout ce qu'on peut lire c'est, *ligne* 1, τὸν ἀεὶ; *ligne* 2, εἰς τε θεούς; *ligne* 3, ἀθάνατος.

9.

Fragment d'un cippe encastré dans le mur de l'église moderne de Panaïa Paneronesi, dans le carrefour de la plaine qui s'étend de Tripolitza à Mantinée. Copié par M. Virlet.

ΟΥΙΠΠΙΟΥ
ΟΥΜΕ
ΘΟ

10.

Inscription trouvée dans une église du moyen âge, située au milieu des collines à l'ouest de Thana près de Tripolitza. Elle a été copiée par M. Trézel.

ΔΙΑΝΣΑΔΡΙΑΝΩ
ΓΑΝΕΛΛΗΝΙΩΙ
ΚΑΙΟΥΑΛΕΡΙΑΣ
ΤΟΒΑΛΛΑΗΕΙ
ΔΙΤΗΝΣΤΟΑΝ
ΑΤΕΣΚΕΥΑΣΑ

Cette inscription a déjà été publiée par M. Boeckh, n° 1521, d'après une copie qui lui a été envoyée par M. Mustoxydi. L'église où elle se trouve est celle d'Ἅγιος Εὐθύμιος.

Variantes des deux copies.

Ligne 1, Must. ΑΙΑΝΩ.
Ligne 3. ΝΑΙΟΥ Λ ΛΕΡΙΑΣ.
Ligne 4. I...ΤΟ, etc.
Ligne 5. ΑΙΤΗΝ, etc.

Des deux copies combinées, on peut, je crois, tirer la restitution suivante :

ΤΡ]ΑΙΑΝΩ ΑΔΡΙΑΝΩ [ΔΙΙ]
ΠΑΝΕΛΛΗΝΙΩΙ
[ΟΙΓ]ΝΑΙΟΥ ΚΑΙ ΟΥΑΛΕΡΙΑΣ
[Υ]Ι[ΟΙ] ΤΟ ΒΑΛΑΝΕΙ[ΟΝ]
[Κ]ΑΙ ΤΗΝ ΣΤΟΑΝ
[Κ]ΑΤΕΣΚΕΥΑΣΑ[Ν]

Τραιανῷ Ἀδριανῷ Διὶ Πανελληνίῳ οἱ Γναίου καὶ Οὐαλερίας υἱοὶ τὸ βαλανεῖον καὶ τὴν στοὰν κατεσκεύασαν.

En l'honneur de Trajan Hadrien, Jupiter Panhellénien, les fils de Cnéus et de Valéria ont construit ce bain et ce portique.

M. Boeckh, dans sa restitution, se tait sur la troisième ligne et sur le commencement de la quatrième. Je ne prétends pas avoir été plus heureux que lui. Si j'ai rencontré juste, il est bien singulier que les fils ne soient pas nommés et que le père soit uniquement désigné par un prénom. Il fallait que tous ils fussent bien connus.

[b] Voy. *Corpus Inscr. gr.*, t. I, p. 42, col. 1.

Suivent les planches 53 et 54.

ROUTE DE MANTINÉE A ARGOS.

Au lieu de prendre la route directe, mais difficile, indiquée par Pausanias, et qui passe sur le mont Malevo (Artémisius), nous préférâmes nous diriger vers le sud-est, par la plaine, dans le bas des montagnes, afin de rejoindre la route de Tripolitza à Argos par la gorge d'Aglado Cambos. A une demi-heure de marche environ des murs de Mantinée, après avoir franchi un fossé marécageux, en marchant sur les restes d'un petit pont antique, et avant d'arriver au village de Zéfagladio, remarquable par les tuileries qu'on y a établies, on trouve, près d'une citerne, une jolie chapelle vénitienne, et, à gauche, on découvre la vallée de Louka, où est le monument que nous avons donné pl. 54. A quelque distance d'un autre village appelé Gniocori, on prend la route de Tripolitza à Argos; c'est l'ancienne route : il en reste encore des parties pavées. Elle va en descendant dans une gorge, au sortir de laquelle on traverse une plaine pierreuse, couverte de buissons et arrosée par une petite rivière. Cette plaine est environnée de montagnes arides et escarpées. Il faut monter ensuite pour arriver au bourg et au khan d'Aglado Cambos, où l'on voit deux fontaines. Aglado Cambos est situé entre deux montagnes sur le penchant desquelles ses maisons sont bâties en amphithéâtre. A quelque distance, à droite, sur une pointe qui domine la plaine, sont des parties de murs antiques, de construction cyclopéenne; au dessous, dans le milieu de la vallée, un couvent transformé en une grande ferme. C'est là que pouvait être située la ville d'Hysies, près de laquelle on dit que les Argiens défirent les Lacédémoniens. Non loin de ce lieu était le tombeau commun des Argiens qui périrent dans le combat. En continuant à monter, on arrive au khan d'Aougli. Si on laisse à droite la route de Nauplie, pour suivre celle qui va directement à Argos, en se dirigeant vers le nord, on se trouve alors sur le point le plus élevé de la montagne, laquelle, en cet endroit, est de la nature la plus aride; on s'arrête à une belle source qu'avoisinent les débris d'un monument antique, et encore une autre source avec un petit fragment de mur d'ancienne construction dite cyclopéenne. De là vous descendez, par un chemin rocailleux, sur le versant d'une montagne élevée d'où l'on découvre Nauplie et tout le fond du golfe, enveloppé en demi-cercle par la plaine d'Argos, ainsi qu'une vaste campagne dépouillée de verdure. L'ensemble des montagnes qui forment le fond de cette vue est d'un caractère majestueux et imposant, mais d'une grande aridité. Comme on vient de le voir, les sources sont tellement communes, que, si le territoire d'Argos est qualifié d'aride, il mérite toujours l'épithète d'*abondant en sources*[1].

Au bas de la descente, en entrant dans la plaine qui s'étend autour du golfe, on traverse le lit d'un torrent : en cet endroit, à gauche, sont les restes d'une pyramide de construction cyclopéenne (v. pl. 55). C'est à peu de distance, près des rochers qui forment la base du mont Chaon, que l'on commence à voir le fleuve Kephalari (Erasinus), quoique sa source soit bien plus loin, puisqu'il vient du lac Stymphale, en Arcadie[2]. Là sont des grottes profondes, dans l'une desquelles on a construit une chapelle : et à côté est un mur, avec des arcs, qui forme un bassin : c'est en sortant de ce bassin que le fleuve, se divisant en plusieurs canaux, alimente quantité de moulins, qui forment un village appelé Myli, après lequel, à une heure de marche environ, on arrive enfin à Argos, en traversant des terres cultivées et bien entretenues[a].

<hr>

DISTANCE DE MANTINÉE A ARGOS.

A 25 minutes, une citerne, un fossé et un petit pont antique. A 20 m., un soubassement antique. A 20 m., une chapelle et une citerne. A 10 m., le village de Zéfagladio. A 16 m., le village de Gniocori. A 24 m., route de Tripolitza à Argos. A 42 m., route pavée. A 30 m., un khan. A 41 m., un pont sur un ravin. A 55 m., lit d'une rivière dans la plaine. A 14 m., lit d'un torrent. A 23 m., khan d'Aglado Cambos; à gauche est le bourg du même nom. A 7 m., à droite, murs antiques. A 50 m., une fontaine. A 8 m., à droite la route de Nauplie. A 12 m., point culminant de la route. A 42 m., belle source, et auprès, des antiquités et une autre source. A 63 m., on découvre tout le fond du golfe. A 53 m., lit d'un torrent. A 24 m., autre torrent et pyramide cyclopéenne. A 26 m., Myli; Erasinus. A 43 m., une fontaine. A 19 m., théâtre d'Argos, au pied de la citadelle.

Distance totale, 11 heures 7 minutes.

[1] Pausanias.   [2] *Idem.*

Lorsque nous arrivâmes dans cette ville, le 15 juillet 1829, nous apprîmes que le président de la Grèce, Capo-d'Istria, s'y trouvait, depuis quelque temps, pour l'ouverture de la session législative, qui devait avoir lieu peu de jours après. A cet effet, on déblayait, pour recevoir le public, les gradins du théâtre antique, et l'on construisait au bas une salle d'assemblée dans laquelle d'autres gradins étaient réservés pour les députés. Cette salle s'ouvrait de tous côtés, afin de permettre aux spectateurs, placés dans le théâtre, de voir et d'entendre toutes les délibérations de l'assemblée. Parmi les députés qui étaient à Argos pour cette solennité, on distinguait Nikétas, Miolis, Colocotroni, Grivas et Piétro Bey. Certes : c'était un beau spectacle que de voir, après tant de siècles de despotisme et de servitude, la Grèce, délivrée de ses chaînes et protégée par les plus grandes puissances de l'Europe, réunir dans l'antique théâtre d'Argos, sous la présidence d'un habile diplomate, Grec lui-même, les hommes qui s'étaient immortalisés par leur bravoure dans une guerre d'extermination, et qui allaient donner à leur pays des lois constitutionnelles, premier bienfait de cette grande régénération.

Nous rencontrâmes le colonel Bory; il nous dit que son domestique était mort de la fièvre; que presque tous les membres de sa section étant tombés malades à Monembasie, il les avait fait, non sans peine, transporter à Nauplie, d'où quelques uns, qui se trouvaient encore en très-grand danger, devaient s'embarquer le plus tôt possible pour retourner en France, étant tout à fait hors d'état de continuer leurs explorations. En même temps nous apprenions, d'un autre côté, que M. Dubois et un membre de sa section, surpris par la maladie à Patras, avaient été forcés de quitter la Grèce; que la plupart des officiers d'état-major, répandus dans le Péloponèse pour les opérations géographiques, étaient aussi arrêtés par les mauvaises fièvres du pays, et que déjà deux ou trois d'entre eux y avaient succombé.

Un commencement de typhus venait de se déclarer à Nauplie, et emportait, chaque jour, quelques-uns de ses habitants. Les fatigues et les privations que nous avions supportées depuis notre entrée en campagne, jointes aux chaleurs excessives qui se faisaient alors sentir, et qui avaient eu une si fâcheuse influence sur nos compatriotes, et même sur les habitants du pays, devaient bien nous faire penser qu'une fois dans la plaine si malsaine d'Argos, nous ne pourrions pas échapper à la maladie. C'est ce qui arriva en effet. Après avoir terminé nos travaux d'exploration dans Argos, à Mycènes, à Tyrinthe, à Nauplie, nous fûmes en deux jours atteints de la fièvre. Des sept hommes qui composaient notre section, y compris deux sapeurs français et un domestique grec, un seul resta debout et en état de soigner les autres : ce fut un de nos soldats.

Dès que le président Capo-d'Istria nous sut malades, il nous envoya son premier médecin, le docteur Taglia Pétra, originaire des îles Ioniennes, mais qui avait étudié la médecine en France. Son rare talent, et les soins obligeants qu'il nous prodigua dans cette circonstance, nous mirent, au bout d'une quinzaine de jours, en état de reprendre nos travaux : cependant nous résolûmes alors d'aller, par précaution, dans les Cyclades passer le temps des plus grandes chaleurs : ce que nous ne fîmes, toutefois, qu'après avoir embarqué M. de Gournay, qui, n'ayant pu se rétablir assez pour nous accompagner, était forcé de retourner en France.

ARGOS.

Argos est une des plus anciennes villes de la Grèce; les historiens en font remonter la fondation à Inachus, qui fut son premier roi. Après avoir passé sous la domination romaine, elle fut cédée aux Vénitiens en 1388; Bajazet s'en empara et la détruisit presque entièrement en 1397. Enfin, les Vénitiens l'ayant reconstruite, elle tomba de nouveau au pouvoir des Turcs en 1463.

Pausanias donne les noms des principaux monuments qui se trouvaient à Argos de son temps; les voici : « Temple d'Apollon Lycien ; c'est le plus beau que les Argiens aient dans leur ville. La statue qu'on y voit maintenant est l'ouvrage d'Attale, Athénien ; l'ancien temple et la statue en bois étaient une offrande de Danaüs : trophée d'une victoire remportée sur les Corinthiens. Temple de Jupiter Néméen ; le dieu est debout, et sa statue, en bronze, est l'ouvrage de Lysippe; à droite, le tombeau de Phoronée. Au-dessus du temple de Jupiter Néméen, s'élève l'antique temple de la Fortune ; un peu plus loin, les statues de Polynice, fils d'OEdipe, et de tous les chefs qui furent tués avec lui devant les murs de Thèbes. A peu de distance, le temple des Saisons, orné de statues; le tombeau de Danaüs; le temple de Jupiter Sauveur, et l'édifice où les femmes argiennes vont pleurer la mort d'Adonis. Temple de Céphise : derrière, est le tribunal : tout près, le théâtre, et, au-dessus du théâtre, le temple et la statue de Vénus Nicéphore. On raconte que Danaüs, irrité de ce que, seule de toutes ses filles, Hypermnestre avait refusé d'exécuter ses ordres, la livra à un tribunal pour être condamnée. Elle fut jugée par les Argiens, gagna sa cause, et érigea, par reconnaissance, un temple et une statue à Vénus Nicéphore. En descendant du temple de Vénus pour retourner à la place publique, un temple d'Esculape, un autre de Diane, et une place nommée le Delta. Tombeau d'Hypermnestre. Temple de Minerve Salpinx (trompette); à quelque distance, celui de Latone, et, à droite, celui de Junon Antheia; à l'opposite, le temple des Dioscures. En allant au Gymnase, on trouve, dans un chemin creux, le temple de Bacchus, et, tout près, la maison d'Adraste; puis, le temple d'Amphiaraüs, l'enceinte d'Esculape, et enfin un temple magnifique de ce dieu [1]. »

On y voyait encore, selon le même écrivain, un beau bas-relief de Cléobis et Biton traînant un char, et conduisant leur mère au temple de Junon; et une statue de Jupiter, remarquable parce qu'elle avait trois yeux, et parce que Sthénélus l'avait rapportée de Troie. C'était, disait-on, celle au pied de laquelle Pyrrhus, fils d'Achille, avait immolé le vieux Priam.

Quant à la nouvelle Argos (Argo), elle n'a que quatre mille habitants; mais comme chaque maison a son jardin, elle occupe autant d'espace que l'ancienne; l'air de propreté que nous lui avons trouvé ne se rencontre pas toujours dans les autres villes de la Morée. Celle-ci est dans une très-belle position, à une lieue et demie de la mer, au fond du golfe de Nauplie ou d'Argos. Elle est adossée au mont Chaon, et elle a d'un côté les montagnes de la Laconie, et de l'autre les hauteurs de l'Épidaurie.

Nous avons retrouvé, de l'antique Argos, les restes du grand théâtre; les gradins, qui ont été taillés dans le roc, à la base du mont sur lequel est bâtie la citadelle, sont très-bien conservés. En avant de ces gradins sont de grandes ruines romaines, en briques, de même construction que quelques autres, moins importantes, qui se trouvent dans les environs (voir la carte et les dessins de tous ces vestiges). Au sud, et tout près du grand théâtre, sont d'autres gradins d'un théâtre plus petit, au-dessous desquels on voit des substructions en blocage; probablement les restes du Proscénium.

Au nord, toujours à la base de la citadelle, se voit une construction, au fond de laquelle est une niche que l'on reconnaît pour le débouché d'un aqueduc, dont une grande partie se retrouve plus loin, à la même hauteur. Cette ruine d'un ancien ouvrage romain a pour base un plateau que supporte une autre construction dite cyclopéenne, et dans laquelle on aperçoit quelques traces d'inscriptions et de sculptures. Cette dernière est coupée vers le milieu par une muraille moderne, qui paraît avoir été faite pour fermer l'entrée d'un souterrain. L'importance de la construction, et la particularité que nous venons d'indiquer, suffisent pour faire conjecturer que là pouvait être l'entrée des prisons de Danaé, ou des galeries souterraines dont Michel Fourmont donne la description dans son voyage manuscrit, et que, malgré toutes nos recherches, nous n'avons pu retrouver. Plutarque parle aussi de ce passage, par lequel on pénétrait dans la ville.

On a creusé à Argos une grande quantité de citernes. Au sud-est, est une mosquée ombragée de cyprès, et que quelques auteurs prétendent avoir été élevée sur l'emplacement du temple de Vénus Nicéphore.

Le monastère de Catéchouméni (la vierge d'Argos) paraît remplacer le temple de Junon Acræa, au nord-est de la citadelle, sur le penchant de la montagne.

En montant à la citadelle par le côté sud de la montagne, on trouve des fragments de mur de construction cyclopéenne, d'un mur d'enceinte qui commençait probablement à la ville basse et s'étendait jusqu'à l'acropole. Les murailles de la citadelle d'Argos ressemblaient à celles de Mycènes et de Tyrinthe; elles étaient si fortes que Cléomène, dans la guerre achéenne, ne put, malgré tous ses efforts, parvenir à les renverser.

On voit encore une grande partie des murs de l'ancienne acropolis : ils forment la base du fort moderne intérieur, bâti par les Vénitiens; une seconde enceinte, plus grande, enferme cette première; mais nous n'y vîmes point de constructions antiques : celles qui existent dans l'enceinte intérieure sont de différentes époques (voir les dessins). On retrouve aussi sur l'acropole quatre belles citernes antiques, taillées dans le roc, et revêtues de ciment. Dans les murs modernes du fort sont quantité de fragments antiques, qui y ont été employés comme matériaux. Nous n'avons pas vu, à la base de la muraille, du côté du midi, une

---

[1] Pausanias.

inscription très-ancienne, indiquée par Gell, et qui, très-probablement, dit-il, contient des noms parmi lesquels paraissent être ceux d'Hippomédon, Adraste, Dorthagoras, Aristomachus; mais elle est, ajoute-t-il, très-imparfaitement liée, et une des lignes paraît avoir été écrite de droite à gauche (c'est-à-dire en boustrophedon).

De la citadelle, qui est très-élevée, on découvre toute la ville moderne d'Argos, qui s'étend sur tout l'emplacement qu'occupait l'ancienne. Elle avait été détruite trois fois pendant les dernières guerres; mais, lorsque nous la vîmes, elle commençait à se rétablir, protégée par le gouvernement qui y avait alors établi son siége principal. Au-delà de la ville, dans la plaine, on découvre plusieurs villages et le lit, presque toujours à sec, de l'Inachus; puis, dans le fond, les montagnes de l'Argolide; au bas de ces monts, à peu de distance, les murs de Tyrinthe et de Nauplie, à droite desquels est le golfe d'Argos, fermé au sud par les côtes élevées de la Laconie. Toute cette vue immense est du caractère le plus imposant. Mais, soit que le souvenir des malheurs dont ce pays fut le théâtre attriste l'esprit, soit que la réalité suffise, on ne peut se défendre de l'impression mélancolique que produisent ces montagnes stériles et dépouillées.

EXPLICATION DES PLANCHES.

Planche 55.

Fig. I, II et III. — Plan, coupe et vue d'une pyramide, située au-delà des moulins près de la route de Tégée.

Cette pyramide, bâtie sur un rocher qui couronne une petite colline, est de construction cyclopéenne; les pierres d'un calcaire gris en sont liées avec du ciment composé de chaux et de briques pilées ou de sable rougeâtre; on y retrouve la porte, et, à l'intérieur, un mur de refend, qui sépare un corridor d'entrée de la pièce principale : dans l'intérieur de cette pièce sont des trous de scellement, qui paraissent avoir été faits pour recevoir les solives d'un plancher.

Les pierres sont à parements bruts; celles des angles seulement sont taillées au ciseau.

Planche 56.

Vue d'Argos prise des jardins de la ville qui se trouvent au sud-est de l'acropole.

Planche 57.

Plan d'Argos.

A. Grand théâtre.
B. Construction romaine en briques.
C. Petit théâtre.
D. Chapelle.
E. Restes de muraille antique de construction cyclopéenne.
F. Église.
G. Construction romaine en briques.
H. Construction romaine en briques, établie sur un plateau soutenu par une construction cyclopéenne.
I. Restes d'aqueduc qui conduisait les eaux au monument H.
K. Monastère de Catéchouméni sur l'emplacement du temple de Junon Acræa.
L. Larissa, acropole antique.
M. Chapelle sur un monticule.

Nota. Ce plan n'ayant pas été relevé, ne doit être considéré que comme approximatif.

Planche 58.

Fig. I. — Plan du grand théâtre d'Argos. Tous les gradins A sont taillés dans les rochers qui forment la base de la citadelle. B est l'emplacement de la salle d'assemblée des députés grecs modernes. Les ruines C sont des constructions romaines en briques.

Fig. II et III. — Plan et coupe d'une ruine romaine indiquée sur le plan général par la lettre G.

(93)

PLANCHE 59.

Fig. I. — Coupe du grand théâtre et d'une partie de la construction romaine qui l'avoisine.
Fig. II. — Suite de la coupe précédente.
Fig. III *et* IV. — Autre coupe de la construction romaine ci-dessus.
Fig. V, VI *et* VII. — Constructions helléniques formant les murailles de la citadelle antique. Ces constructions servent de base à la citadelle moderne.

PLANCHE 60.

Fig. I. — Plan d'une construction antique indiquée sur le plan général par la lettre H.
La partie de cette construction, qui forme une salle, est en briques, du même temps que celles qui avoisinent le théâtre. Au fond est une niche dans laquelle est l'embouchure d'un aqueduc qui longe le flanc de la montagne.
Le plateau qui sert de base à cette ruine est soutenu par un mur de construction dite cyclopéenne, au milieu de laquelle est une ouverture fermée par une muraille moderne.
Fig. II *et* III. — Coupe longitudinale et transversale du même monument.
Fig. IV. — Détail de l'ouverture fermée du milieu du mur de soutenement du plateau.
Fig. V. — Détail de l'angle du même mur.
Fig. VI *et* VII. — Détails des sculptures qui se trouvent sur le même mur de soutenement.

PLANCHE 61.

Fig. I. — Bas-relief en pierre encastré dans la muraille, et près de la porte d'une maison d'Argos.
Fig. II. — Fragment d'un bas-relief en marbre trouvé au village de Merbaka près d'Argos.

PLANCHE 62.

Bas-relief trouvé au village de Merbaka près d'Argos.

INSCRIPTIONS RECUEILLIES A ARGOS,

EXPLIQUÉES PAR M. LE BAS.

Les différents membres de la commission ont recueilli à Argos onze inscriptions que je rangerai en trois classes comme celles de Sparte.

PREMIÈRE CLASSE.

INSCRIPTIONS CONNUES DE FOURMONT.

Fourmont avait copié à Argos 37 inscriptions; tel est du moins le nombre des monuments publiés par M. Boeckh d'après les manuscrits conservés à la Bibliothèque royale[1]. Sur ce nombre de 37, la commission n'en a retrouvé que 5[2]; mais on ne peut en conclure que Fourmont ait détruit toutes les autres, car M. Pouqueville, dans son Voyage en Grèce[3], en a publié 7 dont 2 ont été retrouvées après lui par la commission ; d'où il résulte que le nombre des inscriptions connues qui ont survécu à Fourmont s'élève à 10, et que 27 ont disparu depuis son voyage. Argos est-il l'on de ces *quelques endroits*[4] où il a exercé ses ravages? On serait tenté de le croire, si les monuments retrouvés portaient comme ceux de Sparte des traces manifestes de mutilation; or, il n'en est pas ainsi. Les 10 monuments qui subsistent encore sont aussi intacts qu'à l'époque où il les a copiés; je dirai même plus, l'un d'eux, que j'ai cru devoir ranger dans la classe des inscriptions inédites[5], s'est augmenté de 15 lignes depuis le voyage de Fourmont. Ainsi donc, s'il est manifeste que Fourmont a agi en Vandale à Mistra et à Sparte, on peut douter qu'il ait fait autant à Argos; autrement il faudrait admettre que, dans cette dernière ville, 10 monuments sur 37 avaient été épargnés par lui, ce qui est peu probable.

---

[1] Ce sont les n°ˢ 1118-1122, 1125, 1126, 1128-1145, 1148-1159.
[2] N°ˢ 1126, 1139, 1141, 1145 et 1151.
[3] T. V, p. 205 et suiv., 208 et suiv.
[4] Voy. p. 67.
[5] Voy. n° 7.

47

1.

Inscription copiée par MM. Trézel et Edgard Quinet sur une pierre encastrée dans un des murs de l'église de Saint-Dimitri à Argos.

ENOYΣYIONKΛEOΓENH
EIΩNKAINEMEIΩN
KAITHΣΓEPI˙OYΣ
Σ   OIEΛΛANOΔIKAI
ΓAIOΣΔAMOΣΘE
ΠOΛΛΩNIOY MAPKOΣ
Λ   ΔEKOYMIOΣΞANΘOΣ
EIKIAΣΣEPAΠIΩNOΣ
OΣ EPMAIOΣ KAΛΛI
Σ ΣΩΣOΣNIKHΦOPO
O
ΦYPAΣ

Ce monument, déjà copié par Fourmont, a été aussi recueilli par M. Pouqueville[6], et publié, d'après ces deux copies, par M. Boeckh sous le n° 1126.

Variantes des quatre copies :

Ligne 1. Pouqueville, ENOYΣION KΛEOΣENH.
Ligne 3. Trézel, ˙˙OYΣ. Pouq. TOIΣ.
Ligne 4. Pouq. Σ . . . OIEΛΛA . . . OΔIKAI . . .
Ligne 5. Pouq. T . . . AIOΣ ΛANOΣ . . . ΘE . . . Trézel, ΔΔ . . OΣΘE.
Ligne 6. Pouq. ΞANOΣ, au lieu de MAPKOΣ.
Ligne 7. Fourm. ΛΔEKOYMIOYΣ. Pouq. Δ . . . ΔEKOYMIOΣΞANΘ. Σ. Quinet, ΔIΔEKOYMIOΣ.
Ligne 9. Pouq. OΣ . . EPMAIOΣ KAΛΛ . . .
Ligne 10. Pouq. Σ . . ΣΩΠOΣ NIKHΦOP . . .
Ligne 11. N'est indiquée que par la copie de M. Trézel.
Ligne 12. Pouq. ΦYPAΣ. Fourm. et Quinet, ΦYPAΣ.

M. Boeckh propose la restitution suivante :

[Τὸν δεῖνα . . . . . .]ένους υἱὸν Κλεογένη,
[ἀγωνοθέταν Σεβαστ]είων καὶ Νεμείων,
[ἀρετῆς ἕνεκα]καὶ τῆς περὶ τοὺς
[Ἕλληνας δικαιοσύν.]ς οἱ Ἑλλανοδίκαι
5.   . . . .]Γάϊος Δαμοσθ[. . .
. . . . .Ἀ]πολλωνίου, Μάρκος
. . . .]Λ. Δεκούμιος Ξάνθος
. . . . Ν]ικίας Σεραπίωνος
. . . .]ος Ἑρμαῖος Καλλι . . .
10.   . . . . ο]ς Σῶσος Νικηφόρου.
Πορ]φυρᾶς?

Je ne vois aucune objection à présenter sur la restitution des dix premières lignes; seulement je pense qu'à la fin de la ligne 10 il faut lire Νικηφόρου, et qu'à la première ligne on peut hardiment rétablir le nom de Κλεογένους, puisqu'on rencontre souvent le nom du père porté par le fils. Je crois même que l'espace vide qui précède le mot Κλεογένους sera convenablement rempli par les noms romains Τιβ. Κλαύδιου, noms assez fréquemment portés par les grandes familles du Péloponèse, ainsi que nous avons déjà eu occasion de le remarquer. L'inscription débuterait donc ainsi :

Τιβ. Κλαύδιον Κλεογένους υἱὸν Κλεογένη.

[6] *Voyage en Grèce*, t. IV, p. 163 de la première édition ; t. V, p. 208 de la deuxième.

(94)

Ce qui donnerait quelque poids à cette conjecture, c'est qu'une inscription d'Argos, publiée par M. Boeckh sous le n° 1123, et qui offre beaucoup d'analogie avec la nôtre, commence d'une manière tout à fait semblable :

Τιβ. Κλαύδιον Διοδότου υἱὸν Διόδοτον, κ. τ. λ.

Mais, pour la fin de l'inscription, il est évident qu'on ne peut s'en tenir à la conjecture de M. Boeckh, qui sans doute, s'il eût connu l'existence d'une onzième ligne avant les lettres ΦYPAΣ, eût imaginé un autre moyen de remplir la lacune. Pour moi, je pense que ces deux dernières lignes doivent être lues ainsi :

ὁ καὶ ἐψηφίσαντο τ]ὸ [χρυσοφορεῖν] [μετὰ πορ]φύρας.

Cette autorisation de porter des vêtements de pourpre et des ornements en or n'est pas sans exemple à Argos. On la trouve mentionnée au n° 1123 du *Corpus* que nous avons cité plus haut. Il est vrai que dans ce dernier monument cet honneur insigne est décerné à un certain Diodotus, descendant de Persée et d'Hercule. Mais rien n'empêche de croire que *Cléogène* prétendait à une aussi illustre origine.

M. Boeckh pense que les Hellanodices dont il est question dans notre inscription sont les Hellanodices des jeux Néméens et non pas ceux des jeux Olympiques ou ceux de Sparte, ce qui paraît tout à fait probable; mais il se trompe, selon moi, quand il suppose que ces magistrats étaient au nombre, non pas de dix comme ceux d'Olympie, mais bien de douze. La liste suivante, extraite de notre monument, prouve évidemment le contraire :

1. . . . .
2. Γάϊος Δαμοσθένης . . . .
3. . . . . Ἀπολλωνίου
4. Μάρκος . . . .
5. Λ. Δεκούμιος Ξάνθος
6. Νικίας Σεραπίωνος
7. . . . . ος
8. Ἑρμαῖος Καλλι . . .
9. . . . . ς
10. Σῶσος Νικηφόρου.

Du reste, il est probable que M. Boeckh n'a commis cette erreur que parce qu'il ignorait l'existence de la onzième ligne, et qu'il a été conduit naturellement par ces deux copies à voir la fin d'un nom propre dans les lettres ΦYPAΣ.

D'après les observations qui précèdent, je crois que notre monument peut être ainsi interprété :

Cette statue a été élevée à Tib. Claudius Cléogène, fils de Cléogène, agonothète des jeux consacrés aux Augustes et des jeux Néméens, pour sa vertu et pour sa justice envers les Grecs. Cet honneur lui a été décerné par les (dix) Hellanodices :

. . . .
Caius Démosthènes[7]
. . . . . . *fils d'Apollonius*
Marcus . . .
L. Decimus Xanthus,
Nicias, fils de Sérapion,
. . . .
Hermæus, fils de Calli . . .
. . . .
Sosus, fils de Nicéphore.
Ils lui ont en outre accordé le droit de porter l'or et la pourpre.

[7] Ce nom se retrouve porté par un Argien, n° 1140 du *Corpus*.

2.

Inscription copiée par M. Trésel sur une pierre encastrée dans le mur de l'église Saint-Nicolas à Argos.

        Α ΒΟΥΛΑ ΚΑ
        Ο ΛΑΜΟΣΤΟΝ
        ΑΡΓΕΙΟΝ ΤΙΒ
        ΚΛΑΥΔΙΟΜ ΑΙ
        ΟΗΦΛΟΥ
        ΝΟΝ ΑΡ   ΤΑΣ
           ΕΝ   Α

M. Boeckh a publié cette inscription, n° 1129, d'après les copies de Fourmont et de M. Pouqueville. On peut s'assurer par son texte, que nous transcrivons ici, combien notre monument a souffert depuis le voyage de Fourmont.

        Α ΒΟΥΛΑ ΚΑΙ
        Ο ΔΑΜΟΣ ΤΩΝ
        ΑΡΓΕΙΩΝ ΤΙΒ
        ΚΛΑΥΔΙΟΝ ΚΑΙ
        ΟΝ ΦΑΛΟΥΙΑ
        ΝΟΝ ΑΡΕΤΑΣ
        ΕΝΕΚΑ

Ἁ βουλὰ καὶ ὁ δᾶμος τῶν Ἀργείων Τιβ. Κλαύδιον Καῖ[κ]ον⁹ Φλαουίουιον, ἀρετᾶς ἕνεκα.

Le sénat et le peuple ont accordé cet honneur à Tib. Claudius Caïcus Flavianus, pour sa vertu.

L'inscription donnée par M. Pouqueville ne consiste qu'en deux lignes, et présente des différences trop notables⁸ pour qu'on puisse croire qu'elle soit une copie de la base honorifique que nous expliquons. Il est plus vraisemblable d'admettre que cette copie, si toutefois elle est exacte, reproduit un monument se rapportant au même personnage, auquel, ce qui n'est pas sans exemple, on avait décerné plus d'une fois les mêmes honneurs.

J'ai préféré le nom Κάϊκον⁹ au nom latin Κωῖκον (*Cœcus*) que propose M. Boeckh, parce qu'avec cette dernière leçon il faudrait admettre que le citoyen récompensé par les Argiens était un Romain portant quatre noms, ce qui n'a pas coutume à Rome chez les particuliers. Chez les Grecs au contraire, depuis Auguste, on rencontre assez souvent le prénom, le nom de la *gens*, le nom grec et un surnom romain terminé en *anus*. Ce dernier nom qui, dans les inscriptions latines, indique ordinairement des affranchis¹⁰, est porté, dans les inscriptions grecques, par des personnages trop éminents et d'une naissance trop illustre¹¹ pour qu'on n'y voie pas plutôt la preuve de quelque relation avec une grande famille romaine, d'autant plus que, dans les beaux temps de la république, les noms en *anus* indiquaient l'adoption¹². On sait d'ailleurs que les étrangers admis à la participation des avantages attachés au titre de citoyen, prenaient le nom de ceux qui leur avaient fait obtenir cette faveur. Cet usage, qui existait au temps de Cicéron¹³, fut peut-être modifié par la suite en ce sens, qu'au prénom, au nom de la *gens*, et au nom soit grec, soit étranger, on ajouta encore le nom dérivé, destiné primitivement à marquer l'adoption.

3.

Inscription copiée par M. Edgard Quinet, à Argos. Elle est gravée sur un bas-relief d'un pied carré environ, et qui représente un jeune homme près d'une table, tenant un manuscrit qu'il paraît lire. Un vieillard est devant lui.

ϹΟΡΙΝΗΝΤΕΔΩΟΝ ‥ ΤΟΓ Ο Τ ‥ ΕΝΕΚΕΥΟ
ΑΡΓΕΙΩΝΟΥΜΟΝΑΦΕΝΤΑΝΟΝΕΙ

Ce monument, déjà recueilli par Fourmont, a été publié par M. Boeckh sous le n° 1141, d'après la copie du voyageur français. Cette copie, comparée à celle de M. Quinet, présente des différences notables, surtout à la première ligne qui y est ainsi conçue :

— — ϹΟΡΗΝΗΝ ϹΕΔΟΟΝ ‥ Δ ‥ ΓΩΙΔΕΚΕΚΓΥΟ

A la ligne 2, la seule variante qu'elle fournit, c'est ΠΟΛΕΙ, au lieu de ΝΟΝΕΙ. ΠΟΛΕΙ est évidemment la véritable leçon.

Cette inscription, à en juger par la dernière ligne qui contient la fin d'un pentamètre, Ἀργείων θυμὸν ἀφέντα πόλει, était contenue en un distique, et consacrée à la mémoire du personnage, étranger sans doute, mort pour la ville d'Argos.

La restitution de la première ligne est fort difficile, pour ne pas dire impossible. M. Boeckh, dans les éléments ΕΔΟΟΝ . Α . ΓΩΙΔΕ, croit reconnaître ΕΝΣΗΜΑΤΙΤΩΙΔΕ, et pense que le premier vers se terminait par ἐν σήματι τῷδε κέκρυπται. Mais il est arrêté par l'accusatif ἀφέντα, et suppose la lacune plus considérable.

De la restitution de M. Boeckh, τῷδε seul est vraisemblable. Sans doute ἐν σήματι peut, avec un peu de bonne volonté, se trouver dans ΕΔΟΟΝ . Α . Ι ; mais il faudrait pour cela admettre que le sigma est représenté par la forme C ; or, cela n'a guère lieu sans que l'epsilon soit figuré par Є, et, ici, il a la forme Ε. Je crois donc [ΕΝ] ΤΥΜΒΩΙ, ἐν τύμβῳ, se tirerait plus facilement des données de la copie de M. Quinet, ‥ ΤΟΓ Ο.

Quant à κέκρυπται, la difficulté qui arrête M. Boeckh disparaît en lisant κέκευθε, qui se tire plus facilement des éléments conservés par les deux copies, ΚΕΚΕΥΘ[Ε]. Mais comme ce verbe, chez les poètes et dans les épitaphes métriques, est toujours appliqué au monument qui renferme le mort, ou à la terre qui l'a reçu dans son sein, la conjecture ΕΝΤΥΜΒΩΙ elle-même ne saurait être admise.

Avant de songer à remplir cette lacune, occupons-nous du commencement du vers. Dans les premiers éléments je crois reconnaître un nom patronymique, tel que {Ἀκτ]ορ[ί]δ'χν, ou Θεστορίδην. Actoridès ou Thestoridès serait le nom du mort ; l'adjectif Γύλθον, qu'il est facile de retrouver dans ΤΕΔΩΟΝ de la copie de M. Quinet, ou dans ϹΕΔΟΟΝ de celle qu'on doit à Fourmont, indiquerait que cet Actoridès était de Géla.

Quels sont les mots qui séparent Ἀκτορίδην Γύλθον de κέκευθε ? Ce ne peut être que le sujet du ce verbe. L'analogie nous fournit les restitutions suivantes: ταφὴ λίθος ἥδε¹⁴, ταφὴ κόνις ἥδε¹⁵, ταφὴ σορὸς ἥδε¹⁶, dont la dernière paraît le mieux s'accorder avec les deux copies, surtout si l'on admet que l'espace laissé entre ΤΕΔΩΟΝ et ΤΟ, dans la copie de M. Quinet, doit être plus considérable sur le monument.

---

⁸ Nous croyons devoir la reproduire ici pour qu'on en juge.

Α ΒΟΥΛΑ ΚΑΙ Ο ΔΑΜΟΣ ΤΩΝ ΑΡΓΕΙΩΝ ΤΙΒ. ΚΛΑΥΔΙΩΙ
Γ ‥ ΟΝ ‥ ΦΑ ‥ ‥ Μ ΑΝΕΘΗΚΕ

⁹ On le rencontre dans une épigramme attribuée par Brunck à Théocrite. Voyez le *Théocrite* de M. Heindorf, t. I, p. 317.

¹⁰ Voyez Orelli, *Inscr. lat.*, etc., 2755 et 2756.

¹¹ Ainsi, pour ne citer qu'un seul exemple entre tant d'autres, le n° 1124 du *Corpus* est relatif à un certain *Statilius Timocrates Memmianus*, descendant de Perseus et des Dioscures, hellodarque, grand prêtre à vie des Hellènes, stratège des Achéens pour la troisième fois, etc., etc., etc.

¹² Orell. op. cit., t. I, p. 483. — J'avais cru, dans le principe, que Tib. Claudius Caïcus appartenait peut-être aux SODALES FLAVIALES, collège de prêtres voués au culte des empereurs de la maison Flavienne. On sait par Dion Cassius (54, 6), que du vivant même de César on créa un collège de prêtres qu'on appela *Iulios*, Ἰουλίου ἣν Ἰουλίων ὀνόμασαν. Une pareille institution eut lieu toutes les fois qu'un divinisa un empereur, et de là les *Sodales Augustales* (Suet. Claud. 6 ; Galba, 8. Tac. Hist. 2, 95 ; Ann. 1, 54. Dio Cass. 56, 46 ; 58, 12 et 59, 7), les *Sodales Fluviales* (Orell. 364, 362a, etc.), les *Aeliani Hadrianales* (Orell. 2376, 2377, 2702, etc.), les *Antoniniani* (Ibid. 3. 86. Cf. Jul. Capitol. Ant. Pius, 13), les *Aureliani Antoniniani* (Orell. 2378), les *Antoniniani Veriani* (2561), les *Murdiani Aureliani Commodiani Hebniani Severiani* (2289), etc. ; mais les noms de *Memmianus* (Boeckh, C. I. 1124) et de *Crelianus* (Voy. t. I, p. 45), ne m'ont pas permis de donner suite à cette conjecture, quelque probable qu'elle semblât au premier abord, et j'ai cru devoir m'en tenir à l'explication que j'en ai présentée plus haut.

¹³ Cic. Epist. ad Fam. XIII, 35, 36.

¹⁴ A. P. VII, 40.

¹⁵ Ibid. 49.

¹⁶ Ibid. 362.

Enfin le pied manquant au deuxième vers peut être suppléé au moyen de quelque adjectif au neutre pris adverbialement, tel que ἄτρομον, et le distique alors serait conçu en ces termes :

[ΘΕ]ΣΤΟΡΙ[Δ]ΗΝ [Γ]ΕΛΩΟΝ [Τ]Α[ΦΙΗ Σ]Ο[Ρ]Ο[Σ Η]ΔΕ-
ΚΕΚΕΥΘΕ
[ΑΤΡΟΜΟΝ] ΑΡΓΕΙΩΝ ΘΥΜΟΝ ΑΦΕΝΤΑ ΠΟΛΕΙ.

Θεστορίδην Γελῷον ταφίη σορὸς ἥδε κέκευθε
ἄτρομον Ἀργείων θυμὸν ἀφέντα πόλει.

Ce monument funéraire renferme Thestoridès de Géla, qui a, sans trembler, sacrifié sa vie pour la ville d'Argos.

Mon travail sur cette inscription était achevé depuis longtemps quand j'ai reçu le numéro du *Rheinisches Museum* [12], où M. Welcker propose, d'après une copie de Leake [13], une restitution tout à fait différente de la mienne. Je la transcrirai ici pour que les lecteurs choisissent.

Γαίην ἐς ὀθνείην σ' Ἐλθόντ' ἄπυρον δὲ κέκευθε
ἁ κόνις Ἀργείων θυμὸν ἀφέντ' ἀπονεῖ.

M. Welcker regarde comme peu certaine la restitution du premier vers; il doute aussi, j'en suis sûr, de l'adverbe ἄπυροι qu'il a admis au second.

Du reste, que penser du sujet représenté sur le bas-relief auquel se rapporte ce distique, quand on rapproche des indications fournies par M. Quinet, celles de Leake, qui y a vu un homme avec un enfant devant un autel? Il est difficile de tenter aucune explication sur des données aussi divergentes.

4.

Inscription copiée par M. Edgard Quinet sur la route de Napoli à Argos, par les montagnes.

ΕΥΠΟΡΟΣ ΕΥΠΡΑΕΙΣ ΞΠΑΝΤΕΡΩΣ
Α . . . . ΥΤΟ

Fourmont a copié ce monument τῆ Κοντιχῆ ἐν Κλαρία. M. Boeckh, n° 1151, le donne comme existant à Argos.

La copie de Fourmont est ainsi conçue :

ΕΥΠΟΡΟΣ ΕΥΠΡΑΞΙΣ ΖΗΑΝΤΕΡΩΣ
ΑΛΙΞΕΒΑΤΟΣ

M. Boeckh y voit avec raison un titre funéraire qu'il lit de la manière suivante :

Εὔπορος Εὐπραξις ζῇ. Ἄντερως.
Ἀλεξικράιτους.

Sans doute que, par Εὔπραξις ζῇ, le savant éditeur du *Corpus* entend que l'individu, quel que fût d'ailleurs son sexe, désigné par le nom d'*Eupraxis* était vivant lorsque la pierre a été gravée. Cette formule répondrait alors au VIVUS FECIT des Romains [14]; car on ne peut voir ici dans ZH cette exclamation chrétienne dont j'aurai occasion de parler au sujet d'une inscription de Loucou; la forme des caractères n'annonce pas une époque assez récente pour que cette dernière supposition soit admissible. Du reste, attendu les différences que présentent ici les deux copies, je serais plus porté à lire Εὔπραξις, Ἐπάντερως, si l'on connaissait un exemple de ce dernier nom.

Je n'adopte pas non plus le parti que M. Boeckh tire de la deuxième ligne. Rien dans la copie de Fourmont n'annonce un génitif, et l'on ne peut d'un B faire un K et un P. Mieux vaudrait, je crois,

lire Ἀλεξίβατος, nom formé par la même analogie que Εὐρύβατος, dont nous trouvons un exemple dans une inscription d'Argos que M. Boeckh a publiée dans le *Corpus* sous le n° 1208. Alexibate serait alors un quatrième personnage enseveli dans le lieu où était placée l'inscription.

Toutefois, comme sur la copie de ce monument, publiée par M. Ross, p. 18 de son recueil, on lit, ligne 1, ΕΥΠΡΑΞΙΣΣΗ ΑΝΤΕΡΩΣ, et , ligne 2, ΑΝΤΕΡΩΤΟΣ; et comme M. Ross nous apprend d'ailleurs que l'inscription est gravée sur un cippe funéraire, au-dessous d'un bas-relief représentant une femme au milieu de deux hommes, on doit admettre avec M. Boeckh que le monument était consacré à trois individus, et non pas à quatre. Et si la leçon de la ligne 2 peut être regardée comme exacte, ce que je suis porté à croire, attendu l'exactitude extrême que M. Ross apporte d'ordinaire dans ses transcriptions, il s'agirait ici des trois enfants d'Antéros, dont le dernier avait reçu le nom de son père. Le nom de Praxissé donné à la fille, est d'une forme peu commune, mais n'a rien cependant qui doive trop choquer, si l'on songe qu'un riche habitant de Mitylène, dont parle Élien [20], portait le nom de Πρᾶξις, et que le Grec qui traduisit pour Néron l'ouvrage du *Pseudo-Dictys*, s'appelait Πρᾶξις ou Εὐπραξίδης [21].

SECONDE CLASSE.

INSCRIPTIONS DÉCOUVERTES ET PUBLIÉES POSTÉRIEUREMENT
AU VOYAGE DE FOURMONT.

5.

Inscription gravée sur une pierre encastrée dans le mur méridional de la fontaine qui se trouve au milieu de la caserne d'Argos, copiée par M. Trézel.

ΟΝΗΣΙΦΟΡΟΝΟ
ΝΗΣΙΦΟΡΟΥ ΑΙΩΙ . .
ΘΕΙ Η ΣΑΝ ΤΑ ΗΡΑΙΑ ΚΑΙ Ο
ΜΕΙΑ ΣΕΜΝΩΣ ΚΑΙ ΔΙΚΑΙ
ΩΣ ΚΑΙ ΜΕΙΑΛΟΨΥΧΟΣ ΕΣ
ΤΙΑΣΑΝΤΑ ΤΕ ΠΑΝΔΗΜΕ. ΠΑΝ
ΤΕΣ ΕΛΕΟΕΡΟΥΣ ΚΑΘΕΚΑ
ΣΤΟΝ ΑΓΩΝΑ ΕΠΙ ΗΜΤΡΑΣ
ΔΥΩ ΚΑΙ ΔΟΝΤΑ ΤΡΙΔΙΣ
ΤΟΙΣ ΜΕΝ ΠΟΛΕΓΑΙΣ ΚΑ
ΤΑΝΔΡΑ ΔΗΝ Δ ΤΟΙΣ Δ .
ΛΟΙΠΟΙΣ ΕΛΕΥΘΕΓΟΙΣ ΑΝΑ
ΔΗΝ Ρ ΤΟΤ ΕΛΑΙΟΝ ΘΕΝΤ
ΕΝ ΠΑΝΤΙ ΓΥΜΝΑΣΙΩΝ
ΚΑΙ ΒΑΛΑΝΕΙΩ ΛΔΕΩ .
ΑΡΡΩΙΑΣ ΑΧΡΙ ΗΛΙΟΥ
ΔΥΣΕΩΣ ΠΑΝΤΙ ΕΔΕΥ
ΘΕΡΩ ΚΑΙ ΔΟΥΛΩ ΕΚ ΤΩΙΟ
ΔΙΩΙ Η ΦΥΛΗΤΩΝ

Cette inscription a été déterrée à l'époque où Villoison voyageait en Grèce, et la nouvelle de cette découverte avait rappelé notre savant compatriote à Argos [22]. C'est d'après la copie qu'il en a prise, et qui est conservée dans ses manuscrits, que M. Boeckh l'a publiée sous le n° 1122.

Variantes des deux copies.

La disposition des lignes 1 et 2, dans Villoison, semblerait porter à croire qu'il existe une lacune avant le mot ΟΝΗΣΙΦΟΡΟΝ , et après ΑΓΟΝΩ, qu'il donne ligne 2, là où M. Trézel, lit ΑΙΩΙ . .

---

[12] 2ᵗᵉⁿ Jahrgangs, 2ᵗᵉⁿ Heft, p. 304.
[13] Travels in the Morea. Inscr. n° 65.
[14] Voyez Musée de Mantoue, vol. I, p. 305.
[15] Var. Hist. XIV, 24.

[21] Voyez les deux prologues qui précèdent la traduction latine de Dictys, et Fabricius, Bibl. Gr. 1, 5, 8-13, t. I, p. 25 et suiv., éd. Harless.
[22] *Jerum Argos quo me praestantissima inscriptio, tunc primum eruta, vocabat.* Prolegom. ad Hom., p. XLIX.

(97)

Ligne 3. Vill. ΘΕΤΗΣΑΝΤΑ : il ajoute un N après ΚΑΙ.
Ligne 4. Vill. ΣΕΜΝΩΣ.
Ligne 5. Vill. ΜΕΓΑΛΟΨΥΧΩΣ.
Ligne 6. Vill. ΠΑΝΔΗΜΕΙ.
Ligne 7. Les deux copies ont ΤΕΣ. Vill. ΕΛΕΥΘΕΡΟΥΣ.
Le Α qui termine la ligne chez M. Trézel n'est donné par Villoison qu'au commencement de la ligne 8.
Ligne 8. Vill. ΗΜΕΡΑΣ.
Ligne 9. Vill. ΕΠΙΤΡΙΣ.
Ligne 10. Vill. ΠΟΛΕΙΤΑΙΣ.
Ligne 11. Vill. ΤΟΙΣΔΕ.
Ligne 12. Vill. ΕΛΕΥΘΕΡΟΙΣ.
Ligne 13. Vill. ΔΗΝΒΤΟΓ. Les deux copies ΟΕΝΤΑ.
Ligne 14. La copie de Villoison ferait supposer une lacune avant ΕΝΠΑΝΤΙ ; celle de M. Trézel prouve qu'il n'en existe pas.
Ligne 14. Vill. ΓΥΜΝΑΣΙΩΙ.
Ligne 15. Vill. ΒΑΛΛΝΕΙΩΑΔΕΩΣ.
Ligne 16. Vill. ΑΠΟΓΡΩΙΑΣ.
Ligne 17. Vill. ΕΛΕΥ.
Ligne 18. Vill. ΕΚ ΤΩΝ.
Ligne 20. Vill. ΔΙΩΝ.

Ajoutons encore que tous les espaces laissés par Villoison entre les mots paraissent ne pas exister sur la pierre. C'est ce que porte à croire la copie de M. Trézel qui, à part quelques confusions de lettres, offre un grand caractère d'exactitude.

Voici l'inscription transcrite en caractères courants :

Ὀνησίφορον Ὀνησιφόρου, ἀγωνοθετήσαντα Ἡραῖα καὶ Ν[έ]μεια σεμνῶς καὶ δικαίως καὶ μεγαλοψύχως, ἐστιάσαντά τε πανδημεὶ πάντ[α]ς ἐλευθέρους καθ' ἑκάστην ἀγῶνα ἐπὶ ἡμέρας δύο καὶ δόντα ἐπὶ δὶς²³ τοῖς μὲν πολείταις κατ' ἄνδρα δηνάρια β', τοῖς δὲ λοιποῖς ἐλευθέροις ἀνὰ δηνάρια β'²⁴, τό τ' ἔλαιον θέντ[α]²⁵ ἐν παντὶ γυμνασίῳ καὶ βαλανείῳ ἀδεῶς ἀπὸ πρωΐας ἀχρὶ ἡλίου δύσιος πάντι ἐλευθέρῳ καὶ δούλῳ ἐκ τῶν ἰδίων, ἡ φυλὴ τῶν. . . .

A Onésiphore, fils d'Onésiphoros, qui aux jeux Héréens et Néméens, a rempli les fonctions d'agonothèsia avec dignité, justice et générosité ; qui a, deux jours de suite, dans le cours de chacune de ces solennités, traité tous les hommes libres dans un festin public, et donné jusqu'à deux fois aux citoyens quatre deniers par tête, et au reste des hommes libres, chacun deux deniers ; qui a en outre, depuis le matin jusqu'au coucher du soleil, fait couler l'huile en abondance dans tous les gymnases et dans tous les bains, pour les hommes libres et pour les esclaves, et a pourvu lui-même à toutes ces dépenses,
la tribu des . . . .
(a élevé cette statue.)

On voit par cette inscription et par n° 1123 du *Corpus* qui appartient à la même classe de monuments, et qui reproduit en quelque sorte les mêmes formules, que les esclaves à Argos étaient admis à s'exercer dans les gymnases et à faire usage des bains publics, ce qui était formellement défendu à Athènes²⁶.

L'âge de notre monument peut se déduire de l'emploi des deniers dans la supputation des libéralités faites à chaque citoyen et à chaque homme libre. L'usage de cette monnaie dénote une époque postérieure à la prise de Corinthe, car on conçoit qu'avant cette catastrophe les monnaies grecques devaient être seules en usage chez les Hellènes. D'un autre côté, l'absence des noms romains, et surtout du nom de Claudius que prirent depuis Tibère les plus grandes familles du Péloponèse, ne permet guère de croire que cette inscription soit postérieure au siècle d'Auguste. Cette dernière considération me porte à regarder notre monument comme plus ancien que le n° 1123 du *Corpus*, où de grands honneurs sont aussi décernés, pour une conduite aussi libérale, à un certain Tib. Claudius Diodotus. D'ailleurs, dans cette dernière inscription les Ἡραῖα sont remplacés par les Σεβάστεια, et ce changement dénote une époque postérieure. Depuis que l'Énéide eut recomposé et fait remonter à une antiquité mythique les titres de noblesse des grandes familles de Rome, et surtout de César, Junon, la protectrice de Carthage et l'ennemie d'Énée, dut nécessairement être plus d'une fois sacrifiée par la flatterie.

Nous aurons occasion de revenir, au sujet d'une inscription d'Égine, sur les changements que les événements politiques firent, plus d'une fois en Grèce, même avant la conquête romaine, subir aux temples, aux édifices publics et même aux solennités religieuses.

6.

Inscription gravée sur un marbre blanc encastré dans un des murs de l'église de Saint-Dimitri à Argos, et copiée par MM. Trézel et Edgard Quinet.

ΕΡΜΗΣ ΔΙΚΑΙΟΣ ΕΙΜ
ΚΑΙ ΜΕΣ
ΕΣΤΗΣ ΕΛΕΝΧΟΝ ΤΡ
ΔΙΚΑΙΩΝ ΚΑΙ ΑΔΙΚΩ

ΟΚ

M. Ross a publié ce monument dans son recueil sous le n° 54.

Variantes des trois copies.

M. Quinet réunit les deux premières lignes en une seule.
Ligne 2. M. Ross omet le Σ et propose de remplir la lacune par un nom tel que Δαμοκλῆς.
Ligne 3. M. Ross lit ΕΛΕΓΧΟΝ.
Ligne 5. M. Trézel donne seul les deux lettres ΟΚ.

Cette inscription, qui se compose de deux ïambes trimètres, doit être lue de la manière suivante :

Ἑρμῆς Δίκαιός εἰμι καὶ μὰ Σ.....
Ἔστησ' ἔλεγχον τῶν δικαίων κἀδίκων.

Je suis Hermes le Juste, et S. ... m'a élevé ici pour être le témoin de la justice et de l'injustice.

Ce distique offre un assez haut degré d'intérêt en ce qu'il est le premier monument où l'on rencontre l'épithète de Δίκαιος donnée à Mercure. Il est probable que ce dieu comme dieu du commerce et des marchés, comme Mercure ἐμπολαῖος²⁷ et ἀγοραῖος²⁸, que ce surnom lui est attribué ici, et l'on peut conjecturer que l'Hermès, auquel se rapporte notre inscription, avait été élevé au milieu du marché d'Argos pour présider aux transactions commerciales. C'est ainsi que, d'après le témoignage de Pausanias²⁹, au milieu du marché de Phères en Achaïe, s'élevait un hermès barbu, avec une inscription attestant que c'était celui du Messénien Simulus.

²³ La copie de Villoison, comme nous l'avons déjà remarqué, porte τρίς.
²⁴ Sur cet emploi d'ἀνὰ, dans le sens d'ἑκάστῳ, voyez les Idiot. de Vigor, ch. IX, sect. 1, § VII, et la note d'Hoogeveen.
²⁵ Sur la formule δόντα θέντα que l'on retrouve au n° 1123 du *Corpus*, voyez ce que dit M. Boeckh au sujet d'une inscription de Tinos qu'il a publiée dans le bulletin de l'Institut de corresp. archéol., 1832, p. 57.

²⁶ Æschin. in Timarch., p. 19, l. 25. (t. III, p. 147 des Orat. gr. de Reiske.)
²⁷ Δαίμονος, ἐμπολαῖος, παλιγκάπηλος, κερδέμπορος. Voyez Orph., hymn. 27, 6. Aristoph. Plut. 1155. Poll. Onom. 7, 2, 15. Hesych. v. ἐμπολαῖος.
²⁸ Pausan. I, 15, 1; II, 9, 7; III, 11, 8; VII, 22, 2; IX, 17, 1.
²⁹ VII, 22, 2.

Est-ce le même Simulus qui a élevé l'hermès d'Argos; le Σ qui commence le nom effacé par le temps permettrait de le croire, si la lacune ne pouvait être remplie par une foule d'autres noms, tels que Σωγένης, Σωκλέης, Σωκράτης, Σώπολις, Σωτίας, Σώσιλος, Σώσιμος, Σώστρατος, Σωσθλος, Σωτάδης, Σωφάνης, Σώφιλος, etc.

Ce qui semble prouver du reste que l'épithète ἐϕππλαῖος entraînait l'idée d'un dieu veillant au maintien de l'équité [30], c'est ce passage de la scène du Plutus, où Mercure, mécontent de la disette à laquelle il est condamné depuis que Plutus a recouvré la vue, vient offrir ses services à Chrémyle et demande à être admis auprès de lui, sous les différents titres que lui donnent les mortels [31].

Καρ. Τί δῆτ᾽ ἂν εἴας ὀρφέως ἡμῖν ἐνθάδ᾽ ὤν;
Ἑρ. Παρὰ τὴν θύραν Στροφαῖον ἱδρύσασθέ με.
Καρ. Στροφαῖον; ἀλλ᾽ οὐκ ἔργων ἔστ᾽ οὐδὲν στροφῶν.
Ἑρ. Ἀλλ᾽ ἐμπολαῖον. Καρ. Ἀλλὰ πλουτοῦμεν· τί οὖν
     Ἑρμῆν παλιγκάπηλον ἡμᾶς δεῖ τρέφειν;
Ἑρ. Ἀλλὰ δόλιον τοίνυν. Καρ. Δόλιον; ἥκιστά γε·
     Οὐ γὰρ δόλου νῦν ἔργον, ἀλλ᾽ ἁπλῶν τρόπων.

CARION. Et de quelle utilité nous serais-tu donc ici?
MERCURE. Élevez-moi près de la porte, comme faisant tourner les gonds.
CARION. Tourner les gonds? Nous n'avons nullement besoin de détours.
MERCURE. Eh bien, comme président au commerce.
CARION. Mais nous sommes riches maintenant; pourquoi nous faudrait-il nourrir un Mercure revendeur?
MERCURE. Eh bien alors, comme inspirant la ruse.
CARION. La ruse? Non, très-certainement; nous n'avons plus besoin de ruse, mais de probité.

Mais là ne se bornent pas les preuves qu'on peut invoquer pour démontrer que l'épithète de δίκαιος, bien qu'elle ne nous soit pas fournie par les auteurs classiques de la Grèce, convenait parfaitement à Mercure et a dû lui être donnée plus d'une fois. Sur un hermès conservé au musée de Bologne [32], et dans lequel Andreucci a voulu, à tort, voir une tête de Pythagore, mais qui paraît être plutôt un Mercure barbu [33], on lit à la suite d'un hexamètre et d'un pentamètre assez énigmatiques, sur lesquels nous aurons occasion de revenir :

ΧΑΙΡΕΔΙΚΑΙΟΣΩΝ

Χαῖρε δίκαιος ὤν.

Salut à toi, si tu es juste.

Viennent ensuite trois iambes trimètres contenant une recommandation morale qui n'a rien que de très-convenable dans la bouche de Mercure barbu et surtout dans celle de Mercure δίκαιος.

Ἢ παῖ φυλάσσου μὴ σφαλῇ σοὐ γλῶσσά τοι.
Αὐτὴ μὲν, etc.

Ἢ παῖ φυλάσσου μὴ σφαλῆς· ἡ γλῶσσά τοι.
Αὐτὴ μὲν οὐδὲν, ἢνίκ᾽ ἂν λέγῃ, ποιεῖ·
Ὅταν δ᾽ ἁμάρτῃ, πολλὰ περιεβάλλει κακά.

O mon enfant, prends garde que ta langue ne s'égare. Quand elle parle, elle ne souffre pas; mais si elle se trompe, elle cause bien des maux.

Jusqu'ici, tout dans l'hermès de Bologne peut, sans difficulté, s'appliquer à Mercure; mais en est-il de même du distique dont j'ai parlé plus haut :

Οὐκ ἤμην, γενόμην· ἤμην, οὐκ εἰμί· τοσαῦτα.
Εἰ δέ τις ἀλλ᾽ ἐρέει, ψεύδεται [34]· οὐκ ἔσομαι.

Je n'étais pas, je suis né; j'ai été, je ne suis plus; voilà tout. Si quelqu'un dit autrement, il se trompe, tout est fini pour moi.

Cette proposition matérialiste, si formellement contraire à la croyance de l'immortalité de l'âme, ne peut être attribuée à Mercure, non plus qu'à Pythagore, comme l'a fort bien remarqué Schiassi. Elle serait beaucoup mieux placée dans la bouche de Démocrite ou dans celle d'Épicure. On pourrait même, à la rigueur, appliquer à Épicure les deux autres phrases; mais le type bien connu du buste d'Épicure [35] ne saurait permettre de le confondre avec celui de Pythagore, qui paraît avoir été caractérisé par Visconti [36]. Quant à Démocrite, aucun monument ne nous a, jusqu'ici, fait connaître ses traits.

Sans doute, c'était un usage fréquent dans l'antiquité, de décorer les portiques d'hermès portant le buste des plus célèbres philosophes, dont le nom était gravé sur la gaine avec la formule qui résumait tout leur système. Ainsi l'on voit, au musée du Vatican, les hermès des sept sages de la Grèce avec les inscriptions suivantes :

1.
ΘΑΛΗΣ
ΕΞΑΜΥΟΥ
ΜΙΛΗΣΙΟΣ

2.
ΣΟΛΩΝ
ΕΞΗΚΕΣΤΙΔΟΥ
ΑΘΗΝΑΙΟΣ
ΜΗΔΕΝ ΑΓΑΝ

3.
ΠΙΤΤΑΚΟΣ
ΥΡΡΑ [37]
ΜΥΤΙΛΗΝΑΙΟΣ [38]
ΚΑΙΡΟΝ ΓΝΩΘΙ

4.
ΚΛΕΟΒΟΥΛΟΣ
ΛΙΝΔΙΟΣ
ΜΕΤΡΟΝ ΑΡΙΣΤΟΝ

5.
ΒΙΑΣ
ΠΡΙΗΝΕΥΣ (sic)
ΟΙ ΠΛΕΙΣΤΟΙ
ΑΝΘΡΩΠΟΙ
ΚΑΚΟΙ

6.
ΠΕΡΙΑΝΔΡΟΣ
ΚΥΨΕΛΟΥ
ΚΟΡΙΝΘΙΟΣ
ΜΕΛΕΤΗ ΠΑΝ

---

[29] Er ist ein Freund der Guten und Redlichen, und ein Feind der Bösholten und Verruchten. K. Geib, Handbuch der gr. und rœm. Mythologie. Erlangen, 1832, p. 119.

[30] Aristoph. Plut. 1153-1159.

[31] Publié pour la première fois par Andreucci : De incerto quodam simulacro, et de Æolanthi voto, deque Asclepio. Bononiæ, 1710. Réimprimé dans les Symbolæ de Gori, vol. II. Dec. a, p. 5. Muratori a reproduit les inscriptions de cet hermès dans son Trésor, p. 1776, n° 5. Maffei en a tenté la restitution dans son Ars critica lapid., p. 112. Marini, dans les Iscriz. Alban., p. 147 ; et Schiassi, dans Guida del forestiere, et museo delle antichità di Bologna, Bologne, 1814, in-8°, p. 117, se sont occupés du sens de ce monument. M. Thiersch (Voyage en Italie, t. I, p. 367) voit une tête de Bacchus dans l'hermès de Bologne, et enfin M. Welcker, qui a donné place aux trois inscriptions dans sa Sylloge Epigrammatum (61, 62), est d'avis que le buste est celui d'un Épicurien. J'ai cru d'ailleurs devoir adapter la leçon suivie par ce savant, pour le premier vers, attendu qu'elle est beaucoup plus conforme au génie de la langue grecque que la leçon suivie par ses devanciers, et qui était ainsi conçue :

Ἢ παῖ φυλάσσου μὴ σφαλῇ σοὐ γλῶσσά τοι.
Αὐτὴ μὲν, etc.

[32] Voyez des exemples de Mercure barbu dans Millin, Galerie mythol. VIII, 30 ; L, 205, 205 ; CXXV, 466 ; et t. I, p. 163.

[33] M. Welcker lit ψεύδεται. Il rapproche avec raison de ces deux vers publiés par M. Jacobs (Append. 280) l'épitaphe d'un médecin nommé Nicomède, qui, après quatre vers iambiques que M. Jacobs a également inséré dans l'Appendix de son Anthologie (n° 57), s'adresse en ces termes au lecteur :

ΕΥΨΥΧΩ ΝΙΚΟΜΗΔΗΣ
ΟΣΤΙΣ ΟΥΚ ΗΜΗΝ ΚΑΙ ΕΓΕΝΟ
ΜΗΝ ΟΥΚ ΕΙΜΙ ΚΑΙ ΟΥΔΑΥ
ΠΟΥΜΑΙ ΖΩΑΣ ΕΤΗ ΔΙΑ
ΚΑΙ ΗΜΕΡΑΣ ΚΓ

Spon est le premier qui ait fait connaître (Misc. Erud. Antiq., p. 131) ce monument qui a été reçu plus tard dans les collections de Gori (t. III, p. 127) et de Muratori (p. CMLXXVII). Chardon de la Rochette l'a expliqué dans le Magasin Encycl. An IV, t, p. 239.

[34] Visconti, Icon. gr., t. II, pl. 25 et 26.

[35] Mus. Pio Clem., t. VI, pl. 26.

[36] Ibid. t. VI, pl. XXII et XXII. Voyez M. Boissonade sur Callimaque, p. 181.

[37] C'est la véritable orthographe de ce mot, et non pas Μιτυληναῖος. Voyez M. Boissonade, loc. cit.

Mais l'hermès de Bologne ne peut être rangé dans cette catégorie, car il ne porte aucun nom propre, et aucune de ses trois inscriptions ne résume aussi formellement un système philosophique. Je crois donc, en attendant des renseignements plus positifs, pouvoir l'appliquer à Mercure, tout en convenant que la dernière inscription, le distique, jetterait beaucoup de doute sur cette conjecture, si la place que ces inscriptions occupent sur la gaine, et les différences notables qu'offrent les caractères de chacune d'elles, ne prouvaient pas jusqu'à l'évidence qu'elles sont toutes trois d'une époque différente, et que la plus ancienne, la seule qui s'applique au monument, c'est la première dont j'ai parlé.

Je ne dois point passer sous silence un monument qu'Ottavi Rossi a publié dans ses *Memorie Bresciane*[39] sous le nom de *Tavola di Maderno*. C'est un bas-relief représentant Minerve la lance dans la main droite et s'appuyant de la gauche sur son bouclier, au centre duquel on lit la lettre Y. A sa droite, sous la figure d'un vieillard couronné de feuillage et portant des fruits dans les plis de sa robe, est, suivant Rossi, le *Jubilum* (mieux valait dire le *Bonus Eventus*[40]), et à sa gauche Mercure avec ses attributs ordinaires, le casque ailé, les talonnières, le caducée et la bourse, et de plus un manteau royal qui semble lui avoir été donné par l'artiste pour relever sa dignité. S'il était permis d'ajouter plus de confiance à l'authenticité de ce monument qu'à celle des inscriptions que contient l'ouvrage de Rossi[41], on pourrait voir ici une allégorie ayant pour but de promettre un résultat heureux et stable à quiconque, dans ses transactions commerciales prend conseil de la sagesse et de la justice[42]. Cette leçon se trouve résumée dans une inscription, également fort suspecte, gravée sur une lame de bronze, et qui, s'il faut en croire Rossi, trouvée dans les fouilles faites pour l'église des Miracles, a été longtemps conservée *dal Signor Malatesta Gaetano*.

CIVES OPTVMI SVNTO LVCRVM NON SINE STATERA
HONOREM NON ABSQVE MERITO HABENTO.

Mais un témoignage beaucoup plus certain, c'est celui de Plaute. Dans le prologue de l'*Amphitryon*, Mercure, venant faire l'exposition de la pièce et réclamer l'attention des spectateurs, leur adresse ces deux vers :

Justum rem et facilem esse oratam a vobis volo :
Nam juste ab justis justus sum orator datus.

Ce qui ne permet pas de douter que Mercure, dans ce passage, se fait un mérite de sa justice, bien que son rôle, dans l'*Amphitryon*, ne soit ni juste ni honnête, c'est le début de ce même prologue :

Ut vos in vestris voltis mercimoniis
Emundis vendundisque me læium lucris
Adficere, atque adjuvare in rebus omnibus,
Et ut res rationesque vestrorum omnium
Bene expedire voltis peregrique et domi,
Bonoque atque amplo auctare perpetuo lucro[43],
Quasque incæptas res, quasque inceptabitis, etc.

Il résulte de tout ce qui précède, que l'inscription d'Argos peut servir à préciser davantage le sens d'un passage de Plaute, et conduire à l'explication d'un monument resté obscur; qu'on outre, elle enrichit d'une donnée curieuse la science mythologique, et réhabilite un peu dans l'opinion un dieu d'une réputation jusqu'ici fort équivoque.

7.

Inscription copiée à Argos par MM. Trézel et Edgard Quinet (*).

Q·CAECILIO·C·F·METELo
IMPERATORI·ITALICI
QVEI·ARGEIS·NEGoTIA

Quinto Caecilio Caii filio Metello imperatori,
Italici quei Argeis negotia[ntur.]

A l'Imperator Quintus Cæcilius Metellus, fils de Caius, les Italiens qui font le commerce à Argos.

Ce monument est connu depuis longtemps. Il a paru pour la première fois dans le recueil d'Apianus, d'après lequel Gruter l'a publié, page CCCXXXVII, 5, avec le renseignement suivant : *Apud Argos in campis Macedonicis; ex Apiano*. Au retour de l'expédition de Morée, M. Quinet a communiqué sa copie à M. Creuzer, qui l'a reproduite à la fin de la préface dont il a enrichi les *Quæstiones genealogicæ historicæ in antiquitatem græcam*[44] de M. Jean-Henri-Christian Schubart, son élève. Enfin M. Ross l'a donnée récemment dans son recueil, sous le n° 59, sans indiquer à ses lecteurs les ouvrages où elle avait déjà paru. Cette omission tient peut-être à ce que la bibliothèque publique d'Athènes manque encore des livres nécessaires pour de pareilles recherches. Du reste, M. Ross pense que cette inscription se retrouve, fort altérée à la vérité, dans les deux premières lignes de celle que M. Boeckh a, d'après le manuscrit de Fourmont, insérée dans le *Corpus* sous le n° 1137, et que nous transcrivons ici pour qu'on puisse en juger.

ΩΜΑΑΓΙVΜΟ..
ΙΤΑΓCEIY ΟΝΕΙ ΝΕCΘΤΙΑΙ
ΚΟΙΝΤΟΝ ΜΑΑΡΚΙΟ...
ΤΟΥ ΥΙΟΝ ΡΗΓΑΙΤΑΑ

Suivant l'opinion de M. Ross, le voyageur français aurait reçu ce monument, comme tant d'autres, de quelque Grec peu instruit, qui, transcrivant les lettres latines comme si c'étaient des lettres grecques, aurait, entre autres bévues, lu NEGΘTIA pour NEGOTIA.

---

[39] *Le Memorie Bresciane, opera historica e isabelica di Ottavio Rossi, riveduta da Fortunato Vinaccesi.* In Brescia, 1693, 4°, p. 73 et suiv.

[40] Je sais que le *Bonus Eventus* est ordinairement représenté sous la figure d'un jeune homme ou portant d'une main *des épis et des pavots*, et de l'autre une patère; ou, pour le moins c'est ainsi qu'Euphranor en avait arrêté le type (voyez Plin. H. N. XXXIV. 19, 16); et c'est sans doute cette statue qu'on a copiée sur les monnaies romaines. (Voyez Millin, Gal. myth., Pl. XLIX, fig. 361.) Mais pour les divinités d'un genre aussi étendu que le *Bonus Eventus*, je doute qu'on puisse admettre qu'il n'ait existé dans toute l'Italie qu'un type unique, surtout à l'époque de la décadence, la seule à laquelle on pourrait rattacher le bas-relief en question, si l'on acquérait la preuve de son authenticité. Du reste je dois ajouter que dans la *tavola di Maderno*, le vieillard couronné de feuillage et portant des fruits dans un pan de sa robe, offre la plus grande ressemblance avec une statue du Vatican dans laquelle Visconti (Mus. Pio Clem., t. I, pl. 50) voit Priape avec la σαγαρρίς, c'est-à-dire, symbole de la nature et de sa fécondité. Et pourtant ce dieu est plus ordinairement représenté imberbe et nu, ayant le *pedum* dans la main droite et une syrinx à ses pieds. Quant au prétendu *Jubilum*, il m'est plus que suspect; l'inscription que Rossi ajoute pour prouver que le dieu de l'allégresse portait ce nom, IVBILO SACRVM V. S. L. M., suffirait seule pour prouver que son antiquaire était un mystificateur maladroit.

Le singulier *Jubilum* n'existe pas dans la bonne latinité, et le pluriel *jubilo* signifie *des cris de joie*. Il s'appuerait le latin *jubilum* d'après l'italien *giubilo*.

[41] Voyez Orelli, *Inscr. lat. select. ampl. coll.*, t. I, p. 63.

[42] Montfaucon, qui a publié ce bas-relief, *Supplément de l'Ant. Expl.*, t. I, p. 171, voit dans cette figure un Vertumne, et dans la figure du milieu une Minerve, ἔχε. Il fonde cette dernière explication sur le Y que porte le bouclier de la déesse. Suivant le doute hémistichien, Minerve est placée entre Vertumne et Mercure, pour faire voir combien la prudence est nécessaire tant pour le négoce que pour les travaux champêtres et de la campagne. Explication un peu froide sans doute, mais qui diffère peu de celle que j'ai donnée plus haut.

[43] Dans une inscription publiée par Fabretti, IX, 210, p. 624, LVCRORVM POTENS ET CONSERVATOR.

(*) Le lieu de cette inscription se trouve est indiqué différemment par l'un et l'autre copiste. M. Trézel l'a vue *sur le mut de face de l'église de Merbacca près d'Argos*; M. Quinet, de son côté, dit l'avoir trouvée *au-dessus de Porantida près d'Argos*. Il est probable que ces deux indications se rapportent à un seul et même endroit.

[44] Marbourg, 1832, in-4°. — La seule variante qu'offre la copie de M. Quinet c'est, ligne 1, MEFIO au lieu de METELLO. L'erreur vient de ce qu'il a confondu avec un F le sigle qui forme le troisième élément du mot.

50

La conjecture de M. Ross me paraît tout à fait inadmissible. Sans doute il faut avec lui reconnaître le mot NEGOTIA dans les huit dernières lettres de la ligne 2 du numéro 1137; mais là se borne la conformité de cette inscription avec la nôtre. Le numéro 1137 a été trouvé à Argos, et non dans les environs, comme celui avec lequel M. Ross veut le confondre; c'est évidemment un titre bilingue composé de quatre lignes, dont deux latines et deux grecques; on y lit sans difficulté MA[R]CIVM à la première ligne, MAPKION à la troisième; et s'il y avait identité entre les deux monuments, ce qui est d'une impossibilité manifeste, on aurait peine à s'expliquer comment Apianus n'aurait pas donné les deux lignes grecques qui existaient encore au temps de Fourmont.

Tout ce qu'il est possible d'accorder à M. Ross, c'est que le n° 1137 du *Corpus* et notre monument doivent être de même nature et avoir été élevés successivement par une même corporation de marchands italiens établis à Argos, en l'honneur de deux personnages romains dont l'appui leur avait été utile. Et comme ces deux monuments peuvent s'expliquer l'un par l'autre, examinons d'abord quel peut être le sens du n° 1137 et quel est le Marcius auquel il est consacré. Cet examen, s'il nous conduit à un résultat satisfaisant, sera d'autant plus utile que M. Boeckh n'a pas jugé à propos de se livrer à ces recherches. Voici tout ce qu'il dit de cette inscription :

« In vs. 1, 2, non hærebo : vs. 3, 4, habes Κοίντον (leg. Κύντον) Μαάρκιον.... τοῦ υἱὸν Ῥηγαῖτα[ν ?]. Aliunde nota scriptura Μαάρκιος : vide Indicem. »

M. Boeckh ne dit pas ce qu'il entend par le mot Ῥηγαῖταν; y verrait-il un nouvel ethnique de la ville de Rhegium, au lieu de l'adjectif ordinaire Ῥηγῖνον? c'est ce qu'on ne saurait deviner. Ce qu'on peut affirmer avec certitude, c'est qu'on ne doit pas lire Ῥηγαῖταν, forme qui n'a pour elle aucune autorité et dont M. Boeckh doute lui-même, mais bien voir dans ΡΗΓΑ l'accusatif grécisé Ῥῆγα du mot *Rex*[45], surnom commun à la *gens Marcia*[46]; de même qu'on doit reconnaître dans les quatre lettres qui suivent, les premiers éléments du mot Ἰταλοὶ ou Ἰταλιῶται.

Mais quel est le *Quintus Marcius Rex*, auquel les négociants italiens établis à Argos ont élevé une statue? car c'est là le sens qu'on peut, avant toute restitution, tirer des accusatifs MARCIVM et MAAPKION lignes 1 et 3, et des éléments ITAA ligne 4, et NEGOTIA ligne 2.

De tous les membres de la famille Marcia qui ont occupé des postes éminents, le seul auquel puisse se rapporter le n° 1137, c'est le Q. Marcius Rex qui fut consul l'an de Rome 685 (69 ans av. J. C.[47]); car on sait avec certitude que son père, qui fut également consul en 635 (119 ans av. J. C.[48]), et qui est regardé comme le fondateur de Narbonne, portait aussi le prénom de Quintus, dont on retrouve les dernières lettres ligne 4. Mais plus d'une difficulté s'oppose à ce qu'on pense au consul de l'année 685. D'abord rien ne dit ici à quel titre on lui élève une statue; l'histoire, qui se borne à enregistrer son consulat[49], son proconsulat en Cilicie[50], le commandement qu'il obtint contre Catilina[51], et sa censure[52], ne nous autorise point à supposer qu'il ait rempli en Grèce quelque mission importante; mais ce qui est l'objection la plus forte, c'est que les Italiens, qui en 69 jouissaient depuis vingt ans environ du droit de cité, ne devaient plus, dans les provinces, prendre le nom d'*Italici*.

Cette dernière objection ne peut s'élever relativement au père, qui fut consul avec M. Caton[53] en 635 (119 ans avant J. C.), mais les deux autres subsistent dans toute leur force. Je serai donc porté à croire qu'il est ici question du tribun du peuple Q. Marcius Rex qui, l'année même où Flamininus proclama l'indépendance des villes grecques aux jeux isthmiques, avait obligé les consuls à confirmer la paix avec Philippe, roi de Macédoine[54]. On conçoit que les négociants italiens, dont la guerre devait compromettre grièvement les intérêts, aient témoigné publiquement leur reconnaissance au magistrat dont la protestation énergique avait amené la paix. Si cette conjecture est fondée, le n° 1137 serait antérieur de cinquante-quatre ans à l'inscription latine gravée en l'honneur de Q. Cæcilius Metellus; mais si l'on préfère au tribun le consul de l'an 635, il n'y aura entre les deux monuments qu'un intervalle de vingt-cinq ans.

Quoi qu'il en soit, d'après les considérations qui précèdent, le n° 1137 peut être ainsi restitué :

[Q.] MA[R]CIVM. Q. [F. REGEM]
ITALIC[I QV]EI [ARGEIS] NEGOTIAN[TVR]

ΚΟΙΝΤΟΝ ΜΑΡΚΙΟ[Ν ΚΟΙΝ]
ΤΟΥ ΥΙΟΝ ΡΗΓΑ ΙΤΑΛ[ΟΙ ΟΙ]
[ΕΝ ΑΡΓΕΙ ΠΡΑΓΜΑΤΕΥΟΜΕΝΟΙ]

Quintum Marcium Quinti filium Regem
Italici qui Argis negotiantur.

Κόιντον Μαάρκιον Κόιντου υἱὸν Ῥῆγα
Ἰταλοὶ οἱ ἐν Ἄργει πραγματευόμενοι.

A Quintus Marcius Rex, fils de Quintus,
Les négociants italiens établis à Argos.

Le sens donné au verbe πραγματευόμενοι peut être justifié par deux passages de Plutarque que cite Schneider dans son lexique grec. Le premier est emprunté à la vie de Sylla[55] : Κόιντος Τίτιος οὐκ ἀφανὴς ἀνὴρ τῶν ἐν τῇ Ἑλλάδι πραγματευομένων[56]. L'autre est tiré de la vie de Caton le jeune[57] : Ἅμα δ' ἡμέρᾳ τοὺς τριακοσίους, οἷς ἐχρῆτο βουλῇ, Ῥωμαίους μὲν ὄντας, ἐν δὲ Λιβύῃ πραγματευομένους ἀπ' ἐμπορίας καὶ δανεισμῶν, εἰς ἱερὸν Διὸς ἐκέρυττε συνιέναι.

Il résulte du premier de ces passages, et de beaucoup d'autres encore[58], que des Romains de distinction (ordinairement chevaliers) faisaient la banque en Grèce, sans doute depuis la conquête et l'établissement de la province d'Achaïe. Le second prouve qu'il en était de même en Afrique, et c'est ce qu'on peut conclure aussi de ces mots de Velleius Paterculus[59] : *Hic* (Marius) *per publicanos, aliosque in Africa negotiantes criminatus Metelli lentitudinem, etc.* Il serait facile de prouver qu'il en était de même en Asie[60], en Sicile[61], en Gaule[62], etc.

Mais dans ces différents textes il n'est question que de Romains, tandis que des deux inscriptions dont nous nous occupons il résulte avec évidence, qu'antérieurement à la conquête romaine les Italiens avaient exercé ce genre d'industrie. Probablement après la destruction de Corinthe, ils trouvèrent dans les chevaliers romains des compétiteurs redoutables; peut-être même furent-ils exclus par ces derniers, ce

---

[45] C'est ainsi que ce nom est décliné par les Grecs. Plut. Num. 22, οἷς διὰ τοῦτο καὶ Ῥῆγας γενέσθαι παρωνύμιον, ὑπὲρ ἐστὶ βασιλέας. Appian. B. C. II, 113, καὶ ἐπὶ τούτοις Ῥούφιον Ῥῆγα. (Schweighæuser propose de lire Ῥοῦγαν.)
[46] Suet. Cæs. 6 : *Ab Anco Marcio sunt Marcii Reges.*
[47] Dio Cass. XXXV, 4.
[48] Freinsh. Suppl. Livian. XII, 1.
[49] Dio, loc. cit.
[50] Dio, ibid. c. 15.
[51] Sallust. Cat. 30. Ibid. 32 et 34.
[52] Cic. pro domo sua, 50.
[53] Gell. XIII, 19. Plin. Hist. nat. II, 31.
[54] Liv. XXXIII, 25.
[55] C. 17.

[56] Leopold explique ainsi ce mot : h. e. *negotiatorum; eorum qui in Græcia negotiabantur.*
[57] C. 59.
[58] Cic. Ep. ad. Fam. XIII, 17. *Curius qui Patris negotiatur.*
[59] II, 11, 2.
[60] Cic. Flacc. 29. *Negotiaris in libera civitate. Quamque negotiabere? Annos jam triginta versaris in foro, sed tamen Pergameno.* Id. Flacc. 36. *Mater in provinciam Asiam miserat cum pecunia, quorsum? ut negotiaretur.*
[61] Cic. Off. 3, 14. *Cum se Syracusas otiandi non negotiandi causa contulisset.* Idem, Verr. II, 62. *Quantum negotiatoribus qui Syracusis negotiantur.*
[62] Sallust. Cat. 40. P. Umbrenus quod in Gallia negotiatus, plerisque civitatum notus erat atque eos noverat. Cic. pro Font. 1. *A civibus romanis qui in Gallia negotiantur.*

qui, indépendamment des circonstances déjà connues, expliquerait l'acharnement avec lequel ils insistèrent pour obtenir le droit de cité, qui pouvait seul leur permettre d'entrer en concurrence avec les banquiers privilégiés de l'ordre équestre.

Tout ce qui précède nous dispense d'une longue explication pour le monument de Morbacca. Le Quintus Cæcilius Metellus, auquel il est consacré, ne peut être autre que celui qui mérita le surnom de *Macedonicus*, et qui fut consul l'an de Rome 610 (144 av. J. C.). Les banquiers italiens d'Argos, qui, comme les banquiers de tout temps, désiraient la paix à tout prix, lui témoignèrent sans doute leur gratitude pour avoir mis fin à une guerre que Q. Marcius Rex avait cherché à empêcher. La seule difficulté qui s'oppose à cette supposition, c'est que le père de Q. Cæcilius Metellus Macedonicus s'appelait Quintus et non Caïus; elle disparaîtrait si, comme le propose Gudi, on lisait Q. F. au lieu de C. F [63].

8.

Fragment d'inscription copié par M. Edgard Quinet sur le toit d'une église d'Argos.

L'une des questions les plus importantes, mais en même temps les plus difficiles et les plus obscures que présente l'histoire grecque, c'est sans aucun doute celle des assemblées amphictyoniques. Grâce aux travaux successifs de Prideaux de Van-Dale, de Charles de Valois, de Sainte-Croix, et surtout de Tittmann et de M. Letronne, la plus importante de ces fédérations, celle dont le siége était à Delphes, son organisation, son but, le nom et les attributions des différentes classes de magistrats civils ou religieux qui y représentaient les différentes nations helléniques, sont aujourd'hui bien déterminés et bien connus. Mais on n'en peut dire autant des autres assemblées de même nature, de celle d'Argos par exemple, qui dut exercer une si grande influence dans le Péloponèse. Tout ce qu'on en sait se borne au petit nombre de pages que Sainte-Croix lui a consacrées dans son bel ouvrage sur les gouvernements fédératifs, et encore ce premier essai n'est-il pas exempt de quelques erreurs. J'espère donc qu'on accueillera avec quelque intérêt les recherches auxquelles je me suis livré sur ce sujet, à l'occasion d'une inscription copiée par M. Edgard Quinet.

M. Quinet, entraîné par les écarts d'une imagination aventureuse et poétique, et jugeant du sens des monuments par quelques mots isolés, a souvent vu, dans les inscriptions qu'il a transcrites, tout autre chose que ce qu'elles contenaient. « Le vent du midi qui soufflait constamment me donna, dit-il [64], m'arrivée une fièvre lente, en sorte qu'il me devint bien difficile de me tenir debout. Mon sommeil ne valait guère mieux que celui des Atrides ; c'était le cauchemar albanais, et sous ce ciel imprégné du parfum des citronniers, je ne pouvais fermer les yeux sans voir autour de moi les squelettes de la Messénie se ranimer et ramper par lambeaux sur ma poitrine. Je ne savais que me traîner sur le toit des chapelles où sont *plaquées* tant de belles inscriptions : ou c'était un marbre gravé pour un vainqueur des fêtes néméennes, ou un tribut apporté aux Argiens, ou la consécration d'un néophyte des premiers temps du christianisme, ou la pierre sépulcrale d'une femme romaine. »

Lorsqu'on se laisse ainsi maîtriser par *la folle du logis*, on ne peut pénétrer dans le champ du positif sans courir le risque de s'égarer à chaque pas; aussi M. Quinet a-t-il fait d'étranges bévues. Ainsi a pris un agonothète pour un vainqueur aux fêtes néméennes [65]; une inscription relative à la reconstruction d'une église au dix-septième siècle de notre ère, pour la consécration d'un néophyte aux premiers temps du christianisme [66] ; la base d'une statue élevée à une femme d'Argos, fondatrice d'un gymnase et d'un bain, pour la pierre sépulcrale d'une femme romaine [67]; et enfin un extrait du registre des amendes prononcées par l'amphictyonie d'Argos, pour un tribut apporté aux Argiens. C'est l'inscription dont je vais m'occuper qui a donné lieu à cette dernière méprise. Voici la copie de M. Quinet :

```
        ΩΗΟΣΚΑΤΑΔΙΚΑΙΑΕΟΝ
        ΧΧΑΛΕΙΟΣΧΡΗΑΝΑ
          ΚΑΤΑΔΙΚΑΙΚ
         ΤΩΝΑΡΚΑΔΩΝΙΑΕ
5.    ΑΙ ΑΓ ΝΙΚΑΙΑΣΑΠΟ
       ΕΤΙΧΧΡΑΡΧΙΤΕΛΗΣ
       ΚΑΔΩΝΑΕΤΙΧΧΡΑΝΔΡΟ
       ΚΟΝΟΝΤΩΝΑΡΚΑΔΩΝΑΕΤΙ
        ΑΙ ΤΟ ΚΟΙΝΟΝΤΩΝΑΡΚΑΔ
10.    ΑΜΩΝΚΛΕΩΝΑΙΑΕΟΙΚΙΣ
       ΦΑΛΙΩΝΙΑΕΤΙΧΞΞΞΞΧΡΟΕΡΣ
       ΤΟΚΟΙΝΟΝΤΩΝΑΡΚΑΔΩΝΑΕ
       ΣΤΑΔΑΣΚΛΕΩΝΑΙΤΟΚΟΙΙΟ
       ΧΕΤΙΧΞΞΞΞΧΡΟΕΡΣΙΔΑΝΟ
15.     ΟΝΣΤΥΜΦΑΛΙΩΝΙ
          ΧΡΓΟΛΥΜ ΣΚΙΟΙΟΣ ΤΟ
       ΚΟ ΝΟΝ ΤΩΝ ΑΡΚΑΔΩΝ
       ΜΕΝΑΛΙ ΔΑΣΚΛΕΩΝΑΙ ΑΡΚΑΔΩΝ
       ΑΕΤΙ ΒΒΒ ΟΟΟ
20.        Α ΠΟΛΙΣ ΤΩΝ Σ ΤΥ
```

Les quatre premières lignes de cette inscription étaient déjà connues. M. Boeckh les a publiées sous le n° 1145, d'après les papiers de Fourmont qui les avait copiées *dans l'église de la Sainte-Vierge*. L'église sur le toit de laquelle Quinet les a retrouvées, augmentées de seize autres lignes, est-elle la même que celle où Fourmont les avait lues? C'est ce qu'il serait impossible de croire sans accuser ce dernier d'une extrême négligence dans la transcription d'un monument aussi important. Or, c'est un reproche qu'on ne lui a pas encore adressé et qu'il ne mérite pas. Il est donc plus naturel de penser que lors de son passage à Argos, le marbre dont il s'agit était presqu'entièrement enfoui dans les constructions où il l'a trouvé; que depuis il a été dégagé, et, qu'offrant une dalle assez large, il a été employé à la couverture de l'église. Peut-être aussi Fourmont n'a-t-il pas vu l'inscription, et s'est-il contenté de joindre à ses papiers une copie restée imparfaite qui lui aura été communiquée.

Quoi qu'il en soit, les quatre lignes, dans les deux copies, présentent des variantes notables. Pour les faire mieux apprécier, nous transcrivons ici celle de Fourmont.

```
        ΛΙΛΔΙΚΑΙΑΕΟ
   ΧΧΧΑΛΔΙ : ΟΣΧΡΗΑΝΑ
      Σ     ΚΑΤΑΔΙΚΑΙ Κ
          ΧΤΩΝΑΡΧΑΔΩΝ
```

M. Boeckh émet sur ce monument l'opinion suivante : « Titulus satis recens quod docet, vs. 4, Ω in voce τῶν Ἀρκάδων. Inscriptæ erant pecuniæ partim ex multis (καταδίκαις, v. 3). Ex tali summa, vs. 2, supserest ΧΧΝ[ΔΔ]ΔΙ, 3031. »

La conclusion que M. Boeckh tire de la forme de l'oméga, pour rattacher notre inscription à une époque assez récente, est annulée par la copie de M. Quinet, où cette lettre a partout la forme Ω. On peut même, d'après cette forme, et surtout d'après l'absence de tout nom romain, affirmer *a priori* que ce monument est antérieur à la prise de Corinthe. Les faits viendront plus tard à l'appui de cette opinion.

Ad Grut. loc. cit.

[64] *De la Grèce moderne et de ses rapports avec l'antiquité*, Paris, 1830, in-8°, 233 et suiv.

[65] Voyez l'inscription n° 5, p. 96.
[66] Voyez l'inscription n° 11, p. 105.
[67] Voyez l'inscription n° 10, ibid.

(102)

Du reste, M. Boeckh ne s'est point trompé sur le contenu de cette inscription. C'est une série d'amendes imposées aux villes de Cléones, d'Aléa et de Stymphalies, ainsi qu'à la commune des Arcadiens, et qui varient de 1000 à 3o3o statères (χρυσοῖ [68]).

La restitution d'un pareil monument, dont je ne connais pas d'exemple, est assurément fort difficile : je l'ai tentée néanmoins, en prenant pour base la ligne 18 qui, paraissant complète, fournit le nombre de lettres que devait contenir chacune des dix-neuf autres. Le résultat de mon travail ne peut, je crois, à cet égard, laisser de doute que sur quelques noms propres et sur quelques nombres.

Je dois ajouter d'ailleurs, pour prévenir les objections auxquelles pourraient donner lieu certaines substitutions de lettres qui paraîtront peut-être un peu hardies, que la légèreté avec laquelle un homme d'imagination, disons le mot, un poëte tel que M. Quinet, doit copier des inscriptions, surtout sous l'impression de la fièvre, autorise une certaine audace dans l'archéologue appelé à interpréter ces monuments. *Et disce quid in restituendis inscriptionibus liceat*, dit quelque part M. Boeckh [69] à l'occasion d'une pierre où dans deux copies différentes ΥΣ = Η, ΙΓΡΟ = ΑΝΑ, ΣΚΟ = ΣΤΟ, ΥΛ = Μ, ΩΣΗ = ΩΣΕΙ, ΕΣ = Η.

```
   [ΑΙ ΤΑΣ ΕΚΛΗΣΙΑ]Σ ΚΑΤΑΔΙΚΑΙ [Κ]ΛΕ[Ω],   27
   [ΝΑΙ Ι Α]ΧΧΧΔΔΔ [ΧΡ]Ο[Υ]Σ ΧΡΗ ΑΝΑ[ΘΕΙΝΑΙ]  28
   [ΕΤΙ ΚΑΙ] ΚΑΤΑΔΙΚΑΙ Κ[ΛΕΩΝΑΙ ΤΟ ΚΟΙ]    27
   [ΝΟΝ]ΤΩΝ ΑΡΚΑΔΩΝ Ι ΑΕ[ΤΙ Χ ΗΗΗΗ ΧΡ]    26
 5.[ΕΤΙ Κ]ΑΙ [Κ]ΑΤ[ΑΔ]ΙΚΑΙ ΑΛ[Ε]Α[Τ]Ω[Ν ΑΡΚΑ]  26
   [ΔΩΝ Α]ΕΤΙ ΧΧ ΡΑΡΧΙΤΕΛΗΣ[ΤΟΚΟΙΝΟΝ ΤΩΝ]  3o
   [ΑΡ]ΚΑΔΩΝ Α ΕΤΙ ΧΧΡ ΑΝΔΡΟ[ΣΘΕΝΗΣ ΤΟ]    27
   ΚΟ[Ι]ΝΟΝ ΤΩΝ ΑΡΚΑΔΩΝ Α ΕΤΙ [Χ ΧΡ ΚΛΕΩ]   27
   [Ν]ΑΙ ΤΟ ΚΟΙΝΟΝ ΤΩΝ ΑΡΚΑΔ[ΩΝ Α ΕΤΙ ΧΧ Ρ]  28
 10.[ΜΝ]ΑΜΩΝ ΚΛΕΩΝΑΙ Α Ε[Τ]Ι[ΧΧ ΡΑΓΡΟΑΙ ΣΤΩΝ]  28
   [ΣΤΥΜ]ΦΑΛΙΩΝ ΙΑ ΕΤΙ ΧΗΗΗΗ ΧΡ ΘΕΡΣ[ΑΓΟ]   29
   [ΡΑ Σ]ΤΟ ΚΟΙΝΟΝ ΤΩΝ ΑΡΚΑΔΩΝ Α Ε[ΤΙ Χ ΧΡ]  28
   [ΘΕ]ΣΤ[Ι]ΑΔΑΣ ΚΛΕΩΝΑΙ ΤΟ ΚΟΙ[Ν]Ο[ΝΤΩΝΑΡ]  29
   [ΚΑΔΩΝ Α]ΕΤΙ ΧΗΗΗΗ ΧΡ ΘΕΡΣΙΔΑΝΟ[Σ ΑΓΟ]   29
 15.[ΛΙΣ ΤΩ]Ν Σ ΤΥΜΦΑΛΙΩΝ [Α ΕΤΙ Χ ΧΡ ΚΛΕΩ]  27
   [ΝΑΙ Α ΕΤΙ Χ] ΧΡ ΡΟΛΥΜ[ΝΙ]Σ Κ[ΛΕ]Ω[ΝΑΙ ΤΟ]  27
   ΚΟ[Ι]ΝΟΝ ΤΩΝ ΑΡΚΑΔΩΝ [Α ΕΤΙ ΧΗΗΗΗ ΧΡ]   27
   ΜΕΝΑΛ[Κ]ΙΔΑΣ ΚΛΕΩΝΑΙ [ΤΩΝ]ΑΡΚΑΔΩΝ      27
   Α ΕΤΙ [Χ]ΗΗΗ [ΧΡ . . . . . . . . . . .
 20. . . . . . . . . . . Α ΡΟΛΙΣ ΤΩΝ ΣΤΥΜΦΑΛΙΩΝ . . . . . .
```

[Αἱ τᾶς ἐκλησία]ς καταδίκαι. [Κ]λεωναὶ ιαʹ], ΧΧΧΔΔΔ χρ(υσοῦς), ο[ὓ]ς χρὴ ἀνα[θεῖναι].

[Ἔτι καὶ] καταδίκαι Κ[λεωναί, τὸ κοινὸν] τῶν Ἀρκάδων, ιαʹ, ἔ[τι Χ ΗΗΗΗ χρ(υσοῦς).]

[Ἔτι κ]αὶ [κ]ατ[αδ]ίκαι. Ἀλ[έ]α [τ]ῶ[ν Ἀρκάδων, αʹ], ἔτι Χ χρ(υσοῦς).

Ἀρχιτέλης, [τὸ κοινὸν τῶν Ἀρ]κάδων, αʹ, ἔτι Χ χρ(υσοῦς).

Ἀνδρο[σθένης τὸ] κο[ι]νὸν τῶν Ἀρκάδων, αʹ, ἔτι [Χ χρ(υσοῦς)].

[Κλεων]αί, τὸ κοινὸν τῶν Ἀρκάδ[ων, αʹ, ἔτι Χ χρ(υσοῦς)].

[Μν]άμων, Κλεωναί, αʹ, ἔ[τι Χ χρ(υσοῦς)].

Ἀ πόλις τῶν Στυμ[φαλίων, ιαʹ, ἔτι ΧΗΗΗΗ χρ(υσοῦς).

Θερσ[αγόρας], τὸ κοινὸν τῶν Ἀρκάδων, αʹ, ἔ[τι Χ χρ(υσοῦς)].

[Θε]στ[ι]άδας, Κλεωναί, τὸ κοι[ν]ὸ[ν τῶν Ἀρκάδων, αʹ], ἔτι ΧΗΗΗΗ χρ(υσοῦς).

Θερσιδανὸ[ς, ἁ πόλις τῶ]ν Στυμφαλίων, [αʹ, ἔτι Χ χρ(υσοῦς)].

[Κλεωναί, αʹ, ἔτι Χ] χρ(υσοῦς)].

Πόλυμ[ν]ις, Κ[λε]ω[ναί, τὸ] κο[ι]νὸν τῶν Ἀρκάδων, [αʹ, ἔτι ΧΗΗΗΗ χρ(υσοῦς)].

Μεναλκίδας, Κλεωναί, (τὸ κοινὸν) [τῶν] Ἀρκάδων, αʹ, ἔτι [Χ]ΗΗΗ [χρ(υσοῦς)].

. . . .

Ἀ πόλις τῶν Στυμφαλίων . . . .

AMENDES IMPOSÉES PAR LE CONSEIL.

Cléones, onze fois, 3o3o *statères d'or qui devront être consacrés*.

AUTRES AMENDES.

Cléones, la république des Arcadiens, onze fois, item, 1400 *statères*.

AUTRES AMENDES.

Aléa des Arcadiens, une fois, item, 1000 *statères.*

Architelès, la république des Arcadiens, une fois, item, 1000 *statères.*

Androsthènes, la république des Arcadiens, une fois, item, 1000 *statères.*

Cléones, la république des Arcadiens, une fois, item, 1000 *statères.*

Mnamon, Cléones, une fois, item, 1000 *statères.*

La ville des Stymphaliens, onze fois, item, 1400 *statères.*

Thersagoras, la république des Arcadiens, une fois, item, 1000 *statères.*

Thestiadas, Cléones, la république des Arcadiens, une fois, item, 1400 *statères.*

Thersidanus, la ville des Stymphaliens, une fois, item, 1000 *statères.*

Cléones, une fois, item, 1000 *statères.*

Polymnis, Cléones, la république des Arcadiens, une fois, item, 1400 *statères.*

Ménalcidas, Cléones, la république des Arcadiens, une fois, item, 1400 *statères.*

La ville des Stymphaliens . . . .

Mais en vertu de quel droit la ville d'Argos impose-t-elle des amendes aussi considérables? Pourquoi les villes de Cléones, d'Aléa, de Stymphale, et surtout la république des Arcadiens, sont-elles jugées et condamnées par elle? Des amendes aussi fortes se rapportent-elles toutes à une même époque? Quel peut être l'âge de ce monument? Ce sont autant de questions que nous allons examiner, sans toutefois nous flatter de les résoudre entièrement.

L'histoire de la ville d'Argos ne nous est point connue dans son entier. Nous ne savons de cette ville que ce qui concerne sa longue lutte contre Sparte, et c'est seulement à l'aide de quelques données éparses dans Hérodote, Thucydide, Xénophon, Diodore de Sicile, Polybe, Strabon, Plutarque et Pausanias, que l'on peut suivre les destinées de cette cité qui jeta tant d'éclat sur la Grèce [70]. Combien il est regrettable que le temps ne nous ait pas conservé les Ἀργολικά [71] de Dinias et d'Ister [72], la description d'Argos par Socrate [73], les histoires du Péloponèse de Chryserme [74] et d'Iolaüs [75], etc.; sans doute, dans ces ouvrages tout spéciaux, nous eussions trouvé une histoire suivie de cette ville, ou du moins tous les éléments nécessaires pour la reconstruire. Encore, si quelque savant s'était occupé de recueillir et de coordonner les faits relatifs à Argos, qui sont disséminés dans les écrivains de l'antiquité; mais ce secours même nous manque, et nous ne possé-

---

[68] Εἰ μὲν χρυσοῦς εἴποις, προσυπακούεται ὁ στατήρ· εἰ δὲ στατήρ, οὐ πάντως χρυσοῦς. Pollux Onom. IX, 5, segm. 59.

[69] *Corpus Inscr. gr.*, t. I, p. 919, col. 1.

[70] *Argi et Lacedaemon duae clarissimae urbes, lumina quondam Graeciae.* Liv. XXXIV, 32.

[71] Plutarque, *Vie d'Aratus*, ch. 29. Il est encore cité par les scoliastes de Sophocle, d'Euripide et d'Apollonius : Voy. Vossius, *de Hist. gr.*, l. III, p. 355.

[72] Athen. XIV, 27.

[73] Diog. Laert. in Socr. C'est sans doute le même que le Socrate cité par Plutarque, *de Virt. mul.*, p. 245, D, et *Quaest. Rom.*, chap. 26 et 52. Cf. Vossius, *de Hist. gr.* II, 5 et p. 414.

[74] Plut. *Parall.* 6. Cf. Vossius, op. cit. III, p. 414.

[75] Schol. Nicandri ad *Ther.* v. 523 : Ἰόλαος περὶ Πελοποννησιακῶν πόλεων. Plus bas, au vers 683, il le nomme Ἰόλας.

dons encore sur cette question que les recherches auxquelles M. C. O. Müller s'est livré accidentellement dans son savant ouvrage sur la race dorienne, et les livres de MM. Kortüm, Tittmann et Wachsmuth sur les constitutions grecques [?].

Nous essayerons de suppléer à ce qui nous manque, et d'abord nous examinerons à quelle époque peut appartenir notre monument considéré en lui-même. Il est évident, à en juger par la forme des lettres, qu'il ne peut être ni d'une époque très-ancienne, ni postérieur au premier siècle de notre ère; mais, d'un autre côté, la simplicité de l'énoncé, l'absence de tout nom romain, l'évaluation des sommes en statères et non pas en deniers, comme au n° 5, doivent le faire considérer comme appartenant aux temps qui ont précédé la réduction de la Grèce en province romaine. On est donc fondé à croire, au premier aperçu, qu'il est du second ou du troisième siècle avant J. C.

Voyons maintenant si l'antiquité classique offre quelque exemple d'amendes imposées par Argos. On n'en peut, je crois, citer qu'un seul, mais d'une autorité imposante, puisqu'il nous est fourni par Hérodote. Le père de l'histoire nous apprend [77] que vers l'an 490 Argos condamna les Éginètes et les Sicyoniens à une amende de mille talents, pour avoir ravagé son territoire de concert avec les Lacédémoniens. Mais, comme l'observe avec raison M. C. O. Müller [78], les Argiens ne pouvaient prendre une semblable décision comme ville; ils n'en avaient le droit qu'autant qu'ils parlaient au nom d'une confédération partageant leurs ressentimens. Or, cette confédération ne pouvait être autre que l'amphictyonie d'Argos, dont, nous devons le convenir, il n'est fait que deux fois mention dans les écrivains de l'antiquité [79], mais dont l'existence est aujourd'hui généralement admise par les savants [80], et qui est du reste considérée comme entièrement distincte de celle qui avait son siége dans l'île de Calaurie [81], et à laquelle Argos prit part après l'expulsion des habitants de Nauplie [82]. Cette dernière s'assemblait dans le temple de Neptune, de même que celle d'Argos se réunissait, suivant M. Müller, dans le sanctuaire d'Apollon Pythéen [83]; et, suivant Sainte-Croix, dont l'opinion me paraît plus probable [84], dans celui de Junon.

Sainte-Croix pense que les villes de Cléones, de Corinthe et de Mycènes faisaient partie de cette dernière amphictyonie, puisque dans différentes circonstances elles eurent la présidence des jeux Néméens [85]. Il croit aussi que, dans des temps plus anciens, les Messéniens et les Lacédémoniens étaient compris parmi les membres de l'association. Cette conjecture, qui n'a pas été contestée, peut être, semble recevoir quelque force de l'inscription qui nous occupe; car si, comme je le pense, ce monument n'est autre chose qu'un registre des condamnations prononcées par l'amphictyonie d'Argos, nous sommes fondés à croire que les Arcadiens, qui figurent fréquemment parmi les condamnés, participaient aux droits et aux charges de la confédération; et si elle s'étendait jusqu'à l'Arcadie, rien n'empêche de croire que primitivement d'autres États du Péloponèse aient été dans le même cas.

Toutefois, il paraît que de bonne heure, et sans doute par suite de l'antagonisme de Sparte et d'Argos, cette dernière ville parvint à faire exclure sa rivale. Nous voyons en effet dans Hérodote [86], que lors de la guerre d'extermination que Cléomènes entreprit vers l'an 510 contre Argos, et où il dut reculer devant l'héroïque courage de Télésilla, le roi de Sparte se rendit à l'Héræum pour y offrir

lui-même un sacrifice, mais fut écarté de l'autel par le prêtre, attendu qu'il n'était pas permis à un étranger de sacrifier dans ce temple.

Ce qu'il y a de certain, c'est qu'un nombre des coupables nous trouvons deux villes dont l'association à l'amphictyonie ne saurait guère laisser de doute : je veux parler d'Aléa et de Stymphalie. Pausanias dit positivement que ces deux villes s'étaient réunies à la confédération argienne. Στυμφαλίοις δὲ τεταγμένοι μὲν οὐ μετὰ Ἀρκάδων ἔτι εἰσίν, ἀλλ' ἐς τὸ Ἀργολικὸν συντελοῦσι μετασχόντες ἐς αὐτὸ ἐθελονταί [88]; et un peu plus loin : Μετὰ δὲ Στυμφαλίων ἐστὶν Ἀλέα συνεδρίου μὲν τοῦ Ἀργολικοῦ μετέχουσα καὶ αὐτὴ [89]. Il paraît évident que par les mots συνέδριον τοῦ Ἀργολικοῦ, on doit entendre l'amphictyonie d'Argos, puisque le mot συνέδριον seul désigne l'amphictyonie par excellence, celle de Delphes.

On pourrait, je le sais, m'objecter que dans les deux passages de Pausanias que je viens de citer, où μετὰ Ἀρκάδων ἔτι εἰσίν peut s'entendre d'un changement assez récent; mais cet autre passage de Pausanias prouve que la réunion des Arcadiens à la confédération argienne est d'une époque bien antérieure à cet écrivain : Τανακότε γοῦν ἐς Ἀρκάδων ἥγοντο ἂν τις συντελέσει τοὺς Τριταιεῖς, καθὰ καὶ νῦν ἔτι Ἀρκάδων αὐτῶν εἰσιν οἵ ἐς τὸ Ἀργολικὸν τελοῦντες [90].

J'ajouterai encore que le verbe μετέχειν, employé par Pausanias dans le second passage, est une expression consacrée en parlant des amphictyonies. Cette explication, qu'Harpocration donne du mot hiéronnémons ne peut laisser aucun doute à cet égard : ἱερομνήμονες... οἱ πεμπόμενοι εἰς τὸ τῶν Ἀμφικτυόνων συνέδριον ἐξ ἑκάστης πόλεως τῶν τοῦ συνεδρίου μετεχουσῶν.

Resterait à expliquer comment les noms de particuliers se trouvent réunis aux noms de ces villes. Architélès [91], Androsthènes [92], Alnamon [93], etc., sont-ils les magistrats des différentes cités ou républiques qui se sont rendues coupables d'infractions à l'acte amphictyonique, et l'amende énoncée frappe-t-elle les uns et les autres ? je serais porté à le croire, d'autant plus, qu'à en juger par un passage de Plutarque [94], les chefs des confédérations payaient souvent pour les confédérations elles-mêmes. Nous voyons, en effet, dans la Vie d'Aratus, que ce grand homme ayant, à la tête des Achéens, alors qu'il était stratège, tenté infructueusement de délivrer Argos de son tyran Aristippe, fut appelé par celui-ci devant les Mantinéens, et n'ayant pas comparu, fut condamné à une amende de trente mines.

M. Schorn, dans son Histoire de la Grèce depuis l'établissement de la ligue étolienne et de la ligue achéenne jusqu'à la destruction de Corinthe [95], pense que cette affaire fut portée devant les Mantinéens, parce que leur ville était sans doute le tribunal suprême des Macédoniens dans le Péloponèse; mais comme il ne donne aucune preuve à l'appui de cette assertion, je préfère, conjecture pour conjecture, admettre que Mantinée, comme appartenant à la république des Arcadiens, avait alors la présidence de l'amphictyonie, qu'Argos ne pouvait garder sans scandale, dans une affaire qui intéressait aussi vivement son maître. Et, indépendamment de tant d'autres faits, prouve bien que Mantinée appartenait à la république arcadienne, c'est le reproche que lui adresse Pausanias d'avoir, dans la guerre de Thèbes contre Lacédémone, cherché à faire sa paix avec cette dernière, sans la participation des autres confédérés [96].

Mais si, comme tout porte à le croire, l'inscription qui nous

---

[?] Je ne parle pas de la dissertation de Republica Argivorum, par Ubbo Emmius, que Gronovius a insérée dans le tome IV de son Thesaurus antiquitatum græcarum; car ce travail, très-superficiel et très-incomplet, ne peut être ici d'aucune utilité.

[1] VI, 92.
[2] Die Dorier, t. I, p. 154.
[3] Pausan. IV, 5, 1. Plut. Parall. gr. et rom., 3.
[4] Voyez Sainte-Croix, des Anciens gouvernemens fédératifs, p. 127-129. C. O. Müller, t. I, Die Dorier, p. 144, note 9, p. 153 et suiv. Hermann, Lehrbuch der gr. Staatsalterthümer, § 11, note 6. Connop Thirwall, a History of Greece, vol. I, p. 375.
[5] Strabon VIII, p. 393.
[6] Ibid., p. 372.
[7] Op. cit., t. I, p. 153.
[8] Op. cit., p. 130.

[9] Arg. III ad Pind. Nem. Πρότερον δὲ οἱ τοῦ ἀγῶνος καὶ Ἀργεῖοι καὶ Κορίνθιοι καὶ Κλεωναῖοι.
[10] VI, 81.
[11] Paus. II, 20, 7. Plut. de vir. mul., p. 245. D. E. Lucian. Amor. So. Mrx. Tyr. Diss. XX, p. 218. Polyæn. Strat. VIII, 33. Clem. Alex. Strom. p. 213, 5. Syll. Suid. in v. Τελέσιλλα.
[12] VIII, chap. 22.
[13] Ibid., chap. 23, 1.
[14] Paus. VI, 12, ad fin.
[15] Ligne 6.
[16] Ligne 7.
[17] Ligne 10.
[18] Vie d'Aratus, chap. 25.
[19] Bonn, 1833, in-8°, p. 94, note 4.
[20] Κατελθόντες δὲ οὐ τὰ πάντα ἄγνωστοι δίκαιοι· περιλαμβάνεται δὲ ἐπακρινόμενοι Λακεδαιμονίοις, καὶ ἰδίᾳ εἰρήνην πρὸς αὐτοὺς ἄνευ τοῦ Ἀρκάδων κοινοῦ.

occupe contient un relevé d'amendes imposées par l'amphictyonie d'Argos à des membres de la confédération, et dont le montant devait être déposé dans le temple de Junon, οὓς χρὰ ἀνα[θεῖναι], pourquoi ce monument s'est-il retrouvé dans cette ville et non dans les ruines de l'*Heræum*; car on ne saurait supposer que notre inscription provienne des débris de ce temple, qui, suivant Strabon, était à quarante stades d'Argos. A cette objection on peut répondre que, sans doute, dans de pareilles circonstances, un exemplaire de l'arrêt était conservé dans l'Heræum, et un autre à Argos ou dans toute autre ville qui avait présidé l'amphictyonie, et dont les magistrats étaient chargés de faire rentrer les fonds.

Voyons maintenant quel peut avoir été le motif de ces nombreuses condamnations dont le montant ne laisse pas que d'être considérable, puisque, en prenant pour base nos restitutions, bien qu'assurément elles ne soient pas incontestables, et en admettant que les sommes précédées de plusieurs noms devaient être réparties entre chacun des condamnés, nous voyons figurer :

Cléones pour	6280 statères.
La république arcadienne	5300
Stymphale	1900
Aléa	1000
Architélès	500
Androsthènes	500
Mnamon	500
Thersagoras	500
Thestiadas	350
Thersidamus	500
Polymnis	350
Méaaleidas	350
Total	18030 statères.

Ce qui, en évaluant le statère avec M. Saigey [97] à 19 francs 17 cent., donne une somme de 345,635 francs 10 cent.

Il y a tout lieu de croire que ces amendes avaient été imposées à des époques différentes ; c'est du moins ce que semblent indiquer les nombres α' ou ιά qui précèdent chaque somme, et surtout les formules [ἔτι καὶ] κατεδίκαι ou ἄλλαι κατεδίκαι, si, comme je le pense, cette restitution peut être admise. Il est non moins vraisemblable que ces amendes sont le châtiment de quelque infraction à la loi amphictyonique. C'est ainsi que nous voyons, dans Thucydide [98], les Éléens, en vertu de la loi olympique, exclure les Lacédémoniens des jeux, leur interdire l'entrée du temple, et les condamner à une amende de 2000 mines, pour s'être emparés de Léprée pendant la trève olympique; et pour citer des exemples plus positifs, c'est ainsi qu'après la bataille de Leuctres, les Thébains accusèrent les Lacédémoniens devant le conseil amphictyonique de Delphes, pour s'être emparés de la Cadmée, et les firent condamner à une amende considérable : κατεδίκασαν αὐτοὺς πολλοῖς χρήμασιν [99] ; c'est ainsi que les Phocéens furent condamnés par la même assemblée à une amende de plusieurs talents pour avoir labouré le territoire de Cirrha [100], et que les Athéniens furent accusés pour avoir appendu les boucliers d'or dans le nouveau temple, avant qu'il eût été consacré par les cérémonies d'usage [101].

Les infractions qui ont motivé les amendes énumérées sur le monument qui nous occupe, n'étant pas indiquées, on ne peut, en admettant que l'amphictyonie d'Argos désignât ses réunions par les mêmes noms que celle de Delphes, savoir s'il s'agit ici d'une ἐκκλησία ou d'un συνέδριον. Cependant, à en juger par les lettres qui précèdent le mot κατεδίκαι, ligne 1, et qui évidemment ne peuvent être que le résultat d'une confusion, tout porte à croire qu'il s'agit plutôt d'une ἐκκλησία que d'un συνέδριον car, d'après la réflexion de M. C. O. Müller que nous avons reproduite plus haut, il est évident qu'on ne peut songer au mot πόλεως, qui se tirerait plus facilement encore des éléments fournis par la copie de M. Quinet. Si cette conjecture est fondée, il s'agirait ici, d'après la savante distinction établie par M. Letronne [102], de délits religieux et non pas politiques.

Du reste, le désir de préciser d'une manière rigoureuse l'époque où fut gravée cette inscription, ne me portera pas à établir un rapprochement entre notre inscription où le nom d'Androsthènes se trouve réuni à la république des Arcadiens, et le passage de Thucydide cité plus haut, où il est dit que l'année même où les Lacédémoniens furent condamnés par les Éléens, Androsthènes d'Arcadie remporta pour la première fois le prix du pancrace; car une pareille déduction ne serait possible qu'autant que le nom dont il s'agit se limitait en entier sur le monument. Et qu'on ne dise point, qu'alors même que le nom d'Androsthènes existerait sur le monument, il serait impossible de rien tirer du passage de Thucydide, attendu que les athlètes tout entiers à leur art et aux exercices du gymnase, restaient étrangers à la politique et ne remplissaient aucunes fonctions publiques : une pareille objection n'aurait aucune force, puisqu'il suffit de parcourir les chapitres que Pausanias consacre aux vainqueurs des jeux Olympiques, pour se convaincre du contraire. Ainsi Stomius, trois fois vainqueur au pentathle, avait commandé la cavalerie des Éléens [103] ; ainsi Evandridas, vainqueur à la lutte, avait été ensuite hellanodice [104] ; ainsi Timon, célèbre par ses succès comme athlète, ne l'était pas moins par ses exploits guerriers [105]. Et, pour ne pas nous en tenir au témoignage de ce seul écrivain, nous voyons dans Xénophon [106], que les Arcadiens envoyèrent le pancratiaste Antiochus en ambassade auprès du roi de Perse; et Plutarque [107] nous apprend que le héros de l'Achaïe, Aratus, fut couronné aux jeux où l'on livrait des combats du pentathle.

Mais ce qui ne permet pas de rattacher notre monument à l'époque de la guerre du Péloponèse, c'est que les amendes qui y sont énumérées ne peuvent pas avoir été imposées antérieurement à la bataille de Leuctres, puisque c'est de cette époque seulement que date l'organisation de la confédération arcadienne τῶν συνεστώτων Ἀρκάδων [108]. D'un autre côté, il paraît difficile d'admettre que ce monument soit postérieur à la prise de Corinthe. La difficulté ne vient pas de ce que Mummius, après sa victoire, abolit toutes les assemblées fédératives qui existaient alors dans la Grèce [109]; puisqu'on sait que les Romains en permirent, quelques années après, le rétablissement, et autorisèrent même les différents peuples à posséder des terres hors de leur territoire [110] ; mais elle tient à ce que, peu de temps après la conquête, l'adoption de la monnaie romaine dut devenir commune en Grèce [111], et bien plus encore, à ce que, vers le commencement du premier siècle de notre ère, l'usage se répandit parmi les Grecs de prendre les noms des familles romaines sous le patronage desquelles ils se plaçaient. Or, l'absence de pareils noms dans notre inscription et l'évaluation des amendes en statères ne permettent pas de lui donner une date aussi récente.

---

[97] Traité de métrologie ancienne et moderne, suivi d'un précis de chronologie. Paris, 1834, in-12, p. 40 et suiv.
[98] V, 49, 50. Cf. Xen. Hellen. III, 2, 21.
[99] Diod. Sic. XVI, 23.
[100] *Idem, ibid.*
[101] Æsch. de fals. legat. p. 69, l. 40.
[102] Mém. de l'Inst. Acad. des inscriptions et belles-lettres, vol. VI, p. 259 et suiv.
[103] VI, 3, 1.
[104] Ibid. 8, 1.
[105] Ibid. 16, 1.
[106] Hellen. VII, 1, 33.
[107] Vie d'Aratus, ch. 3.

[108] Les preuves se trouvent réunies dans Fr. W. Tittmann, *Darstellung der gr. Staatsverfassungen*, p. 689. Voyez aussi M. C. O Müller, Annales de l'Inst. archéol., t. VII, p. 169 et suiv.
[109] Pausan. VII, 16, 5.
[110] Pausan., *ibid.*
[111] Voyez l'inscription n° 5, les n° 1786 et 2043 du *Corpus*, et les Antiquités de Cayhis, t. II, p. 268. Il est assez souvent question de χρυσοῖ dans Polybe (I, 66, 6; IV, 3, XXIV, 1, 7); mais il n'y est pas encore mention des deniers. Sans doute les deux monnaies durent longtemps encore avoir cours simultanément, c'est ce que prouve un passage de Plutarque (*de præcil. philos.* IV, 11, p. 900, C); mais il n'en est pas moins probable que la monnaie romaine devint de bonne heure la monnaie officielle.

(105)

C'est donc entre les années 371 et 146 avant J. C. que nous croyons devoir la placer; en effet si, pendant la guerre du Péloponèse, les Arcadiens, ces Suisses de l'antiquité, servent comme soldats mercenaires les deux parties belligérantes, depuis que la fondation de Mégalopolis leur a fait sentir le prix de l'unité, il semble qu'il y ait communauté d'intérêts entre eux et Argos, il y a du moins haine commune contre Sparte. En partant de cette considération, peut-être notre monument serait-il postérieur de peu d'années à l'époque (363 avant J. C.) où les Arcadiens s'écartèrent déjà de ces principes, et, devenus ambitieux ou alarmés de la prépondérance thébaine, s'allièrent avec les Spartiates et furent battus avec eux à Mantinée. Dans cette tentative pour s'assurer l'hégémonie dans le Péloponèse, ils durent violer plus d'une fois les lois amphictyoniques, eux et les petites villes qu'ils entraînaient à leur suite, et notre monument n'est peut-être autre chose que le relevé des amendes encourues par eux dans cette circonstance.

Si cette date (v. 360) paraissait trop reculée, on pourrait la reporter entre 227 et 146, puisque c'est en 227 qu'Argos, affranchie de ses tyrans, s'unit à la ligue achéenne, et reprit dans la Grèce une importance qu'elle avait perdue depuis 272, époque où elle était tombée sous le pouvoir de tyrans héréditaires [14], tels qu'Aristomachus Ier, Aristippe et Aristomachus II, dont l'histoire nous a conservé les noms. En admettant cette date, on trouve le moyen d'expliquer l'énormité des amendes imposées à Cléones. Argos ne pouvait sans doute pardonner à cette ville de lui avoir été substituée dans la présidence des jeux Néméens [112], et dut saisir avec empressement toutes les occasions de se venger. La présidence de l'amphictyonie, qu'elle dut recouvrer, lui en fournit plus d'une fois les moyens. C'était d'ailleurs une représaille de ce qui s'était passé peu de temps auparavant; car, d'après ce que rapporte Plutarque [114], Argos ayant célébré de son côté les jeux Néméens, on viola pour la première fois la sûreté et le droit de franchise dont avaient joui de tout temps ceux qui venaient combattre à ces jeux, et les Achéens firent vendre comme ennemis ceux des athlètes qui, au retour des jeux, repassèrent sur leurs terres.

Ce qui peut prêter quelque force à cette conjecture, c'est la présence du nom de Ménalcidas [115]. On sait qu'un Lacédémonien de ce nom joua un grand rôle par ses intrigues dans la triste agonie de la Grèce, et obtint même le titre de stratège des Achéens [116].

Quelle que soit celle de ces deux conjectures, à laquelle on doit s'arrêter, il paraît constant que notre inscription, d'ailleurs si précieuse, en ce qu'elle nous fait connaître de nouvelles formules de la comptabilité grecque, peut se rattacher à l'amphictyonie d'Argos, et jeter quelque jour sur une question restée jusqu'ici fort obscure.

9.

Fragment copié par M. Trézel sur une pierre encastrée dans l'un des murs intérieurs de la caserne à Argos.

ΡΓΟΥΣ ΤΟΙΣ
ΩΣ ΔΕΟΣ ΟΣΑ
ΟΙ ΕΩΛΗΣ Α
ΗΣ ΤΕΝΟΙ ΤΟΙ ΑΡΗ
ΛΑΣ ΡΑΜΦΥΔ

Ce monument, dans l'état de mutilation où il est aujourd'hui, offre trop peu de données pour asseoir une conjecture sur sa destination première. Cependant du mot γένεσιν qu'on peut tirer de la ligne 4 et de la dernière ligne qui paraît devoir être ainsi restituée, [ΑΦΥ]ΛΑ[ΤΩΝ] ΠΑΜΦΥ[ΛΩΝ], on peut avec quelque vraisemblance inférer que ce fragment appartenait à la fin d'un décret honorifique assez développé. D'un autre côté, le mot [Ἄ]ργους, qu'offre la ligne 1, et la formule ἁ φυλὰ τῶν Παμφύλων, prouvent suffisamment que cette inscription provient de la capitale de l'Argolide. Toute fruste qu'elle est, elle a d'autant plus de prix qu'elle se trouve, jusqu'ici, la seule qui fasse mention, d'une manière incontestable [117], de la tribu des Pamphyles, l'une des quatre tribus de la ville d'Argos [118].

10.

Inscription copiée à Argos par M. Edgard Quinet.

ΚΛΑΥΔΙΑΝ ΘΑ
ΕΣ ΥΡΟΣ ΧΕ ϹΕΘϹ ΤΟ
Τ Ι ΚΟΥ ΓΟ ΒΑΛΛΑΝΕΥΟ
ΤΗ ϹΑΥΤΗϹ ΒΑΤΡΙΑΙ Ψ Ι

Ce monument est sans doute fort mal conservé, car la copie qu'on en a prise offre des confusions de lettres qui ne devaient pas exister sur l'original, lorsqu'il était intact.

On peut, néanmoins, avec assez de certitude le rétablir de la manière suivante :

ΚΛΑΥΔΙΑ ΝΙϹ[Α]ΙΟΥ ΚΑΘ
[Ω]Σ ΥΠ[Ε]ϹΧΕΤΟ ΤΟ [ΓΥΜΝΑ]
[ΣΙΟΝ] Κ[ΑΙ] ΤΟ ΒΑΛΛΑΝΕ[Ι]Ο[Ν]
[ΤΗ [Ι]ΕΑΥΤΗϹ Π[Α]ΤΡΙ[Δ]Ι Ψ.[Β]

Κλαυδία Νισαίου καθὼς ὑπέσχετο [119] τὸ γυμνάσιον καὶ τὸ βαλανεῖον τῇ ἑαυτῆς πατρίδι. Ψ(ηφίσματι) β(ουλῆς).

Claudia, fille de Nisœus, suivant sa promesse, a construit ce gymnase et ce bain pour sa patrie.

En vertu d'un décret du sénat.

Les gymnases et les bains sont des monuments qui sont presque toujours mentionnés ensemble dans les inscriptions. Ainsi plus haut, dans le n° 5 (1122 du *Corpus*), Onésiphore est récompensé pour avoir, entre autres libéralités, fait couler l'huile avec abondance dans tous les gymnases et dans tous les bains ; ainsi, dans le n° 1113 du *Corpus*, des honneurs sont décernés pour le même motif à Tib. Claudius Diodotus. Il serait facile de multiplier les exemples.

11.

Inscription copiée à Argos par M. Edgard Quinet.

ΑΝ ΑΚΑΙΝΙΣΘΗ Ο ΘΕΙΟΣ ΚΑΙ ΠΑΝΤΙΜΟΣ ΝΑΟΣ
ΟΥΤΟΣ ΤΗΣ ΥΠΕΡΑΓΙΑΣ ΘΕΟΤΟΚΟΥ ΔΙΑ ΛΑ
ΠΑΝΗΣ ΤΩΝ ΤΙΜΙΩΤΑΤΩΝ ΑΡΧΟΝΤΩΝ
ΤΗΣ ΠΟΛΙΤΕΙΑΣ ΑΡΓΟΥΣ ΚΑΙ ΠΑΝΤΟΣ
ΤΟΥ ΕΝΑΥΤΗ ΧΤΙΣΤΟΝΥΜΟΥ ΛΑΟΥ ΕΙΣ
ΔΙΗΝΕΚΕΣ ΜΝΗΜΟΣΥΝΟΝ ΚΨΥΧΙΚΗΝ
ΑΥΤΩΝ ΣΡΙΑΝ ΕΝ ΕΚΕ ΑΧΨΟ

d'autres endroits (lignes 9, 17, etc.), sa copie présente des lacunes qui ne doivent pas exister sur l'original.

---

[111] Polyb. II, 59. Cf. Schorn, op. cit., p. 93.
[112] Plut. Arat., chap. 28.
[113] L. c.
[114] Ligne 78. La copie de M. Quinet porte, il est vrai, ΜΕΝΑΛΚΙΔΑΣ, mais je doute d'autant moins de ma correction, qu'il y a un espace entre l'Ε et le Δ, et que d'ailleurs le copiste n'a pas toujours indiqué les espaces vides entre les lettres (voyez, ligne 5, ΚΩΝΩΝ au lieu de ΚΟ.ΝΩΝ); tandis que, dans

[115] Pausanias VII, 11 ad fin. Voyez aussi les chapitres 12 et 13.
[116] Cf. Boeckh, *Corpus inscript.* gr. 1123, 1132.
[117] Boeckh, *ibid.* 1123.
[118] Formule consacrée. Voyez ma restitution de la 5e ligne de l'inscription 5. Mégalopolis, p. 48 et 55.

Ἀν[ε]καινίσθη ὁ θεῖος καὶ πάντιμος ναὸς οὗτος τῆς ὑπεραγίας Θεοτόκου διὰ [δ]απάνης τῶν τιμιωτάτων ἀρχόντων τῆς πολιτείας Ἄργους καὶ παντὸς τοῦ χ[ρ]ιστωνύμου λαοῦ εἰς διηνεκὲς μνημόσυνον καὶ ψυχικὴν αὐτῶν σ(ωτη)ρίαν.
Ἐν ἔ[τ]ει αχ[ξθ´]

Ce temple divin, et honoré de la très-sainte mère de Dieu, a été reconstruit aux frais des très-respectables chefs du gouvernement d'Argos et de toute la population chrétienne, comme un monument durable de leur piété et pour le salut de leurs âmes.
L'an 1669.

Ἀνεκαινίσθη et ἐκ βάθρων ἔγειρε ou ἀνέγειρε, dont nous avons eu un exemple dans l'inscription de Mistra [120], sont des expressions consacrées, surtout chez les Byzantins, pour indiquer les reconstructions; témoin ces inscriptions copiées par Tournefort [121], à Constantinople, en venant des sept tours au sérail.

1.

ΠΑΣΙ ΡΩΜΑΙΟΙΣ ΜΕΓΑΣ ΔΕΣΠΟΤΗΣ
ΕΓΕΙΡΕ ΡΩΜΑΝΟΣ ΝΕΟΝ ΠΑΝΜΕ
ΓΙΣΤΟΝ ΤΟΝΔΕ ΠΥΡΓΟΝ ΕΚ ΒΑΘΡΩΝ

2.

ΑΝΕΚΑΙΝΙΣΘΗ ΕΠΙ ΒΑΣΙΛΕΙΟΥ ΚΑΙ
ΚΩΝΣΤΑΝΤΙΝΟΥ ΤΩΝ ΠΟΡΦΥΡΟ
ΓΕΝΝΗΤΩΝ ΦΙΛΟΚΡΙΣΤΩΝ [123] ΣΕΒΑΣΤΩΝ
ΔΕΣΠΟΤΩΝ ΕΝ ΕΤΕ Κ. Φ. Κ. Α. [123]

3.

ΑΝΕΚΑΙΝΙΣΘΗ ΕΠΙ ΜΑΝΟΥΗΛ ΤΟΥ
ΦΙΛΟΧΡῙ ΒΑΣΙΛΕΙΟΣ ΡΩΜΕΙΟΥ [124] ΥΙΟΥ
ΕΝ....ΚΑΙ ΑΥΤΟΚΡΑΤΟΡΟΣ ΡΩΜΑΙΩΝ
ΤΟΥ ΚΟΜΝΗΝΟΥ ΕΝ ΕΤΕΙ ΦΧΟΒΜΒ [125]

4.

ΟΝ ΤΗΣ ΘΑΛΑΣΣΗΣ ΘΡΑΥΣΜΟΣ
ΜΑΚΡΟΚΡΟΝΩ ΚΛΥΔΩΝΙ ΠΟΛΛΩ ΚΑΙ
ΣΦΟΔΡΩ ΡΗΓΝΥΜΕΝΟΝ ΠΕΣΕΙΝ ΚΑΤΕ [126]
ΝΑΓΚΑΣΕ ΠΥΡΓΟΝ ΕΚ ΒΑΘΡΟΝ [127] ΒΑ
ΣΙΛΕΙΟΣ ΕΓΕΙΡΕ ΕΥΣΕΒΗΣ ΑΝΑΞ

[120] Voyez p. 79 et suiv. J'ai cru devoir, dans la traduction de cette inscription métrique, conserver au mot ἀνέγειρε sa signification primitive, pour donner à ces pauvres vers une couleur un peu plus poétique.
[121] *Voyage du Levant*, t. II, p. 176 et suiv. Lyon, 1717, in-8°.
[122] Lisez ΦΙΛΟΧΡΙΣΤΩΝ.
[123] Lisez ΕΝ ΕΤΕΙ ͵ϚΦΚΑ´, l'an du monde 6521 (de J. C. 1013).
[124] Lisez ΒΑΣΙΛΕΩΣ ΡΩΜΑΙΟΥ.
[125] Lisez ΕΝ ΕΤΕΙ ͵ϚΧΟΒ´ Μ[ΗΝΙ] Β´, le second mois de l'an du monde 6672 (1164 av. J. C.)
[126] Lisez ΚΑΤΗ.
[127] Lisez ΒΑΘΡΩΝ.

(107)

MONUMENTS D'ANTIQUITÉ FIGURÉE,

COPIÉS A ARGOS PAR LES MEMBRES DE LA COMMISSION ET EXPLIQUÉS PAR M. LE BAS.

Pl. 60, Fig. I.

Le bas-relief presque totalement effacé que nous offre cette figure appartient, suivant les indications fournies par M. Blouet[1], à un tombeau en forme de temple, sculpté dans la pierre même d'un mur cyclopéen qui se trouve à la base septentrionale de la citadelle adossée à la montagne. On y distingue avec peine trois personnages assis dans une posture bizarre, et au-dessus de leur tête on lit :

ΜΑΩΝΤΑ
Ο Λ

Mais quels sont ces trois personnages assis, suivant l'expression de l'artiste qui les a copiés, *dans une posture de magots?* Autant qu'il est possible d'en juger d'après les masses incertaines reproduites par la gravure, je serais disposé à y voir les Cabires, qui, dans les systèmes très-différents relatifs à ces dieux, sont presque toujours au nombre de trois[2], et étaient, suivant une tradition rapportée par Mnaséas[3], considérés comme divinités infernales. Mais il règne tant d'incertitude sur cette question des Cabires[4], que dans l'état du monument, je ne crois pas devoir insister sur cette conjecture, quelque vraisemblable qu'elle paraisse.

Du reste, je crois qu'il faut lire, ligne première [ἱππο]μ[έ]δ[ο]ντα, nom qu'on retrouve dans l'inscription en caractères archaïques copiée par M. Gell[5] sur le soubassement du mur méridional de la citadelle d'Argos, ou bien encore [Λαο]μ[έ]δοντα, ou tout autre nom formé d'une manière analogue.

Pl. 60, Fig. VII.

Ce tombeau, trouvé dans le même lieu que le précédent, est peut-être plus fruste encore. On croit pouvoir y distinguer deux personnages assis, au-dessous desquels on lit :

.... ΑΙΑΕ
Λ ... ΞΙΣΑ
.. Λ.. ΙΝΙΑΤΕ

Il est impossible de rien tirer de cette inscription dans l'état de mutilation où elle se trouve, de même qu'on ne saurait décider si les deux personnages du bas-relief représentent deux époux ou deux divinités πάρεδροι.

Pl. 61, Fig. I.

La pose encore un peu roide du personnage principal, et la sévérité de son costume dorien, semblent devoir faire rapporter ce monument aux derniers temps de l'art archaïque argien ; de même que la pureté des formes et le style large des draperies y font reconnaître une époque voisine du siècle de Périclès.

Qu'a voulu représenter l'artiste? sans doute une jeune fille montée sur des cothurnes, vêtue de l'habit dorien, et tressant une couronne que veut saisir, ou que vient de lui remettre de la main droite, un jeune enfant nu, portant sur l'épaule gauche son petit manteau plié dont il tient l'extrémité de l'autre main. Mais l'intention du sculpteur s'est-elle bornée là? Non, sans doute. La dignité de l'attitude, la noblesse des traits, la proportion héroïque du personnage, les accessoires de son costume, annoncent une muse ou une poétesse; et l'on peut conjecturer que ce monument se rattache à quelque événement remarquable de l'histoire d'Argos.

De tous les personnages célèbres auxquels Argos a donné naissance, la poétesse Télésilla[6] est peut-être celui dont cette ville fut le plus fière. Télésilla, issue d'une famille illustre, mais d'un tempérament maladif, envoya consulter les dieux sur les moyens de rétablir sa santé. L'oracle lui ordonna de servir les muses. Docile à la voix de la déesse, elle s'appliqua au chant et à l'harmonie, et, bientôt délivrée de ses souffrances, elle fit, par son talent poétique, l'admiration de toutes les femmes[7].

Mais Télésilla devait acquérir une plus grande gloire; elle devait sauver sa patrie. Lorsque (vers l'an 510 avant J. C.) Argos, dans sa lutte contre les Spartiates, ses éternels ennemis[8], eut vu son armée anéantie par Cléomène, fils d'Anaxandride, qui, d'abord vainqueur dans un combat, avait détruit par une ruse odieuse tous les Argiens échappés à ses armes[9], Télésilla, témoin du danger qui menaçait sa patrie, rassemble les esclaves et tous ceux que leur jeunesse ou leur âge avancé rendaient incapables de porter les armes, et les fait monter sur les murs, tandis qu'elle-même, réunissant tout ce qui restait d'armes dans les maisons et celles que renfermaient les temples, les fait prendre aux femmes dans la force de l'âge[10]; puis, comme chez nos pères Jeanne d'Arc et Jeanne Hachette, elle marche à la rencontre de l'ennemi. Cette troupe héroïque, animée par les chants de Télésilla, non moins puissants que ceux de Tyrtée et d'Alcée[11], ne s'effraya point des cris de guerre de l'ennemi, et soutint le choc avec la plus grande valeur[12]. S'il faut en croire Plutarque[13], elles forcèrent Cléomène à se retirer après avoir perdu plusieurs des siens, et chassèrent même Démarate, son collègue, qui, au rapport de

---

[1] Voy. p. 91.
[2] Acusilaus et Phérécide, cités par Strabon, p. 209; Mnaseas, ap. Schol. par. Apollon. Rh. I, 913; Cic. de Nat. Deor. III, 21; Firmic. de Err. Prof., p. 23. Cf. K. O. Müller. Bulletin de l'Inst. arch. 1832, p. 192.
[3] Schol. paris. Apollon. l. c. Firmic. l. c.
[4] Voy. Schelling, *über die Gottheiten von Samothrace*, Stuttgart und Tubingen, 1815, in-8°, et Biographie univ., partie myth., t. 53, au mot *Cabires*. L'auteur, M. Parisot, y expose les différents systèmes auxquels cette question a donné lieu, mais ne paraît pas avoir eu connaissance de l'*Aglaophamus* de M. Lobeck, qui cependant a paru trois ans avant son ouvrage. (*Regimontii Prussorum*, 1829, 2 vol. in-8°.) Dans ce dernier livre (t. II, p. 1202-1271), le savant éditeur de Phrynicus a discuté, avec une critique rigoureuse et un esprit plein de finesse, les différents passages relatifs à ces divinités mystérieuses, et cherché à prouver qu'il reste trop peu d'éléments pour construire avec certitude un système mythologique. Mais peut-être, dans cette discussion comme dans tout le reste de son ouvrage, se tient-il trop strictement sur le terrain grec, dédaignant à tort les notions que peuvent fournir les monuments de l'art et les croyances religieuses des peuples voisins de la Grèce.

[5] *Argolis*, pl. 7. Voyez Boekh, *Corp. Inscr. gr.* n. 2, p. 3.
[6] Voyez, sur cette femme célèbre, Fabricius, *Bibl. gr.*, lib. II, cap. 15, num. 58, vol. I, p. 598 (II, p. 157, Harl.) Olearius, *Dissert. de poetris graecis*, à la fin du recueil de Wolf, intitulé : *Poetriarum octo fragm. et elogia.* Hamburgi, 1734, in-4°, et M. Hermann Ulrici, *Geschichte der Hellenischen Dichtkunst*, 2e partie, p. 566 et suiv. Berlin, 1835, 2 vol. in-8°.
[7] Inscr. *Panath.* § 35.
[8] Her. VI, 19, 77-83.
[9] Pausan. loc. cit.
[10] Max. Tyr. Dissert. XXI, p. 218, ed. Davisii.
[11] Pausan. loc. cit.
[12] Loc. cit. Cf. Polyaen. *Stratag.* VIII, 33.

Socrate, auteur d'une description d'Argos [14], avait déjà pénétré dans la ville, et s'était emparé d'un quartier de la ville appelé Παμφυλιακόν. Clément d'Alexandrie va plus loin : suivant lui, le regard seul des Argiennes mit les Spartiates en fuite [15].

Quoi qu'il en soit des motifs qui décidèrent Cléomène à se retirer, qu'un prodige l'y ait déterminé [16], qu'il ait cédé au courage des Argiennes [17], ou qu'enfin il ait considéré qu'une victoire remportée sur des femmes serait peu honorable pour les Spartiates, tandis qu'une défaite les couvrirait de honte [18], l'influence qu'exerça Télésilla dans cette circonstance ne saurait être révoquée en doute [19]. Le souvenir qu'Argos avait conservé de cet acte de courage et sa reconnaissance pour un si important service, sont attestés par trop d'institutions et de monuments. Du temps de Pausanias, il existait encore à Argos, devant le temple de Vénus, une stèle représentant la valeureuse poétesse, ses livres épars à ses pieds, et tenant à la main un casque qu'elle regardait comme pour le mettre sur sa tête [20]. Plutarque, de son côté, nous apprend qu'en récompense de ce noble dévouement, les femmes qui avaient péri dans le combat furent ensevelies sur la voie Argienne, et que les autres, en mémoire de leur valeur, obtinrent la permission d'élever une statue à Mars [21]; fait confirmé par le témoignage de Lucien [22], qui atteste qu'à Argos, par suite de la résistance opposée par Télésilla aux Spartiates, Mars était compté parmi les divinités des femmes [23]. Enfin, Plutarque [24] rattache à cet événement la fête argienne appelée Ὑβριστικά, où les femmes portaient des vêtements d'hommes, et les hommes des habits de femmes [25], ainsi que la loi qui ordonnait aux nouvelles mariées de mettre des barbes postiches quand leurs maris s'approcheraient d'elles.

Si je ne me trompe, c'est à cet événement mémorable qu'il faut rapporter notre monument. Mais ce n'est point la guerrière, c'est uniquement la poétesse que l'artiste a voulu y représenter. Car si le temps ne nous a conservé d'elle qu'un seul vers [26], et quelques mots isolés [27] qui permettent seulement de reconnaître qu'elle composa surtout des hymnes en l'honneur des dieux [28], et qu'elle y faisait mention de mythes épiques [29], nous savons qu'elle mérita d'être rangée parmi les neuf muses mortelles [30], et d'être comparée à Sapho et à Corinne [31]. Argos devait à la poétesse non moins de reconnaissance qu'à l'héroïne, puisque c'était par ses chants qu'elle avait enflammé le courage d'un sexe ennemi des combats, et nous ne devons pas nous étonner qu'un monument particulier ait été consacré à rappeler sa gloire littéraire. Ce qui semble confirmer cette conjecture, ou du moins lui donner quelque force, c'est, indépendamment des raisons alléguées plus haut, la pose de la tête qui annonce l'inspiration poétique; c'est le génie placé près d'elle, et que les artistes grecs donnent souvent pour compagnon aux poëtes [32]; c'est la dimension peu commune du monument (1 mètre 80 cent.) qui ne permet guère d'y voir un monument funéraire, comme le pense un archéologue justement célèbre; c'est enfin ce qui reste de l'inscription qui avait été gravée sur la corniche du monument; on y retrouve plus d'un élément du nom de Télésilla, et l'on peut sans trop de hardiesse y lire :

[ΤΕΛΕ]Σ[ΙΛ]ΛΑΙ Σ[ΩΤΕΙΡΑΙ]

en admettant toutefois, ce qui me paraît douteux, qu'antérieurement à l'époque des successeurs d'Alexandre on ait donné, même à des personnages héroïques, une épithète réservée aux divinités.

Je sais qu'on pourra m'objecter le silence de Pausanias sur ce monument; mais Pausanias a-t-il tout vu, tout décrit? Il y aurait, je crois, de la témérité à l'affirmer.

---

[14] Voy. l'explication des inscriptions d'Argos, p. 102, note 78.
[15] *Strom.* lib. IV, c. 19, § 124, 224, Sylb.; 619, Pott.
[16] Herod. VI, 82.
[17] Comme l'assure Plutarque, loc. cit.
[18] Pausan. loc. cit.
[19] M. K. O. Müller dans son histoire des Doriens, t. I, p. 173, regarde l'histoire de Télésilla comme purement fabuleuse. La fête des Ὑβριστικά, dit-il, n'a pas une origine historique, mais se rapporte au culte de la nature; et la prétendue statue [lisez la prêtresse-stèle] de Télésilla citée dans Pausanias, était une Vénus qui s'armait de s'appropriait son casque. Mais de ces deux assertions, la première, telle qu'elle est formulée, aurait besoin de preuves, et la seconde est contredite par Pausanias lui-même qui nous apprend qu'aux pieds de Télésilla l'artiste avait placé des livres, attribut qu'elle n'aurait jamais avisé de donner à une Vénus guerrière. M. Müller trouve d'ailleurs, et avec raison, que le récit d'Hérodote est incohérent en ce qu'il n'explique pas les deux premiers vers de l'oracle; mais faut-il avec ce savant croire qu'Hérodote rapportait ἄρρεα à Junon? c'est ce dont il est permis de douter. Ce qui serait, selon moi, un argument plus solide, ce serait celui qui s'appuierait sur ce qu'Hérodote ne prononce pas le nom de Télésilla et ne parle pas explicitement de l'armement des femmes argiennes dont Lucien, Polyen, Pausanias et Suidas, qui a copié ce dernier, ont seuls fait mention; mais encore pourrait-on répondre que l'oracle rapporté par Hérodote prédit et annonce suffisamment le fait. Peut-être, d'ailleurs, ne serait-il pas impossible d'expliquer jusqu'à un certain point, et sans adopter les injustes préventions de Plutarque contre Hérodote, le silence que le père de l'histoire garde sur Télésilla et ses héroïques compagnes. À l'époque où Hérodote écrivait, on était encore tout plein du souvenir des poëtes médiques; les Argiens, à tort ou à raison, étaient accusés d'avoir attiré les Perses dans la Grèce, ou du moins de les avoir favorisés. Hérodote (VII, 148-152) ne leur reproche formellement. Or, serait-il impossible que dans cette disposition d'esprit à leur égard, il ait à dessein passé sous silence un fait également honorable pour les Argiens qui étaient morts en défendant leur patrie, et pour les Argiennes qui l'avaient sauvée? S'il faut en croire Plutarque, que son patriotisme béotien aveugle, il est vrai, quelquefois, Hérodote n'a pas toujours été juste pour les Thébains (*de malign.* Herod. c. 40 seqq.); ne pourrait-on admettre qu'il en a été de même pour les Argiens? Plutarque (op. cit. c. 28) lui reproche l'accusation grave qu'il intente à ce peuple; si l'écrivain de Chéronée eût aussi bien été d'Argos, il eût sans pas manqué de lui faire également un crime de son silence sur Télésilla. D'ailleurs, si l'on peut admettre avec M. Sillig que le statuaire Nicératos, auteur d'une statue ou d'un bas-relief représentant Télésilla, ait été contemporain d'Alcibiade, on serait fondé à croire que moins de cent ans après la victoire de cette héroïne, les arts s'occupaient d'en retracer le souvenir, sans doute d'après un type contemporain, et ce serait encore une nouvelle preuve de l'existence de l'héroïne d'Argos. — Il est presque inutile de relever l'erreur d'Eusèbe (cité par le Syncelle, Chron. p. 247 D. éd. de Paris, p. 470, 13 éd. de Bonn. Voy. la trad. armén., t. II, p. 211), qui place Télésilla dans l'Ol. LXXXII, et celle d'Oléarius qui la fait vivre du temps de Cléomène, *roi des Athéniens* (!) vers l'Ol. CXXXIX. Oléarius, pour cette dernière date, s'était laissé égarer par Fabricius (voy. Biblioth. gr. lib. II, c. XV, n° 58), dont la bévue n'a point échappé à Harless. Enfin, les lettres que Théophylactus Simocatta (Epist. 24 et 72) suppose avoir été adressées à Laïs par Télésilla, et à Télésilla par Sopater, en admettant que Théophylactus ait eu en vue la poétesse d'Argos, ne peuvent être regardées que comme de purs jeux d'esprit, qui n'ont aucune valeur chronologique.
[20] Pausan. loc. cit. Suidas in v. Τελέσιλλα.
[21] Plut. loc. cit.
[22] Amor. § 30 : Οὐχ, ἡ Σπαρτιώτας ἀνθοπλισμένη Τελέσιλλα, δι᾽ ἣν ἐν Ἄργει θεὸς ἀρίθμιος γυναικῶν Ἄρης.
[23] Meursius, *Graecia Feriata* lib. VI, p. 271, a fait sur ce passage de Lucien un contresens assez ridicule. Il traduit comme si Mars était compté au rang des dieux et regardé comme le Mans des femmes, et pour arriver à ce sens, il lit : ἐν Ἄργει θεὸς ἀρίθμιος, γυναικῶν Ἄρης. Mais, pour que cette interprétation fût possible, il faudrait changer δι᾽ ἣν en δι᾽ ὅ, ce qui est inadmissible.
[24] Loc. cit.
[25] Cf. Polyaen. VIII, 33, et Meursius, loc. cit.
[26] Hephaestion, *Enchir.*, p. 68, 6 et 28, 5, ed. Lips. Cf. Hermann. Elem. *Doctr. Metr.*, p. 442.
[27] Athen. X, p. 467 F. C. Eustath. ad Il. v. 259; Athen. XIV, p. 619 B; Pausan. II, 28, 2 et 35, 2; Apollod. III, 5, 6; Hesychius in v. βαλαριός; Pollux, *Onom.* II, 3 segm. 23. Photius, *Bibl.* cod. CLXVII, la cite parmi les poëtes que Stobée a extraits pour la rédaction de ses *Eclogæ*. L'auteur anonyme du traité *de Musica*, réuni à Censorinus *de Die natali*, dit, ch. 9, que Télésilla a employé une forme de vers plus petits encore que ceux d'Alcman. Ces divers fragments, ainsi que tous les passages relatifs à Télésilla, ont été recueillis par Orsinus, *Carmina novem illustr. foemin.* Anvers, 1568, in-8°, et par Wolf, *Poetriarum octo fragm.* et *elogia.* Hamburgi, 1734, in-4°.
[28] Appollod. loc. cit.
[29] Antipater Thessal. Anth. Pal. IX, 26. Ce poëte appelle Télésilla, Τελέσιλλαν ἀγακλεᾶ.
[30] Clem. Alex. Strom. IV, 19, 124, p. 620 Pott. 224 Sylb.
[31] La pl. b. IV du *Mus. Pio Clem.* représente, suivant Visconti, un acteur tragique près duquel est un génie jouant de la double flûte. Le savant éditeur du musée Pourtalès a reproduit ce monument (pl. XXXVIII) et y voit un poëte dramatique. La pose de l'enfant placé devant Télésilla rappelle celle du génie ailé, représenté sur un fragment de camée que Caylus a publié t. 7, p. LXII, fig. 2 de son *Recueil d'antiquités*, mais sans en donner aucune explication.

Tatien [33] nous apprend que Nicérate, sculpteur célèbre, avait fait une statue de Télésilla. Or, comme Télésilla est citée par Tatien dans une longue énumération des poétesses grecques, et que d'ailleurs Nicérate est regardé comme ayant vécu du temps d'Alcibiade, c'est-à-dire vers l'an 420 [34], moins d'un siècle après la délivrance d'Argos, on pourrait présumer que quelque monument local, le nôtre ou la stèle décrite par Pausanias, lui avait fourni l'image de cette héroïne.

FIG. II.

Ce fragment en marbre, copié à Merbaka, où il est encastré dans les murs de l'église, doit avoir appartenu à quelque petit monument, ses proportions (environ 0,30 centimètres, la base comprise) ne permettant pas de supposer qu'il ait fait partie d'un grand édifice. Les traces de draperies qu'on distingue encore près de la figure principale, prouvent que le sujet devait avoir une certaine étendue, et se composer de plusieurs acteurs. Je serais donc assez disposé à croire que nous avons là sous les yeux l'une des plaques qui composaient la frise d'un petit temple, car les arêtes du marbre sont trop régulières pour qu'on admette que ce fragment provient d'un sarcophage qui a été brisé.

Quel peut être ce personnage vêtu d'une tunique talaire et enveloppé d'un large manteau qui recouvre le bras et la main droite ramenés sur la poitrine, tandis que le pan gauche, retombe le long de la jambe gauche et laisse à découvert la main gauche dans laquelle on distingue un objet rond, trop fruste pour qu'on en détermine la forme avec certitude? A en juger par la saillie des hanches et du sein gauche, car la tête est trop mutilée pour qu'on en puisse rien conclure, cette figure ne peut être que celle d'une femme. Je crois y voir une muse, et si cette conjecture est fondée, cette muse ne peut être que Polymnie. En effet, Visconti [35] a déjà remarqué que Polymnie se reconnaît au soin qu'elle semble mettre à s'envelopper dans son manteau, et cet illustre archéologue n'a oublié aucune des preuves, aucun des monuments remarquables qui pouvaient appuyer son opinion. La pose que l'artiste a donnée ici à cette muse, l'agencement des draperies, le mouvement de la tête, tout rappelle la charmante statue du musée du Vatican [36], dans laquelle Visconti a reconnu Polymnie, déesse de la mémoire, et celle qui porte sur sa base le nom de Mnémosyne elle-même [37]; c'est sous cet aspect que s'offre encore Polymnie sur un bas-relief du même musée [38] qui représente les muses, Apollon et Minerve; c'est sous cet aspect que s'offre le génie de ce nom sur un sarcophage également conservé au Vatican [39]. Seulement sur ce dernier monument le génie tient dans la main gauche un rouleau, et c'est sans doute l'attribut qu'on avait donné à Polymnie sur notre bas-relief.

Ainsi ce bas-relief représentait les neuf muses. Celle que l'artiste avait placée à la droite de Polymnie était sans doute Melpomène; c'est du moins ce que portent à penser la richesse et l'ampleur des draperies. Les traces de l'autre sont trop vagues et trop effacées pour qu'on puisse se livrer à aucune conjecture sur son compte.

Resterait à déterminer l'édifice auquel ce monument devait appartenir. Ce ne pouvait être qu'un temple d'Apollon; en outre notre bas-relief a été trouvé à Merbaka dans la plaine d'Argos, tout donne lieu de croire que ce temple était situé hors de la ville [40], probablement non loin de la citadelle. Ce serait alors celui d'Apollon Diradiotès [41].

Du reste, je n'insiste pas sur cette conjecture. J'ajouterai même que l'exécution un peu lourde de la sculpture dénote une époque de décadence, et ne permet guère de supposer qu'il soit antérieur au troisième siècle de notre ère.

Pl. 62.

Bas-relief trouvé à Merbaka, dans la plaine d'Argos.

De tous les monuments recueillis par la commission, il en est peu qui offrent plus d'intérêt et qui méritent plus d'attention que celui dont la planche 62 nous donne une copie, tout à la fois élégante et fidèle. La pureté du dessin, le mouvement varié des figures, le style large des ajustements, l'harmonie, en un mot, de la composition, tout semble annoncer dans ce bas-relief l'œuvre d'un artiste habile, et permet de le rattacher à l'époque florissante de la sculpture.

La scène que représente ce bas-relief est encadrée entre deux pilastres doriques qui soutiennent une architrave, et reposent sur une base à angle droit indiquant le pavé, de manière que tout le champ occupé par les figures forme comme un vestibule. Sur la gauche du monument un homme à la chevelure épaisse et à la barbe touffue est couché sur un lit, le bras gauche appuyé sur un coussin. Son corps est nu jusqu'à la ceinture; ce qu'on aperçoit de la partie inférieure est enveloppé dans un manteau. Dans la main gauche, il tient un objet arrondi dont le temps a altéré la forme, mais qui devait être une coupe, tandis que la main droite qui, étant en saillie, a sans doute disparu de bonne heure, s'étendait en avant comme pour annoncer l'attention. Au pied du lit est assise une femme dont le pied droit s'appuie sur un ὑποπόδιον, tandis que le gauche s'étendant en avant ne semble porter que sur la jambe droite. Elle est vêtue d'une tunique sans manches, qui laisse à découvert sa poitrine et son sein droit, et dont les plis légers et onduleux accusent l'élégance des formes qu'ils voilent sans les dérober entièrement aux yeux. Un ample peplos, d'une étoffe plus épaisse, couvre ses reins et enveloppe ses jambes; de la main gauche elle retient les plis de la partie supérieure de ce vêtement, dont elle a sans doute dégagé ses épaules en s'asseyant. Le mouvement du bras droit mutilé au-dessus du coude semble indiquer que de la main droite elle tenait une coupe, ou le tendait à un serpent qui se redresse au pied de la table placée devant le lit, et sur laquelle on distingue encore les traces des gâteaux sacrés. La tête de cette femme, dont le côté droit a disparu à partir de l'œil, de la joue et du menton, exprime aussi l'attention, et de plus la douceur et la bienveillance.

Un peu en avant de la jambe droite de la femme assise, on voit un autel triangulaire auprès duquel un jeune enfant nu conduit un bélier à la toison épaisse et aux cornes recourbées, tout en fixant ses regards sur les deux personnages que je viens de décrire. Cette attitude est celle des six autres individus qui s'avancent sur deux rangs. Au premier plan, deux jeunes enfants, dont l'un est nu et l'autre enveloppé d'un manteau qui passe sur l'épaule gauche et laisse à découvert le côté droit, suivent le jeune sacrificateur. Celui qui vient immédiatement après lui, et dont la chevelure retombe sur les épaules, est sans doute une jeune fille. Au second plan, quatre personnages d'âge et de sexe différents : d'abord, le chef de la famille, le menton garni d'une barbe moins longue que celle de l'homme couché, et le tribonium sur l'épaule gauche. Viennent ensuite son épouse, la tête voilée, suivant l'usage des femmes mariées [42]; sa fille, la tunique est recouverte d'un peplos à manches courtes garnies de fibules, dont les cheveux sont élégamment relevés et dont la bras droit s'appuie sur l'épaule de sa mère; enfin, l'aîné de ses fils, encore dans l'âge des éphèbes, et entièrement enveloppé dans son manteau. Au dernier plan, derrière un mur d'appui, ou plutôt dans l'embrasure d'une fenêtre, s'élève le buste d'un animal que M. Trézel a pris pour un bœuf, mais qui, à en juger par l'encolure, par la forme de la mâchoire, de la bouche et des naseaux, ne peut être évidemment qu'un cheval, ce dont il sera

---

[33] *Orat. ad Græc.* c. 52 et 62.
[34] Voyez Sillig, *Catal. Artific.*, p. 294.
[35] *Mus. Pio Clem.*, vol. I, p. 146 et suiv.; 172 et suiv.; vol. IV, p. 107; éd. de Milan.
[36] Vol. I, tav. XXIII.
[37] Ibid. tav. XXVII.

[38] Vol. IV, tav. XIV.
[39] Ibid. tav. XV.
[40] Voyez ce que je dis à ce sujet, p. 112.
[41] Pausan. II, 24, 1.
[42] Voyez *Musée de Mantoue*, vol. I, p. 302. Mantova, 1830 et suiv.; et Visconti, *Mus. Pio Clem.*, t. V, p. 122.

facile de se convaincre plus tard par la comparaison de monuments analogues.

A la gauche du monument, et en avant du lit sacré, est un jeune enfant vêtu d'une simple tunique sans manches, dont le pan droit laisse son épaule et sa poitrine à nu, et qu'une ceinture relève au-dessus des genoux. De la main gauche il tient un objet arrondi que M. Trézel, sans doute trompé par l'état de mutilation de cette partie saillante du monument, a pris pour une feuille de nénufar ou un éventail, mais qui, à en juger par d'autres sujets semblables, devait être un πρόχους. De la main droite il puise, sans doute avec un cyathus [43], dans un large cratère terminé en œuf à la base, et soutenu par un pied creux dans lequel il s'adapte comme le prouvent plusieurs vases peints de la collection du prince de Canino, qui ont été retrouvés avec leur pied antique [44].

Avant de passer à l'explication de ce monument, je dois dire que dans les deux personnages principaux je vois deux divinités et non pas deux mortels. Cette opinion se fonde sur la différence du costume, sur le sacrifice indiqué, et surtout sur les proportions plus qu'humaines que ces deux personnages ont reçues de l'artiste, comparativement aux différents membres de la famille qui vient sans doute les invoquer. Et si j'insiste sur ce point, c'est que Zoega [45], contre l'autorité de l'illustre Visconti [46], nie que les artistes de l'antiquité aient employé ce moyen pour caractériser la nature divine. Mais, il faut le dire, sa réfutation n'a aucune solidité; il s'est trompé sur le sens de presque tous les monuments qu'il cite à l'appui de son opinion. Ainsi, par exemple, un bas-relief que Paciaudi a publié dans ses *Monumenta Peloponnesiaca* (t. 1, p. 110), et qui, comme nous le prouverons plus tard, représente une offrande religieuse, les deux personnages d'une taille plus élevée sont, non pas des mortels, mais deux divinités, et sur l'autre monument du même recueil (t. II, p. 234), auquel il le renvoie également, la plus petite figure est un enfant. Il en est de même des n° 143 et 144 des marbres d'Oxford, et des exemples qu'il emprunte au musée de Vérone; tandis que l'opinion contraire à pour elle un nombre considérable de monuments dont le sens ne peut donner lieu à aucun doute [47], et celui-ci même au sujet duquel Zoega, par un esprit de contradiction dont son dernier ouvrage offre plus d'une preuve, a cherché à nier un fait incontestable.

Il était d'ailleurs d'autant plus important de constater ici la présence de deux divinités que plusieurs monuments qui retracent des scènes semblables, et dont j'aurai bientôt occasion de m'occuper, n'offrant que les deux personnages principaux, seuls ou avec le jeune échanson, l'absence des suppliants pourrait laisser des doutes sur l'explication que j'en donnerai.

Cela posé, occupons-nous d'abord du sens qu'il convient de donner à la tête de cheval placée à l'angle gauche de notre bas-relief. Ce symbole figure sur un grand nombre de monuments, et a été l'objet d'interprétations très-diverses. Ch. Patin [48] pense que le cheval fait allusion aux courses funèbres qui avaient lieu à la mort des personnages illustres; le P. Paciaudi [49], se bornant à l'explication d'un seul monument, y voit la monture d'une femme malade qui vient consulter son médecin [50], ou un remède que le médecin a prescrit. Je passe sous silence, en ce moment, deux autres interprétations qu'il propose encore dans son extrême incertitude; j'aurai lieu d'en parler plus haut. Winckelmann [51], qui paraît n'avoir connu que trois exemples de ce symbole, y a vu le cheval Arion, fruit des amours de Cérès et de Neptune; Zoega [52], qui cette fois niait avec raison l'interprétation de Winckelmann, mais en proposait une encore moins admissible, a vu dans ces monuments des scènes domestiques, et dans le symbole en question un cheval favori que son maître a voulu rapprocher le plus possible de lui, pour l'avoir sans cesse sous les yeux. Visconti [53], plus près de la vérité, mais restreignant beaucoup trop le sens du symbole, affirme que le cheval annonce que le personnage près duquel il est placé est ou un héros ou un chevalier. Les interprètes du musée de Mantoue [54] rapportent le sens donné par Winckelmann, et une autre opinion d'après laquelle la tête du cheval indiquerait que le sculpteur s'appelait Equitius ou Hippias; mais ils n'admettent ni l'une ni l'autre de ces interprétations, et pensent que le cheval indique le mois d'octobre. Et cependant tous, Patin excepté, auraient pu connaître la dissertation de Passeri *de animarum transvectione* [55], où ce savant antiquaire prouve que la présence du cheval, sur la plupart des monuments, indique le passage dans l'autre vie, et annonce par conséquent que ces monuments sont funéraires. Tous ils auraient dû savoir que cette opinion avait été adoptée par Gori [56] et par Caylus [57]. C'est à tors auquel ils se sont arrêtés, et parmi eux il me suffira de citer MM. Raoul Rochette [58], Inghirami [59], Rinck [60] et K. O. Muller [61].

Mais le cheval a-t-il toujours cette signification funéraire? Est-ce bien là le sens qu'il faut lui donner sur notre monument et sur tous les monuments du même genre? Même avec la signification funéraire, se rapporte-t-il toujours à une même circonstance du voyage suprême? Ce sont autant de questions que je vais examiner à l'aide des témoignages bien nombreux, mais bien peu nombreux que les anciens anciens nous ont laissés, mais aussi à l'aide des monuments aussi nombreux que variés qui peuvent suppléer au silence des textes.

Dès les temps les plus anciens le cheval joue un grand rôle dans les cérémonies funèbres. Déjà à l'époque homérique, les courses de chars font une partie essentielle des jeux célébrés à l'occasion des funérailles, sans doute par allusion à la révolution du soleil, image alternative de la vie et de la mort [62]. Bien plus, prévoyant que tout ne finit pas avec cette vie, mais qu'il est une autre existence qui commence pour nous avec la mort, les Grecs, dès cette même époque, sacrifiaient sur le bûcher du défunt les chevaux et les chiens qu'il avait aimés [63], afin qu'il les retrouvât dans l'autre vie [64]. Plus tard, quand l'imagination

---

[43] C'est ce que prouve le cratère de bronze conservé au musée de Naples et provenant, je crois, d'Herculanum. On a retrouvé dans ce vase le cyathus qui servait à y puiser. Voyez, *Monuments inédits*, t. I, p. 96, fig. 5, p. 24.
[44] Voyez *Descript. d'une collection de vases peints et de bronzes ant. prov. des fouilles de l'Étrurie*, par M. J. de Witte, Paris, 1837, n° 38, 42 et 105.
[45] *Bassirilievi*, t. I, tav. XVIII, p. 73.
[46] *Mus. Pio Clem.*, t. V, tav. XXVII. Cf. Panofka, *musée Pourtalès*, pl. XVIII, p. 82 et suiv.
[47] Voyez Caylus, t. III, p. 105; v. p. 117, *musée de Mantoue*, vol. I, tav. XIII; *musée Pio Clem.* l. c.; *musée Pourtalès*, l. c.; *musée royal*, n° 261, et les nombreux monuments dont nous aurons occasion de parler dans le cours de cette dissertation.
[48] *Commentarius in tres inscriptiones græcas Smyrnæ nuper allatas*, Patavii, 1685, in-4°, p. 239.
[49] *Animadversiones philol. ad numm. consul.* Romæ, 1797, in-4°.
[50] Op. cit., p. 112 et suiv.
[51] *Mon. ined.*, pl. 29 et 20.
[52] *Bassirilievi*, vol. I, p. 72.
[53] *Mus. Pio Clem.*, t. V, p. 126, éd. de Milan.
[54] Vol. I, p. 47 et 50.
[55] *Thesaur. Gemm. antiq. astrifer.*, vol. III, p. 115 et suiv.; et *Pictur. etrusc.*, vol. III, p. 54.

[56] *Museum etruscum*, vol. III, p. 174.
[57] *Recueil d'antiquités*, t. VI, p. 181.
[58] *Monuments inédits*, vol. I, p. 96, et note 1, p. 125 et note 5.
[59] *Monum. etrusc.*, vol. I passim.
[60] *Kunstblatt*, 26 mai et 4 juin 1826.
[61] *Archæologie der Kunst.*, 2° édit., p. 604 et 606.
[62] Macrob. *Sat.* I, 20. *Sol semper volat a quadam imæ depressionis senectæ in altitudinem animi in robur revertitur juventutis*.
[63] Hom. II. XXIII, 171 sqq. cf. J. Terpstra, *Antiq. homer.*, p. 53 et suiv.
[64] Zoega, de orig. et usu obelisc., p. 279, note 2, a prouvé que cet usage de tuer sur le bûcher du mort, pour lui servir de compagnon dans leur autre vie, le coursier qui avait été le compagnon de ses travaux ici-bas, se retrouve chez les anciens Germains, chez les Scandinaves, chez les Scythes du Pont-Euxin, chez les Tongouses de la Sibérie, etc., etc. — Dans un tombeau de Panticapée, c'est-à-dire, sur la limite du monde grec et du monde barbare, on a retrouvé, il y a quelques années, avec les différentes pièces d'une armure guerrière, les ossements d'un cheval qui avait été tué sur le tombeau de quelque personnage illustre. Voyez M. Raoul Rochette, *Journal des savants*, juin 1835, p. 337. — Il faut voir une trace de cet antique usage dans le cheval caparaçonné de noir, qu'aujourd'hui encore on conduit derrière le char funèbre, lorsqu'on rend les derniers devoirs à un officier général.

(111)

des poëtes eut fixé le théâtre de cette vie meilleure dans les champs fortunés, bien loin à l'occident de cette terre, le cheval, emblème de la rapidité, le cheval qui figure au lever du soleil et à son coucher, et qui encore dans ce cas est successivement un symbole de la naissance et un symbole de la mort, le cheval eut pour mission de porter le défunt dans ces demeures si reculées, et d'abréger pour lui la durée de ce long voyage. C'est ce qu'atteste d'une manière incontestable le passage où Quintus de Smyrne [66] raconte les destinées des chevaux d'Achille :

οὕνεκ᾽ ἄρα σφιν
Θέσφατα γιγνομένοισι Χάους ἱεραὶ θύγατρες
Μοῖραι ἐπεκλώσαντο, καὶ ἀθανάτοις περ ἐοῦσι,
Πρῶτα Ποσειδάωνι δαμήμεναι· αὐτὰρ ἔπειτα
Θαρσαλέῳ Πηλῆϊ, καὶ ἀκαμάτῳ Ἀχιλῆϊ·
Ὕστατον αὖτ᾽ ἐπὶ τοῖσι, Νεοπτολέμῳ μεγαθύμῳ,
Τὸν καὶ εἰς Ἠλύσιον πεδίον μινύσειεν ἔμελλον
Ζηνὸς ὑπ᾽ ἐννεσίῃς φέρειν, μακάρων ἐπὶ γαῖαν.

Les filles du divin Chaos avaient, lors de leur naissance, filé pour eux cette destinée, bien qu'ils fussent immortels : ils seraient d'abord domptés par Neptune, ensuite par l'intrépide Pélée et par l'infatigable Achille, et enfin par le magnanime Néoptolème, qu'ils devaient, suivant les desseins de Jupiter, PORTER DANS LES CHAMPS ÉLYSÉES SUR LA TERRE DES BIENHEUREUX [66].

Ces idées se maintinrent jusqu'aux derniers moments du paganisme. Aussi voyons-nous sur un grand nombre de bas-reliefs le mort à cheval accomplissant le dernier voyage, seul ou suivi d'une nombreuse escorte; et quand l'inscription qui accompagnait ce monument a résisté au temps, il y est presque toujours désigné par le titre de ἥρως.

On peut même assurer que plus ces monuments se rapprochent de nous, plus ils deviennent communs. L'influence du christianisme se fit sentir de bonne heure, et les païens la subirent involontairement. Avec l'Évangile les idées d'égalité après la mort se propagèrent, et dès lors l'admission dans le séjour fortuné ne fut plus le partage exclusif des héros, ou plutôt les personnages élus, dès qu'ils devinrent eux-mêmes des héros, et furent reçus comme tels dans les éternelles demeures [67].

Mais, il faut le reconnaître, ces idées se modifièrent en plusieurs points. La mort, surtout chez des peuples guerriers, est, la plupart du temps, prompte, inattendue, et de bonne heure sans doute on donna à la mort le cheval pour monture et pour attribut. Dans l'Apocalypse où tant d'images effrayantes des peuples voisins sont venues se réfléchir, Θάνατος est monté sur un cheval pâle et suivi par Hadès : Καὶ εἶδον, καὶ ἰδοὺ ἵππος χλωρός, καὶ ὁ καθήμενος ἐπάνω αὐτοῦ, ὄνομα αὐτῷ ὁ Θάνατος, καὶ ὁ ᾅδης ἠκολούθει μετ᾽ αὐτοῦ [68]. Sur les monuments funéraires étrusques, Mantus ou Charun est souvent représenté entraînant un mort qui est ordinairement voilé et toujours monté sur un cheval [69]. Des représentations analogues se trouvent sur des vases de la Grande Grèce [70], sur des marbres grecs et romains [71]; d'où l'on peut conclure que sur tous ces monuments les pays lointains tient à la mort et non pas au mort [72].

Et ce qui confirme pleinement, selon moi, cette déduction, c'est que dans les poésies du moyen âge où se sont conservées tant de traditions fabuleuses, et qui sont comme un dernier reflet des croyances païennes, la mort emporte souvent le mort sur un cheval [73]. Chez les Grecs modernes, Charon, le nocher des enfers, est devenu Χάρος ou Χάροντας, messager de la mort. Il parcourt les montagnes sur son cheval, faisant marcher les jeunes gens devant lui, les vieillards derrière, et emportant les tendres petits enfants rangés de file sur sa selle [74] :

Σέρνει τοὺς νεοὺς ἀπ᾽ ἔμπροστὰ, τοὺς γέροντας κατόπι,
Τὰ τρυφερὰ παιδόπουλα 'ς τὴν σέλλ᾽ ἀῤῥαδιασμένα.

M. Grimm [75] regarde comme le résultat d'une influence toute païenne les traditions germaniques où la mort est représentée emportant, sur son cheval, ceux qui ont cessé de vivre. On sait que c'est le refrain d'une chanson populaire très-répandue :

*Der Mond scheint hell,
Die Todten reiten schnell,*

« Il fait clair de lune; les morts chevauchent vite, » qui a inspiré à Bürger sa célèbre ballade de *Lénor*, où l'on voit un amant mort dans les pays lointains venir à minuit sur son cheval emporter sa maîtresse; légende qui, comme le remarque M. Grimm, se retrouve dans le *Wunderhorn* [76], dans les *Kindermärchen* [77], dans le *Svenskavisar* [78], dans les chants populaires des Grecs modernes [79], et dans ceux des Serviens [80]. *Hel*, le dieu de la mort chez les anciens Germains, avait un cheval, ainsi que son messager, et c'est à cheval que les Walkyries remplissaient leur ministère funèbre. Plusieurs expressions proverbiales, qui se sont maintenues jusqu'à nos jours dans la bouche du peuple, font allusion à cette croyance. « Quan la mor venrè graisse no bote [81], » dit un vieux proverbe bourguignon. — « Il a offert un boisseau d'avoine à la mort, » dit-on encore aujourd'hui en Danemark, en parlant d'un individu qui s'est rétabli d'une maladie dangereuse [82].

Un monument précieux vient ajouter une nouvelle autorité au témoignage des textes, et prouve que chez nos ancêtres, les Gaulois, le cheval était aussi la monture du dieu de la mort. Je veux parler d'une petite statue en pierre, d'un travail grossier mais assez vigoureux, qui a été trouvée en 1756 dans les fouilles faites aux eaux de Luxeu, en Franche-Comté, et dont Caylus [83] nous a donné une copie et une description. Cette statue représente un homme dont la tête courte et grosse n'est couverte d'aucun ornement; sa chevelure est longue et frisée, sa barbe épaisse. Il est vêtu d'une cotte d'armes et chaussé de brodequins. Son cheval, à longue queue, est bridé d'une manière fort simple, mais il n'a ni *éphippon*, ni étriers. Le bras gauche du cavalier est passé dans les rais d'une roue que Caylus prend

---

[64] III, 755-759.
[65] On ne peut s'empêcher de remarquer ici le caractère tout à fait sidéral affecté à la vie des chevaux d'Achille. D'abord domptés par Neptune, le maître de l'Océan, ils suivent des mains de ce dieu pour parcourir une carrière brillante sur la terre, et retournent enfin à l'Océan dont ils sont sortis.
[66] Sans doute dans le culte des Mânes et dans les *Parentalia* on voit que, dès les temps les plus anciens, l'apothéose des membres de la famille, même dans les classes les plus obscures, fit une partie essentielle des croyances religieuses; mais il n'en est pas moins vrai que ce fut surtout dans les derniers siècles du paganisme qu'on lui prodigua le nom de ἥρως, qui devint presque synonyme de θανὼν, indiqué sur tant de monuments romains par la sigle Θ.
[67] VI, 8.
[68] Voyez K. O. Müller, *Etrusques*, t. II, p. 99, ainsi que le t. III de Gori, et la série I des *Mon. Etr.* d'Inghirami.
[69] Voyez les *Antiquités d'Acrée*, par le baron Judica, pl. XXVII et XXVIII.
[70] Inghirami, Ser. VI, tav. B, 2.
[71] C'est aussi l'opinion de M. Grimm, dans sa *Mythologie germanique*, p. 488 : *Vielleicht mehr des Todes als des* TODTEN *Pferd*.

[72] Voyez Grimm, l. c.
[73] Fauriel, *Chants populaires de la Grèce moderne*, t. II, p. 228. Nicétas Eugenianus, dans son roman en vers des *Amours de Drosilla et de Chariclès* (II, 170 et suiv.), fait mention de ce Charon, qui, comme on le voit par le chant que j'ai cité, était devenu cavalier et parcourait sans cesse le pays. Ce passage de Nicétas n'eût pas embarrassé M. Boissonade, s'il eût eu connaissance du changement de position que Charon avait subi.
[74] Loc. cit.
[75] 2, 20.
[76] 3, 77.
[77] 2, LIII.
[78] Ed. Wh. Müller, 2, 64.
[79] Ed. Vuk, 1, n° 404.
[80] « Quand la mort viendra graisser nos bottes. » *Noei bourguignon*, p. 249.
[81] Voyez Grimm, op. cit., p. 490.
[82] *Recueil d'antiquités*, t. III, pl. XCIX, fig. III, p. 367.

pour un bouclier, et de la main droite il emporte une femme vêtue d'une tunique qui ne couvre que la poitrine, et laisse à découvert le corps et les jambes, dont les extrémités ainsi que les bras ont disparu. Le cheval s'avance au pas, et de son pied droit de devant pèse sur la tête d'un homme enfoncé dans la terre jusqu'aux épaules.

Caylus voit dans cette statue une composition fantastique; je crois, moi, qu'il faut y reconnaître le dieu de la mort portant dans la roue l'image la plus immédiate du cours de la vie [84], ou plutôt de la révolution solaire, de la vie et de la mort. C'est au retour dans le sein de la mère commune que fait allusion le cheval enfonçant un homme dans la terre, de même que le voyage suprême est indiqué par la femme que le dieu impitoyable emporte comme le Χάρος des Grecs modernes emporte les τρυφερὰ παιδόπουλα.

Nous avons vu plus haut que, dans son Apocalypse, saint Jean donne à Θάνατος un cheval pâle, c'est-à-dire blanc. C'est aussi la couleur qu'a sur la plupart des vases peints le cheval destiné à conduire le mort aux demeures fortunées [85]. Le mort va commencer une nouvelle vie, et la couleur blanche annonce cette renaissance, cette apothéose. Les monuments et les textes cités par M. Raoul Rochette, dans son Orestéide [86], ne peuvent laisser aucun doute à cet égard. Ainsi les poëtes donnent des ailes blanches à Φωσφόρος [87] et à l'Aurore [88], symboles de la vie et de la renaissance, tandis que celles d'Ἕσπερος [89] et de la Nuit [90], images de la mort, sont noires. Sur un vase appartenant au comte Pourtalès-Gorgier [91] où les Dioscures sont représentés près de leurs chevaux, l'un de ces chevaux est rouge et l'autre est blanc, *sans doute*, dit le savant antiquaire que je viens de nommer, *afin d'indiquer cette alternative de vie et de mort qui distinguait ces deux frères;* sur les monuments, au contraire, où ils figuraient tous deux comme déifiés, ils étaient représentés l'un et l'autre sur un cheval blanc, et de là l'épithète de λεύκιππος qui leur est donnée par Euripide [92]. Cette opposition se retrouve dans les noms de Μελάνιππος et de Μαχάγνιστος, donnés aux deux chevaux qu'on avait représentés combattant sur la stèle funéraire du monument érigé en commun aux Athéniens morts pour leur pays [93], et dans la doctrine allégorique des deux chevaux, l'un *bon* et l'autre *mauvais*, développée dans la Phèdre de Platon [94]. Elle se retrouve aussi dans les bandelettes, alternativement blanches et noires, qui ceignent des stèles funéraires sur quelques vases peints [95], et dans la personnification d'Ὕπνος et de Θάνατος, représentés, l'un blanc et l'autre noir, sur le coffre de Cypsélus [96]. Le rapport symbolique de ces deux couleurs, avec la vie et la mort, n'a point échappé à M. Creuzer [97].

Du reste, le cheval n'est point le symbole unique du voyage suprême. Depuis que le séjour des bienheureux eut été placé par les poëtes dans les îles fortunées [98], les *Néréides*, l'hippocampe [100], le dauphin, les monstres marins [102], les navires [101], se partagèrent, avec le cheval, l'honneur de transporter les *héros* dans leur dernière demeure, et vinrent à leur tour figurer sur les tombeaux.

Nous croyons avoir suffisamment prouvé que le cheval, sur les monuments funéraires, représentait toujours le cheval de la mort. Mais tous les monuments où il figure sont-ils funéraires? C'est ce que je crois pouvoir nier. L'examen attentif et la comparaison d'un grand nombre de stèles, de bas-reliefs et de vases, m'a convaincu que presque toujours là où le buste du cheval est placé à une fenêtre sur le dernier plan, il ne figure que comme *symbole de la mort imminente*, et pour ajouter une nouvelle force aux prières qu'une famille vient adresser au dieu de la médecine ou à ses représentants, en faveur de l'un de ses membres atteint d'une maladie grave, et que le temps est venu d'appliquer aux monuments de l'antiquité figurée la méthode suivie pour les sciences naturelles, j'ai recueilli le plus grand nombre possible de faits, je les ai comparés entre eux, j'ai noté leurs affinités et leurs différences, et j'ai été conduit à reconnaître que aussi on pouvait distinguer des classes, des familles, des divisions, des subdivisions; qu'enfin tous les monuments funéraires où l'on trouve le cheval n'indiquaient pas tous la même circonstance du dernier voyage. De ce travail est résultée la classification suivante :

1. Vœux ou actions de grâce.
2. Adieux du mort à sa famille.
3. Départ.
4. Voyage.
5. Arrivée.
6. Sacrifice offert par le mort aux divinités infernales.
7. Le mort devant ses juges.
8. Repas funèbre offert au *héros* par sa famille.
9. Monuments chrétiens où le cheval figure.
10. Monuments païens où le cheval n'est pas symbolique.

Un semblable résultat ayant besoin de preuves, je vais passer successivement en revue chacune de ces classes, et recommencer ainsi l'analyse qui m'a conduit à la synthèse.

---

[83] Anacr., Od. 4, v. 7 et 8 :

Τροχὸς ἅρματος γὰρ οἷα
βίοτος τρέχει κυλισθείς.

Voyez les autres passages anciens cités par Fischer, dans sa note sur ces deux vers, p. 21. — La roue, sur les vases peints et sur les urnes étrusques, est l'attribut des divinités implacables, de Némésis, par exemple. Gori, *Mus. étr.*, t. III, cl. III, tab. XVII, fig. I, et tab. XVII, fig. II. Voyez aussi les textes et les monuments cités par M. Welcker, *Ann. de l'Inst. arch.*, t. II, p. 70 et suiv.

[85] Voyez Millin, *Peintures de vases*, t. II, pl. XXX; et *Description des antiquités du cabinet Durand*, n° 595.

[86] P. 96, note 1, col. 2.

[87] Ion, apud Schol. Aristoph. *Pac.* 832.

[88] Eurip. *Troad.* 848-855.

[89] Stat. *Thebaid.* VIII, 159.

[90] Eurip. *Orest.* 178.

[91] Ce vase n'a pas été compris dans la description que M. Th. Panofka a donnée des antiques possédés par ce riche amateur.

[92] *Helen.* 646.

[93] Pausan. I, 29, 5.

[94] X, 320, ed. Bipont.

[95] D'Hancarville, I, 55. Vases de Lamberg, I, XIII.

[96] Pausan. V, 17, 4.

[97] *Symbolik*, IV, 116. Voyez sur cet emploi alternatif du blanc et du noir, pour caractériser les divinités solaires, M. Emeric David, *Introd. à l'étude de la myth.*, p. CCLXXXI.

[98] Voyez les témoignages anciens cités dans M. Raoul Rochette dans son *second mémoire sur les antiquités chrétiennes*, p. 60, note 2.

[99] Sur un bas-relief du palais Grimani à Venise, on voit Pluton sous la forme d'un jeune homme monté sur un cheval marin, et serrant dans ses bras Proserpine qui lui résiste. Voy. F. W. Rinck. *Kunstblatt*, 26 mai 1828, p. 167.

[100] Dans les *Monuments étrusques* d'Inghirami, sér. 1, pl. 6, 10, et pl. 55, n° 8, on voit des ombres qui se rendent dans l'autre monde sur des monstres marins.

[101] Voyez M. Raoul Rochette, p. 48 et suiv. du mémoire cité plus haut.

[102] Nous ne devons point passer sous silence une observation qui résulte de tous les monuments ici rappelés, où l'on voit une famille implorant ou remerciant Esculape : c'est qu'à l'exception d'un seul bas-relief, tous nous montrent des enfants au nombre des suppliants. Faudrait-il conclure que c'était principalement en faveur des enfants qu'on offrait ces sacrifices? Si cette remarque était fondée, l'apparition de la mort aurait pour objet d'indiquer dans un sens général les dangers qui ne cessent de menacer l'enfance jusqu'après le développement de la puberté.

1. Vœux ou actions de grace.

§ 1. *Sacrifice d'un bélier.*

Je dois, à plus d'un titre, la préférence au monument recueilli par la commission de Morée. Il est inédit; il a été le point de départ de mes recherches : il est sans contredit le plus complet, le plus remarquable, le plus exactement reproduit, et l'un de ceux dont l'originalité grecque est le mieux constatée.

L'encadrement que j'ai décrit plus haut et qu'avait déjà remarqué Visconti dans d'autres monuments grecs, et notamment dans un bas-relief où il voit, avec raison, un vœu fait par quelque famille à une divinité salutaire [103], se retrouve sur tous les χαριστήρια dont j'aurai occasion de parler, et paraît propre à ces témoignages de reconnaissance envers les dieux. Visconti y voit l'indication d'un vestibule; c'est plutôt l'indication abrégée d'un temple.

Notre monument a été trouvé dans le village de Merbaka, situé près d'Argos, où l'on sait qu'Esculape avait plusieurs sanctuaires. Pausanias en cite deux [104], et assure que le plus célèbre de tous était celui où l'on voyait, de son temps, un groupe représentant Esculape assis et Hygie près de lui. Or, ce temple devait être situé hors de la ville, puisqu'il en parle immédiatement après la mention qu'il fait du tombeau d'Hyrnétho, où conduisait le Chemin Creux (Κοίλη ὁδός) que l'on rencontrait en sortant du gymnase Cylarabis dont la position hors des murs de la ville est attestée par Plutarque [105] et par Tite-Live [106]. C'est peut-être dans le voisinage de ce temple célèbre qu'a été retrouvé le bas-relief qui nous occupe. Il était bien digne de figurer dans un aussi magnifique sanctuaire.

Ce qui confirmerait cette conjecture, c'est que dans les deux divinités représentées sur notre monument, il est impossible de ne pas reconnaître Esculape et Hygie. Leur pose varie peu du groupe dont nous venons de parler et dont Visconti a cru, avec vraisemblance, retrouver une copie, assez médiocre, il est vrai, dans un groupe du Vatican [107], remarquable d'ailleurs par la grâce de sa composition : Esculape est assis; Hygie, debout près de lui et la main gauche appuyée sur l'épaule de son père, présente de la droite une patère au serpent roulé autour du bâton que le dieu tient de la main gauche. On voit que l'œuvre de Xénophile et de Straton [108] n'a subi, sur notre bas-relief, d'autre modification que celle qui était réclamée par la circonstance du banquet sacré.

La victime offerte au dieu n'a rien qui doive nous surprendre. Les victimes sacrifiées à Esculape variaient suivant les localités. Nous voyons par le *Phédon* de Platon [109], qu'on lui sacrifiait un coq à Athènes. Pausanias, de son côté, nous apprend qu'à Titané on lui immolait un taureau, un agneau et un porc [110]; qu'à Delphes il était permis de lui sacrifier toutes sortes d'animaux, excepté des chèvres [111]; qu'il en était de même à Épidaure, suivant le culte d'Esculape [112], sans doute parce que, d'après la légende locale, ce dieu avait été nourri par une chèvre sur le mont Tithion [113]; on voit cependant, dans le même auteur, que cette exception n'avait point lieu à Cyrène [114].

Le musée de Vérone [115] contient un sujet tout à fait semblable, à quelques légères variétés près, d'où l'on pourrait conclure qu'il provenait également d'Argos. Esculape nu jusqu'à la ceinture est sur son séant, sa main gauche est appuyée sur sa poitrine, de la droite il tient un rhyton. Hygie est debout au pied du lit et tournée vers le dieu, comme pour joindre ses supplications aux prières de la famille composée de cinq membres, deux hommes, une femme et deux enfants, qui vient invoquer le dieu sauveur. Un jeune sacrificateur nu, comme sur le monument de Merbaka, conduit un agneau à l'autel. Là aussi le serpent se dresse devant la table pour prendre sa part du festin sacré, et le jeune cadmile, dans une nudité complète, se tient près d'un cratère à la gauche du dieu, disposé à remplir de nouveau sa coupe, tandis qu'à sa place accoutumée le cheval de Θάνατος présente sa tête comme pour annoncer qu'il est au moment d'accomplir son funèbre ministère.

§ 2. *Sacrifice d'un porc.*

Le type de cette seconde classe de monuments nous est fourni par un bas-relief grec du musée de Mantoue [116], non moins remarquable que celui de Merbaka pour la pureté de la composition et l'élégance du dessin. Près du pilastre gauche on voit Esculape à demi couché sur le *lectisternium*. Son visage est majestueux, sa barbe touffue, et sa chevelure épaisse se sépare sur le front; son corps est à moitié nu, et depuis la ceinture entouré dans un large manteau, dont les plis nombreux retombent de son bras gauche sur le coussin qui soutient son coude. Dans sa main gauche est une coupe [117], et dans la droite, qu'il tient élevée en avant et un peu au-dessus de sa tête, un objet rond mutilé que les interprètes du musée de Milan ont pris pour un rouleau, et qui, à en juger par le bas-relief de Vérone dont nous venons de parler, et par les nombreux monuments dont nous nous occuperons bientôt, ne peut être autre chose que l'extrémité inférieure d'un rhyton. Au pied du lectisternium est assise Hygie, la face tournée vers son père, et se ne montre par conséquent que de profil. Sa chevelure est élégamment relevée et forme comme un diadème ondoyant autour de sa tête, derrière laquelle elle paraît s'attacher avec grâce. Sa tunique talaire, qui laisse à nu ses épaules et sa poitrine, est recouverte d'un peplus; ses pieds nus reposent sur un ὑποπόδιον assez élevé. De la main droite elle semble prendre les genoux de son père, ce qui, comme on le sait, est un geste de suppliant [118], et de l'autre elle tient une *acerra* ouverte [119]; devant le lit est une table soutenue sur deux pieds, entre lesquels on distingue la partie inférieure des vêtements de la déesse et les draperies du lit. A gauche de la table, où l'on voit trois gâteaux sacrés, et au-dessous du coude d'Esculape, un jeune cadmile, nu et debout, représenté de face; le cratère ayant une forme plus évasée, il puise directement avec le πρόχους à l'aide duquel il doit remplir la coupe d'Esculape. Dans sa main gauche est un autre vase dont la forme est trop incertaine pour qu'on puisse lui donner un nom; à en juger par le dessin, ce devait être un vase à anse mobile, et par conséquent en bronze. Point d'autel apparent; mais derrière la déesse une famille composée de dix individus qui s'avancent sur deux rangs. Au premier, cinq enfants précédés du jeune sacrificateur qui, *succinctus* et l'épaule gauche découverte, chasse devant lui de la main droite un porc dont le ventre touche à terre. De la main gauche il tient un un plateau le couteau destiné au sacrifice.

Les trois enfants qui le suivent immédiatement sont de jeunes garçons sur le point d'entrer dans la classe des éphèbes; les deux derniers sont deux jeunes filles moins âgées dont la première porte une petite corbeille, contenant sans doute la *mola salsa*.

Au second rang on voit deux hommes barbus d'âge différent, et derrière eux deux femmes voilées. Dans l'angle supérieur à droite et touchant au pilastre droit un buste de cheval à la fenêtre.

---

[103] *Mus. Pio Clem.* vol. V, tav. XXVII, p. 170, éd. de Milan.
[104] II, 21, 1 et 23, 4.
[105] *Vie de Pyrrhus*, c. 32.
[106] XXXIV, 26.
[107] *Mus. Pio Clem.* vol. II, tav. III, p. 39-41.
[108] Pausan. II, 23, 4.
[109] P. 118.
[110] Pausan. II, 11, 7.
[111] X, 32, 8.
[112] Ibid. § 4.
[113] II, 26, 7. Il devait en être de même en Italie, à en juger par ce passage de Servius, ad Georg. II, 380 : *Item capra [immolatur] Æsculapio, qui est deus salutis : quum capra nunquam sine febre sit*. — Le culte d'Ammon existant à Cyrène, on conçoit que la chèvre y ait été salistiée au bélier.
[114] CXXXIX, 6.
[115] *Museo della reale academia di Mantova.* Mantova, 1830, segg. 8°, vol. I, tav. XIII, p. 44-53.
[116] Ce qui, indépendamment de plusieurs autres exemples qui seront cités plus bas, confirme notre conjecture relativement à l'objet rond que tient Esculape sur le bas-relief de Merbaka.
[117] Eur. *Iphig. A.* 1216. *Androm.* 686.
[118] Voyez sur l'*Acerra* M. Laborde, *Vases du comte Lamberg*, t. I, p. 12, et et II, p. 140.

Les interprètes du musée de Mantoue ont bien vu qu'il s'agissait ici d'une supplication et d'un sacrifice, mais ils se sont entièrement trompés, et sur le nom à donner aux deux divinités, dans lesquelles ils veulent reconnaître Jupiter et Cérès, et sur le sens qu'on doit attacher à la tête de cheval, qu'ils regardent comme un symbole du mois d'octobre, mois où le sacrifice doit avoir eu lieu pour féliciter Cérès *dello avere essa ottenuto da Giove che la rapita sua figlia Proserpina posesse uscire d'inferno, e restare seco sei mesi dell' anno*. Ce qui les a surtout induits en erreur, c'est le porc qu'ils ont pris pour une truie, animal qui, comme destructeur des moissons, était surtout sacrifié à Cérès, ainsi que le dit Ovide [120] :

Prima Ceres avidæ gavisa est sanguine porcæ.

Et ailleurs [121] :

*A bove succincti cultros removete ministri ;
Bos aret : ignavam sacrificate suam.*

Mais Cérès n'était pas l'unique divinité à laquelle on offrit soit une truie, soit un porc [122]. Si les interprètes de ce bas-relief eussent connu le passage de Pausanias que nous avons cité plus haut [123], ils auraient peut-être réformé leur premier sentiment. Du reste, il est à regretter que les explications du premier volume de cet intéressant recueil n'aient pas été, comme celles des volumes suivants, confiées au savant M. Labus; il aurait sans doute évité une méprise aussi grave, lui qui, dans sa *lettre à Cicogna* [124], a si bien signalé le sens funéraire du cheval sur les tombeaux.

On rencontre encore un exemple de cette catégorie de monuments dans un bas-relief du musée d'Oxford [125], mutilé, il est vrai, à la partie gauche, mais dont la mutilation n'a fait disparaître que le cadmile et son cratère. Esculape, le rhyton dans la main gauche et drapé comme sur tous les bas-reliefs dont nous avons fait mention jusqu'ici, se distingue de toutes les représentations précédentes par le *modius* dont il est coiffé. Hygie, entièrement vêtue, tient l'*acerra* ouverte dans la main droite. La famille du suppliant se compose d'un père, d'une mère et deux enfants, précédés du sacrificateur qui, entièrement nu, conduit un porc, et tient sur la main gauche le plateau et le couteau sacré. La tête de cheval de Θάνατος occupe sa place accoutumée.

L'*ex-voto* que je viens de décrire prouve combien il est nécessaire de procéder, autant que possible, par comparaison, et par comparaison du plus grand nombre possible de faits analogues, lorsqu'on entreprend d'expliquer les monuments de l'antiquité figurée. Quiconque eût interprété celui-ci seul, et abstraction faite de tous les bas-reliefs de la même famille, n'eût pas manqué de voir Pluton dans le dieu coiffé du *modius* [126], et Proserpine dans la déesse placée à ses pieds. Et cependant il est bien constant, par tout ce qui précède, que ces deux divinités sont Esculape et Hygie. C'est pour n'avoir pas suivi cette méthode que Visconti s'est, je crois, trompé sur le sujet d'un fragment de bas-relief du musée Worsley [127]. Ce fragment représente un dieu coiffé du *modius* et nu jusqu'à la ceinture; à sa gauche, et devant le seul pilastre de l'encadrement qui subsiste encore, est un jeune cadmile nu, tenant le πρόχοος dans la main gauche et s'appuyant de la droite sur un cratère. Toute la partie droite du monument a disparu; mais en comparant ce qui reste avec les bas-reliefs que nous avons décrits, on voit qu'elle devait contenir Hygie, une famille de suppliants, et la tête du cheval de Θάνατος. Visconti, trompé par la conformité qu'offre la coiffure du dieu avec celle de la statue de Pluton conservée au musée du Vatican [128], prétend que ce bas-relief est funéraire et représente un mort reçu au banquet du tyran des enfers. Il explique de la même manière les deux bas-reliefs de la villa Albani, où Winckelmann a cru voir Neptune, Cérès et le cheval Arion, et dont nous aurons occasion de nous occuper au § 4. Mais il est évident qu'il s'est trompé ici, et je prouverai bientôt que son interprétation des deux autres monuments est également erronée.

Je rangerai encore dans cette classe un bas-relief du musée de Vérone [129], qui, tout mutilé qu'il est par la moitié, et bien que la tête du cheval y manque, ne peut laisser aucune incertitude. L'encadrement de cet *ex-voto* consistait également en deux pilastres supportant une architrave. Le dieu est seul, il n'est point couché, mais assis sur son trône; ses pieds reposent sur un ὑποπόδιον. Comme nous l'avons vu jusqu'ici, il est nu jusqu'à la ceinture, et le reste de son corps est enveloppé dans les larges plis d'un manteau que retient sa main gauche. Comme sur le monument de Merbaka, il étend la main droite en avant en signe d'attention. Près du dieu est un autel vers lequel un enfant nu conduit un porc. On peut conjecturer, sans trop d'audace, que dans la partie qui manque se trouvait la famille qui vient invoquer le dieu, et sans doute aussi la tête de cheval.

§ 3. *Sacrifice d'une chèvre.*

Je n'ai rencontré pour cette classe qu'un seul type qui m'a été fourni par le recueil de Caylus [130], encore n'y voit-on pas figurer la tête de cheval. Ce monument, rapporté de Grèce par Fourmont, était, du temps de Caylus, conservé à la bibliothèque du roi, où je n'ai pu m'assurer s'il existait encore. Fourmont l'avait trouvé dans la plaine d'Argos, sur les murs d'une église élevée à la Vierge dans le village d'Émir Pacha : ἐν Παναγία τοῦ Ἐμὶρ Παζᾶ ἐν χωρίῳ τοῦ Ἄργοῦ. Le lieu seul d'où provient ce monument curieux me faisait un devoir de ne le point passer sous silence.

Esculape barbu, enveloppé d'une ample draperie, depuis la ceinture jusqu'aux pieds, est assis sur un lit, tenant dans la main gauche [131] une coupe et étendant en avant la main droite [132]. A ses pieds est Hygie, assise sans doute sur un siège à part, et le visage tourné vers le dieu. Elle s'appuie de la main gauche sur le lit; mais on ne peut juger du mouvement de la main droite, le bras étant mutilé au-dessus du coude. On peut conjecturer cependant que le geste qu'elle invitait les suppliants à s'approcher. Devant le dieu était sans doute un serpent. A la gauche du dieu, on voit, suivant l'usage, le jeune cadmile vêtu cette fois d'une tunique talaire et d'un manteau qui laisse son épaule droite à découvert; et à près de lui un cratère dans lequel il vient de puiser [133]. A la gauche de la déesse cinq jeunes filles, dont une encore en bas âge. Devant cette dernière est une chèvre qui semble accourir d'elle-même auprès des deux divinités. Comme nous l'avons dit plus haut, la tête de cheval manque, soit qu'elle ait été omise par l'artiste, soit qu'elle ait échappé aux regards du dessinateur. Toute cette scène est contenue dans l'encadrement ordinaire.

---

[120] Ovid. *Fast.* I, 349.
[121] Ibid. IV, 414.
[122] Voyez un exemple du sacrifice d'une truie à Déméter, *Mus. Pourtalès*, pl. XVIII, p. 82 et suiv. Le cadmile y porte aussi le plateau et le couteau sacré.
[123] Note 58.
[124] P. 16.
[125] *Marmora. Oxon.* Part. I, tav. LII, fig. CXXXVI.
[126] C'est ainsi qu'il est représenté d'ordinaire. Voyez, entre autres, la statue du musée du Vatican, vol. II, tav. I, et celle du musée de Vérone, LXXV, 5. Pluton n'est pas la seule divinité qui porte habituellement le *modius*; cet attribut appartient aussi à Sérapis. Pour juger des rapports qui existent entre Sérapis et Esculape, il suffit de se rappeler le *Serapeum* de Pouzzoles, où le temple de ce dieu était environné de cellules thermales.

[127] Vol. I, p. 28, Lond., 1824. Tav. VI, fig. 1, p. 24; ed. di Milano.
[128] *Mus. Pio Clem.* vol. II, pl. I.
[129] CXLI, 11.
[130] Tome III, p. 105 et XXXII.
[131] La gravure, faite sans aucun doute sur un calque du dessin, présente à gauche ce qui devait être à droite, et réciproquement. Je rétablis l'ordre convenable dans la description.
[132] La main, il est vrai, a disparu, mais le mouvement du bras ne laisse aucun doute sur le geste, qui, comme nous l'avons remarqué, annonce l'attention.
[133] La main droite et le πρόχοος manquent.

Du reste, la copie qu'en donne Caylus paraît loin d'être fidèle. On n'y retrouve aucun sentiment de l'antique, et toutes les figures sont dans le goût du siècle de Louis XV : on les croirait dessinées par Vanloo ou par Boucher. Aussi, sans le témoignage de Fourmont, sans les détails de la composition si conformes à une foule de monuments authentiques, on serait tenté de voir dans le dessin de ce bas-relief l'œuvre d'un faussaire maladroit. Mais ce qui, abstraction faite de ces motifs, ne permettrait pas d'élever un tel doute, c'est que le défaut reproché à ce dessin se retrouve dans toutes les gravures du recueil de Caylus. Il est de certaines époques où l'œil des artistes ne voit plus la nature telle qu'elle est, et où leur main devient inhabile à la reproduire. Les artistes du moyen âge voyaient évidemment faux, et encore aujourd'hui, j'en ai déjà fait la remarque [134], la plupart des artistes anglais ne prêtent-ils pas aux têtes et aux formes grecques un type tout à fait britannique?

Je ne critiquerai point ici l'interprétation entièrement erronée que Caylus a donnée de ce bas-relief. Il convient naïvement que c'est un problème dont il ne peut trouver la solution. Il me suffira de dire qu'il y voit un tombeau, un père de famille avec ses filles, et que le serpent l'a porté à croire que *la santé était l'objet de la cérémonie*, ce qui est vrai sans doute, mais en contradiction avec l'idée de tombeau. Les raisons sur lesquelles il s'appuie pour prouver que cette sculpture est du temps des Antonins sont sans aucune valeur.

§ 4. *Supplications.*

J'arrive à une classe de monuments du sens, plus difficile à déterminer, a maintes fois embarrassé les archéologues; et d'abord, pour procéder chronologiquement, je parlerai de celui qu'a publié Montfaucon dans son Antiquité expliquée [135], et qu'il a rangé dans la classe des représentations de repas et de festins. Je reproduis ici la description qu'il en donne, en ajoutant entre crochets les détails qu'il a omis. « *Ce monument*, dit-il, *représente deux hommes* [l'un barbu et l'autre sans barbe, et tous deux d'âge différent], *à demi couchés sur un lit, et une femme assise sur une escabelle* [le pieds posés sur un ὑποπόδιον]. Les deux hommes sont nus jusqu'à la ceinture. Le plus âgé appuie sa main droite sur l'épaule droite du plus jeune. Celui-ci pose la sienne sur la tête de la femme, qui étend la main gauche comme si elle parlait. Sa poitrine et son bras gauche sont nus; ses épaules, son bras droit, ainsi que tout le reste de son corps, sont couverts d'un large peplus. Devant le lit, une table à deux pieds couverte de gâteaux sacrés d'une forme très-vague.] *Il y a pour le service quatre femmes* [136] [d'une taille inférieure à celle des trois personnages principaux, et dont la dernière porte sur la tête un objet rond et plat, peut-être une corbeille]; *un homme nu* [c'est-à-dire un éphèbe, le cadmile obligé, à gauche du personnage principal, mais sans aucun des attributs de sa charge], *et un petit garçon aussi nu* [derrière l'escabelle de la femme, et affublé d'un bonnet par le dessinateur]. *Ce qu'il y a de singulier, et il serait difficile de donner raison, c'est qu'un cheval, qui montre sa tête à une fenêtre, semble regarder les convives.*

Il est impossible de ne pas reconnaître la conformité de ce bas-relief avec tous ceux dont nous avons déjà parlé. Mais quelles sont les trois divinités dont il nous retrace l'image? car il est évident que les trois personnages plus grands que tous les autres acteurs de cette scène, et dont le costume est celui que nous avons vu jusqu'ici don-

ner à Esculape à sa fille, sont des dieux que l'on invoque pour un malade que le cheval de Θάνατος se dispose à emporter.

Esculape et Hygie ne figurent pas toujours seuls sur les monuments. Sur une pierre gravée, publiée par Montfaucon [137], on voit Esculape, Jupiter et Hygie. L'association de ces trois divinités est confirmée par une inscription du recueil de Doni [138], dont le début est ainsi conçu :

IOVI || ET ASCLEPIO || [ET] HYGIAE

Rien ne s'oppose à ce qu'on reconnaisse ces trois divinités dans les trois personnages principaux du bas-relief de Montfaucon, car on sait qu'Esculape était souvent représenté sans barbe : par exemple, pour ne pas sortir du nord du Péloponèse, dans le temple qu'on lui avait consacré à Sicyone [139], et dans celui qui contenait la citadelle de Phliontè [140].

Mais comme Pausanias, dans la description du Péloponèse, d'où le monument de Montfaucon doit provenir [141], ne parle d'aucun temple élevé spécialement aux trois dieux réunis dans l'inscription de Doni, je doute fort que la première des trois divinités du bas-relief de Montfaucon soit Jupiter. J'aimerais mieux y voir Esculape, et considérer la seconde comme Évamérion ou Acesius, le même que Télesphore, et dont le culte était réuni à celui d'Esculape et d'Hygie, non-seulement à Titanè, mais aussi à Épidaure [142], principal sanctuaire du dieu de la médecine, le point d'où son culte se propagea en Grèce et en Asie [143]. Hygie sans doute joint ses supplications à celles de la famille qu'on voit derrière elle, et le geste d'Évamérion annonce peut-être que sa prière est exaucée.

Il faut bien se garder de voir une scène semblable sur le bas-relief que Tournefort a publié dans son voyage [144]. Voici la description que ce savant en donne :

« Au coin de l'église de Métélinous (village de l'île de Samos) a enchâssé, à hauteur d'appui, un ancien bas-relief de marbre, parfaitement beau, qu'un papas découvrit, il y a quelques années, en labourant un champ. Ce marbre a deux pieds quatre pouces de longueur, sur quinze ou seize pouces de hauteur; l'épaisseur en est de trois pouces; mais comme il n'est pas fort élevé de terre, les têtes en sont maltraitées. Le bas-relief contient sept figures, et représente une cérémonie faite pour implorer le secours d'Esculape dans la maladie de quelque personne de considération. Le malade est dans son lit, la tête et la poitrine élevées, tenant un vase par la main droite ; le dieu de la médecine paraît à sa droite vers le pied du lit, sous la figure d'un serpent. La table qui est vis-à-vis le malade, soutenue par trois pieds terminés en pieds de chèvre, est chargée d'une pomme de pin, de deux flacons et de deux corps qui finissent en pyramide, placés à chacun des bouts. Sur la droite du malade est assise une femme dans un fauteuil dont le dossier est fort élevé : cette figure est bien drapée et les manches sont assez serrées; son visage est de front, et il semble qu'elle ordonne quelque chose à un jeune esclave qui est tout auprès, et qui a une espèce de casaque sur sa veste. Au pied du lit est une autre femme assise sur un tabouret couvert et drapé : elle est vêtue de même que celle qui est dans le fauteuil, mais on ne la voit que de côté, et son visage est presque de profil. C'est peut-être la femme du malade, car on voit à ses genoux un jeune enfant debout et tout nu, qu'un petit chien semble caresser. Une jeune esclave est encore placée

---

[34] Voyez plus haut, p. 14.
[35] T. III, pl. 50, fig. 3.
[36] Deux d'entre elles sont peut-être des *hommes*, car le dessin paraît très-peu fidèle, surtout pour les costumes.
[37] *Suppl. de l'Ant. expl.*, t. I, pl. 19 bis, 2.
[38] Cl. I, n° 83, p. 24.
[39] Pausan. II, 10, 3.
[40] Pausan. II, 13, 3. Les représentations d'Esculape sans barbe sont assez fréquentes. Voyez Passeri *Gemmæ astrif.*, t. I, pl. LXXI, et Visconti, *Mus. Pio Clem.* II, p. 40.
[a] Le savant bénédictin joint à ce monument le nom de Desmouceaux (*dits* Des Mouceaux). Or, on sait qu'un architecte de ce dernier nom, oncle du célèbre comte de Bonneval, fut envoyé par Louis XIV en Orient, vers l'an 1668, et qu'il doit exister en manuscrit, dans la famille de Bonneval, une relation de son voyage, dont Corneille Bruyn a inséré un extrait à la fin du t. V de ses Voyages. (Paris, 1725, in-4°.) Une partie de cet extrait se rapporte au Péloponèse. Du reste, le monument de Montfaucon pourrait également avoir été copié à Pergame, où Des Mouceaux s'est arrêté, et où le culte de Télesphore était réuni à celui d'Esculape. Voy. Pausan. II, 11, 7.

[141] Pausan. II, 11, 7.
[142] Pausan. II, 26, 7. Sans doute le culte d'Esculape est originaire de l'Asie; mais après son importation en Grèce il retourna, sous sa forme nouvelle, dans son antique patrie.
[143] Tournefort, *Relation d'un voyage au Levant*, t. 2, p. 3 et 137, Lyon, 1717, 3 vol. in-8°.

derrière cette femme, et est vêtue d'un casaquin sans manches, sous lequel tombe une espèce de jupon plissé : elle appuie sa main gauche sur sa poitrine, et de la droite, qui est élevée, elle tient un cœur dont la pointe est en haut. On voit plus loin, tout à l'extrémité du bas-relief, un autre esclave tout nu, qui d'une main prend des drogues dans un mortier, pour les mettre dans une tasse qu'il tient de l'autre main, et à qui il semble qu'Esculape ait donné ordre de les aller verser dans le vase que le malade tient par les anses. Sur le haut du bas-relief règne une espèce de bordure cassée, partagée en quatre carrés longs : dans le premier est représentée une très-belle tête de cheval; le second renferme deux flammes; la troisième est orné d'un casque et d'une cuirasse; le quatrième est cassé et ne laisse voir que le bord d'un bouclier. On a voulu, sans doute, par ces attributs, faire connaître les inclinations et les emplois que le malade avait eus. »

Il me paraît évident que Tournefort a pris un monument funéraire pour un monument votif; aussi l'explication qu'il donne de chacun des personnages est-elle loin d'être exacte. L'état de mutilation dans lequel se trouvent la plupart des têtes, rendait d'ailleurs l'interprétation assez difficile. Sans doute, d'après l'explication que j'ai présentée plus haut sur le monument de Montfaucon, on pourrait être disposé à voir dans le personnage couché Esculape lui-même ; mais ce qui ne permet pas d'adopter cette idée, c'est qu'il n'a pas, comme tous les autres monuments, la poitrine découverte; ce qui est un des traits caractéristiques du dieu de la santé [145]. On ne peut donc reconnaître non plus la déesse Hygie dans la femme assise sur le trône, et dont les pieds s'appuient sur un ὑποπόδιον, ni dans celle qui lui fait face, Épioné, femme d'Esculape, dont on voyait la statue près de celle de son époux dans le τέμενος de ce dieu à Épidaure [146], ni enfin le jeune Télesphore dans l'enfant qu'elle tient par la main. Le chien placé devant cet enfant est sans doute l'un des attributs que l'antiquité donnait à Esculape [147], soit à cause du rôle que le chien joue dans le mythe de ce dieu [148], soit à cause du préjugé fort ancien qui prête à la langue de cet animal la propriété de guérir les plaies et les blessures [149]; mais c'est aussi un symbole funéraire très-fréquent [150]. Quant au serpent, je doute fort qu'il faille y voir, avec le célèbre voyageur, l'image d'Esculape. Le serpent est l'un des symboles les plus féconds de la religion grecque, et, comme emblème des héros [151], il peut aussi caractériser un monument funéraire.

Ce qui, bien plus que le serpent, indiquerait une εὐχὴ ou un χαριστήριον, c'est, d'une part, le jeune cadmile nu, puisant dans un cratère (et non pas dans un mortier), et de l'autre, la tête de cheval qu'on distingue dans l'angle supérieur à gauche. Mais le cadmile n'appartient pas exclusivement à Esculape ; et quant à la tête de cheval, le reste des attributs représentés dans la partie supérieure jettent beaucoup d'incertitude sur le sens que l'on doit donner ici à cet emblème. Du reste, il est impossible que le bouclier, la cuirasse et le casque ne soient là que pour annoncer la profession de celui en faveur duquel on invoque les dieux de la santé; et je doute que les deux flammes puissent servir à préciser un sens. Rien ici n'indique donc Esculape, si ce n'est la pomme de pin qu'on voit sur la table sacrée, et qui est l'un des attributs du dieu d'Épidaure [152]; encore est-il bien difficile, dans l'état du monument, d'assurer que l'on a un pareil fruit sous les yeux. Quant aux gâteaux en forme de pyramides (πυραμιοῦντες), leur emploi, dans les cérémonies funèbres, est un fait trop connu pour qu'il exige des preuves.

On pourrait encore alléguer, contre le sens proposé par Tournefort, et contre l'opinion qui rangerait ce monument parmi les χαριστήρια ou les εὐχαί, l'absence des suppliants; car je ne pense pas qu'il faille prendre pour tels les deux jeunes servantes placées près des deux femmes, et dont l'une tient un éventail (et non pas un cœur dont la pointe est en haut), circonstance que retracent souvent les monuments funéraires [153]; mais ce qui, selon moi, est l'argument le plus fort, c'est que le bas-relief de Samos n'est pas contenu dans l'encadrement ordinaire, qui consiste en deux pilastres soutenant une architrave, et caractérise essentiellement les monuments votifs.

Je crois avoir prouvé que ce sujet ne peut être rangé que parmi les monuments vraiment funéraires, et qu'il se rattache comme tel à la classe VIII. Je renvoie donc à ce chapitre l'explication que je me propose d'en donner.

L'absence de l'encadrement et la présence du casque et du bouclier, réunis au buste de cheval, me font également ranger dans la classe VIII un monument qu'au premier aspect on serait tenté d'admettre dans la classe des marbres votifs.

Ce bas-relief, appartenant au musée Nani, a été publié, pour la première fois, par Biagi [154] qui, suivant son usage, a fait à ce sujet grande dépense d'érudition sans arriver à aucun résultat positif [155]. Renvoyant à un autre temps la critique des nombreuses opinions qu'il a émises, je me bornerai ici à la description du monument en question. Au milieu du bas-relief on voit un lectisternium sur lequel est couché un homme nu jusqu'au nombril, et ayant le reste du corps enveloppé d'un manteau. Sa main droite est armée d'un rhyton; dans la gauche il tient une coupe ou tout autre vase que l'état de détérioration du monument ne permet pas de distinguer; un autre homme est placé près de lui : il paraît debout et est également vêtu. De chaque côté du lit est une femme assise, vêtue d'une tunique talaire et d'un peplus, les pieds appuyés sur un ὑποπόδιον. A la droite du monument et près du lit sont deux enfants, l'un vêtu d'une tunique, et l'autre nu; ce dernier est sans doute le cadmile. Derrière lui est une petite table sur laquelle on voit trois gâteaux de forme sphérique. Dans la partie supérieure du monument, en commençant par la droite, on voit une tête de cheval, un serpent, un παρεχόμενον avec son baudrier, et un objet circulaire que Biagi prend pour un tympanum, et qui, si on se rappelle le monument de Samos, ne peut être qu'un bouclier, comme l'objet suivant, qu'il prend pour une cloche, ne peut être autre chose qu'un casque [156]. Ce monument est évidemment une variété du sujet représenté sur le bas-relief de Samos.

Mais si je crois devoir exclure le marbre de Samos et celui du musée Nani, de la catégorie des monuments votifs, je crois qu'il faut rattacher à cette classe un bas-relief décrit par Visconti dans son Museo Pio Clementino [157], et sur lequel j'insisterai, parce que, de même que sur le bas-relief de Montfaucon, Esculape n'y figure pas seul avec Hygie, et que ce sujet est encadré comme tous les sujets du même genre. Le champ est divisé en deux compartiments de dimension inégale; dans celui de droite, qui est le plus grand, on voit un homme sans barbe assis sur un siège dont les bras sont soutenus par deux figures de griffons. Le devant du corps de cet homme est nu jusqu'au nombril; les jambes et le dos sont couvertes d'un manteau ramené sur la tête. Cette dernière circonstance, jointe à celle des griffons, animaux consacrés à Apollon, père d'Esculape, porte le savant antiquaire à reconnaître dans cette figure le dieu de la santé, qui est ainsi repré-

---

[145] C'est ainsi qu'il est représenté sur tous les monuments dont il a été question plus haut, et sur ceux dont j'aurai occasion de parler dans cette première partie de mon travail.

[146] Pausan. II, 29, 1.

[147] Ainsi, à Épidaure, un chien était représentée près du trône d'Esculape. Pausan. II, 27, 2. Voyez encore les monuments inédits de Winckelmann, pl. 30, et les Monumenta Peloponesiaca de Paciaudi, t. I, p. 110.

[148] Pausan. II, 26, 4.

[149] L'histoire de Lazare nous en offre une preuve curieuse. S. Luc, XVI, 21.

[150] Voyez Antiquité expliquée de Montfaucon, t. III, pl. 57, 1, 2. T. V, pl. 39, 2 ; 40, 2. Caylus III, 73.

[151] Plut. Vie de Cléomènes; ch. 39.

[152] Pausan. II, 10, 3.

[153] Voyez t. II, pl. 18, fig. 2 ; 20, fig. 3 ; Mus. Veron. XLVII, 5, etc.

[154] Mon. gr. et lat. ex museo Nanio; Rome, 1787, p. 97-116.

[155] Voyez l'opinion de M. Rinck sur ce travail, Kunstblatt, 2 juin 1828, p. 175.

[156] Voyez, indépendamment du bas-relief de Samos, les Marmora Oxoniensia, part. II, sab. IX, fig. LXVI. Ce dernier monument, sur lequel nous reviendrons lorsque nous serons arrivés à la classe VIII, offre incontestablement un sujet funéraire.

[157] Vol. V, tav. XXVII, p. 167 e segg., éd. de Milan.

senté sur plusieurs monuments, suivant l'usage des médecins [158], et notamment d'Hippocrate [159]. La main gauche du dieu retient les plis du tribonium; son bras droit, replié vers la tête, semble indiquer l'attention. Les pieds du dieu, chaussés de brodequins, reposent sur un ὑποπόδιον. Derrière le siége d'Esculape est Hygie vêtue d'une tunique talaire à manches longues, recouverte d'un peplos passé seulement sur l'épaule gauche, et dont les pans ramenés au-dessous de la poitrine sont retenus par la main droite, tandis que la gauche semble s'appuyer sur l'épaule ou sur le siége du dieu. Sa jambe gauche est croisée sur la droite, et ses pieds sont chaussés de sandales. A la gauche du dieu, et s'appuyant également de la main droite sur le dos du siége, est un jeune homme nu, portant sur les épaules une chlamyde que rien ne rattache autour du cou; son bras gauche pend le long de la cuisse. A sa gauche est un autre jeune homme également nu, le bras droit ramené sur la tête, et retenant de la main gauche la chlamyde dont ses épaules sont revêtues. Visconti voit, dans ces deux jeunes gens, les deux Dioscures que le paganisme rangeait parmi les dieux salutaires, et il cite, à l'appui de son opinion, Homère [160], Théocrite [161] et Apollonius de Rhodes [162]; mais je crois qu'il faut plutôt reconnaître ici Évamérion et Alexanor, dont le culte se rattachait à celui d'Esculape, et dont les statues se trouvaient dans le temple de ce dieu à Titane [163], et peut-être même à Argos, si l'on admet, ce qui est assez probable, que les deux personnages assis qu'on voyait dans le temple bâti à Esculape sur la *Voie creuse*, étaient Évamérion et Alexanor, et non pas, comme les exégètes l'avaient sans doute raconté à Pausanias [164], les deux statuaires Xénophile et Straton, auxquels ce groupe était attribué.

Dans le second compartiment on aperçoit une famille de suppliants d'une taille inférieure à celle de ces quatre divinités; elle se compose d'un homme barbu, vêtu de la tunique et du tribonium, de deux femmes voilées, dont chacune porte un enfant dans ses bras, enfin de trois jeunes garçons et d'une petite fille. Contre l'usage, les membres de cette famille se présentent de face.

Ainsi, malgré l'absence de tout attribut, on doit reconnaître ici, avec Visconti, une supplication adressée aux divinités salutaires, et non pas avec Zoega [165], toujours trop disposé à critiquer Visconti, et à annihiler les judicieuses conjectures de ce savant, les habitants de Calydon adressant leurs prières à Méléagre entouré de son épouse Cléopâtre, et de ses frères Climène et Tirée, pour qu'il vienne les aider à repousser les Curètes. Zoega lui-même trouve la conjecture *foible*; elle le paraîtra bien davantage si l'on songe que, sur un monument retraçant une scène des temps héroïques, jamais un artiste grec ne se serait avisé de représenter un peuple dans le costume et dans l'attitude qu'a ici la famille de suppliants.

J'arrive enfin à des monuments dont le sujet est beaucoup plus facile à déterminer. Je citerai d'abord le bas-relief de la villa Albani, que Winckelmann a publié, dans ses Monuments inédits [166], avec les mutilations qu'il avait souffertes, et qui a été reproduit depuis, avec les restaurations qu'on lui a fait subir, par Zoega [167] et par M. Inghirami [168].

Ce bas-relief, encadré entre deux pilastres soutenant une architrave, représente, comme il me semble désormais impossible d'en douter, Esculape nu jusqu'à la ceinture, couché sur un lit et ayant à ses pieds Hygie vêtue de la tunique et du peplos. Les jambes de la déesse sont croisées, et son bras nu s'appuie sur un ὑποπόδιον. Ses deux bras sont étendus vers son père, sans doute pour l'implorer en faveur des suppliants qui s'avancent derrière elle, et qui tous quatre sont de près de moitié moins grands que les deux divinités. Derrière la tête d'Hygie, est l'ouverture ordinaire avec le buste de cheval qui, cette fois, contre l'usage, ne fait point face à Esculape. Devant le lit est une table chargée de mets sacrés très-diversement représentés sur les trois copies, et sous cette table un chien couché.

Winckelmann, par une préoccupation inexplicable, a confondu ce monument avec le bas-relief publié par Montfaucon, et dont nous avons parlé plus haut. Pour arriver à cette identité il suppose que, sur ce dernier marbre, le personnage non barbu, couché près d'Esculape, et le vase porté par l'une des quatre femmes sont disparu depuis l'époque où Montfaucon a mis au jour son ouvrage; mais si cette étrange supposition était fondée, il faudrait aussi admettre que l'éphèbe et le jeune enfant nus ont été également emportés par le temps, sans qu'il en soit resté aucune trace, et, chose plus inconcevable encore, qu'Hygie et le cheval ont changé de position, et que le chien ne s'est manifesté que depuis toutes ces modifications. Ce qu'il y a de plus vraisemblable, c'est que Winckelmann a cité Montfaucon de mémoire, car s'il eût eu le monument sous les yeux, nul doute qu'il ne fût pas tombé dans une pareille méprise.

Mais ce qui est peut-être plus étonnant encore, c'est, comme je l'ai remarqué plus haut, que Winckelmann n'ait pas connu, ou ait passé sous silence, l'opinion émise par Passeri et par Gori sur le sens symbolique qu'il convient de donner au cheval, et qu'il n'ait pas cité un seul des monuments, analogues au sien, que contiennent le musée Guarnaci et les musées d'Oxford et de Vérone. Certes, s'il eût comparé ces marbres entre eux et avec le bas-relief de la villa Albani, il eût vu dans ce dernier marbre autre chose que Neptune et Cérès, ayant près d'eux le cheval Arion, leur fils, à l'écurie, et quatre Néréides chargées de l'éducation du cheval divin, dont l'une porte sur sa tête un vase plein d'eau destiné à le désaltérer.

Zoega nous apprend [169] qu'en travaillant à la restauration de ce marbre, on a découvert, sous l'un des personnages assis, une branche de chêne, qui ne figure point sur la copie de Winckelmann. Nous parlerons plus bas de l'explication qu'il en donne.

« Une table placée devant le lit sur lequel les deux divinités sont assises, se rapporte assez, dit Winckelmann en terminant, à l'opinion où étaient les anciens, que les restes tombés de la table durant les repas appartenaient aux mânes des morts. » Mais si Winckelmann voyait dans ce bas-relief un monument funéraire, il aurait dû expliquer quel rapport Neptune, Cérès et Arion peuvent avoir avec les Mânes, et se prononcer d'une manière plus positive.

Ce qui a induit Winckelmann en erreur, c'est l'opinion qu'il s'était faite d'avance sur un bas-relief du palais Albani [169*], dont l'affinité avec celui dont nous venons de parler n'avait pu lui échapper. La scène que représente ce monument est beaucoup plus simple que toutes celles que nous avons décrites jusqu'ici. Esculape barbu, la tête couvue d'une bandelette, et nu jusqu'au milieu du corps, est couché sur un lit, le coude gauche appuyé sur un coussin. De la main droite il prend les bras de Hygie assise à ses pieds et écartant de la main gauche le voile qui couvre sa tête, tandis que de la droite elle s'appuie sur l'extrémité du lit. La déesse est vêtue d'une tunique dorienne sans manches, s'attachant sur l'épaule avec une fibule. Ses pieds nus reposent sur un ὑποπόδιον. A la gauche du dieu un jeune échanson nu, de face, tenant dans la main droite un πρόχοος, et dans la gauche une patère. Derrière la déesse, et tout près d'elle, on voit un cheval, non plus cette fois à la fenêtre, mais dans son entier.

Certes, si le savant antiquaire a étudié d'abord ce monument, abstraction faite de tous les autres, on conçoit qu'il ait été conduit à voir, dans le cheval, Arion le fruit des amours de Cérès et de Neptune, et par conséquent ces deux divinités dans les deux per-

---

[158] Visconti renvoie à Buonarroti, *Medagliani*, p. 125, 126. Il cite aussi la belle statue d'Esculape placée sous le portique semi-circulaire de la villa Albani. La tête de cette statue est enveloppée d'un pallioium en manière de turban.
[159] Paciaudi, *Animadv. philolog. ad nummos consul.*, p. 106.
[160] *Hymn. ad Diosc.* II, 6.
[161] *Id.* XXII, 6.
[162] IX, 1008, et les remarques de Flangini sur ce passage.

[163] Pausan. II, 11, 7.
[164] II, 23, 4.
[165] *Bassirilievi*, t. I, p. 73.
[166] Pl. 20.
[167] *Bassirilievi*, t. I, tav. XXXVI.
[168] *Monum. Etrusc.*, sér. VI, tav. 6, 3, 1.
[169] Loc. cit.
[169*] *Mon. inéd.*, pl. 19.

sonnages assis qu'il accompagne, et que de là il soit arrivé à reconnaître Pélops, l'échanson de Neptune [170], dans le jeune enfant nu placé à la gauche du dieu. Passant ensuite au bas-relief de la villa Albani, et préoccupé de sa première idée, il y aura vu un monument analogue, et l'aura expliqué de la même manière.

Cette erreur n'a point échappé à Zoega qui l'a relevée avec assez d'amertume, mais qui n'a pas été plus heureux dans ses conjectures. Suivant lui, les deux bas-reliefs représentent une scène domestique à l'époque des empereurs, sans doute alors que l'amour de Caligula pour son cheval *Incitatus* avait dû trouver des imitateurs. Le personnage couché est un riche particulier qui goûte les plaisirs de la table, près de sa femme ou de sa maîtresse, et le prétendu fils de Neptune n'est autre que le coursier favori de cet épicurien qui ne peut s'en séparer, même pendant ses repas, et auquel il a fait préparer, dans le voisinage de sa salle à manger, une écurie où l'on a pratiqué une petite fenêtre pour qu'il puisse avoir sans cesse son bucéphale sous les yeux [171].

La branche de chêne, dont nous avons parlé, l'embarrasse bien un peu; mais il se tire de la difficulté en supposant que l'homme en question avait été soldat; que peut-être avec le secours de son *bucéphale* il avait sauvé la vie à un citoyen, et mérité la couronne civique sans l'obtenir; mais que plus juste envers lui-même que ne l'avait été la patrie, il avait fait planter près de son lit un rameau de chêne, en souvenir de cette action d'éclat.

On ne sait comment qualifier un pareil système d'interprétation. En général, Zoega dans son recueil de bas-reliefs déploie beaucoup d'érudition, mais est presque toujours malheureux dans les explications qu'il veut substituer à celles de ses devanciers. Et qu'on ne dise pas qu'il eût mieux jugé, dans le cas qui nous occupe, s'il eût eu un plus grand nombre de monuments sous les yeux; il en connaissait un grand nombre, on n'en saurait douter, puisqu'il ajoute, au sujet du cheval, qu'il ne sait si les chevaux qu'on rencontre sur les monuments funéraires, près du lit du mort, n'auraient pas quelque affinité avec ceux qu'on voit, en bien plus grand nombre, guidés par leur maître sur les pierres relatives aux *equites singulares* [172].

Je trouve beaucoup plus près de la vraisemblance, sans cependant la regarder en aucune façon comme vraie, l'opinion émise par M. Inghirami [173] sur ces deux derniers monuments. Suivant lui, les deux bas-reliefs Albani nous offrent une scène d'adieux funèbres, et tout dans ces représentations est parfaitement en harmonie avec le sujet.

E coerente al suggetto il vedere il cavallo dell' apoteosi ove il marito porge alla moglie la destra per dare ad essa l'ultimo addio di eterno congedo e di conjugale separazione. Egli dee stare assiso in lettisternio per indicare qual destino spera nell' alva vita, ove un eterno simposio lo attende si fargli gustare perpetuamente il nettare divino. Le libazioni e le mense che unitamente al cavallo dell' apoteosi ed al congedo di morte si vedono in simili sepolcri effigiate sul la memoria di quei funebri conviti, detti anche parentali, che facevansi all' occasione del funerale, e che per maggior culto reso agli estinti ripetevansi ogni anno sotto lo stesso nome.

Il est évident que M. Inghirami a confondu deux choses essentiellement distinctes, les εὐχαί et les *parentalia*. Sans doute, dans ces deux classes de monuments on peut rencontrer des symboles, des attributs semblables, mais plus d'un signe caractéristique les distingue; l'encadrement, les proportions divines des personnages couchés, l'attitude suppliante donnée aux personnages d'une taille inférieure, le sacrifice que le plus souvent ces derniers viennent offrir, sont, sans parler de la tête de cheval, autant d'indices auxquels on reconnaît les εὐχαί. Mais ce qui doit faire avant tout distinguer cette classe de monuments des repas funèbres, c'est que les personnages couchés, à une ou deux exceptions près, sont constamment au nombre de deux, le dieu et sa fille, et dans une position qui ne varie pas; tandis que dans les repas funèbres, le nombre des convives et leur attitude ne sont jamais les mêmes. Disons encore que les εὐχαί, du moins celles qui s'adressent à Esculape, n'ont jamais d'inscription, tandis que les repas funèbres en sont presque toujours accompagnés. Nous reviendrons sur cette distinction importante à établir, quand nous nous occuperons de la section VIII.

Avant de passer à un autre monument, disons quelques mots sur la branche de chêne que n'a point vue Winckelmann, et qui a si fort embarrassé Zoega. Et d'abord, convenons qu'il est difficile de décider si les feuilles de cette branche ou de cet arbuste sont des feuilles de chêne ou de tout autre arbre. Je pense qu'il faut y voir un de ces arbres sacrés aux branches desquels on suspendait les tablettes votives et autres ἀναθήματα [174]; peut-être aussi est-ce un de ces arbres que nous rencontrerons si souvent sur les monuments des classes V, VI et VII, et qui, surtout lorsqu'un serpent les entoure de ses replis, sont comme un symbole des îles Fortunées; et alors cet arbre, que nous retrouverons encore sur un monument votif, dont nous nous occuperons bientôt, n'aurait été placé ici que pour corroborer le sens que le cheval donne au monument : si Esculape n'exauce pas la prière qu'Hygie lui adresse au nom des suppliants, le cheval de la mort va emporter le malade dans le séjour des bienheureux. Toutefois, de deux interprétations je préfère la première.

Je terminerai ce paragraphe par quelques mots sur un bas-relief de la Glyptothèque de Munich [175], qui rentre dans la catégorie des supplications à Esculape et à Hygie, bien que M. Schorn y ait vu un repas funèbre. C'est dont on pourra se convaincre par la description que ce savant antiquaire en donne : « Un homme est couché sur un lit de repos; près de lui est assise une femme; un peu plus loin à gauche s'avancent un homme, cinq femmes et un enfant sur une même ligne. Tous sont drapés et ont la main droite sur la poitrine. Ce sont probablement des suppliants. Dans l'angle supérieur à gauche est un buste de cheval au milieu d'un ouverture quadrangulaire. »

§ 5. *Monuments votifs consacrés à Esculape et à Hygie, mais où ne se trouve point le buste de cheval.*

Les marbres d'Oxford nous fournissent deux monuments de ce genre [176], dont les deux frontons ou l'encadrement qui est propre aux χαριστήρια ou aux εὐχαί. L'architrave du premier est surmontée de recouvrement ou antéfixes, qui figurent l'extrémité de la toiture d'un édifice sacré. On voit sur ce monument Esculape couché, la poitrine découverte, coiffé du modius, tenant la patère dans la main gauche et le rhyton dans la main droite; sur le pied du lit est assise Hygie, l'*acerra* ou la *pyxis* dans la main gauche, et touchant de l'autre les genoux de son père. Derrière elle s'avance une famille suppliante dans l'attitude accoutumée. Devant les deux divinités est dressée la table sacrée, mais le cadmile manque.

Le second est moins compliqué. Le cadmile y figure le πρόχους en main, et prêt à remplir son ministère. Esculape, qui semble lui parler, n'est point coiffé du modius, mais c'est la seule différence qui le distingue de la représentation précédente. La déesse, vêtue et assise comme de coutume, tient de ses deux mains un serpent qu'elle semble approcher de sa figure. Derrière la déesse est une jeune suppliante.

---

[170] Pind. *Olymp.*, 40-45, ed. Boeckh.

[171] *Onde il padrone possa godere l'aspetto del suo bucefolo.*

[172] *Non so se forse cotesti cavalli tanto frequenti in monumenti sepolcrali attorno al letto del defonto, alcuna affinità possano avere con quegli che dal lor padrone guidati con ancora maggiore frequenza incontrare sogliansi nelle lapidi degli equiti singolari.*

[173] *Mon. Etr.*, t. I, p. 166.

[174] Voyez-en un exemple sur le fragment de vase peint, publié et expliqué par M. Raoul Rochette dans ses *Peintures inédites*, pl. VII, p. 401 et suiv. — On pourrait encore voir cet arbuste un de ces arbres antiques que l'on conservait dans les sanctuaires, et dont Pausanias (VIII, 23, 4) nous fait connaître les plus célèbres.

[175] Ludw. Schorn, *Beschr. der Glypthothek*, etc. München, 1830, n° 95, p. 81.

[176] Part. I, tab. LII, fig. CXXXVII et CXXXIX.

Le P. Paciaudi, dans ses *Monumenta Peloponnesiaca* [177], a publié, sans l'expliquer, un marbre provenant de Zacynthe, qui rentre dans la même classe que les deux monuments précédents, mais qui nous offre une variété curieuse et intéressante, en ce que l'artiste y a représenté, non pas le dieu goûtant aux mets et aux libations sacrées, mais le dieu les attendant et prêt à les recevoir. Esculape est sur son lit, l'épaule et le sein droit découverts; Hygie, assise près de lui, tient en main une énorme coupe qu'elle lui présente, tandis que derrière elle on voit le cadmile nu, apportant le cratère et le rython. Le jeune ministre est suivi d'un vieillard dont la taille ne dépasse pas la sienne et est par conséquent inférieure de beaucoup à celle du dieu; sous le lit où repose Esculape et près de l'ὑποπόδιον de la déesse, on voit un chien endormi.

Je crois pouvoir rattacher à cette variété un fragment de bas-relief publié par Zoëga, [178] et représentant une femme plus grande que nature, vêtue d'une tunique dont les manches ne tombent que jusqu'au coude, et d'un peplus passant sous l'aisselle droite; un πρόχοος est dans sa main droite et une large coupe dans sa main gauche qu'elle porte en avant, comme sur le marbre de Zacynthe. Elle est suivie d'un enfant, d'un homme enveloppé dans son tribonium, et d'une femme voilée, tous deux les mains étendues dans l'attitude des suppliants. Zoëga y voit un sacrifice à Esculape pour la santé de l'enfant. J'adopte en partie cette opinion, mais je suis d'avis que la femme principale est Hygie, et non pas une prêtresse: Hygie, que nous avons toujours vue jusqu'ici intercéder auprès de son père en faveur des suppliants, intervient cette fois comme prêtresse, et s'avance, la libation en main, vers Esculape qui était sans doute représenté assis dans la partie du bas-relief que le temps a emportée, et qu'une restauration récente a remplacée par un autel.

Cette conjecture est pleinement confirmée par un monument du *Museo Pio Clementino* [178 bis] qui représente, à la place occupée par l'autel, un dieu imberbe, assis sur un trône et tendant de la main droite une patère à une déesse debout qui se dévoile de la main gauche, tandis que de la droite elle porte un vase à anse mobile. Derrière elle s'avance un personnage d'une taille inférieure à celle des deux divinités. Visconti veut reconnaître ici Adrien sous les traits de Jupiter, et Minerve Pacifique qui se dispose à lui verser de nectar en présence du Grec qui a consacré ce marbre au restaurateur d'Athènes. D'après tout ce qui précède, il me semble plus vraisemblable d'y voir une variété du bas-relief de Zoëga, c'est-à-dire, Hygie intercédant auprès d'Esculape ἀγένειος, en faveur du suppliant qui la suit.

Je comprendrai encore dans cette classe un fragment de bas-relief trouvé à Athènes en 1785, et publié dans le musée Worsley. Ce monument représente un dieu et une déesse plus grands que nature, et devant eux un homme, une femme et un enfant dans l'attitude de suppliants [179]. Le dieu et la déesse sont debout; le dieu tient une patère, la déesse un πρόχοος. L'interprète du musée Worsley voit dans les deux grandes figures, Jupiter et Minerve; mais je crois qu'il se trompe et qu'il faut y reconnaître Esculape et Hygie. C'est encore Esculape et Hygie que M. K. O. Muller [180] retrouve dans deux des divinités assises du bas-relief du Parthénon, auquel Visconti rattachait le bas-relief du musée Worsley.

§ 6. *Supplications adressées à des médecins après leur apothéose.*

Mais ce n'est pas seulement à Esculape que s'adressaient les familles, quand quelqu'un de leurs membres était dans un danger pressant. Les médecins qui durant leur vie s'étaient distingués par des cures difficiles, pouvaient être après leur mort honorés de l'apothéose, et, considérés comme dieux, recevaient et des sacrifices et des prières. Sans parler ici du centaure Chiron et des fils d'Esculape, on peut citer Hippocrate auquel la Grèce reconnaissante décerna les mêmes honneurs qu'à Hercule [181]; Aristomachus d'Athènes auquel ses concitoyens consacrèrent un temple [182]; Toxaris qui obtint dans la même ville des honneurs semblables [183], et M. Artorius l'Asclépiade que la ville de Smyrne rangea parmi les héros, ainsi que le prouve cette inscription [184]:

ΜΑΡΚΟΝ ΑΡΤΩΡΙΟΝ ΑΣΚΛΗΠΙΑΔΗΝ
ΘΕΟΥ ΚΑΙΣΑΡΟΣ ΣΕΒΑΣΤΟΥ ΙΑΤΡΟΝ
Η ΒΟΥΛΗ ΚΑΙ Ο ΔΗΜΟΣ ΤΩΝ ΣΜΥΡΝΑΙΩΝ
ΕΤΙΜΗΣΑΝ ΗΡΩΑ ΠΟΛΥΜΑΘΙΑΣ ΧΑΡΙΝ

Μάρκον Ἀρτώριον Ἀσκληπιάδην θεοῦ Καίσαρος Σεβαστοῦ ἰατρὸν ἡ βουλὴ καὶ ὁ δῆμος τῶν Σμυρναίων ἐτίμησαν ἥρωα πολυμαθίας χάριν.

Marcus Artorius Asclépiade, médecin du dieu César Auguste, a été, pour sa vaste science, honoré comme héros par le sénat et le peuple de Smyrne.

C'est sans doute à un médecin ainsi divinisé que se rapporte le monument publié par le P. Paciaudi, à la suite de ses *Animadversiones philologicae ad nummos consulares triumviri M. Antonii* [185]. Ce bas-relief, provenant du Péloponèse et existant aujourd'hui à Venise dans la *Casa Grimani*, représente un personnage vêtu de la tunique et de la toge, et assis sur une chaise curule placée sur une estrade. Les jambes de cet homme sont croisées et reposent sur un ὑποπόδιον; de la main gauche, il tient un rouleau et la droite est étendue en avant comme pour prouver qu'il prête toute son attention aux choses qu'il a sous les yeux. A l'extrémité de l'estrade, est un autel orné de festons sur lequel une femme debout et aussi grande que le personnage assis semble déposer des parfums. Cette femme a comme Hygie les pieds nus, elle est vêtue d'une tunique talaire et enveloppée d'un large peplus qui recouvre sa tête, dont la pose annonce une suppliante. A sa gauche, est un éphèbe qui présente au personnage assis un rouleau à demi déployé. Au-dessus de la tête de l'éphèbe on voit un cadre à deux compartiments contenant six instruments de chirurgie. Derrière la femme est un cheval, avec l'ἐφίππιον, qu'un esclave de taille moyenne et *succinctus* tient par la bride, et au second plan, un arbre avec un serpent enroulé qui s'avance au-dessus de la tête de la suppliante.

Le P. Paciaudi a bien vu que le personnage assis était un médecin; les instruments suspendus au-dessus de sa tête ne pouvaient laisser aucun doute à cet égard. Il pense que ce médecin doit être le célèbre Archagathus, qui, l'an 219 av. J.C., vint du Péloponèse à Rome pour exercer son art dans cette ville où il obtint les droits de citoyen. Ce qu'il y a de certain, c'est qu'Archagathus pour sa hardiesse dans les opérations chirurgicales vit substituer au surnom de *Vulnerarius*, qu'il avait reçu d'abord, celui de *Carnifex* [186], et que le marbre de la *Casa Grimani* paraît se rapporter surtout à un chirurgien. Toutes les autres idées émises par le P. Paciaudi, dans sa longue et savante dissertation, sont, j'ose le dire, entièrement erronées. Ainsi, selon lui, cette scène représente dans son officine et ayant près de lui son *minister πυρματάριος*, un médecin qu'une femme de distinction est

[177] T. I, p. 110.
[178] *Bassirilievi*, t. I, pl. XVIII, p. 72.
[178 bis] T. V, tav. 26.
[179] *Mus. Worsley*, tav. I, fig. I.
[180] *Annales de l'Inst. arch.*, t. I, p. 224. M. Ch. Lenormand (*Trés. de num. et de Glypt.* Bas-reliefs du Parthénon et de Phigalie, p. 10) y voit Vulcain et Minerve dissimulés par l'artiste sous les formes d'Esculape et d'Hygie.
[181] *Honores illi, quos Herculi decrevit Græcia.* Plin. H. N. VII, 37.

[181] Démosthène *de fals. leg.* en parlant du père d'Eschine. Διδάσκων δ' ὁ πατὴρ γράμματα πρὸς τῷ τοῦ Ἥρωος τοῦ ἰατροῦ.
[183] Lucian. in *Scytha*, § 1. Ἀθήνησιν ἀπέθανε καὶ μετ' οὐ πολὺ καὶ ἥρως ἔδοξε, καὶ ἐντέμνουσιν αὐτῷ ξένῳ ἰατρῷ οἱ Ἀθηναῖοι.
[184] Publiée pour la première fois par Patin sous ce titre: *Commentarius in antiquum cenotaphium Marci Artorii Medici Cæsaris Augusti*, patavii, 1689, 4°.
[185] P. 91-119.
[186] Plin. H. N. XXIX, 6.

venue, à cheval, consulter des pays lointains; et le serpent indique que le disciple d'Esculape est heureux dans ses cures [187].

Mais pourquoi cette femme est-elle venue à cheval et non pas en char? c'est, répond-il, parce que les routes du Péloponèse n'étaient pas *carrossables* (*rotabiles*) sur tous les points.

Peut-être aussi, s'il faut l'en croire, on doit considérer le cheval comme un remède qu'avait indiqué le médecin, et s'il figure ici, c'est pour annoncer que l'équitation avait guéri cette femme. Peut-être encore le cheval et l'esclave n'appartiennent-ils pas à la femme; mais sont-ils là pour indiquer qu'un autre malade, en grand danger, a fait appeler le médecin et lui envoie un cheval afin qu'il arrive plus vite? Peut-être enfin, si le cheval avait les allures un peu moins vives, pourrait-on croire qu'il est là comme pour servir d'enseigne à un ἱππιατρός [188].

Je ne crois pas devoir exposer ici les autres conjectures du docte jésuite. Celles que j'ai fait connaître suffiront pour qu'on puisse juger combien ce système d'interprétation *bourgeoise* est loin de la vérité. Le bas-relief de la *Casa Grimani* a eu, dans M. W. F. Rinck, un interprète beaucoup plus heureux [189]. Ce savant qui a passé en revue un grand nombre de monuments analogues, surtout ceux du recueil de M. Inghirami, voit dans le cheval une allusion au voyage suprême et à la rapidité du départ [190]. Le rouleau que tient le médecin et celui que lui présente l'éphèbe est, suivant lui, un de ces éloges funèbres qu'on prononçait dans le Forum romain à l'occasion de la mort d'un personnage distingué, et qui étaient soigneusement conservés dans les familles [191]. C'est ainsi, ajoute-t-il, que dans Inghirami [192] on voit un mort assis tenant un rouleau ouvert à la main, tandis qu'un second personnage debout lit dans un autre *volumen*, en présence d'une femme qui semble l'écouter. C'est ainsi que dans Gori [193], on voit quatre panégyristes de ce genre assis et lisant.

M. Rinck croit encore que la femme debout est la femme du médecin, et que le serpent roulé autour de l'arbre est une allusion à Esculape et à son art; mais cette dernière explication lui paraît insuffisante. Là borne son interprétation qui, comme on le voit, ne rend compte que de chaque personnage en particulier, mais ne jette aucun jour sur l'ensemble de la scène.

Pour moi, je vois dans ce bas-relief une variété de tous ceux que j'ai examinés dans cette première section. Le médecin mort et déifié, tient la place d'Esculape; sa femme morte et déifiée comme lui, représente Hygie, et intervient auprès de lui comme la déesse auprès de son père. Le cheval est là pour annoncer que la mort menace celui en faveur duquel on intercède. L'arbre et le serpent, emblème des îles Fortunées [194], indiquent le séjour du médecin devenu héros.

Reste à expliquer le rouleau que l'éphèbe présente au médecin-dieu; car pour celui que tient ce dernier, on peut le considérer comme un indice de sa profonde science [195]. Mais l'objet que tient l'éphèbe est-il véritablement un rouleau? ne serait-ce pas plutôt une coupe? Alors, notre éphèbe serait le jeune cadmile offrant la libation sacrée au représentant d'Esculape. J'avoue que je penche beaucoup pour cette supposition qui a l'avantage de compléter l'analogie de ce monument avec tous ceux dont nous avons parlé [196].

§ 7. *Le cheval n'est pas l'unique symbole de la mort imminente.*

Du reste, si le cheval est le symbole le plus ordinaire de la mort imminente, on peut dire qu'il n'est pas le seul. Sur les urnes étrusques, on voit souvent deux époux se donnant la main en signe d'adieu devant la porte des enfers, et Charun debout derrière celui qui doit mourir, prêt à le frapper de son glaive [197]. Je crois pouvoir rapprocher de ce sujet, qui ne saurait laisser aucun doute, un bas-relief qui, lors du voyage de Fourmont, existait à Athènes dans l'église de Saint-Élie, et que Caylus a publié dans son recueil [198]. On y voit une femme nue jusqu'à la ceinture, assise sur une pierre longue et carrée; elle a les cheveux courts et sans aucune parure. Son attitude annonce le repos et l'attention. A ses côtés et sur le premier plan, est une petite figure entièrement vêtue. Cet enfant est placé sur un retable à l'extrémité duquel on voit un vase à deux anses et d'une assez mauvaise forme. En avant du lit funèbre et en bas-relief, est un serpent qui se dresse comme pour venir boire dans le vase. A la gauche du lit, un homme barbu, la tête ceinte d'une bandelette, et vêtu d'un tribonium qui laisse à nu ses bras et sa poitrine, est assis sur un siège sans dossier. De son bras gauche il retient sur ses jambes les plis du tribonium qui les enveloppe, tandis que son avant-bras droit est élevé comme pour indiquer qu'il parle à la femme couchée sur le lit. Dans le haut du champ occupé par le bas-relief, on voit trois bandelettes suspendues en festons [199]; à celle qui se trouve au-dessus de la tête de la femme, est attaché un instrument en forme de faucille. Enfin, sur le bord supérieur du bas-relief, on lit l'inscription suivante continuée sur le bord latéral :

ΑΣΙΟΣ ΤΩ..ΕΥΣΙΠΠΩΙ ΚΑΙ ΤΗΙ ΒΑΣΙΛΕΙΑΙ

Ἄσιος τῷ [Σπ]ευσίππῳ καὶ τῇ Βασιλείᾳ.

Asius à Speusippe [200] *et à Basilie.*

Caylus n'a pas compris le sens de ce monument. Suivant lui, Basilie est morte; l'enfant placé près d'elle est sa fille qui lui a survécu; le vase annonce un sacrifice fait au bon génie indiqué par le serpent, et l'homme assis est un poëte qui parle à Basilie. Si je ne me trompe, l'homme assis est Asius, celui qui a consacré le monument. La femme assise est Basilie déifiée : elle représente Hygie, de même que le serpent est l'image de Speusippe devenu héros, et assimilé à Esculape. Le vase et le jeune ministre indiquent, bien que d'une manière incomplète, le repas sacré offert aux deux divinités, de même que la faucille, c'est-à-dire l'arme de Θάνατος, substituée à la tête de son cheval, est l'emblème du danger qui menace le membre de la famille en faveur duquel la supplication a lieu.

Je vois encore un emblème de ce genre dans le bas-relief d'une urne étrusque [201] représentant le buste d'une Κὴρ voilée et armée du flambeau et du glaive. Ce buste est placé dans l'embrasure d'une fe-

---

[187] *A quo medico aegros dubia vitae spe laborantes ad pristinam valetudinem virtutemque fuisse revocatos, serpens, salutis index, portentose ac monstrose videtur,* p. 19.
[188] Ibid. p. 113.
[189] *Kunstblatt*, 26 mai 1828, p. 165 et suiv.
[190] *Um an die Reise an die andere Welt zu erännern. — Um die Schnelligkeit ihrer Abfahrt anzudenten.* Ibid.
[191] Voyez Creuzer, *Abriss der röm. Antiq.*, p. 370 et suiv.
[192] Tom. I, 23, n° 2.
[193] *Mus. Etr.*, t. III, cl. III, tav. 14. Cf. Mouff. *Ant. Expl.* t. V, pl. LXXI, fig. 1.
[194] Voyez Sections III, IV, V, VI et VIII.
[195] Sur les monuments anciens, le *volumen* est donné comme attribut aux philosophes, aux orateurs, aux médecins, etc. Voyez la statue dite de Démosthène, *Mus. roy.* n° 92.
[196] Le bas-relief de la *Casa Grimani* n'est pas le seul où un médecin figure sous la forme d'un dieu. Un bas-relief du musée Pourtalès représente le médecin Jason pressant dans ses mains et pétrissant pour ainsi dire un enfant nu placé devant lui. M. Panofka a cru devoir adopter l'explication de Visconti (*Cat. Choiseul-Gouffier*, n° 156) que M. Boeckh a suivie dans son recueil où il a inséré (n° 606) les trois inscriptions qui accompagnent ce monument. Or Visconti voit dans ce groupe un médecin qui donne une consultation et qui frotte le ventre d'un adolescent dont le ventre est considérablement enflé et dont les extrémités sont très-maigres. M. Ch. Lenormant, dont l'interprétation nous semble tout la fois plus ingénieuse et plus vraie, pense que le médecin est représenté sous la figure de Prométhée, modelant une statue d'argile pour laquelle il va faire ce que fait pour nous la médecine : l'animer et lui donner la vie.
[197] Inghirami, *Mon. étr. ser.* I, pl. XXXVIII.
[198] T. VI, pl. LV.
[199] Caylus a pris ces bandelettes pour un cordon garni de ses glands.
[200] Et non *Eusippe*, comme lit Caylus.
[201] Gori, *mus. Etr.* vol. III, cl. III, tav. XXVIII, fig. I.

nètre au-dessous de laquelle on voit deux dauphins en regard, suspendus sur les flots de la mer. C'est aussi comme symbole de la mort menaçante que sur les vases peints représentant des héros combattants on voit une Kὴρ derrière chacun des deux guerriers [202].

Il me reste une question importante à résoudre. Pourquoi tous les bas-reliefs que nous venons de passer en revue, celui de Caylus excepté, sont-ils dépourvus d'inscription? C'est peut-être parce que ces monuments avaient un caractère trop religieux et trop solennel, pour que les artistes habiles auxquels ils étaient confiés crussent pouvoir rompre l'harmonie de l'ensemble en y ajoutant une inscription. Mais comme il fallait bien qu'on sût par qui et pour qui le monument avait été consacré, ce document était mentionné sur une tablette de marbre à part qu'on scellait sans doute au-dessous du bas-relief. De là les inscriptions commençant ou finissant par le mot εὐχὴν ou χαριστήριον [203]. Certes, de telles inscriptions eussent été une offrande indigne du dieu et de la famille qui la faisait, si elles n'eussent point été accompagnées de quelque représentation figurée et digne d'être conservée dans un sanctuaire.

II. ADIEUX DU MORT A SA FAMILLE.

Les adieux funèbres sont l'un des sujets les plus fréquemment reproduits sur les stèles et les urnes sépulcrales, tant chez les Étrusques que chez les Romains et chez les Grecs [204]. Presque toujours ce sont deux époux, ou bien encore une mère et son fils qui se serrent la main droite, symbole de la fidélité [205]. Sur quelques monuments, l'homme a près de lui un cheval, comme pour mieux caractériser le motif de ses adieux. Je citerai comme premier exemple le beau vase de Marathon conservé au musée royal dans la salle des Cariatides [206]. On y voit un homme barbu tenant de la main gauche son cheval par la bride, et enlaçant la droite dans celle d'une femme assise, l'ὑποπόδιον sous les pieds, et ayant derrière elle une femme debout, mais en partie effacée. L'époux est vêtu d'une tunique courte laissant l'épaule droite à découvert. Derrière lui est un vieillard barbu portant le tribonium. Sa tête sépare en deux parties inégales l'inscription suivante :

ΑΝΤΙΦΩΝ ΑΝΤΙΑΣ

Ἀντιφῶν Ἀντίας.

Antiphon, époux d'Antias.

M. Clarac [207] voit dans Ἀντιφῶν et dans Ἀντίας le nom de deux hommes, et dans le sujet du vase un mariage auquel les deux personnages séculaires servent de témoins. Il est superflu, après M. Raoul Rochette [208], de relever cette erreur dans laquelle étaient tombés Buonarroti [209], Gori [210] et Passeri [211] au sujet d'autres monuments. Maffei [212] s'était déjà, dans le siècle dernier, prononcé contre cette idée de noces.

Mais je dois, avant d'aller plus loin, dire ici combien est fausse l'opinion d'après laquelle MM. Rinck [213] et K. O. Müller [214] supposent que le personnage assis est toujours le mort. Visconti avait cependant déjà prouvé que le contraire a lieu ordinairement [215], et les inscriptions qui accompagnent ces sortes de scènes prouvent qu'il a complètement raison. On peut même affirmer avec certitude que sur tous les monuments de ce genre les épouses, mortes ou vivantes, sont représentées assises. Cette observation est confirmée par le vase de Marathon, où le mort est évidemment l'homme debout près du cheval; elle l'est encore par un autre monument semblable dont on doit la connaissance à Caylus [216].

Ce monument, également d'origine attique [217], consiste en un vase massif qui couronnait sans doute une stèle funéraire. Une femme y est représentée assise; elle tend la main à un jeune homme vêtu du tribonium, et ayant à sa droite un cheval en marche. Immédiatement au-dessous du couvercle, qui est tout d'une pièce avec le vase, on lit cette inscription :

ΗΜΙΡΡΟΣ ΔΗΜοΣΤΡΑΤΗΣ
ΕΥΣ

[Ἐξ]ήμιππος Δεμοστράτης
.... εύς.

Hermippe, fils ou époux de Démostraté, du bourg de...

C'est encore le mort qui fait ses adieux à sa mère, sur une stèle dont Maffei [218] a publié l'inscription, sans expliquer ni décrire le monument, et dont Caylus [219] a donné une copie dans son recueil, avec une explication qui ne peut être d'être satisfaisante. Cette stèle est terminée par un fronton orné de volutes et surmonté d'une palmette comme la plupart des stèles attiques. Au-dessous du fronton on lit cette double inscription :

ΦΙΛΟΧΑΡΗΣ   ΤΙΜΑΓΟΡΑΣ
ΦΙΛΟΝΙΔΟΥ   ΗΦΑΙΣΤΟΔΩΡΟΥ
ΚΗΦΙΣΙΕΥΣ

Φιλοχάρης   Τιμαγόρας
Φιλωνίδου   Ἡφαιστοδώρου.
Κηφισιεύς.

Philocharès, fils de Philonide, du dème de Céphisia.

[Ce tombeau est aussi celui] *de Timagora, fille d'Héphestodore.*

Vient ensuite un bas-relief représentant un homme et une femme se donnant la main. L'homme est vêtu d'une tunique courte et suc-

---

[202] Voyez *Gal. Mythol.* de Millin, pl. CVII, n° 512, et CXLV, 565 ; *Description des antiquités du cabinet Durand*, n° 395, et l'article de M. J. de Witte dans les *Annales de l'Inst. arch.*, t. V, p. 311 et suiv.

[203] Voyez *Corpus inser. gr.* n° 497, 498, 1180 etc., (La copie de l'inscription 1180, due à M. Virlet, donne les dernières lettres du mot εὐχὴν qui manque sur la copie de Chandler. Voyez plus bas les inscriptions d'Épidaure.) Sans doute quelques inscriptions portent avec les mots εὐχὴν ou χαριστήριον, un œil, des pieds, des bras, une partie de la face, etc.; mais ces monuments forment évidemment une classe à part, et offrent un caractère moins religieux que ceux dont nous parlons ici.

[204] Voyez Paciaudi, *Mon. Pelop.*, t.I,p. 136. *Mus. Worsley*, t. I, tav. 8 et 9. *Mus. Capit.*, p. 78 et 125. *Mus. Veron.*, p. 136. *Mus. Pio Clem.*, t. VII, p. 69, ed. Mil. *Mus. Mantov.*, vol. I, tav. 55, p. 296. Raoul Rochette, *Mon. inéd.*, p. 126. *Kunstblatt*, 26 mai 1828, etc. Inghirami, *Mon. Etr.*, Ser. I, p. 211, etc., etc.

[205] Hom. Il. XXIV, 743. Serv. ad Aen. III, 607.

[206] Bouillon, *Mus. des Ant.*, t. III, pl. 8. Clarac, *Descr. des Ant.*, n° 706. Boeckh, *Corp. inser. gr.*, n° 915. Raoul Rochette, *Mon. inéd.*, pl. XLVI, 1, p. 126.

[207] Loc. cit.

[208] Op. cit., p. 126, col. 2.

[209] Ad Dempster., t. II, *Expl. et Conj.*, § 34, p. 64.

[210] *Mus. Etr.*, t. II, cl. 1v, p. 297 ; et t. III, diss. 111, p. 170.

[211] *Paralipom. ad Dempster*, tav. XLIV, n° 1 et 2 ; et tav. LXXXIV, n° 1, p. 79.

[212] *Osserv. letter.*, t. IV, p. 179.

[213] *Kunstblatt*, 26 mai 1828.

[214] *Archæologie der Kunst*, § 431, 2, p. 696, 2° éd.

[215] *Mus. Pio Clem.* t. V, p. 122, ed. Milan.

[216] T. VI, pl. 17, fig. 1.

[217] Il a été publié par Fourmont dans l'église de Saint-Georges, au territoire d'Athènes.

[218] *Gallia Antiquaria*, p. 175.

[219] T. IV, pl. XXIII, fig. 1.

cincte. Sa chlamyde est attachée sur l'épaule gauche; derrière lui est la partie antérieure d'un cheval. M. Raoul Rochette [220] croit que *cette représentation abrégée et symbolique* a le même sens que la tête de cheval figurée à une espèce de fenêtre sur le bas-relief de la villa Albani, dont nous avons parlé plus haut, et où il voit un repas funèbre; j'ose croire que, d'après tout ce qui précède, il modifiera l'une et l'autre de ces deux opinions.

Je n'entreprendrai pas de réfuter l'explication que Caylus donne de ce monument. Suivant lui, l'artiste a représenté une mère faisant ses adieux à son fils Philocharès, qui part pour un voyage ou pour une expédition militaire, ce qu'indique le cheval; mais Philocharès mourut avant son retour, et sa mère fit représenter sur son tombeau *l'instant d'un départ dont le souvenir causait sa tristesse*. Des noms de Philonide et d'Héphestodore, nulle mention.

ΤΙΜΑΓΟΡΑΣ dans la seconde inscription pourrait être aussi un nom d'homme au nominatif, et cela serait même plus régulier; mais il m'a paru plus naturel d'y voir le nom de la mère de Philocharès au génitif, de pareilles irrégularités n'étant pas sans exemples [221]. Autrement, on ne concevrait guère la disposition des deux épitaphes.

Je ne dirai que quelques mots d'une autre stèle attique conservée dans le musée d'Oxford [222], et dont M. Boeckh a inséré l'inscription dans le *Corpus* [223]. Cette stèle était surmontée d'une sirène dont la partie supérieure a disparu [224]. On y voit, comme dans la précédente, un jeune homme dont la tunique est *succincte*, tenant par la bride un cheval qui piaffe, et donnant la main droite à une femme. On lit au-dessus de cette scène l'inscription suivante :

ΙΛΟΔΗΜΟΣ ΣΟΦΙΟΥ
ΧΟΛΛΕΙΔΕΣ
ΛΥΣΙΜΑΧΗ ΡΙΜοΓΕΓΟΝΟΣ
ΦΡΕΑΡΡΙοΥ

[Φ]ιλόδημος Σοφίνου Χολλείδ[η]ς·
Λυσιμάχη [Τ]ιμγα[ίτ]ονος Φρεαρρίου.

Philodème, fils de Sophinus, du dème de Chollide.
Lysimaché, fille de Timogiton, du dème de Phréarrhes.

Je rapprocherai de ces monuments attiques la face latérale d'une urne de Volterra, publiée successivement par M. Micali [225] et par M. Inghirami [226], et interprétée très-différemment par l'un et par l'autre de ces deux savants. Ce bas-relief représente un guerrier coiffé de son casque, revêtu de sa cotte d'armes et de sa cuirasse, et chaussé de *caligæ*. Il a à son cheval bridé derrière lui, et tient sa lance dans la main gauche, tandis que de la droite il prend la main d'une femme dont le bras est orné d'un bracelet, le front ceint d'un diadème, et le cou entouré d'un collier de perles. A droite de la tête du guerrier on lit cette inscription :

ORBAALKI
LAOVVIKAI

Tha Phaalki Lathunikai

Et cette autre à gauche de la tête de la femme :

ORHIRHKIORCVII

Thania Niri Tharlii (Fort. *Tharun*)

M. Micali a vu dans cette scène, *Pyrithoüs en habit militaire, conduisant Déidamie noblement vêtue* [227]; mais M. Inghirami prouve victorieusement qu'il ne peut être ici question de mariage, et encore moins de Pyrithoüs et de Déidamie, puisque les inscriptions étrusques donnent les noms des deux époux dont le portrait paraît fidèlement retracé. De ces deux noms, mal lus et mal interprétés par Lanzi et par M. Inghirami qui y voient *Thannia Anilia .... Falcii* (que Lanzi rapproche du nom romain *Falcidius*) *Latinæ F.*[228], le prénom de la femme *Thania*, connu par d'autres monuments [229], ne peut laisser aucune incertitude. *Generalmente*, ajoute M. Inghirami, *le figure che si tengono per mano si preparano all' ultima separazione, ed il cavallo mostra la portenza di uno di loro che morendo si separa d'all' altro che resta in vita.*

Ainsi notre monument représente un guerrier, célèbre peut-être par quelque victoire sur les Latins, qui prend congé de sa femme au moment d'entreprendre le voyage suprême.

Je dois rapprocher de ce monument un bas-relief de la villa Ruspoli que Winckelmann a publié dans ses Monuments inédits [230], et qui, à quelques nuances près, offre une conformité étonnante avec l'urne de Volterra que nous venons d'expliquer. Un guerrier, le casque au front et la lance, ou plutôt le javelot, sur l'épaule, prend la main droite d'une femme voilée assise sur un siège sans dossier, et les pieds appuyés sur un ὑποπόδιον. Il est vêtu d'une tunique courte et d'une chlamyde; ses pieds sont chaussés de *caligæ*. Derrière lui est un cheval, et derrière le cheval un arbre autour duquel est enroulé un serpent dont la tête domine celle du guerrier. Entre les deux personnages que je viens de décrire, on voit une jeune fille d'une taille inférieure, et qui montre au héros un bouclier et un παραζώνιον, avec son baudrier, suspendus au haut du champ qu'occupe le bas-relief.

Winckelmann a proposé trois interprétations différentes de ce monument, Ajax de Locres, Jason et Médée, et enfin Télèphe et Augée. C'est à cette dernière qu'il a cru devoir s'arrêter; mais, il faut le dire, elle n'est pas plus satisfaisante que les deux autres, car pour y retrouver la tradition conservée par Hygin [231], il est forcé d'admettre un arbre dans la chambre nuptiale d'Augée, et ne rend compte ni du bouclier ni de l'épée appendus au mur. Je me trompe; il suppose que l'épée est celle avec laquelle Augée doit tuer Télèphe.

---

[119] *Mon. inéd.*, p. 96, col. 1.
[120] Voyez *Corpus inscr. gr.* 1762 et l'explication du savant éditeur.
[121] *Marm. Oxon.* P. II, tab. IX, fig. LXIII.
[122] N° 800.
[123] Sur le sens funéraire des sirènes, Voyez M. Panofka, *Expl. des antiques du cabinet Pourtalès-Gorgier*, p. 73-76.
[124] *Antichi Monum. per servir all' opera intitolata* «L'Italia av. il dominio de Romani.», tav. XXXIX, p. VIII. — Ce monument ne figure pas dans le 2° éd. de cet important ouvrage.
[125] *Mon. Etr.*, Ser. I, tav. XXIII.
[126] La face principale de l'urne représente le combat des Centaures et des Lapithes; l'autre face latérale, un homme nu jusqu'à la ceinture, assis sur un trône et les pieds sur un ὑποπόδιον. En face, un homme debout, vêtu à la romaine; au milieu d'eux une femme, la main droite sur l'épaule droite de l'homme qui est debout. Chacun des deux hommes tient un rouleau déployé dans la main. M. Micali y voit Pyrithoüs recevant Déidamie des mains de Thésée, et M. Inghirami *una donna con due innologi occupati in funebri cerimoniei;*

mais le personnage assis dans une attitude héroïque ne peut être un *innologo*. C'est, je crois, le mort écoutant l'éloge funèbre prononcé par un membre de sa famille, son fils peut-être, près duquel se tient sa femme. Cf. Montfaucon *Ant. expl.*, t. V, pl. LXXI, fig. 1.
[128] *Saggio di lingua etrusca*, t. II, p. 353.
[129] Voy. K. O. Müller, *Die Etrusker*, t. I, p. 412, et Vermiglioli, *Iscriz. Perug.* p. 22, 89, 152, et *passim*. En admettant avec Lanzi l'existence d'un article chez les Étrusques, et en supposant une métathèse qui n'est pas sans exemple, on pourrait interpréter ainsi ces deux inscriptions : *A Flaccus Latiniens, Thannia Niria filia d'druna* (?) Si cette conjecture est fondée, on tirerait de cette inscription deux faits importants, c'est que la langue étrusque connaissait le suffixe KAS, et que la lettre I y était, comme en sanscrit, en latin et en grec, la caractéristique du datif. Il est vrai que la copie publiée par Lanzi porte *Lathunii* et non *Lathunikai*; mais il est probable que la leçon de M. Inghirami est la seule exacte.
[130] N° 72.
[131] Fab. 100.

(123)

Si l'on compare ce sujet avec celui qui précède, on ne peut y voir, avec Visconti [231 bis], autre chose qu'un adieu funèbre. Le guerrier va partir emporté par le cheval de Θάνατος; le bouclier et le παραζώνιον appendus à la muraille indiquent qu'il n'y aura plus de combats pour lui, et c'est ce que semble lui dire la jeune fille qui les lui montre. Enfin, l'arbre et le serpent, emblèmes des îles Fortunées, marquent quel sera le terme de son dernier voyage.

Peut-être faut-il voir aussi un adieu funèbre dans un bas-relief du musée de Vérone [232], qui représente un homme nu, la chlamyde sur l'épaule, tenant un cheval par la bride, et écoutant un personnage plus petit que lui qui semble lui adresser les derniers souhaits. Ce personnage, enveloppé d'un manteau qui lui couvre entièrement le corps, est indiqué d'une manière si vague par la gravure, qu'on ne peut juger sûrement du sexe.

Mais s'il peut exister quelque incertitude sur ce dernier monument, on n'en peut dire autant des urnes étrusques qui représentent deux époux se disant le dernier adieu en présence de leur famille, tandis que deux Κῆρες ailées, l'une tenant un glaive et l'autre conduisant un cheval par la bride, annoncent et la mort et le départ [233]. Sur d'autres urnes de la même contrée les Κῆρες manquent, mais un serviteur *succinctus* amène le fatal coursier [234]. Inghirami, en décrivant l'un de ces monuments [235] où un mari et sa femme, tout deux debout, se tiennent par la main droite en présence d'un autre couple, et de trois jeunes enfants dont l'un est encore dans les bras de sa mère, pense qu'on a voulu faire allusion au moment où Alceste se sépare d'Admète, et il nous apprend que c'était aussi l'opinion de Lanzi [236] sur un sujet analogue. Pour moi, je suis peu disposé à reconnaître ici une allusion à quelque fait mythologique; tout semble annoncer une scène de famille que l'artiste s'est efforcé de reproduire avec toute l'exactitude possible.

Quelquefois aussi, sur le bas-relief des urnes étrusques, le mort est couché sur son lit funèbre, et sa famille vient prendre congé de lui pendant qu'un esclave lui amène le coursier qui doit le conduire au fortuné séjour. Le monument de ce genre le plus précieux, et celui dont le sens ne laisse le moins d'incertitude, est une urne publiée par Gori [237], qui en a donné l'explication la plus satisfaisante. Je crois devoir la transcrire ici, parce qu'elle me sera nécessaire plus tard pour réfuter une opinion de M. Inghirami que je juge peu fondée : *Doloris indicia declarant parentes qui adstant circa lectum juvenis morti proximi. Adest etiam paratus equus quo ad Elysios campos cum pompa ducatur : et ne de ejus imminenti funere dubitemus, sagax sculptor prope eum erectam columellam sepulcralem sculpsit, quæ in metam desinit, nucem pineam referentem ad declarandam beatioris ævi tranquillitatem in Elysiis arvis consequendam. Mulier quæ ad lectum accedit, imposito sinistro pede suppedaneo, morientis juvenis mater forsitan est, parata ejus oculos claudere* [238].

Gori cite ensuite un sujet semblable également publié par lui [239]; seulement, sur ce dernier monument, le mort qu'on pleure est une jeune fille. Son père, comme dernier présent, lui apporte un collier orné de trois bulles, semblables à ceux que portent les divinités étrusques.

C'est sur cette circonstance du collier que M. Inghirami s'est

appuyé, pour voir dans ce dernier monument Ériphyle, Amphiaraüs et Polinice. Ce qui l'a porté à embrasser cette opinion de Lanzi [240], c'est une urne qu'il publie [241] et qui offre beaucoup d'analogie avec le monument de Gori, à cela près que le cheval n'y a pas été représenté. Or, sur cette urne, on voit un homme qui tient dans la main gauche le collier à trois bulles, tandis que de l'autre il s'appuie sur l'épaule d'une femme richement vêtue et couchée sur un lit. Une esclave présente à cette femme un meuble que M. Inghirami a pris pour un miroir, symbole de la coquetterie qui perdit Ériphyle et tant d'autres femmes, mais qui n'est autre chose qu'une boîte de parfums ouverte. Trois autres personnages assistent à cette scène, et, entre autres, une femme dont l'attitude annonce la douleur.

Sans doute, il ne faut pas avec M. Micali [242] voir ici une scène domestique, une femme qui fait sa toilette; mais il ne faut pas non plus, avec M. Inghirami, y voir un sujet mythologique, quand, même malgré l'absence du cheval, la boîte de parfums [243], le lit mortuaire, et surtout la stèle placée derrière le lit, emblème dont, comme nous venons de le voir, Gori a si bien déterminé le sens funèbre, tout en un mot annonce dans ce bas-relief un adieu suprême et rien d'autre chose.

Mais si, pour cette classe de monuments, je ne puis consentir à une interprétation fondée sur un fait mythologique, je me refuserai pas à reconnaître dans deux monuments publiés, l'un par Gori [244], l'autre par Inghirami [245], le mythe de Bellérophon, que Prœtus, à l'instigation de la coupable Sténobée, envoie porter pour qu'il y reçoive la mort. Sténobée est dans son appartement, indiqué par un arc qui le sépare de la partie du champ occupée par les autres personnages. Couchée sur un *comodo sofa*, suivant l'expression de M. Inghirami, elle se regarde dans un miroir que lui présente une esclave. En dehors, Prœtus ordonne à Bellérophon de se rendre en Cilicie, et près de là est un serviteur coiffé du bonnet phrygien qui lui amène un cheval et porte les provisions nécessaires au voyage. Du reste, ces sortes de sujets sont une allusion indirecte au départ funèbre, Bellérophon étant un héros solaire.

III. Départ.

Je rattache à cette classe de monuments tous les vases peints où le mort nu, s'appuyant sur un bâton et tenant un cheval par la bride, est représenté sous un édicule funéraire, le plus souvent entouré de six personnages avec différents attributs et qui, suivant l'opinion assez probable de Millin [246], ne sont autres que les initiés; car, ainsi que le remarque M. Inghirami [247], tout porte à croire que les anciens représentaient sur ces vases peints les circonstances les plus mystérieuses de leur religion. La présence de ces six initiés annonce peut-être que le mort, purifié par l'initiation, goûte dans les îles Fortunées le bonheur réservé aux âmes des héros.

Les différents monuments de ce genre n'offrant que des variétés insignifiantes, je n'entreprendrai pas d'en donner ici la nomenclature [248]. Je me contenterai de rapprocher de ces vases le bas-relief d'un tombeau romain en forme de tour carrée qui existait près de

---

[231 bis] *in Museo Pio Clem.*, t. V, tav. 19, p. 125, ed. Milan. Cf. F. G. Welcker, *Ann. de l'Inst. arch.* t. V, p. 60.
[232] CXXI, 5.
[233] Inghirami, *Mon. Etr.*, Ser. I, tav. XXXVII. Les Κῆρες offrent ici le même symbole que Mercure ψυχοπόμπος, qu'on rencontre sur les monuments grecs, prenant le mort par la main pour le conduire aux sombres demeures. Voy. *Mus. Veron.*, LI, 1 et 9.
[234] Ibid., tav. XXII et XVIII.
[235] p. 207.
[236] *Oper. post.*, t. I, p. 348.
[237] *Mus. Etr.*, t. III, cl. III, tab. XIX, n° 1.
[238] Op. cit. Diss. III, de Seymler, *urnam*., c. XIII.
[239] *Mus. Etr.*, t. I, tab. CXXXII. Gori renvoie à un sujet semblable qui est représenté sur une urne de Volterra, conservée à Florence dans le *Museo Anteporiano*.

[240] T. II, p. 262.
[241] Ser. I, tav. LXXV.
[242] Sur un grand nombre de stèles funéraires provenant de la Grèce, des suivantes présentent une pyxis aux femmes mortes.
[244] *Mus. Etr.*, t. III, cl. III, tab. XIII, fig. 1.
[245] Op. cit. Ser. I, tav. LXI.
[246] *Descr. des tomb. de Canosa*, pl. VIII, p. 38.
[247] *Mon. Etr.*, Ser. I, p. 162.
[248] Je me contenterai de citer les beaux vases publiés par Millin, *Description des tombeaux de Canosa*, pl. VIII, et *Peintures de vases*, t. II, pl. XXX; le n° 627 du cabinet Durand, et le grand vase funéraire du musée du Louvre, représentant un guerrier tenant par la bride un *cheval peint en blanc*. M. J. de Witte, si versé dans la connaissance des vases peints, m'assure avoir souvent rencontré de semblables sujets.

Tivoli, et que Montfaucon a publié [249] d'après les dessins de Bartoli. Là, sur la face principale du second étage qui offre la forme d'un tombeau, on voit, comme sur les vases peints, un homme nu dans une attitude héroïque, tenant par la bride un cheval qui piaffe, impatient de s'élancer dans la carrière. L'intention funéraire de cette représentation ne me paraît pouvoir laisser aucun doute.

C'est un monument semblable que vit Pausanias près de Crathis en Achaïe et qu'il décrit en ces termes [250] : Οὗ πολὺ δὲ ἀπωτέρω Κραθίδος σῆμά τε ἐν δεξιᾷ τῆς ὁδοῦ, καὶ ἄνδρα εὑρήσεις ἐπὶ τῷ μνήματι, ἵππῳ παρεστῶτα, ἀμυδρὰν γραφήν. *Non loin de Crathis on remarque sur la droite de la route un tombeau et l'on voit sur le monument un homme près d'un cheval. Cette peinture est presque effacée.*

M. Leake, dans le Musée critique de Cambridge [251], décrit un monument de Thespies représentant un cavalier entre ces deux inscriptions :

ΕΠΙ   ΗΡΟ
ΔΙΟ   ΑΓΑ
ΝΥΣΙ   Θ
Ω   Ω

Ἐπιδιονυσίῳ ἥρωι ἀγαθῷ

Au vertueux héros Épidionysius [251 bis].

Et à cette occasion le savant anglais remarque que sur tous les monuments héroïques on voit généralement une figure de cavalier.

Mais le monument le plus précieux sous ce rapport, celui dont le sujet caractérise le mieux un départ funèbre, c'est le beau vase peint publié par le baron Judica dans ses *Antichità di Acre* [252]. Sur la face antérieure de ce vase, on voit un vieillard à longue barbe qui se tient nu et debout près d'un cheval. Sa tête est couverte d'une κυνῆ, sans visière et surmontée d'une aigrette. Cinq personnages l'accompagnent : trois guerriers le casque en tête, les cnémides aux jambes, et le corps entièrement couvert d'un énorme bouclier argien dont le bord est garni d'un triple cercle; et deux femmes vêtues d'une robe brodée fort étroite qui va en se rétrécissant vers les pieds, et la tête couverte d'un voile qui, ainsi que le reste du costume, rappelle beaucoup le style égyptien. Aux deux extrémités du sujet, deux dauphins en regard. Derrière la tête du vieillard, un oiseau à tête ronde (sans doute à face humaine) se dirige les ailes éployées vers la terre.

M. Judica rattache ce sujet aux monuments gymniques. Il voit dans le vieillard un vainqueur à la course des chevaux, et dans les deux femmes deux dames grecques qui ont déjà remporté le prix. Les dauphins, selon lui, trouvent naturellement leur place dans cette scène, puisque ces animaux étaient ordinairement placés sur le sommet des colonnes qu'on élevait dans l'hippodrome près de la borne, pour indiquer le nombre des courses. Enfin, l'oiseau à tête ronde est, si je ne me trompe, pris par l'antiquaire sicilien pour l'amphore pleine d'huile, qu'on donnait parfois comme prix aux vainqueurs [253].

Mais cette explication est loin d'être satisfaisante, et je crois être beaucoup plus près de la vérité en voyant ici un départ funèbre. Le vieillard a atteint le terme de sa carrière; déjà son âme, dont l'oiseau à tête humaine est un symbole bien connu [254], s'envole vers la terre, dans le sein de laquelle son enveloppe mortelle va rentrer. Le cheval de la mort est là prêt à l'emporter dans le séjour des bienheureux; et comme pour indiquer que ce lieu de félicité suprême est situé dans les îles Fortunées, l'artiste a cru devoir ajouter encore le symbole du dauphin. Les trois guerriers sont l'escorte réservée aux personnages de distinction et que nous retrouverons sur d'autres monuments [255]. Quant aux deux femmes, dont l'une semble tenir le cheval par la bride, j'y vois les deux Κῆρες dont nous avons déjà rencontré un exemple : peut-être les deux Κῆρες, l'une de la vieillesse, l'autre de la mort, dont parle Mimnerme [256] dans un passage déjà cité par M. de Witte [257] :

...... Κῆρες δὲ παρεστήκασι μέλαιναι,
ἡ μὲν ἔχουσα τέλος γήραος ἀργαλέου
ἡ μὲν ἑτέρη θανάτοιο.

Il est vrai qu'elles n'ont point d'ailes; mais l'absence de ce signe distinctif n'est peut-être pas sans exemple [258]; je ne crois pas d'ailleurs qu'il soit possible d'expliquer d'une autre manière la présence de ces deux femmes sur notre monument, et la part active que l'une d'elles prend au départ.

Du reste, le revers du vase d'Acræ confirme pleinement, selon moi, cette conjecture; mais comme le sujet qu'il représente est en quelque sorte le second acte du drame et se rapporte au voyage suprême, je crois devoir en renvoyer la description à la section IV.

---

[249] *Antiq. expl.*, t. V, pl. CIX.

[250] VII, 25, 7. — Les interprètes se sont trompés sur le sens de ce passage. Amasée traduit : *Cum equestris viri jam pene abolita pictura*; et Clavier : *Un tombeau sur lequel est peint un homme à cheval.* Dodwell, vol. 2, part. 2, p. 163, pense qu'il s'agit ici d'une statue équestre enduite de couleurs. J'ajouterai que ce passage de Pausanias est à tort cité par M. Grimm., *Myth. Germ.*, p. 488, note [a], comme un exemple de la *tête* de cheval sur les monuments funéraires.

[251] T. II, p. 578.

[251 bis] Le nom d'Ἐπιδιονύσιος est formé de la même manière que celui d'Ἐπαφρόδιτος, commun sous les premiers empereurs romains.

[252] Messina, 1819, in-folio, tav. XXVII et XXVIII.

[253] Pindar. *Nem.* X, 64 et 68. Corsini, *Fasti Attici*, P. I, Diss. I, p. 30 et 31.

[254] Ψυχὴ δ' ἠΰτ' ὄνειρος, ἀποπταμένη πεπότηται. Hom. *Od.* λ', 221. — L'âme, sous la forme d'une sirène ou oiseau à tête humaine, se voit au-dessus de Procris mourante (d'Hancarville, *Vases d'Hamilton*, II, pl. 126; Millingen, *Anc. uned. monument.*, part. I, pl. XIV). L'âme, sous la forme d'un oiseau, se rencontre aux n°s 339 et 576 du *Catalogue Durand*, entre les jambes de Thésée, près du Minotaure; sur un vase à figures noires de la collection Campanari, et sur un vase du prince de Canino (voyez *Catalogue d'une collection de vases de l'Etrurie*, n° 139) près de l'un des trois corps de Géryon terrassé par Hercule. M. J. de Witte a réuni, à l'occasion de ce dernier vase, de curieux documents sur ces sortes de représentations. On peut encore consulter avec fruit l'article de ce savant sur la mort d'Alcyonée, *Annales de l'Inst. arch.*, t. V, p. 316, et M. Raoul Rochette, *Journal des savants*, oct. 1836, p. 587. Citons encore un vase à figures noires du cabinet des médailles, où l'on voit Hercule, le taureau de Crète, et l'âme de ce taureau qui, selon les dogmes de Zoroastre, s'envole sous la forme d'une sirène; et enfin un vase antique publié par M. Stackelberg, *Attische Gräber*, pl. XLVIII, où les Jours, repoussées par Caron, voltigent sous la forme de petits génies ailés de couleur violette.

[255] Notamment dans les *Mon. etr.* d'Inghirami, Ser. I, tav. XVIII.

[256] Fragm. II, v. 5 et suiv., ed. Boissonade, p. 88.

[257] *Ann. de l'Inst. arch.*, t. V, p. 312, n° 1.

[258] Sans doute les ailes sont l'un des signes distinctifs des génies funèbres; mais ce signe manque quelquefois. Charun, sur les monuments étrusques, est le plus souvent sans ailes, mais on le trouve aussi ailé (Inghirami, *Mon. Etr.*, ser. I, tav. VIII et XXVIII, Gori, *Mus. Etr.*, vol. III, cl. III, tab. XXIV, fig. I). Les Μοῖραι, dont l'affinité avec les Κῆρες a déjà été signalée, sont ordinairement non ailées. (Gori, *Mus. Etr.*, t. I, pl. 84, fig. 1, et pl. CLXVIII, fig. 1.) Je citerai encore comme un exemple de génies funèbres sans ailes un vase peint publié par Millin (*Peintures de vases* I, 83; et Galer. *Myth.* CXLV, 586), et qui représente deux héros armés de toutes pièces combattant en présence de deux personnages étroitement enfoncés dans leur manteau et tenant un bâton à la main. Millin voit dans ces deux personnages des hérauts qui assistent au duel de Pâris et de Ménélas; mais en rapprochant ce vase de l'urne du cabinet de M. Saint-Vincent, également publiée par Millin (*Voy. au midi de la France*, atlas XXXI, 2, et *Gal. myth.* CVII, 512), il est difficile de ne pas y reconnaître deux génies funèbres, témoins d'un combat à mort. La différence que présentent l'attitude et le costume tient peut-être uniquement à l'époque et à la localité auxquelles chacun de ces deux monuments appartient : le vase est grec et d'un style archaïque; l'urne est étrusque, et comparativement moins ancienne. Voyez encore le vase du comte Lamberg (t. II, pl. XVI) dont je parlerai bientôt.

IV. Voyage.

L'heure fatale est arrivée, et le cortège funèbre s'est mis en route. L'un des trois guerriers ouvre la marche, et comme ainsi il a fait volte-face, et que son bouclier est passé dans le bras gauche, on distingue maintenant toutes les pièces de son armure, sa cuirasse, sa cotte d'arme et ses cuissarts. Il retourne sa tête entièrement cachée par son casque, pour s'assurer s'il est suivi. Vient ensuite l'une des deux femmes, faisant face au cheval qu'elle semble diriger, et sur lequel est monté l'εἴδωλον du défunt, qui, rajeuni par la mort, offre maintenant l'aspect d'un jeune homme, et est, suivant l'usage, étroitement enveloppé d'un linceul [259]. Entre les pieds du cheval on voit un vase brisé en deux parties, peut-être un emblème de la vie qui a cessé pour le voyageur. Ce qu'il y a de certain c'est que dès les temps les plus anciens, on brûlait des vases avec le mort [260], et que dans beaucoup de tombeaux de la grande Grèce, près des vases bien conservés on en a trouvé qui avaient dû être brisés à dessein au moment même des funérailles [261]. Derrière le cavalier on voit encore l'oiseau à tête ronde, assez grossièrement figuré, il est vrai, mais cependant facile à reconnaître. Cette fois son vol n'est plus dirigé vers la terre, mais vers le ciel. Vient ensuite un second guerrier qui semble, à en juger par le mouvement de son bras, car on ne distingue pas sa lance, aiguillonner le cheval qui marche devant lui. Ce guerrier est suivi de la seconde Κὴρ, derrière laquelle vient le troisième guerrier dont la pose tourmentée est assez difficile à concevoir. Aux deux extrémités de la scène sont deux dauphins, tournés en sens contraire, et, chose assez remarquable, de manière à indiquer le mouvement en avant, tandis que sur la face antérieure ils semblent ne figurer que comme spectateurs des préparatifs du départ.

Le vase d'Acre doit conduire, si je ne me trompe, à l'explication d'un vase du comte Lamberg [262], sur lequel M. de Laborde a émis une conjecture qu'il juge lui-même peu satisfaisante. Le mort vêtu d'une robe courte, et tenant en main le bâton que portent les morts représentés sous les édicules, est monté sur un cheval entre deux personnages debout, armés d'une lance, entièrement enveloppés d'un manteau qui leur donne une forme de gaîne, et derrière chacun desquels sont trois fleurs de grenadier [263], dont deux avec leurs tiges disposées en *accolade*. M. de Laborde pense que ces deux personnages sont deux de ces hérauts qui assistaient aux jeux publics, du moins aux jeux qui étaient célébrés en l'honneur des morts [264], et que, comme sur le revers du vase il s'agit de Ménélas, *le cheval* en question pourrait bien être la *jument* que Ménélas avait méritée à la course des chars, et qu'une *petite supercherie* d'Antiloque lui avait enlevée. Serait-il trop hardi de voir ici un mort se rendant au séjour des bienheureux escorté par deux génies funèbres ou deux serviteurs armés? Resterait à expliquer l'objet en forme de fer à cheval qu'on voit entre les jambes du cheval. Peut-être n'avons-nous là sous les yeux qu'une représentation informe ou plutôt effacée d'un oiseau à tête humaine. Si cette supposition était fondée, cet emblème déciderait la question [265].

Mais si l'interprétation que je propose pour ce vase laisse quelque incertitude, il n'en peut exister au sujet d'une urne étrusque publiée par M. Inghirami [266]. Le mort à cheval, vêtu d'une tunique courte comme sur le vase du comte Lamberg, s'avance le bras gauche étendu. Il est escorté, suivant un usage antique dont on trouve des traces dans la Bible [267], de quatre serviteurs à pied; trois d'entre eux sont armés de lances, et de ces trois un seul porte un bouclier; le quatrième ainsi que l'un des guerriers a un sac plein sur l'épaule droite. M. Micali [268] veut voir dans les deux serviteurs portant le sac, le bon et le mauvais génie du mort, mais M. Inghirami a réfuté victorieusement cette erreur [269], et prouvé que d'après les croyances religieuses de l'antiquité qui donnaient aux personnages de distinction des serviteurs après leur mort, même alors qu'on n'immolait plus les esclaves sur le tombeau de leur maître, une telle escorte n'a rien de symbolique. Je citerai encore comme un exemple incontestable de cette escorte funèbre, une urne étrusque [270] où le mort, la tête et la bouche couvertes par son manteau, s'avance monté sur un cheval que conduit Θάνατος ou plutôt Charun armé de son marteau [271]. Derrière le cheval est un esclave le sac sur le dos [272]. Les Romains ont reproduit ce type sur leurs monuments funéraires. On le retrouve sur un bas-relief de la galerie Giustiniani inséré par Inghirami dans ses *Monuments étrusques* [273], et qui semble être de l'époque des Antonins; du moins le personnage principal qu'accompagnent deux esclaves à pied portant un sac, offre beaucoup de ressemblance avec la statue équestre de Marc-Aurèle. L'un des deux esclaves porte une couronne de fleurs à la main, ce qui est encore l'indice d'un monument funéraire.

Nous avons vu tout à l'heure Charun conduisant le mort sur son cheval; c'est encore lui qui remplit ce ministère funèbre sur une urne d'un travail très-grossier que nous fait connaître Inghirami [274], mais qui offre cette différence qu'à la place du cortège d'esclaves on voit une Κὴρ ailée, et dans un costume qui rappelle vaguement les Amazones du bas-relief de Phigalie. Elle tient son glaive en main et semble en aiguillonner le cheval de Charun, tandis que le dieu impitoyable, de son énorme marteau, vient de renverser sur son passage deux hommes que son cheval foule aux pieds.

Mais le cheval funèbre n'est pas toujours conduit par Charun; quelquefois il est remplacé par la Κὴρ elle-même qui s'avance, les ailes déployées, tenant un flambeau renversé de la main gauche, et de l'autre la bride du fatal coursier. Mais alors Charun est toujours là avec sa figure hideuse, le marteau sur l'épaule, le glaive à la main. Il ne devance plus le mort, il le suit [275]. Quelquefois cependant il s'humanise et se présente sous un aspect moins hideux. Mais alors c'est la Κὴρ qui se charge d'inspirer la terreur en se montrant la tête ailée et hérissée de serpents [276]. Il arrive même que tous deux revêtent des formes qui ne sont pas dépourvues d'élégance [277]. Sur

---

[259] Voyez les exemples cités plus bas.
[260] Hom., Il. ψ, 167 sqq.
[261] Le vase brisé ou renversé est un symbole de mort qui se retrouve avec la même intention sur plusieurs peintures de vases relatives au mythe d'Héraclès. Voyez Ch. Lenormant, *Catalogue Durand*, n°s 55 et 352. Ce dernier monument offre l'hydrie cassée et le vin qui s'en échappe à larges flots. Cf. de Witte, *Description d'une collect. de vases provt. de l'Étrurie*, n°s 75 et 122. Un vase publié par M. Panofka (*Ann. de l'Inst. arch.*, t. VII, tav. d'agg. D, 2) représente Achille poursuivant Télèphe : un vase brisé est entre les deux adversaires. Cf. de Witte, *Catalogue Durand*, n° 385.
[262] T. II, pl. XVI.
[263] Le grenadier est un arbre funéraire. On sait que son fruit joue un rôle important dans le mythe de Proserpine (Hom. *Hymn. in Cer.* 372. Apollod. *Bibl.* 1, 5, 3. Ovid. *Met.* V, 536; *Fast.* IV, 607), et que les initiés aux mystères devaient s'en abstenir (Porphyr., *de abstin.*, liv. IV, § 16, p. 353, éd. de Rhoer. Julian. Or. V, p. 174, B, Spanh. Achill. Tat. III, 6, et la note de M. Jacobs, p. 629. Cf. Spanh., *de præst. et usu numism.* Dissert. IV, p. 276, éd. II; et M. Welcker, *Zeitschrift*, t. I, 1, p. 10, note 18).
[264] Il. ψ, 579.
[265] *Mon. Etr.*, Ser. I, tav. XVIII.
[266] M. de Witte croit que c'est un casque. J'avoue que j'en doute beaucoup. Le dessin de ce vase est trop forme pour admettre qu'un casque ait été représenté d'une manière aussi vague.
[267] Eccl. X, 7.
[268] *Monum. per servir*, etc., p. VII.
[269] Op. cit., t. I, p. 59 et 180. Il reproche à M. Creuzer d'avoir adopté cette opinion.
[270] Inghirami, *Mon. Etr.*, Ser. I, tav. VII.
[271] Le marteau joue aussi un grand rôle dans la mythologie scandinave. C'est l'arme de Thor. (Voyez la *Mythologie germanique* de M. Grimm, p. 128.) Il paraît avoir une origine orientale, et on le retrouve dans les croyances superstitieuses des Turcs. Ils croient que deux esprits noirs et livides sont cachés dans le sépulcre près du mort. Là ils lui ordonnent de s'asseoir, et après l'avoir jugé, s'ils le trouvent innocent, ils le laissent reposer en paix, sinon, ils lui frappent les deux oreilles avec un gros marteau, qui, dit-on, lui fait pousser des cris horribles. Voyez Pocock, *Not. Miscell.*, p. 242 seq.
[272] Voyez encore les *Mon. Etr.* d'Inghirami. Ser. I, tav. XIV.
[273] Ser. VI, Ser. I, pl. 2.
[274] Op. cit., Ser. I, pl. XXVII, 2.
[275] Voyez les *Mon. Etr.* d'Inghirami. Ser. I, tav. VIII et XX, fig. 2.
[276] Op. cit. XX, fig. 2.
[277] Comme dans le *Mus. Etr. de Gori*, vol. III, class. III, tav. XXIV, fig. 1.

quelques urnes le mort porte un rouleau à la main [278]. Est-ce l'éloge funèbre qu'on a déposé dans sa tombe [279], ou bien l'indice d'un philosophe ou d'un orateur [280]? C'est ce que je ne saurais décider.

Sur les monuments trouvés en Grèce, le voyage suprême est indiqué d'une manière plus simple. Le mort y est représenté monté sur son cheval, et une courte inscription fait connaître son nom et sa patrie [281]. Quelquefois même pas d'inscription, comme sur l'ἐπίθημα d'un tombeau existant aujourd'hui à Eremokastro sur l'emplacement de l'ancienne Thespies et que M. Stackelberg a publié dans ses *Tombeaux attiques* [282]. Sur la face principale se montre un cavalier vêtu d'un χιτὼν χειριδωτός et d'une χλαμύς. Son cheval est lancé au galop, et l'on distingue encore la trace des trous qui avaient servi à souder les rênes en bronze. M. Stackelberg voit ici un cavalier mort à la bataille de Leuctres, mais cette supposition est purement gratuite.

Peut-être faut-il comparer à ce dernier monument un petit bas-relief publié par Caylus [283], et qui représente un cheval en pleine carrière monté par un homme dont le costume est celui d'un guerrier, bien que sa tête soit nue [284]. La main droite de cet homme, la seule qu'on aperçoive, car il est penché sur l'encolure de son coursier, dont ses jambes pressent les flancs, est presque entièrement mutilée, en sorte qu'on ne peut juger de son emploi. C'est ici surtout que le refrain de Bürger, *die Todten reiten schnell*, trouve son application. Sans doute sur les monuments que nous avons passés en revue jusqu'ici, le voyage funèbre n'est pas caractérisé par une course aussi rapide, mais si je ne me suis pas trompé sur le sens d'une cornaline onyx également publiée par Caylus [285], cette course impétueuse n'est pas sans exemple.

Cette cornaline représente un cheval lancé au galop; il n'a point de cavalier, mais sur sa croupe se dresse un serpent ailé qui tient les rênes dans sa gueule. Chose assez rare, le cheval est ceint d'une large sangle. « Cette composition, dit Caylus [286], présente un de ces problèmes d'antiquité qu'un homme sage ne cherche point à résoudre. » Et cependant il y voit « le serpent *Agathodémon* ou du moins la représentation de cet animal si célèbre en Égypte. » Malgré l'arrêt de Caylus, j'essayerai de résoudre le problème en prétendant que ici la représentation symbolique de l'âme d'un héros portée sur le cheval de la mort et se hâtant d'atteindre le séjour des bienheureux. Plutarque nous apprend dans la vie de Cléomène [287] que, suivant une ancienne croyance grecque, le serpent était *approprié* aux héros, et cela parce qu'on était convaincu que de la moelle des ossements humains il naissait des serpents. Ovide prête cette opinion à Pythagore [288], Pline l'adopte sérieusement [289], et Antigone de Caryste renchérit encore sur les différents écrivains en prétendant que les hommes auxquels il arrive ainsi de devenir après leur mort le principe d'une nouvelle création, sont ceux qui, avant de mourir, ont respiré l'odeur d'un serpent en putréfaction [290].

Sans insister plus longtemps sur cette ridicule erreur, il faut reconnaître que dans les idées religieuses de l'antiquité, le serpent, symbole de l'âme, représentait les génies ou héros ἐγχώριοι, ou bien encore les serviteurs de ces héros [291].

S'il restait encore quelques doutes sur le sens des bas-reliefs funéraires où figure un cavalier seul et sans aucun attribut spécial, il est une branche de cette famille de monuments qui doit lever toute incertitude. Je veux parler de ceux qui nous offrent des enfants montés sur un cheval. Ordinairement ces enfants, bien que morts dans un âge très-tendre, ainsi que le constate l'inscription jointe au bas-relief, sont représentés comme s'ils avaient atteint les dernières années de l'enfance [292]. Ce n'est donc pas l'enfant tel qu'il était à sa dernière heure, mais l'enfant devenu héros, que le ciseau de l'artiste a voulu retracer.

Le seul monument de ce genre que je puisse rattacher à la catégorie dont je m'occupe en ce moment, c'est un bas-relief funéraire conservé à Rome dans le palais *Massimi*. Une copie de ce bas-relief et de l'inscription qui l'accompagne a été publiée par Montfaucon [293]. L'inscription avait été précédemment insérée dans le recueil de Gronovius [294] et dans celui de Fabretti [295]; depuis elle a été successivement reproduite par Bonada [296], par Brunck [297] et par M. Jacobs [298]. Elle est ainsi conçue :

Βαιὸν ἐπιστήσας ὄγχος ἐνθάδε τύμβον ἄθρησον
παιδὸς ἄγνω μαζῶν μητρὸς ἀποστεμένου·
ᾤχετο δ' ἐν νεκύεσσι λιπὼν πατρὶ πένθος ἄλεκτον,
διοσκῇ [299] πληρώσας πεντάδα τῶν συνοδῶν·
τοῖος δ' ἦν γεγαὼς, οἷος ποτ' ἔφυσεν [300] Ἴακχος
ἢ θρασὺς Ἀλκαΐδης ἢ καλὸς Ἐνδυμίων.

Arrête un instant tes pas et contemple le tombeau d'un enfant qui s'est envolé tout à coup loin des mamelles de sa mère. Il est allé chez les morts, laissant à son père une douleur qu'il n'aura pas de fin. Il avait vécu deux fois cinq révolutions lunaires, et il était tel que fut Iacchus, ou l'audacieux Alcide, ou le bel Endymion.

« On s'étonnera peut-être, dit M. Jacobs [301], de voir un enfant de dix mois à cheval; c'est que son père l'avait fait représenter sous la forme de l'un des Dioscures. » Je ne saurais admettre cette explication. Si l'enfant eût été assimilé à l'un des Dioscures, l'artiste l'eût représenté dans d'autres proportions. Il est à cheval parce qu'il est devenu héros comme tous ceux auxquels on le compare et qu'il est emporté par le cheval de Θάνατος dans le séjour de la félicité éternelle [302].

Cette modification apportée par l'apothéose dans la taille des enfants morts, ne se rencontre pas seulement sur les monuments où l'enfant est représenté à cheval. Nous en voyons un exemple curieux dans le tombeau de *Heterio Superba* publié par Montfaucon [303]. Cette jeune fille, morte à dix-huit mois et vingt-cinq jours, a sur le

---

[278] Inghirami, *Mon. Etr.*, Ser. I, tav. VIII et XXII.
[279] Voyez plus haut, p. 120, col. 2, note 227.
[280] Voyez plus haut, p. 120, note 195.
[281] Voyez *Mus. de Vénuse*, LIII, 2. *Mus. Worsley*, tav. II, fig. 4, ed. de Milan.
[282] *Attische Gräber*, t. II, n° 1.
[283] *Recueil d'antiquités*, t. VI, pl. LXVII, fig. 2.
[284] Il porte le χιτὼν et le θώραξ en cuir. Le cheval est sans bride, mais le cavalier est assis sur un ἐφίππιον.
[285] Op. cit., t. V, pl. LIV, fig. 5.
[286] T. V, p. 155.
[287] C. 39. Μάλιστα τῶν ζώων τῶν ἐρπόντων τοῖς ἥρωσι συνῳκειώσαν.
[288] Metam. XV, 389 sq.

*Sunt qui, cum clauso putrefacta est spina sepulcro,
Mutari credant humanas angue medullas.*

Cf. Serv. ad. Æn. V, 95.
[289] X, 66. *Anguem ex medulla hominis spinæ gigni, accepimus a multis; pleraque enim occulta et cæca origine proveniunt.* Cf. Ælian. H. A. I, 51.

[290] C. 98.
[291] Voyez Virg. Æn. V, 84 - 96, et Servius sur ce passage.
[292] Monsf., *Ant. expl.*, t. V, pl. XLI, fig. 2. Fabretti, *Inscr. Ant.*, p. 161.
[293] *Ant. expl.*, loc. cit.
[294] Bastrivius, *Prolegg. ad Bellor. de mon. vet. Rom.*, in Thes. Groen., t. XII, Præf.
[295] P. 139.
[296] T. II, p. 542.
[297] III, 292, n° 662. Annal. III, 2, 237.
[298] *Anth. gr. Lipt.* t. IV, p. 256. *Anth. Pal.* App. n° 136, t. II, p. 802.
[299] Le marbre porte ΔΙΟΣΚΗ qui est évidemment une faute du graveur.
[300] Brunck : « Non placet ἔφυσεν quod sic neutraliter usurpari non solet; mallem: οἷος περ ἔφυ ποτ' Ἴακχος. » M. Jacobs propose une autre correction qui se rapproche davantage de l'original : οἷός ποτε, φαοῖν, Ἴακχος. Mais dans l'état de conservation parfaite où le marbre nous est parvenu, aucun de ces changements n'est admissible. Il faut se résigner à admettre qu'à l'époque où cette inscription a été gravée, ἔφυσεν pouvait être pris dans un sens neutre.
[301] *Anth. Lips.* t. XII, p. 237.
[302] Voyez Inghirami, *Mon. Etr.*, t. I, p. 56.
[303] *Ant. expl.* t. V, pl. XL.

monument la taille d'une femme. Montfaucon ne voit là qu'un caprice des parents; il y a plus, il y a une intention religieuse.

Je ne sais s'il ne conviendrait pas de rattacher au voyage suprême les urnes étrusques représentant un ou deux personnages dans un chariot couvert et attelé de deux chevaux au devant duquel vient un cavalier. Gori a publié deux de ces urnes [304]. Sur la première, le char, qui contient deux époux, est précédé d'un enfant portant une corne d'abondance et suivi d'une femme qui conduit une jeune fille en bas âge; sur la seconde, on voit devant le chariot, qui ne renferme qu'un seul voyageur, une Κὴρ ailée et portant deux roues, accompagnée de deux personnages tenant en main le bâton indice du voyage; derrière vient une famille composée d'un homme, d'un vieillard et de deux enfants. La marche est fermée par une Κὴρ ailée tenant un flambeau en main. Ce dernier bas-relief a un caractère funéraire incontestable, et le nom que je propose de donner à cette classe de monuments, lui convient peut-être mieux que celui de pompe nuptiale qu'il a reçu de Gori [305], ou que celui de *déménagement rustique* par lequel Visconti a désigné [306] un bas-relief du musée royal, que l'on pourrait être tenté de comparer aux urnes étrusques dont je viens de parler.

Je crois devoir rapprocher de ces deux sujets une stèle funéraire du musée de Vérone [307], où l'on voit un homme assis sur un chariot à deux chevaux traîné par un cheval, et une autre pierre de la même collection [308], représentant un chariot à quatre roues, sur lequel est assis un personnage vêtu de la toge. Un seul cheval est attelé à ce char; il est conduit par un esclave qui, assis sur un siége adapté au char, tient le fouet en main. Entre les jambes du cheval on distingue un petit chien. Les inscriptions latines qui accompagnent ces monuments, n'annoncent pas que ces deux sujets se rapportent à la profession des différents individus auxquels les deux pierres tumulaires sont consacrées; on ne peut donc, selon moi, y voir qu'une allusion au dernier voyage.

Quelquefois le mort devenu héros ou génie est ramené à des proportions enfantines, comme sur une urne romaine, publiée par Montfaucon [309], où l'on voit, entre autres ornements symboliques, un enfant ailé, monté sur un hippocampe, fendant les flots de l'Océan. Il est vrai que l'inscription de cette urne n'indique pas l'âge du mort. Mais ce qui vient à l'appui de mon observation, c'est que sur un autre monument semblable [310], que nous fournit le même recueil, bien que l'inscription se rapporte à un jeune garçon de treize ans un mois dix-neuf jours, l'hippocampe qui repose, non sur les vagues de la mer, mais sur des ἐγκαρπα, porte un enfant sans ailes dans l'âge le plus tendre, et non pas un adolescent. Je suis d'autant plus disposé à trouver dans ces sortes de sujets une représentation symbolique du mort dont l'urne contenait les ossements, que, comme on vient de le voir, le jeune cavalier emporté par le monstre marin n'est pas toujours représenté avec des ailes, et que sur les urnes étrusques le voyageur auquel on donne une pareille monture est enveloppé d'un linceul qui lui couvre la tête et la bouche, ajustement qui, comme j'ai eu occasion de le remarquer déjà, caractérise essentiellement les âmes en route pour les champs fortunés [311].

J'ajouterai que depuis l'époque où les poètes placèrent le séjour des dieux dans les sphères supérieures, où l'Olympe, en un mot, devint une région céleste [312], le cheval de l'apothéose fut souvent un cheval ailé, et il me suffira de citer la fameuse agate de la sainte Chapelle, où Drusus, père de Germanicus, monte au ciel porté par Pégase, que conduit un petit génie aux ailes éployées.

Enfin, sur les tombeaux anciens, et surtout sur ceux des Étrusques, le dernier voyage est quelquefois indiqué par un triomphe [313], ou par quelque scène mythologique où le cheval joue un rôle important, comme, par exemple, l'enlèvement d'Hélène [314] et la mort d'Amphiaraüs [315]. Sur presque tous ces monuments la présence d'une Κὴρ le flambeau en main annonce l'allusion funéraire.

V. Arrivée.

Ce sont surtout les tombeaux étrusques qui m'ont fourni les éléments de cette cinquième classe. Je vais en examiner successivement sept dont j'ai trouvé la copie dans le Musée étrusque de Gori, et dans le recueil de M. Inghirami.

Sur le premier [316], le mort arrive à cheval; sous les pas de son coursier un vase renversé que Gori prend, avec assez de vraisemblance, pour l'urne de la mort d'où le sort fatal a été tiré [317]. Peut-être aussi, comme sur le vase peint d'Acræ, est-ce l'urne de la vie. Devant le cavalier sont trois femmes voilées, sans doute les Parques, dont deux lui montrent la route qu'il doit suivre, tandis que la troisième le prend par la main comme pour le conduire.

Le second [318] nous offre une scène tout à fait semblable; seulement les trois Parques ne sont pas voilées, et le mort est suivi d'un génie ailé qui l'accompagne suspendu dans les airs.

Le troisième [319] représente également le mort arrivant monté sur un cheval, entre les jambes duquel on distingue un bonnet phrygien. Deux femmes voilées et le front ceint d'un diadème viennent à sa rencontre; l'une d'elles le prend par la main droite. Derrière les deux femmes est un homme enveloppé d'un manteau.

Faut-il, avec M. Inghirami, admettre que le héros devenu immortel a franchi la porte australe ou du capricorne par laquelle on arrive chez les dieux [320], qu'il s'avance à la rencontre des Naïades qui font leur séjour dans l'antre du monde [321], d'où il se dirigera ensuite vers le ciel des étoiles fixes, accompagné d'un génie ailé qui le guide [322]? J'avoue, pour ma part, que je suis d'autant moins porté à accueillir ce système d'interprétation, que M. Inghirami lui-même doute du sens qu'il donne à la figure d'homme [323].

M. Inghirami propose de reconnaître, dans le bonnet placé sous les pieds du cavalier, la coiffure de Némésis qu'on explique de différentes manières, mais où l'on voit surtout une représentation du ciel [324], de même que les Dioscures représentent la rotondité du monde, ou plutôt l'hémisphère céleste. Peut-être a-t-il raison; mais, même dans cette supposition, je n'admets pas avec lui que le héros, en foulant aux pieds ce bonnet, *indiquerait son passage dans le ciel des étoiles fixes*.

Sans doute les mythographes des bas temps nous ont transmis beaucoup de notions précieuses, et dont l'origine antique ne saurait être contestée; mais on ne peut nier non plus que beaucoup d'ivraie ne soit mêlée au bon grain, et que baser uniquement l'interprétation d'un monument sur les idées de Porphyre, c'est courir le risque de s'égarer entièrement, ou du moins d'aller beaucoup trop loin.

Ainsi, selon moi, on ne doit admettre, de toutes les idées émises par le savant antiquaire de Florence, que ce seul point : « Le monument qui nous occupe représente le dernier voyage. » Tout le reste peut être ingénieux, mais est dénué de preuves suffi-

---

[304] *Mus. Etr.*, t. I, tab. CLXVIIII, fig. 2, et t. III, cl. III, tab. XXII, fig. 2.
[305] *Mus. Etr.*, t. III. Diss. III, *de Sepulcr. ornam.*, c. XII, p. 172.
[306] *Description des antiq. du musée royal*, n° 43, p. 19. Paris, 1817, in-8°.
[307] CXLI, 10.
[308] CXLI, 6.
[309] *Ant. expl.* t. V, pl. LXXXI, fig. 2.
[310] Op. cit. t. V, pl. LVI, fig. 2.
[311] Voyez les *Mon. Etr.* d'Inghirami, ser. I, tav. VI.
[312] Virg. *Ecl.* V, 56 sqq.
[313] Gori, *Mus. Etr.*, vol. III, cl. III, tab. XXVIII. Le mort couché sur cette urne tient dans la main droite un rhyton dont l'extrémité inférieure se termine par un poitrail et une tête de cheval.

[314] Ibid. tab. VII et XXIX, fig. 2.
[315] Ibid. tab. IX, fig. 2, et XII, fig. 1.
[316] Gori, *Mus. Etr.*, t. I, tab. LXXXIV, fig. 1.
[317] *Omne capax movet urna nomen*, Hor. III, od. 1. Cf. II, od. 3. Voyez Gori, *Mus. Etr.*, t. II, p. 189.
[318] T. I, tab. CLXVIIII, fig. 1.
[319] Inghirami, *Mon. Etr.*, Ser. I, tav. XV.
[320] Hom. *Od.* XIII, 144-148. Porphyr. *de antro nymph.*, p. 121.
[321] Porphyr. Ibid.
[322] Inghirami, *Mon. Etr.*, op. cit. t. I, p. 145.
[323] *Ma di questa servo tuttavia qualche dubbio*. Ibid.
[324] Voyez Inghirami, ser. II, tav. I, p. 7.

santes. S'ensuit-il qu'on ne puisse expliquer ce monument? Je ne le pense pas. S'il n'offrait que le cavalier et les deux femmes voilées, on pourrait y voir le mort et les Parques, réduites à deux, ce qui n'est pas sans exemple [325]; mais le bonnet phrygien, et le personnage vêtu de la toge, obligent l'interprète de pousser plus loin ses investigations.

Un miroir étrusque du Vatican, publié dans les Monuments inédits de l'Institut archéologique [326], nous conduira, je l'espère, au but. Ce miroir représente un jeune homme debout et de face, le dos et les jambes entourés d'un manteau qui laisse à découvert son bras droit et le devant de son corps jusqu'aux hanches; il a à sa droite deux femmes, l'une vêtue d'une tunique talaire sans manches, et sur laquelle se drape un peplus, et l'autre, presque entièrement nue, le peplus rejeté sur l'épaule; à la gauche du jeune homme est une femme, les cheveux retenus par un σφενδόνη, les pieds chaussés de cothurnes, et le corps négligemment couvert d'un peplus qui laisse à nu une partie de son corps et son bras gauche. Sa main gauche est appuyée sur le sein du jeune homme, de la droite elle semble montrer sa tête. Derrière elle est un homme enveloppé dans un tribonium. Au-dessus de la scène plane un vieillard barbu, à queue de faune, sans ailes, chaussé de brodequins, et portant une nébride sur l'épaule, et tenant à la main deux flûtes. Dans le fond on distingue l'architrave d'un temple, soutenu par six colonnes cannelées. Au-dessous des pieds du jeune homme un dauphin; à la naissance du manche du miroir, une tête ailée coiffée du bonnet phrygien. Au-dessus du jeune homme on lit :

ΦΗΜΑΤ

Thamul.

Au-dessus de la première femme à droite qui tient un collier à la main :

ƷIΟƷ

Eris.

Derrière celle qui la suit :

AꟼΟVꞱVƎ

Euturpa.

Derrière la femme de gauche :

VИꞀꓯ

Alpnu.

Au-dessus de la tête de l'homme :

ƎꓛAꓯOꓯ

Archaxé.

M. J. de Witte a le premier remarqué l'analogie qu'offre le nom de Thamul avec le nom de Θαμμούζ qu'on lit dans le passage des visions d'Ézéchiel [327], où le prophète voit les femmes d'Israël pleurant *Thammuz* sous le vestibule de la maison du Seigneur. Or, on l'a généralement reconnu, ce deuil de *Thammuz* fait allusion au culte d'Adonis qui, indigène à Byblos [328], et en rapport immédiat avec le culte d'Osiris [329], s'était sans doute propagé en Palestine comme il se propagea en Grèce. Ce culte était, comme on le sait, un symbole du cours du soleil et des phénomènes de développement et d'anéantissement auxquels la révolution annuelle de cet astre donne lieu [330].

C'est donc, suivant M. de Witte, Adonis que nous offre le miroir du Vatican, Adonis que se disputent Vénus et Proserpine, ce qu'indique la présence d'*Eris*.

Reste encore à expliquer l'homme au manteau, le vieillard qui plane dans les airs, et la tête coiffée du bonnet phrygien. M. de Witte, qui doit faire de ce monument intéressant l'objet d'une dissertation spéciale, ne laissera sans doute aucune de ces énigmes sans solution; c'est ce que nous permet d'attendre son érudition si ingénieuse et si féconde en ressources. Il suffira d'avoir constaté ici la découverte de ce savant, d'où il résulte que le mythe d'Adonis était connu des Étrusques, qui lui avaient conservé son nom oriental, fait de la plus haute importance, et par lequel sont justifiés bien des rapprochements qui, par cela même qu'ils contrariaient les idées reçues, ont été jusqu'ici repoussés comme des rêves.

Revenons maintenant à notre urne étrusque, et disons hardiment que le mort est représenté sous la forme d'Adonis arrivant auprès de son épouse infernale, et contractant avec elle son union de six mois en présence des témoins de la dispute de ses deux amantes. Et si l'on pouvait admettre, avec M. Inghirami, que le bonnet phrygien, que nous retrouvons aussi sur le miroir du Vatican, est un emblème du ciel, on serait en droit de dire qu'Adonis, symbole du soleil, après être parvenu, comme cet astre, au plus haut de sa carrière, commence enfin à descendre. C'est ce qu'indiquerait peut-être son pied placé sur le haut de la partie antérieure du bonnet. Mais je n'insiste pas sur ce point, et j'attends de M. de Witte une explication plus satisfaisante.

Et si le mariage funèbre par lequel j'explique l'urne étrusque qui vient de m'occuper trouvait, comme on peut s'y attendre, des contradicteurs, la quatrième urne dont j'ai à parler lèvera, je l'espère, tous leurs doutes. Sur ce monument, que j'emprunte également au recueil de M. Inghirami [331], on voit, en commençant par la gauche, *Charun* le marteau en main. Ce n'est plus le vieillard hideux qu'on rencontre d'ordinaire sur les tombeaux de l'Étrurie, et même sur les vases grecs [332]; il se présente ici sous la forme d'un génie jeune et ailé. Vient ensuite un homme à cheval et étroitement enveloppé dans son manteau, qui cependant ne recouvre ni sa tête ni sa bouche. A sa rencontre s'avance une *Κὴρ*, les ailes au front et aux épaules, et un flambeau à la main; elle lui conduit une femme enveloppée de son peplus et sur l'épaule de laquelle elle appuie son bras droit. La marche est fermée par une femme plus âgée que la précédente, sans doute une Parque.

Cette scène est évidemment une scène nuptiale. Le mort va s'unir à Perséphone. Déjà dans les tragiques nous voyons que toute jeune

---

[325] Les Parques sont les mêmes divinités que les Ilithyies (de Witte, *Nouv. Ann.*, p. 81 et 83, note 1). Très-souvent, sur les vases peints, on voit deux Ilithyies près de Jupiter en proie aux douleurs de l'enfantement (entre autres *Cat. Durand*, n° 20). La Μοῖρα et l'Αἶσα d'Homère, très-souvent distinctes l'une de l'autre, sont vraisemblablement la forme primitive du dualisme des Parques. Un bas-relief du musée du Capitole n'offre que Clotho et Lachésis.

[326] T. II, pl. XXVIII.

[327] VIII, 14. Καὶ εἰσήγαγέ με ἐπὶ τὰ πρόθυρα τῆς πύλης οἴκου Κυρίου τῆς βλεπούσης πρὸς Βορρᾶν, καὶ ἰδοὺ, ἐκεῖ γυναῖκες καθήμεναι θρηνοῦσαι τὸν Θαμμούζ.

[328] Lucian. *de dea Syr.* 6 sqq.

[329] Corsini, *Fast. att.* II, 297 sqq., a contesté l'identité de ces deux cultes, parce que les solennités avaient lieu à Athènes dans le printemps, et dans l'Orient au mois de juin. M. Creuzer a réfuté victorieusement cette objection. *Symb.* II, 93 sq.

[330] Macrob. *Sat.* I, 21 : *Physici terrae superius hemisphaerium, cujus partem incolimus, Veneris appellatione coluerunt; inferius vero hemisphaerium terrae Proserpinam vocaverunt. Ergo apud Assyrios sive Phoenices lugens inducitur dea, quod sol annuo gressu per duodecim signorum ordinem pergens partem quoque hemisphaerii inferioris ingreditur; quia de duobus signis zodiaci sex superiora, sex inferiora censentur; et cum est in inferioribus et ideo dies breviores facit, lugere creditur dea, tanquam sole rapto mortis temporalis amissu a Proserpina retento, quam numen terrae inferioris circuli et antipodum diximus. Rursumque Adonin redditum Veneri credi voluut, cum sol evictis sex signis inferioris ordinis incipit nostri circuli lustrare hemisphaerium cum incremento luminis et dierum. Ab apro autem traditum interemptum Adonem, hiemis imaginem in hoc animali fingentes, quod aper hispidus et asper gaudet locis humidis et lutosis pruinaque contectis, proprieque hiemali fructu pascitur glande, etc.* Cf. Creuzer, *Symb.* II, 97 sqq. — Les auteurs anciens font souvent allusion à l'amour de Proserpine pour Adonis. Voyez Iacobs *ad Anth. gr.* Lips. t. XI, p. 51.

[331] *Mon. Etr.* Ser. I, tav. XXVIII.

[332] Voyez les *Attische Gräber* de M. Stackelberg, pl. XLVIII.

(129)

fille qui doit mourir ἄνυμφος, ἀνυμέναιος, aura pour époux Hadès [333]. Une épitaphe métrique attribuée à Simonide [334] prouve que de leur côté les jeunes gens, morts avant l'hymen, devenaient, suivant les idées religieuses de l'antiquité, les époux de Proserpine. Nous voyons par d'autres monuments plus récents [335] que cette opinion ne fut jamais abandonnée, et on la retrouve même dans l'épitaphe de Glaucias par Ausone [336], dont je citerai ici quatre vers qui viennent à l'appui du rapprochement que j'ai établi plus haut entre la mort et Adonis :

Sed neque functorum socius miscebere vulgo :
Nec metues Stygios flebilis umbra locos.
Verum aut PERSEPHONAE *Cinyreius ibis* ADONIS
Aut Jovis Elisii tu comitatus eris.

Le cinquième monument, dont nous devons la connaissance à Gori [337], offre une scène plus simple que les précédents. Le mort a mis pied à terre, et laissant son coursier derrière lui, donne la main à une femme voilée, qui semble le présenter à une jeune fille également voilée. C'est sans doute, comme dans l'inscription de Chio [338], la parque, Μοῖρα, qui conduit le jeune époux à Proserpine, πρὸς θαλάμους ἄρχυσα Φερσεφόνας.

La scène du sixième monument, emprunté au recueil de M. Inghirami [339], est encore plus simple que cette dernière ; c'est toujours Proserpine venant à la rencontre du cavalier. Derrière elle est un arbre indice des champs Élysées.

Il ne faut pas confondre avec les mariages funèbres le sujet de la septième urne, dont il me reste à parler, et dont j'ai également trouvé la copie dans les *Monuments étrusques* de M. Inghirami [340]. On y voit le mort à cheval et le bras droit élevé, venant à la rencontre d'une femme et d'un homme ayant au milieu d'eux un enfant derrière lequel est l'arbre, emblème des Iles Fortunées. L'artiste a sans doute voulu représenter le mort retrouvant sa famille qui l'avait devancé dans le séjour de l'éternelle félicité.

Peut-être est-ce une scène semblable que nous offre un marbre du musée de Vérone [341], où l'on voit un homme à cheval, vêtu de la tunique et de la chlamyde, s'approchant d'un autre homme debout qui, le bras droit en avant, semble lui adresser la parole.

Je crois devoir encore rattacher à la classe des monuments qui représentent l'arrivée du mort aux champs Élysées, deux vases peints du recueil de M. de Maisonneuve.

Le premier [342], dont le dessin est d'une pureté et d'une élégance remarquables, représente un jeune homme enveloppé, comme le sont les morts sur les urnes étrusques, dans un manteau qui lui couvre les bras. Il est monté sur un cheval qui se cabre à l'approche d'une victoire ailée, qui, tenant une bandelette dans la main gauche, vient, sans toucher le sol, présenter de la droite une couronne au cavalier.

Sur le second [343], dont le travail est beaucoup moins pur, le cavalier nu a mis pied à terre, et s'approche d'un autel, sans doute pour y offrir un sacrifice. Il tient en bride un cheval qui recule, effrayé à la vue d'une femme ailée qui plane au-dessus du sol, ayant dans chaque main une bandelette, et présentant au cavalier celle qu'elle tient dans la main gauche. M. Raoul Rochette [344] est d'avis que ce vase représente « un héros dont le cheval recule, effrayé à l'apparition d'un génie funèbre. » Peut-être le génie funèbre n'est-il, comme sur le vase précédent, qu'une victoire ailée couronnant un vainqueur arrivé au terme de sa course, c'est-à-dire un mort parvenu dans les demeures fortunées.

Je vois encore une allusion à la dernière course et à la dernière victoire, dans un vase qui a été publié par Millin [345], et qui représente un guerrier vêtu d'une tunique très-courte, retenue par une ceinture, et ornée, d'un bras à l'autre, d'une ligne de pois qui figurent comme les clous d'une cuirasse. Un pareil ornement se trouve au bas de la tunique, et forme comme un angle dont les côtés se terminent sur les deux hanches. Le héros s'appuie de la main gauche sur une double lance, et de la droite tient un cheval *blanc* par la bride. Son front est couronné de myrte, comme l'était Iacchus dans les cérémonies des mystères [346] ; deux branches du même arbuste se remarquent à droite et à gauche de ses deux pieds, dont un seul est chaussé. On voit suspendus à la muraille, d'un côté une bandelette, de l'autre un bouclier argien avec une palme. Millin pense que cette peinture se rapporte à un initié sorti victorieux des épreuves qu'il a eues à subir. Il me paraît difficile de ne pas y reconnaître un vainqueur arrivé au terme de sa carrière, et qui ne combattra plus puisqu'il a déposé son bouclier [347], et que le *cheval pâle* de Θάνατος l'a porté dans sa dernière course. Du reste, je reconnais volontiers des indices d'initiation dans ce monument ; peut-être l'un des plus certains, à mes yeux, c'est le pied déchaussé, bien que Millin ne veuille y voir qu'un oubli de l'artiste [348].

L'explication que je donne de ce monument trouve une pleine confirmation dans un marbre du musée de Vérone [349], publié pour la première fois par Ch. Patin [350], et reproduit par M. Inghirami [351]. On y voit deux jeunes gens debout, vêtus d'une tunique succincte. Ils ont les pieds nus, mais le bas de leurs jambes est entouré d'un triple anneau ou ἐπισφύριον, signe d'initiation, comme le prouvent tant de vases peints. Chacun d'eux s'appuie sur une lance, et tient en bride un cheval ayant pour ἐξαγωγεύ une peau de lion ; derrière chaque cheval est un arbre entouré d'un serpent dont la tête s'avance en dehors des branches. Sur le bord inférieur du marbre on lit cette inscription :

ΠΑΝΦΙΛΟΣ ... ΚΑΙ ΑΛΕΞΕΑΝΔΡΟΣ ΧΑΙΡΕΤΕ

Πάμφιλος [καὶ] Ἀλέξανδρος χαίρετε.

Pamphile et Alexandre, adieu !

Patin pense que les deux morts sont ici représentés sous la forme des Dioscures. Cela est possible, car, suivant la remarque de Bellori [352], les Dioscures sont souvent représentés sur les tombeaux païens comme symbole de l'immortalité de l'âme [352 bis]. Mais ce qui peut

---

[333] Soph. *Antig.* 646 et 808 ; Erf. Eur. *Iph. Aul.* 461 ; *Alc.* 760 ; *Orest.* 1107. Pors. — Cf. Burmann ad *Anthol. lat.*, t. 2, p. 221 sq.
[334] *Anth. Pal.* VII, 507. En voici les deux derniers vers :

Οὐκ ἐπιδὼν νύμφευμα λέχη κατέδυν τὸν ἄφυκτον
Γόργιππος ξανθῆς Φερσεφόνης θάλαμον.

[335] Comme, par exemple, l'inscription grecque métrique de Chio publiée par Gruter, p. MXXXVI, 9. (Brunck, III, 282, n° 612, *Anal.* III, 2, p. 205, *Anthol. Pal.* App. 148. Boeckh *Corpus Inscr. gr.* n. 2237.) Je me contenterai d'en citer ici les deux premiers vers :

Ἔσδραμον εἰς Ἀχέροντ᾽ ἐκ βίου λακάθεντα πρόωντα
Μοῖρά με πρὸς θαλάμους ἄρχυσα Φερσεφόνας.

[336] XXXIII.
[337] *Mus. Etr.* vol. III, cl. III, tab. XXI, fig. 2.

[338] Voyez note 335.
[339] *Op. cit.* scr. I, tav. XXXIII.
[340] *Op. cit.* scr. I, tav. XXXIV.
[341] XLIX, 3.
[342] Pl. LXXXVIII.
[343] Pl. XXIV, 6.
[344] *Mon. inéd.*, t. I, p. 96.
[345] *Peint. de vases*, t. II, pl. XXX.
[346] Aristoph. *Ran.* 333.
[347] Voyez plus haut, p. 123, col. 1.
[348] Voyez encore Millin, *Tombeaux de Canosa*, p. 3, note 3.
[349] XLVII, 3.
[350] *Commentarius Car. Patini in tres inscriptiones graecas.* Patavii, 1685, in-4°.
[351] *Mon. Etr.* ser. VI, tav. B, fig. 5.
[352] *Descript. symbori Nasoniorum*, tab. IX.
[352 bis] Sur les monuments funéraires consacrés à un seul individu, les Dioscures, debout près de leurs chevaux, offrent évidemment une allusion mystérieuse

laisser quelque doute sur l'opinion de Patin, c'est d'abord l'inscription qui ne fait aucune allusion au nouveau rôle que sont appelés à remplir Pamphile et Alexandre, et ensuite l'absence de l'un des attributs les plus communs des Tyndarides, le πιλίδιον ou *pileus*. Il est vrai que cette dernière raison n'est pas concluante, puisque sur un grand nombre de vases peints on les voit tête nue ou le pétase sur les épaules [353].

Mais ce sont bien les deux fils de Léda que nous offre un marbre du musée Nani [354], représentant deux jeunes gens le πιλίδιον en tête, l'*hasta pura* dans une main, tandis que de l'autre ils tiennent par la bride deux chevaux qui posent l'un de leurs pieds de devant sur une pyramide. Dans le haut du champ, entre les deux têtes, on voit le croissant de la lune placé horizontalement, et au-dessous deux serpents qui se regardent, et au milieu d'eux un œuf, dans lequel M. Rinck [355] voit l'*œuf du monde*, comme il voit dans les deux serpents un symbole de la vie. Je crois plutôt qu'il faut y reconnaître un signe par lequel l'artiste a voulu indiquer que les deux personnages assimilés à Castor et à Pollux [356] sont désormais admis parmi les héros et jouissent de l'immortalité [356 bis].

Revenons maintenant au marbre du musée de Vérone. Les deux cavaliers admis dans les champs Elysées sont représentés au moment où ils arrivent dans leur nouvelle demeure, indiquée par les deux arbres entourés chacun d'un serpent. Ordinairement sur les monuments funéraires on ne rencontre qu'un seul arbre; ici la symétrie seule en a exigé deux.

Je terminerai cette section en citant une stèle inédite du musée d'Égine, dont M. Virlet a copié l'inscription. Cette stèle représente un cavalier près d'un arbre au pied duquel est un enfant. Un serpent entoure l'arbre et pose sa tête sur celle du cheval. L'inscription est ainsi conçue :

ΤΑΙΕ ⲰΟΦΕΛΑΙΕ ΡΟΓΟ
ΠΛΙΟΥ ΥΕ ΧΡΗΣ
ΤΕ ΧΑΙΡ

Γ]αῖε Ὀφε[λ]ιε [Π]οπ[λ]ίου υ[ἱ]έ, χρηστὲ χαῖρ[ε].

Bon Caius Ofellius, fils de Publius, adieu !

VI. Sacrifice offert par le mort aux divinités infernales.

Les monuments de ce genre sont assez nombreux, mais presque tous, bien que reproduisant la même scène, offrent des détails assez distincts pour qu'il me semble nécessaire de ne point me borner à en citer un seul. Sur le plus grand nombre le mort arrive à cheval près d'un autel sur lequel la flamme est allumée. Non loin de là est un arbre, assez ordinairement un cyprès, autour duquel un serpent est enroulé. Quelquefois le monument offre que l'autel ou que l'arbre, quelquefois aussi il a un caractère astrologique. Assez souvent une inscription est jointe au bas-relief.

De tous ceux que j'ai recueillis, le plus anciennement connu est un marbre du musée de Vérone [357], provenant de Smyrne, et publié, pour la première fois, par Ch. Patin [358] qui y a joint un commentaire chargé d'une érudition un peu indigeste, et souvent malheureuse, surtout sous le rapport étymologique. Dans l'angle droit du marbre on lit ces trois lignes :

ΛΟΜΟΥΡΔΙΟΣ
ΗΡΑΚΛΑΣ ΕΤΩΝ Κ
ΗΡΩΣ

Λο(ύκιος) Μούρδιος Ἡρακλᾶς ἔτων κ', ἥρως.

Lucius Murdius Hercule, âgé de vingt ans, héros.

Cette inscription nous apprend que le personnage auquel elle est consacrée appartenait à la famille *Murdia*, qu'on connaissait déjà par un certain nombre d'épitaphes du recueil de Gruter [359]. Il était mort à la fleur de l'âge, et avait mérité le titre de héros. C'est donc bien lui que le marbre de Smyrne représente dans un jeune homme monté sur le cheval de Θάνατος, vêtu du χιτωνίσκος et de la χλαμύς, tenant en main la patère destinée aux libations, et suivi d'un jeune serviteur *succinctus* qui, comme ceux que nous avons rencontrés plus haut, s'avance un sac sur l'épaule. La libation que porte le jeune héros est sans doute destinée au serpent, gardien du jardin des Hespérides, qui se dresse pour la recevoir près de l'autel des divinités infernales, sur lequel la flamme s'élève en forme de pyramide. Cette libation doit être celle-là même que, suivant l'usage antique [360], sa famille en pleurs vient de faire sur son tombeau, et qui consistait en un mélange de sang et de lait [361]. Entre les jambes du cheval on distingue un lévrier qui, comme le voit dans Homère, avait été probablement immolé sur le tombeau du jeune maître dont il avait partagé les plaisirs.

La présence de l'homme, du cheval et du chien, rappelle à Patin ce mot du grand Albert [362] : *Tres vita canis faciunt equi vitam, et tres vitæ equi faciunt vitam hominis.* Je doute que l'artiste ait eu l'intention de faire tirer de son monument une pareille conséquence; mais le rapprochement n'en est pas moins curieux, et doit avoir une origine ancienne.

Le musée Nani [363] nous présente un sujet tout à fait semblable, seulement le jeune serviteur y manque, et le monument est dans un état de détérioration qui ne permet pas de distinguer l'âge du héros [364]. On lit sur la plinthe l'inscription suivante :

ΗΡΩΣ ΕΠΙΦΑΝΗΣ ΣΩΚΡΑΤΗ

Ἥρως ἐπιφανής, Σώκρατη.

O Socrate, héros illustre [365] !

[à la mort et à la renaissance. Il me suffira de citer le mausolée de P. Vibius Marianus, publié par Bartoli et reproduit par Montfaucon (*Ant. Expl.* t. V, pl. CXVI, fig. 2). Les Dioscures, et d'autres attributs tels que le griffon et la tête de taureau, annoncent que ce tombeau est celui d'un initié.

[353] XLIX, 8.

[354] *Cot. Durand*, n° 369 et suiv.

[355] Biagi, *Mon. gr. et lat. ex Mus. Nanio*. Mon. IIII, p. 73.

[356] *Kunstblatt*, 22 mai 1828.

[356 bis] Voyez plus bas, p. 131, col. 2.

[356 ter] Cet emblème mystérieux des deux serpents, ayant entre eux un œuf qu'ils cherchent à dévorer, se retrouve sur les faces latérales d'un cippe publié par Pabretti, *Inscr. ant.* c. IV, n° XVIII, p. 281, 282. Ce savant s'est mépris sur le sens de ce symbole. Suivant lui, il indique que les deux époux, dont les noms sont indiqués dans l'inscription, n'ont pas eu encore d'enfants et se flattent d'en obtenir : *Ut ex concordia illa quasi mortali serpentum, conjuges improles adhuc, sobolem sibi auguraretur ex ovo prodeuntem tanquam* principio et originario fonte generationis *ut illud vocat Plutarchus in Quaest. Conviv. lib. VII, c. III*. Mais cette explication ne peut être admise, puisque le monument est élevé par *A. Herennuleius Hermes à Julia Latina* sa femme, déjà morte, comme le prouve la formule *conjugi bene merenti*. Si le serpent est double ici, c'est que la

symétrie monumentale l'exigeait, et réuni à l'œuf il offre un double symbole d'immortalité et de purification. Voyez M. Raoul Rochette, *Mon. inéd.* p. 101.

[357] XLIX, 8.

[358] *Comment. in tres inscr. gr.*, p. 232.

[359] Voyez l'index de Gruter.

[360] Herod. VII, 43.

[361] Virg. Æn. III, 66. Cf. Servius ad h. l.

[362] Tzset. 2, *de morte et vita*.

[363] Biagi, *Mon. gr. ex mus. Nanio.* App., fig. XII.

[364] La tête du cavalier, son pied droit et la jambe gauche de devant du cheval ont disparu.

[365] Il faut bien se garder de prendre ἐπιφανής pour un nom propre; le vocatif Σώκρατη, forme dont les inscriptions et les écrivains eux-mêmes offrent de nombreux exemples à partir du second siècle avant notre ère, ne peut laisser d'incertitude à cet égard. Voyez *Inscr. gr. et lat. recueillies par la comm. de Morée*, t. I, p. 41. Du reste, l'épithète ἐπιφανής, toute pompeuse qu'elle est, ne doit pas, je crois, faire songer à un personnage illustre du nom de Socrate, au maître de Platon et de Xénophon par exemple ; car elle est donnée sur les épitaphes à des personnages fort obscurs. Voyez Pocock, *Inscr. Ant.* p. 79, n° 7.

On trouve encore une inscription sur une stèle publiée par Fabretti [366], et qui doit être du IIe ou du IIIe siècle de notre ère, autant qu'on peut en juger par la forme des lettres. Voici en quels termes elle est conçue :

ΓΛΥΚΩΝ — ΕΥΗΜΕΡΩ
ΤΩΤΕΚΝΩ — ΜΝΕΙΑΣ ΕΝΕ
ΚΑ ΖΗΣΑΝΤΙ ΕΝΙΑΥΤΟΝ — Α
Μ — Ι

Γλύκων Εὐημέρῳ τῷ τέκνῳ μνείας ἕνεκα ζήσαντι ἐνιαυτὸν αʹ μῆνας ιʹ.

Glycon à son fils Évémère, souvenir. Il a vécu un an dix mois.

Le jeune héros, vêtu comme les deux précédents, est à cheval. Sa taille est celle d'un adolescent, et non pas d'un enfant de vingt-deux mois [367]. L'explication que donne Fabretti de ce monument, si le rôle du cheval y était déterminé, ne laisserait rien à désirer : *Fingitur, ut puto*, dit-il, *infantem istum Euhemerum ad Elysium campum, sive Hesperidum hortos delatum, ut pervigilem draconem eorum custodem sibi devinciat, propitiumque reddat, ad aram, accenso igne sub ingressum positam, pateram quam defert, libationem peragere velle, quo sibi aditus ad piorum et beatorum sedem permittatur. Hesperidum hortos cum Elysio confundere Strabo videtur, ubi lib. III in ultima Hesperia Elysium campum terræ terminum constituit.*

Fabretti [368] compare à bon droit avec ce monument un bas-relief trouvé à Rome dans la vigne de Léon Strozzi, et qui représente un homme à cheval s'approchant d'un autel placé devant un arbre qu'un serpent entoure de ses anneaux, et sur lequel une femme voilée, ayant à ses pieds une génisse couchée, appuie sa main droite comme pour la montrer au cavalier. *Similiter*, dit Fabretti, *puerulo equestri ingressum sacrificio impetrat ad aram mater cum victima consistens, a serpente obvio et arborem suis spiris circumplexo*. Cette explication me semble beaucoup moins satisfaisante que la précédente. D'abord le cavalier est un homme et non pas un jeune enfant; d'un autre côté, rien n'indique que la femme voilée soit la mère du mort. J'aimerais mieux y voir Proserpine qui, rendue favorable par un sacrifice qu'indique la victime couchée au pied de l'autel [369], s'avance, voilée comme une jeune fiancée, au-devant du nouvel époux que la mort vient de lui donner.

J'expliquerai de la même manière un bas-relief publié par Millin dans son voyage au midi de la France [370]. Voici la description et l'interprétation qu'il en donne :

« Un héros coiffé du pétase, et vêtu seulement d'une chlamyde, tient un cheval par la bride; il élève la main droite au-dessus d'un autel à fronton triangulaire [371], qui est placé devant lui, et il paraît prêter un serment. Derrière lui est une femme âgée dont peut être la mère du héros [372]; elle est enveloppée dans un grand peplus qui couvre sa tunique et une grande partie de son bras gauche; elle élève la main droite comme pour parler au héros. Cette sculpture était peut-être destinée à orner le tombeau d'un jeune homme qui est mort dans sa première campagne ; nous y voyons le serment qu'il fait aux dieux protecteurs de sa patrie, et les adieux de sa vénérable mère. Les tombeaux de plusieurs guerriers les représentent ainsi partant pour les combats [373]. »

Millin me semble s'être mépris sur le sens de ce monument. Le personnage principal est un jeune *héros* coiffé du pétase en signe de voyage. Apporté dans le sombre empire par le cheval de Θάνατος, il vient de mettre pied à terre et se dispose à entrer dans le θάλαμος de Proserpine qu'indiquent des colonnes ornées de leurs chapiteaux. Mais avant de pénétrer dans le sanctuaire, il faut se rendre la divinité favorable ; c'est ce qu'il fait en s'approchant de l'autel. Sa prière est exaucée, car déjà l'on voit la déesse arriver à sa voix. Du reste, ce monument, d'une pureté de dessin remarquable, doit être l'œuvre d'un artiste habile, et, si je ne me trompe, d'un artiste athénien.

Je n'en puis dire autant d'un bas-relief de la même famille, trouvé près des ruines d'Éphèse dans le mur d'une cabane, et publié dans le musée Worsley [374]. On y voit un jeune homme à cheval, vêtu d'une cuirasse garnie de ses franges et d'une chlamyde qui flotte sur ses épaules. Il a les jambes et les bras nus, et tient dans la main droite un rouleau qu'il porte au-dessus de sa tête. Il s'approche d'un arbre autour duquel est enroulé un serpent dont on ne voit pas la tête; devant cet arbre est un autel sur lequel la flamme est allumée. L'exécution de ce monument est des plus médiocres : le cheval est lourd, le cavalier maigre et fluet comme un *gentleman*; mais ce dernier défaut tient peut-être uniquement à la préoccupation britannique du graveur. L'interprétation de ce monument est loin d'être satisfaisante, et j'ai peine à croire qu'elle soit de Visconti. Il est impossible que ce savant antiquaire ait vu dans ce monument un jeune homme revêtu de quelque dignité militaire, dévouant son cheval à une divinité, peut-être au dieu de l'arbre qu'il a devant lui, et dont les fruits forment une espèce de pyramide sur un petit autel.

Ce que l'interprète prend pour une pyramide de fruits n'est autre chose que la flamme allumée sur l'autel, comme le prouvent les monuments dont nous venons de nous occuper. L'arbre et le serpent, dont il ne parle pas, sont l'emblème du séjour fortuné. Quant au rouleau que le jeune guerrier tient dans la main droite, et dont l'interprète ne fait aucune mention, je renvoie mes lecteurs à ce que j'en ai dit plus haut [375].

J'arrive aux deux monuments qui ont donné lieu à la savante dissertation de Passeri : *De animarum transvectione* [376]. Le premier est un bas-relief en marbre que ce savant avait reçu de Iacobo Buffi, patricien de Pesaro, et qu'il croyait apporté de la Grèce comme les deux marbres de Vérone expliqués par Patin. C'est encore, comme sur le monument de Fabretti, un éphèbe à cheval vêtu de la tunique et de la chlamyde flottante, s'approchant d'un autel sur lequel s'élance une flamme pyramidale, et laissant derrière lui un arbre que l'on pourrait prendre pour un palmier s'il ne portait pour fruits trois pommes de pin. Autour de cet arbre est enroulé un serpent qui regarde le jeune voyageur. Chose remarquable, et qui semble plaider en faveur de l'opinion émise par M. Inghirami au sujet du bonnet phrygien que nous avons remarqué plus haut sur une urne étrusque, le marbre de Passeri nous offre un globe céleste sous les pieds du jeune héros.

Ce monument ne peut embarrasser un seul instant. Le jeune cavalier devenu héros arrive dans le séjour de la félicité éternelle indiqué par l'arbre et par le serpent, et ce séjour n'est pas le jardin des Hespérides ni les îles Fortunées, c'est le ciel ou les astres dont le globe est le symbole.

Candidus insuetum miratur limen Olympi,
Sub pedibusque videt nubes et sidera Daphnis [377]*.*

---

[366] *Inscr. ant.*, p. 161, cap. III, XXIX. Cette stèle se termine par un fronton en chevron brisé au milieu duquel est sculpté un bouclier avec son umbo.
[367] Voyez plus haut, p. 126, col. 2.
[368] *Op. cit.* p. 162.
[369] Dans Virgile (*Georg.* IV, 546) Aristée doit immoler une génisse pour apaiser les mânes d'Eurydice.
[370] T. II, p. 234, pl. XXXI, fig. 4.

[371] Ce que Millin a pris pour un fronton triangulaire, n'est peut-être autre chose que la flamme qui s'élève en forme de pyramide.
[372] Rien sur la copie de Millin n'indique une femme âgée.
[373] Millin renvoie à son *Dictionnaire des beaux-arts*, au mot *Sarcophage*.
[374] Pl. 20, p. 39.
[375] P. 126, col. 1.
[376] *Gemmæ Astriferæ*, t. III, Diss. III.
[377] Virg. *Ecl.* V, 56, 57.

(132)

Le second monument publié par Passeri est une pierre gravée, sur laquelle l'artiste a représenté un jeune homme à cheval, vêtu de la tunique succincte et coiffé du bonnet phrygien. Devant lui est un autel, derrière lui un arbre avec le serpent accoutumé [375], à droite de la tête du jeune héros, le croissant de la lune posé horizontalement, et à gauche une étoile. C'est évidemment le même sujet que sur le monument précédent, seulement le héros est assimilé à Atys, comme plus haut nous l'avons vu assimilé aux Dioscures : *quo blandimento*, dit Passeri [379], *dolorem suum parentes ob filios amissos nallevabant, deorum ornamenta illis tribuentes.*

Il me reste à parler d'un bas-relief inédit copié par M. Trézel à Astros, et qui doit paraître dans le troisième volume de cet ouvrage [380]. Ce monument, d'un très-beau style, est encadré entre deux pilastres soutenant une architrave que surmontent trois antéfixes. Au centre est un jeune homme nu, la chlamyde sur l'épaule. De la main gauche il tient par la bride un cheval, qui piaffe sans doute dans l'impatience de continuer son voyage, et de la droite il présente un objet d'une forme très-vague, vraisemblablement un gâteau sacré, à un serpent enroulé autour d'un chêne d'où il descend en longs replis pour venir recevoir sa pâture. Au pied de l'arbre on voit des cnémides, une cuirasse et une lance. Aux branches sont suspendus un πιεχζώνιον, avec son baudrier, et un bouclier portant l'image de Φοβος; sur l'arbre sont perchées deux colombes dont la tête est dirigée vers le jeune cavalier, à la droite duquel est un jeune enfant, vêtu d'une tunique succincte et sans manches, qui lui présente un casque de la main droite, et tient dans la main gauche un bâton ou plutôt une palme. Derrière le jeune esclave est une stèle en forme de pilastre, et sur cette stèle une amphore richement ciselée avec son couvercle.

La stèle et le vase, le cheval et le serpent, tout annonce dans ce monument un bas-relief funéraire. Aussi n'ai-je point hésité à le ranger dans la même catégorie que tous ceux dont je viens de parler. La pureté du dessin, la richesse et la variété de la composition, la difficulté que présente l'interprétation de certains détails, tout semble concourir pour donner un nouveau prix à ce marbre, le plus curieux peut-être et le plus important de tous ceux qui ont été copiés par les membres de la commission. Si, comme je le pense, le troisième et dernier volume doit se terminer par cette planche, on ne pouvait mieux couronner une œuvre entreprise dans l'intérêt de l'art et de l'archéologie.

C'est sans doute notre bas-relief que M. Wolf a vu à Astros [381]. mais s'il en est ainsi, il faut qu'il l'ait vu bien rapidement, car la description qu'il en a remise à M. Ed. Gerhard est loin d'être complète et surtout exacte. *Vi era ancora un altro bassorilievo rappresentante un giovane guerriero armato di elmo e lancia, situato presso il suo cavallo, e una fanciulla* [382] *che gli porge lo scudo ; mentre che d'all' altro lato vi è un albero con un gran serpente.*

La scène si compliquée que met sous nos yeux le bas-relief d'Astros semble avoir été inspirée par ce passage de Sophocle [383] :

Χρόνον προτάξας ὡς τρίμηνον ἡνίκ᾽ ἂν
χώρας ἀπείη κἀνιαύσιος βεβώς,
τότ᾽ ἢ θανεῖν χρείη σφε τῷδε τῷ χρόνῳ,
ἢ τοῦθ᾽ ὑπεκδραμόντα τοῦ χρόνου τέλος,
τὸ λοιπὸν ἤδη ζῆν ἀλυπήτῳ βίῳ.
Τοιαῦτ᾽ ἔφραζε πρὸς θεῶν εἱμαρμένα
τῶν Ἡρακλείων ἐκτελευτᾶσθαι πόνων,
ὡς τὴν παλαιὰν φηγὸν αὐδῆσαί ποτε
Δωδῶνι δισσῶν ἐκ πελειάδων ἔφη.

Il a fixé l'époque fatale : après un an et trois mois d'absence de cette contrée, il doit mourir ; ou, s'il passe ce terme, il vivra d'une vie exempte de peines. Telle est, dit-il, la fin marquée par les dieux aux travaux d'Hercule ; ainsi l'a prédit L'ANTIQUE CHÊNE DE DODONE PAR LA VOIX DES DEUX COLOMBES.

L'oracle s'est accompli pour notre jeune héros, et c'est dans le but d'indiquer cet accomplissement que l'artiste a substitué le chêne de Dodone à l'arbre des Hespérides ; la présence des deux colombes ne peut laisser aucun doute à cet égard. Les glorieux travaux ont fini pour lui. Déjà il a déposé et suspendu ses armes et son casque; la dernière pièce de son armure lui est présentée par son jeune serviteur, pour qu'il la réunisse au trophée. Mais ses travaux n'ont pas été sans gloire, la palme que le jeune esclave tient dans la main gauche en est la preuve, et maintenant qu'arrivé dans le séjour fortuné sur le cheval funèbre, il a, en offrant le gâteau sacré au serpent [384], emblème de l'immortalité et gardien du jardin des Hespérides, accompli les derniers devoirs, il va goûter cette vie exempte de peines que lui a prédite la voix des Péléiades.

Mais est-ce bien Hercule que l'artiste a voulu nous mettre sous les yeux ? Hercule n'est pas le seul héros qui ait consulté l'oracle de Dodone, et comme notre monument paraît être un reflet des réminiscences poétiques de l'artiste ou de la famille du défunt, ne pourrait-on voir dans ce jeune guerrier Achille, qui, lui aussi, invoqua le Jupiter Dodonéen [385], et dans une circonstance où l'arrêt du dieu fut un arrêt de mort [386] ? Ce qui me ferait donner la préférence à cette supposition, c'est que les armes qui composent le trophée ne peuvent en aucune façon convenir à Hercule, tandis que l'on y retrouve toutes les pièces de l'armure fabriquée par Vulcain à la prière de Thétis [387]. Mais ce qui est à mes yeux une raison plus puissante encore, c'est le rapport qu'on peut trouver entre le nom d'Achille Πηληιάδης (Πηλειάδης), avant l'adoption des lettres destinées à représenter les voyelles longues) et celui par lequel on désigne les deux colombes prophétesses Πελειάδες [388]. De pareils rapprochements ne

---

[378] La gravure ne l'a pas reproduit, mais Passeri atteste qu'il existe sur la pierre.
[379] Op. cit. t. III, p. 133.
[380] Pl. 91.
[381] Ann. de l'Inst. arch. t. I, p. 134. Cf. p. 139.
[382] M. Ed. Gerhard, qui a sans doute vu une copie du monument, a facilement reconnu l'erreur. Op. cit. 139 : *Non con una fanciulla ma con un garzoncello che le armi gli presenta.*
[383] *Trachin.* 163-171.
[384] Voyez les interprètes de Virgile, ad Æn. VI, 420.
[385] Hom. Il. π', 233.

Ζεῦ ἄνα, Δωδωναῖε, Πελασγικὲ, τηλόθι ναίων,
Δωδώνης μεδέων δυσχειμέρου· ἀμφὶ δὲ Σελλοί
σοὶ ναίουσ᾽ ὑποφῆται ἀνιπτόποδες, χαμαιεῦναι·
ἠ μὲν δή πω᾽ ἐμὸν ἔπος ἔκλυες εὐξαμένοιο,
τίμησας μὲν ἐμέ, μέγα δ᾽ ἴψαο λαὸν Ἀχαιῶν·
ἠδ᾽ ἔτι καὶ νῦν μοι τόδ᾽ ἐπικρήηνον ἐέλδωρ.
Etc.

[386] Ibid. 249.

[387] Ὣς ἔφατ᾽ εὐχόμενος· τοῦ δ᾽ ἔκλυε μητίετα Ζεύς·
τῷ δ᾽ ἕτερον μὲν ἔδωκε πατήρ, ἕτερον δ᾽ ἀνένευσε·
νηῶν μέν οἱ ἀπώσασθαι πόλεμόν τε μάχην τε
δῶκε· σόον δ᾽ ἀνένευσε μάχης ἐξ ἀπονέεσθαι.

[388] Hom. Il. σ', 609.

Αὐτὰρ ἐπειδὴ τεῦξε πάκεα μέγα τε στιβαρόν τε,
τεῦξ᾽ ἄρα οἱ θώρηκα, φαεινότερον πυρὸς αὐγῆς·
τεῦξε δέ οἱ κόρυθα βριαρὴν, κροτάφοις ἀραρυῖαν,
καλὴν, δαιδαλέην· ἐπὶ δὲ χρύσεον λόφον ἧκεν·
τεῦξε δέ οἱ κνημῖδας ἑανοῦ κασσιτέροιο.

[388] Soph. l. c. (Cf. Billerbeck ad h. l., p. 86 sq.) Herod. II, 57. — Notez que, d'après le scholiaste de Sophocle, Euripide compte trois Πελειάδες, et qu'Hérodote donne le nom des trois prêtresses qui les avaient remplacées, ce qui prouve en faveur des idées émises par M. le duc de Luynes sur les dyades et les triades. *Études numism.* p. 90. Cf. de Witte, *Nouv. Ann.* t. I, p. 82 et suiv.

sont pas rares sur les monuments. Ainsi, sur un vase peint du cabinet Durand [389], et qui représente Hercule combattant le lion de Némée, on voit au fond du tableau un arbre sur les branches duquel sont perchées cinq cailles. M. Ch. Lenormant [390] y reconnaît à bon droit l'indication du lieu où se passe le combat, Ὀρτυγία ou Σελήνη [391].

J'oserai aller plus loin : comme dans les poëtes [392], les colombes de Dodone sont blanches, peut-être faut-il admettre que l'Élysée pour notre héros n'est ni dans le jardin des Hespérides, ni dans les μακάρων νῆσοι, ni dans les sphères célestes, mais dans l'île Leucé (Λευκή), située dans le Pont-Euxin, à l'embouchure de l'Ister [393], laquelle tirait son nom de la blancheur de ses rivages [394], ou, suivant Philostrate, des oiseaux blancs qu'on prétendait y exister en grand nombre [395]. Et ce qui prouve l'antiquité de cette tradition, c'est qu'Euripide, qui paraît confondre l'île en question avec la *Course d'Achille*, lui donne l'épithète de πολυόρνιθος [396]. Cette île de Leucé était, comme on le sait, le séjour favori d'Achille, devenu héros; c'est là qu'après sa mort, il habitait près de son épouse, Hélène suivant les uns [397], ou Iphigénie suivant d'autres [398].

Peut-être encore l'artiste a-t-il voulu, par la position transversale du παραζώνιον, position que rien ne justifie, réunir à l'idée de l'île Leucé celle de la *Course d'Achille*, Ἀχίλλειος Δρόμος, péninsule voisine et également consacrée au fils de Thétis. Ce qui me porte à le croire, c'est ce passage de Pline [399] : *Insula Achillis tumulo ejus clara, et ab ea centum triginta quinque millia passuum peninsula, ad* FORMAM GLADII IN TRANSVERSUM PORRECTA *exercitatione ejusdem cognominata Dromos Achilleos.* Toutefois je permets à mes lecteurs de ne point adopter cette conjecture, que je trouve moi-même un peu subtile.

Ce qu'il y a de certain, c'est que ce bas-relief a été copié dans le monastère de *Loukou*, nom qui n'est peut-être que l'altération de Λευκά ou Λεῦκαι. Il est bien vrai que dans le voisinage d'Astros les géographes ne font mention d'aucune ville de ce nom; mais si, comme me l'assure M. Trézel, tous les monuments du monastère de Loukou ont été apportés dans cet asile des différents points de la côte du golfe Argolique, à l'époque de la guerre d'indépendance, on pourrait admettre que notre marbre provenait des ruines de Λεῦκαι, ville située entre Prasies et Cyphante à douze ou quinze lieues d'Astros [400].

Quoi qu'il en soit, tout dans notre monument rappelle Achille. On conçoit que notre jeune mort ait été assimilé à ce modèle des héros; car, comme le remarque Arrien [401], nul n'a mieux qu'Achille mérité ce nom par sa noblesse, par sa beauté, par la force de son âme, par sa mort prématurée, par les chants qu'il a inspirés à Homère, et par son dévouement pour ses amis.

LE MORT DEVANT SES JUGES.

Celui de tous les monuments de cette classe, dont le sens est le moins contestable, est un bas-relief inédit copié par M. Trézel à Égine et qui doit être également publié dans le troisième volume de cet ouvrage [402]. Ce bas-relief, dont l'encadrement est en tout point semblable à celui d'Astros, ornait la partie supérieure d'une stèle funéraire qui, à en juger par la copie de l'artiste habile auquel nous devons la connaissance de ce monument, portait une inscription dont il ne reste plus que sept ou huit lettres éparses. Tout ce qu'on peut conjecturer, c'est qu'à la première ligne se trouvait le mot [H]ΡΩ[Σ]; encore la chose est-elle loin d'être certaine. Du reste, le sujet représenté par le sculpteur est d'une grande simplicité et s'explique sans peine. Le mort, vêtu de la tunique succincte et de la chlamyde, et la tête coiffée du pétase thessalien, attribut des voyageurs [403], vient de mettre pied à terre et se présente suivi de son cheval devant Hécate, la reine des morts, νερτέρων πρύτανις [404], la reine inflexible, ἀμείλικτος βασίλεια [405]. La déesse est assise sur un rocher; elle tient dans chaque main une torche, et à ses pieds est un chien [406] qui la regarde. Le voyageur lui adresse la parole : sans doute il lui rend compte des actions de sa vie; car c'est d'après ce récit que le juge inflexible doit prononcer son arrêt. Sans doute aussi sa conscience est pure, car son attitude annonce la confiance.

La stèle d'Égine me paraît jeter beaucoup de lumière sur un bas-relief trouvé à Athènes en 1759. Ce monument, publié par Paciaudi dans ses *Monumenta Peloponnesiaca* [407], a été reproduit dans le catalogue du musée Nani [408] et dans la *Galerie mythologique* de Millin [409]; il a été décrit seulement par M. Boeckh qui, en insérant dans le *Corpus* [410] l'inscription qui accompagne ce monument, s'est contenté peut-être trop facilement du sens admis par le premier interprète.

Ce monument, carré à la base et arrondi en forme de grotte dans la partie supérieure, contient deux scènes distinctes séparées par une inscription de quatre lignes. Dans le haut du champ, on voit un jeune homme nu couronné qui, n'ayant pour vêtement qu'une chlamyde rejetée sur les épaules, conduit, vers un masque colossal à la barbe touffue et à la chevelure hérissée, auquel, à en juger par son bras droit relevé, il semble adresser la parole, trois femmes qui se tiennent par la main et dont les deux dernières sont de face. À l'angle opposé au masque, le dieu Pan, capripède et le front armé de deux cornes, est assis sur un rocher et joue de la syrinx. Toutes ces figures, Pan excepté, ne sont représentées que jusqu'à la naissance des jambes. Le reste de leur corps est supposé caché par une large plaque de marbre sur laquelle on lit cette inscription :

---

[389] Voyez *Catal. Durand*, n° 27.

[390] *Op. cit.*, p. 14.

[391] Voici, sans doute, comment ce savant a été conduit à rapprocher ces deux noms. La lune Σελήνη n'est autre que Diane (Spanheim ad Callim. h. in Dian. 124, 141. Soph. *ŒEd. T.* 207. Plut. *Symp.* 3 ad fin. Catull. XXXIV, 16). Or, Diane est aussi appelée Ὀρτυγία (Ovid. *Met.* I, 694. K. O. Müller, *Dor.* I, p. 116, 376), et c'est dans une plaine appelée Σελήνη que, suivant le scoliaste d'Apollonius de Rhodes (I, 498) cité par M. Lenormant, le monstre fut tué par Hercule.

[392] Sil. Ital. III, 682 : *Niveis tranavit concolor alis.*

[393] Strabon VII, p. 306. Arrian. apud Hudson, t. I, p. 21. Pausan. III, 19. Steph. Byz. v. Ἀχίλλειος Δρόμος. *Periplus Pont. Eux.* Anon. Marc. XXII, 8. Cf. Raoul-Rochette, *Ant. du Bosph. cimm.*, p. 20 sqq. Gail, ad Arrian., *Geogr. gr. min.*, t. III, p. 130 sqq.

[394] Pind. *Nem.* IV, 80 (49 Boeckh) :

Ἐν δ' Εὐξείνῳ πελάγει φαεννὰν Ἀχιλεὺς
Νᾶσον.

Οἱ δὲ Λευκὴν ἐπὶ τῆς χροιᾶς ὀνομάζουσιν. Arrian. Ibid. Un même motif a fait donner à l'Angleterre le nom d'Albion.

[395] Οἰκεῖν μὲν δὴ λευκοὺς ὄρνιθας ἐν αὐτῇ φασιν... κοσμοῦντας αὐτῷ τὸ ἄλσος τῷ τε ἀνέμῳ τῶν πτερῶν καὶ ταῖς ἀπ' αὐτῶν ῥανίσι. *Heroic.*, p. 246 sq., ed. Boissonade. Cf. Pind. Schol. *Nem.* IV, 79.

[396] Iph. in Taur. 436-439.

Πολυόρνιθον ἐπ' οἶαν,
Λευκὰν ἀκτάν, Ἀχιλῆος
Δρόμους καλλισταδίους, Εὔ-
ξεινον κατὰ πόντον.

[397] Philostr. *Heroic.*, p. 244 sqq. Pausan. III, 19 ad fin.

[398] Ant. lib. *Metam.*, cap. XXVII. Schol. Pind. loc. cit.

[399] Polyb. IV, 36, 5.

[400] *Op. cit.* p. 23. Ἀχιλλέα γὰρ ἐγὼ πείθομαι εἴπερ τινὰ καὶ ἄλλον ἥρωα εἶναι, τῇ τε εὐγενείᾳ τεκμαιρόμενος, καὶ τῇ κάλλει, καὶ τῇ ῥώμῃ τῆς ψυχῆς, καὶ τῷ νέον μεταλλάξαι ἐξ ἀνθρώπων, καὶ τῷ Ὁμήρῳ ἐπ' αὐτῷ ποιηθῆναι καὶ τῷ ἐρωτικὸν γενέσθαι καὶ φιλέταιρον ὡς καὶ ἀπαποθανεῖν ἐθέλειν τοῖς παιδικοῖς.

[402] Pl. 43, fig. I.

[403] Voyez les interprètes de Sophocle sur le vers 310 de l'*ŒEdipe à Colone*.

[404] Sophron cité par le scol. de Théocr. II, 12.

[405] Orph. *H. J*, 5.

[406] Apollon. Rhod. III, 1211. Lycophr. 1175 et Tzetz. ad h. l. Hor. *Sat.* 1, 8, 35 et Heindorf ad h. l. Virg. Æn. VI, 257. Tibull. I, 2, 52. Senec. *Med.* 840.

[407] T. I, p. 127.

[408] *Collect. Mus. Nan. antt.* N° 22.

[409] Pl. LXXXI, fig. 327.

[410] N° 455.

ΟΙ ΓΛΥΝΗΣ : ΝΥΜΦΑΙΣ : ΕΥΞΑΜΕΝΟΙ : ΑΝΕΘΕΣΑΝ :
ΚΑΙ ΘΕΟΙΣΠΑΣΙΝ
ΣΟΑΓΟΡΑΣ · ΞΩΚΥΓΡΟΥ : ΖΩΚΥΓΡΟΣ : ΖΩΑΓΟΡΟΥ ·
ΘΑΛΛΟΣ : ΛΕΥΚΑΙ
ΣΩΚΡΑΤΗΣ ΓΟΛΥΚΡΑΤΟΥΣ ΑΓΟΛΛΟΦΑΝΝΣ : ΕΥΓΟ-
ΡΙΩΝΟΣ : ΣΩΣΙΣΤΡΑΤΟΣ
ΜΑΝΗΣ ΝΥΡΡΙΝΗΣΩΣΤΑΣ : ΣΩΣΙΓΕΝΗΣ : ΜΙΔΑΣ

Οἱ πλυνῆς Νύμφαις εὐξάμενοι ἀνέθεσαν καὶ θεοῖς πᾶσιν,
    Ζωαγόρας Ζωκύπρου,
    Ζώκυπρος Ζωαγόρου,
    Θάλλος Λευκα....,
    Σωκράτης Πολυκράτους,
    Ἀπολλοφάν[η]ς Εὐπορίωνος,
    Σωσίστρατος,
    Μάνης
    [Μ]υρίννι[ς] ?
    Σωσ[ί]ας,
    Σωσιγένης,
    Μίδας.

Au-dessous de l'inscription est un second bas-relief représentant un homme qui, vêtu d'une tunique succincte et la chlamyde sur l'épaule gauche, s'avance, en tenant un cheval par la bride, vers deux femmes vêtues de la tunique talaire et du péplus; l'une d'elles, coiffée du modius, est assise et semble tenir une pomme dans la main droite; l'autre est debout et tient dans chaque main deux torches, comme l'Hécate de marbre d'Égine. Devant est deux femmes est un autel quadrangulaire.

Paciaudi, par suite d'une préoccupation difficile à concevoir, a vu dans ces deux femmes deux hommes, un agonothète coiffé d'un chapeau (*pileolum gestans*), et son ῥαβδοῦχος armé des ῥάβδοι γυμνασιαρχικαί[411]. Millin, qui s'est également mépris sur le sexe de ces deux figures, ne se prononce pas sur le sens gymnique que le savant jésuite donne à ce monument, mais il voit dans le personnage à droite un homme qui présente un cheval. M. Boeckh, comme nous l'avons déjà dit, adopte presque en tout point l'interprétation de Paciaudi[412]. Du reste, il ne comprend pas quel rapport peut exister entre les πλυνῆς et les jeux équestres, et surtout ce que vient faire ici le cavalier[413].

Ce qui a pu induire en erreur d'aussi habiles antiquaires, c'est que notre bas-relief a été découvert dans le stade panathénaïque, et qu'ils ont cru devoir le rattacher aux jeux qu'on célébrait dans cet endroit; mais il me paraît hors de doute qu'il est tout à fait étranger à cette localité, ainsi qu'aux solennités dont elle était le théâtre, puisque tout annonce dans ce marbre un monument funéraire. D'ailleurs, pour arriver au sens proposé par Paciaudi, il faut métamorphoser deux personnages, et encore ; on n'interprète ainsi qu'une partie du monument ; ce qui est un résultat à peu près nul, puisque les deux parties ne sauraient être séparées, et doivent s'expliquer l'une par l'autre.

Avant de déterminer le sens de la double scène que nous offre ce bas-relief, il importe de décider ce qu'on doit entendre par le mot πλυνῆς. Paciaudi a cru devoir l'expliquer par le mot *lotores* ou *balneatores* qu'on retrouve avec une signification religieuse dans cette inscription d'Aricie publiée par Fabretti[414].

DIANAE·AVG·
COLLEG·LOTOR.
SACR·
PRIMIGENIVS·R·P·
ARICINORVM·SER·ARC·
CVRATOR II CVM
M·ARRECINO·GELLIANO
FILIO·CVRATORE·I·

Dianæ Aug(ustæ) Colleg(ium) lotor(um) sacr(orum) : *Primigenius R(ei)p(ublicæ) Aricinorum ser(vus) arc(arius)*[415] *curator iterum cum M. Arrecino*[416] *Celliano filio curatore primum.*

Mais je ne pense pas que le mot *lotores* soit ici l'équivalent de *balneatores*, je le crois plutôt synonyme de *fullones* que nous offrent plusieurs monuments, et notamment cette inscription de Pompéi :

EVMACHIAE L. F.
SACERD. PVBL.
FVLLONES

Or, cette inscription a été trouvée dans un édifice auquel les antiquaires napolitains ont donné le nom de *Collége des foulons*, ce qui rend compte de la destination des réservoirs et de plusieurs pierres qui semblent avoir été disposées tout exprès dans la cour, pour que les ministras de ce collége, attachés sans doute en sous-ordre à la prêtresse publique, pussent y laver le linge sacré.

Il s'agit peut-être d'un collége semblable dans l'inscription suivante trouvée à Spolète[417], et que je reproduis ici parce qu'elle ne paraît pas avoir été bien comprise jusqu'à ce jour :

MINERVAE DO
FVLLONES
MAGISTRI QVINQVEI
CVRAVERE
L · EVVLI · C · L · STATIVS
P · OPPI · L · L · PHILONICVS
L · MAGNI · L · L · ALAVCVS
PAMPILVS TVRPILI · T · S ·

Minervæ do(num) vel do(mo) vel d(iis) o(mnibus)[418] *Fullones. Magistri quinque (primi)*[419] *curavere* :
(1. 2.) *L(ucit) Eu(b)uli Caii l(iberti)*;
(3.) *Statius, P. Oppii l(ibertus)*;
(4.) *L(ucius) Philonicus L(ucii) Magni l(ibertus)*;
(5.) *L(ucius) Alaucus Pamp(h)ilus Turpilii, [libertus] t(estamento) s(uo*[420]*).*

---

[411] Plut. *Anton.* 33.
[412] *Ac sane gymnicum argumentum designari hoc opere videtur.*
[413] *Quid equestres ludi et illi lotores communi habuerint, et cur potissimum eques in anaglypho repræsentetur, prorsus non intelligo.*
[414] *Inscr. ant.* Cap. VI, n° 19, p. 435.
[415] La sigle de cet adjectif est quelquefois écrite ARK. Voyez Fabretti, op. cit. p. 434, n.° 14.
[416] Fabretti, p. 434, col. 2, D. E., a le premier prouvé que les esclaves publics, après leur affranchissement, prenaient le nom de la ville à laquelle ils avaient appartenu.
[417] Muratori DCCCCLI, 9; Marini *Atti de' frat. Arv.* t. II, p. 416. Orelli, *Inscr. lat.* N° 4091.

[418] Cette dernière explication, rapprochée de la formule du bas-relief d'Athènes, καὶ θεοῖς πᾶσιν, me paraît la plus vraisemblable.
[419] Orelli : « Forsasse Quinquennales; » mais il ne s'agit pas ici de la durée des fonctions, et le mot QVINQVEI ne se rapporte qu'au nombre des individus chargés de veiller à l'érection du monument. Or, en comptant pour deux L. EVVLI, ce que n'a pas vu M. Orelli, on en trouve cinq.
[420] C'est-à-dire que Turpilius avait affranchi L. Alaucus Pamphilus par testament. Cf. Adam, *Roman. Antiq.* p. 37, 38. Dans aucun cas, *testamento suo* ne peut se rapporter aux *magistri*, tous affranchis, puisque les citoyens *sui juris* avaient seuls le droit de tester. Cic. *pro Arch.* 5; *pro Dom.* 33.

Les πλυνῆς du bas-relief d'Athènes formaient sans doute une corporation semblable, sinon à celle de Spolète, du moins bien certainement à celle de Pompéi. Dès lors, je ne vois pas de motif pour ne point la rattacher aux Πλυντήρια, fête consacrée suivant les uns à Minerve [421], suivant d'autres à Aglaure, fille de Cécrops [422], c'est-à-dire à Athéné-Agraulos [423], et dans laquelle on lavait les vêtements de la déesse dont on voilait la statue [424].

L'inscription du bas-relief athénien doit donc, selon moi, être ainsi traduite :

Les membres du collège chargé de blanchir les vêtements sacrés de Minerve ont consacré ce monument aux Nymphes et à toutes les divinités, par suite d'un vœu :

Zoagoras, fils de Zocypre,
Zocypre, fils de Zoagoras,
Thallus, fils de Leuca...,
Socrate, fils de Polycrate,
Apollophane, fils d'Euporion,
Sosistrate,
Manès,
Myrrinès,
Sosias,
Sosigènes,
Midas.

A en juger par cette énumération, le collège des Πλυνῆς se composait de onze membres comme le tribunal des Ἔνδεκα. Déjà Paciaudi et M. Boeckh ont remarqué qu'aucun nom de dême n'est joint aux noms de ces ministres, que cinq seulement ajoutent à leur nom celui de leur père, et que des six autres noms, ceux de *Manès* et de *Midas* sont des noms d'esclaves [425], d'où l'on est en droit de conclure que ces fonctions n'étaient pas confiées aux citoyens, mais bien à des étrangers et même à des affranchis [426] : usage que nous retrouvons en Italie, à en juger par l'inscription de Spolète que j'ai rapportée plus haut. Bien plus, nous voyons en comparant ces deux monuments qu'en Italie, aussi bien qu'à Athènes, les cinq premiers membres de cette corporation étaient distingués des autres, puisqu'à Spolète, on les désigne par le titre de *Quinqueprimi*, et qu'à Athènes, ce sont les seuls dont l'origine libre soit constatée.

Passons maintenant au bas-relief supérieur. Paciaudi a reconnu dans les trois femmes qui se tiennent par la main, les Nymphes auxquelles le monument est consacré; et sur ce point, je ne puis me partager son opinion. Mais si je ne saurais admettre avec lui que le jeune homme qui les conduit est Hylas, « non pas au moment où il est enlevé par les Naïades, mais Hylas déjà admis au nombre des bienheureux [427] et se réunissant aux danses des Nymphes [428]. »

En effet, si je compare cette scène à un vase du prince de Canino dont M. de Witte a donné la description [429], et qui représente les trois déesses Junon, Minerve et Vénus, précédées de Mercure qui poursuit Pâris, je ne puis me défendre d'y reconnaître Mercure conduisant à Pâris les trois nymphes [430] substituées aux trois déesses qu'offre le vase peint. Ici, comme sur le vase, Mercure est couronné de myrte et vêtu d'une chlamyde. Quant aux trois nymphes, ce sont les trois nymphes athéniennes Aglaure, Hersé et Pandrose, les mêmes que les Parques [431]. La première, distinguée des trois autres par sa coiffure en forme de diadème, est sans doute Athéné-Agraulos, la divinité protectrice des Πλυνῆς. Mercure Psycopompe s'avance avec elles au-devant de Pâris, c'est-à-dire au-devant de celui que Θάνατος menace et qui est l'objet de l'ἀνάθημα; peut-être le masque colossal qui occupe l'angle droit du monument, est-il comme un épouvantail indiquant l'entrée du sombre empire [432].

Mais si, dans l'intention religieuse de l'artiste, les trois compagnes de Mercure sont les trois Parques, pour le vulgaire ce n'étaient que les trois Nymphes; et voilà sans doute pourquoi elles sont suivies, comme sur un autre monument publié par Paciaudi [433], de Pan armé de la syrinx. Encore pourrait-on trouver dans cet instrument une allusion funéraire, puisque par le nom de σύριγξ on désignait des tombeaux souterrains [434].

Si, comme je le pense, le sens que je donne à la première scène de notre bas-relief est fondé, l'opinion de M. Lenormant sur le vase du prince de Canino [435] serait pleinement confirmée par notre bas-relief, car la seconde scène nous offre sans aucun doute la mort devant ses juges. Ainsi l'offrande n'a pas eu de succès. Celui pour lequel les Πλυνῆς conjuraient les divinités de la mort a été emporté par le cheval de Θάνατος. Comme le voyageur du marbre d'Égine, il vient d'arriver dans le séjour des ombres ; déjà sans doute il a déposé son offrande sur l'autel funèbre, et il s'avance devant les deux grandes déesses, Démèter χθονία [436], ἀχαιρά [437], et Perséphone πυρσφόρος [438], identifiée avec Hécate. Il attend, dans une attitude calme, que son arrêt soit prononcé. Ainsi, dans ce monument tout s'explique et tout se tient : la mort menaçant d'abord, puis le trépas, puis le jugement.

Mais pourquoi l'artiste a-t-il représenté ici deux divinités infernales ? on peut, je crois, en donner la raison. Le bas-relief qui nous occupe a été, il est vrai, déterré dans le stade panathénaïque, mais il ne peut avoir appartenu à ce monument. C'est ce que prouvent les deux scènes qui y sont retracées, et l'âge de cette offrande, bien antérieur à la construction du stade par Hérode Atticus [439], puisque la forme des lettres de l'inscription, les noms qui y sont gravés et le style de la sculpture annoncent une époque antérieure à la domination romaine [440]. C'est donc à un autre édifice qu'il faut songer à

---

[421] Xen. *Hellen.* I, 4, 12. Plut. *Alc.* 34. Harpocration, v. Πλυντήρια.

[422] Hesych. v. Πλυντήρια.

[423] Suidas : Ἄγλαυρος· ἡ θυγάτηρ Κέκροπος. Ἔστι δὲ καὶ ἐπώνυμον Ἀθηνᾶς. Cf. Joh. Meursius, *Graecia feriata*, lib. V, p. 228.

[424] Xen. et Plut. ll. cc. Hesych. v. Πραξιεργίδαι.

[425] Strab. VII, p. 210, ed. Cas. 1587. A ces deux noms on pourrait réunir celui de *Sosias*. Voyez les Guêpes d'Aristophane.

[426] Paciaudi y voit à tort trois classes d'individus : *cives*, *inquilini*, *servi*.

[427] *Hylan jam in beatorum numerum relatum in nostro lapide expressum credo*. Il cite Theocr. XIII, p. 1207. Schol. Nonnus, *Dionys.* XI. Val. Flacc. *Arg.* VI. Propert. I, xx.

[428] *Cuius fontis domus placide versari, nexisque manibus choreas insimulagitare.* M. Boeckh n'admet pas cette explication : *Hylam sine idonea causa interpretatur Paciaudus.*

[429] *Description d'une collection de vases peints provenant des fouilles de l'Étrurie*, n° 130.

[430] Tel est le nombre de ces divinités sur tous les monuments de l'art antique. Cf. Millin, *Gal. Myth.* Pl. LIII, 326. LVI, fig. 328. LXXX, fig. 229, 530. LXXXI, fig. 476. CXXVII, fig. 475.

[431] Hesych. v. Ἀγλαυρίδες· μοῖραι παρὰ Ἀθηναίοις. Le manuscrit porte μόραι ἡ Ἀθηναίοις (Voyez Schow, *Suppl. ad Hesych.*, p. 11). Le mot corrompu μόραι a été corrigé de diverses manières : on a lu νύμφαι, ἱέρειαι; mais μοῖραι est la véritable leçon, c'est celle que donne Phavorinus, qui, comme on le sait, avait compilé le lexique d'Hesychius. Il fit aussi παρὰ, et non περὶ. Voyez sur la confusion de ces deux prépositions, Bast. *Comm. Palaeogr.* p. 830. Boissonade, *Anecd. gr.* II, p. 225, 321, 323, 371, 375, 415.

[432] De semblables masques se rencontrent assez souvent sur les sarcophages. Celui qui nous offre le bas-relief athénien a la plus grande analogie avec la tête de l'Achéron personnifié sur un marbre publié par Bartoli, *Sepult.* 57, et reproduit par Montfaucon, *A. E.* t. V, pl. CXXV.

[433] *Mon. Pelop.* I, I, p. 320. Cf. Millin, *Gal. Myth.* pl. LVI, n° 328, t. I, p. 81. Sur ce monument, Pan a sous les pieds un chien endormi.

[434] Ælian. H. A. VI, 43. XVI, 15 , 16. Ammian. Marcell. XXII, 15; Cf. Silv. de Sacy, *Mag. encycl.* an VI, n° 24 , p. 486. — Pan armé de la syrinx est quelquefois représenté sur les monuments funéraires. Voy. Montf. *A. E.* t. V, pl. XXII et XXXII.

[435] *Descript. d'une collection de vases peints, etc.*, n° 130, note 2, p. 80 : Ce jugement de Pâris se présente avec un caractère infernal.... Mercure figure quelquefois comme Éros .... Les trois déesses, sous une forme euphémique, sont des Érinnyes.

[436] Pausan. II, 35, 3. Hor. VI, 134.

[437] Hesych. v. Ἀχαιρά. Sur le Cérès infernale, voyez Stat. *Theb.* IV, 460.

[438] Schol. Eur. *Phoen.* 687.

[439] Pausan. I, 19, 7. Philostr. *Herod. Att.*

[440] C'est aussi l'opinion de M. Boeckh : *Titulus et anaglypha satis bene videntur aviti esse.*

rapporter cet ἀνάθημα; et, selon moi, c'est dans les temples du voisinage qu'il faut chercher le lieu de sa consécration. Or, de tous les édifices sacrés qui s'élevaient aux environs du stade, l'Éleusinium est le seul auquel on doive s'arrêter. L'Éleusinium consacré aux deux déesses, l'Éleusinium, ce sanctuaire sacré et redoutable, où se célébraient probablement les petits mystères [441], et sur lequel Pausanias dans une crainte religieuse, ne nous apprend que ce qu'il était permis à tout le monde de savoir [442].

Le jugement par Proserpine, d'un mort ayant près de lui le cheval funèbre, est un sujet représenté sur un assez grand nombre de vases. Je me bornerai à deux, l'un, publié par Passeri dans ses *Picturæ etruscæ* [443], et l'autre par Winckelmann dans ses Monuments inédits [444], parce qu'à de légères variantes près, tous les autres reproduisent le même type. Ce vase est peint sur les deux faces. La face antérieure, à quelques variantes près, offre le même sujet qu'un vase publié et fort bien expliqué par Millin [445]. Cette face se compose de deux rangs de peintures. Au centre du premier, on voit Achille dans l'attitude de la douleur, et au moment où il vient d'apprendre la mort de Patrocle. Assis sur un siége sans dossier, il est vêtu d'une simple chlamyde; déjà son parazonium est suspendu à son côté, et de la main droite, il s'appuie sur la poignée de cette arme, tandis que de l'autre il tient les cnémides forgées par Vulcain. Il est entouré de plusieurs héros grecs. Devant lui est Ulysse, caractérisé par son *pileus* et la branche d'olivier dont ce bonnet est couronné; une chlamyde attachée par une agrafe sur l'épaule droite est jetée par-dessus sa tunique succincte. Il s'appuie sur un bâton, à cause de la blessure qu'il a reçue, et adresse la parole à Achille; mais celui-ci ne semble pas l'écouter et se retourne vers Automédon qui tient un bouclier qu'il lui montre. Derrière Ulysse, Agamemnon [446] élève la main droite comme en témoignage de sa réconciliation avec Achille. Au-dessous d'Automédon est un guerrier assis et le casque en tête, qui s'appuie d'une main sur son bouclier et de l'autre sur sa lance. Millin y reconnaît avec assez de vraisemblance Diomède qui avait aussi été blessé. Dans le plan inférieur, Thétis, assise sur un hippocampe, apporte à son fils la dernière pièce de son armure, la cuirasse forgée par Vulcain [447]. Une Néréide placée derrière Thétis suit des yeux, non pas Thétis, comme le pense Millin, mais Achille qu'elle semble aussi encourager à venger son ami.

Passeri s'est singulièrement mépris sur le sens de ce monument; suivant lui, Thétis porte le tronc mutilé de son fils dans les îles Fortunées; la Néréide est *Tellus* qui contemple l'âme du héros quittant son empire pour le ciel; Diomède est le dieu Mars fixant ses regards sur l'âme d'Achille qui même dans le séjour des bienheureux se livre encore aux occupations guerrières [448]; Ulysse est Éaque ou le Lare familier; Agamemnon, Jupiter qui ordonne au dieu Cadus (Automédon) de donner une place à Achille parmi les dieux, etc.

Mais si Passeri a été malheureux dans l'explication de cette scène, il a parfaitement saisi le sens du revers qui représente sous un édicule funèbre une femme assise la lance en main, et devant elle un guerrier debout tenant de la main gauche la bride de son coursier, et de l'autre s'appuyant sur sa lance. On ne peut se défendre de reconnaître ici avec lui l'ombre d'Achille subissant le jugement de Proserpine [449]. Proserpine jugeant un guerrier est ici sous la forme d'Aphrodite ἐνοπλιος. C'est encore sous cette forme qu'elle se présente sur le vase de Winckelmann, où de plus elle a le bouclier au bras gauche [450]. On le voit, les deux faces du vase de Passeri, comme les deux scènes du bas-relief d'Athènes, forment un drame complet. D'une part, la mort menaçante, de l'autre le terme du dernier voyage.

Je rattacherai encore à cette classe de monuments un vase d'Acrée publié par le baron Judica [451], et qui représente un guerrier, le casque en tête et enveloppé d'une chlamyde d'une forme singulière, s'avançant, la lance sur l'épaule et tenant un cheval par la bride, devant un homme trois fois environné de son tribonium, et assis sur une pierre quadrangulaire. Dans la main de cet homme est une lance ou un long sceptre. Derrière le cavalier on voit un autre personnage dont le costume et l'attitude diffèrent peu de ceux du premier.

M. Judica [452] pense que ce monument fait allusion aux courses équestres des Panathénées; et, suivant lui, les deux personnages assis sont deux agonothètes. Ne serait-ce pas plutôt un mort devant les juges infernaux? Sans doute ces juges sont dans les légendes les plus répandues au nombre de trois [453]; mais dans celle que le Gorgias de Platon [454] nous a conservée, ils sont en quelque sorte réduits à deux, puisque Rhadamante juge les morts de l'Asie, Éaque ceux de l'Europe, et que la mission de Minos se borne à prononcer en dernier ressort. Cette simplification du nombre des juges infernaux est encore bien mieux constatée par ce passage de Lucien [455]: Ἥκουσι δὲ καὶ οστράκα καὶ δικαστὲ κάθηνται δύο, Μίνως τε καὶ Ῥαδάμανθυς. κ. τ. λ. Ce qui ne permet pas de reconnaître ici deux agonothètes, c'est que les deux personnages désignés comme tels par M. Judica sont plus grands que nature; d'ailleurs chacun d'eux est armé de la baguette qu'il tient, au témoignage de Platon, quand il rend ses jugements [456].

Enfin, c'est peut-être devant Hadès lui-même que comparaît le mort suivi de son escorte sur un vase peint du prince de Canino [457], que M. de Witte [458] a rangé parmi les sujets guerriers, et dont il donne la description suivante: « Un cavalier barbu muni de deux javelots et suivi d'un homme drapé et à pied, portant une lance, se présente devant un vieillard à cheveux blancs assis sur un cube et muni d'un sceptre surmonté d'une fleur à trois pétales. A côté du vieillard est écrit ΚΟΟΝ; sous le cheval, ΚΟΣ; derrière ΚΝΣ. » Ces trois inscriptions peuvent laisser de l'incertitude sur l'explication que je donne de ce vase; mais ont-elles été transcrites bien exactement? c'est ce dont je doute fort; du moins il est impossible d'en tirer aucun sens.

---

[441] Kruse, *Hellas*, 2ter Th. 1te Abtheil. S. 109.
[442] Ἃ δὲ ἐς πάντας ὅσιον γράφειν, ἐς τοῦτα ἀποτρέψομαι I, 14, 2.
[443] T. III, tab. CCLXVI, CCLXVII.
[444] N° 22.
[445] *Peintures de vases*, I, 14. *Galerie Myth.* pl. CLX, fig. 585.
[446] Nu et le tribonium dans la main gauche, sur le vase de Millin; vêtu et drapé sur le vase de Passeri.
[447] Les Néréides apportant à Achille les différentes pièces de son armure figurent sur le sarcophage du *Museo Pio Cl.* t. V, tav. XX. Sur le sens funéraire des Néréides, voyez Visc. *Mus. Pio Clem.* t. IV, p. 210 sq.
[448] Il s'appuie sur ce passage de Virgile : (*Æn.* VI, 653) :

Arma procul currusque virûm miratur inanes.
Stant terra defixæ hastæ, passimque soluti
Per campos pascuntur equi. Quæ gratia currûm
Armorumque fuit vivis, quæ cura nitentes
Pascere equos; eadem sequitur tellure repostos.

[449] Il cite à cette occasion ces vers de Claudien (*de rapt. Proserp.* II, 305) :

Sub tua purpurei venient vestigia reges
Deposito luxu, turba cum paupere mixti.
Omnia mors æquat, tu damnatura nocentes,
Tu requiem latura piis : te judice sontes
Improba regantur vitæ commissa fateri.

[450] Winckelmann, en expliquant ce vase, dont la partie supérieure offre un sujet hélénique, a passé sous silence la scène principale.
[451] *Antichità di Acre*, t. XXIII, n° 1.
[452] Op. cit., p. 134.
[453] Comme sur un vase du Cabinet Durand, n° 204.
[454] § 79, 80 et 82.
[455] *De Luctu*, § 7, t. II, p. 925, Reitz.
[456] Ἑκάτερος δὲ τούτων ῥάβδον ἔχων δικάζει. § 82.
[457] Cat. du prince de Canino, n° 1498.
[458] *Description d'une collection de vases peints provenant des fouilles de l'Etrurie*, n° 187.

VIII. Repas funèbre offert au héros par sa famille.

Le moment est venu d'expliquer deux monuments dont j'ai parlé dans la section I et que j'ai cru devoir en exclure. Mais il me semble convenable de dire auparavant quelques mots du culte des *Mânes* et de la cérémonie des *Parentalia* qui se rattachait à ce culte. J'ai déjà parlé plus haut [459] du sens qu'a le mot ἥρως sur les monuments funéraires des Grecs; j'ai dit que ce nom, réservé d'abord aux personnages distingués qui avaient bien mérité de la patrie, fut plus tard accordé, par euphémisme, à tous les morts en général, et devint synonyme de μακαρίτης. L'extension donnée à ce mot doit-elle être regardée comme le résultat des rapports qui, à partir du IIe siècle avant notre ère, s'établirent entre Rome et la Grèce? Faut-il y voir la traduction, en quelque sorte, du culte des Mânes et des Lares, ou admettre que ce culte exista simultanément dès les temps les plus anciens chez l'un et l'autre peuple? Tout porte à croire que de ces deux suppositions, la dernière est la seule admissible, bien qu'il soit vrai de dire que chez les Grecs la haute antiquité de cette croyance religieuse est moins solidement attestée que chez les Romains. On peut cependant même chez les Grecs en retrouver des traces certaines; ainsi, déjà dans Eschyle [460], nous voyons le mot μακαρίτης, employé comme synonyme de *mort*. Plutarque [461] rapporte, d'après le témoignage d'Aristote [462], qu'il était dit dans un traité conclu entre les Spartiates et les Arcadiens, qu'on ne rendrait *bon*, c'est-à-dire qu'on ne ferait mourir, aucun des Tégéates qui auraient embrassé le parti des Lacédémoniens : Μηδένα χρηστὸν ποιεῖν βοηθείας χάριν τοῖς λακωνίζουσι τῶν Τεγεατῶν· ὅπερ εἶναι, μηδένα ἀποκτιννύναι. D'où il résulte que le mot χρηστός, *bon*, était l'équivalent de ἀποθανών, ce qui, en admettant que le traité en question doit être placé avant les guerres médiques [463], donnerait une antiquité assez respectable à cette synonymie euphénique dont les inscriptions funéraires parvenues jusqu'à nous, et qui sont pour la plupart postérieures à la prise de Corinthe, nous offrent de si nombreux exemples dans la formule χρηστὲ χαῖρε. Or, si l'on réfléchit qu'un vieux latin *manuus*, *manuus*, *manis* signifiait *bon* et que de ce terme se tirait le nom des Mânes [464], on sera frappé de l'analogie qui existe entre les χρηστοί ou les ἥρωες des Grecs et les *manes* des Romains, et l'on en conclura que chez les Grecs, comme chez les Romains, comme chez les Étrusques, les âmes des ancêtres étaient divinisées et révérées à l'égal des dieux.

Ce qui peut démontrer encore l'identité de ces deux cultes, c'est que si nous voyons les Romains célébrer chaque année la fête des *Parentalia* [465], en commémoration des morts, par des sacrifices, des repas et des éloges funèbres, nous retrouvons chez les Grecs une solennité de même nature dans les Νεκύσια [466] ou Περίδειπνα [467]. Sans doute, aucun écrivain grec antérieur à l'époque romaine ne fait mention de cette solennité; mais la nature même des deux noms que je viens d'indiquer prouve que la fête des morts chez les Hellènes n'était point calquée sur celle des Romains.

Ainsi, chez les Grecs et chez les Romains, même respect, même culte pour les morts, même foi dans l'influence qu'ils peuvent exercer sur les vivants, même tendance à voir en eux des génies bienfaisants, des divinités protectrices. Mais de ces deux cultes si remarquables par leur moralité consolante, on ne peut dire que l'un soit dérivé de l'autre : ils proviennent tous deux d'une source commune.

Cela posé, c'est à la solennité des Νεκύσια ou des *Parentalia* que l'on doit, selon moi, rattacher tous les monuments funéraires, tant grecs que romains, représentant un ou plusieurs personnages couchés, prenant part à un festin que leur offre leur famille dont ils sont entourés. Les monuments de ce genre sont, on le conçoit, en très-grand nombre; je ne m'occuperai que de ceux où figure le cheval : ce sont les seuls qui se rattachent à mon sujet.

Et d'abord je parlerai du marbre de Samos dont j'ai donné plus haut la description. Le personnage couché est un chef de famille entouré de sa femme et de sa mère qu'accompagnent deux jeunes suivantes. Peut-être qu'assimilé à Esculape, il est invoqué pour son jeune fils, qui se tient près de la femme voilée et joue avec un petit chien. Ce qui donnerait quelque poids à cette conjecture, c'est, comme je l'ai déjà dit, la pomme de pin qu'on voit sur la table, le serpent qui se dresse près du mort et le jeune cadmile qui puise dans un cratère. Mais ce qui met la chose hors de doute, c'est la tête de cheval qui occupe sa place accoutumée, et indique les dangers qui menacent l'âge tendre du jeune enfant pour lequel on invoque un père [468]. En admettant cette explication qui me semble très-vraisemblable, je n'hésiterais plus à reconnaître que les deux femmes sont substituées à Hygie et Épioné, toutefois sans prétendre appliquer cette interprétation à tous les monuments dont nous aurons à nous occuper, et auxquels elle ne saurait convenir.

Les deux torches allumées, placées dans le compartiment à droite de la tête de cheval, sont les flambeaux qui éclairaient le repas funèbre [469]. Quant au casque, à la cuirasse et au bouclier, ils sont comme suspendus dans le champ supérieur pour indiquer, ainsi que j'ai déjà eu occasion de le dire, que le mort s'est autrefois illustré comme guerrier, mais que les combats ont fini pour lui.

Il faut en convenir, ce monument est tout à la fois votif et funéraire, et si j'ai eu tort plus haut d'en restreindre l'interprétation à ce dernier sens, je persiste à croire qu'en le renvoyant à la section VIII, je lui ai assigné la seule place qui lui convienne.

Cette explication me paraît convenir en tout point au monument du musée Nani que j'ai cru devoir exclure de la Ire section, et où Biagi n'a vu, hors ce qu'il fallait y voir. Ainsi, d'abord il hésite sur la question de savoir si le festin se rapporte à des vivants ou à des morts [470]; l'homme couché lui paraît être Hercule [471], puis le bon génie [472], puis Jupiter [473], puis Bacchus [474], puis seulement un dieu quelconque [475]; le cheval ne l'embarrasse pas moins, et de guerre las il en fait un âne [476]. Enfin, convaincu de l'insuffisance de ses efforts, il est forcé d'avouer que le pyrrhonisme est chose plus prudente que la prétention à l'érudition archéologique [477]. Sans doute, s'il n'eût point imprudemment repoussé les idées de Gori et de Passeri sur le cheval et sur le serpent [478], il serait arrivé avec moins d'efforts à une conclusion plus satisfaisante pour lui et pour ses lecteurs.

---

[459] P. 111.
[460] *Pers.* 635. Cf. Wittenb. in Plut. moral. p. 121 E.
[461] *Quæst. rom.* LII.
[462] Plutarque ne dit pas dans quel ouvrage Aristote avait consigné ce fait. C'était sans doute dans quelque traité politique, peut-être dans ses Δικαιώματα τῶν πόλεων, dont Ammonius (*de Diff. verb.* p. 98, ed. Vulckenaer) nous a conservé un fragment qui donne une grande probabilité à cette conjecture.
[463] Il paraît difficile de déterminer la date de ce traité. Tout porte à croire cependant qu'il est postérieur aux guerres de Messénie, et antérieur aux guerres médiques, c'est-à-dire, du VIIe ou du VIe siècle avant notre ère, époque où les Spartiates, délivrés de leurs plus terribles antagonistes, établissaient leur domination dans le Péloponèse, et pouvaient imposer de pareilles conditions aux Arcadiens.
[464] Paulus : *Mane a diis Manibus dixerunt, nam manum bona dicitur.* Id. *Manuus in carminibus saliaribus Ælius Stilo significare ait bonos .... Dii manes pro bonis dicuntur a supplicter vos nominantibus.* Cf. Serv. ad Æn. I, 139. III, 63.
[465] V. Facciolati, v. *Parentalia* et *Parento.* Adam, *Rom. Antiq.* p. 449, 8e éd.

[466] Artemid. *Oneir.* IV, 81. V, 82. Pollux, *Onom.* VIII, 7. Hieronym. in Jerem. CXVI, 1. Hesych. v. ὀψαρία. Bekker, Anecd. p. 294. Eustath. *ad Odyss.* I. cf. Joh. Meursius, *Græcia feriata*, V. Νεκύσια. Patin, *Comment. in tres inscr.* gr. p. 220.
[467] Dio Cassius, XL. Ubi vid. Reimar, t. I, p. 253. Etym. Magn. Περίδειπνον ᾖ ἐπὶ τοῖς ἀποθανοῦσι γινομένη ἑστίασις.
[468] Voyez note 102.
[469] Voyez Kirchmann, *de funerib. Roman.* lib. II, cap. 3, p. 113.
[470] § II.
[471] § III, –, VII.
[472] § VI, VII.
[473] § XIV.
[474] Ibid.
[475] § XV.
[476] § IX.
[477] *Plerumque prudentius esse pyrrhonismum agere quam eruditam ἀρχαιολογίαν.*
[478] § IX.

Le musée d'Oxford [479] renferme une variété de ces deux monuments. Trois hommes sont couchés sur un lit. Deux d'entre eux sont des adolescents; on ne peut juger de l'âge du troisième, dont la tête est entièrement mutilée. Tous trois sont vêtus de la tunique et du tribonium. Le premier à droite s'appuie sur un éphèbe enveloppé dans un manteau, et dont la tête a également disparu. A l'une et à l'autre extrémité du lit, est une femme voilée et assise sur un siège élevé; les pieds de l'une et de l'autre reposent sur un ὑποπόδιον. Derrière celle qui occupe le coin à gauche, se tient une petite fille, ayant sur le bras gauche un vase dans lequel elle semble puiser de la main droite. Sur la table, portée par trois pieds de chèvre, on voit une urne entre deux κυραμοῦντες. Dans le champ supérieur, est un buste de cheval à la fenêtre, et vis-à-vis un serpent qui se glisse le long d'un mur d'appui.

Nul doute que cette scène ne se rapporte aux Νεκύσια et ne nous représente un περίδειπνον. Mais tous les personnages qui prennent part au banquet funèbre sont-ils des morts? Je suis très-disposé à le croire. En effet, nous savons par Valère Maxime [480] que si les hommes étaient couchés dans les festins, les femmes y étaient assises, et que les déesses elles-mêmes étaient ainsi représentées dans le *lectisternia*. Nous avons donc sous les yeux une famille composée de cinq membres : un père, deux de ses fils, sa femme et sa fille, auxquels les deux plus jeunes enfants, ou plutôt un parent chargé de leur tutelle, offrent un περίδειπνον, pour qu'ils détournent, comme ἥρωες, comme θεοὶ χθόνιοι ou ὑποχθόνιοι, les dangers qui menacent l'âge encore tendre des derniers rejetons de leur race. Dans cette cérémonie religieuse, les morts, comme sur les marbres de Samos et de Venise, sont assimilés aux divinités salutaires : le père, celui dont la tête est effacée, à Esculape; la mère, à Épioné; la fille, à Hygie; tandis que ses deux fils, dont l'aîné pose son bras sur l'épaule du jeune frère qui lui survit, comme pour indiquer que la supplication est exaucée [481], représentent Évamérion et Alexanor.

Quant au serpent et au cheval, ils ont ici le même sens que sur les monuments de la section I; le serpent annonce peut-être de plus que les cinq personnages principaux sont admis au rang des héros.

Ces deux symboles se retrouvent sur un bas-relief de la même classe, appartenant à M. J. Dav. Weber, négociant allemand établi à Venise, et dont M. Rinck a publié une description dans le *Kunstblatt* [482]. N'ayant pas la copie du monument sous les yeux, je me borne à reproduire ce qu'en a dit le savant antiquaire qui l'a fait connaître. « Une femme, probablement la fondatrice du monument sur lequel son nom n'a pas été gravé, est assise à gauche des hommes de sa famille et à quelque distance du lit où ils reposent. Son rang distingué est indiqué par une jeune suivante qui lui présente une boîte de bijoux. Des deux côtés du monument sont deux symboles : d'une part, une tête de cheval, et de l'autre, près de la femme, un tronc d'arbre entouré d'un serpent. » Ces deux symboles, suivant M. Rinck, indiquent l'opposition de la mort et de la vie, en admettant que le serpent annonce la vie dans les champs Élysées (ce que semble prouver le festin), ou bien encore la renaissance de la chair, suivant la croyance de la métempsycose. « Du reste, ajoute-t-il, si le serpent est un symbole de la vie (puisqu'en arabe le même mot désigne la vie et un serpent), il est aussi un symbole de la mort, dont il est le compagnon, suivant Valerius Flaccus [483], et l'un des attributs, sur les monuments étrusques [484]. Mais ici, c'est le serpent de la vie en opposition au cheval de la mort, et il indique que les morts goûtent le bonheur des anciens héros, la vie dans la mort. »

Cette explication est sans doute très-ingénieuse; mais si l'on a égard à tout ce qui précède, peut-être trouvera-t-on qu'elle ne s'applique guère au monument décrit par M. Rinck. On regrette que le savant antiquaire n'ait pas donné à sa description autant de développement qu'à ses rapprochements symboliques; car, d'après le petit nombre de renseignements qu'il nous fournit, on ne peut décider qu'une seule chose, c'est que le marbre se rattache aux Νεκύσια. Si, comme tout porte à le croire, les hommes couchés sur le lectisternium sont au nombre de deux ou de trois, et si un ou plusieurs enfants figurent dans le repas funèbre, le bas-relief de M. Weber doit s'expliquer comme ceux dont je viens de parler.

Il ne faut pas croire cependant que sur tous les monuments les convives du festin funèbre soient représentés comme morts. Ainsi, sur un marbre du musée de Vérone [485], on voit deux hommes couchés, deux femmes assises et deux petites filles debout, et cependant l'inscription qui accompagne ce monument ne désigne qu'une seule femme :

ΕΥΚΛΕΑ ΑΓΑΘΩΝΟΣ ΓΥΝΗ ΔΕ ΑΡΙΣΤΟΔΗΜΟΥ.

Εὐκλε[ί]α Ἀγάθωνος γυνὴ δὲ Ἀριστοδήμου.

Euclie, fille d'Agathon et femme d'Aristodème.

Sur un autre monument du même musée [486], une femme voilée est assise près d'un homme couché devant une table à trois pieds, et l'inscription ne se rapporte qu'à l'homme :

ΥΡΟΜΝΗΜΑ ΜΑΡΚΕΛΛΟΥ
Ο ΚΑΤΕΣΚΕΥΑΣΕΝ ΑΥ
ΤΩ Η ΜΗ · ΗΡ ΜΑΡΚΕΛΛΑ ΔΗ
ΜΗΤΡΙΟΥ ΖΗΣΑΝΤΙ ΕΤΗ
ΚΘ ΧΑΙΡΕ

Ὑπόμνημα Μαρκέλλου ὃ κατεσκεύασεν αὐτῷ ἡ μήτηρ Μάρκελλα Δημητρίου ζήσαντι ἔτη κθ'. Χαῖρε.

Monument élevé à Marcellus par sa mère Marcella, fille de Démétrius. Il a vécu vingt-neuf ans. Adieu!

Il semblerait que l'artiste qui a exécuté le cippe funéraire d'Octavia Exorata, fille de Caïus, également conservé dans le musée de Vérone [487], avait voulu éviter aux siècles futurs toute incertitude sur les liens qui unissaient à cette jeune fille les personnages assis près de son lit funèbre, car il a gravé au-dessous de chacun d'eux le degré de sa parenté. Ainsi, l'un est désigné par le mot PATER, un autre par celui de PATRVVS, un troisième par celui de MATER. Il est à regretter que quelque artiste grec ne se soit pas avisé d'un pareil expédient.

Il faut savoir bon gré à celui auquel avait été confié un bas-relief du même genre, conservé à Oxford [488], d'avoir facilité pour nous l'interprétation de ce monument en plaçant devant chacun des deux époux une table distincte. C'était même, sans inscription, nous dire d'une manière précise que le bas-relief était consacré tout à la fois à la femme et au mari.

Mais les quatre derniers monuments dont je viens de parler n'appartiennent pas immédiatement à la classe qui nous occupe, puisque le cheval n'y figure pas; et sans insister plus longtemps sur les éclaircissements qu'ils peuvent nous fournir, je vais m'occuper de quatre bas-reliefs qui se rattachent directement à mon sujet, et qui ne sauraient donner lieu à aucun doute, puisque chacun d'eux est accompagné d'inscriptions.

---

[479] P. 1, tab. LII, fig. CXXXV.
[480] II, 1, 2. *Feminae cum viris cubantibus sedentes cœnitabant; quae consuetudo ex hominum convictu ad divina penetravit; nam Jovis epulo ipse in lectulum, Juno et Minerva in sellis ad cœnam invitantur.*
[481] Voyez ce que j'ai dit plus haut, p. 115, au sujet du bas-relief publié par Montfaucon, où Évamérion pose sa main sur la tête d'Hygie qui l'invoque au nom d'une famille de suppliants.
[482] juin 1828, p. 174 et suiv.
[483] *Argon*. III, 457.
[484] Inghirami, *Mon. Etr. Ser*. I, tav. 29; Ser. VI, tav. A, 2.
[485] XLIX, 1.
[486] LIII, 3.
[487] CXXXVII, 3.
[488] Port. I, tab. LII, fig. CXL.

(139)

Le premier est un marbre d'Oxford [489], représentant un homme couché devant une table, vêtu d'une tunique et tenant une coupe à la main. Derrière lui, sur un mur d'appui, on voit un casque à longue visière et garni de ses γενειαστῆρες. En face est une tête de cheval, et dans le haut du champ un bouclier argien suspendu. Au-dessous de la tête du cheval, un enfant présente une coupe à un serpent, qui vient s'y désaltérer [490]. Sur le bord supérieur du marbre, on lit cette inscription :

ΝΙΚΩΝΟΣ....ΩΣΧΑΙΡΕ

Νίκων, ὁ Σ[ίμων]ος, χαῖρε.

Nicon, fils de Simon, adieu !

Deux interprétations peuvent convenir à ce monument. Un repas funèbre est offert à Nicon, récemment admis au nombre des héros, ce qu'indiquerait la tête du cheval qui vient de l'amener dans le fortuné séjour, et le jeune cadmile lui présente la seconde coupe dans laquelle le serpent, emblème ou serviteur du héros, se hâte de boire, comme pour annoncer que l'hommage de la famille est agréable au mort. Ou bien encore, le περίδειπνον est offert pour le jeune cadmile que menace le cheval de Θάνατος ; et l'avidité du serpent dénoterait encore un résultat favorable. Mais de ces deux explications, la première, à cause de l'inscription, me paraît la plus vraisemblable. Le casque et le bouclier prouvent, comme dans plusieurs monuments dont nous avons parlé plus haut, que Nicon a combattu pour sa patrie, mais que les combats ont fini pour lui. Peut-être faut-il voir en outre dans ses armes une allusion au nom du mort, Νίκων, *le vainqueur* [491].

Nous retrouvons le casque et le bouclier argien réunis à la cuirasse sur l'un des trois monuments dont il me reste à parler, et qui consiste en un bas-relief mutilé que M. le baron Judica a publié dans ses Antiquités d'Acrae [492]. Le champ de ce monument était encadré entre deux pilastres [493], portant un fronton. On y voit sur un lectisternium d'une forme riche et élégante, un homme dont la poitrine et le bras droit sont nus et dont le reste du corps est enveloppé d'un large tribonium. Derrière lui et presque au centre, une cuirasse avec ses épaulières et ses franges, à droite de la cuirasse, un casque avec ses γενειαστῆρες, et à gauche un bouclier argien. Devant le lit est une table à quatre pieds chargée de mets parmi lesquels M. Judica [494] veut reconnaître des boîtes de parfums et d'onguents nécessaires au guerrier couché, parce que sans doute il était *afflitto di qualche infermità*. Sur la gauche du monument et en avant du lit s'avance, monté sur un cheval qu'il tient par la bride, un homme vêtu d'une tunique succincte et peut-être d'une chlamyde ; à droite est un enfant à pied portant un rouleau. Sur la plinthe du monument, non moins mutilée que la gauche du bas-relief, on distingue encore ces restes de l'épitaphe :

ΙΣ   ΣΚΩΝ
Η   ΑΓΑΘΟΣ (sic)

Je crois pouvoir ainsi rétablir cette inscription, en admettant, ce qui me paraît incontestable, qu'à la dernière lettre de la seconde ligne le lapicide a voulu corriger un Σ par un Ι.

ΙΣ[ΙΔΩΡΟΣ ΚΑΙ ΦΥ]ΣΚΩΝ
Η[ΡΩΕΣ] ΑΓΑΘΟΙ

Ἰσίδωρος καὶ Φύσκων ἥρωες ἀγαθοί.

Isidore et Physcon, braves héros.

Personne, je pense, n'admettra avec M. Judica que l'homme couché soit un héros malade, et que *il cavaliere sii qualche altro eroe suo amico o congiunto che viene a visitarlo*. Il me paraît beaucoup plus vraisemblable d'admettre que les deux personnages sont deux guerriers, peut-être le père et le fils, morts à une certaine distance l'un de l'autre ; et que le fils est représenté au moment où, monté sur le cheval de Θάνατος et escorté d'un esclave portant l'éloge funèbre prononcé sur son tombeau, il vient rejoindre son père, qui depuis longtemps a suspendu ses armes pour la dernière fois.

Ce que je viens de dire montre combien les inscriptions, même les plus insignifiantes en apparence, peuvent jeter de jour sur les représentations qu'elles accompagnent. Un monument de la collection appartenant à M. J. Dav. Weber nous en fournira une nouvelle preuve.

Ce bas-relief, dont M. Rinck a donné une description dans le *Kunstblatt* [495], représente un personnage assis dans l'attitude de la réflexion. Devant lui se tiennent debout une femme et un enfant ayant un rouleau dans la main gauche. Au-dessus du personnage assis on voit une tête de cheval et deux rameaux de laurier ou d'olivier avec un serpent enroulé. Le tout est accompagné de cette inscription :

M · ΟΠΠΙΩ ΜΕΝΑΝ
ΔΡΩ · ΟΠΠΙΑ ΕΛΠΙΣ
ΚΑΙ · Μ · ΟΠΠΙΟΣ ΦΑΥ
ΣΤΟΣ ΤΩ ΠΑΤΡΩΝΙ
ΚΑΙ ΑΤΟΙΣ ΙΟΝΤΕΣ

M. Ὀππίῳ Μενάνδρῳ Ὀππία Ἐλπὶς καὶ M. Ὄππιος Φαυστὸς τῷ πάτρωνι καὶ α[ὑ]τοῖς [ζ]ῶντες.

Oppia Elpis et M. Oppius Faustus ont, de leur vivant, élevé ce tombeau à M. Oppius Ménandre leur patron, et à eux-mêmes.

M. Rinck pense avec raison que les deux personnages debout sont Oppia Elpis et M. Oppius Faustus ; que ce dernier tient en main le *volumen* contenant l'éloge funèbre de M. Oppius Ménandre ; et qu'enfin la femme et l'enfant sont les affranchis de l'homme assis, ce qu'indiquent, suivant lui, le mot πάτρων, et les noms d'esclaves joints pour la femme au nom de la *gens*, et pour l'enfant à ce même nom et au prénom de son maître. Mais cette dernière raison n'est pas concluante. Il est bien vrai que les esclaves, en recevant l'affranchissement, prenaient le prénom et le *nomen gentilitium* de leur maître ; mais c'était aussi l'usage des Grecs affiliés à quelque grande famille [496]. C'est probablement par suite d'une semblable faveur que le Grec Ménandre porte ici les noms de M. Oppius. Ainsi donc, il n'est pas rigoureusement vrai que *habere tria nomina* soit toujours synonyme de *manumissio*, et je crois même que dans

---

[489] Part. II, tab. IX, fig. LXVII.

[490] Je ne sais quel antiquaire a pris ce serpent pour une bride à l'aide de laquelle l'enfant conduit le cheval.

[491] Les Grecs et les Romains, sur les monuments, soit funéraires, soit de toute autre nature, font souvent allusion au nom du personnage principal, soit par quelque scène mythologique où un héros homonyme joue un rôle important, soit par quelque attribut facile à saisir. Voyez Visconti, *Dissertation sur un vase peint*, insérée dans le Musée Pourtalès, p. 15 et suiv. ; et M. Raoul Rochette, *Deuxième mémoire sur les antiquités chrétiennes*, p. 58. Aux exemples cités par ces savants, ajoutez deux monuments romains reproduits par Montfaucon, *Ant. expl.* t. V, pl. XLIII : sur le premier, une femme nommée *Cypris* est représentée entre deux *cyprès* ; sur le second, *Herbasia* tient dans la main droite un *bouquet* et dans la gauche une *corbeille de fleurs et de fruits*.

[492] Tav. XIV.

[493] Celui de gauche manque.

[494] P. 119.

[495] 2 juin 1828, p. 173 et 174.

[496] Voyez *Inscript. gr. et lat. recueillies par la comm. de Morée*, t. I, p. 17 et 187.

le passage de Juvénal[497], cité par M. Rinck à l'appui de cette opinion, ce n'est pas là le sens de cette locution latine.

D'ailleurs le nom de Faustus que porte l'enfant n'est pas du tout un nom d'esclave, c'est un surnom romain très-connu que nous voyons porté par Sylla et par sa fille[498], et même par une impératrice, par la femme de Constantin.

M. Rinck explique ingénieusement les deux symboles placés au-dessus du défunt. Les branches d'olivier avec le serpent enroulé sont, suivant lui, allusion à Mercure Psychopompe. Une tradition égyptienne, dit-il, attribue à ce dieu l'invention de l'olivier, et sur une pierre gravée de Stosch, le caducée de Mercure est entouré d'un rameau de cet arbre[499]. « Nous voyons, continue-t-il, sur d'autres monuments le serpent et le cheval réunis, et nous remarquerons ici que le serpent enroulé autour de deux rameaux de laurier, et opposé au cheval, symbole du voyage dans les enfers, indique parfaitement la victoire de la vie sur la mort. »

Certes, je suis loin de blâmer cette dernière explication; mais alors il ne faut pas hésiter, comme paraît le faire M. Rinck, entre l'olivier et le laurier; il faut se prononcer pour ce dernier arbre. J'avoue cependant que je préfère voir dans le serpent enroulé autour de deux branches d'un arbre, quad qu'il soit, une représentation abrégée du symbole des Îles Fortunées, que nous avons rencontré sur tant de bas-reliefs, et que va nous offrir d'une manière incontestable le dernier monument dont il me reste à parler.

Ce monument est un cippe conservé au Vatican, dans la galerie des statues[500], et déjà publié dans les *Monumenta Mattheiana*[501]. L'inscription nous apprend qu'il a été consacré à la mémoire de P. Vitellius Successus, par Vitellia Cleopatra sa femme. Elle est ainsi conçue :

DIS MANIBVS
P. VITELLI SVCCESSI
VITELLIA CLEOPATRA
VXOR BENE MERENTI
FECIT

Sur la face antérieure et circulaire du couvercle, on voit en retraite les bustes des deux époux. Sur l'un et l'autre côté du monument un griffon, emblème fréquemment représenté sur les tombeaux; sur la face principale on lit en forme de sopha; sur ce lit un homme couché ayant à ses pieds sa femme assise qui lui donne la main. A sa droite est un palmier[502], et près du palmier un cheval. Au-dessous on lit l'inscription, gravée entre deux génies dont l'un porte un *pedum*, et l'autre une corbeille de fruits, et une guirlande de fleurs. Il est évident qu'ici, comme sur le marbre de M. Weber, l'arbre et le cheval sont réunis pour indiquer que le mort est parvenu au terme de sa course, et que ce terme c'est le séjour réservé aux hommes vertueux, les Îles Fortunées.

IX. MONUMENTS CHRÉTIENS OÙ LE CHEVAL FIGURE COMME SYMBOLE.

Je n'ai rien dit jusqu'ici d'un genre de représentations où le cheval figure avec une intention funéraire qu'on ne saurait révoquer en doute, puisqu'elles se retrouvent ou sur des vases peints[503], ou sur des cippes[504], ou sur des sarcophages[505] : je veux parler des courses de chevaux et des courses de chars qu'on rencontre sur un grand nombre de monuments tant de la Grèce que de l'Italie. Si jusqu'ici j'ai passé sous silence ces sortes de représentations, c'est que j'y vois plutôt une allégorie qu'un symbole; c'est que, suivant moi, les chevaux n'y ont un sens funèbre que par métaphore, la durée de la vie y étant assimilée à la carrière parcourue par les cavaliers ou par les quadriges. Or, ce que je me suis proposé jusqu'ici dans ce travail, c'est de rechercher, de chasser et d'expliquer tous les monuments funéraires où le cheval est rapproché, soit de celui que menace la mort, soit de celui qu'elle a frappé. Maintenant que cette partie de ma tâche est accomplie, et que je suis arrivé aux tombeaux chrétiens décorés de l'image d'un cheval, je dois consacrer quelques mots aux courses à cheval et aux courses du cirque, puisque c'est surtout ce genre de scènes que les chrétiens ont imité sur leurs monuments, en modifiant, dans le sens des croyances évangéliques, l'idée religieuse que les païens y avaient attachée.

J'ai déjà dit plus haut[506] que les courses équestres firent de bonne heure une partie essentielle des jeux célébrés à l'occasion des funérailles. C'est un fait que M. Raoul Rochette a, plus que personne, contribué à mettre hors de doute[507]. Il a prouvé d'une manière incontestable que l'un et l'autre genre de courses ne cessèrent jamais de figurer, soit sous l'une, soit sous l'autre forme, le plus souvent même sous toutes les deux, tant dans les jeux olympiques que dans les autres jeux de la Grèce[508]; et qu'enfin les jeux troyens, les *decursiones* et les courses du cirque, sont un emprunt fait par Rome à la Grèce (ou plutôt à l'Étrurie qui les tenait de la Grèce), avec une intention tout à fait analogue[509].

Si dès l'origine, comme on peut le croire, ces courses elliptiques faisaient allusion à la révolution annuelle du soleil, l'image la plus sensible du cours de la destinée humaine[510], de la mort et de la renaissance, on conçoit que cet emblème n'ait jamais cessé d'être employé, et qu'on le rencontre plus fréquent que jamais dans les derniers temps du paganisme, à cette époque où les sectateurs de l'ancien culte cherchèrent à expliquer, par des allégories, ce que leurs mythes, leurs usages religieux, présentaient de bizarre et de choquant, ou plutôt commencèrent à soulever le voile mystérieux qui en cachait le sens au vulgaire.

Les chrétiens qui, pour faciliter les conversions, s'approprièrent tout ce qui, dans les usages et dans les cérémonies extérieures du culte des faux dieux, pouvait être emprunté sans porter atteinte à leur dogme sacré, ne négligèrent pas l'emblème ingénieux des courses équestres qui marquait si bien l'heureux accomplissement du cours de la vie humaine[511]. Aussi les peintures des catacombes

---

[497] Sat. V, 128 et non pas 120. Voici le passage :

Duceris planta, velut ictus ab Hercule Cacus,
Et ponere foris, si quid tentaveris unquam
Hiscere, TANQUAM HABEAS TRIA NOMINA.

« On te prendra par les pieds comme Hercule terrassa Cacus, et l'on te
« jettera à la porte si tu te hasardes à ouvrir la bouche avec l'assurance d'un
« homme qui porterait trois noms. »

Or, ces paroles, Juvénal les adresse non pas à un esclave, mais à un obscur parasite romain, nommé Trebius, qui sans doute n'avait pas de surnom, et qui, par conséquent, n'était pas en droit de parler avec l'aplomb que donne une illustre naissance. *Tanquam habeas tria nomina* ne peut donc signifier, ainsi que paraît l'entendre M. Rinck : *comme si tu étais affranchi.*

[498] Hor. Sat. I, 2, 64.
[499] M. Rinck renvoie à Creuzer, *Myth.* I, p. 350 et suiv.
[500] Ed. Gerhard, *Beschreibung Roms*. II, 2, p. 181, n° 54.
[501] T. III, tab. LXXII, fig. 2.

[502] Sur la copie de ce cippe publié dans les *Monumenta Mattheiana*, on ne distingue point de serpent enroulé autour du palmier, et M. Gerhard n'en fait pas mention dans la description qu'il donne de ce monument. Tout porte à croire cependant que ce symbole ne peut avoir été oublié par l'artiste.
[503] Voyez les monuments cités par M. Raoul Rochette, *Mon. inéd.* p. 96 et suiv.
[504] Fabretti, *Inscr. antiq.*, c. IV, n. XII, p. 273.
[505] Visconti, *Mus. Pio Clem.* t. V, tav. XXXVIII — XLIII.
[506] P. 110.
[507] *Achilléide*, p. 96 et suiv. *Orestéide*, p. 196, note 2.
[508] *Orestéide*, l. c.
[509] Ibid.
[510] Voyez M. Raoul Rochette, *Mon. inéd.* Append. p. 396 et suiv.
[511] C'est l'opinion du P. Lupi (*Epitaph. Sever. Mart.* p. 57, 58. Dissertaz. t. I, p. 257 et sq.) adoptée par M. Raoul Rochette (*Deuxième Mémoire sur les ant. chrét.* p. 61 et suiv., et *Tableau des Catacombes de Rome*, p. 232 et suiv). Le P. Lupi rapproche ces passages de saint Paul, *Sic currite ut comprehendatis... Et cursum consummavi... In reliquo reposita est mihi corona.*

offrent-elles plus d'une fois l'image d'un vainqueur aux jeux du cirque [512]; aussi sur plusieurs tombeaux, que la présence de cet emblème doit faire regarder comme chrétiens, un cheval au repos ou en course, seul ou avec une palme, est-il joint à l'inscription. L'une des plus curieuses est une pierre sépulcrale tirée du cimetière de Saint-Callixte [513] : l'image d'un cheval avec la palme sur la tête a tout à la fois pour objet d'orner l'épitaphe et de faire allusion au nom de la jeune FELICVLA VICTOR [IA].

L'un et l'autre emblème se retrouvent sur une pierre provenant de la même source, et que Fabretti a publiée [514]. En voici l'inscription :

AVREL·PELACIANVS
QVI VIXIT·MENSIBVS
GI [515] ET DIEBVS XIII
AVREL.DECENTIVS PATRRPOS [516]

On ne rencontre que le cheval en marche sur cette inscription empruntée au même recueil que la précédente [517].

MARCIANVS
CARO FILIO
SVO

Mais la palme est réunie au cheval sur un monument publié par le P. Lupi [518], et dont je reproduis ici l'inscription :

D.M.S
LAEVIA·FIRMINA
MATER·VETTIAE·
SIMPLICIAE·FILIAE
SVAE QVAE VIXIT AN·
☾XLIII·MENSES·VI MA
TER·FILIAE·INCON
PARABILI·FECIT SIM
PLICIAE·QVAE DORM
IT IN PACE

Sur une autre pierre également citée par le P. Lupi [519], et consacrée à un chrétien nommé FLORINTIVS (sic), le symbole de la colombe est rapproché de celui du cheval.

Mais un monument plus significatif encore, c'est celui de saint Florent martyr, où près du cheval est représentée une borne [520].

Du reste, je ne puis me décider à voir, avec M. Raoul Rochette, un monument chrétien dans une amphore de verre, publiée par Fabretti [521], et sur laquelle on lit : VINCENTI PIE ZESES, formule que le savant antiquaire regarde comme chrétienne, mais qui, toute païenne d'abord et consacrée aux joies des festins [522], n'a

été que tardivement adoptée par les chrétiens, qui y joignent souvent quelque idée accessoire, d'après laquelle on ne peut pas se méprendre sur le sens de ces deux mots [523]. Au-dessous sont représentés trois chevaux avec leurs noms dans un ordre rétrograde : AEGIS OIKOYMENH ZEP, sans doute ZEPHYRVS, comme le pense Fabretti. M. Raoul Rochette est d'avis que la formule en question et la figure de trois chevaux vainqueurs remplissent ici le double objet de représenter symboliquement une victoire à la course, et d'exprimer le nom même du chrétien VINCENTIVS [524]. Ce rapprochement ingénieux trouve sans doute sa justification dans un grand nombre de monuments chrétiens; mais s'il ne s'agissait que d'un symbole, pourquoi les chevaux seraient-ils au nombre de trois? pourquoi leurs noms seraient-ils indiqués? Je soumets cette objection à M. Raoul Rochette auquel je proposerai cette autre interprétation : Vincentius, dont le nom a été de favorable augure, a remporté le prix de la course; Ægis, Œcuméné et Zéphyre, ses trois chevaux, l'ont aidé à obtenir la palme. Un ami, pour consacrer le souvenir de ce succès, lui offre un vase qui l'invite à boire et à jouir gaiement de la vie [525]. Si cette explication est exacte, le vase en question ne peut être rangé dans la section IX : il se rattacherait plutôt, bien qu'indirectement, à la section X à laquelle je me hâte d'arriver.

X. MONUMENTS FUNÉRAIRES PAÏENS OU LE CHEVAL N'EST PAS SYMBOLIQUE.

Je diviserai en trois classes les monuments qui se rattachent à cette X° section : 1° les monuments élevés par les Grecs aux guerriers morts pour la patrie; 2° les cavaliers romains et notamment les *équites singulares*, et 3° les *chevaux de course*.

§ 1. *Monuments élevés par les Grecs aux guerriers morts pour la patrie.*

L'un des traits caractéristiques de la nation grecque, c'est la reconnaissance pour les services rendus à la patrie. Mais de tous les États helléniques, aucun ne porta ce noble sentiment plus loin que les Athéniens. Là, après d'imposantes cérémonies, après que l'orateur le plus distingué avait, devant tout le peuple assemblé, prononcé leur éloge funèbre, les guerriers morts pour la patrie étaient ensevelis, aux frais de l'État, dans le Céramique, où un monument commun, exécuté par les artistes les plus habiles, transmettait à la postérité le souvenir de leur généreux dévouement. Tout porte à croire qu'un type particulier fut adopté de bonne heure à Athènes pour ce genre de tombeaux, et imité plus tard par les autres villes de la Grèce. Ce qu'il y a de certain, c'est qu'on connaît cinq exemples certains de ces monuments; que tous offrent des variantes notables, et que sur deux d'entre eux figure un cheval, ce qui ne me permet pas de les passer ici sous silence.

---

[512] Bottari *Pitture e sculture*, t. III, tav. CLX, n. IV et V. J'emprunte cette citation et la plupart de celles qui suivent au second mémoire de M. Raoul Rochette sur les antiquités chrétiennes, p. 61 et suiv. Je me plais à reconnaître ici tout ce que cette partie de mon travail doit à cette savante dissertation.
[513] Boldetti *Osserv.* p. 215.
[514] *Inscript. antiq.* c. VIII, n. XV, p. 549.
[515] Peut-être faut-il voir ici dans ces deux lettres la copie inexacte d'un D retourné et représentant, à l'imitation du Λ, le nombre X.
[516] PAT[ER] POS(VIT).
[517] Op. cit. c. V, n. 216, p. 384.
[518] *Epitaph. Sev. Mart.* p. 57.
[519] *Epitaph. Sev. Mart.* tab. IX, fig. 1.
[520] Lupi *Dissertaz.* t. I, p. 258 ad fin.
[521] C. IV, n° 168, p. 277. Buonarroti l'a reproduit, *Vetri*, tav. XXIX, fig. 2, p. 209 sqq.
[522] Voyez *Inscr. gr. et lat. recueillies par la comm. de Morée*. T. I, p. 169, note 7. Au fond d'un verre publié par Fabretti, c. VII, n. LVI, p. 539, et reproduit par Montfaucon, *Ant. expl.* I, pl. 110, fig. 4, on voit les trois Grâces avec cette inscription : GELASIA·LECORI·COMASIA PIETE ZESETE ET MVLTIS ANNIS·VIVATIS.
[523] Assez souvent, sur les monuments chrétiens, à la formule PIE ZESES on trouve ajouté EN AΓAΘOIΣ, comme sur l'inscription d'un vase de verre trouvé à Rome en 1732, et publié par le P. Lupi, *Epitaph. Sever. Mart.* p. 193, ou quelque figure d'apôtre, comme sur le monument publié par Fabretti, *Inscr. Ant.* c. VIII, n. CXXI, p. 594.
[524] Aux chrétiens seuls n'appartient pas l'idée de faire allusion, sur les représentations figurées dont sont décorés les tombeaux ou les vases, aux noms des individus que ces monuments concernent. Voyez plus haut note 487, et Fabretti, c. III, n. XXXVII, p. 186, où sur un cippe consacré à *Laberia Daphnè* on a représenté Daphné au moment de sa métamorphose. M. Raoul Rochette a plusieurs fois cité cet exemple curieux. Voyez *Deuxième mémoire sur les antiq. chrét.* p. 68; et *Journal des savants*, janvier 1835, p. 26. Sur un monument de Délos publié t. III, pl. 14, fig. IV de cet ouvrage, un certain *Nicéphore* est représenté dans l'attitude d'un guerrier combattant.
[525] Cette interprétation se rapproche de celle qu'a émise Buonarroti, *Vetri*, p. 214 et sqq.

(142)

Le type de ces stèles funèbres se retrouve, à n'en point douter, dans un bas-relief appartenant aujourd'hui au musée royal [526]. Publié pour la première fois par Winckelmann [527] qui l'a possédé, il a été reproduit successivement par d'Hancarville [528], par M. de Clarac [529], et par M. K. O. Müller [530]. De chaque côté d'une stèle à deux étages sur laquelle est placée une statue de Minerve ἐνόπλιος, et autour de laquelle est enroulé un serpent, on voit une figure en pied ; à droite une Victoire ailée, et le front ceint d'une bandelette, tient dans la main gauche une palme, et de la droite présente au serpent un objet effacé par le temps, mais qui ne peut avoir été autre chose qu'une patère; à gauche est un guerrier barbu, le casque au front et la javeline sur l'épaule droite. Il est vêtu d'une tunique courte recouverte d'une cuirasse. Sur son bras gauche flotte une écharpe dont les plis inférieurs, comme sur tous les monuments de style archaïque, se terminent en éventail ou plutôt en queue de poisson. Ses jambes et ses pieds sont nus. Tout le poids de son corps porte sur la jambe gauche, car la droite est repliée. Cette attitude et la pose penchée de sa tête annoncent, comme l'a remarqué M. Raoul Rochette [531], la mélancolie et la réflexion. Contre le pied de la stèle est appuyé un bouclier argien, qui est sans doute celui du guerrier, et que quelques antiquaires ont pris à tort pour une roue.

Ce monument a donné lieu à des interprétations très-différentes. Winckelmann veut trouver dans le guerrier une assimilation à Philoctète qui vient d'être mordu par un serpent [532] ; la femme ailée est Hygie qui va lui rendre la santé, ou la Victoire qui l'appelle devant Troie; enfin la divinité placée sur l'autel est Pallas χρυσᾶ, et le serpent le génie du défunt. Suivant d'Hancarville [533], ce monument et tous ceux du même genre ont rapport à la fondation d'une ville; le bouclier marque que le chef des colons doit s'arrêter dans un lieu consacré à Minerve; ici ce chef est Thésée qui, en réunissant autour d'Athènes les différents peuples de l'Attique, fut le deuxième fondateur de la ville [534], et le serpent est le gardien de la citadelle dont parlent Hérodote [535] et Aristophane [536]. Visconti, dans sa description du musée du musée royal [537], admet l'explication du serpent et l'origine athénienne de ce monument, mais il ne reconnaît dans le guerrier ni Philoctète ni Thésée; suivant lui, c'est Thémistocle ou Cimon offrant un sacrifice à Minerve Poliade à la suite d'une victoire navale, ce qu'indique l'aigrette de vaisseau [538] que tient la Victoire. M. de Clarac [539] rapporte l'opinion de Winckelmann et celle de Visconti, et ne se prononce ni pour l'une ni pour l'autre. Feu M. Petit-Radel [540], plus réservé que Visconti dans son système d'interprétation, s'est contenté de voir ici un sacrifice fait par un guerrier à Minerve Poliade; et cette explication, bien qu'insuffisante et inexacte, a obtenu l'approbation de Zoega [541], de M. K. O. Müller [542] et de M. Welcker [543], qui la trouve *indubitable*, et ajoute cependant que *ces représentations appartiennent à des monuments sépulcraux*. M. Raoul Rochette et M. Labus réfutent, avec raison selon moi, l'une et l'autre interprétation.

Le second monument de ce genre est celui que Winckelmann [544] dit avoir vu en la possession d'un gentilhomme écossais, nommé Archibald Menzies, et qui avait été rapporté de la Grèce avec plusieurs autres antiquités. Sur ce monument est gravée une inscription funéraire se rapportant à un seul individu [545], ce qui ne permet pas de la confondre avec le bas-relief du musée britannique dont je vais parler, et qui est le troisième dans l'ordre des publications.

Ce bas-relief, ainsi que nous l'apprend feu Taylor Combe [546], a été apporté en Angleterre par un M. Topham, en 1725, et donné au musée britannique par sir J. Banks en 1780, ce qui prouve encore qu'on ne peut le confondre avec celui d'Archibald Menzies. D'Hancarville est le premier qui l'ait fait connaître [547]. Le sujet qu'il représente est tout à fait analogue à celui du musée royal, bien qu'avec quelques variantes notables. À la Victoire est substituée une femme qu'on peut prendre pour Hygie ou pour une prêtresse [548] ; la statue de Minerve est remplacée par un trophée avec un serpent enroulé, et derrière le guerrier est la partie antérieure d'un cheval au-dessus de la croupe duquel on aperçoit la tête nue d'un homme. D'Hancarville [549] pense que ce monument fait allusion à la fondation d'une colonie; que le serpent est le dieu conducteur dont parle Orphée [550]; suivant lui encore, le cheval indique que les colons viennent de loin, et enfin le guerrier est le chef qui médite *comme pour penser où il s'arrêtera*. Chose singulière, il ne dit pas un mot des deux inscriptions grecques gravées sur les côtés de cette sculpture, et qui, par leur nature funéraire, annihilent entièrement cette interprétation. Ces deux inscriptions, qui n'en forment qu'une seule [551], contiennent les noms de vingt-huit guerriers de différentes contrées de la Grèce; et ce qui, indépendamment de l'exemple fourni par le monument de Menzies, ne permet pas de douter du sens funéraire du monument, c'est que tous les noms y sont au datif.

Nous devons la connaissance du quatrième bas-relief à M. K. O. Müller, qui l'a publié dans l'*Amalthœa* de feu Böttiger [552]. Ce monument fait partie de la collection de H. Brundell, qui a été gravée et publiée en 1809 [553]. Les planches de ce recueil très-rare sur le continent et même en Angleterre ont été malheureusement exécutées avec assez peu de soin, à en juger par celle que M. Müller a reproduite. On peut se convaincre cependant que ce bas-relief est, comme tous les autres du même genre, dans le style funéraire. C'est du reste le plus simple de tous. Le guerrier, le cheval et l'escorte n'y figurent pas ; on n'y voit que la Victoire ailée versant de son œnochoé une libation dans une coupe qu'elle pré-

---

[526] Voyez *Description du musée royal des antiques du Louvre*, n° 175.
[527] *Mon. inéd.* pl. 120.
[528] *Recherches sur les arts de la Grèce*, t. 1, pl. XXIX, p. 489, note 163.
[529] *Mus. de sculp. ant. et mod.* pl. 223, n° 255.
[530] *Mon. de l'art antique*, pl. XIV, fig. 48.
[531] *Mon. inéd.* p. 287. L'explication donnée par ce savant, et que je reproduirai plus bas, me paraît la seule admissible.
[532] M. le docteur Labus, *Mus. Patr. Accad. di Mantova*, vol. III, p. 42, fait remarquer avec raison que le serpent *non può essere simbolo insieme di una ferita e della guarigione di essa*.
[533] Loc. cit.
[534] S'il est nu-pieds, c'est, s'il faut en croire d'Hancarville, par allusion au mythe qui lui fait retrouver sous une pierre l'épée et les chaussures qu'Égée son père y avait cachées.
[535] VIII, 41. Ὄφιν μέγαν φύλακα τῆς ἀκροπόλιος.
[536] *Lysistr.* 759. Βρ. τὸν ὄφιν... τὸν οἰκουρόν.
[537] N° 137. (Paris, 1817) *OEuvres div.* t. IV, p. 479.
[538] M. de Clarac (*Descript. des antiques*, etc., n° 125) donne à cette aigrette le nom latin d'*aplustre;* celui d'ἀκροστόλιον que lui assigne M. Welcker (*Ann. de l'Inst. arch.* t. V, p. 162) me paraît beaucoup plus convenable. Mais l'objet que tient la Victoire est réellement une palme.
[539] Loc. cit.
[540] *Monuments du Musée Napoléon*, t. IV, pl. XI, p. 33-36.

[541] *Bassirilievi*, t. I, p. 260.
[542] Loc. cit.
[543] Loc. cit.
[544] Op. cit. p. 162.
[545] *Or v'ha un iscrizione greca, ma questa spetta ai defunto, senz'aver parola che ne riguardi la scultura.* Tout le système d'interprétation de Winckelmann s'est résumé dans ces paroles. Il semblerait, suivant lui, que tout monument doit avoir un sens mythologique précis et déterminé, et il ne suffit pas qu'une inscription funéraire, quoiqu'elle n'offre que le nom du mort, suffit pour mettre sur la voie du sens allégorique ou symbolique des sculptures qui ornent le monument.
[546] *Ancient Marbles in the British Museum*. P. II, pl. XLI.
[547] Cette dernière opinion est celle de M. Raoul Rochette, *Mon. inéd.* p. 288, et de M. K. O. Müller, *Amalthœa*, t. III, p. 50.
[548] Loc. cit.
[549] *Hymn.* 72, 1.
[550] Voyez Boeckh, *Corpus Inscr. gr.* n° 1936.
[551] T. III, pl. V, p. 48-52.
[552] *Engravings and etchings of the principal statues, busts, bassreliefs, sepulcral monuments, cinerary urns in the collection of H. Blundell Esq. at Ince.* 1809, 2 vol. folio.

sente à un serpent qui se dresse devant un piédestal sur lequel est placée une statue de Minerve ἔνοπλος [554]. Contre la base de la statue est placée une cuirasse garnie de ses franges [555]. M. Müller adopte, comme feu Petit-Radel, l'interprétation de Visconti, et y voit un sacrifice offert à Minerve Poliade par un général athénien, en réjouissance d'une victoire qu'il a remportée.

Le cinquième monument appartient au musée de Mantoue, et a été publié récemment par M. le docteur Labus [556], avec une savante explication qui résume toutes les opinions émises sur ce genre de composition. Le sujet de ce bas-relief est, comme celui dont je viens de parler, plus simple que les trois premiers, en admettant ce qui est probable, que celui de Menzies est en tout semblable à celui de Winckelmann. La Victoire ou la prêtresse n'y paraît pas; le guerrier, dans l'attitude et dans le costume consacrés, la lance renversée et suivi de son cheval derrière lequel s'élève un arbre, présente un objet mutilé à un serpent enroulé autour d'un pilastre qui repose sur une base en forme d'autel, et porte une architrave. M. Labus n'a approuvé aucune des explications que je viens de résumer, et, avec grande raison, a cru devoir adopter celle qu'a proposée M. Raoul Rochette [557]. Tous ces monuments, dit ce savant académicien, sont des *stèles*, *érigées sur un tombeau commun*, *à plusieurs guerriers morts ensemble sur le même champ de bataille dans quelque expédition glorieuse* [558]. Le SACRIFICE AUX MANES *de ces guerriers est représenté de la manière la plus conforme à toutes les données de l'art antique, par la* PRÊTRESSE *ou plutôt la* VILLE *personnifiée*, ΠΟΛΙΣ, *qui offre une* LIBATION AU SERPENT *gardien sacré des mânes. Le* GUERRIER *qui s'associe*, LA TÊTE PENCHÉE, *dans une attitude triste et affligée*, *à cet acte religieux*, *exprime par une de ces abstractions si familières au génie des anciens*, L'ARMÉE ENTIÈRE, *la* ΣΤΡΑΤΟΣ, *personnifié dans un seul homme; et la* PARTIE ANTÉRIEURE DE CHEVAL *avec une* TÊTE D'HOMME *sculptée au-dessus*, *indique, dans le même système d'abréviation symbolique, la condition équestre des guerriers en l'honneur desquels étaient consacrés ces monuments*.

Quelques détails de cette ingénieuse explication pourront sans doute laisser des doutes aux esprits difficiles ou timides [559]; mais le fond me paraît hors de doute, et le sens donné au guerrier me paraît des plus heureux. Le monument de Mantoue, que M. Raoul Rochette ne connaissait point encore lorsqu'il a publié son beau travail, ne peut donner lieu à aucune incertitude sur la destination funéraire de ces bas-reliefs, puisque, comme l'a fort bien vu M. Labus, il nous offre le tombeau ou plutôt l'*heroum*.

Les variantes nombreuses que présentent ces différents monuments prouvent, selon moi, jusqu'à l'évidence qu'on aurait tort de les rattacher tous à la ville d'Athènes. Les seuls qui lui appartiennent avec certitude sont celui du musée royal et celui de Blundell. Peut-être doit-on y joindre celui de Menzies, s'il est en tout point semblable à celui de Winckelmann. Quant au marbre du musée britannique, il ne peut, comme l'a très-bien prouvé M. Boeckh [560],

provenir d'Athènes, puisqu'on n'y trouve aucun nom athénien, et qu'à la statue de Minerve on a substitué un trophée. L'absence de cette statue doit également faire rattacher à une autre localité le marbre de Mantoue, bien que M. Labus voie dans l'arbre l'indication du Céramique extérieur.

De l'inscription du marbre de Londres on peut tirer cette conséquence, que tous ces monuments étaient accompagnés d'une liste de guerriers morts, et que le marbre de Menzies est tronqué, puisque son inscription ne contient qu'un seul nom. Bien plus, il est vraisemblable, à en juger par le type invariable du guerrier, qu'à toutes les listes de soldats athéniens morts pour la patrie, qui sont contenues dans le *Corpus* [561], devaient être joints des bas-reliefs semblables à celui du Winckelmann ou à celui de Blundell.

Enfin, et cette dernière observation se rattache particulièrement à mon sujet, si le cheval indique ici que les guerriers morts étaient à Athènes des ἱππεῖς, des τὴν ἱππάδα τελοῦντες, et ailleurs des ἱππέες, des ἱπποβόται [562], on peut conclure que les monuments où il manque se rapportent à des ὁπλῖται; ce qui me porterait à concéder que sur quelques monuments attiques, indiqués dans les sections II et III de ce travail, le cheval, indépendamment du sens funéraire que je lui ai donné, annonce aussi quelle avait été la profession guerrière du mort.

§ 2. *Equites singulares.*

On a beaucoup discuté sur le sens qu'il convient de donner à ces deux mots *equites singulares*, ou *singularii*; ce qu'il y a de plus vraisemblable, c'est que les cavaliers désignés par ce nom étaient ainsi appelés, soit parce qu'ils composaient une troupe d'élite, soit parce qu'ils étaient plus particulièrement attachés à la garde de l'empereur. Les monuments funéraires relatifs aux membres de ce corps sont assez nombreux, et tous, à quelques légères variantes près, offrent le même type. Le portrait du mort en buste, ou couché, occupe ordinairement la partie supérieure; vient ensuite l'inscription, puis un petit bas-relief représentant, suivant le grade du mort, un ou plusieurs chevaux, seuls ou conduits par un serviteur. Mais ce qui caractérise particulièrement ces pierres, c'est que les chevaux y sont toujours couverts d'une large bande d'étoffe garnie de franges. Chose assez remarquable, tous ces *equites* meurent avant 40 ans; tous sont des étrangers, de la Germanie *secunda* [563] et *Superior* [564], du Noricum [565], de la Rhétie [566], de la Pannonie [567], de la Dacie [568], de la Thrace [569], de la Syrie [570], de la Mauritanie Césarienne [571]. L'inscription porte d'ordinaire l'indication de la *turma* à laquelle appartenait le mort, du corps où il avait servi avant d'entrer dans cette arme du cheval [572]. Le chef de ce corps, créé par Auguste [573], prenait le titre de *præpositus* [574].

Les différents grades que nous font connaître les inscriptions, sont ceux de *Armorum custos* [575], de *Tubicen* [576], de *Decurio* [577], de *Vexillarius* [578], et de *Sesquiplex* [579], probablement subordonné au décurion.

---

[551] Minerve a le casque en tête et la lance à la main; elle est vêtue d'un χιτών à larges plis, que recouvre un πέπλος; par-dessus le πέπλος est un ἐπιβλήτιον, et par-dessus le ἐπιβλήτιον l'égide. C'est, comme l'a fait remarquer M. Müller, le costume qui était généralement attribué à cette déesse avant Phidias.

[552] Ce qui prouve que l'objet placé au pied de l'autel sur le marbre du musée royal, est un bouclier et non pas une roue, comme le pense M. K. O. Müller, *Amalthæa*, t. III, p. 51.

[553] *Op. cit.*, pl. VII, p. 38-45.

[554] *Mon. inéd. Odysséide*, p. 289 et 426.

[555] Le savant antiquaire cite un grand nombre d'exemples de ces tombeaux communs appelés ordinairement μνῆμα κοινόν ou πολυάνδριον. Voyez op. cit., p. 289, note 1.

[556] Pour ma part, j'ai de la peine à ne pas voir une Νίκη dans la femme, le plus souvent ailée, qui fait la libation. — D'un autre côté, sans nier le sens donné au cheval, je ne crois pas que la manière dont il est représenté sur le marbre du musée britannique tienne à un *système d'abréviation symbolique*, puisqu'on le trouve tout entier sur le marbre de Mantoue.

[557] *Corpus Inscr. gr.*, n°s 166 et 1936.

[558] N°s 165-169.

[559] Voyez M. Raoul Rochette, op. cit., p. 289, note 2.

[560] Fabretti V, n. 79, p. 358.

[561] Ibid. n. 78.

[562] Oderici *Dissert.* p. 310.

[563] Montf. *Ant. expl.* t. V, pl. LXXXVIII, fig. 1, 2, 6.

[564] Fabretti V, n. 70, 93.

[565] Id. V, n. 80.

[566] Ibid. n. 71.

[567] Montf. l. c. fig. 4. Oderici op. cit. p. 313.

[568] Montf. l. c. fig. 6.

[569] Fabretti V, n. 74.

[570] Ibid. n. 71. ALLECTV[S] EX·ALA·I·ILLYRICOR[VM].

[571] Fabretti V, n. 68, p. 355.

[572] Ibid. n. 69, p. 356.

[573] Fabretti V, n. 72, p. 357. Ce titre se retrouve sur un fragment publié par Caylus III, 66, 2, et doit, ainsi que le cheval qui est sculpté au-dessous de l'inscription, faire ranger ce monument dans la classe qui nous occupe.

[574] Fabretti V, n. 82, p. 358.

[575] Oderici *Dissert.* p. 310. Fabretti V, n°s 85, 87, p. 359.

[576] Oderici op. cit. p. 312.

(144)

Ainsi, cette classe de monuments, à moins que l'inscription n'ait disparu, ne peut donner lieu à aucune incertitude, et, même dans l'absence de l'inscription, l'équipement du cheval suffit seul pour prémunir contre toute erreur.

Du reste, sur les monuments romains le cheval n'indique pas seulement un *eques singularis*, on le trouve aussi sur des tombeaux élevés à des guerriers servant dans d'autres corps de cavalerie [580], et il est probable qu'il devait aussi figurer quelquefois sur les tombeaux des *equo publico donati, honorati*, etc.

§ 3. *Chevaux de course.*

De tous temps les Grecs attachèrent la plus haute importance aux victoires remportées à la course des chars dans les jeux olympiques; et les Romains, de leur côté, ne mettaient pas moins de prix aux couronnes obtenues dans le cirque. Aussi les chevaux qui leur avaient assuré la palme étaient-ils l'objet d'une reconnaissance dont les effets s'étendaient au delà même de leur vie. Ainsi, le père du vainqueur de Marathon, Cimon, fils de Stésagoras, avait élevé un tombeau dans le Céromique [581] aux cavales qui lui avaient, trois fois consécutives, remporté le prix aux courses d'Olympie [582]. Le Lacédémonien Évagoras avait aussi, pour un pareil succès, fait à son attelage des funérailles magnifiques [583]. Sans doute sur ces deux monuments le quadrige vainqueur devait être représenté comme il l'était sur l'offrande consacrée par Miltiade à Olympie [584].

Mais ce n'était pas seulement aux cavales olympioniques [585] qu'on élevait des monuments funéraires; les chevaux favoris des princes furent souvent honorés d'une pareille distinction. Ainsi Alexandre, qui faisait tout sur des proportions gigantesques, bâtit une ville autour du monument qui renfermait les restes de Bucéphale [586]; ainsi Auguste fit construire un tombeau à son cheval [587]; ainsi Adrien composa lui-même l'épitaphe de Borysthènes, son coursier favori [588]. Les particuliers imitèrent l'exemple des rois. A Agrigente, on voyait plusieurs pyramides sépulcrales consacrées à des chevaux [589]; l'Anthologie grecque [590] nous a conservé une épigramme de la poétesse Anyté, qu'un Grec nommé Damis avait gravée sur la tombeau de son cheval de guerre, mort sur le champ de bataille, et l'Anthologie de Burmann nous prouve que les muses latines n'avaient pas non plus négligé ce sujet de composition [591]. On peut conjecturer, avec vraisemblance, que sur la plupart de ces monuments on avait retracé l'image des coursiers auxquels ils étaient consacrés. Ce qui le permet guère d'en douter, c'est que sur le petit nombre de monuments de ce genre qui sont parvenus jusqu'à nous, et dont la plupart sont romains, les chevaux vainqueurs sont ordinairement représentés [592]. N'ayant pas le loisir de composer une liste exacte des monuments de ce genre, je me contenterai de citer les exemples que ma mémoire me fournit; et d'abord je parlerai d'un cippe à fronton triangulaire, publié par Montfaucon [593]. Sur la face antérieure on voit un homme vêtu de la tunique courte et le palliolum sur l'épaule, ayant devant lui deux chevaux à l'un desquels il donne à manger dans une corbeille de forme ronde. A droite de sa tête on lit cette inscription :

AQVILO · N · K [594] · AQVILO
NIS VICIT CXXX
SECVND · TVLIT
LXXXVIII
TER · TVLIT [595]
XXXVII

Et cette autre à gauche :

HIRPINVS N · AQVILO
NIS VICIT CXIIII [596]
SECVNDAS [597] TVLIT
LVI TER [598] TVL
XXXVII

Au-dessous du bas-relief est gravée cette épitaphe :

D · M ·
CLAVDIA HELICE
FEC · L · AVILL [599] · DIONYSIO
COND · GR · RVSSATAE [600]
CONIVGI DIGNISS ·

A Aquilon (noir mal-teint) fils d'Aquilon. Il a vaincu cent trente fois, a remporté le second prix quatre-vingt-huit fois, et le troisième trente-sept fois.

A Hirpin petit-fils d'Aquilon. Il a vaincu cent quarante fois, a remporté le second prix cinquante-six fois, et trente-six fois le troisième.

Aux dieux mânes.

Claudia Helicé a élevé ce monument à L. Avillius, chef de la faction [601] Russata, époux très-digne.

---

[580] Voyez Ol. Kellermann, *Vigilum romanorum lateraria*, etc. Rome, 1835, 4°, n° 134, p. 56; 137, p. 57; 241, p. 66. Cet important recueil contient aussi l'indication d'un assez grand nombre de monuments relatifs à des *equites singularis*. Voyez n°° 211, 213, 214, 215, 217, 218, 224, 230, 231, 233, 236. Sur plusieurs pierres sépulcrales se rapportant à des *equites singularis*, le cavalier est représenté combattant contre un sanglier avec l'aide de son chien. Voyez n°° 222, 225, 226, p. 64; 232, p. 65. Les nombreuses répétitions de ce type ne permettent pas d'y voir une allusion au goût du mort pour la chasse. Si je ne me trompe, le cavalier est représenté sous son costume guerrier, et sa mort est, avec une intention mystique, assimilée à celle d'Adonis.

[581] Suivant Hérodote VI, 103, et Plutarque, *vie de M. Caton*, ch. 5, ce monument était voisin de celui où reposaient les restes de Cimon.

[582] Hérod. VI, 103. Ælian. *H. A.* XII, 40, attribue ce fait à Miltiade; sans doute parce que, d'après le témoignage d'Hérodote, Cimon avait abandonné l'honneur de l'une de ses victoires à son frère utérin Miltiade, à qui peut-être Cimon confia le soin d'élever le monument en question.

[583] Ælian. *H. A.* l. c.

[584] Pausan. VI, 10, 2.

[585] Columel. *de R. R.* III, 9.

[586] Plin. *H. N.* VIII, 54.

[587] Ibid.

[588] Ἀποθανόντι γὰρ αὐτῷ καὶ τάφον κατεσκεύασε, καὶ στήλην ἔστησε καὶ ἐπιγράμματα ἐπέγραψεν. Dio. Cass. LXIX. Cf. Spartian. *Hadrian.* c. 20.

[589] Plin. l. c. Cf. Diod. Sic. t. I, p. 607, 70.

[590] Anth. Lips. T. I, p. 200. Anth. Pal. VII, 208.

[591] Anson. Epitaph. XXXV, L. IV, n. CCCXCIX, t. 2, p. 290. Voyez encore le quatrain en iambiques dimètres, publié par Marini, *Atti de Frat. Arv.* I, p. 67, et reproduit dans la collection de M. Orelli, n° 4322.

[592] Voy. Moratori DCXXV, 2. C'est le même monument publié par Burmann, *Anth. lat.*, l. IV, n. CCCXCIX. Le cheval [N1]COP[H]ORVS est représenté sur cette stèle, lancé au galop.

[593] *Ant. expl.* t. V, pl. XLVI, fig. 1.

[594] Montf. AQVILONI. Gret. AQVILON · K. Mais à en juger par l'autre inscription, la leçon de Fabretti est la seule véritable et doit s'entendre de la couleur du cheval, c'est-à-dire, de cette nuance de noir que les dévots appellent *noir mal-teint* : N(iger) K(aesius).

[595] Gruter, CCCXXXVIII, 5, et Fabretti, c. IV, n. 167, p. 276, font deux lignes de TER TVLIT. J'ai suivi la copie de Montfaucon qui, prise sur le monument même, doit être la plus exacte.

[596] Fabretti CXIII.

[597] Fabretti SECVNDAS.

[598] Montf. FER.

[599] Montf. AVI-LL.

[600] CONDITORI GREGIS. Cf. Gruter CCCXXXVIII, 4. MLXXXIX, 3. Reines. V, 56. Cf. Marini *Frat. Arv.* p. 214.

[601] Ce qui prouve en faveur du sens que je donne au mot CONDITOR, c'est

D'où l'on est porté à voir L. Avillius dans l'homme représenté sur ce cippe, et dans les deux chevaux placés près de lui les deux coursiers célèbres auxquels il avait dû de si nombreuses victoires.

Nous retrouverons encore un quadrige victorieux sur une stèle funéraire publiée par Fabretti [602], et offrant une assez longue inscription entre deux bas-reliefs. Le premier représente un homme couché entre deux enfants dont l'un, ailé et à genoux, tient une torche allumée dans la main droite, et l'autre, assis près de sa tête, semble vouloir la prendre dans ses bras. On lit ensuite cette inscription :

DIIS MANIBVS
T·FLAVI·AVG·LIB·
ABASCANTI
A COGNITIONIBVS
FLAVIA·HESPERIS
CoNIVGI SVO
BENE MERENTI
FECIT
CVIVS DOLORE NIHIL
HABVI NISI MORTIS

SCORPVS·INGENVO·ADMETO·PASSERINO·ATMETO.

Au-dessous de l'inscription est représenté un *agitator circensis*, la palme dans une main, une couronne dans l'autre, et les rênes,

suivant l'usage, attachées autour du corps. Il est monté sur un char attelé de quatre chevaux en pleine carrière.

Il est facile de le reconnaître, ce monument se compose de deux parties bien distinctes : 1° le souvenir consacré par Flavia Hespéride à son époux, Flavius Abascantus, chargé par l'empereur Domitien [603], dont il était affranchi, de prendre connaissance des procès auxquels pouvaient donner lieu les jeux du cirque; et 2° l'image de Scorpus accompagné des quatre chevaux qui ont remporté le prix sous sa conduite.

Mais quel rapport ces deux parties ont-elles entre elles? Aucune, à moins que l'on ne considère l'indication de la victoire de Scorpus comme la date de la mort d'Abascantus, ce que semble confirmer cette autre inscription que j'emprunte au même recueil [604] :

VICIT·SCORPVS·EQVIS·HIS
PEGASVS·ELATES·ANDRAGMO·COTYNUS

Je suis arrivé au terme de cette longue dissertation qui, malgré son étendue, présentera sans doute bien des lacunes; je n'ai pas eu la prétention d'embrasser dans leur ensemble tous les monuments qui pouvaient se rattacher à la question que je me suis proposé de traiter. Mon but sera atteint si j'ai appuyé de preuves suffisantes la classification que j'ai proposée des monuments où le cheval figure, soit avec une intention symbolique, soit avec une signification directe.

---

une inscription où un *agitator* nommé *Thallus*, et sur lequel on peut consulter la note 603, est dit esclave d'un parent de notre Avillius appelé *L. Avillius Planta*. Les *conditores* étaient donc des entrepreneurs qui faisaient courir leurs esclaves comme aujourd'hui les membres du *Jockey-club* font courir leurs palefreniers.

[601] C. IV, n. XII, p. 273.

[602] Scorpus mentionné sur ce cippe était contemporain d'un autre cocher célèbre nommé Thallus; c'est ce que prouve ce vers de Martial (IV, 67) :

Praetor ait : Scis me Scorpo Thalloque daturum.

Or une inscription rapportée par Fabretti (IV, n. 158, p. 274) prouve que ce Thallus vivait sous Domitien. Le nom de Flavius porté par Abascantus, vient encore ajouter une nouvelle preuve à cette assertion.

[604] Fabretti IV, n. 169, p. 277.

Suivent les planches 59, 60, 61, et 62.

ROUTE D'ARGOS A MYCÈNES.

Mycènes est au nord d'Argos. Pour y arriver en sortant de cette dernière ville, il faut suivre constamment une route qui traverse une vaste plaine. Presque immédiatement en quittant Argos, on laisse à gauche un monticule où se voit une chapelle moderne qui remplace probablement quelque monument antique. Excepté le fleuve Xérias (Charadrus), et, plus loin, l'Inachus, ainsi qu'un Khan, où l'on trouve une fontaine assez curieuse, toute cette route n'offre rien de remarquable jusqu'au village de Karvaty, situé au bas de la montagne, sur laquelle on peut reconnaître encore aujourd'hui les ruines de l'antique cité des Atrides*.

MYCÈNES.

La ville de Mycènes tient une place distinguée dans les ouvrages d'Homère; elle présente encore de nos jours les restes les plus extraordinaires d'archéologie ancienne qu'on ait jamais découverts: son origine est attribuée à Persée, et son nom, suivant Pausanias, lui vient du mot grec μύκης, qui signifie *champignon* ou *garde d'une épée;* configuration que présentait l'Acropole qui dominait la ville [1].

Homère appelle Mycènes *la bien bâtie*, εὐκτίμενον πτολίεθρον, et parle de la largeur de ses rues. Du temps de Thucydide, de Strabon, et même de Pausanias, cette ville était à peu près dans le même état de dévastation que celui où nous la voyons aujourd'hui.

L'histoire nous apprend que Mycènes perdit beaucoup de sa célébrité après la destruction de la famille d'Agamemnon; et les Argiens, jaloux d'avoir vu quatre-vingts de ses habitants prendre part au combat des Thermopyles, mirent fin à l'existence de cette ville peu de temps après l'invasion des Perses, c'est-à-dire 468 ans avant J. C. La place ayant été prise et détruite à cette époque, une partie de ses habitants se réfugia à Cléones; d'autres, en plus grand nombre, se retirèrent en Macédoine, auprès d'Alexandre, et le reste vint s'établir à Cérynée, dans l'Achaïe [2]. Cette ville avait existé 913 ans depuis sa fondation par Persée.

Quoique Mycènes et Argos aient été, à une même époque, les deux capitales de l'Argolide, la seconde de ces villes reçut seule de ses rois, des embellissements qui ne furent pas jugés nécessaires à Mycènes; cette dernière étant regardée sans doute comme ville militaire, et, par cette raison, comme devant être exposée aux désordres qui sont toujours inévitables pendant les temps de guerre. Aussi Pausanias, si minutieux et si prodigue dans la belle description qu'il fait d'Argos, parle-t-il moins longuement de la ville qui dans ce moment nous occupe, par cela même que nuls restes d'architecture élégante ne s'y retrouvaient. Quant au fameux temple de Junon, orné de la statue toute en or de cette déesse, il se trouvait à 15 stades de Mycènes [3].

La sécheresse presque constante qui règne sur les monts et dans la plaine environnant Mycènes confirme et la fable que Pausanias rapporte sur cette ville, et l'épithète qu'il lui donne [4], épithète qui, tout en faisant allusion seulement à Argos, peut aussi s'appliquer à Mycènes qui fut bâtie depuis; ces deux villes anciennes étant sur le même territoire, et ne se trouvant éloignées l'une de l'autre que d'environ 50 stades.

* DISTANCE D'ARGOS A MYCÈNES.

En partant du théâtre, à 15 minutes, chapelle sur un monticule, à gauche. A 27 m., pont sur le fleuve Xérias. A 7 m., autre pont sur l'Inachus. A 50 m., khan, près duquel on voit un arbre, une citerne, et des ruines d'habitation. A 11 m., Karvaty village. A 15 m., Mycènes, ruines du trésor d'Atrée.
Distance totale : 2 heures 5 minutes.

---

[1] Voy. Pausanias, *Corinthie*, liv. II, chap. XVI.
[2] Voy. Hérodote, liv. IX, chap. XXVIII; Diodore de Sicile, liv. II, chap. LXV; Pausanias, *Achaïe*, liv. VII, chap. XXV.
[3] Pausanias, *Corinthie*, liv. II, chap. XVII.
[4] Pausanias, *Corinthie*, liv. II, chap. XV.

Le lieu où fut fondée la ville de Mycènes était on ne peut mieux choisi comme position militaire ; aussi, cette ville ne paraît-elle avoir été construite dans cet endroit que pour fermer le passage qui sert de communication entre les plaines d'Argos et celles de Némée et de Corinthe. Le nom de son valeureux fondateur Persée ; son Acropole, placée sur un mamelon escarpé, protégée par de hautes et belles murailles, doivent encore appuyer cette opinion.

Afin de faire connaître la situation dans laquelle Pausanias a trouvé Mycènes, et pour mieux fixer l'attention de nos lecteurs sur ce qui fait le sujet de notre travail, nous citerons textuellement ce que dit d'intéressant ce célèbre voyageur. « On y distingue encore quelques restes de son enceinte, et entre « autres une porte sur laquelle il y a deux lions que l'on croit avoir été faits par les Cyclopes, aussi bien « que les murs de Tirynthe, du temps de Prœtus. On vous montre encore la fontaine de Persée, et des « chambres souterraines où l'on dit qu'Atrée et ses enfants cachaient leurs trésors. Près de là est le « tombeau d'Atrée et de tous ceux qu'Agamemnon ramena avec lui après la prise de Troie, et « qu'Égisthe fit périr dans le festin qu'il leur donna : il faut en excepter celui de Cassandre que les « Lacédémoniens qui habitent Amyclées prétendent avoir chez eux ; ce qui amenait un sujet de dispute « entre eux et les habitants de Mycènes. On voit encore le tombeau d'Agamemnon et celui d'Eurymédon, « son écuyer ; mais Télédamus et Pélops, les deux jumeaux que Cassandre mit au monde et qu'Égisthe « égorgea dans leur enfance, n'ont qu'une même sépulture. Je vis aussi le tombeau d'Électre ; Oreste « l'avait mariée à Pylade, et selon le témoignage d'Hellanicus, elle en eut deux enfants ; savoir : « Itrophius et Médon. Quant à Clytemnestre et à Égisthe, ils ont leur sépulture hors des murs, n'étant « pas dignes de l'avoir au même lieu qu'Agamemnon et que ceux qui furent massacrés avec lui[1]. »

Nous allons suivre l'ordre adopté par Pausanias dans sa description, et parler d'abord des restes du péribole de la citadelle. Ce qu'il faut bien remarquer dans la construction de ces murailles, c'est la variété d'appareils qu'on y a tour à tour employés ; ce qui a fait présumer que ces constructions avaient été faites à des époques différentes. C'est ainsi qu'on voit l'un à côté de l'autre (Planche 65, fig. V), des murs faits avec des blocs bruts, dont les interstices sont remplis avec des pierres plus petites ; et auprès d'eux, des murailles construites en pierres taillées polygonalement, ayant presque toujours cinq joints, faits avec la plus grande perfection, et enfin des pierres placées par assises horizontales, comme il y en a aux avenues de la *Porte des Lions* et à celle du *Grand Trésor*.

La construction des premiers murs dont nous venons de parler est en tout semblable à celle des murs de Tirynthe, qui sont en pierres plus grosses, mais dont l'arrangement est le même. Ce sont ces ouvrages que l'on attribue aux Cyclopes, non parce qu'ils ont été faits par eux, mais parce que, dans les premiers temps où les Grecs construisaient, tout ce qui causait de l'admiration, soit par la grandeur, soit par la perfection, était attribué à leurs travaux, dont la mythologie nous apprend les merveilles.

Quant à la seconde et à la troisième espèce de murailles, nous les retrouvons dans un grand nombre de villes grecques.

Suivant M. Petit-Radel, le premier qui ait éveillé l'attention des savants sur cette question importante, ces diverses constructions indiquent chacune par leur nature une époque précise, et forment autant de jalons historiques à l'aide desquels on peut établir la chronologie des villes. Cette opinion est aussi celle de plusieurs habiles archéologues que nous sommes loin de vouloir contredire. Cependant, d'après nos diverses explorations, nous ne pouvons nous empêcher d'admettre que, dans des constructions de moindre importance que celles des murs de villes ou de monuments sacrés, les Grecs aient adopté, peut-être bien à des époques différentes, mais aussi suivant la forme naturelle des matériaux, tantôt la forme polygonale, tantôt l'appareil par assises horizontales et joints inclinés ou verticaux, tantôt le mélange de ces deux systèmes. Nous rappellerons ici, comme venant à l'appui de notre assertion, l'exemple que nous avons rencontré sur le mont Diafforti ou *Lycée*, qui, tout en présentant les restes d'une construction faite avec le plus grand soin, laisse voir plusieurs *rangées d'assises* horizontales, avec joints verticaux à refends en forme de biseau, et appareillées de longueur, au-dessus desquelles on a cependant placé des pierres taillées polygonalement.

Avant de nous occuper d'une autre ruine, nous ajouterons ce fait curieux, observé par nous dans une de nos tournées dans le Magne, savoir, que les Grecs modernes, sans doute pour imiter les construc-

---

[1] Pausanias, *Corinthie*, liv. II, chap. XVI.

tions anciennes qu'ils ont toujours sous les yeux, font encore de nos jours des murs de soutenement qui pourraient passer pour être cyclopéens, tant leur ressemblance est grande avec ces derniers. Enfin, pour terminer ce que nous avons à dire sur cette importante question, que nous ne prétendons traiter ici que fort superficiellement, nous ferons remarquer à ceux qui, comme nous, croiront que la ville de Mycènes pouvait être une position militaire, que les murailles n'étaient point flanquées de tours, et qu'à cette époque on ne connaissait pas encore ce système de défense, qui paraît avoir été adopté depuis par des villes plus récentes. Tirynthe et la citadelle de Larissa à Argos, qui furent bâties dans un temps aussi reculé que Mycènes, n'en ont pas davantage, et nous serions disposés à croire que les villes qui, comme ces dernières, remontent à une haute antiquité, n'en avaient pas dans l'origine, et que si elles en ont eu depuis, ce n'est que parce qu'elles ont dû suivre le progrès des villes nouvelles qu'elles pouvaient avoir pour rivales.

Le caractère particulier de tout ce qui reste à Mycènes porte à croire que la race qui a construit cette ville était étrangère au pays. C'est en effet ce que l'histoire paraît indiquer ; rien ne peut mieux nous prouver que ces ruines existaient dans les siècles les plus reculés, que ce cachet d'originalité dont elles sont seules empreintes. Rien, en Grèce, ne ressemble aux lions sculptés au-dessus de la porte de la citadelle, qui très-probablement est aujourd'hui dans le même état que du temps de Pausanias, et que cet auteur regarde comme étant l'ouvrage des Cyclopes. Sur le mur latéral de cette Acropole, on retrouve aussi une porte plus petite, recouverte de son linteau, et n'ayant aucune sculpture au-dessus.

A peu de distance de la citadelle, et auprès d'elle, sur le penchant de la montagne, l'étonnement redouble à l'aspect des ruines qui y sont placées : ce sont de vastes constructions en pierre bâties sur un plan circulaire, et dont les voûtes présentent une forme parabolique. Ces constructions furent érigées d'après ce principe barbare d'enfouir des trésors sous terre, pour les conserver, et cette circonstance semblerait prouver qu'elles ont dû appartenir aux premiers temps de la société. La construction la moins endommagée, celle qui, dans ce moment, fait le sujet de notre examen, a été regardée par différents voyageurs modernes comme étant le *Tombeau d'Agamemnon*, ou le *Trésor des Atrides*.

Il serait difficile de contester cette opinion ; cependant, on est disposé à croire que le tombeau d'Agamemnon devait être ou plus riche ou plus grand que ceux qui l'entouraient. Sans adopter entièrement cette manière de voir, nous dirons que la voûte de la ruine placée près de la porte des lions paraît être de la même grandeur que celle dont nous nous occupons : ce qui ferait plutôt présumer, d'après cette ressemblance, que ces deux monuments devaient être, ou les chambres souterraines dans lesquelles Atrée et ses enfants cachaient, dit-on, leurs trésors, ou les tombeaux des compagnons qu'Agamemnon ramena avec lui après la prise de Troie, ou le tombeau d'Eurymédon, son écuyer, ou celui de Télédamus et de Pélops, enfants de Cassandre, ou enfin le tombeau d'Électre. Il n'est donc pas supposable que cette curieuse et simple construction ait été le tombeau du grand roi, ou même celui d'Atrée, chef de sa race, puisque dans cette intéressante ruine rien n'indique la distinction de leur rang.

Parmi les neuf tombeaux désignés par Pausanias, il en est deux sur lesquels il ne peut y avoir de doute, en adoptant toutefois comme restes de l'enceinte de la ville, les fragments de murs indiqués sur le plan général par la lettre H ; ce sont ceux de Clytemnestre et d'Égisthe, placés en dehors de la ville, et dont il ne reste plus aujourd'hui que les deux portes recouvertes de leurs linteaux.

Pendant nos explorations en Laconie, nous avons trouvé, à peu de distance d'Amyclées, vers les bords de l'Eurotas, un monument entièrement semblable à ceux de Mycènes : ce doit être le tombeau de Cassandre, que l'histoire place dans cette province.

Espérons qu'un jour, des fouilles faites sur le versant de la montagne où se trouve l'entrée de la chambre que nous décrivons, feront connaître les monuments qui doivent être à la suite de celui-ci, et que leur découverte, en détruisant les doutes dans lesquels nous sommes, permettra aussi aux archéologues de mieux étudier l'histoire si obscure de cette ancienne cité.

La description que Pausanias nous donne du trésor de Minyas nous fait encore plus regretter le silence qu'il conserve sur chacun des monuments de Mycènes, puisqu'il se borne seulement à les nommer, sans nous faire connaître ce qui les distinguait entre eux. Avec quel intérêt nous aurions aimé à entendre cet estimable auteur parler de la ressemblance qui existait entre les monuments dont nous parlons et celui d'Orchomène, qu'il décrit avec une sorte d'admiration ! Ce n'est pas sans surprise que nous avons remarqué son silence à cet égard; ce qui nous fait encore plus regretter que notre mission ne se soit pas étendue au delà du Péloponèse, car alors nous aurions pu aller en Béotie voir par nous-mêmes l'espèce de similitude qui existe entre les deux monuments que nous mettons en parallèle.

Voici comment s'exprime à cet égard le célèbre historien grec : « Quant au trésor de Minyas, c'est une des merveilles de la Grèce, et l'édifice le plus beau qu'il y ait dans tout le reste du monde. Il est tout en marbre; c'est une espèce de rotonde dont la voûte se termine insensiblement en pointe, et l'on dit que la pierre la plus exhaussée de tout l'édifice est celle qui en règle toute la symétrie et toute la proportion[1]. » Pausanias, en disant que c'est une espèce de rotonde dont la voûte se termine insensiblement en pointe, nous fait supposer que le monument de Mycènes était parfaitement semblable, quant à la forme de la voûte, à celui dont nous venons de citer la description; et c'est ce dont on peut se convaincre en examinant les coupes représentées *planches* 67 et 68. Probablement aussi, la taille des assises devait être la même, car nous ne pouvons supposer que la science du trait ait été, à cette période de l'art, plus avancée dans un lieu que dans l'autre; et comme l'histoire nous apprend que la ville de Minyas ou d'Orchomène et celle de Mycènes ont été bâties dans le même temps, leurs constructions devaient se ressembler.

La chambre souterraine de Mycènes est donc construite comme nous l'avons dit plus haut, c'est-à-dire, suivant un plan circulaire dont la voûte présente une forme parabolique. Ses voussoirs sont simplement des assises taillées circulairement et posées en *encorbellement* l'un sur l'autre, de manière à observer la courbe qu'on a voulu obtenir; après quoi, les arêtes inférieures appartenant aux lits de dessous ont été abattues. Les lits de ces assises sont horizontaux, et les joints n'étant concentriques que dans une très-courte longueur, les intervalles qui les séparent sont remplis avec des pierres d'une petite dimension.

La découverte de ce monument, si intéressant sous le rapport de l'histoire et de l'art de bâtir, a jeté d'abord bien de l'indécision et de l'incertitude dans l'opinion qu'on s'était formée sur l'époque où la voûte a été introduite en Grèce; et pourtant, bien que cette chambre souterraine ait la forme d'une voûte, comme on ne retrouve pas en elle tout ce qui doit caractériser la construction concentrique de la voûte verticale, on n'aurait pas dû regarder un seul instant cet exemple comme une preuve de l'introduction récente de la voûte dans les constructions grecques. L'histoire, à cet égard, vient encore à notre aide pour nous apprendre que les monuments de Mycènes appartenaient à des temps bien reculés; et nous pouvons également rappeler ici les nombreux exemples qui ont tant de rapport avec ces derniers, et que l'on retrouve soit en Grèce, soit en Italie, soit en Sicile, et même aux pyramides d'Égypte, exemples qui prouvent que les Grecs fermaient le dessus de leurs portes et voûtaient leurs constructions souterraines, en plaçant horizontalement des pierres qui se dépassaient les unes les autres à mesure qu'elles s'approchaient du sommet de l'angle, pour former ensuite un vide triangulaire que nous devons considérer comme ayant donné l'idée première de la voûte.

D'après ce premier pas dans la voie de l'art de bâtir, il paraît inconcevable que les Grecs anciens ayant laissé autant d'exemples de la voûte, n'en aient pas fait plus vite l'application; ce qui les aurait conduits à améliorer ce principe, qui, déjà à l'époque dont il est ici question, était une belle conception, et semblait devoir servir plutôt d'acheminement à la construction de la voûte dans son principe parfait d'application, principe qui ne paraît avoir été atteint par les Grecs que très-longtemps après.

L'explication des planches, à laquelle nous allons passer de suite, nous permettra d'abréger cette description générale; nous pensons qu'en ayant sous les yeux les planches qui composent ce travail, nos lecteurs trouveront plus d'avantage et de clarté à les consulter qu'à nous suivre trop longtemps dans des détails qui pourraient fatiguer leur attention. Aussi, engageons-nous ceux qui voudraient étudier avec plus de soin cette intéressante question, à consulter les ouvrages de ceux qui ont traité cette matière avant nous, et dont les recherches archéologiques nous ont été si utiles.

[1] Pausanias, *Béotie*, liv. IX, chap. XXXVIII.

(151)

EXPLICATION DES PLANCHES.

Planche 63.

Plan général de l'emplacement de Mycènes, donnant les chemins qui conduisent d'Argos à Némée et à Corinthe, en passant par le village de Karvaty.

A. Acropole.
B. Partie basse de l'acropole.
C. Petite porte recouverte de son linteau.
D. Porte principale de la citadelle, dite *Porte des Lions*.
E. Partie du péribole de la citadelle où se trouvent plusieurs espèces de constructions.
F. Monument circulaire rempli par les décombres de la partie supérieure de sa voûte. Il est semblable à celui indiqué par la lettre J.
G. Village ruiné.
H. Constructions cyclopéennes brutes, et coupures dans le rocher. Ce sont vraisemblablement des restes du mur d'enceinte de la ville. Sur la face intérieure de ce mur, du côté de la citadelle, on reconnaît une voie antique conduisant au pont et à la chaussée qui est après lui.
J. Chambre souterraine, vulgairement appelée *Tombeau d'Agamemnon* ou *Trésor des Atrides*.
K. Soubassement d'un monument antique.
L et M. Portes de monuments semblables à ceux F et J.
N. Soubassement d'un monument antique.
O. Culée d'un pont antique jeté sur un torrent, en face duquel on voit les restes d'une chaussée également antique.
P. Église grecque en ruine.

La fontaine de Persée devait être à l'une des deux sources indiquées en dehors de l'emplacement présumé de la ville, et à l'une desquelles les Turcs ont fait une construction pour protéger les eaux.

Planche 64.

PORTE DES LIONS.

Fig. I, II et III. — Vue, plan et coupe de la porte principale de la citadelle et de l'avenue qui y conduit.
Indépendamment du caractère extraordinaire de la sculpture qui décore le dessus de cette porte, que l'on doit attribuer aux siècles les plus reculés, nous ferons aussi observer une circonstance non moins intéressante sous le rapport de la construction des murs de cette même avenue; c'est qu'à une époque aussi éloignée on ait employé le système d'appareil par assises horizontales et joints verticaux, pour revenir ensuite à un autre mode de construction moins régulier, lequel pourtant a souvent été pris comme ayant précédé celui dont nous parlons.
La masse sur laquelle les lions ont été sculptés, a tour à tour été prise pour un marbre ou pour un basalte vert; c'est une erreur aussi bien dans un cas que dans l'autre. Cette masse triangulaire, dont la base a une longueur de 3 mètres 20 centim., et le sommet une hauteur de 2 mètres 90 centim., sur une épaisseur de 0,70 centim., est d'un calcaire gris, fort dur, d'un grain très-fin, et semblable à ceux que nous avons souvent rencontrés en Messénie et en Arcadie. Les murailles sont d'une tout autre nature; elles ont été extraites des masses mêmes qui sont dans cette localité. C'est une espèce de brèche, ou agglomération de cailloux bruns de plusieurs grosseurs et de sable d'une couleur jaunâtre.

Planche 65.

Détails.

Fig. I. — Détails, sur une plus grande échelle, des lions sculptés au-dessus de la porte principale de la citadelle.
Fig. II. — Plan d'une petite porte indiquée sur le plan général par la lettre C.
Fig. III. — Élévation de la même porte, faisant voir l'arrangement de ses jambages et de son linteau.
Fig. IV. — Coupe de la porte ci-dessus, donnant les entailles qui servaient à sa fermeture, ainsi que le mur construit à lits horizontaux et joints verticaux, après lequel elle se trouve réunie.

(152)

Fig. V. — Angle du mur du péribole de la citadelle indiqué sur le plan général par la lettre E. Ce fragment offre plusieurs exemples réunis de constructions anciennes, savoir : construction cyclopéenne brute, construction portant le même nom et formée par des polygones irréguliers parfaitement joints ; et enfin, au-dessus de ces dernières, se trouvent des assises placées horizontalement avec joints verticaux et inclinés.

Fig. VI. — Détail de l'arrangement des pierres formant la culée du pont sur le torrent qui descend au sud-est de la citadelle, et qui est indiqué au plan général par la lettre O.

PLANCHE 66.

Plan de la chambre souterraine vulgairement appelée le TOMBEAU D'AGAMEMNON *ou le* TRÉSOR DES ATRIDES.

Fig. 1. — Plan de la chambre souterraine, de l'avenue qui y conduit, et de l'excavation formant une petite chambre sépulcrale. Cette section horizontale n'a pu être faite qu'à la hauteur des lits de la troisième et quatrième assise, le sol antique s'étant recouvert jusqu'à cette hauteur par des remblais de pierres et de terre. Le cercle ponctué indique le sol réel de cette chambre ; pour le déterminer, nous avons eu recours aux dessins de l'architecte anglais T. L. Donaldson, qui s'est servi des études de son compatriote lord Elgine, pour compléter l'intéressant travail qu'il a fait sur le monument que nous décrivons.

Ces dessins indiquent également qu'entre les deux murs qui sont de chaque côté de la porte d'entrée de cette chambre, il y avait un assez grand nombre de marches pour arriver à la hauteur du dessus de ces murs de terrasse. Nous serions disposés à croire, dans l'hypothèse où les dessins que nous citons n'exprimeraient autre chose qu'une supposition de la part des architectes anglais, que le sol du monument souterrain, ainsi que celui de son avenue, devaient être à peu près de niveau avec la chaussée antique qui de nos jours est si considérablement exhaussée et sur laquelle son entrée devait aboutir. Dans cette persuasion, nous n'avons donc pas cru devoir indiquer l'escalier dont nous venons de parler.

La fouille qui a été faite sur la partie extérieure du sommet de la voûte, nous a permis de reconnaître le genre de construction qui fut adopté pour ériger ce monument. L'examen que nous avons fait de cette fouille, joint à l'exemple que nous avons encore retrouvé dans le monument indiqué sur le plan général par la lettre F, et qui est entièrement semblable à celui-ci, nous a appris ce fait curieux : que cette voûte a été formée par un certain nombre d'assises annulaires superposées horizontalement l'une sur l'autre, et dont la taille de la plupart des joints ne tend pas au centre ; ceux pour lesquels il y a eu exception sont seulement taillés dans une longueur de 5 à 10 centimètres à partir de l'arête du cercle ; le reste de l'épaisseur de cette espèce de voussoir n'a subi aucune taille. Quant aux intervalles compris entre ces voussoirs, ils sont remplis avec des pierres introduites avec force ; ce qui donne à chaque rang d'assises toute la résistance que l'on obtient ordinairement par un joint concentrique dans toute sa longueur.

La petite chambre sépulcrale a été taillée dans le roc : ses parois n'ont pas été recouvertes de maçonnerie ; il est très-probable que cette excavation a été faite pour recevoir les cendres de quelque illustre mort. Nous aurions donc moins d'incertitude sur la véritable destination de ce monument, puisque tout porte à croire maintenant qu'il pouvait être tout aussi bien un trésor qu'un tombeau ; rien, en effet, ne paraît mieux l'indiquer que, d'une part, un caveau taillé avec soin dans la masse pour recevoir des dépouilles mortelles, et, de l'autre, cette grande salle voûtée dans laquelle pouvaient être déposés des objets de prix, tels que métaux précieux, vases, trépieds et armures. Comment, d'ailleurs, les anciens Grecs n'auraient-ils pas choisi un semblable lieu comme trésor, quand, d'après leurs mœurs et leurs croyances, ils ne connaissaient rien de plus inviolable que les tombeaux !

Fig. II. Coupe sur le linteau de la porte d'entrée, faisant voir le profil de ce linteau et le talus du chambranle de cette porte, ainsi que le retrait de la partie du mur dans lequel se trouve le vide triangulaire, et où l'on suppose qu'un revêtement en marbre a été fixé.

Fig. III. — Plan du joint *a* donnant le profil du chambranle.

Fig. IV. — Plan de la dernière assise de la voûte, vue sur son lit de dessous. C'est cette assise qui reçoit la dernière pierre de tout l'édifice, que l'on nommerait *clef de la voûte*, si celle dont nous nous occupons était faite d'après un bon système d'application. On remarque sur ce plan l'arrangement des claveaux, et des petites pierres placées dans les intervalles qui les séparent ; ce qui donne à chaque rang d'assises la force concentrique qu'elles ne pourraient avoir sans elles. La pierre manquante est celle qui fut déplacée lors de la fouille : c'est son absence qui nous a permis de nous livrer à cet examen.

PLANCHE 67.

Coupe longitudinale sur l'axe de la CHAMBRE SOUTERRAINE *se prolongeant sur toute la longueur de l'avenue.*

Cette coupe indique l'éboulement survenu à l'endroit du vide triangulaire situé au-dessus des pierres formant le linteau de la porte d'entrée ; elle montre aussi la fouille qui a été faite au sommet extérieur de la voûte, et au moyen de laquelle la hauteur générale a été prise.

(153)

Au centre est la porte conduisant à la chambre sépulcrale. L'espèce de dépression que l'on remarque sur la courbe de cette voûte, dont le profil original est tracé derrière les redans formés par les assises repoussées de leur place par l'affaissement de la masse énorme des terres qui les recouvrent, démontre les imperfections de ce système, que l'on doit regarder pourtant comme étant aussi hardi qu'ingénieux. D'après cette coupe on reconnaît la place du sol primitif de cette chambre; la ligne irrégulière placée au-dessus indique l'épaisseur des terres qui s'y sont accumulées; elle donne aussi l'arrangement des assises qui composent sa voûte. Les lits de ces assises sont horizontaux, et il est probable que chacune d'elles a été placée en *encorbellement* l'une sur l'autre, depuis le plus grand cercle jusqu'au plus petit, en observant rigoureusement la projection voulue pour former la courbe dont nous donnons le profil, laquelle courbe n'a sans doute été obtenue qu'après l'entière construction de la voûte, et en abattant tous les angles qui formaient saillie.

Quoique nous devions admirer ici la hardiesse d'une semblable conception, nous ne pouvons cependant point nous empêcher de signaler le désavantage d'un pareil système, qui, au grand inconvénient de ne pas empêcher les assises de glisser l'une sur l'autre, joint encore celui de donner trop d'*intiquité* aux lits de dessus, de chaque pierre, et par cette raison de faire éclater toutes les arêtes de ces lits. C'est à cette cause que nous devons attribuer l'effet produit sur tous les joints horizontaux des assises composant cette voûte.

La pierre qui termine ce monument, lui servant plutôt de tampon que de clef, nous force à dire encore un mot sur la ressemblance que nous avons dû trouver entre le trésor de Minyas et la chambre de Mycènes. Ce que dit Pausanias sur *la pierre la plus exhaussée* de l'édifice d'Orchomène, qu'il regarde comme la clef de ce monument, nous ferait changer d'opinion, si ce consciencieux voyageur nous avait prouvé, dans ses descriptions, qu'il s'entendît à la construction des édifices; mais son silence sur cette matière devant nous faire supposer le contraire : nous ne pouvons admettre que cette pierre ait eu la destination qu'il lui donne, ou plutôt celle que ses traducteurs croient devoir lui donner; il nous paraît au contraire certain, ainsi que nous l'avons dit plus haut, qu'à cette antique période de l'art de bâtir, on ne devait pas être plus avancé dans un lieu que dans l'autre; l'histoire d'ailleurs nous apprend que ces monuments sont du même temps. Nous devons donc supposer que la pierre qui terminait l'édifice Orchoménien ne servait pas plus de clef à sa voûte que celle dont il est ici question n'en sert à la voûte de la chambre souterraine de Mycènes.

Planche 68.

Coupe transversale sur l'axe de la Chambre souterraine *et sur celui de la* Petite Chambre sépulchrale.

Cette coupe donne le profil, sans aucune espèce d'altération, de la courbe de cette voûte, la poussée des terres n'ayant produit aucun mauvais effet du côté où la section verticale a été faite.

La pierre qui manque au sommet de la voûte est celle qui a été retirée lorsqu'on a fait une fouille à cet endroit.

Au centre de cette chambre est la porte qui sert d'entrée; elle est recouverte par deux énormes pierres, dont la plus grande forme pénétration dans la voûte. Cette dernière pierre a 8 mètres 15 centim. de long sur 6 mètres 50 centim. de profondeur, compris l'équarrissage, et 1 mètre 22 centim. d'épaisseur, ce qui lui donne un cube de 64 mètres 63 centimètres, et un poids de 168,684 kilogrammes 30 centièmes, en évaluant à 2610 kilogrammes par mètre cube la pesanteur spécifique de cette nature de pierre qui tient le milieu entre les calcaires durs et le marbre. Il suffira donc de considérer le poids et la grosseur d'une aussi grande masse, pour se convaincre de l'habileté mécanique et du travail infatigable des anciens Grecs pour des travaux de ce genre.

Le vide triangulaire que l'on voit au-dessus de cette porte, comme celui qui est au-dessus de celle de la chambre sépulcrale, doivent avoir eu pour but de donner de l'air et de servir en même temps de décharge aux pierres qui en forment les linteaux.

Les trous percés dans les parois de cette voûte et dans plusieurs endroits, ainsi encore des clous de bronze, doivent avoir servi à retenir des lames de métal, qui sans doute recouvraient la surface intérieure de cette chambre. C'est du moins ce que nous sommes autorisés à conjecturer, d'après ce que nous savons sur le monument souterrain garni de bronze, que l'histoire place à Argos, et dans lequel on rapporte que la fille d'Acrisius fut enfermée.

La chambre sépulcrale fut taillée dans le roc, et, par cette raison, ne fut pas revêtue de maçonnerie. C'est avec difficulté que l'on passe en ce moment sous la porte qui lui sert d'entrée, le sol réel étant exhaussé d'environ 1 mètre 50 centim. On ne remarque dans cette chambre aucun reste du monument funéraire qui très-probablement devait s'y trouver. Il faut espérer qu'un jour le déblayement complet de ce caveau nous apprendra qu'en cet endroit, comme dans tous les tombeaux souterrains, il existe un sarcophage taillé dans la masse.

Planche 69.

Vue de l'entrée de la Chambre souterraine.

Fig. I. — Cette vue représente l'entrée de la chambre souterraine et les deux murs formant l'avenue qui y conduit; ce dessin a été fait à l'extrémité de cette avenue.

(154)

Ce passage est entièrement encombré de terres et de débris de murs; c'est seulement vers la porte d'entrée que la fouille a été descendue à quelques pieds au-dessus du sol antique.

L'ouverture triangulaire que l'on remarque au-dessus du vide de la porte a son sommet plus élevé que celui de celle formant pénétration dans la voûte. Nous avons déjà fait connaître quelle est notre opinion sur ce genre de construction; l'entrée des pyramides d'Égypte nous offre le même exemple.

Ce qui doit surtout fixer l'attention de nos lecteurs dans cette figure, c'est la différence qui existe entre la partie bien *paramentée*, où sont situés et taillés la porte et son chambranle, et la partie au-dessus, dans laquelle on voit des trous de crampons paraissant avoir servi à fixer un revêtement quelconque.

Fig. II et III. — Ruines indiquées sur le plan général par les lettres L. et M. Ce sont vraisemblablement les tombeaux de Clytemnestre et d'Égisthe.

Ces ruines indiquent des entrées tout à fait semblables à celles des monuments désignés sur le plan général par les lettres F et J; seulement elles en diffèrent par des proportions plus petites et par une perfection moins grande dans leur exécution.

Fig. IV, V, VI et VII. Plans et coupes des ruines L, M.

Planche 70.

Détails divers.

Fig. I et II. — Portion d'une base de colonne en marbre vert foncé. Elle se trouvait encore en 1829 à l'extrémité du passage conduisant à la chambre souterraine. N'ayant fait que peu d'attention à ce fragment qui nous a paru d'un travail très-grossier, nous avons eu recours à l'exact dessin de sir William Gell pour le représenter ici.

Nous empruntons également à cet auteur le dessin d'un marbre que nous avons vu dans la chapelle en ruine indiquée sur le plan général par la lettre P, ainsi que celui des clous de bronze qu'il nous a été impossible de dessiner sur place, ceux que nous y avons vus étant à une hauteur trop grande pour pouvoir y atteindre. (L'analyse de ces clous a donné pour résultat 88 parties de cuivre sur 12 d'étain.)

Fig. IV. — Fragment en marbre blanc sculpté, vu de face et de profil : il nous a été confié par M. Thirch qui l'a rapporté de Mycènes.

Parmi les fragments représentés seulement au trait, il n'y a que ceux placés à gauche de la planche qui aient été mesurés par M. Ravoisié, dans un voyage qu'il fit à Londres en 1837, les autres n'ont pas été vus par nous. Le fragment dont l'angle est abattu est en grès rouge, et celui de dessus est une espèce de bazalte vert; le travail qui les couvre est en général assez bien fait.

Planche 71.

Élévation restaurée d'après T. L. Donaldson.

Ces deux dernières planches ont été copiées avec exactitude sur celles qui font partie du travail publié par M. T. L. Donaldson, architecte anglais, dans son ouvrage ayant pour titre : *Supplément aux antiquités d'Athènes*.

Les fragments que nous avons indiqués par les figures I, II et IV de la planche 70, sont les seuls que nous ayons retrouvés sur les lieux; cependant nous avons cru devoir y représenter aussi les marbres qui furent découverts et transportés en Angleterre par lord Elgine, et d'après lesquels M. T. L. Donaldson a conçu la décoration qu'il croit devoir donner à la face extérieure de l'entrée de la chambre souterraine à Mycènes; nous rapportons ce travail pour faire connaître l'opinion d'un architecte distingué sur l'application des fragments ci-dessus indiqués dans une restauration qui ne peut être que très-hypothétique; aucun de ces débris n'existant en place, et aucune trace n'indiquant sur le monument comment ils pouvaient y être ajustés, ces fragments qui portent en eux un caractère d'analogie avec certains détails de l'architecture indienne et égyptienne, peuvent bien aussi être des restes bizantins et avoir appartenu aux nombreux établissements religieux dont la Grèce a été couverte.

La plupart de ces fragments ayant été trouvés dans les ruines d'une chapelle située près de là, nous trouverions peut être par ce fait et par l'examen de la construction qui nous occupe, quelques observations à faire sur cette restauration; mais, crainte d'erreur de notre part, nous nous abstenons devant le mérite de cet intéressant travail et celui de son auteur.

Suivent les planches 63, 64 et suivantes, jusqu'à la planche 71.

ROUTE D'ARGOS A TIRYNTHE.

Pour se rendre d'Argos à Tirynthe, de même que pour aller à Mycènes, il faut traverser une plaine dans laquelle se sont élevés plusieurs villages, entourés de plantations et de terrains cultivés. On passe sur de petits ponts le Xerias (Charadrus) et l'Inachus, assez près de l'endroit où ces deux fleuves se réunissent pour n'en former plus qu'un jusqu'au golfe d'Argos, dans lequel ils se perdent. Puis, après avoir continué à tourner le golfe au sud-est, en s'éloignant de la mer, assez pour éviter les nombreux marais qui se sont formés sur ces bords, et qui arrêteraient trop souvent la marche, on arrive enfin au pied des murs de Tirynthe*.

TIRYNTHE.

Tirynthe est à une petite distance de Nauplie. Son nom lui vient de Tiryns, fils d'Argus. Prœtus, dit-on, la fit entourer de murs par les Cyclopes. Elle fut détruite par les Argiens, parce que, ainsi que plusieurs autres villes voisines, elle n'avait pas voulu se soumettre à leur domination. Après la ruine de leur ville, les Tirynthiens passèrent à Épidaure, et une bonne partie à Argos même.

Du temps de Pausanias, il ne restait de Tirynthe que les murs de construction cyclopéenne. Ils étaient construits de pierres brutes, toutes d'une telle dimension, que deux mulets attelés n'auraient pas ébranlé même la plus petite. Les interstices étaient remplis de petites pierres qui servaient à joindre les grosses. Il y avait dans la ville une statue de Junon en bois de poirier sauvage, érigée par Perasus, fils d'Argus. C'était la plus ancienne de toutes les statues de cette déesse : elle était assise et d'une assez petite proportion. Les Argiens la transportèrent chez eux après avoir détruit Tirynthe, et la placèrent dans le temple de Junon [1].

D'après ce que nous retrouvâmes des murs de Tirynthe, il nous fut facile de reconnaître que, depuis Pausanias, ces restes avaient peu ou point changé. Nous vîmes, en effet, que les murailles sont construites avec des quartiers de rochers posés tout simplement les uns sur les autres, sans qu'on ait pris aucun soin de les tailler. Ces masses énormes ne sont même jointes entre elles par aucun ciment, mais seulement par de petites pierres qui remplissent les interstices. En quelques endroits, il subsiste encore dans l'épaisseur des murs, des restes de galeries de même construction, dont le haut est fermé par des pierres placées en triangle, et liées ensemble à la partie supérieure par d'autres pierres placées horizontalement.

---

* DISTANCE D'ARGOS A TIRYNTHE.

En partant du théâtre, à 20 minutes, on quitte Argos pour entrer dans la plaine. A 15 m., le fleuve Xerias (Charadrus); 20 m., chapelle près d'un village où sont des plantations de tabac; 19 m., le fleuve Inachus; 26 m., Tirynthe.
Distance totale, 1 heure 40 minutes.

[1] Strabon. — Pausanias.

ROUTE DE TIRYNTHE A NAUPLIE*.

Tirynthe est sur le chemin d'Argos et de Nauplie; de sorte que, pour arriver dans cette dernière ville, il ne faut que continuer la route d'Argos à Tirynthe, qui passe dans une plaine cultivée, en tournant toujours autour du golfe; seulement elle se dirige un peu vers le sud. Une promenade, plantée de peupliers, que l'on trouve à une assez petite distance de la ville, forme avec la ville elle-même, avec le fort Palamède, et le fond de montagnes qui ferme le côté opposé du golfe, un ensemble d'un caractère vraiment remarquable.

NAUPLIE DE ROMANIE (NAUPLIA).

Les premiers habitants de Nauplia étaient d'origine égyptienne. Ils y furent amenés par Nauplius, qui passait pour fils de Neptune. Nauplia, aujourd'hui encore, comme anciennement, est une place maritime très-importante. Du temps de Pausanias[1] on y voyait encore des restes de murs, un temple de Neptune, des bassins, et une fontaine nommée Canathus.

Nauplie était, de toutes les villes que nous eussions vues jusqu'alors en Morée, la première qui n'eût pas été détruite par la guerre. Cette circonstance, en lui laissant sa nombreuse et active population, en a fait une des villes où l'on trouve le plus de ressources en tout genre. Aussi des boutiques, qu'on y remarque en assez grand nombre, un port très-fréquenté par les petits bâtiments grecs des îles environnantes, annoncent-ils une industrie plus exercée, un commerce plus répandu que dans les autres endroits de la Morée. Elle possède aussi plusieurs églises d'une assez grande dimension, et beaucoup de fontaines qui méritent d'être vues. — Les rues sont étroites, et les maisons, presque toutes en bois, s'élèvent à deux et trois étages, dont le dernier, le plus souvent, est construit en encorbellement sur les autres.

La ville, bâtie sur le penchant d'une colline dont le sommet forme la citadelle, est dominée par une montagne ou rocher très-élevé, sur lequel on voit le fort Palamède, l'un des principaux points de défense de la Morée, et auquel Nauplie doit de n'avoir pas été détruite par les Turcs. — Dans les murs d'enceinte qui entourent la citadelle, on reconnaît en grande partie les restes d'anciennes constructions helléniques cyclopéennes.

Dans le peu d'heures que nous passâmes à Nauplie, nous vîmes plusieurs membres de l'expédition militaire, qui étaient fort mécontents d'être obligés de rester dans la ville exposés aux fièvres que la chaleur multipliait chaque jour, et rendait de plus en plus dangereuses. Nous y trouvâmes aussi tous les membres de la section d'histoire naturelle, qui, encore très-malades, pour la plupart, étaient venus à Nauplie chercher des secours qu'ils n'avaient point trouvés ailleurs; et même l'état de santé de plusieurs d'entre eux était tel, qu'ils se voyaient dans la nécessité de retourner en France, ainsi que M. de Gournay, notre collaborateur, que nous laissâmes à Nauplie où il devait s'embarquer avec eux. Nous-mêmes, à peine rétablis, nous nous embarquâmes le même jour, 7 août, pour aller dans les îles de l'Archipel, chercher un air plus frais, et nous soustraire enfin à ces fièvres dont nous avions déjà senti les funestes atteintes.

* DISTANCE DE TIRYNTHE A NAUPLIE.

A 4 minutes des murs, une citerne; 9 m., réservoir ruiné; 10 m., une grotte dans des rochers; 22 m., quelques maisons du faubourg et une plantation de peupliers; 5 m., deux fontaines; 3 m., un grand arbre; 2 m., le fossé et l'entrée de la ville. Distance totale, 55 minutes.

[1] Pausanias, liv. II, chap. XXXVIII.

EXPLICATION DES PLANCHES.

Planche 74.

Fig. I. — Plan de la ville et du port de Nauplie.
Fig. II. — Détails d'une partie des constructions cyclopéennes qui forment la base des murs de la citadelle. Ce fragment est celui qui tient à la porte moderne de la citadelle.
Fig. III. — Détail de construction moderne d'une partie des remparts de la ville basse.

Planche 75.

Vue de l'entrée de la ville de Nauplie, prise du pied du rocher qui forme la base du fort Palamède.

INSCRIPTIONS RECUEILLIES A NAUPLIE,

ET EXPLIQUÉES PAR M. LE BAS.

1.

Inscription copiée par M. Edgard Quinet, sur une base en marbre.

ΒΟΥΛΕ ΚΑΙ Ο ΔΗΜΟΣ ΦΑΝΑΚΤΗΝΟΣ
ΙΕΡΕΑ ΓΕΝΟΜΕΝΟΝ ΚΑΙΣΑΡΟΣ
ΑΡΕΤΗΣ ΕΝΕΚΕΝ

Cette inscription, publiée pour la première fois dans le voyage de Dodwell, a été reproduite par M. Boeckh sous le n° 1162. Voici les principales variantes que présentent les deux copies :
Ligne 1. Dodwell ΗΒΟΥΛΗ. Les lettres ΟΣ qui terminent cette ligne manquent dans la copie de Dodwell. La ligne 2, dans cette copie, se termine au mot ΑΡΕΤΗΣ; la troisième ne contient que le mot ΕΝΕΚΕΝ.

L'inscription doit être lue de la manière suivante :

Ἡ βουλὴ καὶ ὁ δῆμος Φανάκτην Ὀσ.... ἱερέα γενόμενον Καίσαρος, ἀρετῆς ἕνεκεν.

Le sénat et le peuple ont élevé cette statue à Phanactès, fils d'Os.... et prêtre de César, pour sa vertu.

2.

Inscription copiée par M. Trézel, sur une pierre servant de montant à la porte du port de Napoli de Romanie.

ΤΟΚΡΑΤΟΡѠΝ ΚΛΑΔΙѠΝ . ΑΛΕΝ
...ΟΛΑCΤΙΚΟC ΑΜΑΤΟC ΦΙΛΤΛ
ΤΑ . . CΜΟΥC ΚΑΙ ΤΟΥ . . .
ΑCΛΜΕΝΟC ΤΗΝ ΚΑCΙΛΙΚΗΝ ΚΑΙ

Ce monument publié par M. Boeckh sous le n° 1166, d'après la copie manuscrite de Fourmont, est beaucoup moins complet aujourd'hui qu'il ne l'était quand Fourmont l'a transcrit. Voici dans quel état il était à cette époque :

ΤΟΚΡΑΤΟΡѠΝ ΚΛΑΥΔΙѠΝ ΒΑΛΕΝΤѠΝ
CΚΟΛΑCΤΙΚΟC ΑΜΑΤΟΙC ΦΙΛΙΑΤΟΙC
ΚΑΤΑ CΙCΜΟΥC ΚΑΙ ΤΟΥC ΘΑΛΑΤΤΙΑ
ΑCΑΜΕΝΟC ΤΗΝ ΒΑCΙΛΙΚΗΝ ΚΑΙ ΤΑ
ΕΝΕΚΑ ΚΑΙ . . . ΑΓΑΘΙΑCΗ

M. Boeckh fait sur ce monument la remarque suivante : « Nulla inest ractio. Vs. 2 ad Valentinianum et Valentem pertinere videtur. »
Voici les restitutions partielles qu'il propose :

[Ἀγαθῇ τύχῃ]
[Αὐ]τοκρατόρων Κ[αισάρ]ων Βαλέντων......
Σ[χ]ολαστικὸς ἅμα τοῖς Φιλιάτοις........
κατὰ σεισμοὺς καὶ θαλαττια[ίους........
[ἀνασκευ]ασάμενος[?] τὴν βασιλικὴν καὶ τὰ.....
ἀρετῆς] ἕνεκα καὶ [ἀνδρ]αγαθίας ἡ [πόλις..

(159)

Je suis peu disposé à admettre que la formule Ἀγαθῇ τύχῃ ait été encore en usage au temps de Valentinien Ier et de son frère, du moins aucune inscription latine de cette époque ne nous en présente l'équivalent; et si je parle d'inscription latine, c'est qu'à partir du règne de Caracalla, les inscriptions impériales en langue grecque deviennent extrêmement rares. Dans les 3,126 monuments publiés par M. Boeckh jusqu'à ce jour, on n'en rencontre que trois de Gordien III [1]; une de Décius [2]; une de Valérius, fils de Gallien [3]; une de Claude II [4]; une de Dioclétien et de Galère [5]; une de Constance Chlore et de Constantin [6]; une de Constant, fils de Constantin [7]; une de Constantin II [8]; une de Constance II [9]; une de Valentinien Ier et de Valens; celle dont nous nous occupons ici; et enfin une d'Arcadius, d'Honorius et de Théodose II [10].

Une autre difficulté se présente à la ligne 2. La copie de M. Trézel porte ΚΛΔΙΩΝ, celle de Fourmont ΚΛΑΥΔΙΩΝ. Peut-on, avec M. Boeckh, changer ces deux leçons, dont la première est évidemment vicieuse, en ΚΑΙCΑΡΩΝ? Je ne le pense pas, et j'aimerais mieux croire qu'un graveur ignorant aura substitué le nom de *Claudius* à celui de *Flavius*, que Valentinien et Valens portent sur plus d'un monument [11]. De pareilles erreurs ne sont pas sans exemple; ainsi, sur une inscription de Lébadée [12], le fils de Gallien, *P. Cornelius Licinius Valerianus Valerianus Cæsar*, est appelé *Publius... Egnatius Valerianus*.

Je ne crois pas non plus qu'il faille voir un nom propre dans le mot σγελαστικός, mais bien le nom d'une dignité dont les monuments de cette époque font souvent mention. C'est ainsi que M. Boeckh l'a entendu dans un monument d'Aphrodisiade en Carie [13]; ce mot devait être ici précédé, ainsi que dans d'autres inscriptions, de l'épithète d'ἐλλογιμώτατος ou de celle de λαμπρότατος [14]. D'après toutes ces considérations, je pense que les génitifs Αὐτοκρατόρων Κλαυδίων Βαλέντων dépendaient non de Ἀγαθῇ τύχῃ, mais du nom d'un personnage qui avait rempli tout à la fois une charge de cour auprès des deux empereurs et les fonctions de σγελαστικός de la ville de Nauplie. Si cette opinion est fondée, il faut en conclure que les lignes de notre inscription devaient avoir au moins le double de la longueur qu'elles ont aujourd'hui.

Quoi qu'il en soit, il résulte évidemment des lignes 3 à 5, qu'il est question dans cette inscription d'honneurs décernés à un magistrat qui avait relevé une basilique renversée par un tremblement de terre et par un débordement de la mer, κατὰ σεισμοὺς καὶ θαλαττιασμοὺς (peut-être Θραυσμοὺς, suivant l'expression de l'inscription de Constantinople que j'ai citée pag. 106). L'histoire nous apprend, en effet, qu'en l'an 375, peu de temps après la mort de Valentinien Ier, un violent tremblement de terre ébranla la Crète, le Péloponèse et le reste de la Grèce; que la plupart des villes furent renversées, et qu'Athènes et l'Attique échappèrent seules à ce désastre, grâce à la protection d'Achille [15]. C'est, on n'en saurait douter, à cet événement que notre monument fait allusion, et c'est une nouvelle preuve en faveur de l'opinion que j'ai émise plus haut sur le sens de la première ligne; car Valentinien étant mort à cette époque depuis au moins un an ou deux, temps rigoureusement nécessaire pour relever la basilique en question, son nom n'a pu figurer dans la date de la reconstruction; tandis que rien ne s'opposait à ce qu'on rappelât les dignités qu'avait remplies près de lui le magistrat auquel Nauplie devait cet important service. Sans doute, on peut supposer qu'il s'agit ici de Valentinien II qui, dans la même année 375, fut appelé à l'empire; mais alors pourquoi n'est-il pas fait mention de Gratien qui reçut la pourpre en même temps que lui [16], et qui figure ordinairement au second rang parmi les trois empereurs de cette époque?

Quelle que soit l'opinion à laquelle on doit s'arrêter sur ce point, il résulte de tout ce qui précède que la date de notre monument ne peut être placée qu'entre 375 et 378, année de la mort de Valens.

3.

Inscription copiée à Napoli de Romanie par M. Edgard Quinet.

ΙΣΘΛΤΕ ΒΥΛΗ ΚΑΙ ΧΟΡΗ ΓΑΨΘΟΓΩ
ΝΕΟΣΟΘΕΙΟΣΣΠΥΡΙΔΟΝΟΣΘΕΣΚ
ΕΛΥ
ΑΔΕΛΦΟ ΤΗ ΤΟΣΕΥ ΣΕΒΟΥΣΤΕ
ΑΓΑΣΗΟ ΝΥΝΕΚΘΕ ΜΕΘΛΩΝΣΥΝ
ΤΟΝ ΩΣΑΝΙΛΙΝΘΗ
ΕΝ ΕΤΞΙ ΑΨΒ

. . . . . ἡ βουλὴ καὶ χορηγία . . . . . .
ν[α]ὸς ὁ θεῖος Σπυρίδ[ί]ωνος . . . .
. . . .
ἐθελορότητος εὐσεβοῦς τε . . . .
ἀπόκη ἡ νῦν ἐκ θεμέλιων σὺν [ἐγείρας]. . .
τον . ὁσαν[ν]ὰ [ἐν] ὑ[ψίστοις]. . . . .
Ἐν ἔτει αψβ'

Cette inscription de l'année 1702 consistait sans doute en lignes bien plus longues, car ce qui en reste n'offre aucune suite. Tout ce qu'on peut entrevoir, c'est qu'elle se rapporte à la reconstruction, ὁ νῦν ἐκ θεμέλιων σὺν [ἐγείρας], de l'église de Saint-Spyridion, ναὸς ὁ θεῖος Σπυρίδωνος, entreprise sans doute sous la direction du sénat et des autorités, βουλὴ καὶ χορηγία, par la réunion des chrétiens de Nauplie, comme nous en avons un exemple pour Argos [17].

---

[1] *Corpus Inscr. gr.* 1322, 1323 et 2496.
[2] Ibid. 2023.
[3] Ibid. 1621.
[4] Ibid. 1622.
[5] Ibid. 2018.
[6] Ibid. 1622 a b.
[7] Ibid. 1523.
[8] Ibid. 2744.
[9] Ibid. 2745.
[10] Ibid. 1086.
[11] Comme sur l'inscription du pont Cestius. Voyez Orelli, *Inscr. lat. ampl. coll.* n° 1117. Voyez encore les n°° 1114 et 1115 du même recueil.
[12] *Corpus Inscr. gr.* 1621.
[13] Ibid. 2746.
[14] Voyez M. Boeckh, l. c., et Franck sur les Inscriptions gr. et lat. recueillies par Richter, p. 434 et suiv.
[15] Zosime, IV, 18: Καὶ σεισμοὶ δὲ ἔν τισι συνηνέχθησαν τόποις. Ἐσείετο δὲ καὶ Κρήτη σφοδρότερον, καὶ ἡ Πελοπόννησος μετὰ τῆς ἄλλης Ἑλλάδος· ὥστε καὶ τὰς πολλὰς διαρρυῆναι τῶν πόλεων, πλὴν τῆς Ἀθηναίων πόλεως καὶ τῆς Ἀττικῆς. Cf. V, 6. On peut voir une description curieuse de ce tremblement de terre dans un fragment anonyme publié par M. Boissonade, *Anecd. gr.* t. 1, p. 421. Il y est dit que cet événement eut lieu sous le règne de Gratien et de Valentinien. Le savant éditeur renvoie à Cedrenus, p. 314, où de même fait est rapporté à peu près dans les mêmes termes que dans l'anonyme.
[16] Zosime, IV, 19.
[17] N° 64, p. 230.

Suivent les planches 74 et 75.

ROUTE DE NAUPLIE A ÉPIDAURE[1].

Quand on a quitté Nauplie et passé au pied du mont sur lequel est bâti le fort Palamède, en laissant à gauche la route d'Argos, c'est vers le nord-nord-est que l'on prend celle qui mène à Épidaure. Ce chemin traverse d'abord quelques villages ou hameaux, dans un pays assez riant, quoique entouré de montagnes où l'on ne remarque aucun arbre. A quelque distance, sur la gauche, est une acropole de construction cyclopéenne; près de là on rencontre des débris de la même architecture, auxquels les géographes ne donnent pas de nom, non plus qu'à d'autres qui se trouvent plus loin. Le village de Ligourio, où on arrive après avoir passé quelques petits torrents ou ravins boisés, est entouré de terrains cultivés, et possède une église du moyen âge assez curieuse. Vis-à-vis du village, à gauche de la route et à la base du mont Arachné, sont les restes d'une pyramide de construction cyclopéenne (*voy*. pl. 76), semblable à une autre que nous avions vue sur la route de Tégée à Argos, et dont nous avons donné le dessin (*voy*. pl. 55).

Lorsqu'on a dépassé Ligourio, le chemin qui mène à Épidaure continue dans la même direction, entre le haut et aride mont Arachné qu'on laisse à gauche et des collines arrondies qui sont à droite, lesquelles environnent la plaine d'Hiéro, où se retrouvent les ruines du temple d'Esculape et le bois sacré.

La partie de la route que l'on parcourt après avoir laissé à droite le chemin conduisant à Hiéro, est plus riche de végétation que celle qui précède : les ravins boisés et les torrents qui s'y rencontrent lui donnent un aspect pittoresque dont l'effet n'est nullement diminué, même par les terrains marécageux, mais très-cultivés, qui entourent le promontoire où se voient les restes de l'antique Épidaure[2].

ÉPIDAURE.

Epidaurus, qui donna son nom à ce pays, était fils de Pelops; et, suivant d'autres, il avait pour père Argus, fils de Jupiter. Le pays était consacré à Esculape, parce que c'est là, dit-on, qu'il reçut le jour[3].

Quant à la ville d'Épidaure elle-même, voici ce qu'elle offrait de plus remarquable : d'abord une enceinte consacrée à Esculape, avec sa statue et celle d'Épioné son épouse, à ce qu'on dit; toutes deux en marbre de Paros. Il y avait dans la ville un temple de Bacchus, un bois consacré à Diane, où cette déesse était représentée en chasseresse; puis un temple de Vénus, et, sur le haut d'un promontoire avancé dans la mer, un autre temple que les gens du pays donnaient pour être dédié à Junon.

---

[1] Si l'on se rappelle que nous avons dit précédemment, qu'après avoir quitté Nauplie nous visitâmes les Cyclades, on sera peut-être étonné que nous intervertissions ici l'ordre de notre voyage. Mais, après avoir parlé de Nauplie, nous avons pensé qu'il valait mieux mettre sous les yeux du lecteur l'ensemble de nos travaux sur l'Argolide, bien que nous n'ayons recueilli le complément de nos matériaux qu'à notre retour des îles.

[2] DISTANCE DE NAUPLIE A ÉPIDAURE.

En sortant de Nauplie, à 10 minutes, on laisse à gauche la route d'Argos. A 28 m., une belle fontaine; à droite Aria, village. A 17 m., une citerne et une chapelle; on laisse à droite la route de Didymi. A 15 m., on aperçoit à gauche, à une demi-heure environ, une acropole de construction cyclopéenne. A 30 m., traces de constructions. A 15 m., restes d'une tour cyclopéenne. A 5 m., une fontaine à droite, et à peu de distance au delà, d'autres restes de constructions cyclopéennes. A 25 m., on voit à droite Soulounari, Perivolia, où est une chapelle, et au-dessus un château fort. Lit d'un torrent. A 8 m., tour hellénique. A 78 m., le lit d'un ruisseau; on voit à gauche, à vingt minutes, une acropole de construction cyclopéenne brute, derrière une haute montagne. A 40 m., muraille cyclopéenne. A 50 m., à gauche, tout près de la route et au pied du mont Arachné, la base d'une pyramide cyclopéenne; vis-à-vis est le village de Ligourio. A 60 m., Paleo-Ligourio, hameau en ruine. A 24 m., on traverse un torrent; à droite est le chemin qui conduit en soixante minutes aux ruines d'Hiéro. A 9 m., rocher remarquable et ravin très-pittoresque. A 41 m., moulin et source sous des platanes. A 16 m., moulin, ruisseau et aqueduc moderne. A 28 m., village dans le port d'Épidaure.

Distance totale, 8 heures 19 minutes.

[3] Pausanias.

On voyait aussi dans la citadelle une statue de Minerve surnommée Cessienne, faite en bois, et d'un travail assez remarquable [1].

Un petit village, composé d'une cinquantaine de maisons, et à l'est duquel on trouve, près de la mer, une chapelle et un cimetière, occupe aujourd'hui l'emplacement de l'ancienne Épidaure. Près de là sont des marais qui rendent, dit-on, fort insalubre la petite baie qui forme comme un port naturel à la ville d'Esculape.

On arrive au promontoire sur lequel étaient bâties la ville haute et l'acropole antique, par un isthme au sud du port; dans cet isthme nous trouvâmes trois fragments de statues en marbre : un torse colossal de femme, sans tête, d'un assez beau travail, mais très-fruste; une autre femme couchée, dont la tête manquait également, et d'un style assez médiocre; enfin un guerrier, sans tête aussi, et fort grossièrement travaillé. Au nord, tout près de la mer, on remarque une ruine romaine en briques. Sur la partie la plus élevée du promontoire, où était l'acropole, se retrouvent plusieurs parties de son enceinte; elles sont de construction hellénique presque cyclopéenne, et établies sur une base de rochers. On reconnaît aussi des traces de fortifications du moyen âge, mêlées aux murs antiques; et enfin des restes de constructions dont il est impossible de préciser l'usage, si ce n'est peut-être à l'égard d'une enceinte un peu circulaire qui nous parut avoir été un théâtre ou tout autre lieu d'assemblée, à en juger d'après un gradin en pierre que nous vîmes à côté.

---

[1] Pausanias.

HIÉRO (TEMPLE D'ESCULAPE).

Pour se rendre d'Épidaure à Hiéro, la route, jusqu'à une distance de quatre milles à peu près, est la même que celle de Nauplie : on se dirige alors vers le sud, et c'est à trois milles environ dans cette nouvelle direction que se trouve la plaine où sont les ruines d'Hiéro.

L'aspect de cette campagne est des plus riants. Les belles montagnes qui l'environnent, la riche végétation dont elles sont couvertes, offrent à l'œil un ravissant spectacle, surtout du côté de l'ouest, où trois ou quatre lignes de montagnes vont se perdre à l'horizon avec celles de l'Argolide qui forment le fond de ce magnifique tableau.

Hiéro renfermait tant de monuments curieux que nous croyons ne rien pouvoir faire de mieux que d'en donner, d'après Pausanias, une description abrégée. Voici donc ce qu'on lit dans cet auteur :
« Le bois sacré d'Esculape est entouré de montagnes de tous côtés. La statue du dieu, toute en or
« et en ivoire, est moins grande de moitié que le Jupiter Olympien d'Athènes. Il est assis sur un
« trône, tient un bâton d'une main, et touche de l'autre la tête d'un serpent. Un chien est couché
« auprès de lui. On voit par l'inscription que cette statue est l'ouvrage de Thrasymèdes de Paros.
« Un peu au delà du temple est un endroit où dorment ceux qui viennent demander au dieu leur
« guérison, et dans le voisinage s'élève un édifice rond en marbre blanc, nommé le Tholus. Autre-
« fois, dans l'intérieur de l'enceinte, il y avait un grand nombre de cippes; il n'en reste plus main-
« tenant que six sur lesquels sont inscrits des noms d'hommes et de femmes qu'Esculape a guéris,
« avec désignation de la maladie de chacun, et des moyens employés dans la cure, le tout en dialecte
« dorien. C'est d'après de pareilles tablettes, trouvées dans un autre temple d'Esculape dans l'île de
« Cos, qu'Hippocrate cultiva et perfectionna son art. Un autre cippe très-ancien est placé dans un lieu
« particulier; l'inscription qu'il porte nous apprend qu'Hippolyte consacra vingt chevaux au dieu.....
« Il y a dans l'enceinte sacrée d'Épidaure un théâtre qui, à mon avis, est un ouvrage des plus admi-
« rables. Les théâtres de Rome surpassent en magnificence ceux de tous les autres pays; il n'en est
« point qui pour sa grandeur puissent se comparer à celui de Mégalopolis en Arcadie; mais si l'on envi-
« sage l'ensemble de toutes les parties et l'élégance de la construction, il n'en est point qui puissent se
« comparer à ce théâtre. Polyclète en est l'architecte, ainsi que de l'édifice rond dont je viens de parler.
« On voit dans le bois sacré le temple de Diane, la statue d'Épioné, le temple de Vénus, celui de Thé-
« mis, un stade en terre rapportée et battue comme la plupart des stades grecs, et une fontaine dont
« on admire le toit et les autres embellissements... Un sénateur romain, nommé Antonin, a depuis peu
« orné l'enceinte sacrée de divers édifices, qui sont le bain d'Esculape, le temple des dieux qu'on nomme
« Épidotes, celui d'Hygiée, ceux d'Esculape et d'Apollon surnommés Égyptiens, et le toit du portique
« qui porte le nom de Cotys, et qui est en briques crues. Il fit aussi bâtir un édifice où l'on transporte
« les femmes en couche et les moribonds. Les montagnes qui dominent le bois sont le Tithium et
« le Cynortium. On voit sur le dernier le temple d'Apollon Maléate, un des plus anciens édifices du
« pays : mais tout ce qui l'entoure est encore l'ouvrage d'Antonin, ainsi qu'un réservoir où se ras-
« semblent les eaux du ciel. »

Au lieu où étaient jadis ces beaux édifices, ces belles statues, on ne trouve plus aujourd'hui que des débris et quelques traces de murailles, avec lesquelles il est tout à fait impossible de reconstruire aucun édifice. Les seuls vestiges assez complets et à l'aide desquels on puisse reconnaître les monuments auxquels ils appartenaient, sont le théâtre, le stade et deux citernes.

Malgré l'opinion de M. Pouqueville, qui prétend que beaucoup de trésors d'antiquités sont enfouis, cachés dans cette terre[1], nous ne croyons pas que des fouilles à Hiéro pussent offrir de bien brillants résultats : le sol actuel étant plus bas que l'ancien, les monuments devraient être plutôt en dehors qu'en terre, et il est douteux qu'il en puisse rester d'autres que ceux qui sont apparents, d'ailleurs peu remarquables sous les rapports d'art. Comme nous venons de le dire, on retrouve cependant çà et là quelques débris de moulures d'un assez bon goût; mais il semble que les habitants eux-mêmes prennent

[1] Pouqueville, liv. XIV, chap. iv.

à tâche d'anéantir les restes précieux de leurs monuments, en les amoncelant pêle-mêle, pour débarrasser les terres et les rendre plus propres à la culture : viennent ensuite les amateurs qui les mutilent encore, d'une façon non moins barbare, pour emporter quelque souvenir de ce beau pays.

Par les planches que nous donnons de ces ruines; par l'explication que nous y joignons, et dans laquelle nous avons tâché de reproduire l'emplacement de quelques-uns des édifices d'Hiéro, on pourra juger de l'importance qu'avaient tous ces monuments, si respectés autrefois, aujourd'hui négligés ou détruits avec si peu de discernement.

EXPLICATION DES PLANCHES.

Planche 76.

Fig. I. — Coupe du terrain de l'emplacement d'Hiéro, passant par la ligne a, b, c, d, etc., indiquée sur le plan général, planche 77.

Fig. II et III. — Vue et plan d'une pyramide près Lygourio; cette construction ressemble beaucoup à celle qu'on voit près d'Argos sur la route de Tripolitza, à l'exception pourtant que les pierres de celle-ci ne sont liées par aucun ciment ou mortier.

Planche 77.

Plan général d'Hiéro indiquant toutes les ruines qu'on y retrouve.

A. Grand théâtre en pierre, du travail le plus beau. C'est la ruine la mieux conservée de toutes celles qui l'entourent. Ce monument est l'ouvrage de Polyclète.
B. Stade creusé dans le sol.
C. Grande construction hellénique. La partie a indique la portion de mur dont on voit le parement; il est composé par des pierres taillées en forme de polygones irréguliers. La partie b désigne les portions de mur détruites dont on distingue encore les débris.
D. Grand emplacement couvert de ruines d'un travail précieux. La plupart des plus beaux fragments sont en marbre blanc.
   a. Endroit où se trouve le couronnement à palmettes en marbre blanc, qui devait appartenir à cette fontaine, remarquable *par la beauté de la voûte et les autres ornements dont elle est décorée.* (Expressions de Pausanias.)
   b. Fragments circulaires et inscriptions (en pierre).
   c. Portion de dallage non en place; piédestaux (en pierre).
   d. Puits de 2,00 de profondeur, et 3,73 de diamètre dans œuvre; les pierres formant la mardelle ont 1,00 de largeur.
   e. Portion de dallage circulaire en place. C'est sans doute les restes de la rotonde en marbre blanc construite par l'architecte Polyclète.
   f. Caniveau en place.
E. Construction en blocage et briques.
F. Construction en blocage et briques, où se trouve un souterrain pour les eaux.
G. Aire d'un sacellum en pierre tendre.
H. Aire d'un temple en pierre rougeâtre, ayant une grande ressemblance avec le marbre.
I. Colonne en plan et chapiteau de pilastre.
J. Petite enceinte religieuse formée avec des fragments antiques.
K. Caniveaux circulaires en place, et autres caniveaux.
L. Murs antiques.
M. N. Citernes et caniveaux encore en place, construits par Antonin.
O. Construction en briques, qui paraît avoir été des bains, ceux mêmes construits par Antonin.
P. Construction en briques et blocage.
Q. Emplacement surélevé avec débris de murs au pourtour.
R. Ruine antique importante ayant des portions de murs en bossages bruts, et d'autres plus modernes en blocage et ciment.
r. Amas de débris antiques.
S. Ruines d'un monument antique: on y trouve un fragment de fût de colonne en pierre sans cannelures, de 0,48 de diamètre, et un autre beau fragment formant soffite ou caisson.

Planche 78.

Fig. I. — Plan du théâtre avec restauration des murs où les gradins devaient s'arrêter. La fouille faite au bas de ces gradins a eu pour résultat de déterminer la base de ces murs ainsi que le premier gradin C, dont le détail est donné planche 79, fig. V. H est un dallage ou première marche qui se pourtourne au bas du premier gradin.

Planche 79.

Fig. I. — Coupe du théâtre.
Fig. II. — Détail des gradins et escaliers de la partie inférieure.
Fig. III. — Détail des gradins et escaliers de la partie supérieure.
Fig. IV. — Détail des siéges avec dossiers.
Fig. V. — Détail d'un gradin trouvé dans la fouille C. H. du plan du théâtre : bien qu'il n'ait pas été trouvé en place, il est probable que c'était le premier gradin.

Planche 80.

Fig. I. — Plan du stade; sa largeur est indiquée par des gradins encore en place, mais trop dérangés de leur position première pour que nous puissions en déterminer le nombre. On voit encore à l'extrémité gauche quelques traces de construction. Nous avons arrêté sur ces restes antiques la longueur du stade olympique, pour prouver que ces constructions ne devaient pas déterminer l'extrémité réelle de ce stade.
Fig. II. — Coupe sur la longueur du stade.
Fig. III. — Coupe sur la largeur du stade, faisant voir les restes d'un passage souterrain voûté, qui arrivait sous les gradins de gauche.
Fig. IV. — Détail d'un des gradins du stade.
Fig. V. — Pied triangulaire trouvé sur l'emplacement D, indiqué sur le plan général.
Fig. VI. — Inscription tracée sur une pierre circulaire trouvée sur l'emplacement D, indiqué sur le plan général.
Fig. VII. — Profil de l'inscription.
Fig. VIII. — Inscription trouvée sur l'emplacement D, indiqué sur le plan général.
Fig. IX. — Tiré d'un temple. Ce beau dallage est d'une espèce de marbre rougeâtre tacheté de blanc.
Fig. X. — Gradin en pierre trouvé sur l'aire du temple.
Fig. XI. — Coupe du gradin.

Planche 81.

Fig. I, II et III. — Détail d'un chapiteau de pilastre en une espèce de marbre rougeâtre, trouvé à l'endroit désigné par la lettre I du plan général.
Fig. IV et V. — Portion de corniche en pierre, trouvée à l'endroit désigné par la lettre I du plan général.
Fig. VI. — Couronnement en marbre blanc, trouvé, non en place, sur l'emplacement D (à la lettre *a*), indiqué sur le plan général. Des entailles ont été faites dans ce beau fragment pour recevoir sans doute les solives ou chevrons d'une construction légère.
Fig. VII. — Coupe faite sur l'une des entailles du couronnement *a*, *b*.
Fig. VIII. — Fragment d'un caisson en marbre blanc, trouvé dans l'endroit désigné par la lettre S du plan général.
Fig. IX. — Banc en pierre, trouvé à l'endroit désigné par la lettre I du plan général.
Fig. X. — Inscription sur une espèce de marbre rougeâtre, trouvée près de l'endroit désigné par la lettre I du plan général.

Planche 82.

Fig. I et II. — Fragment de soffite ou caisson en marbre blanc.
Fig. III. — Tuile faitière en marbre blanc.
Fig. IV et V. — Fragments de chapiteaux en marbre blanc très-fruste.
Fig. VI et VII. — Base d'une colonne cannelée en marbre blanc.
Fig. VIII et IX. — Fragment de caisson en marbre blanc.
Fig. X et XI. — Fragment de caisson en marbre blanc semblable à celui ci-dessus. C'est la partie qui posait sur l'un des murs entre lesquels il devait se trouver.
Fig. XII. — Portion de fût de colonne en marbre blanc, avec détail de l'une de ses cannelures, qui sont au nombre de 24.
Fig. XIII. — Fût de colonne en pierre, présumé en place, avec détail de l'une de ses cannelures, au nombre de 24. Tous ces fragments, qui sont d'un beau travail, ont été trouvés sur l'emplacement D et près de la lettre C, indiqués sur le plan général.

Planche 83.

Fig. I et II. — Élévation et plan de plusieurs piédestaux.
Fig. III et IV. — Élévation et plan de morceaux circulaires.
Fig. V. — Profils haut et bas des fragments ci-dessus.
Fig. VI. — Autres fragments trouvés au même endroit que ci-dessus.
Fig. VII, VIII et IX. — Plan, coupe et profil d'un fragment orné de moulures.

(166)

Fig. X, XI et XII. — Coupe, plan et profil d'un banc circulaire dont il reste beaucoup de fragments : on y remarque encore l'arrachement d'une console.
Fig. XIII. — Fragment d'une base de piédestal.
Fig. XIV et XV. — Profil et plan d'une base circulaire, avec un reste de console.
Fig. XVI. — Profil taillé sur un fragment circulaire. Tous ces débris, en pierre dure d'un grain très-fin et d'un beau travail, sont dispersés à l'endroit indiqué par la lettre c de l'emplacement D du plan général.

PLANCHE 84.

Fig. I, II et III. — Plan, coupe transversale et coupe longitudinale d'une citerne désignée au plan général par la lettre N. La construction de cette citerne est en pierre posée sur ciment, et recouverte d'un stuc ou enduit de 0,o30 millimètres d'épaisseur.
Fig. IV. — Détail de l'un des contre-forts de la citerne sur lesquels sont bandés les arcs.
Fig. V. — Détail de l'aqueduc qui amenait l'eau à la citerne. Les murs et massifs qui enveloppent la citerne sont en moellons et mortier; le caniveau lui-même est en marbre rougeâtre; la dalle et le chaperon du dessus sont en calcaire fort dur.
Fig. VI, VII et VIII. — Plan, coupe transversale et portion de coupe longitudinale d'une citerne désignée au plan général par la lettre M. L'enduit est en partie tombé : on voit à de certaines places la pierre remplacée par de la brique; c'est sans doute comme moyen de réparation que ce travail a été fait.
Fig. IX. — Appareil des murs de la citerne.
Fig. X. — Détail des angles des contre-forts de la citerne.
Fig. XI. — Caniveau en pierre avec larmier dessous.
Fig. XII. — Caniveau encore en place sur la ruine désignée par la lettre D.

PLANCHE 85.

Vue générale de l'emplacement d'Hiéro, prise de la partie supérieure des gradins du théâtre.

INSCRIPTIONS COPIÉES A LIGOURIO, DANS LES RUINES DE L'ANCIENNE ÉPIDAURE ET A HIÉRO,

ET EXPLIQUÉES PAR M. LE BAS.

Le nombre des inscriptions provenant d'Épidaure est peu considérable, car le *Corpus* n'en contient que 14 ; mais comme des 9 que les membres de la commission ont recueillies, 2 seulement sont déjà connues, le catalogue épigraphique de cette ville se trouve augmenté de 7 nouveaux monuments, presque tous d'une assez grande importance.

PREMIÈRE CLASSE.

INSCRIPTIONS DÉJÀ CONNUES.

1.

Inscription copiée sur une pierre plate par MM. Virlet et Edgard Quinet.

M. Virlet fournit les renseignements suivants sur les dimensions de ce monument : Haut. 0,57. Larg. 0,85. Largeur des lignes 0,57.

Copie de M. Virlet.

ΥΓΕΙΑ
Γ ΑΙΛΙΟC ΕΥΤΥΧΟC
ΥΓΕΙ ΤΗC ΘΥΓΑΤΡΟC
ΑΙΛΙΑC ΑΚΥΛΕΙΝΗC

Ὑγιείᾳ
Π. Αἴλιος Εὔτυχος
ὑπὲρ τῆς θυγατρὸς
Αἰλίας Ἀκυλείνης.

[1] *Inscr.* II, 142, p. 82.
[2] N° 1180 du *Corpus.*

A Hygie,

P. Ælius Eutychus pour sa fille Ælia Aquilina.

Voici maintenant la copie de M. Quinet :

Γ ΑΜΟC ΕΥΤΥΧΟC
ΥΓΕΙ Ι'ΗC ΘΥΓΑΠΟC
ΑΙ ΛΙ ΑCΑΚΙΑΕΙΥΥC

On voit que cette seconde copie est beaucoup moins complète et moins précise que la première. Nous avons cru devoir la reproduire ici, afin qu'on pût mieux se rendre compte des variantes. C'est d'ailleurs le meilleur moyen de justifier quelques restitutions un peu hardies en apparence, que de montrer dans quelles erreurs tombent parfois les copistes. Ainsi la ligne 1 prouve que souvent un Ι peut être omis et que ΑΙ peut être confondu avec Μ; la ligne 2, qu'à un Ι on peut substituer un Ρ, un Τ, à un Ε un C, et réciproquement, à un Γ les deux lettres ΤΡ. Enfin la ligne 3 autorise à substituer Υ à Ι; Λ à Α, Ν à V, et même Η à V.

Cette inscription a été publiée deux fois ; d'abord par Chandler[1], puis par M. Boeckh[2]. Jusqu'ici on ne connaissait que les trois dernières lignes. La ligne ΥΓΕΙΑ, due à M. Virlet, prouve que ce monument doit être rangé dans la classe des inscriptions votives, et qu'il s'agit ici d'une offrande qu'un père fait pour le rétablissement de sa fille, à Hygie, dont le culte était inséparable de celui d'Esculape, le dieu d'Épidaure, dans l'hiéron duquel se trouvait un temple de cette déesse[3].

[3] Pausan. II, 27.

(167)

2.

Fragment d'inscription copié sur une pierre cintrée, à Hiéro, dans les ruines du temple d'Esculape, par MM. Ch. Lenormant, Virlet, Trézel et Edgard Quinet.

Dimensions du monument d'après M. Virlet : Haut. 0,30 ; larg. 0,71 ; haut. des lettres 0,035. Nous adoptons la copie de M. Virlet, parfaitement d'accord avec celle de M. Lenormant.

```
ΣΤΟΝ ΕΠΙΔΑΥΡΙΟΝ
ΟΚΡΑΤΗΝ ΛΑΜΠΡΙΑ
ΠΟΛΗΣΑΝΤΑ ΔΙΣ
ΝΟΘΕΤΗΣΑΝΤΑ
Α ΠΟΛΕΙΤΕΥΟΜΕ
NON
```

Les motifs que nous avons exprimés plus haut (n° 69), nous engagent à joindre ici les deux autres copies :

Copie de M. Trézel.

```
ΣΤΟΝΕΠΙΔΑ
ΑΤΗΝΜΥΠΛ
ΠΟΛΗΣ ΝΤΑΔΙΣ
ΝΟΘΕΤΗΣΑΝΤΜ
‾ΛΠΟΛΕ ΥΟΜΕ
NON
```

Copie de M. Quinet.

```
ΤΟΝ ΟΠΙΑΛΙΠΟΝ
Ο ΚΡΑ ΤΗΝ ΛΑΜΠΙΛ
Π ΟΛΗΣ . ΝΤΑΛΙ>
Ν ΟΘΕ ΤΗΣΑΝΤΑ
ΤΑΠΟΛΕΙ ΤΕΥΟΜΕΝΟΝ
```

Chandler[4] et M. Boeckh[5] ont déjà fait connaître ce monument. La seule variante qu'offre le texte du *Corpus*, comparé à celui de M. Virlet, se trouve ligne 1, où l'on lit ΤΩΝ ΕΠΙΔΑΥΡΙΩΝ, qui est la véritable leçon.

M. Boeckh, dans la restitution qu'il donne de cette inscription, remplit ainsi les lignes 2, 3 et 4 :

```
Τ. ΣΤΑΤΙΑ. ΤΙΜ]ΟΚΡΑΤΗΝ ΛΑΜΠΡΙΑ
ΥΙΟΝ ΙΕΡΑ]ΠΟΛΗΣΑΝΤΑ
ΚΑΙ ΑΓΩ]ΝΟΘΕΤΗΣΑΝΤΑ
```

Mais c'est évidemment outre-passer les limites indiquées par les autres restitutions qui sont incontestables. La place qu'occupe, ligne 6, la syllabe rejetée NON, prouve que le graveur a voulu conserver partout une symétrie rigoureuse. Je pense donc que la seule restitution admissible est celle qui suit :

```
[Α ΠΟΛΙ]ΣΤΩΝ ΕΠΙΔΑΥΡΙΩΝ
[Τ. ΣΤ.ΤΙΜΟ]ΚΡΑΤΗΝ ΛΑΜΠΡΙΑ
[ΙΕΡΑ]ΠΟΛΗΣΑΝΤΑΔΙΣ
[ΑΓΩ]ΝΟΘΕΤΗΣΑΝΤΑ
[ΑΡΙΣ]ΤΑΠΟΛΙΤΕΥΟΜΕ
NON
```

[4] *Inscr.* II, 140, p. 81.
[5] *Corpus Inscr. gr.*, n° 1169.
(¹) Diamètre de la colonne 0,46.
² N°⁸ 495 et suiv., 2300, etc.

[Ἀ πόλι]ς τῶν Ἐπιδαυρίων [Τ. Στ(ατίλιον) Τιμ]οκράτην Λαμπρίαν, [ἱερα-] πολήσαντα δὶς, [ἀγω]νοθετήσαντα, [ἄρισ]τα πολιτευόμενον.

La ville d'Épidaure à T. Statilius Timocrate, *fils de Lamprias, deux fois grand prêtre, ayant été agonothète, et remplissant avec distinction les fonctions publiques (qui lui sont confiées).*

Du reste, j'admets ici volontiers avec M. Boeckh que le Titus Statilius Timocrate, fils de Lamprias, dont il est ici question, est le même que celui auquel sont consacrés les n°⁸ 1124, 1168, 1170 et peut-être même 1173 ; mais je suis porté à croire que le n° 1124 est postérieur à tous les autres, et que par conséquent T. Statilius Timocrate, né à Épidaure, obtint plus tard les droits de citoyen à Argos, et y mérita des honneurs beaucoup plus éminents, tels que les titres d'helladarque, de grand prêtre à vie des Hellènes, de stratège des Achéens, etc.

SECONDE CLASSE.

INSCRIPTIONS INÉDITES.

3.

Inscription gravée sur un marbre déterré par M. Virlet, qui donne sur les dimensions de cette pierre les renseignements suivants : « Hauteur 0,60 ; largeur 0,40. Au centre de la pierre un trou circulaire de 0,045 de profondeur. »

```
ΑΣΚΛΗΠΙΩΙ
```

Ἀσκληπιῷ

A Esculape.

Cette inscription appartenait sans doute à quelque offrande. Le trou pratiqué dans la pierre avait peut-être servi à y sceller l'objet consacré.

———

4.

Inscription copiée à Hiéro par M. Virlet, sur un fût de colonne(¹) *encore debout dans les ruines, au N. O. du théâtre au milieu des oliviers.*

```
ΖΗΝ
ΑΣΤΥΛΑΙΔΑΣ
ΝΙΚΟΦΑΝΗΣ
ΑΣΚΑΠΩΙ
```

La restitution de la ligne 1 ne me paraît pas douteuse ; il faut lire [ΕΥΧ]ΗΝ, ou plutôt [ΕΥΧΑ]Ν, formule dont le *Corpus* offre tant d'exemples[6].

[Εὐχὰ]ν
Ἀστυλαΐδας
Νικοφάνης
Ἀσκ[λ]απῷ.

Astylaïdas et Nicophane adressent leur supplication à Esculape.

Je ne connais pas d'autre exemple du nom d'Astylaïdas. Il paraît être un dérivé de celui d'Ἄστυλος, qu'Ovide[7] donne à un centaure, et que portait un coureur célèbre dont parle Pausanias[8]. Celui de Nicophane est plus connu. Polybe[9], entre autres, fait mention d'un certain Nicophane de Mégalopolis qu'Aratus envoya en ambassade auprès d'Antigone.

[7] *Met.* XII, 338.
[8] VI, 13, 1
[9] II, 48 et suiv.

84

(168)

5.

*Inscription copiée par M. Trézel, sur une pierre rouge, à Hiéro.
(Voyez Expédition scientifique de Morée, t. II, pl. 81, fig. X.)*

ECΘI O
ONYCIOC
KΘ ΩN
KATON AP
EΠIEIΘDC
PO

Je crois pouvoir proposer la restitution suivante :

ΘEOI[C] E[ΠIΔωTAIC]
[ΔI]ONYCIOC...........
[BΩM]ON [AΦIEPωCE]
KATONAP......
EΠI IE[P]E[Ω]C [ΘEO]
[ΔΩ]PO[Y Δ]

Θεοὶ[ς] Ἐ[πιδώταις.]
[Δι]ονύσιος .'..... [βωμ.]ὸν [ἀφιέρωσι]
κατ' ὄναρ....ἐπὶ ἱερέ[ω]ς [Θεοδώ]ρο[υ.]

Aux dieux Épidotes, Denys (fils de....) a consacré cet autel, par suite d'un songe, sous le sacerdoce de Théodore.

Pausanias nous apprend qu'à Épidaure[10] le temple des dieux *Épidotes*[11] se trouvait dans l'hiéron d'Esculape où notre monument a été retrouvé. Cette restitution me paraît donc plus vraisemblable que celle de ΘEOI[C X]Θ[ONIOIC] à laquelle j'avais d'abord pensé.

La formule κατ' ὄναρ s'explique par l'usage où étaient les malades qui venaient consulter Esculape, de s'endormir dans le temple du dieu[12]. Elle devait figurer souvent sur les offrandes conservées dans le sanctuaire. Le *Corpus* n'en offre cependant qu'un seul exemple pour Épidaure[13].

6.

Inscription copiée ἐν Λιγουρίῳ τῶν Ἐπιδαύρων, et communiquée à M. Virlet.

ΑΝΙΚΟΣ ΑΡΧΙΕΡΕΥΣΜΕΤΙΣΤΟΤΔΗΜΑΡ
ΠΟΤΑΠΑΤΗΡΠΑΤΡΙΔΟΣΛΕΓΕΙΚΛ..
ΠΡΟΣΗΑΘΟΝ ΜΟΙΔΗΔΟΥΝΤΕ
.ΥΑ...ΑΛΟΝΟΣΤΑΑΠΟ.
ΥΠ

Cette inscription se rapporte évidemment à un empereur romain, qui, d'après la date [AYTOKPA]TΩ[P]IA que donne la ligne 2, et le surnom [ΓΕΡΜ]ΑΝΙΚΟΣ, ligne 1, ne peut être autre que Claude[14]. Ce monument doit donc être lu de la manière suivante :

ΤΙ. ΚΛΑΥΔΙΟΣ ΚΑΙΣΑΡΣΕΒΑΣΤΟΣ ΓΕΡΜ]ΑΝΙΚΟΣ ΑΡΧΙΕΡΕΥΣ ΜΕ[Γ]ΙΣΤΟΣ ΔΗΜΑΡ[ΧΙΚΗΣ ΕΞΟΥΣΙΑΣ Ε]
ΥΠΑΤΟΣ ΑΠΟΔΕΔΕΙΓΜΕΝΟΣ Δ AYTOKPA]TΩ[P]ΙΑ ΠΑΤΗΡ ΠΑΤΡΙΔΟΣ ΛΕΓΕΙ ΚΛ..................
..........................ΠΡΟΣΗΛΘΟΝ ΜΟΙ ΔΗΛΟΥΝΤΕ[Σ..............
...................Υ Α[ΠΟ]ΛΛΩΝΟΣ ΤΑ ΑΠΟ....................
..................................ΥΠ..............

Τιβέριος Κλαύδιος Καῖσαρ Σεβαστὸς Γερμανικὸς, ἀρχιερεὺς μέγιστος, δημαρχικῆς ἐξουσίας ε΄, ὕπατος ἀποδεδειγμένος δ΄, αὐτοκράτωρ ια΄, πατὴρ πατρίδος, λέγει..................
....................προσῆλθόν μοι δηλοῦντες..........
..............Μαλεάτο]υ [?] Ἀ[πό]λλωνος τὰ ἀπο...................
................................ὑπ........

Tibère Claude César Auguste, Germanique, souverain pontife, revêtu de la puissance tribunitienne pour la cinquième fois, consul désigné pour la quatrième, imperator pour la onzième, père de la patrie, dit : ....

se sont présentés devant moi et m'ont prouvé...................

Ainsi ce monument, dont nous n'avons malheureusement sous les yeux que le début, encore bien mutilé, contenait un édit rendu par l'empereur Claude, l'an de Rome 798 ou 799 (47 ap. J. C.)[15], c'est-à-dire, un an après avoir restitué au sénat la province d'Achaïe, que Tibère avait réunie aux provinces impériales[16]. Les titres qu'il y prend sont les mêmes que ceux qui précèdent les deux édits et la lettre de ce prince qui nous ont été conservés par Josèphe[17], et qu'on retrouve sur les inscriptions rapportées par Gruter[18] et par Muratori[19].

Cet édit, rendu sans doute sur les représentations adressées à l'empereur par les habitants d'Épidaure, ce que semblent indiquer les mots προσῆλθόν μοι δηλοῦντες, avait probablement pour objet la réparation de l'antique temple d'Apollon Maléate, situé près du bois sacré d'Esculape, sur le mont Cynortium[20], et dont plus tard Antonin embellit les approches. Ce qu'il y a de certain, c'est que la ligne 4 offre encore les traces du nom de ce dieu. Cette conjecture est d'autant plus vraisemblable que Claude, ainsi qu'on le voit dans Suétone[21], avait, par une mesure semblable, fait réparer aux frais de l'État le temple de Vénus Érycine en Sicile. On sait d'ailleurs quelle était l'affection de Claude pour la Grèce, et avec quel intérêt il la recommanda aux sénateurs; on sait qu'il répondait aux ambassadeurs de cette contrée dans leur propre langue, que même sur son tribunal il citait souvent des passages d'Homère, et qu'enfin il avait écrit en grec, *l'une de ses deux langues*, l'histoire des Tyrrhéniens et celle des Carthaginois[22]. Pouvait-il rien refuser à un peuple auquel il était attaché par des rapports d'études communes, *communium studiorum commercio* ?

[10] II, 27, 7.
[11] Voyez sur ces dieux Siebelis ad Paus. l. c.; Ed. Jacobi, *Dictionnaire de myth. gr. et rom.* Cobourg et Leipzig, 1835.
[12] *Epidauro decus est Æsculapii sacellum cui incubantes ægritudinum remedia capessunt de monitis somniorum.* Solin. VII, 10. Cf. Plaut. Curcul. I, 1. Paus. II, 27, 2.
[13] N° 1176.
[14] Eckhel D. N., vol. V, p. 247.
[15] Eckhel D. N. vol. VI, p. 249.
[16] Dio Cass. LX, 24. Suéton. *Claud.* c. 25.
[17] *Ant. Jud.* l. XIX, ch. 5; l. XX, ch. 1.
[18] P. CLXXVI, 5, et XXXIX, 1.
[19] P. MDVII, 2.
[20] Pausan. II, 27.
[21] *Vie de Claude*, ch. 25.
[22] Suet. ibid. c. 42.

ROUTE DE HIÉRO A TRÉZÈNE.

Trézène est au sud-est de Hiéro; il faut passer, pour s'y rendre, sur le mont Cynortium, près de la grande citerne et de l'aqueduc bâti par Antonin : on rencontre un peu au delà les restes d'un monument antique, et plus loin encore, sur un coteau, de fortes lignes de murailles, et d'autres ruines qui formaient probablement autrefois l'enceinte d'une cité. Une belle vallée montueuse et coupée de ravins conduit ensuite au khan de Trachéa : tous les environs sont couverts de débris qui ne permettent pas de douter qu'une ville n'ait jadis existé en cet endroit. Cette vallée et les montagnes qui l'entourent sont de l'aspect le plus pittoresque; et l'on regrette vivement qu'un pays qui pourrait être si fertile, soit laissé sans culture. A gauche, sur le flanc d'une des montagnes, dont la cime est formée par un rocher escarpé, on voit le village de Bedegni, au-dessus duquel sont encore les restes de l'enceinte d'une ville antique; on y reconnaît des assises assez régulières qui se rapprochent des constructions cyclopéennes. Après avoir passé entre le village de Karadia, qui est plus loin, et un khan ruiné, on longe le lit d'une rivière bordée de lauriers-roses : toute cette route est fort riche de végétation. A peu de distance, sur un coteau à gauche, sont les ruines d'une acropole de construction en polygones irréguliers; et l'on voit s'élever devant soi, à une grande hauteur, le mont Otholithi, tout couvert de houx; des coteaux boisés forment sa base. Quand on est arrivé à l'extrémité de la vallée, près d'une ruine du moyen âge, la route entre dans des montagnes du plus riant aspect, et traverse un pays fort riche jusqu'à une montagne qui est remarquable par sa forme conique, et sur laquelle est un château fort en ruine et entouré d'arbres; de ce côté-là le mont Otholithi ne présente qu'un immense rocher escarpé. En cet endroit, la route descend dans un grand ravin boisé, au fond duquel roule un torrent, que l'on traverse pour arriver au village de Potamia qu'entourent de belles plantations d'oliviers. Du haut de la montagne sur laquelle ce village est bâti, et où il produit un effet très-pittoresque, on découvre Poros, l'île Saint-Georges, la haute mer, et tout le golfe d'Athènes. Au bas d'une descente, on trouve sur le penchant de la montagne, dans une très-belle exposition et en vue de ce magnifique tableau, les restes de l'ancienne Trézène[*].

TRÉZÈNE.

Des ruines modernes et informes subsistent encore sur l'emplacement de l'ancienne ville; une église (la Panagia Episkopi) dont nous avons déjà parlé, des portions de murs d'enceinte, de constructions cyclopéennes en pierres brutes, sans joints taillés, voilà tout ce qu'offre aujourd'hui, aux regards des voyageurs curieux, l'antique Trézène : aussi devons-nous dire que notre séjour n'y fut pas long.

La Panagia Episkopi s'élève sur un monticule qui domine la plaine : c'était probablement là un des points principaux de la ville, et l'emplacement d'un temple dont les pierres pourraient bien avoir servi à la construction de l'église; au moins pouvons-nous assurer qu'elles viennent d'un monument antique. Dans l'intérieur sont des débris de colonnes et deux autels circulaires qui portent des inscriptions.

[*] DISTANCE DE HIÉRO A TRÉZÈNE.

En partant de la plaine, on trouve, à 9 minutes, sur le penchant du mont Cynortium, la grande citerne et l'aqueduc. A 13 m., le sommet du mont. A 15 m., débris d'un monument antique. A 19 m., grandes lignes de murailles, probablement l'enceinte d'une ville, près du torrent. A 87 m., le khan de Trachéa, près d'un torrent, à l'entrée d'une grande vallée. A 10 m., autre khan du même nom, environné de restes antiques qui paraissent indiquer l'emplacement d'une ville. A 20 m., à gauche, roche escarpée. A 13 m., un ruisseau; à gauche, le village de Bedegni, et au-dessus, les restes de l'enceinte d'une ville antique. A 46 m., à droite, au bas d'un rocher, le village de Karadia. A 6 m., on suit le lit d'un torrent, en passant près d'un rocher remarquable : site très-pittoresque. A 17 m., on voit sur un coteau, à gauche, les restes d'une enceinte de ville de construction polygonale. A 42 m., on laisse à gauche une partie très-escarpée du mont Otholithi. A 27 m., on passe au pied d'une montagne conique sur laquelle est un château fort. A 49 m., torrent au fond d'un grand ravin boisé; puis, une montée rapide. A 15 m., autre ravin à l'entrée du village de Potamia, dans lequel on remarque une belle fontaine. A 9 m., ravin et belle vue du village. A 18 m., haut de la montagne, belle vue du golfe d'Athènes. A 24 m., on voit, près de la mer, une montagne conique sur laquelle sont des débris de constructions; à droite, de hautes montagnes. A 86 m., après une descente, l'emplacement de Trézène. A 10 m., à droite, chapelle sur l'acropole antique.

Distance totale, 8 heures 55 minutes.

A trente pas au sud de l'église, au-dessus d'un terre-plein soutenu par une construction cyclopéenne, on voit les premières assises d'un monument qui paraît avoir été un temple; aux environs sont encore quelques autres restes d'antiquités, mais aucun n'a conservé sa première forme architecturale. Au sud-quart-est, sur un plateau que supportent des murs antiques construits par assises horizontales, mais non suivies, on trouve d'anciennes citernes et d'autres plus modernes, et au nord-est, dans la plaine, au delà de la route qui conduit à Demala, trois colonnes de 0,50 c. chacune, qui semblent être restées en place : deux sont octogones, celle du milieu est cannelée. En continuant à marcher vers Demala, on remarque aux environs du lit d'un large torrent, plusieurs ruines romaines en briques; un peu plus loin, près d'un ruisseau, une autre ruine et une chapelle, et au-dessus, sur le penchant de la montagne, une tour carrée de construction hellénique régulière : de chaque côté sont des arrachements des murs d'enceinte dont cette tour dépendait. Toute cette partie de construction sert de base à une autre du moyen âge, près de laquelle est encore une ruine romaine; enfin, un peu plus loin, lorsqu'on est presque arrivé à Demala, on traverse un mur d'enceinte de construction cyclopéenne en pierres brutes.

INSCRIPTION COPIÉE A TRÉZÈNE,

ET EXPLIQUÉE PAR M. LE BAS.

Inscription copiée par M. Ravoisié dans les ruines d'une chapelle byzantine, à Trézène.

OI ΑΛΕΙΦΟΜΕΝΟΙ
...ΟΕΙΥΔΟΡΟΝ
ΤΟΥ ΚΑΛΛΙΓΊΠΟΥ
ΤΟΥ ΑΥΤΜΝ
ΕΥΕΡΓΕΤΑ

Cette inscription, gravée sur une base circulaire, a déjà été publiée par Chandler[1] et par M. Boeckh[2]. Ce dernier a eu de plus sous les yeux la copie de Fourmont, qui rapporte ce monument aux ruines d'Hermione.

Variantes des trois copies.

Ligne 1. Chandl. ΑΛΕΓΟΜΕΝΟΙ. Fourm. ΑΛΕΙΦΟΜΕΝΟΙ.
Ligne 2. Fourm. ΘΕΟΘΥΔΩΙΟ. Chandl. ΘΕΥΔΩΡΟΝ.
Ligne 3. Chandl. et Fourm. ΚΑΛΛΙΠΠΟΥ.
Ligne 4. Chandl. et Fourm. ΑΥΤΩΝ.

Cette inscription paraît devoir être lue de la manière suivante :

Οἱ ἀλειφόμενοι [τὸν] Θεύδωρον τοῦ Καλλίππου τοῦ αὑτῶν εὐεργέτα.

[1] *Inscr.* II, 134, p. 80.
[2] *Corpus Inscr.*, n° 1183.
[3] N° 43, t. I, p. 59 et 890; cf. 1152.

Ceux qui s'exercent dans ce gymnase ont élevé cette statue à Théodore, fils de leur bienfaiteur, Callippe.

M. Boeckh pense avec raison qu'il s'agit d'une statue élevée par les habitués d'un gymnase à un éphèbe nommé Théodore, fils d'un certain Callippe auquel ils étaient redevables de quelque bienfait important. Il croit aussi, d'après le témoignage de Chandler, que la lacune de la ligne 2 provient de lettres effacées à dessein par l'ouvrier qui avait commis une erreur. Je croirais plutôt que cet espace contenait l'article τὸν que j'ai admis dans ma restitution.

M. Boeckh est d'ailleurs choqué de l'emploi de τοῦ devant Καλλίππου ; car, remarque-t-il judicieusement dans un autre endroit de son ouvrage[3], on dit communément Σωκράτης ὁ Σωφρονίσκου, et non pas τοῦ Σωφρονίσκου. « Cependant, ajoute-t-il, cet emploi de τοῦ peut se justifier par des exemples d'auteurs, surtout si l'on suppose qu'au moyen de τοῦ on a voulu insister sur l'illustration du personnage. » Cette signification emphatique prêtée à τοῦ recevra une nouvelle force si l'on admet l'article τὸν à la seconde ligne.

Le sens donné au mot ἀλειφόμενοι est justifié par plusieurs autres inscriptions[4] et par ce passage de Plutarque[5] où le mot ἀλείφεσθαι est pris dans le sens de γυμνάζεσθαι : Δι' ὃ καὶ τῶν νόθων εἰς Κυνόσαργες συντελούντων, ...ἔπειθέ τινας ὁ Θεμιστοκλῆς τῶν εὖ γεγονότων νεανίσκων, καταβαίνοντας εἰς Κυνόσαργες ἀλείφεσθαι μετ' αὑτοῦ.

[4] N°ˢ 256 et 2423[4]. Mus. Véron. XLIV. Voyez M. Hase au mot ἀλείφω dans la nouvelle édition du Trésor de Henri Étienne.
[5] Vie de Thémist. 1. Cf. Æschin. *in Tim.* 19, 26 ed. Reiske.

ROUTE DE TRÉZÈNE A KASTRI (HERMIONE).*

En partant de la Panagia Episkopi, on arrive à Demala après trois quarts d'heure de marche environ. C'est sur la route qui y conduit que l'on rencontre les ruines dont nous venons de parler. Les maisons de ce village sont assez bien bâties; il est situé au pied d'une haute montagne, et à l'extrémité d'une plaine qui s'étend jusqu'au golfe de Poros. Il est environné de plantations d'orangers, de citronniers et d'oliviers; au milieu passe le lit d'un torrent.

Quand on quitte Demala, on prend, en tournant au sud, un chemin étroit par lequel on gravit au haut de la montagne qui domine tout le pays. C'est dans ce passage difficile, auprès d'un monastère situé au-dessus du village de Demala, qu'un des chevaux qui portaient nos bagages tomba dans un précipice et roula à soixante pieds environ, sans se faire d'autre mal qu'une légère blessure au pied. Du sommet de la montagne, la vue est admirable; car on a derrière soi tout le golfe d'Athènes, Poros, Methana, Égine, les côtes de l'Argolide, la Corinthie et l'Attique, et plus loin, du côté du sud, l'île d'Hydra et la haute mer. Puis, lorsqu'on commence à descendre de l'autre côté, on aperçoit semées çà et là des îles; à droite, de belles montagnes qui se dessinent au loin en formes arrondies; et à gauche, des salines et un château qui s'élève au-dessus d'une roche escarpée. La route, qui dans toute son étendue offre un aspect si pittoresque, aboutit à un défilé, par lequel on débouche dans la plaine où est situé Kastri.

KASTRI (HERMIONE).

Kastri est situé sur l'emplacement de l'antique Hermione; ses maisons, qui n'ont presque toutes qu'un étage, sont très-bien bâties. Voici ce que nous avons retrouvé de tous les monuments de l'ancienne ville, décrits par Pausanias : au centre du village, les restes d'un temple sur lesquels s'élève l'église principale : la cella antique, dont on retrouve une grande partie, a environ dix-neuf mètres de largeur sur trente-huit de longueur. Nous vîmes aussi, au-dessus de la porte d'une petite église, une pierre tumulaire portant une inscription que nous n'avons pas pu lire. Du côté du nord, vers le port, sont des parties de l'enceinte antique, de construction cyclopéenne, très-bien conservées. Hermione était située entre deux ports, sur une presqu'île qui s'étend à l'est de Kastri, à la distance d'une demi-lieue à peu près. Là nous retrouvâmes quelques traces de monuments, et sur l'axe de cette langue de terre, la cella d'un temple qui a dix-huit mètres de largeur sur trente-six de longueur; derrière sont les restes d'une enceinte qui s'étend dans une longueur de vingt-cinq mètres, et qui a la même largeur que le temple. Sur cette presqu'île sont encore les ruines d'une forteresse moderne et un moulin à vent; et à l'ouest de la ville moderne, il y a huit autres moulins qui s'aperçoivent des environs, à des distances très-éloignées.

ROUTE DE KASTRI A DIDYMI. **

Pour aller de Kastri à Didymi, il nous fallut revenir sur nos pas par la route de Demala, que nous quittâmes auprès de la citerne indiquée plus haut. De là on se dirige à l'ouest vers les montagnes

* DISTANCE DE TRÉZÈNE A KASTRI.

En partant de l'église ruinée, on trouve, à 45 minutes, Demala. A 15 m., le lit d'un torrent; la route tourne au sud pour entrer dans la montagne. A 18 m., monastère et fontaine. A 35 m., sommet du mont. A 40 m., on commence à descendre. A 95 m., torrent au fond d'un ravin. A 10 m., belle vallée. A 45 m., fin de la vallée; bois d'oliviers. A 61 m., citerne, partie de route pavée. A 16 m., Kastri.
Distance totale, 6 heures 20 minutes.

** DISTANCE DE KASTRI A DIDYMI.

A 16 minutes, citerne. A 46 m., gorge qui suit le cours d'un torrent. A 39 m., une chapelle et quelques habitations. A 26 m., on traverse un torrent. A 10 m., une montée: on voit à gauche le village de Cranidi. A 55 m., Didymi.
Distance totale, 3 heures 12 minutes.

qui ferment la vallée de ce côté, et dont la cime est hérissée de rochers; puis on traverse cette chaîne dans une gorge d'un sombre caractère, formée par le cours d'un torrent, et bordée de chaque côté par de hautes roches escarpées, au milieu desquelles nous rencontrâmes cependant quelques habitations isolées, une chapelle et des plantations d'oliviers. Après ce passage on entre dans une plaine montueuse où l'on voit, à gauche, le village de Cranidi, et à droite le mont Didymi dominant une belle vallée qui conduit à Didymo.

Ce village, bâti, dit-on, là où avait été l'ancienne Didymi, est au milieu d'une vaste plaine circulaire qu'entourent de hautes montagnes. Nous n'y avons trouvé d'autres traces d'antiquités qu'une vaste citerne, avec quelques pierres d'un monument, et tout près, un reste de réservoir en blocage. Au nord de Didymo il y a une excavation à pic, qui paraît être un affaissement du sol; et à peu de distance nous en vîmes encore une autre, dont le diamètre est d'environ 150 mètres, et la profondeur à pic de 80. Dans ce fond sont des buissons et des plantations de vignes; on a pratiqué des escaliers souterrains pour y descendre.

ROUTE DE DIDYMI A NAUPLIE.*

La route qui mène à Nauplie est au nord-ouest de Didymi; après quelques minutes on commence à monter dans une gorge étroite, et en suivant un ravin on gravit une montagne d'un accès fort difficile et du haut de laquelle on découvre la vallée où sont les deux khans de Trachéa. On arrive ensuite, après une descente longue et rapide, dans une belle vallée, où nous trouvâmes des débris de constructions et des fondations de murailles. Plus loin, sur le sommet d'une autre montagne d'où l'on aperçoit le golfe de Nauplie, et au delà les côtes de la Laconie, est bâti un monastère d'où l'on domine sur une riche vallée resserrée entre des montagnes boisées, et au fond de laquelle coule une rivière qui la fertilise. Si l'on descend dans cette vallée, le point de vue change alors; en regardant derrière soi, on voit les beaux rochers boisés sur lesquels est situé le couvent : au premier plan la rivière, et tout alentour, des montagnes qui, formant comme un encadrement à ce tableau, rendent ce paysage un des plus remarquables que nous ayons rencontrés. La route continue dans la vallée jusqu'auprès de l'embouchure de la rivière, où elle change de direction pour suivre le rivage de la mer. On trouve dans cette partie de la route le village d'Iri, où l'on voit une tour moderne et une église, l'une et l'autre assez remarquables. Un peu plus en avant, on rencontre quelques traces de murailles et des débris antiques. En cet endroit le chemin est tout à fait resserré par les rochers qui bordent le rivage de la mer; de dessous ces rochers jaillissent en abondance des sources d'eau saumâtre. A quelque distance de là, après avoir traversé plusieurs embouchures de rivières, on arrive au village de Vivares, bâti au pied d'un énorme rocher. La route conduit ensuite sur un mont rocailleux, d'où l'on découvre un bassin naturel, ou espèce de port, qui n'a de communication avec la mer que par une ouverture assez étroite, et à l'extrémité du port, dans une vallée, plusieurs villages et un rocher d'une forme conique extraordinaire. L'ensemble de ce paysage est terminé par les hautes montagnes de l'Arcadie, qui se dessinent dans le fond comme un immense rideau. A l'embouchure du port, à gauche, est un petit fort, et à droite le petit village de Drépano, où un de nos compagnons de voyage, M. Poirot, fut pris par une fièvre qui devint assez violente pour le forcer quelque temps après de quitter la Grèce. Après le village, la route, en continuant toujours au pied des montagnes, au nord du port, mène à la vallée que domine le rocher conique dont nous venons de parler; puis elle passe auprès des villages d'Aidari, Sefarago, Katchigri, et de plusieurs autres dont nous n'avons pu connaître les noms. Bientôt après on aperçoit les maisons de campagne de Nauplie, où nous arrivâmes pour la seconde fois le 8 octobre. (Voir la description de cette ville, page 157.)

---

* DISTANCE DE DIDYMI A NAUPLIE.

A 15 minutes, excavation. A 20 m., montée dans une gorge. A 55 m., sommet du mont. A 40 m., vallée. A 53 m., monastère sur une montagne. A 33 m., fond d'une riche vallée; belle vue du monastère. A 99 m., chapelle ruinée près de la mer. A 42 m., citerne : on voit à droite le village d'Iri. A 23 m., traces de constructions. A 14 m., sources sous les rochers. A 43 m., village de Vivares. A 45 m., Drepano, village à l'embouchure du port. A 47 m., Aidari, village au fond du port. A 28 m., Sefarago, autre village, près d'un haut rocher conique. A 13 m., Katchigri. A 24 m., Perivola. A 17 m., Aria. A 28 m., canal; route d'Argos. A 12 m., Nauplie. Distance totale, 10 heures 51 minutes.

TABLE

DES MATIÈRES CONTENUES DANS LE DEUXIÈME VOLUME.

Frontispice. Le sujet principal est une vue restaurée du pronaos du temple d'Apollon Épicurius. Les médailles d'Arcadie, de Sparte, de Tégée et d'Argos, placées autour, indiquent les principaux sujets traités dans le volume; les caractères du titre sont imités d'une inscription de Sparte.
Préface.
Route d'Olympie à Nerovitza (Aliphera), p. 1.
Nerovitza (Aliphera), p. 1.
Route de Nerovitza à Paulitza (Phigalie), p. 2.
Phigalie, p. 2, planche 1re et suivantes.
Route de Phigalie au temple d'Apollon Épicurius, p. 5.
Temple d'Apollon Épicurius à Bassæ, p. 5, pl. 4 et suiv.
Explication des bas-reliefs de Phigalie, p. 12.
Route du temple d'Apollon Épicurius à Olympie, p. 31.
Route d'Olympie à Agiani (Hercœa) par Lala, p. 31.
Agiani (Hercœa), p. 32.
Route d'Agiani (Hercœa) aux ruines helléniques, p. 32.
Ruines helléniques et Mélée ou Mélanéa, p. 33.
Route de Mélée à Gortys, p. 33.
Gortys, p. 34, pl. 31.
Route de Gortys à Caritène, p. 34.
Caritène, p. 34, pl. 32.
Route de Caritène à l'hippodrome du mont Diaforti (Lycée), p. 37.
Hippodrome du mont Diaforti (Lycée), p. 37, pl. 33 et suiv.
Route de l'hippodrome du mont Diaforti au temple d'Apollon Épicurius, p. 39.
Route de Paulitza (Phigalie) à Kacoletri (Ira), p. 39.
Kacoletri (Ira), p. 39.
Route de Cacoletri (Ira) à Saint-Georges (Lycosure, p. 40, pl. 35.
Lycosure, p. 40, pl. 35.
Route de Saint-Georges (Lycosure) à Sinano (Mégalopolis), p. 43.
Sinano (Mégalopolis), p. 43.
Mégalopolis, p. 43, pl. 36 et suiv.
Inscriptions recueillies à Mégalopolis, p. 47.

Route de Sinano à Léondari, p. 57.
Route de Léondari à la source de l'Eurotas, p. 57.
Route de la source de l'Eurotas à Mistra, p. 58.
Mistra, p. 58, pl. 41 et suiv.
Sparte, p. 61, pl. 44 et suiv.
Inscriptions recueillies à Sparte et Mistra, p. 67.
Monuments d'antiquité figurée de Sparte, p. 81.
Route de Sparte à Palæo Episcopi (Tégée), p. 83.
Tégée, p. 83.
Route de Tégée à Mantinée, par Tripolitza, p. 84.
Mantinée, p. 85, pl. 53 et suiv.
Route de Mantinée à Argos, p. 89.
Argos, p. 90, pl. 55 et suiv.
Inscriptions recueillies à Argos, p. 93.
Monuments d'antiquité figurée copiés à Argos, p. 107.
Route d'Argos à Mycènes, p. 147.
Mycènes, p. 147, pl. 63 et suiv.
Route d'Argos à Tirynthe, p. 155.
Tirynthe, p. 155, pl. 72 et suiv.
Route de Tirynthe à Nauplie, p. 157.
Nauplie de Romanie (Nauplia), p. 157, pl. 74 et suiv.
Inscriptions recueillies à Nauplie, p. 158.
Route de Nauplie à Épidaure, p. 161.
Épidaure, p. 161.
Hiéro (temple d'Esculape), p. 163, pl. 76 et suiv.
Inscriptions copiées à Ligourio, dans les ruines de l'ancienne Épidaure et à Hiéro, p. 166.
Route de Hiéro à Trézène, p. 171.
Trézène, p. 171.
Inscription copiée à Trézène, p. 172.
Route de Trézène à Kastri (Hermione), p. 173.
Kastri (Hermione), p. 73.
Route de Kastri à Didymi, p. 173.
Route de Didymi à Nauplie, p. 174.

Les planches de ce volume sont au nombre de 86, compris le frontispice.

FIN DU DEUXIÈME VOLUME.

EXPEDITION SCIENTIFIQUE DE MOREE

ARCHITECTURE ET SCULPTURE
DEUXIEME VOLUME

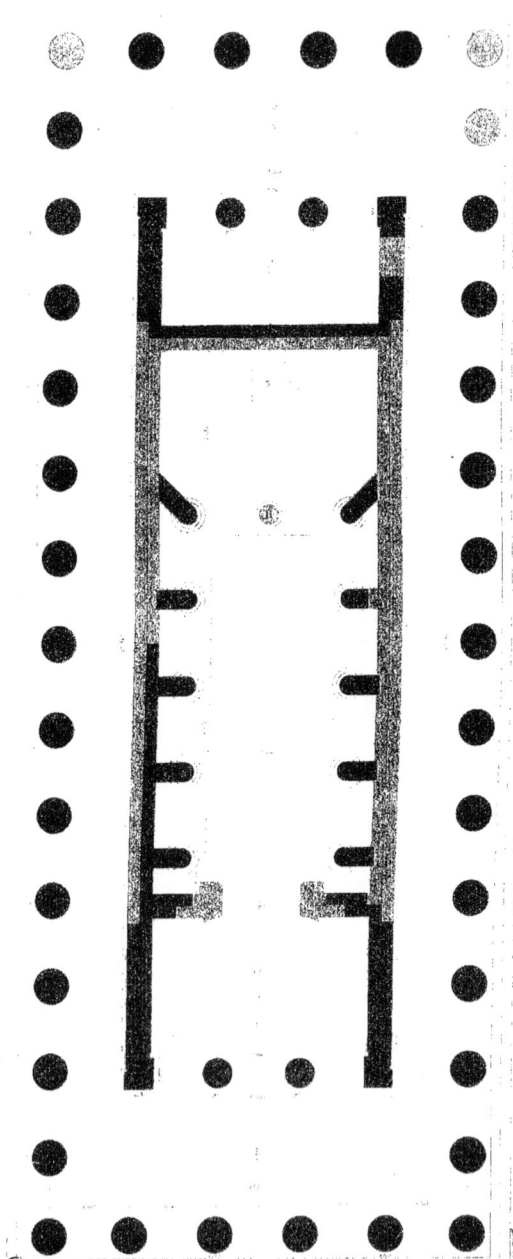

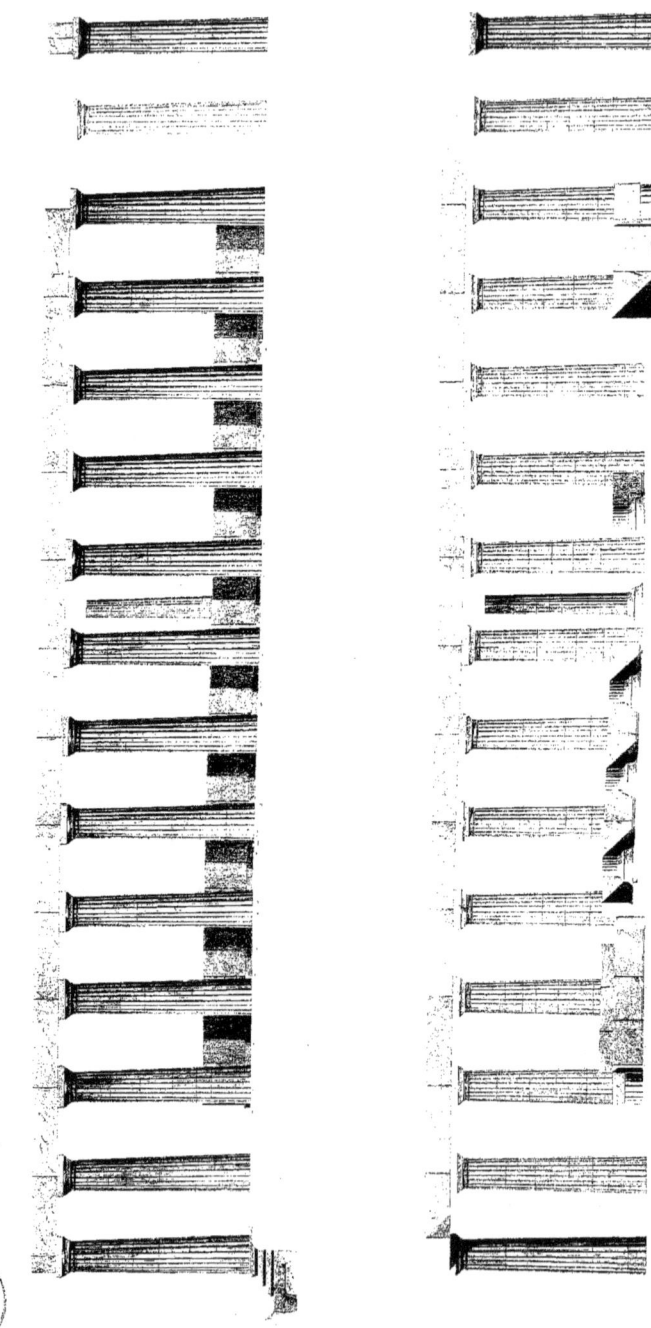

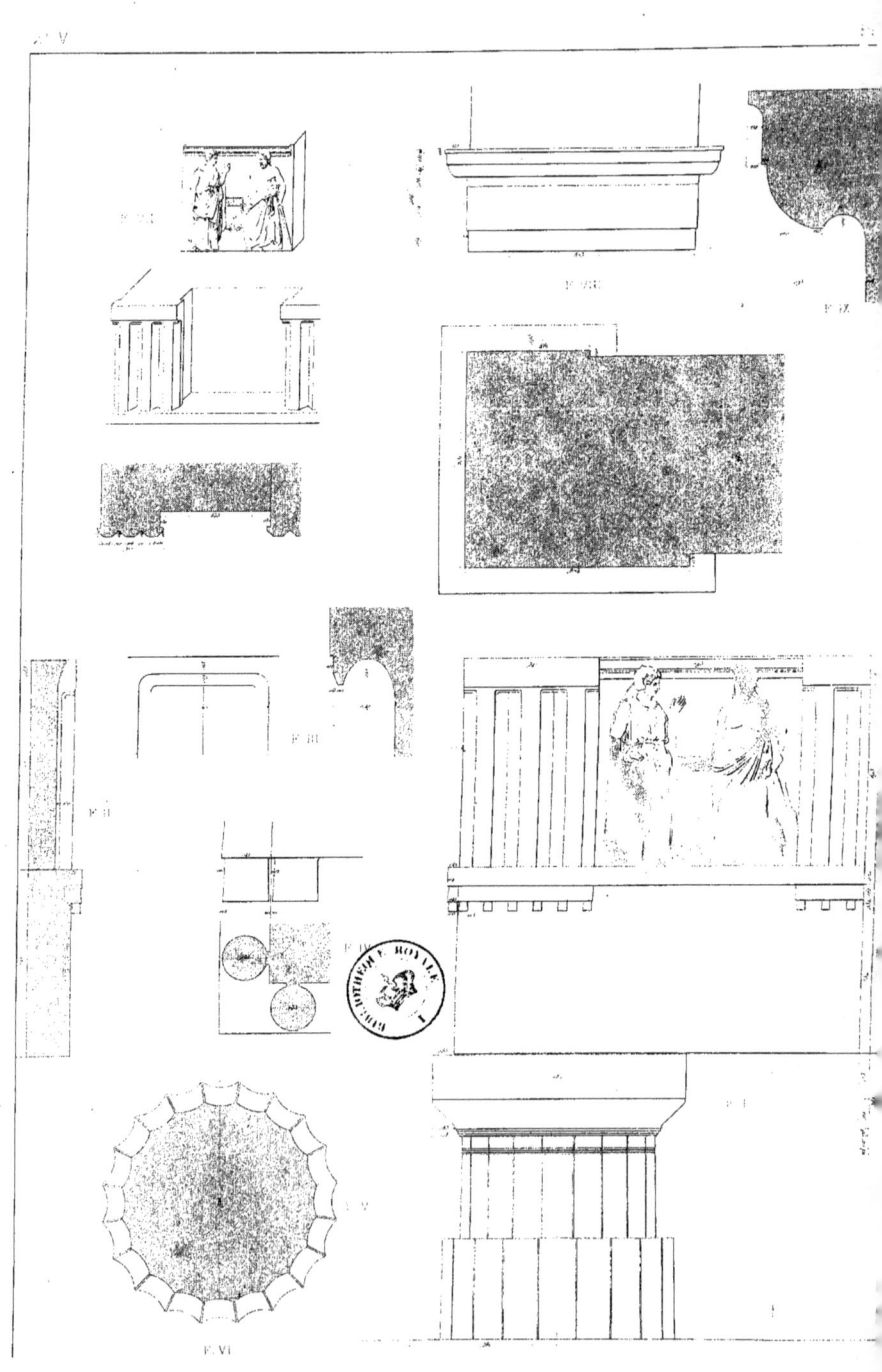

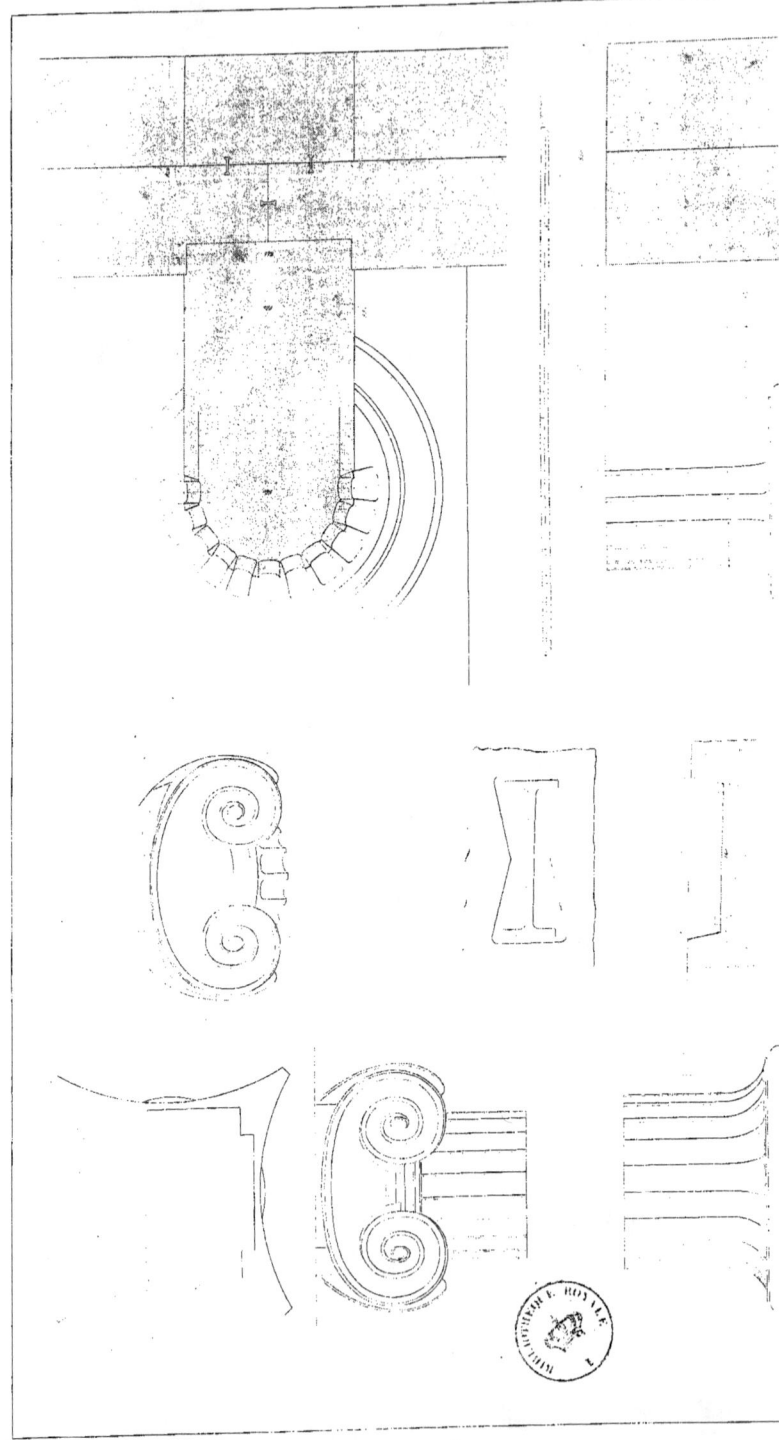

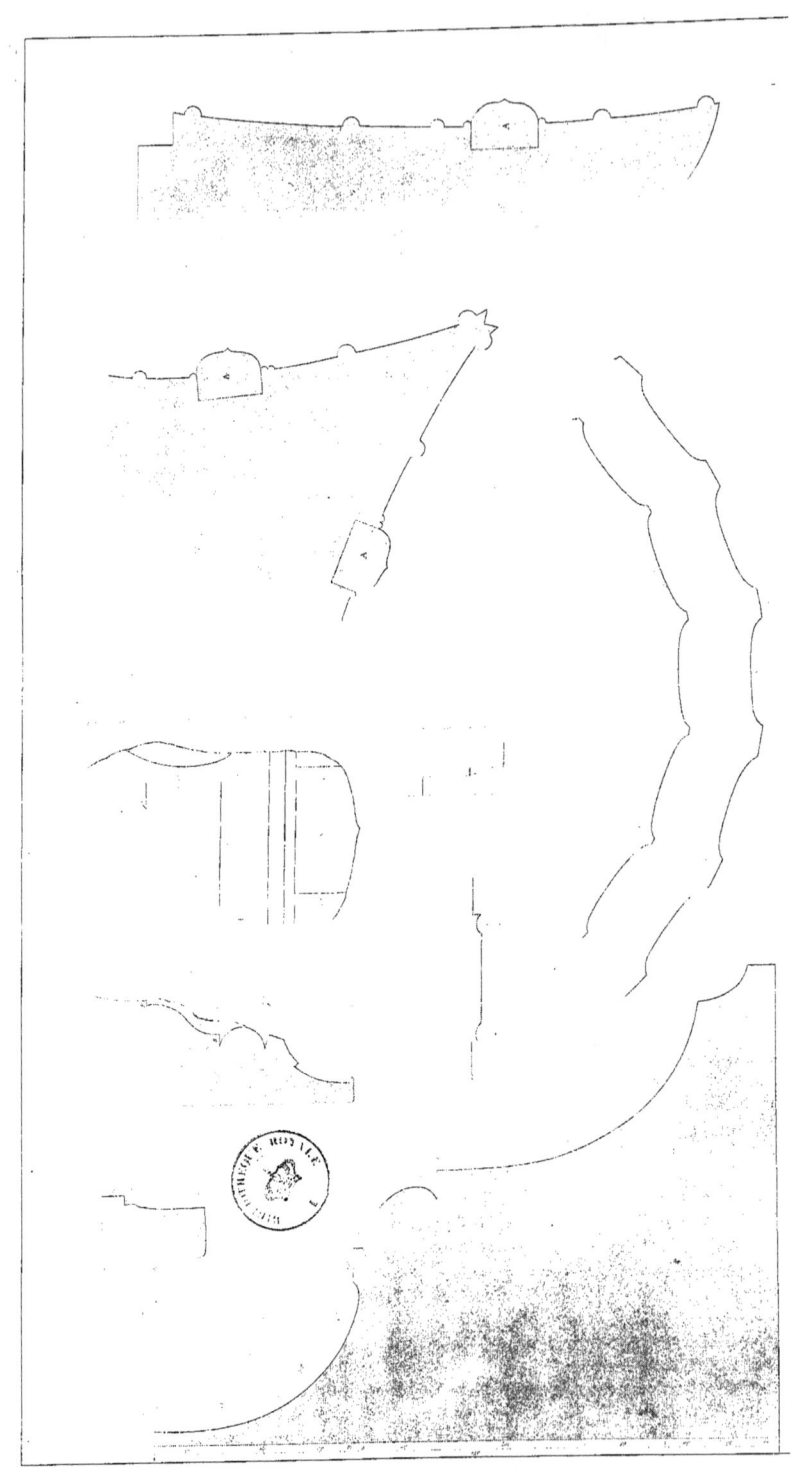

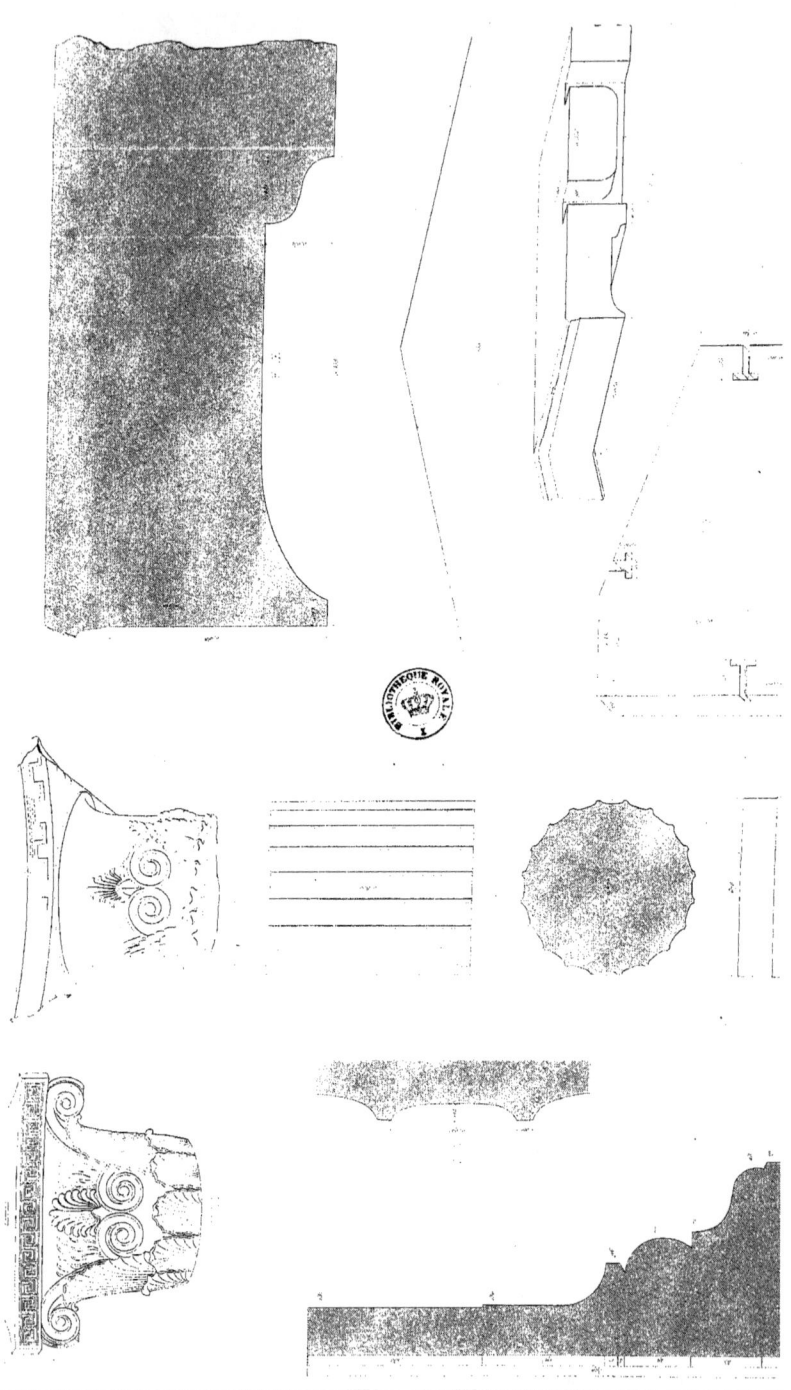

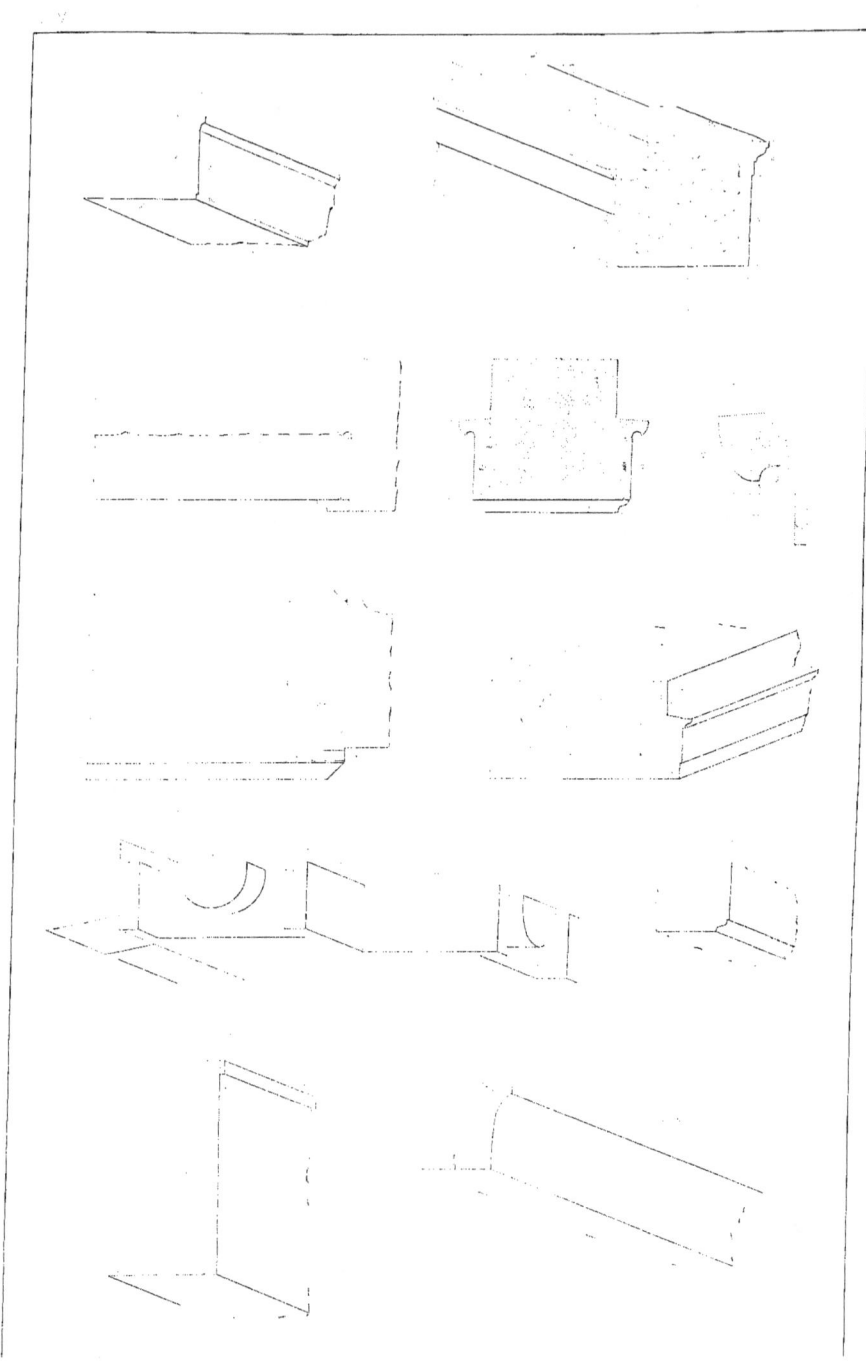

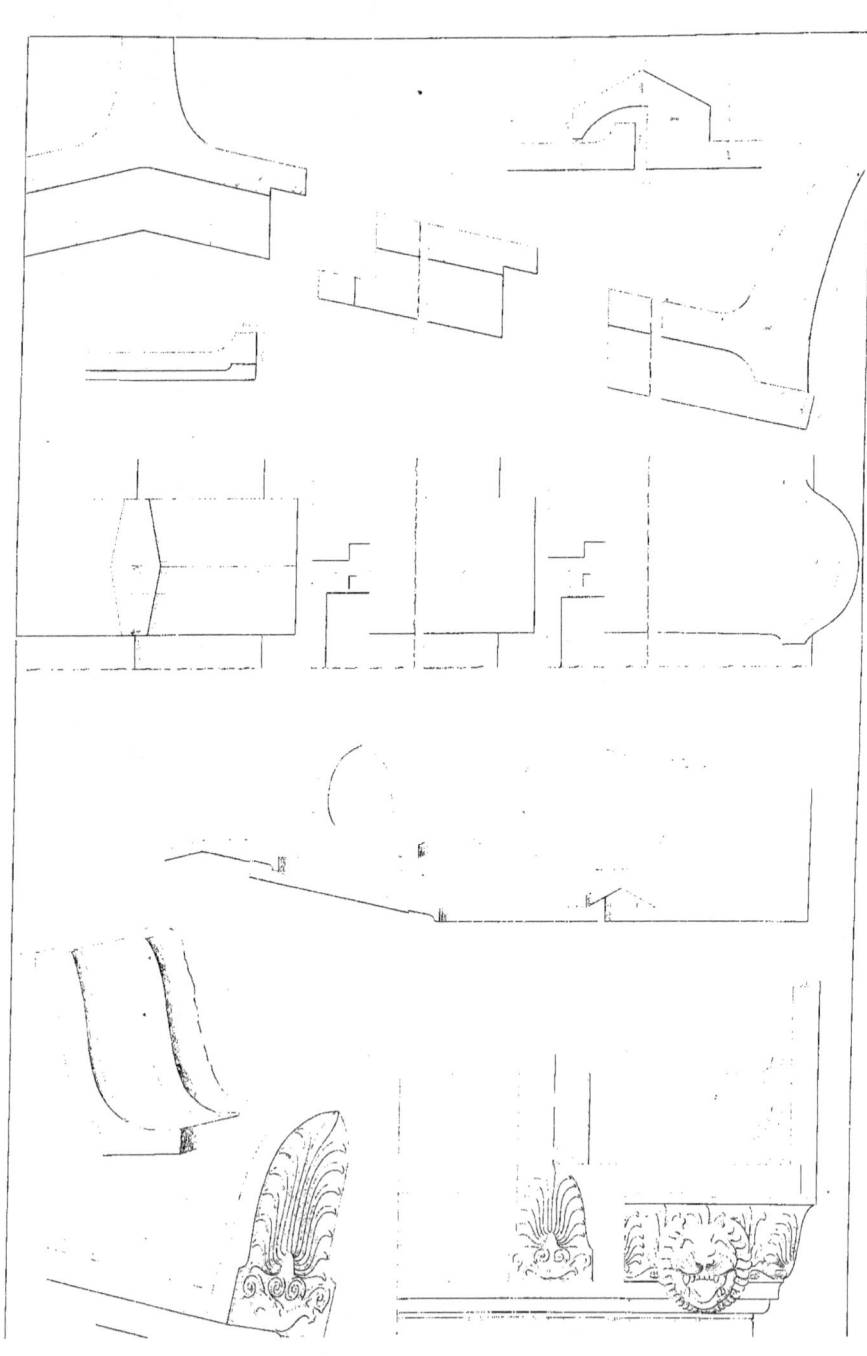

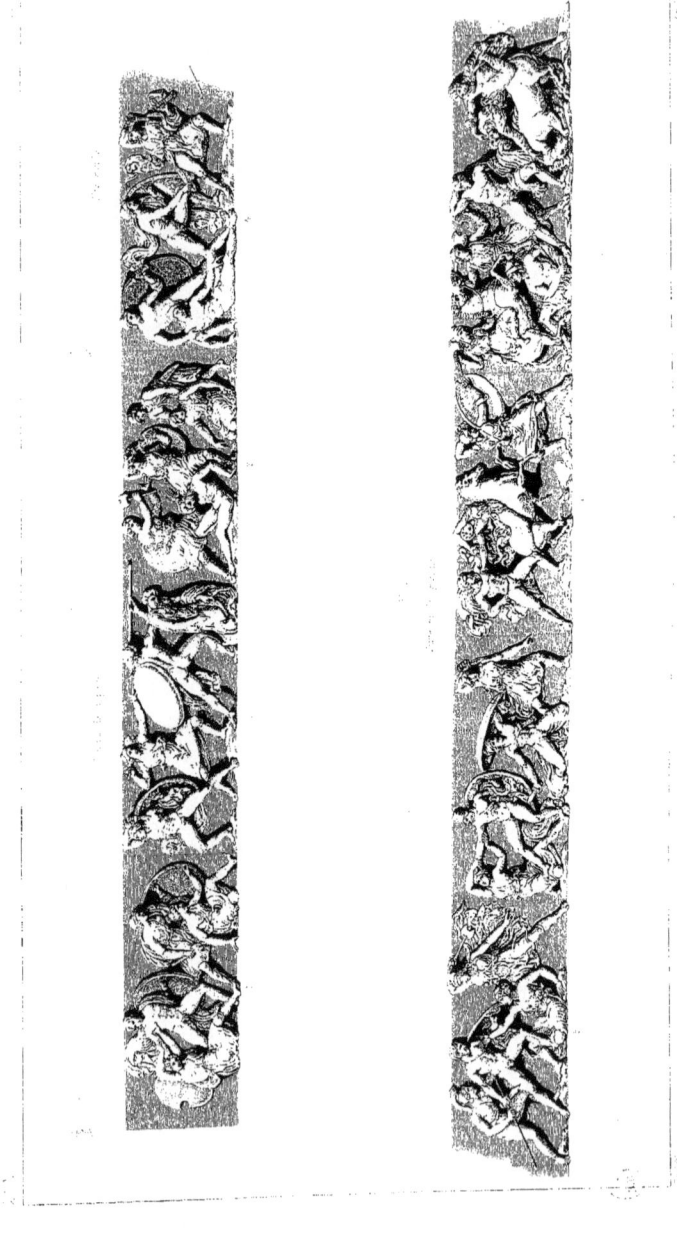

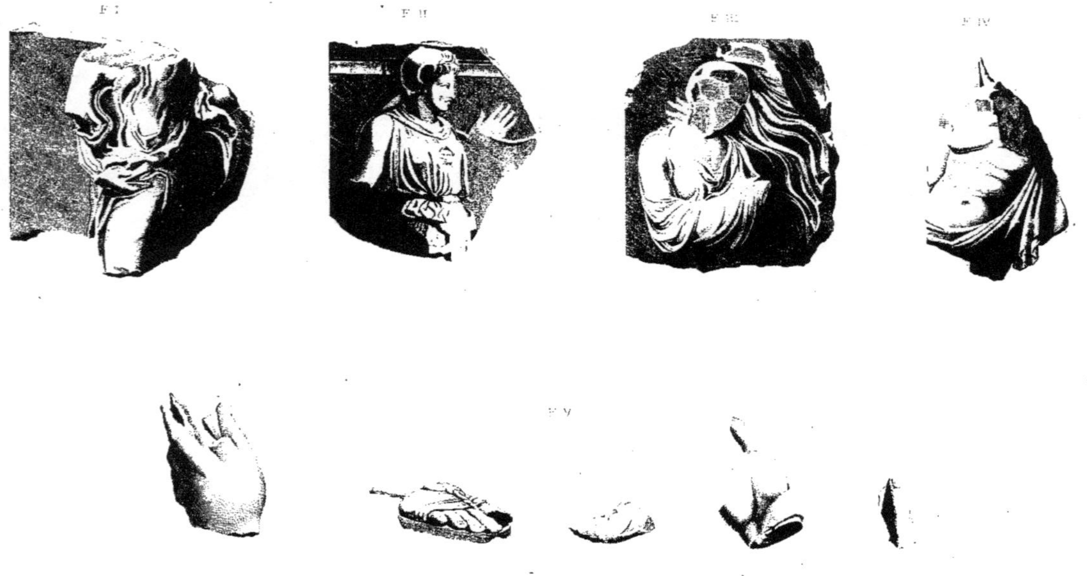

TEMPLE D'APOLLON À BASSÆ

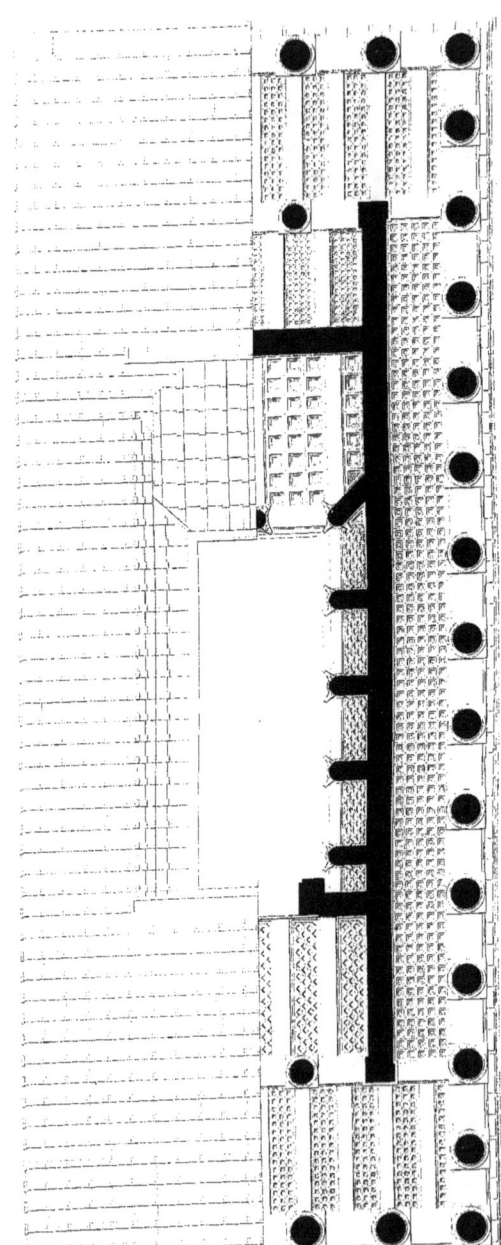

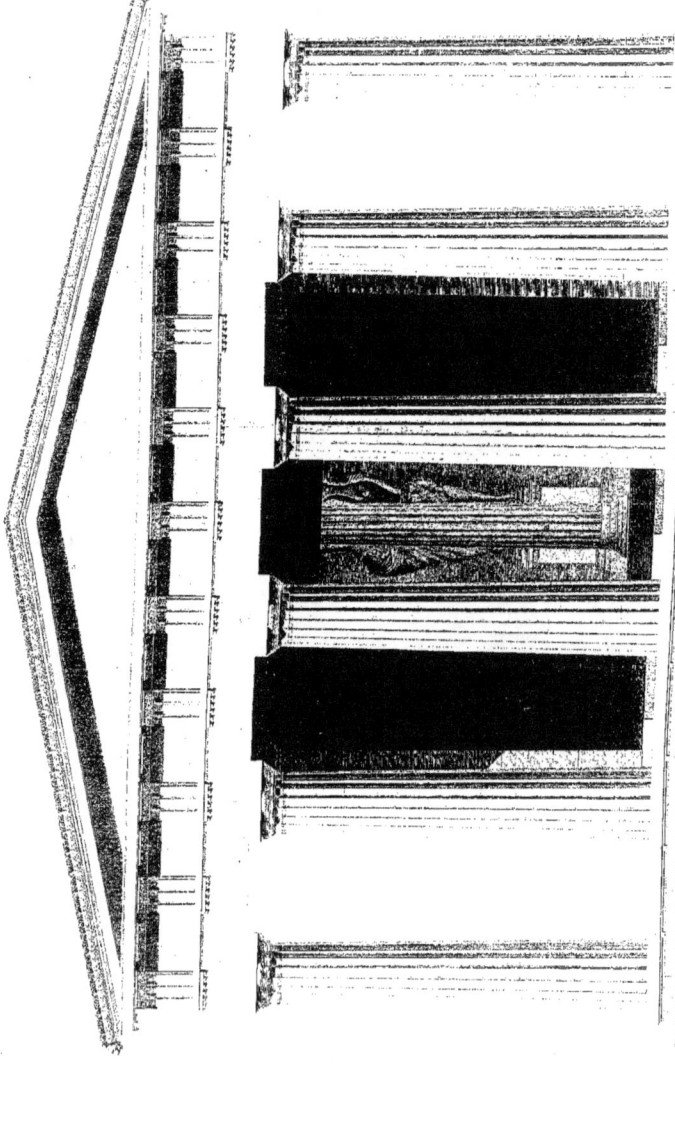

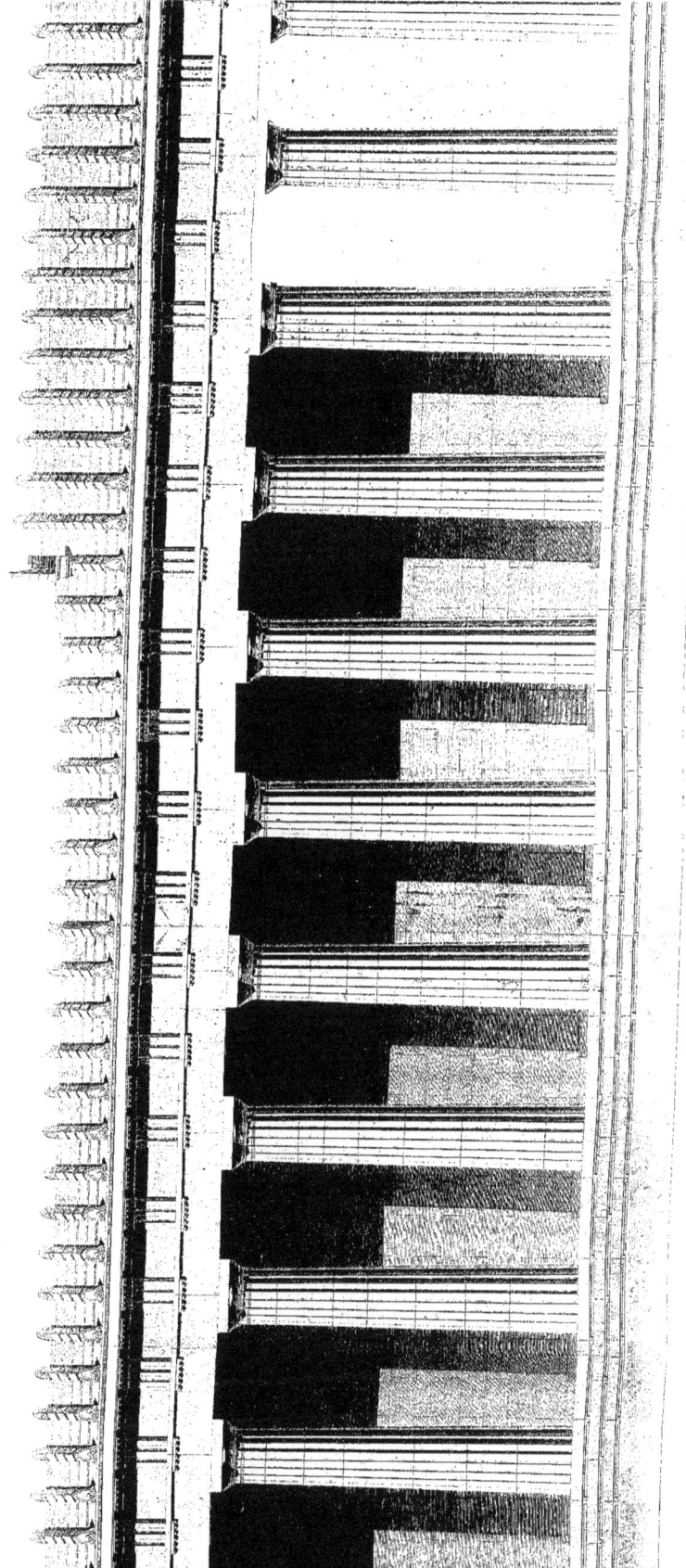

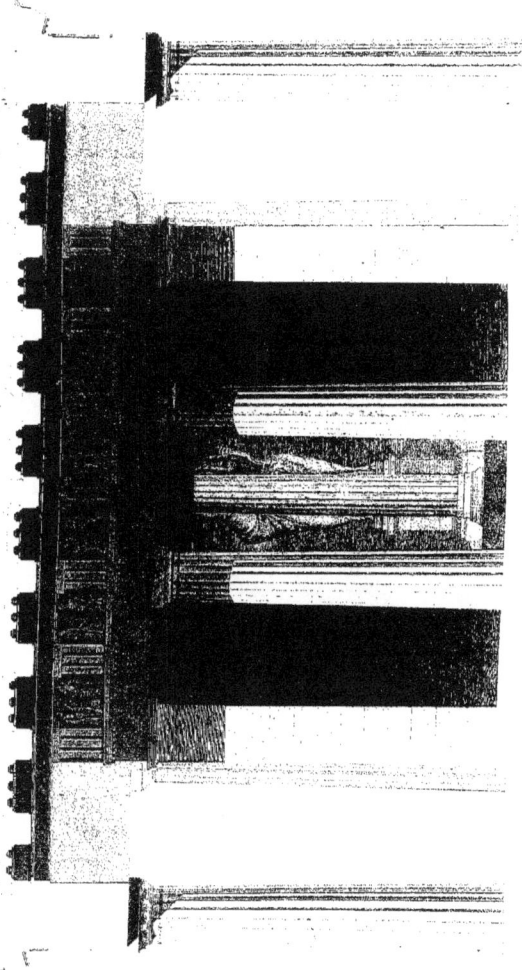

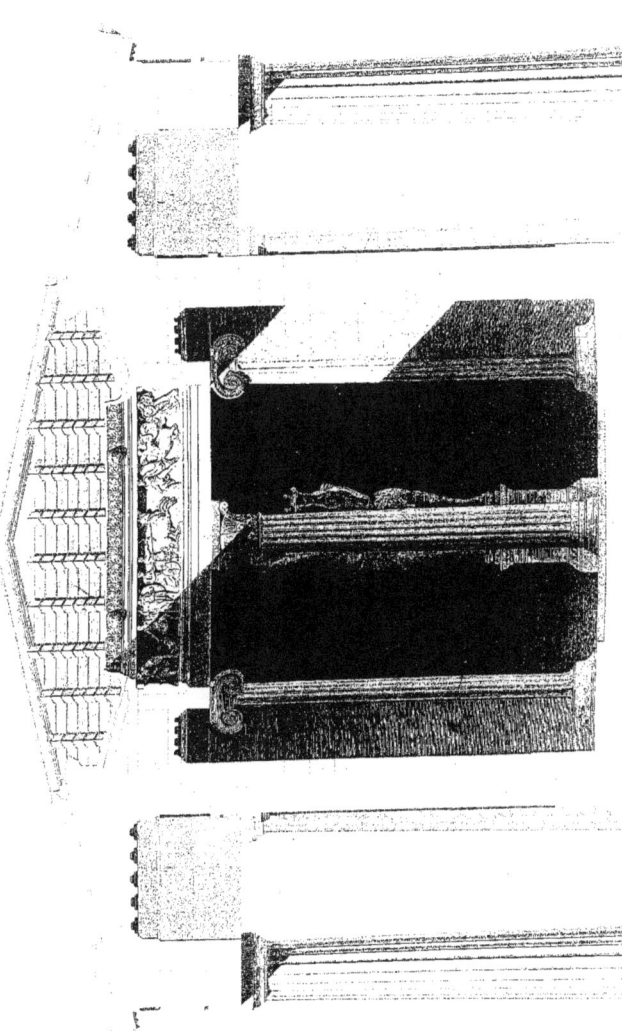

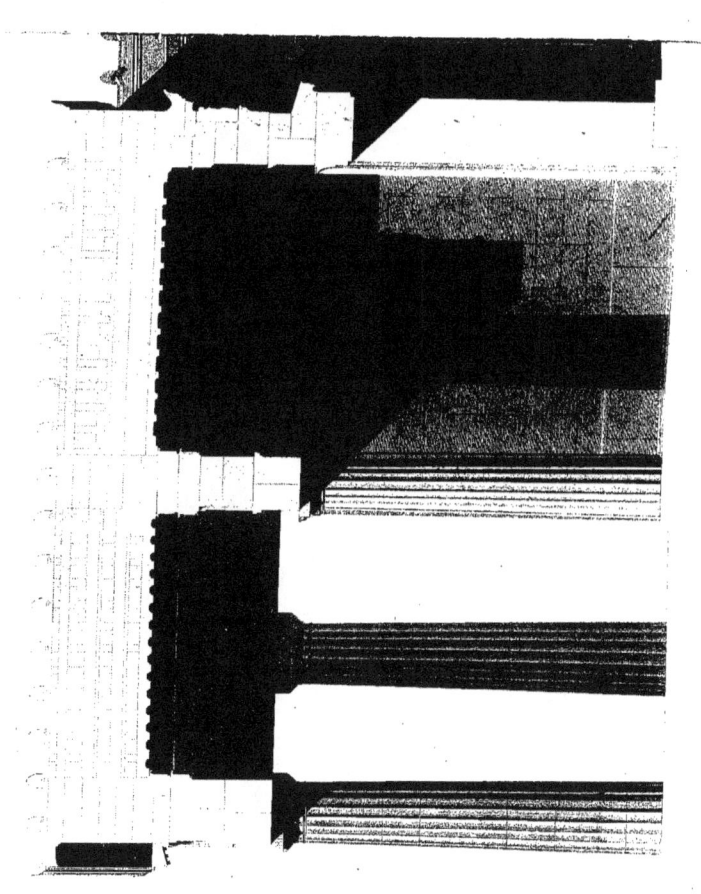

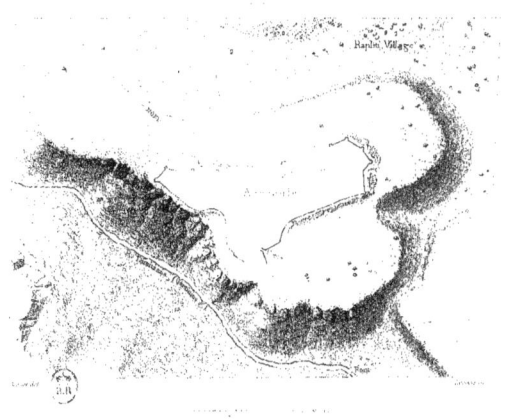

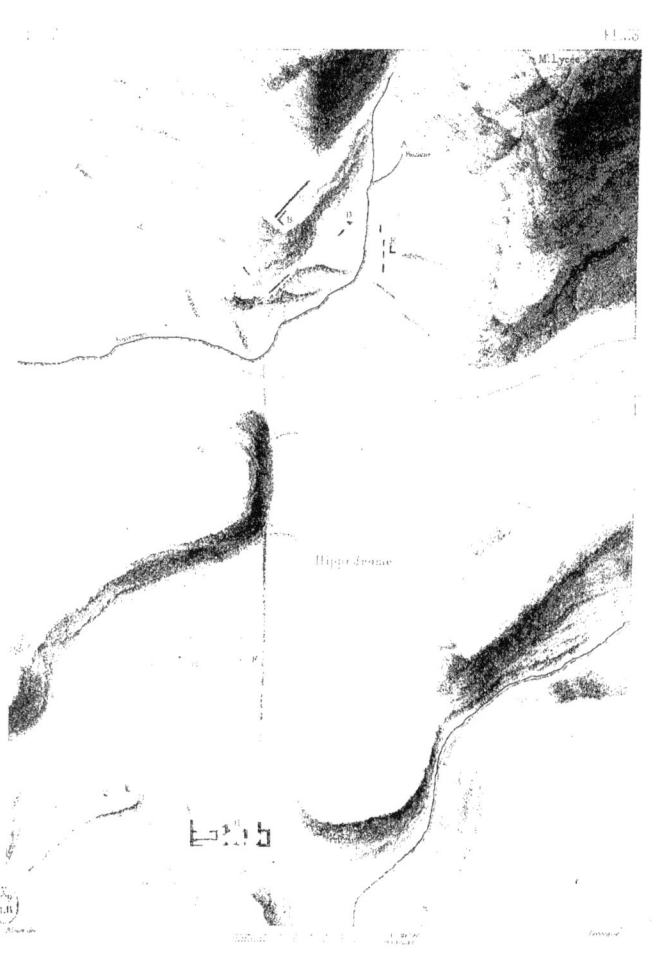

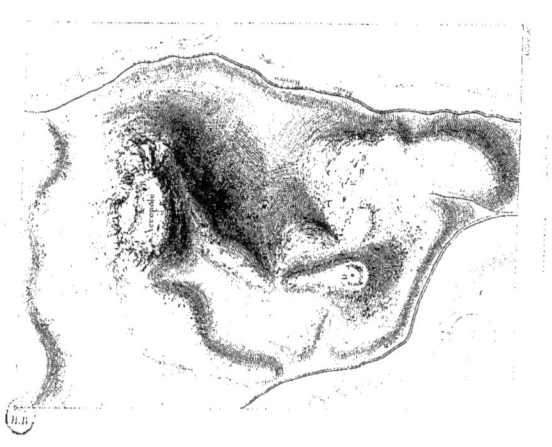

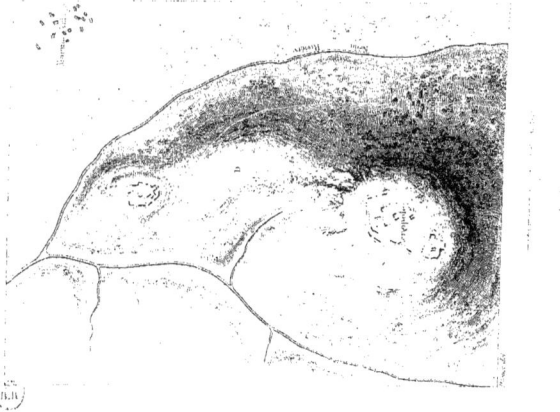

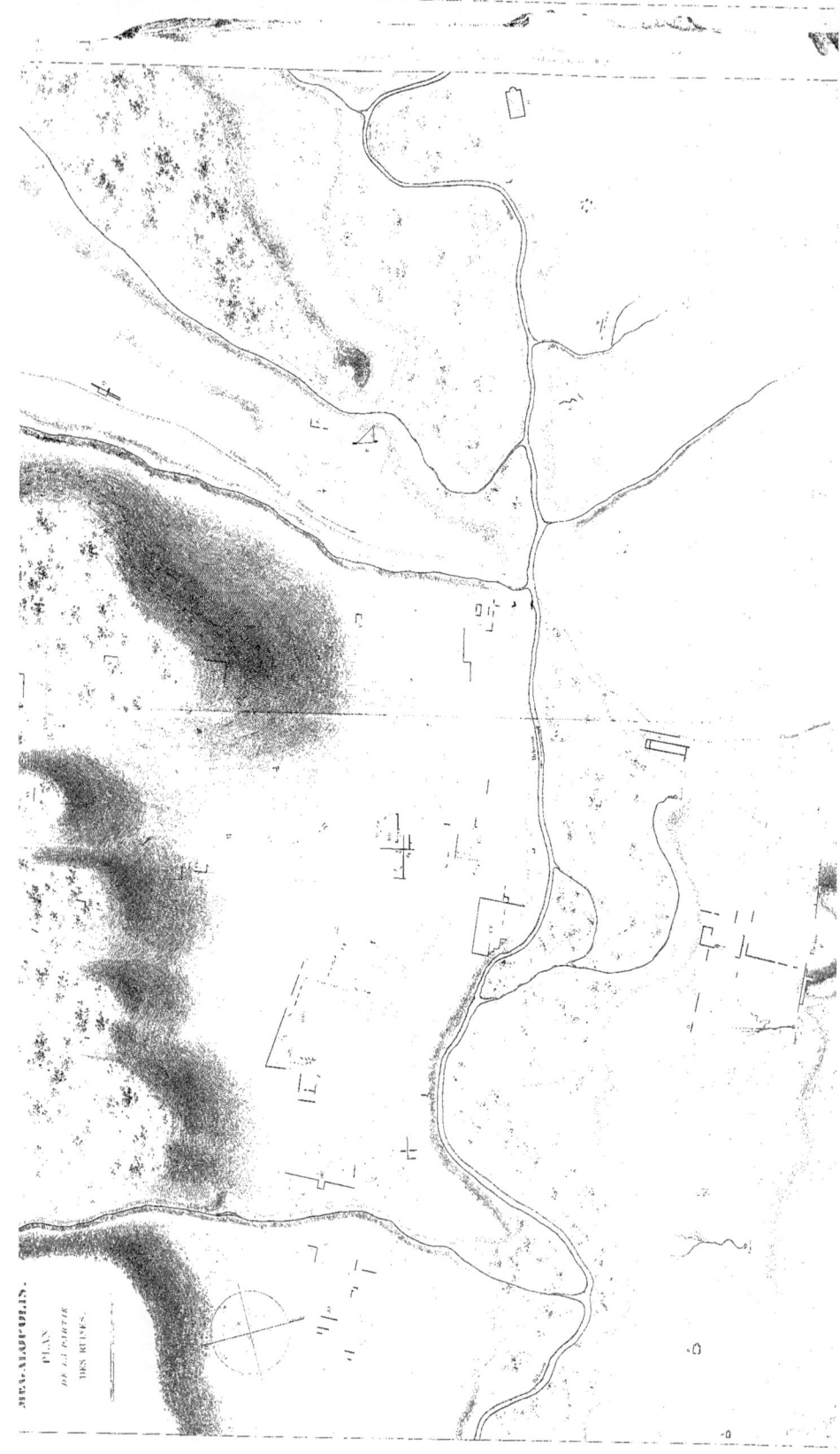

PL. 38.

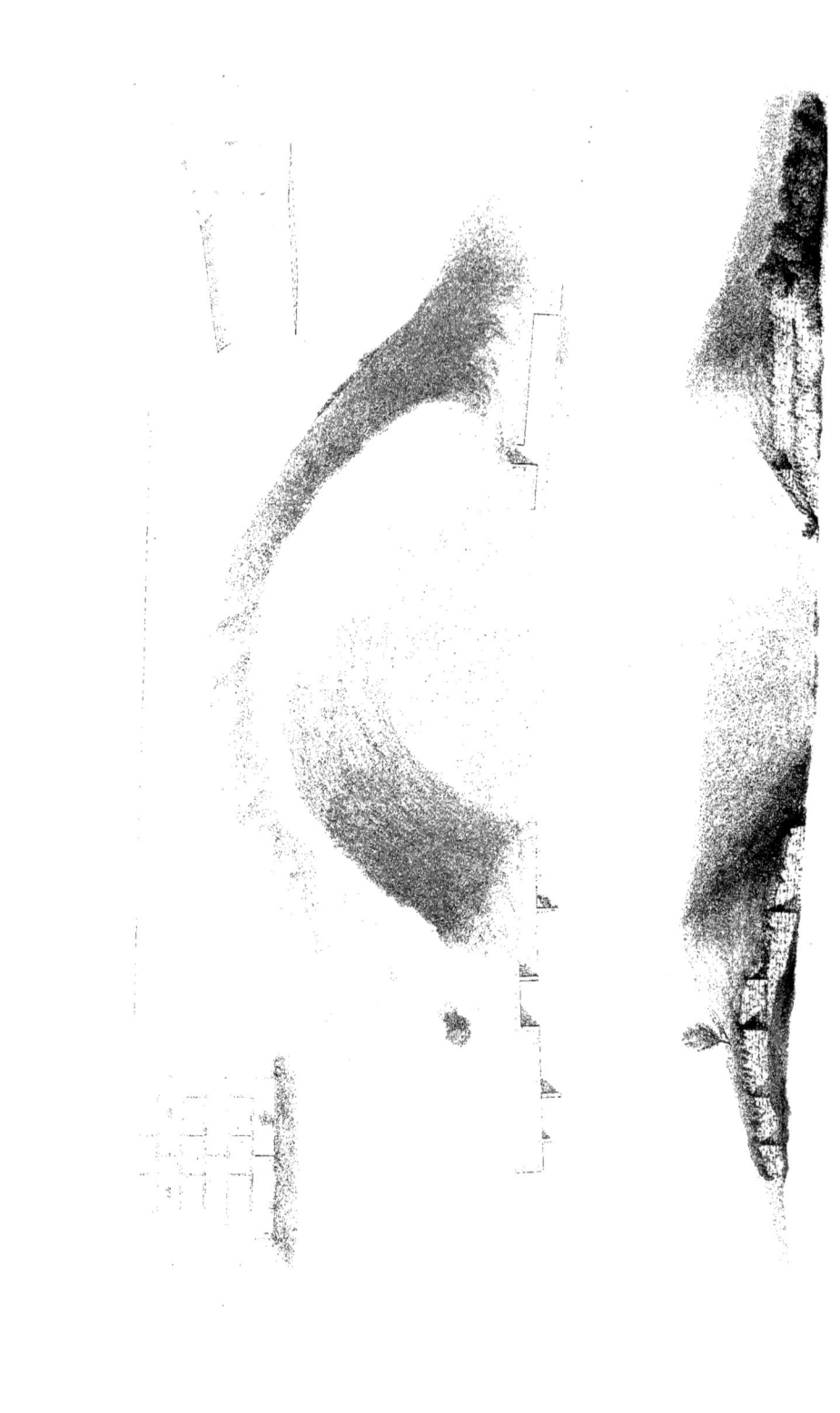

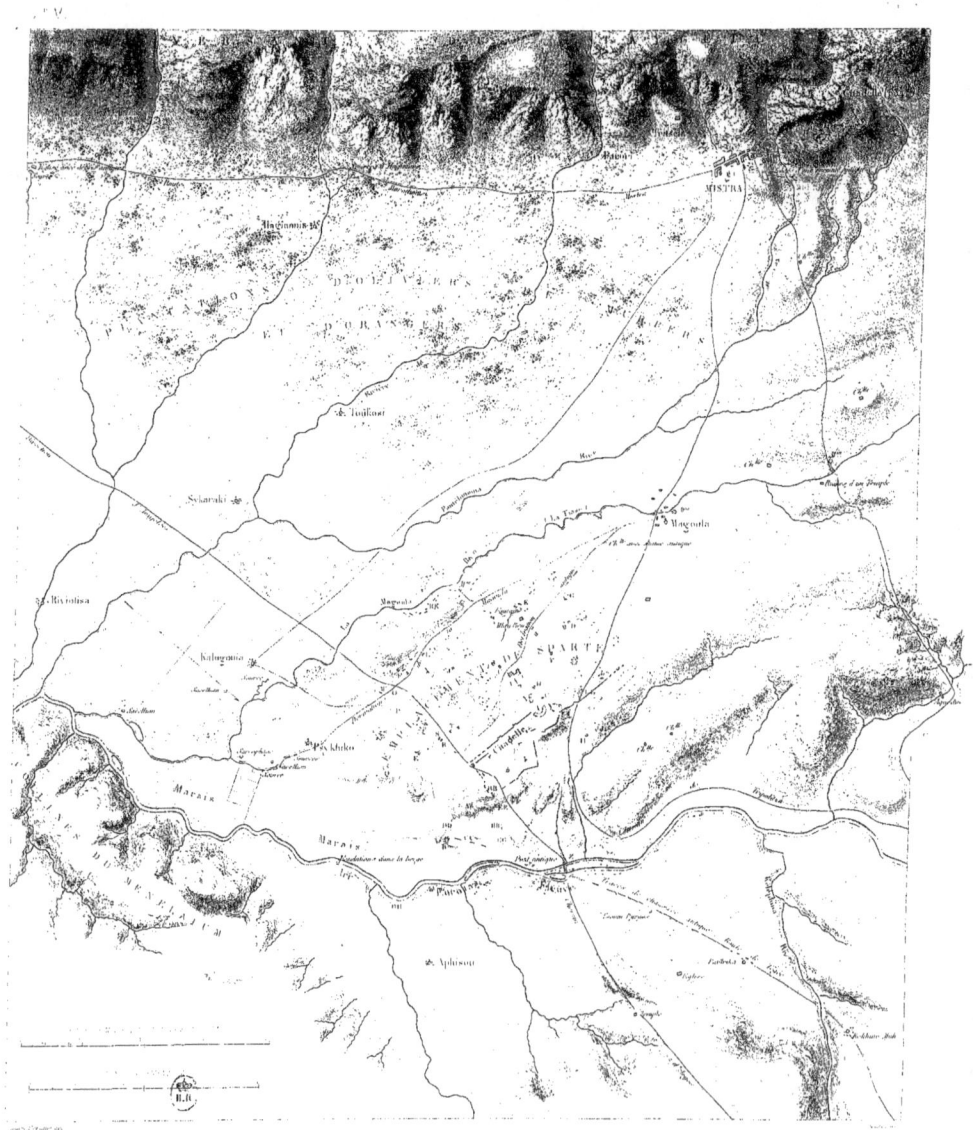

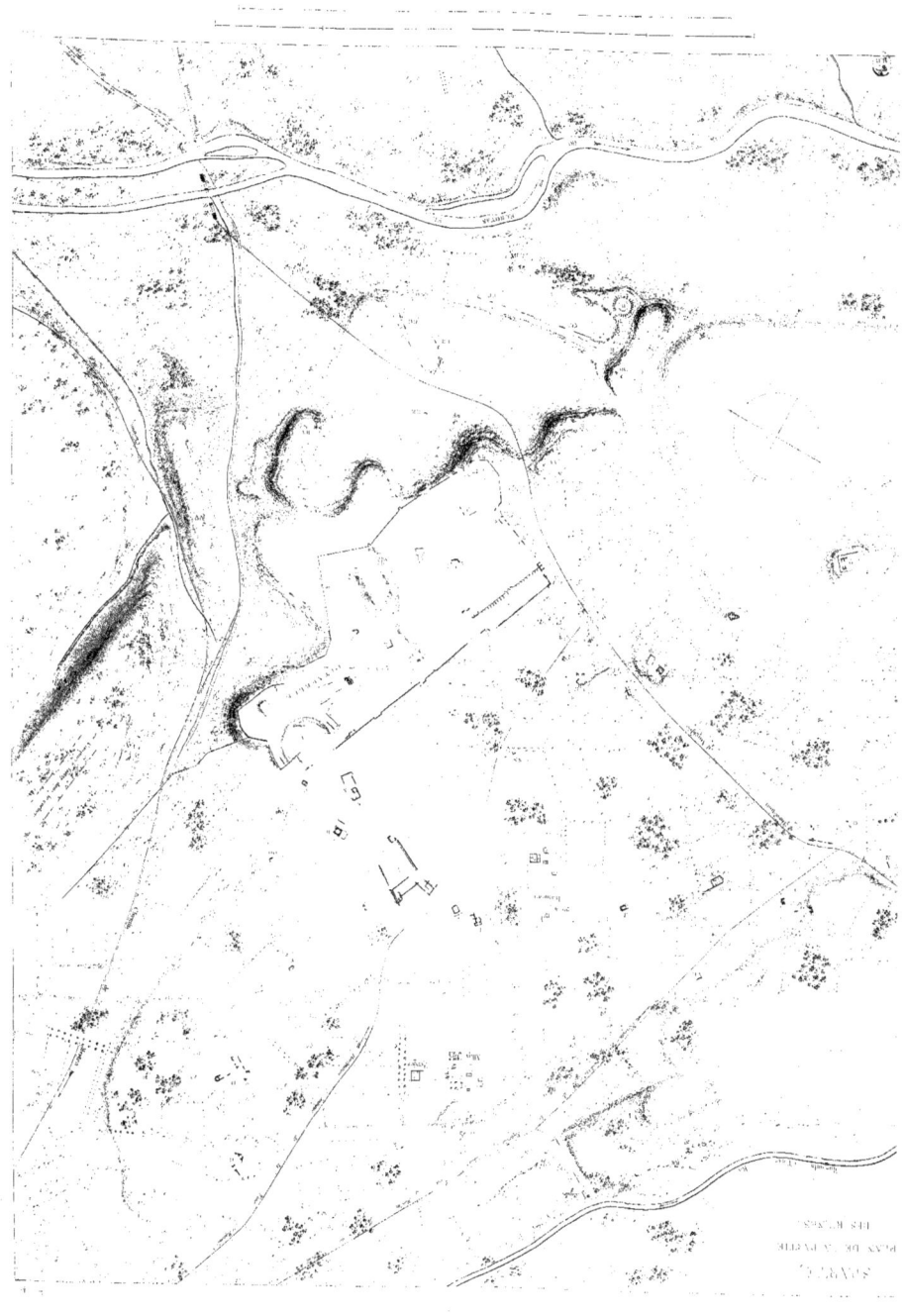

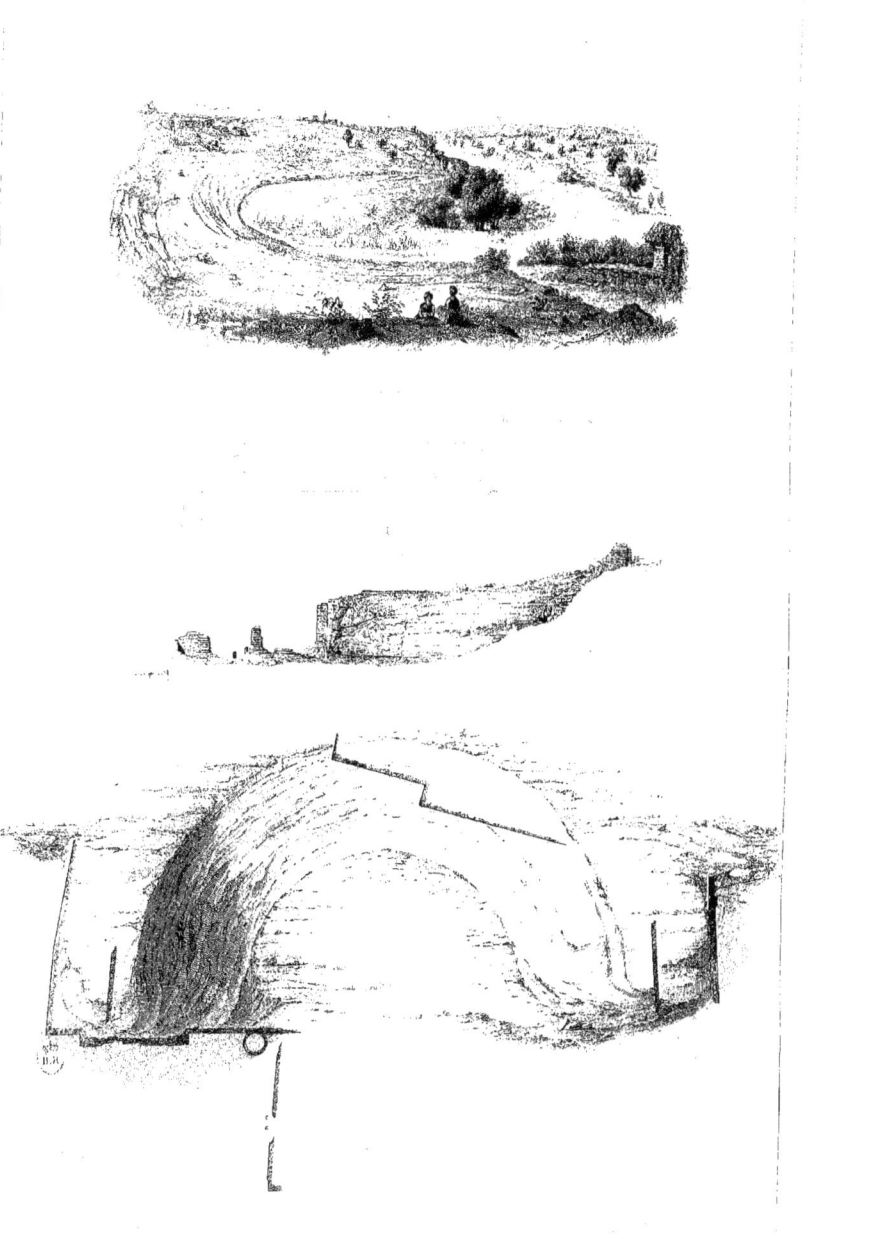

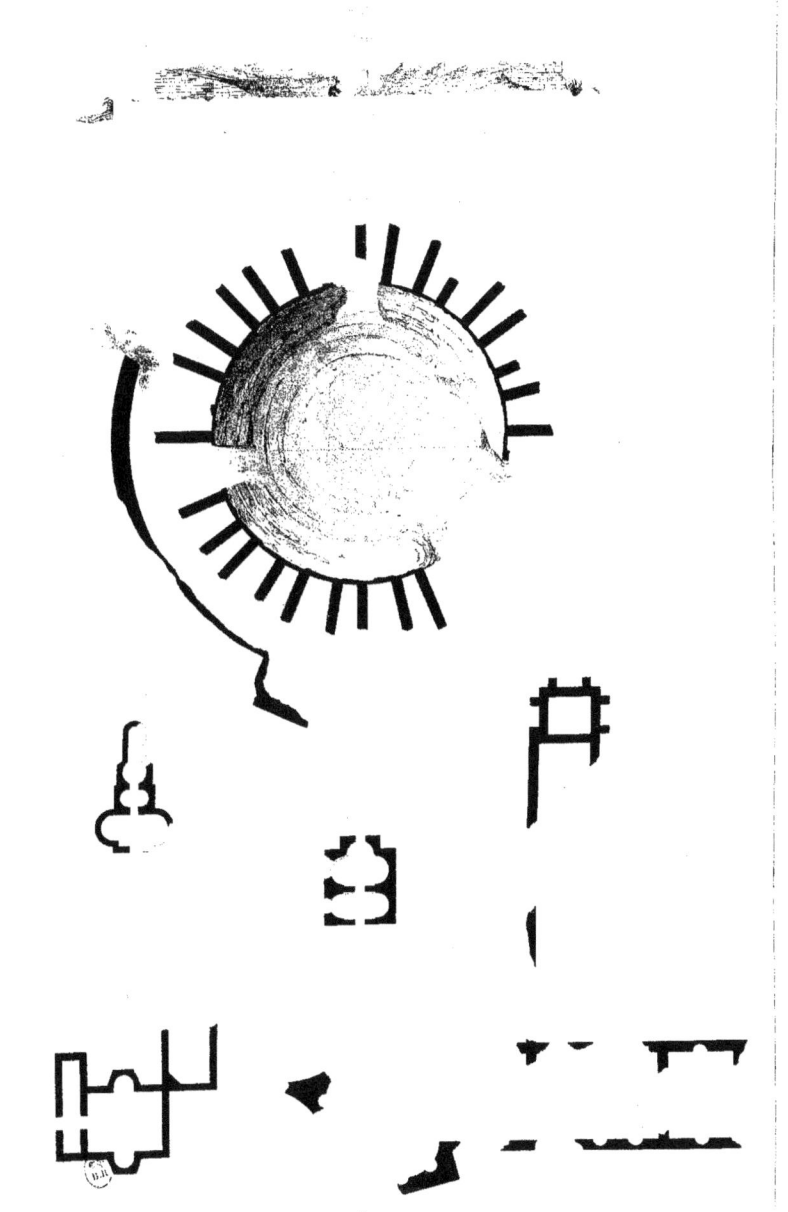

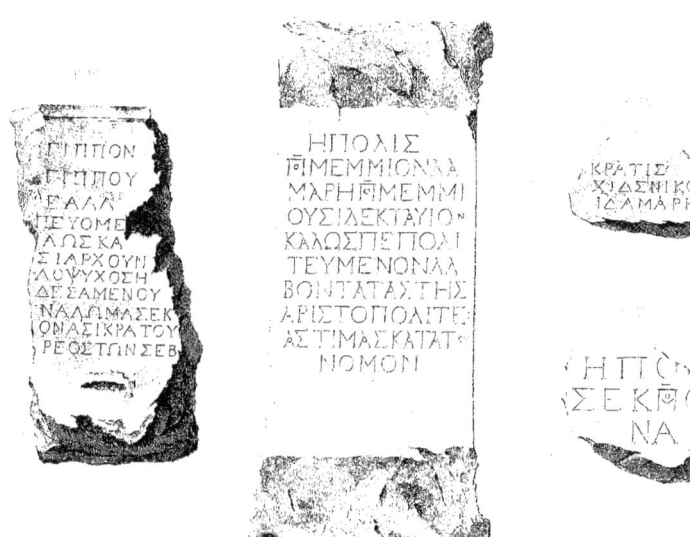

Fragment 1:
```
ΓΙΠΙΟΝ
ΓΙΠΠΟΥ
ΕΑΛΛ
ΠΕΥΟΜΕ
ΛΟΣΚΑ
ΣΙΑΡΧΟΥΝ
ΛΟΨΥΧΟΣΗ
ΔΕΣΑΜΕΝΟΥ
ΝΑΛΩΜΑΣΕΚ
ΟΝΑΣΙΚΡΑΤΟΥ
ΡΕΩΣΤΩΝΣΕΒ
```

Fragment 2:
```
ΗΠΟΛΙΣ
ΠΜΕΜΜΙΟΝΚΑ
ΜΑΡΗΠΜΕΜΜΙ
ΟΥΣΙΛΕΚΤΑΥΙΟ
ΚΑΛΩΣΠΕΠΟΛΙ
ΤΕΥΜΕΝΟΝΛΑ
ΒΟΝΤΑΤΑΣΤΗΣ
ΑΡΙΣΤΟΠΟΛΙΤΕ
ΑΣΤΙΜΑΣΚΑΤΑΤ
ΝΟΜΟΝ
```

Fragment 3:
```
ΚΡΑΤΙΣ
ΧΙΔΣΝΙΚΟΚ
ΙΣΑΜΑΡΗ
```

Fragment 4:
```
ΗΠ
ΣΕΚΡΘ
ΝΑ
```

ΚΑΛΩΣΠ

Fragment 5:
```
ΡΗ    ΝΧΡΥΣΟΓΟ
ΝΩ     ΙΔΑΓΥΜΝΑ
ΧΟΝ    ΠΡΩΣΤΥ
ΣΙΑΡΧΟΥΝΤΑΕΠΙ
ΩΦΡΟΣΥΝΗΚΑΙ
ΙΑΠΑΣΙΝΕΡΙΤΗΝ
ΣΑΣΥΝΟΙΑ
ΟΣΔΕΣΑΜΕΝΟΥ
ΑΝΑΛΩΜΑΓΙΑΥΤΗΑΙ
ΡΥΣΟΓΟΝΟΥΤΟΥ
ΟΝΟΣΤΟΥΓΑΜΒΡΟ
```

Fragment 6:
```
ΑΠΟ
ΙΩΙΟΥΔΙ
ΛΑΝΩΗΡΩ
ΝΑΛΩΜΑΔΑ
ΕΛΟΥΜΕΝΗ
ΤΗΣΑΝΕ
```

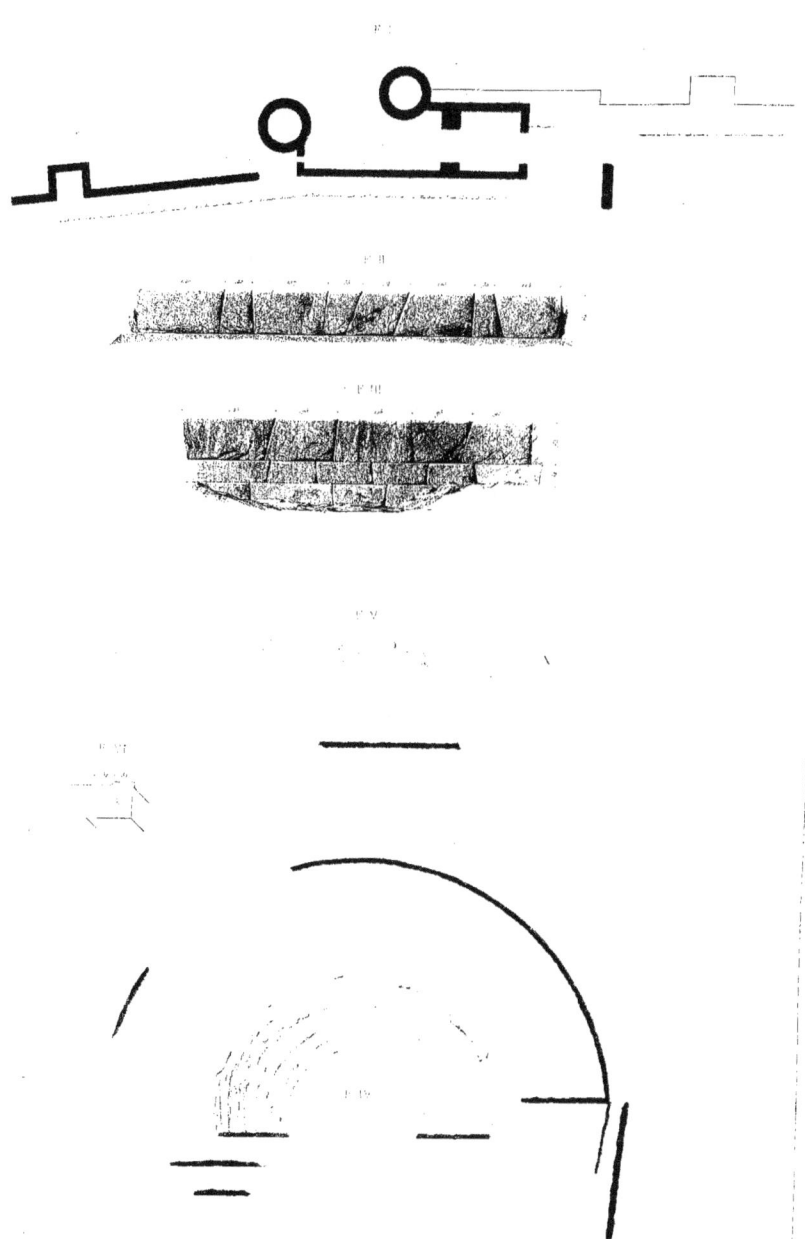

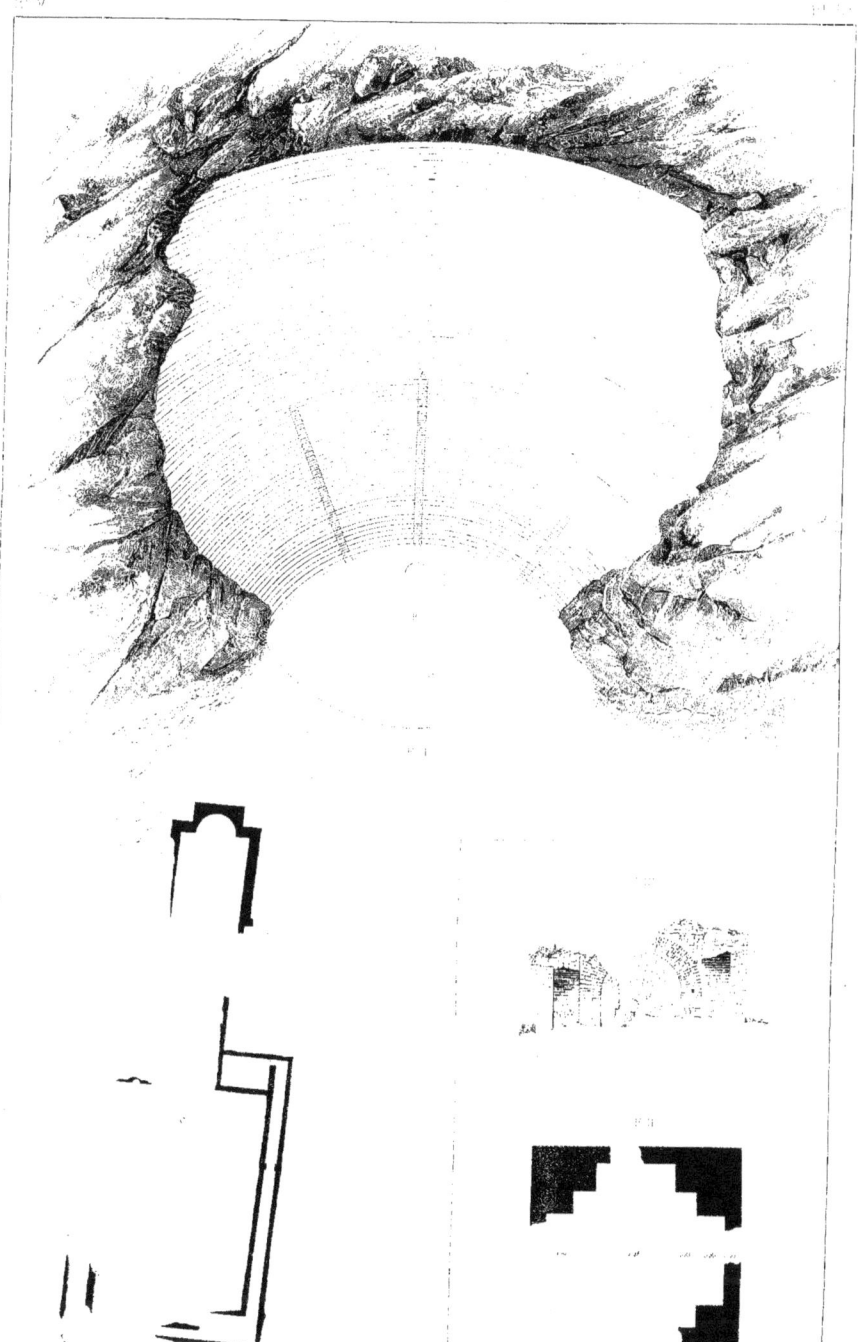

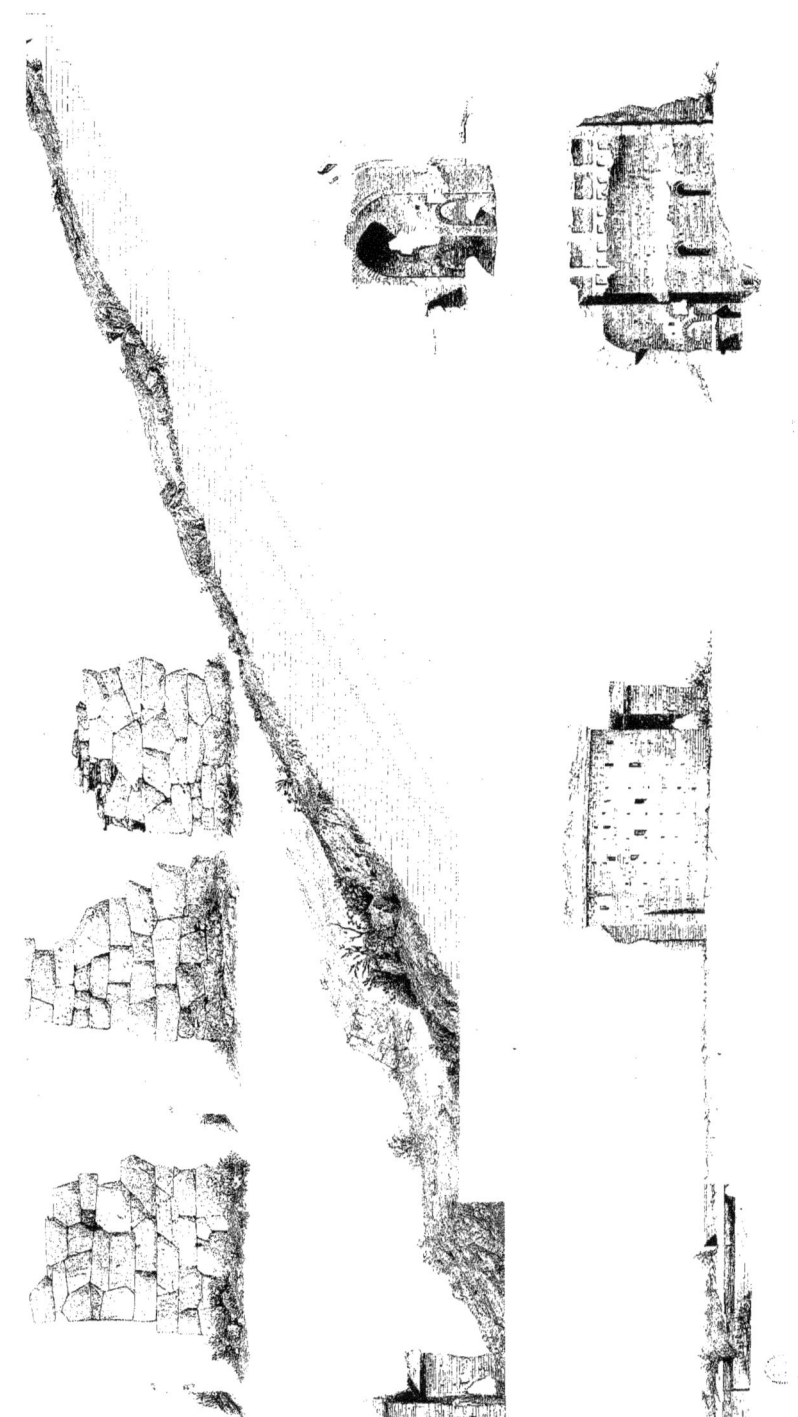

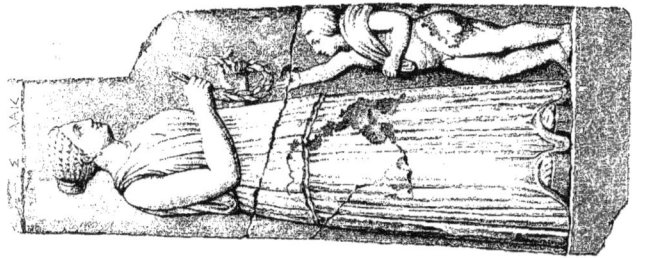

PLAINE D'ARGOS

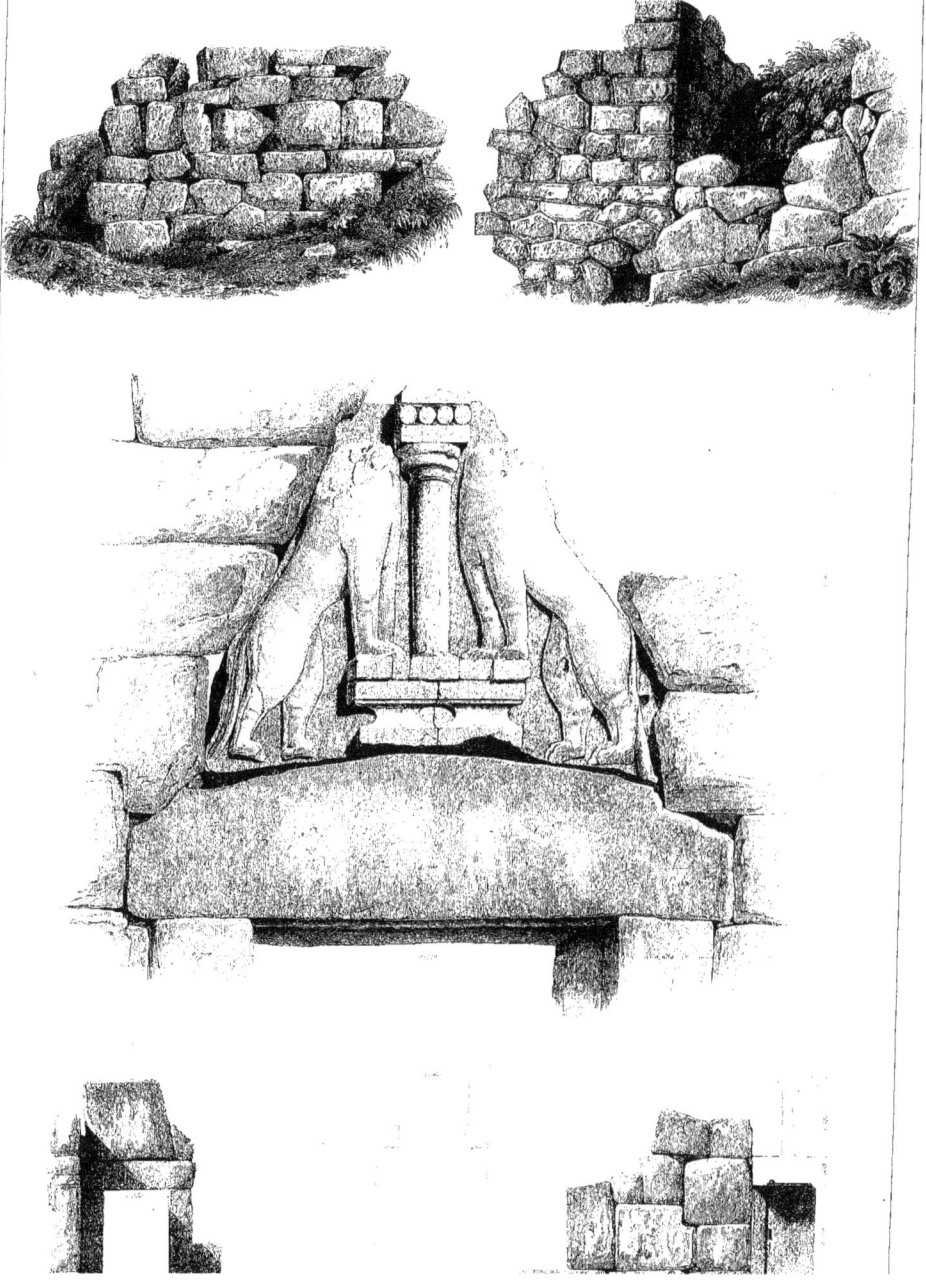

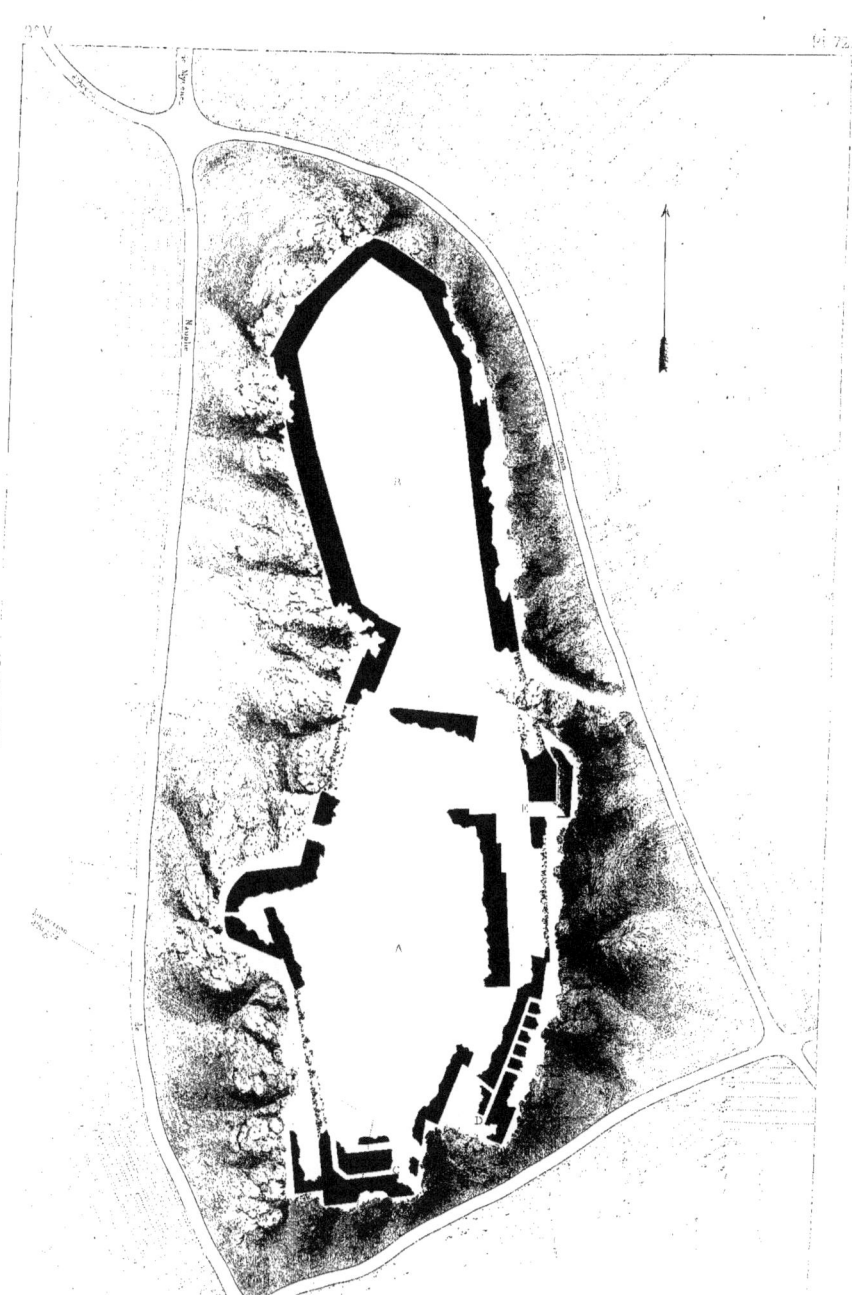

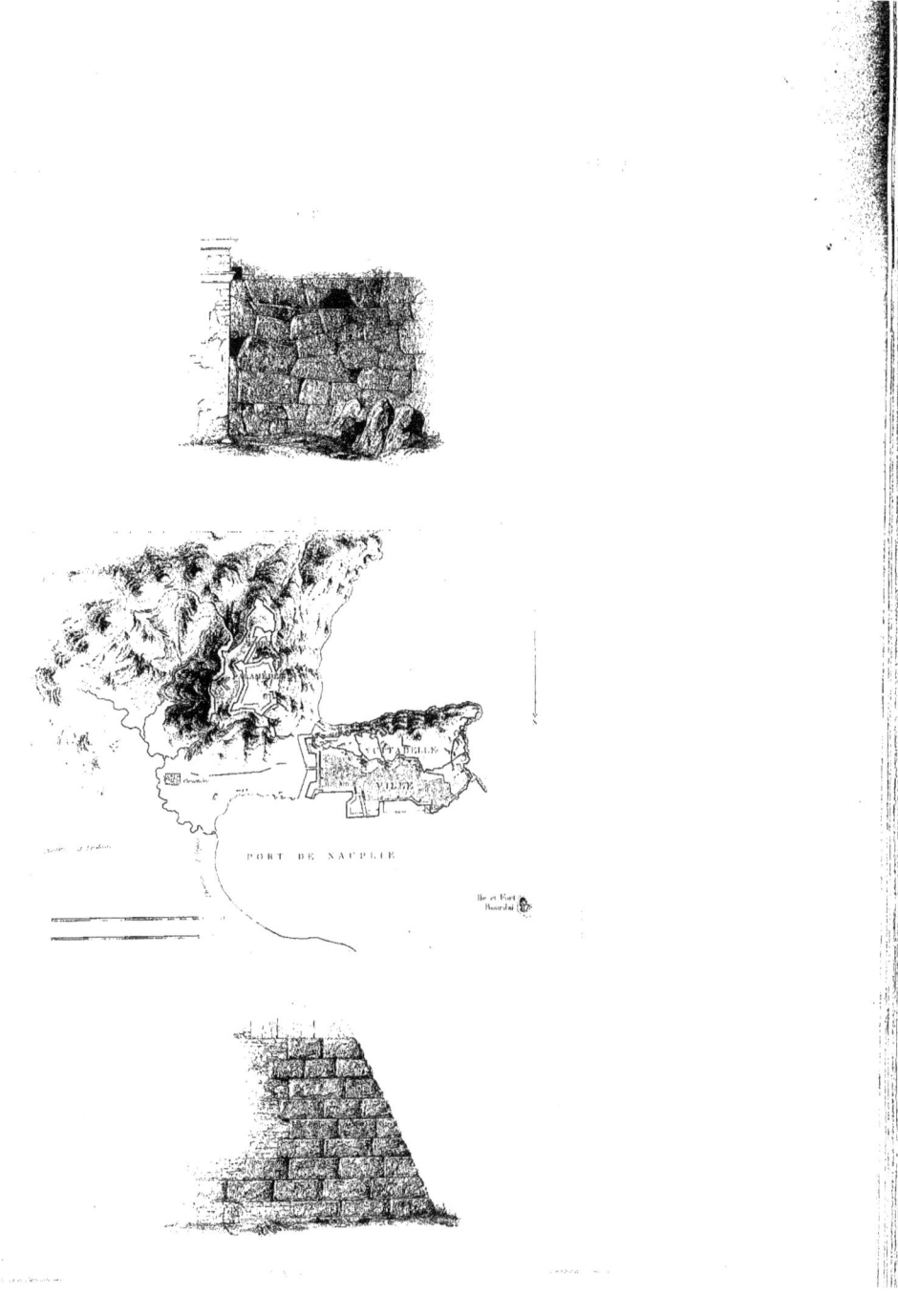

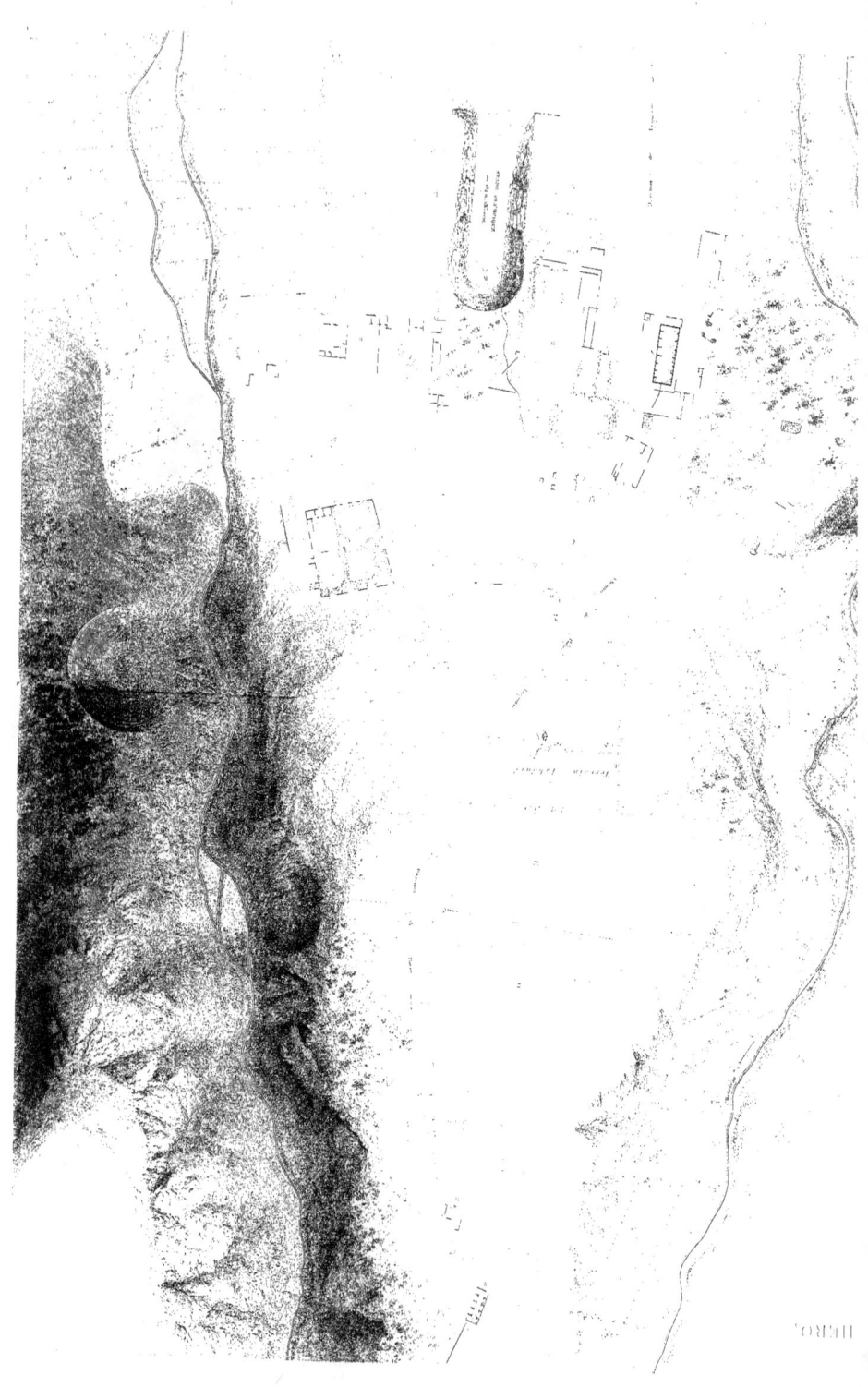

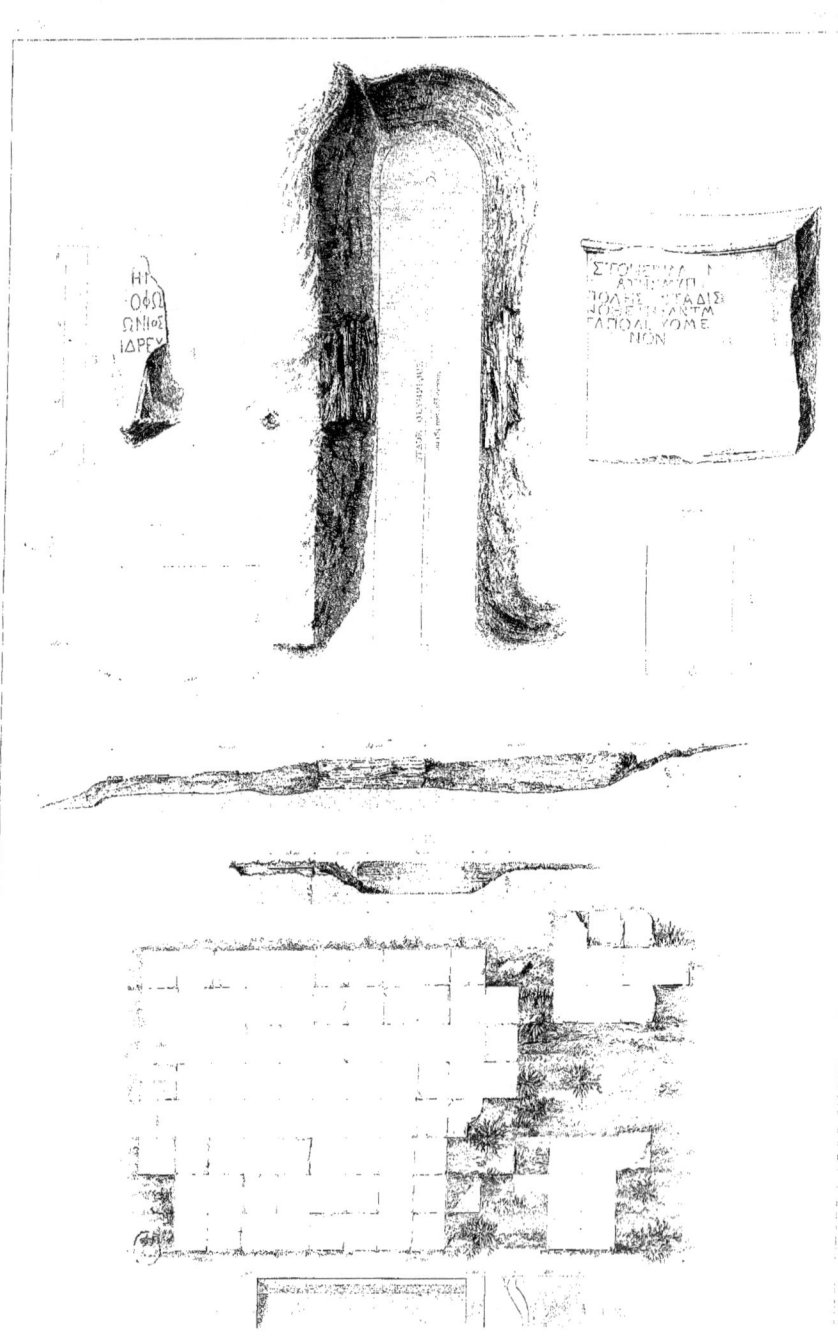

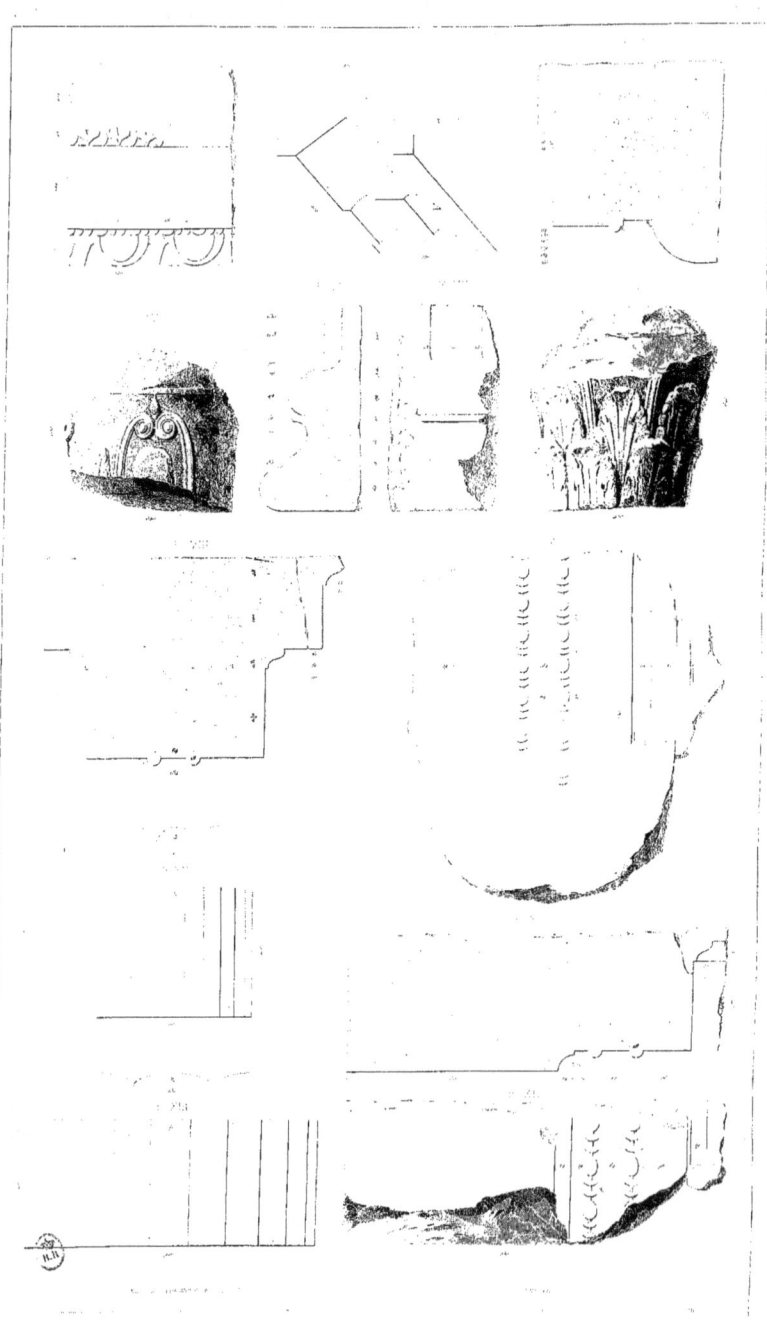

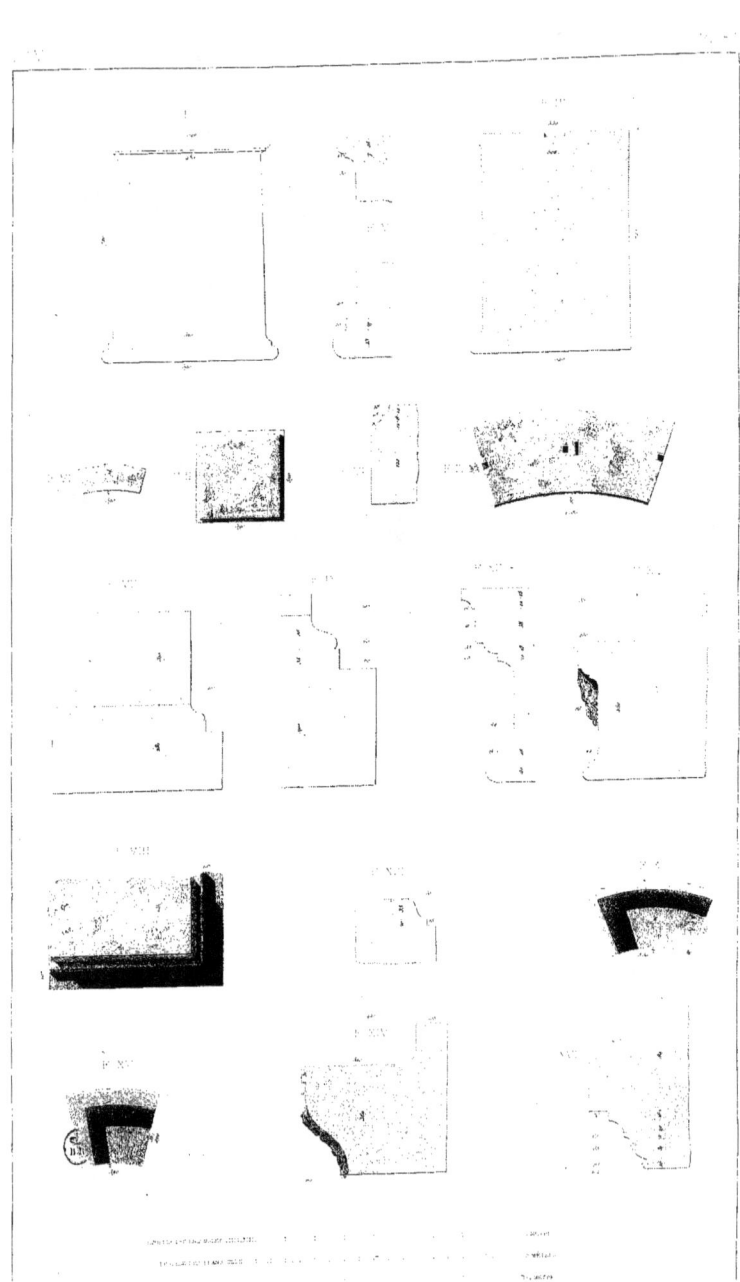

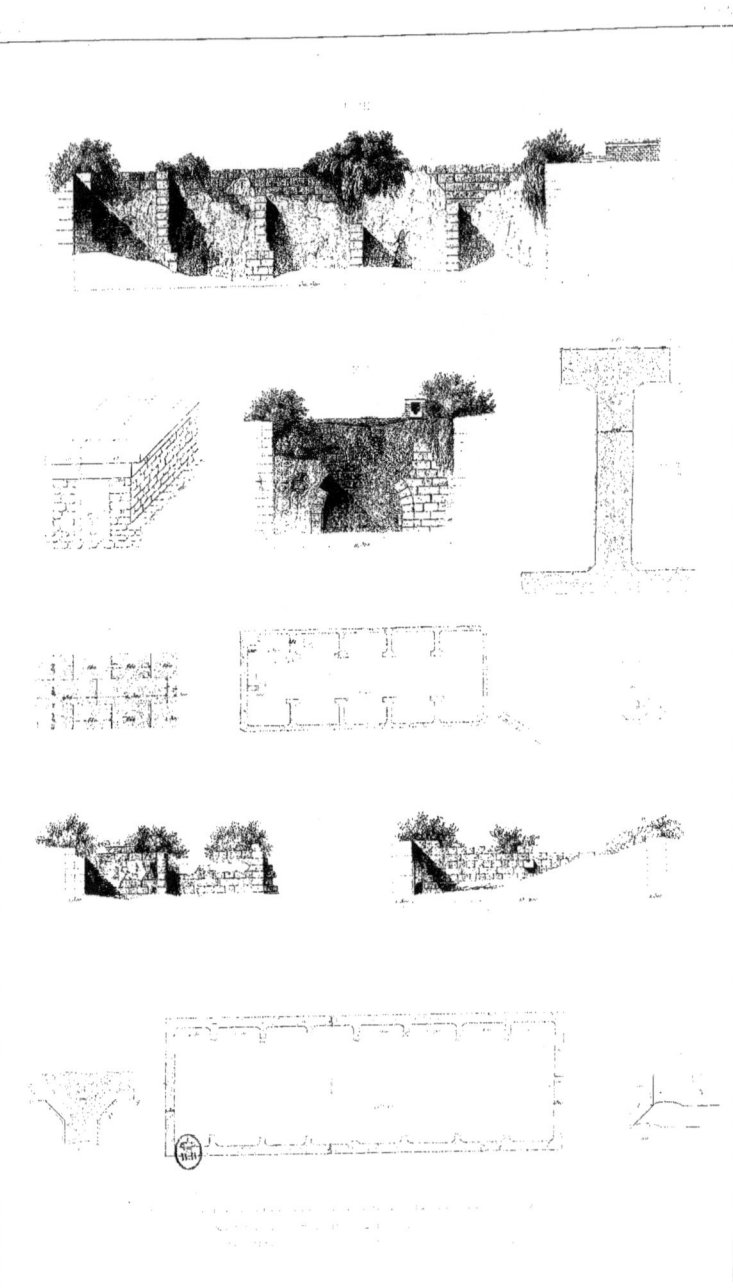

www.ingramcontent.com/pod-product-compliance
Lightning Source LLC
Chambersburg PA
CBHW050801170426
43202CB00013B/2513